AF893551

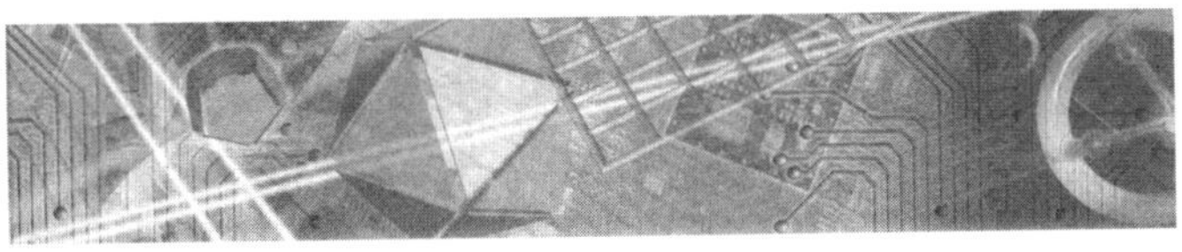

C++
Black Book

MAKRON Books

EMPRESA CIDADÃ

C++ Black Book

Steven Holzner

Tradução
Alvaro Rodrigues Antunes

Revisão Técnica
Alvaro Rodrigues Antunes
Mestre em Ciências da Computação pela Universidade Federal do Rio Grande do Sul
Consultor Nacional e Internacional

MAKRON *Books* Ltda.
Rua Tabapuã, 1.348 – Itaim-Bibi
CEP 04533-004 – São Paulo – SP
(11) 3078-8604 e (11) 3611-0770
e-mail: vendas@pearsoned.com.br

São Paulo • Rio de Janeiro • Ribeirão Preto • Belém • Belo Horizonte • Brasília • Campo Grande • Cuiabá • Curitiba • Florianópolis • Fortaleza • Goiânia • Manaus • Natal • Porto Alegre • Recife • Salvador

Barcelona • Bogotá • Buenos Aires • Caracas • Ciudad de Mexico • Frankfurt • Guadalajara • Lisboa • London • Madrid • Montevideo • New York • Paris • Porto • Santiago

Do Original: C++ Black Book.
Copyright© 2001, by The Coriolis Group.
Copyright© 2002 MAKRON *Books* Ltda.

Todos os direitos para a língua portuguesa reservados pela MAKRON *Books* Ltda. Nenhuma parte desta publicação poderá ser reproduzida, guardada pelo sistema "retrieval" ou transmitida de qualquer modo ou por qualquer outro meio, seja este eletrônico, mecânico, de fotocópia, de gravação, ou outros, sem prévia autorização, por escrito, da Editora.

EDITOR: MILTON MIRA DE ASSUMPÇÃO FILHO

Gerente de Produção
Silas Camargo
Editora Assistente
Gisélia do Carmo Costa
Produtora Editorial
Sandra Cristina Pedri

Editoração e Fotolitos em Alta Resolução: J.A.G.

Dados de Catalogação na Publicação

Holzner, Steven
C++ Black Book;
tradução: Alvaro Rodrigues Antunes; revisão técnica: Alvaro Rodrigues Antunes
São Paulo: MAKRON *Books*, 2001.

Título original: C++ Black Book.
ISBN: 85.346.1358-3

Para Nancy, é claro (como poderia ser de outra forma?)

Sobre o Autor

Steven Holzner já escreveu 64 livros na área de informática, muitos deles sobre C++, inclusive alguns "best-sellers" da área. Tendo já trabalhado como editor contribuinte da *PC Magazine*, ensina programação para turmas corporativas especiais nos EUA e dirige sua própria empresa de programação para a Internet. Seus livros já venderam mais de um milhão de cópias e foram traduzidos para 16 idiomas. Steven graduou-se pelo MIT, recebeu seu Ph.D. em Cornell e fez parte do corpo docente dessas duas universidades. Steve e Nancy dividem seu tempo entre os Berkshires e uma casa nos Alpes Austríacos.

Agradecimentos

Um livro como o que você tem em mãos é resultado do trabalho de muitas pessoas, não apenas do autor. Eu gostaria de agradecer em particular à editora de projetos Sybil Ihrig, da Helios Productions, por realizar uma coordenação de projeto, uma composição de páginas tão excepcionais e fazer o trabalho do processo de produção fluir tão suavemente; o copy-editor Gail Taylor por uma edição soberba, sensível e inteligente; o revisor técnico Mike Mullins, por tremenda e muito apreciada edição, que às vezes envolveu encontrar soluções além dos seus deveres; e o revisor Scott Strayer. Da Coriolis, eu gostaria de agradecer a Kevin Weeks e Jeff Duntemann pelas discussões úteis sobre o conteúdo do livro e também gostaria de expressar minha estima a Paula Kmetz e Kim Eoff pela coordenação do "quadro geral" de tarefas editoriais e de produção, respectivamente. Obrigado a todos vocês!

O que há no CD

O CD-ROM que acompanha o livro *C++ Black Book* contém o código listado no livro, organizado por capítulo, para que você não precise digitá-lo em seu computador.

Requisitos de sistema

Software:

- Você precisará de um compilador ANSI/ISO compatível com C++.

Hardware:

- É necessário um PC para rodar o CD-ROM. Não é compatível com Macintosh.

Sumário

Introdução

Bem-vindo ao *C++ Black Book*. Este livro foi criado para ensinar-lhe tudo de que você precisa para dominar o C++ ANSI/ISO, dos tópicos mais básicos aos mais avançados (ANSI e ISO são as siglas, respectivamente, do American National Standards Institute e da International Organization for Standardization – veremos mais a respeito dessas organizações no Capítulo 1). Tudo está aqui, pronto para você usar. Este livro estuda o C++ ANSI/ISO padrão em profundidade, tendo sido escrito para lhe proporcionar o máximo sobre C++ que um livro pode conter. Você verá não apenas a sintaxe completa do C++, desde o básico às adições mais recentes à linguagem, como também as formas como o C++ é usado atualmente.

Aprender e desenvolver aplicações com o C++ pode ser desafiador, e este livro está aqui para facilitar as coisas. Centenas de tópicos do C++ são estudados em profundidade, em um formato que facilita a leitura do livro do começo ao fim ou seu uso para uma consulta rápida. O C++ é a linguagem preferida dos programadores mais avançados dos dias de hoje, e o *C++ Black Book* foi escrito para ser o único recurso de que você necessitará para compreendê-lo. À medida que suas habilidades com C++ forem se desenvolvendo, você verá que este é o livro ideal para ficar ao lado do seu computador, pronto para uso e acessível para esclarecer qualquer mistério em C++ que você encontrar.

O que há neste livro

Este livro cobre centenas de tópicos práticos como, por exemplo, como funcionam as referências, quando usar ponteiros em vez de arrays, como otimizar o código e como obter o máximo do C++. Cada um dos tópicos deste livro vem com exemplos que mostram como o aspecto abordado funciona. Este é um aspecto importante deste livro: sempre há um exemplo para cada tópico, pronto para ser executado.

Este livro é dividido em centenas de tópicos separados e facilmente acessíveis, cada um deles tratando de um assunto diferente. O máximo do que pode ser abordado do C++ em um único livro está incluído aqui. Eis uma visão geral dos tópicos que veremos:

C++ Essencial

- Como obter uma cópia do padrão C++ ANSI/ISO.
- Como encontrar um compilador C++ (inclusive gratuitos).
- Como criar macros de pré-processador.

Operadores do C++ e dados

- Como declarar variáveis.
- Conversão entre tipos de dados.
- Precedência entre operadores no C++.
- Como manipular operações matemáticas avançadas.

Tipos derivados: arrays, strings, estruturas, uniões e enumerações

- Como declarar um array.
- Como lidar com strings estilo C.
- Como usar estruturas.
- Como criar campos de bits.
- Como criar uniões.
- Como usar enumerações.

Instruções e operadores condicionais e de laço

- Os laços **while**, **do-while** e **for**.
- Como criar e usar ponteiros.
- Como usar **new** e **delete** com arrays.

Ponteiros e gerenciamento de memória

- Semelhanças entre ponteiros e arrays no C++.
- Aritmética de ponteiros.
- Como usar conversões explícitas de tipo (casts) estáticas, dinâmicas, reinterpretativas e constantes.

Funções, referências, ligação e modelos

- Como passar argumentos a funções.
- Como retornar valores de funções.
- Como sobrecarregar uma função.
- Classes de armazenamento, escopo e ligação.
- Como criar variáveis de escopo global.
- Como usar ligação interna e externa com múltiplos arquivos.
- Ligação entre múltiplas linguagens.
- Como criar modelos de função.

Classes e objetos

- Como criar uma classe.
- Como usar especificadores de acesso.
- Como criar construtores.
- Como criar métodos "in-line".
- Como criar membros de dados estáticos.

Funções "friend", sobrecarga de operadores e construtores de cópia

- Como criar funções "friend".
- Como criar um construtor de cópia.
- Conversões *de* e *para* objetos.
- Conversões, "friends" e sobrecarga de operadores.
- Como criar classes "friend".
- Como criar classes aninhadas e locais.

Herança de classes

- Como usar a herança.
- Métodos virtuais e polimorfismo em tempo de execução.
- Como criar classes abstratas e métodos puramente virtuais.
- Como usar a herança privada.
- Como usar a herança protegida.
- Como criar bibliotecas de classes.

Herança múltipla e modelos de classe

- Como herdar de múltiplas classes base.
- Como usar classes-base virtuais.
- Informações de tipo em tempo de execução.
- Como definir modelos de classe.
- Como usar argumentos não-tipo em modelos de classe.
- Como usar modelos de classe com múltiplos tipos.
- Como usar modelos de classe recursivamente e como classes-base.

Informações de tipo em tempo de execução, espaços de nomes e exceções

- Como criar um espaço de nomes.
- Como criar e lançar exceções.

- Como lançar exceções a partir de funções.
- Como aninhar blocos **try** e relançar exceções.

Fluxos de E/S e manipulação de arquivos

- Como usar manipuladores.
- Como criar uma classe "streamable".
- Como criar manipuladores personalizados.
- Como verificar o estado de fluxos.
- Como criar um arquivo.
- Como anexar a um arquivo.
- Como verificar o estado de fluxos de arquivo.
- Como trabalhar com arquivos binários.
- Como ler e escrever com **fstream**.

A STL (Standard Template Library, biblioteca de modelos padrão)

- Como usar a STL (Standard Template Library, biblioteca de modelos padrão).
- Como usar iteradores.
- Como usar algoritmos da STL.
- Como usar iteradores predefinidos.
- Como usar iteradores **istream** e **ostream**.
- Como usar iteradores reversos.
- Como usar iteradores de inserção e inseridores.
- Como usar os contêineres da STL: **vector**, **list**, **deque**, **stack**, **queue**, **priority_queue**, **set**, **map**, **multiset**, **multimap** e **bitset**.
- Objetos função (functores).

Como você pode ver, há uma enorme quantidade de C++ vindo pela frente, e espero que o que o C++ tem a oferecer mostre-se tão irresistível a você quanto para muitas outras pessoas.

Convenções usadas neste livro

Existem umas poucas convenções usadas neste livro das quais você deve estar ciente. Por exemplo, destacarei novo código adicionado a uma listagem existente para facilitar a visualização das adições, da seguinte forma:

```
#include <iostream>
using namespace std;
int main()
{
    int sum;
```

```
    int ten = 10;
    float pi = 3.14159;

    sum = static_cast <int> (pi) + ten;

    cout << "The integer sum = " << sum << endl;
}
```

Eu usarei colchetes, [e], para indicar parâmetros opcionais em definições formais de instruções, como a seguinte:

```
tipo nome [= valor][, nome [= valor]...];
```

Eu também adicionarei dicas e notas ao texto, da seguinte forma:

DICA: *Esta é uma dica. Dicas fornecem informações adicionais sobre como fazer algo como, por exemplo, aonde ir na Internet para obter certos recursos ou como o comportamento inesperado de uma determinada palavra-chave do C++ pode ser usada de forma vantajosa.*

NOTA: *Esta é uma nota. Notas fornecem informações adicionais como, por exemplo, por que não é uma boa idéia usar uma instrução do C++ de determinada maneira ou destacar em que situações um determinado compilador não faz realmente aquilo que se esperaria que fizesse.*

Do que você precisará

Para usar este livro e desenvolver seus próprios programas em C++ você precisará de um compilador C++, o programa que você usará para converter código-fonte que escreve em arquivos executáveis. Compiladores são vistos no Capítulo 1: leia *Localizando um compilador C++*, na página 15 desse capítulo. Pode também ser interessante dar uma olhada em sites da Internet como **www.cyberdiem.com/vin/learn.html**, que lista compiladores C++ disponíveis (alguns deles gratuitos) e recursos de C++.

Há muitos compiladores C++ disponíveis, com grau variável de atendimento ao padrão C++ ANSI/ISO C++. Como o C++ é padronizado por acordo internacional a situação está mais fácil de ser tratada, havendo menor variação entre os compiladores C++. No entanto, é importante saber que *ainda há* diferenças. Cada listagem de código deste livro foi testada em quatro compiladores diferentes e em diversos sistemas operacionais, por mim mesmo e pelo revisor técnico, mas muito poucos compiladores C++ atendem completamente o padrão ANSI/ISO, o que significa que, em alguns casos, seu compilador pode fazer as coisas de uma forma diferente daquela do C++ ANSI/ISO. Eu tentarei alertá-lo sobre as variações entre compiladores que podem ser encontradas – por exemplo, enquanto a maioria dos compiladores usa arquivos de cabeçalho com o novo estilo C++, alguns podem aceitar somente cabeçalhos com o estilo antigo. Mas você deve levar em conta que implementar o padrão C++ é uma tarefa hercúlea para qualquer compilador, de modo que, caso seu compilador não se comporte conforme o esperado ou tenha dificuldade sistematicamente com alguns exemplos deste livro, consulte sua documentação e as análises incluídas no livro para tentar descobrir o que está havendo.

Há também uma grande quantidade de recursos C++ disponíveis na Internet. Por exemplo, uma busca casual por "C++ tutorial" resultou em 5.660 páginas. Eis aqui uma pequena lista inicial de tutoriais de C++ (em inglês) na Internet:

- **http://home.onestop.net/cplusclass**
- **http://www.intap.net/~drw/cpp/index.htm**
- **http://www.icce.rug.nl/docs/cplusplus/cplusplus.html**

Você também pode encontrar tutoriais em C, a linguagem em que o C++ é baseado, como o seguinte (também em inglês):

- **http://www.cm.cf.ac.uk/Dave/C/CE.html**

Há também diversos grupos de notícias na usenet para autores de C++ (observe que nem todos esses grupos podem estar disponíveis em seu servidor Usenet):

- **alt.comp.lang.learn.c-c++**
- **comp.lang.c++**
- **comp.lang.c++.moderated**
- **comp.std.c++**

Lembre-se de que o C++ tem uma comunidade de milhares de desenvolvedores. Mantenha contato com a comunidade, se puder. E entre em contato comigo (*steve@lightlink.com*) também. Eu quero ter certeza de que este continue sendo o melhor livro de C++ do mercado. Se você quiser dar sugestões para adições, alterações e melhorias para este livro, por favor enviem-nas, que eu as levarei em conta. E isto é tudo quanto à introdução. É hora de começar a dominar o C++, no Capítulo 1.

Capítulo 1

C++ Essencial

Análise Aprofundada

Bem-vindo à "enciclopédia" do C++. Se você deseja aprender ou se aprofundar na programação em C++, este é o lugar certo. Você encontrará tudo aquilo de que precisa neste livro. A programação em C++ não é como a programação tradicional: ela inspira paixão, devoção e até mesmo obsessão. Em todas as partes do mundo C++ você encontrará fanáticos pelo C++, e por uma razão muito boa: o C++ é há muito tempo uma linguagem feita para o programador, "enxuta" o suficiente e próxima da máquina o suficiente para satisfazer as necessidades de qualquer um com relação à precisão e controle. Ela transmite uma sensação de força e limpeza, tendo poder suficiente para permitir que com pouco se faça muito. Ela também é poderosa o suficiente para se tornar obscura rapidamente quando você começa a fazer operações avançadas com ponteiros, o que resulta em programadores se apegando às suas maneiras específicas de fazer as coisas e insistindo que o modo deles é *o único modo certo* de fazê-las. Espero que este livro ajude a transformá-lo em um fanático por C++ também.

Existe muito para aprender e dominar aqui, e vamos ver tudo. Vou tentar colocar os assuntos da melhor maneira possível e com muitos exemplos, para tornar o aprendizado o mais suave possível. Bjarne Stroustrup, o criador do C++, aconselhou os programadores a "irem com calma com a linguagem", e é o que faremos.

Neste livro, vamos aprender tudo sobre o C++ da melhor maneira: vendo-o funcionar na prática. Evitaremos o árduo ensino estilo catalogação, que empilha camada sobre camada de teorias formais. Em vez disso, veremos a linguagem em seu próprio ambiente, o que nos dará um conhecimento na prática de tudo o que ela pode fazer. Isto coloca o programador no controle. Como a idéia do C++ é dar mais poder ao programador, é exatamente isso que vamos fazer. Veremos tudo o que o C++ tem a oferecer, de programação orientada a objetos e controle da memória a modelos e técnicas de programação genérica. Para colocar as coisas em perspectiva, vale a pena começar com a história da linguagem.

A história do C++

Como você provavelmente já sabe, a linguagem C++ é, na verdade, um superconjunto da linguagem de programação C (seu primeiro nome foi C com Classes). A razão da linguagem C ter sido chamada de C é simplesmente porque ela foi a sucessora de uma linguagem chamada B, desenvolvida por Ken Thompson em 1970 e que rodava em um DEC PDP-7, um computador muito menos potente do que um PC moderno. O sistema operacional UNIX original rodava naquela máquina, e foi ali também onde o B nasceu (o B em si foi o sucessor de uma linguagem chamada BCPL, escrita por Martin Richards).

No entanto, o B era um tanto quanto restrito. Em 1972, Dennis Ritchie e Ken Thompson criaram a linguagem C para aumentar o poder do B. O C não se tornou popular imediatamente após sua criação. Na verdade, ele permaneceu como um assunto quase esotérico pelos seis anos seguintes. Em 1978, no entanto – um ano histórico para os programadores C e C++ – Brian Kernighan e Dennis Ritchie escreveram um livro famoso *The C Programming Language*. Este simples livro mudou tudo.

Com a divulgação do C houve uma explosão de interesse, e a linguagem foi implementada em computadores de 8 bits que rodavam o sistema operacional CP/M. Mas foi o lançamento do IBM PC, em 1981, que realmente deu impulso ao C. Quando a revolução do PC começou, o C estava em uma posição privilegiada para aproveitá-la. À medida que o número de PCs explodia, também explodia o número de usuários do C. O C libertou-se de seu ambiente UNIX original e tornou-se uma linguagem popular para microcomputadores.

Vale a pena salientar que ele se tornou popular por uma razão muito boa: os programadores gostaram de usá-lo. Ao contrário de muitas outras linguagens, o C dava ao programador grande controle sobre o computador. Tal controle, no entanto, traz também a responsabilidade: há muitas coisas que você pode fazer em C que arruinarão seu programa ou travarão seu computador. Ou seja, você pode fazer em C coisas que outras linguagens jamais permitiriam. Os programadores gostaram disso: eles gostaram de descobrir uma linguagem que era uma ferramenta, não um obstáculo. Para o programador, o C era em muitos aspectos como uma linguagem de montagem ("assembler") que não exigia que ele fizesse tudo "no braço", por conta própria. Em outras palavras, o C parecia ser a combinação perfeita entre controle e poder de programação.

O ANSI padroniza o C

Tudo isso deu tanta popularidade à linguagem que diversas empresas começaram a produzir suas próprias versões do C, cada uma indo em uma direção diferente. A revolução do C estava ameaçada de se fragmentar em um monte de pacotes de programação incompatíveis. Para evitar isso, o ANSI (American National Standards Institute, Instituto Nacional de Padrões Norte-Americano) criou um subcomitê especial, chamado de X3J11, para definir uma versão padrão do C. Este foi um desenvolvimento extremamente importante para os programadores de C e C++: a linguagem, que estava indo em várias direções diferentes ao mesmo tempo, tornou-se de novo padronizada e coerente. Por isso, o C ANSI tornou-se de fato o C padrão.

Surge o C++

À medida que a popularidade do C crescia, crescia também o número de aplicativos escritos em C. Depois de um certo tempo, os programas em C ficavam cada vez maiores e algumas pessoas começaram a achar que as construções de programação padrão simplesmente não estavam à altura da tarefa. Uma solução seria tornar os programas mais modulares, mais compartimentalizados, através do uso de funções. No entanto, algumas funções acabavam precisando compartilhar dados, outras precisavam coordenar seu trabalho com outras e, de novo, era possível acabar precisando ter de guardar na cabeça dúzias de coisas ao mesmo tempo (e ter dúzias de funções no escopo global de um programa).

Em 1983 Bjarne Stroustrup desenvolveu o C++, inspirado em parte por outras linguagens, como o Simula67. O nome C++, como você pode já saber, vem do operador ++ do C, que incrementa seu argumento. Ele foi usado para indicar que o C++ pretendia ser um C aumentado. O C++ é muito parecido com o C, mas possui diversas extensões importantes. Em outras palavras, tudo o que sabemos sobre o C continua valendo, mas o C++ oferece ainda mais poder. Uma das primeiras adições que o C++ traz ao C é a idéia de *objetos*.

Um objeto é, na verdade, praticamente um novo tipo de estrutura de programação, exceto que ele pode conter, além de instruções, dados – ambos os quais podem ser privativos do objeto se o programador assim o desejar. A força por trás dos objetos é a modularidade. Os programadores descobriram que quando eles estavam lidando com programas grandes, quanto mais modular fosse o programa melhor (o C++ foi concebido originalmente para ser usado quando os programas ficassem muito grandes, com mais de 2500 linhas). Isto é o que o C++ faz: ele ajuda o programador a "empacotar" seções de um programa em unidades discretas, cada uma servindo a algum propósito bem definido (e fácil de lembrar).

Embora o C++ tenha sido desenvolvido originalmente para introduzir a modularidade em larga escala ao C, há outras partes do C++ que o tornaram uma opção atraente mesmo para programas pequenos. Um desses aspectos é sua flexibilidade lendária: pode-se redefinir praticamente todos os aspectos dos operadores do C em C++, bem como se fazer coisas até então inimagináveis com funções. Por exemplo, através da sobrecarga de funções, pode-se chamar a mesma função com parâmetros de tipos diferentes (p. ex.:, int, float). O C++ decide qual versão da função usar com base nos tipos dos parâmetros passados (em C, naturalmente, isso resultaria em um erro).

O que originalmente atraiu os programadores para o C++ foi a programação orientada a objetos (POO). Eu me lembro de ter visto, nos primeiros dias, dúzias de programadores atraídos pela bandeira da POO, precisassem eles dela ou não. Há também outro aspecto do C++, introduzido mais recentemente e agora tornado padrão, que também é altamente estimado: a *programação genérica*. A programação genérica, como a POO, torna a reutilização de código mais fácil e, na verdade, é sua especialidade. A programação genérica permite que o programador pense em termos de *algoritmo*, que são técnicas específicas para fazer com que as tarefas sejam executadas. Por exemplo, uma forma realmente eficiente para ordenar números. Usando programação genérica e os *modelos* (templates) do C++, um programador pode implementar algoritmos em seu código uma vez e usá-los com diversos tipos de dados, inclusive objetos.

O ANSI/ISO padroniza o C++

Como o C, no começo o C++ estava correndo o risco de se tornar fragmentado. Muitas empresas diferentes ofereciam versões diferentes do C++, as quais começaram a divergir rapidamente. A versão original do C++ foi feita nos Bell Laboratories, o que fez com que muitos programadores pensassem que o que saísse dos Bell Labs fosse o verdadeiro C++ e informassem seus programas como consistentes com o C++ versão 2.0 ou 3.0, e assim por diante. Outros seguiram o comando de empresas como a Microsoft, que introduziu diversas alterações na linguagem.

Felizmente, o C++ também foi padronizado. Esta padronização levou um longo tempo. Em 1990, o ANSI (American National Standards Institute, Instituto Nacional de Padrões Norte-Americano) criou um novo comitê de padronização, o X3J16, para padronizar o C++ em todo o mundo. Não muito depois disso, a ISO (International Organization for Standardization, Organização Internacional de Padronização) criou seu próprio comitê (ISO-WG-21) para o mesmo assunto. Ainda em 1990, o ANSI e a ISO uniram forças. No entanto, o comitê completo só se reunia três vezes por ano. Por isso, só em 1995 eles lançaram uma proposta preliminar, chamada de CD (committee draft) para o C++ padrão. Depois de muitos comentários públicos, eles lançaram uma segunda CD (chamada de CD2) em dezembro de 1996. Essas propostas preliminares do comitê não somente padronizaram o C++, mas também acrescentaram novos recursos, como os modelos (templates), a RTTI (runtime type identification, identificação de tipos em tempo de execução) e a STL (Standard Template Library, biblioteca de modelos padrão), assuntos que estudaremos em profundidade mais adiante neste livro. (Na verdade, o C ANSI agora possui alguns dos recursos incluídos inicialmente no C++, tais como a prototipação de funções e a instrução **const**).

A proposta preliminar de padrão internacional final (FDIS) do C++ foi publicada em novembro de 1997 e, após tudo isso, o padrão internacional (IS) efetivo em si foi finalmente adotado em junho de 1998.

Tudo isso significa que agora o C++ é uma linguagem padronizada. Isso é ótimo do ponto de vista dos programadores, pois significa que eles podem contar com poder usar certos recursos em seus programas, não importando de que empresa for o compilador C++ que usar, desde que seja um C++ que obedeça aos padrões ANSI/ISO. Isto também significa que é possível portar um programa de um sistema a outro conforme necessário, pois o C++ suportado em cada sistema deverá reconhecer o código C++ feito em outro sistema sem problemas (embora nem sempre isso seja tão fácil assim).

Este livro foi escrito de forma a obedecer completamente ao C++ ANSI/ISO e, caso você já tenha experiência com versões anteriores do C++, daqui a pouco farei alguns comentários sobre como converter programas antigos para o C++ ANSI/ISO padrão. O C++ ANSI/ISO é agora o padrão 'de ouro', e se você pegar um livro de C++ que não siga o C++ ANSI/ISO, largue-o imediatamente.

DICA: *Você quer obter sua própria cópia do padrão ANSI/ISO para o C++? Ele está disponível mediante o pagamento. Consulte* Onde eu posso obter uma cópia do padrão C++ ANSI/ISO, *mais adiante neste capítulo.*

E chega de história. Agora é hora de passar ao enfoque deste livro: código C++ real.

Programando em C++

O C++ é um superconjunto do C, o que significa que ele inclui todo o C. Isto não significa, no entanto, que aprenderemos C antes do C++. O C++ possui sua maneira própria de fazer as coisas, seu próprio *modo de expressão*, e estaremos trabalhando puramente com C++ neste livro. Isto significa que, embora continue podendo fazer em C++ tudo aquilo que faria em C, você normalmente fará as coisas no estilo C++. Muito da programação em C++ tem a ver com aprender o modo C++ de se fazer as coisas.

Eis aqui um exemplo: este programa curto foi escrito em C, e tudo o que ele faz é exibir a mensagem "Hello from C." ("Oi do C."):

```
#include <stdio.h>

/* Imprime "Hello from C." */

main()
{
    printf("Hello from C.");

    return 0;
}
```

Embora você possa usar este programa em um ambiente de programação ou compilador C++, ele faz as coisas no estilo C, e um programador C++ veria a diferença instantaneamente. Por exemplo, este programa usa as rotinas do C declaradas em um arquivo de *cabeçalho* (header) stdio.h e, especificamente, usa a rotina **printf** para exibir o texto. A parte **main** (principal) do código pode ser declarada sem um tipo de retorno em C, mas não em C++ (logo veremos o que isto significa). E assim por diante.

Como há muitas diferenças entre o estilo C e o estilo C++, este livro vai adotar somente o estilo C++, o que significa que estaremos usando o jeito C++ de fazer as coisas do começo ao fim. O código anterior compilará e rodará em um ambiente C++ padrão (embora você possa receber um ou dois alertas de sua implementação de C++). Eis aqui o mesmo código escrito no modo de expressão C++:

```
#include <iostream>
using namespace std;

// Exibe uma mensagem de boas-vindas

int main()
{
    cout << "Hello from C++." << endl;

    return 0;
}
```

Nós vamos analisar o funcionamento efetivo deste programa detalhadamente na seção *Soluções Imediatas* deste capítulo, mas vale a pena ter uma visão geral aqui. A primeira linha é a seguinte:

```
#include <iostream>
using namespace std;

// Exibe uma mensagem de boas-vindas

int main()
{
    cout << "Hello from C++." << endl;

    return 0;
}
```

A primeira coisa a notar é que tudo foi escrito em minúsculas. Esta é a maneira como o C++ foi projetado: todas as palavras-chave do C++ são escritas em minúsculas; escrevê-las com maiúsculas não funcionará.

DICA: *Você pode usar maiúsculas para nomes de elementos que definir em seus programas, se desejar. Em parte, as palavras-chave do C++ são todas minúsculas para que, quando você usar maiúsculas, fique claro que se tratam de nomes que você está definindo e não parte da linguagem. Para ter uma idéia das palavras-chave do C++, consulte* As palavras-chave reservadas do C++, *mais adiante neste capítulo.*

Neste caso, estou usando a diretiva **#include** para incluir o arquivo de cabeçalho chamado iostream em nosso programa. Estou fazendo isso porque, mais adiante no código, pretendo usar o objeto **cout** incorporado do C++ para exibir texto a partir deste programa, e preciso informar ao C++ que pretendo usar **cout** antes de usá-lo. O arquivo de cabeçalho iostream é o que informa o C++ sobre **cout**, e quando eu uso a diretiva **#include**, o arquivo de cabeçalho inteiro é inserido no programa naquele ponto.

A diretiva **#include** é uma instrução para o *pré-processador* do C++, que efetivamente insere o arquivo de cabeçalho iostream no código. Como o C, o C++ possui um pré-processador, o qual prepara o código para ser convertido em um programa executável que o computador pode "rodar". Todas as diretivas de pré-processamento iniciam com #, sendo as duas principais **#include**, que insere outro arquivo dentro do atual, e **#define**, que permite definir valores constantes a serem usados dentro do código (embora o C++ esteja se afastando de **#define** em favor de **const**).

DICA: *Arquivos de cabeçalho C++ padrão como iostream não são suportados por todas as instalações do C++. Se a sua não suportar arquivos de cabeçalho C++ padrão, você deve usar em seu lugar a sintaxe mais antiga,* ***#include <iostream.h>****. Consulte* Habilidades básicas: como usar arquivos de cabeçalho, *mais adiante neste capítulo, para obter mais informações.*

Agora já especificamos as declarações de rotinas e objetos como **cout**, através da inclusão do cabeçalho iostream. Este é um arquivo de cabeçalho C++ padrão moderno, sendo na verdade um pouco diferente dos arquivos de cabeçalho mais antigos C e C++ não-padrão. A diferença é que as rotinas e objetos especificados em iostream fazem parte de um *espaço de nomes* (namespace) chamado de **std** (de standard, padrão). Mas, afinal, o que são espaços de nomes? Quando você escreve um programa, definirá suas próprias rotinas e objetos. Quando combinar seu trabalho com código escrito por outras pessoas, os nomes desses elementos podem entrar em conflito com nomes que já foram usados.

Para evitar isso, o C++, da mesma forma que outras linguagens, como Java e Perl, permitem especificar um espaço de nomes no qual você definirá as rotinas e os objetos de seu programa. Como veremos no Capítulo 12, elementos de espaços de nomes diferentes não podem entrar em conflito. Por tal razão, o comitê ANSI/ISO decidiu usar espaços de nomes para os nomes que ele tornou uma parte padrão do C++, e todos os elementos declarados no arquivo de cabeçalho iostream fazem parte do espaço de nomes **std**. Para indicar que queremos tornar esse espaço de nomes o espaço de nomes padrão, você pode adicionar a instrução **using namespace std**, da seguinte forma:

```
#include <iostream>
using namespace std;

// Exibe uma mensagem de boas-vindas

int main()
{
    cout << "Hello from C++." << endl;

    return 0;
}
```

Agora o objeto incorporado **cout** está disponível em nosso código e vamos usá-lo para exibir a saída do programa.

Em seguida em nosso código está um *comentário* do C++, que é uma anotação incluída no código C++ para torná-lo mais fácil de ler:

```
#include <iostream>
using namespace std;

// Exibe uma mensagem de boas-vindas

int main()
{
    cout << "Hello from C++." << endl;

    return 0;
}
```

Neste caso, o comentário explica o que este programa fará. Você pode usar comentários para anotar seus programas para seu próprio uso ou para permitir que fique mais fácil que terceiros entendam o que está acontecendo neles. No que diz respeito ao C++, tudo em uma linha após // é ignorado. Para o compilador, o programa pareceria o seguinte:

```
#include <iostream>
using namespace std;
```

```
int main()
{
    cout << "Hello from C++." << endl;

    return 0;
}
```

Como veremos na seção *Soluções Imediatas* deste capítulo, existem dois tipos de comentário no C++: os novos, que começam com //, e os antigos, estilo C, que precisam ser delimitados entre /* e */ da seguinte forma:

```
#include <iostream>
using namespace std;

/* Exibe uma mensagem de boas-vindas */

int main()
{
    cout << "Hello from C++." << endl;

    return 0;
}
```

Você verá com freqüência programadores C++ usando o estilo C++ de comentários, mesmo que sejam limitados a uma linha, enquanto os comentários estilo C podem ocupar diversas linhas (veja "**// Exibe uma mensagem de boas-vindas**", mais adiante neste capítulo), pela simples razão de acompanhar o estilo C++ de se fazer as coisas.

Para que alguma coisa seja efetivamente feita por nosso programa, incluí uma *função* especial chamada **main**:

```
#include <iostream>
using namespace std;

// Exibe uma mensagem de boas-vindas

int main()
{
    .
    .
    .
}
```

Você provavelmente já esteja familiarizado com a idéia de funções: elas são os blocos de construção básicos da programação. Veremos mais detalhes na seção *Soluções Imediatas*, mas gostaríamos de destacar que todo programa C++ precisa de uma função **main**, porque é nela que o controle é passado ao programa pelo sistema operacional no qual o programa está sendo executado (há algumas exceções a esta regra, conforme mencionado na seção *int main()*, mais adiante neste capítulo).

É assim que uma função funciona: o código nelas é executado quando a função é *chamada*. O código de uma função é delimitado por chaves, { e }, como você pode ver no exemplo de código anterior. A função **main** é especial, porque ela é chamada pelo sistema operacional quando você roda seu programa. Isto significa que o primeiro código que você deseja que o programa execute, quando for iniciado, deve ser colocado em **main**; **main** é chamada de *ponto de entrada* do programa. Na seção *Soluções*

Imediatas, veremos que palavra-chave **int** em frente da função **main** indica que **main** retornará um valor inteiro ao sistema operacional, (*veja int main()*).

Agora que nosso código está rodando, podemos exibir a mensagem "Hello from C++." usando o objeto de iostream chamado de **cout**. (Veremos tudo sobre objetos no Capítulo 8; **cout** já está disponível para nós mesmo nos programas mais simples, de modo que não precisamos nos preocupar de onde ele vem até mais adiante neste livro, no Capítulo 13.) Este objeto, **cout**, manipula a saída de texto que você desejar exibir a partir de um programa. Em C você usaria a função **printf** para exibir saída formatada (e, é claro, você pode continuar usando **printf** no C++), mas **cout** é mais inteligente e mais versátil do que **printf**. O objeto **cout** não precisa ser informado sobre qual tipo de dado (por exemplo, numérico ou textual) será exibido (**printf** precisa) e você pode personalizar o processo de operação de modo que **cout** exiba dados de seus objetos C++. Eis aqui como eu uso **cout** para exibir a mensagem "Hello from C++.":

```
#include <iostream>
using namespace std;

// Exibe uma mensagem de boas-vindas

int main()
{
    cout << "Hello from C++." << endl;
        .
        .
        .
}
```

Programadores que estão migrando do C para o C++ podem querer usar alguns minutos para se acostumarem a usar **cout**. Como você pode ver, estou usando aqui o formato << *operador* para enviar o texto "Hello from C++." para cout. Você provavelmente já está familiarizado com a idéia de operadores – usam-se operadores para executar alguma tarefa a valores de dados chamados de *operandos* (por exemplo, 2 + 3 usa o operador + para adicionar os operandos 2 e 3). Os programadores C conhecem o operador << como deslocamento bit a bit para a esquerda, que permite multiplicar valores por potências de 2, e podem ficar surpresos de verem o mesmo operador enviando saída de texto para o vídeo. No entanto, no C++ um operador pode executar diversas tarefas diferentes. Neste caso, o operador de deslocamento bit a bit para a esquerda é *sobrecarregado* (overloaded) para permitir que ele envie dados para **cout** para exibição.

NOTA: *Veremos como sobrecarregar operadores nós mesmos no Capítulo 9. Por exemplo, se definirmos um novo tipo de objeto para guardar strings de texto, podemos sobrecarregar o operador + para especificar como um operador pode concatenar duas strings.*

Aqui estou usando o operador << para enviar a mensagem "Hello from C++." a **cout**, que por sua vez exibe o texto na tela. Note que eu também uso << uma segunda vez na mesma linha de código e envio a palavra-chave **endl** a **cout**. A palavra-chave **endl** é um *manipulador* (manipulator) de iostream, o qual pode ser usado para controlar como **cout** funciona. Neste caso, o manipulador **endl** faz a saída pular para a linha seguinte. Isto equivale a inserir um caractere de *nova linha* na saída, o que você pode fazer referenciando o caractere de nova linha diretamente como '**\n**' da seguinte forma:

```
#include <iostream>
using namespace std;

// Exibe uma mensagem de boas-vindas
```

```
int main()
{
    cout << "Hello from C++." << '\n';
        .
        .
        .
}
```

Consulte *Habilidades básicas: como usar seqüências de caracteres de escape* mais adiante neste capítulo para obter mais detalhes sobre caracteres especiais como o '**\n**'. Também veremos manipuladores mais detalhadamente no Capítulo 13.

Instruções em C++

Observe que, ao final da linha selecionada do código anterior, há um ponto-e-vírgula (;). O ponto-e-vírgula atua como um terminador, de forma análoga ao ponto no final de uma frase. No C++, *instruções simples* terminam com ponto-e-vírgula. As instruções do C++ são análogas às sentenças de um texto: elas geralmente executam uma ação discreta. Por exemplo, a instrução simples que usamos em nosso programa envia o texto "Hello from C++." para **cout**, seguido de um caractere de nova linha, para fazer o cursor pular para a linha seguinte da tela:

```
cout << "Hello from C++." << '\n';
```

Além de instruções simples, o C++ também tem outro tipo, as *instruções compostas*. Uma instrução composta é constituída de uma ou mais instruções simples do C++, delimitadas por chaves, { e }, sem ponto-e-vírgula após a } final. Em geral, sempre que se pode usar uma instrução simples também é possível usar uma instrução composta no C++. Por exemplo, a instrução **if**, que permite que o programa tome decisões e que veremos mais diante neste capítulo (veja a seção *Habilidades básicas: como tomar decisões com a instrução **if*** das *Soluções Imediatas*) e em detalhes no Capítulo 4, possui a sintaxe a seguir:

```
if (expressão) instrução;
```

Aqui, ***expressão*** é uma expressão, o que em C++ significa que ela é constituída de um único operando ou diversos operandos e operadores, e ***instrução*** é uma instrução do C++. Se a ***expressão*** for avaliada como verdadeira, a ***instrução*** é executada. Por exemplo, digamos que temos a seguinte instrução **if:**

```
if (5 > 0)
    cout << "Cinco é maior do que zero." << endl;
```

Neste caso, estou testando se cinco é maior do que zero com a expressão 5 > 0. Cinco é realmente maior do que zero, logo a expressão é verdadeira e a instrução associada é executada, exibindo a mensagem "Cinco é maior do que zero". Por outro lado, digamos que você queira executar duas instruções em vez de uma se a expressão testada for verdadeira. Em tal caso, você pode usar uma instrução composta como a seguinte, delimitando as duas instruções simples com chaves:

```
if (5 > 0){
    cout << "Cinco é maior do que zero." << endl;
    cout << "Bom, acho que você já sabia disso..." << endl;
}
```

Desta forma, no C++ você pode usar instruções simples ou compostas. Veremos como isto funciona ao longo deste e dos próximos capítulos.

Em nosso programa, a próxima instrução simples é **return 0;**:

```
#include <iostream>
using namespace std;

// Exibe uma mensagem de boas-vindas

int main()
{
    cout << "Hello from C++." << endl;

    return 0;
}
```

Esta instrução encerra a função **main** e termina nosso código. Você pode usar a instrução **return** para devolver, ou *retornar*, valores de funções, como veremos detalhadamente no Capítulo 6. Esta instrução tem uma finalidade muito especial na função **main**: ela devolve um valor de 0 da função **main** para o sistema operacional. Esse valor, que indica encerramento normal da execução do programa (um valor diferente de zero indicaria um erro), termina o programa.

Isto completa nosso primeiro programa. Há uma última coisa a ser observada: a endentação (recuos) das linhas de código dentro da função **main**. Eu endentei essas linhas usando 4 espaços, para indicar que elas fazem parte da função **main**:

```
#include <iostream>
using namespace std;

// Exibe uma mensagem de boas-vindas

int main()
{
    cout << "Hello from C++." << endl;

    return 0;
}
```

O código C++ pode se tornar bastante denso, e endentar linhas de código da forma a seguir tornou-se um procedimento padrão ao longo dos anos. À medida que nosso código se torna mais complexo, endentar código dessa forma pode ser inestimável para indicar qual código contém outro código. Você não precisa usar quatro espaços (usar dois espaços também é um procedimento muito popular), mas eu recomendo que você endente todo código que escrever.

Bem, já temos nosso primeiro programa. Mas como o colocamos para funcionar e exibimos uma saída? O primeiro passo é colocá-lo em um arquivo-fonte C++.

Criando arquivos-fonte C++

Para transformar seu código C++ em um programa executável que você possa rodar, você precisa digitá-lo em um *arquivo-fonte* ("fonte" significa o "código-fonte" C++ de onde o programa vem). Como fazê-lo na prática depende de sua instalação de C++ (veja *Como escrever um programa em C++* mais adiante neste capítulo). Por exemplo, no Microsoft Visual C++, você pode usar o editor incorporado ao ambiente para criar arquivos-fonte C++. Você também pode usar seu programa editor de texto favoritos para criar arquivos-fonte C++, caso sua instalação C++ possa trabalhar com eles. Por exemplo, no UNIX você pode usar o vi, o emacs ou mesmo o pico para digitar seu código e criar arquivos-fonte. No Microsoft Windows, você pode usar o WordPad ou o Bloco de notas. A coisa mais importante é que seu pacote C++ precisa poder ler seu arquivo-fonte. Em particular, isto normalmente significa ficar longe de processadores de texto sofisticados como o Microsoft Word, a não ser que eles possam (e você saiba como) salvar os arquivos em formato de somente texto.

Que nome você deve dar ao arquivo C++? Isto também depende de sua instalação C++. No UNIX, por exemplo, algumas extensões de arquivo comuns para arquivos-fonte C++ são .C (C maiúsculo; c minúsculo é reservado para programas em C), .cc, .cxx e .cpp. Já no DOS e no Windows .cpp é a extensão mais comum. Assim, usarei .cpp como a opção mais abrangente para os diferentes sistemas operacionais. Por exemplo, você pode digitar o programa que desenvolvemos nas páginas anteriores em um arquivo de nome hello.cpp.

Neste ponto você tem o código do seu primeiro programa em um arquivo-fonte C++, hello.cpp. Mas como se faz para realmente rodar este código? Bom, o próximo passo é *compilá-lo.*

Compilando e executando programas C++

Para converter seu código-fonte C++ em um programa executável que pode ser rodado no computador, você precisa ter um compilador C++. Existem por aí alguns gratuitos (veja *Localizando um compilador C++*, mais adiante neste capítulo), e o UNIX normalmente vem com um compilador C++ embutido nele. Você também pode usar um compilador caro e sofisticado, mas você efetivamente precisa de um compilador.

O trabalho do compilador é traduzir seu programa C++ de algo que você entende em algo que o computador entende. Como operar o compilador varia bastante em função do compilador específico, mas abordarei o processo em maiores detalhes em *Habilidades básicas: como compilar um programa.* No caso de compiladores chamados a partir da linha de comando (isto é, no prompt de comando do UNIX ou DOS), normalmente digita-se o nome do programa a ser compilado imediatamente após o nome do programa compilador. Por exemplo, se o nome do programa compilador for cppcompiler (por exemplo, cppcompiler.exe no Windows) e ele foi feito para ser executado via linha de comando (Prompt do MS-DOS), você pode compilar hello.cpp da seguinte forma (neste livro, usarei % como um prompt de linha de comando genérico, representando tanto o prompt de linha de comando do UNIX quanto o do DOS):

```
%cppcompiler hello.cpp
```

Isto cria o arquivo executável que você pode rodar. Em DOS, por exemplo, esse arquivo executável terá o nome hello.exe. É claro que os detalhes variam conforme o compilador e o sistema operacional: você precisará ler a documentação do compilador ou perguntar a alguém para obter detalhes. No UNIX, por exemplo, o arquivo resultante normalmente receberá o nome a.out.

Então, como fazer este arquivo executável rodar? Geralmente, basta você digitar o nome do programa executável no prompt de linha de comando, como neste caso (veja *Habilidades básicas: como compilar um programa*, mais adiante neste capítulo, para obter mais detalhes sobre como executar programas):

```
%hello
```

Quando você o fizer, o programa é imediatamente executado e você verá o resultado:

```
%hello
Hello from C++.
```

E com isto compilamos e executamos nosso primeiro programa em C++. Este é, em termos gerais, como o processo funciona. Para obter detalhes específicos do compilador que estiver usando, consulte sua documentação se ela estiver disponível (muitas vezes ela não está), ou incomode alguém até que ele lhe diga o que você quer saber.

As palavras-chave reservadas do C++

À medida que criamos nossos próprios programas, criaremos nomes para elementos deles. Tais nomes não devem entrar em conflito com os termos que o C++ reservou para seu próprio uso. As palavras-chave reservadas do C++ estão listadas na Tabela 1.1. Você deve levar em conta que nem todas elas realmente fazem algo (por exemplo, **asm**, que algumas implementações usam para incluir código de montagem – "assembly" – de baixo nível específico da máquina em um programa, ainda não possui um uso oficial no C++ padrão), mas todas são reservadas para o uso do C++.

Tabela 1.1 Palavras-chave reservadas do C++.

Palavras-chave			
asm	auto	bad_cast	bad_typeid
bool	break	case	catch
char	class	const	const_cast
continue	default	delete	do
double	dynamic_cast	else	enum
except	explicit	extern	false
finally	float	for	friend
goto	if	inline	int
long	mutable	namespace	new
operator	private	protected	public
register	reinterpret_cast	return	short
signed	sizeof	static	static_cast
struct	switch	template	this
throw	true	try	type_info
typedef	typeid	typename	union
unsigned	using	virtual	void
volatile	while		

Convertendo para o C++ padrão ANSI/ISO

Mesmo que já seja um programador C++, você pode não estar familiarizado com o C++ padrão ANSI/ISO. Eis aqui uma lista curta de itens que ajudam a fazer a conversão. Por outro lado, se ainda não for um programador C++, você pode achar interessante consultar esta lista ao longo do livro, para assegurar-se de que está codificando em C++ padrão:

- Use **const** em vez de **#define** para definir constantes (veja o Capítulo 2 para obter mais detalhes).
- Use **inline** em vez de **#define** para funções in-line (veja o Capítulo 7 para obter mais detalhes).
- Use protótipos de função; eles são opcionais no C, mas não no C++ padrão (veja o Capítulo 6 para obter mais detalhes).
- Use os novos operadores de conversão explícita ("cast") de tipos, **dynamic_cast**, **static_cast**, **const_cast** e **reinterpret_cast** em vez da maneira antiga de converter tipos explicitamente, tal como **(double)** (veja o Capítulo 5 para obter mais detalhes.)
- Use os novos cabeçalhos estilo C++ (veja *Habilidades básicas: como usar arquivos de cabeçalho* para obter mais detalhes).
- Use espaços de nomes (veja o Capítulo 11 para obter mais detalhes).
- Use o modelo ("template") **auto_ptr**, que automatiza operações de exclusão (veja o Capítulo 15 para obter mais detalhes).
- Use a classe incorporada **string** (veja o Capítulo 15 para obter mais detalhes).
- Use a STL (Standard Template Library, biblioteca de modelos padrão – veja os Capítulos 15, 16 e 17 para obter mais detalhes).

Esta é toda a preparação de que necessitamos. É hora de ir para a seção *Soluções Imediatas* deste capítulo, onde estudaremos mais detalhadamente o que já vimos e desenvolveremos diversas outras habilidades básicas, tais como ler entrada do teclado. Também faremos um estudo inicial da instrução **if** e de instruções de laço ("loop") como **for** e **while**. Essas habilidades básicas serão cobertas mais aprofundadamente ao longo do livro, mas também são necessárias para avançarmos. Para assegurar-se de ter uma boa base para os capítulos seguintes, certifique-se de que tais habilidades estejam firmemente fixadas em sua cabeça.

Soluções Imediatas

Onde eu posso obter uma cópia do padrão C++ ANSI/ISO?

Se tiver uma pergunta sobre C++ e não conseguir a resposta em lugar algum, você sempre pode consultar o próprio padrão C++ do ANSI/ISO, cujo nome técnico é X3J16-14882.

Onde você pode conseguir uma cópia? Você pode pedir uma cópia impressa do NCITS (National Committee for Information Technology Standards, Comitê Nacional de Padrões de Tecnologia de Informação dos EUA), sediado em Washington, D.C. Solicite o documento FDC 14882 (no entanto, eles cobram caro). Na Internet, você pode obter uma cópia impressa (também cobrada), em **www.ansi.org**. (Quando este livro estava sendo escrito/revisado, o caminho era selecionar Standards Info e então pesquisar por 14882-1998, mas deve-se levar em conta que isto já mudou entre o momento em que o autor escreveu esta parte do livro e quando o livro sofreu revisão técnica). O nome do documento em si, neste caso, é "ISO/IEC 14882-1998, Information Technology – Programming Languages – C++". Há ainda uma última opção: você pode descarregar uma cópia da Internet, no formato PDF (Adobe Acrobat), em **http://webstore.ansi.org/ansidocstore/product.asp?sku=ISO%2FIEC+14882%2D1998.** (Quando este material estava sendo escrito, ele tinha cerca de 2MB e custava US$ 18,00, a opção mais barata). Para ler este documento você precisará do Adobe Acrobat Reader. Ele pode ser obtido gratuitamente em **www.adobe.com** (quando este livro estava sendo escrito/revisado, o endereço direto para o download era **www.adobe.com/products/acrobat/readermain.html**, e o Reader possui uma versão em português). É um documento bastante substancial – 775 páginas, e naturalmente está em inglês.

NOTA: *O padrão C++ ANSI/ISO em si é, na verdade, um documento mais voltado para aqueles que desejam criar compiladores C++. Você poderá descobrir que lê-lo é uma tarefa árdua.*

Localizando um compilador C++

Se não possui um compilador C++, você precisará de um para criar arquivos executáveis a partir do código C++ que escrever. E onde se encontra um compilador C++? Há muitos por aí, e você pode gastar um bom dinheiro comprando um, se desejar. Como usar o compilador em si dependerá do produto específico, mas correndo o risco de fornecer informações que podem estar superadas quando você ler este material, vou proporcionar uma visão geral da situação.

Compiladores para UNIX

O C++ normalmente é incorporado a sistemas UNIX, de modo que você não precisará ir muito longe procurando. Por exemplo, muitas vezes o compilador C++ de um sistema UNIX terá como nome CC (observe que ele usa letras maiúsculas para distingui-lo do compilador C, cc). Caso sua instalação UNIX não tenha o CC incorporado a ela, experimente procurar pelo g++, o compilador C++ GNU da Free Software Foundation. Ambos possuem páginas de ajuda man do UNIX, as quais você pode consultar para obter mais detalhes sobre como usá-los (por exemplo, digite o comando **man CC** no prompt de comando). Para ter algumas dicas sobre como usar os diversos compiladores, consulte *Habilidades básicas: como compilar um programa*, mais adiante neste capítulo.

Compiladores para DOS/Windows

Há diversos compiladores C++ extremamente sofisticados para Windows, como o Borland C++ e o Microsoft Visual C++. Ambos custam dinheiro, mas aqui está uma excelente dica: existe uma versão DOS do mecanismo C++ do Borland C++ que é fornecida gratuitamente (até quando este livro estava sendo escrito/revisado) em **www.borland.com/bcppbuilder/freecompiler/**. Se o endereço estiver indisponível ou as coisas tiverem mudado quando você estiver lendo isto, mesmo assim dê uma olhada em **www.borland.com** para obter novos detalhes. Este compilador obedece aos padrões ANSI/ISO, é muito atualizado e também é gratuito. O nome do compilador em si é bcc32.exe, e você pode executá-lo da linha de comando, da mesma forma que o CC ou o g++ em UNIX – altamente recomendado se você estiver usando DOS/Windows.

É claro que há muitos outros compiladores C++ para Windows por aí, alguns deles gratuitos, como o suportado pelo Cygwin, a portagem parcial das ferramentas GNU do UNIX para Windows. Você pode encontrá-lo em **http://sources.redhat.com/cygwin/**. Para obter algumas dicas sobre como usar os diversos compiladores, veja *Habilidades básicas: como compilar um programa*, mais adiante neste capítulo.

Compiladores para Macintosh

Entre os compiladores C++ mais conhecidos para o Macintosh estão o compilador Symantec C++ e o compilador Metrowerks Code Warrior. Infelizmente nenhum deles é gratuito, e não conseguimos achar até agora um compilador gratuito para o C++ (se conhecer algum avise-me – ou qualquer outro compilador C++ que obedeça ao padrão ANSI/ISO – que incluirei na próxima edição do livro). Para obter algumas dicas sobre como usar os diversos compiladores, veja *Habilidades básicas: como compilar um programa*, mais adiante neste capítulo.

Como escrever um programa em C++

Como vimos na introdução deste capítulo (veja *Criando arquivos-fonte C++*), você precisará colocar seu código C++ em um arquivo-fonte C++ antes que o compilador possa trabalhar com ele. Em compiladores mais sofisticados, como o Borland C++ e o Microsoft Visual C++, você usa um IDE (Integrated Development Environment, ambiente de desenvolvimento integrado), que vem com um editor incorporado, para criar o seu código. Pode haver até mesmo ferramentas tipo "assistente", que escrevem uma boa parte do código para você (um programa Visual C++ para Windows típico possui cerca de 10 páginas de código inseridas automaticamente pelo Visual C++ antes de você sequer começar a trabalhar nele). Se estiver usando um desses compiladores com IDE, use o editor integrado para criar seus programas C++. Embora seja muitas vezes possível escrever arquivos de código-fonte fora do IDE e adicioná-los aos seus projetos C++ mais tarde, você estará se arriscando a ter incompatibilidades e confusão entre versões do código-fonte, a não ser que use as ferramentas do IDE.

Por outro lado, se estiver usando um compilador de linha de comando, como o CC ou o bcc32.exe, você será o responsável por criar por conta própria os arquivos de código-fonte C++. Você pode usar praticamente qualquer editor de texto capaz de armazenar arquivos somente texto, tal como o vi ou o emacs no UNIX ou o WordPad ou o Bloco de notas no Windows (evite usar processadores de texto sofisticados, a não ser que eles posam salvar seu código C++ como arquivos somente texto e você saiba como fazê-lo). Há inclusive algumas ferramentas de edição de programa excelentes, que realçarão as palavras-chave em diferentes cores e verificarão a sintaxe à medida que você programar. Tudo aquilo de que você realmente necessita, no entanto, é um programa de edição de texto que possa criar arquivos-fonte C++ que seu compilador leia.

Como você deve dar nomes aos arquivos de código-fonte C++? Mais uma vez isto dependerá do compilador que você estiver usando, mas a maioria dos arquivos-fonte em C++ possuem um nome e uma extensão, tal como hello.cpp. Em UNIX as extensões de arquivo-fonte típicas são .C, .cc, .cxx e .cpp. No Windows normalmente se usa .cpp (e algumas vezes .cp). No Macintosh, é normalmente .cp ou .cpp. Neste livro, usaremos .cpp como denominador comum. O tamanho total do nome de arquivo pode ser limitado pelo sistema operacional ou pelo compilador. Depois de ter criado o arquivo-fonte você o passa para o compilador, conforme será visto em *Habilidades básicas: como compilar um programa*, mais adiante neste capítulo.

Nosso primeiro programa em C++

Nós apresentamos uma visão geral deste programa na seção *Análise Aprofundada* deste capítulo, mas aqui vamos estudá-lo detalhadamente:

```
#include <iostream>
using namespace std;

// Exibe uma mensagem de boas-vindas

int main()
{
    cout << "Hello from C++." << endl;

    return 0;
}
```

Este programa simplesmente exibe a mensagem "Hello from C++." na tela, mas eu vou dissecá-lo linha a linha nas próximas seções. Saber exatamente como este código funciona fornece uma base essencial para o trabalho que faremos nos capítulos seguintes.

#include <iostream>

A primeira linha do nosso primeiro programa é uma diretiva de pré-processamento **#include**:

```
#include <iostream>
using namespace std;

// Exibe uma mensagem de boas-vindas

int main()
{
    cout << "Hello from C++." << endl;

    return 0;
}
```

Esta diretiva de pré-processamento insere o arquivo de cabeçalho iostream no código neste ponto, e esse arquivo de cabeçalho informa ao C++ sobre diversas funções e objetos, inclusive o objeto **cout** que vamos usar mais adiante no programa. Como veremos no Capítulo 6 e rapidamente em *Habilidades básicas: como usar arquivos de cabeçalho* mais adiante neste capítulo, arquivos de cabeçalho são normalmente usados para declarar objetos e funções para o C++, para que ele saiba como usá-los. Tais declarações não são necessárias em muitas outras linguagens, mas o C++ insiste nelas.

NOTA: *Qualquer código que use **cout** ou **cin** precisa incluir o cabeçalho iostream.*

Diretivas de pré-processamento

As diretivas de pré-processamento são tratadas antes que o código seja passado ao compilador C++ em si – na verdade, o C++ original, conforme escrito por Bjarne Stroustrup, era um pacote chamado de cfront, que funcionava como um pré-processador, convertendo o código C++ em código C, o qual então era passado para o compilador C. O compilador C++ é diferente: ele inclui um pré-processador que trata das diretivas de pré-processamento antes do processo de compilação C++ começar.

Eis aqui as diretivas de pré-processamento permitidas no C++ padrão:

- **#define** – Define um "token".
- **#elif** – A diretiva else-if.
- **#else** – A diretiva else.
- **#error** – O erro atual.
- **#if** – A diretiva if.
- **#ifdef** – A diretiva if-defined.
- **#ifndef** – A diretiva if-not-defined.
- **#include** – Inclui um arquivo.
- **#line** – A linha atual.
- **#pragma** – Função especial executada entes do resto do código.
- **#undef** – Undefine.

Você pode usar essas diretivas de pré-processamento com tokens predefinidos como **__cplusplus**, que é *definido* se o programa atual for C++ e *indefinido* do contrário. Você pode conferir se um token é definido com uma diretiva **if**, que inicia com **#if** e termina com **#endif**; no caso a seguir, a linha de código é incluída no programa caso o programa seja escrito em C++:

```
#ifdef __cplusplus
cout << "This is a C++ program." << endl;
#endif
```

Eis aqui alguns tokens predefinidos que você pode usar em seu código:

- **__cplusplus** – Definido se o programa atual foi escrito em C++.
- **__STDC__** – Definido se o programa atual foi escrito em C padrão.
- **__LINE__** – Guarda o número da linha atual.

- **__FILE__** – Guarda o nome do arquivo atual.
- **__DATE__** – Guarda a data da compilação.
- **__TIME__** – Guarda a hora da compilação.

O pré-processador também suporta *macros*, que são seções de código predefinido expandidas em um programa à medida que são encontradas pelo pré-processador. As macros foram deixadas relativamente de lado, substituídas amplamente por modelos, funções in-line e técnicas mais sofisticadas, mas pelo menos uma delas continua sendo muito útil: a macro **assert**. Esta macro é usada para inserir em um programa código que teste uma expressão (da mesma forma que aquelas testadas em uma instrução **if**) e, caso tal expressão seja falsa (*Habilidades básicas: valores verdadeiros e falsos no C++*, mais adiante neste capítulo), o programa é encerrado e uma mensagem de erro é exibida. Eis aqui como usar **assert** em um programa:

```
assert(expressão);
```

Quando encontra uma macro **assert** como esta, o pré-processador inserirá o código para testar ***expressão*** em tempo de execução e encerrar o programa, caso necessário. Esta macro é excelente para depurar (descobrir e corrigir erros) de programas, pois permite verificar o que acontece com o código quando o programa é executado. Entretanto, você deve remover as macros **assert** da versão final do programa, já que as informações que elas exibirão normalmente não serão de qualquer utilidade para o usuário), e usar em vez delas o tratamento de exceções (veja o Capítulo 12).

Você também pode escrever suas próprias macros – veja *Como criar macros de pré-processamento* mais adiante neste capítulo.

Vale a pena dar uma olhada no nome do arquivo de cabeçalho que incluímos aqui – iostream. Conforme veremos mais tarde em *Habilidades básicas: como usar arquivos de cabeçalho*, os arquivos de cabeçalho padrão do C++ não possuem extensão. Isto difere da maneira antiga de se fazer as coisas em C e C++, pela qual os arquivos de cabeçalho tinham a extensão .h (o comitê do ANSI/ISO quis dar aos arquivos de cabeçalho padrão do C++ uma extensão, mas eles não conseguiam chegar a um acordo a respeito de qual seria a melhor extensão, de forma que chegaram a um acordo de compromisso de usar nenhuma extensão). Muitos arquivos de cabeçalho mais antigos, em estilo C, já foram convertidos para arquivos de cabeçalho C++ padrão, sendo renomeados de modo a não ter mais extensão e apresentando um c adicional diante de seus nomes. Eis aqui uma lista de arquivos de cabeçalho que você pode vir a encontrar:

- *Arquivos de cabeçalho estilo C antigo* – Terminados em .h, como stdio.h (utilizável em C e C++).
- *Arquivos de cabeçalho estilo C++ antigo* – Terminados em .h, como iostream.h (utilizável em C++).
- *Arquivos de cabeçalho estilo C++ novo* – Sem extensão, como iostream (utilizável em C++ com um espaço de nomes como **std**).
- *Arquivos de cabeçalho C convertidos* – Sem extensão e com o prefixo c adicionado, como cctype (utilizável em C++).

Os arquivos de cabeçalho que usam o novo estilo padrão C++ também colocam todos os nomes que definem em um espaço de nomes especial, **std**. Daremos uma olhada em tal espaço de nomes a seguir.

using namespace std;

A próxima linha de nosso primeiro programa é a instrução de espaço de nomes, destacada a seguir:

```
#include <iostream>
using namespace std;

// Exibe uma mensagem de boas-vindas

int main()
{
    cout << "Hello from C++." << endl;

    return 0;
}
```

Incluí esta linha porque o programa usa o arquivo de cabeçalho iostream, que segue o novo estilo C++. Os nomes de iostream fazem parte do espaço de nomes **std**, que significa padrão (de "standard"). Já vimos espaços de nomes rapidamente na seção *Análise Aprofundada* deste capítulo e vamos estudá-los mais detalhadamente no Capítulo 11. Como outras linguagens, tais como Java e Perl, o C++ agora usa espaços de nomes para permitir que um programador evite conflitos entre os nomes que ele usa em um programa e os nomes que outros programadores possam ter usado em outros programas. Mesmo que o mesmo nome seja usado em dois espaços de nomes distintos, não haverá conflito. Assim, por exemplo, uma função escrita por outra pessoa não poderá sobrescrever uma sua, por engano. Os nomes do C++ padrão foram tornados parte do espaço de nomes **std.** Assim, tecnicamente, você deveria prefixar cada um desses nomes com **std::**, conforme veremos no Capítulo 11. Isto faria nosso programa passar a ter o seguinte aspecto:

```
#include <iostream>

// Exibe uma mensagem de boas-vindas

int main()
{
    std::cout << "Hello from C++" << std::endl;

    return 0;
}
```

Isto funciona tão bem quanto a versão anterior deste código, mas a maioria dos programadores considera mais fácil usar uma instrução **using namespace std**, que torna **std** o *espaço de nomes padrão.* Quando **std** é tornado o espaço de nomes padrão, o programador não precisa mais prefixar tudo com **std::** – tal prefixo é pressuposto. Veremos muito mais detalhes sobre espaços de nomes no Capítulo 11.

// Exibe uma mensagem de boas-vindas

A próxima linha do nosso programa é um comentário:

```
#include <iostream>
using namespace std;

// Exibe uma mensagem de boas-vindas
```

```
int main()
{
    cout << "Hello from C++." << endl;

    return 0;
}
```

Como já foi mencionado na seção *Análise Aprofundada* deste capítulo, comentários são anotações incluídas em um programa que permitem ao programador explicar algo sobre o propósito, criação, versão ou função de um programa. Eles são removidos pelo compilador e ignorados – comentários são para uso do programador, não do compilador.

Há dois tipos de comentários em C++: comentários estilo C++ e comentários estilo C. O comentário no código anterior adota o estilo C++, o que significa que ele é um comentário de uma só linha. O compilador C++ ignora todo o conteúdo da linha à direita do par de barras, //. Isto também significa que você pode usar este estilo de comentário para anotar linhas individuais, da seguinte forma:

```
#include <iostream>
using namespace std;

int main()
{
    cout << "Hello from C++." << endl; // Exibe uma mensagem de boas-vindas

    return 0;
}
```

O segundo tipo de comentário do C++, o comentário estilo C, começa com os caracteres /* e termina com os caracteres */. Como ele possui marcadores de início e fim definidos, ele não é restrito a uma única linha, como o comentário estilo C++ (que usa o fim da linha como delimitador do fim do comentário). Isto significa que você pode criar comentários de múltiplas linhas, como o seguinte:

```
#include <iostream>
using namespace std;

/* A finalidade deste programa é
   exibir mensagem de boas-vindas,
   a qual é "Hello from C++."      */

int main()
{
    cout << "Hello from C++." << endl;

    return 0;
}
```

Há muitas variações de uso de comentários estilo C. Eis aqui uma outra versão:

```
#include <iostream>
using namespace std;

/************************************/
/* A finalidade deste programa é    */
/* exibir mensagem de boas-vindas,  */
/* a qual é "Hello from C++."       */
/************************************/
```

```
int main()
{
    cout << "Hello from C++." << endl;

    return 0;
}
```

Outro ponto a ser destacado aqui é que não se pode *aninhar* comentários estilo C, ou seja, não é possível colocar um comentário dentro de outro. A razão para tal é que, após o início de um comentário ser detectado, o compilador C++ reconhece o primeiro marcador */ como fim do comentário, e caso ele encontre texto não C++ após esse marcador, ele ficará confuso:

```
#include <iostream>
using namespace std;

/* Comentários começam com /*, terminam com */ e
   você não pode aninhá-los, o que significa que
   este é um programa inválido e não compilará */

int main()
{
    cout << "Hello from C++." << endl;

    return 0;
}
```

int main()

A próxima linha do programa inicia a função **main**:

```
#include <iostream>
using namespace std;

// Exibe uma mensagem de boas-vindas

int main()
{
    cout << "Hello from C++." << endl;

    return 0;
}
```

Como mencionado na seção *Análise Aprofundada* deste capítulo, a função **main** é o ponto onde o controle é passado para o programa a partir do sistema operacional. Isto significa que é na função **main** que deve ser colocado o código que você deseja que seja executado em primeiro lugar e, em termos gerais, é indispensável ter uma função **main** em qualquer programa C++, exceto em alguns casos, como DLLs (dynamic link libraries, bibliotecas de vinculação dinâmica) do Windows e código compartilhado em memória que alguns compiladores suportam e que podem ser chamados por diversos processos distintos. No entanto, mesmo tais exceções precisam que outro programa chame seu código especificamente. Há ainda outra exceção: programas desenvolvidos em pacotes como o Microsoft Visual C++, destinados ao Windows e que exibem janelas usam uma função inicial especial, de nome **WinMain** (não existe uma razão especial para esse nome – como o compilador é da Microsoft, eles podem chamá-la do nome que quiserem).

Veremos detalhadamente como criar funções no Capítulo 6. As funções são os blocos de construção dos programas C++, e normalmente todo o código de um programa C++ é colocado dentro de uma função. Além disso, o C++ padrão vem com mais de 140 funções predefinidas, prontas para serem chamadas. Estudaremos essas funções ao longo do livro.

Observe a estrutura da função **main**. A primeira linha é **int main()**, seguida por chaves que delimitam o código que forma o corpo da função e que é executado quando a função é chamada. A palavra-chave **int** indica que a função retorna um valor inteiro (veremos mais a respeito de como funções retornam valores e como usar tais valores no Capítulo 6). Neste caso, o valor inteiro que retornaremos é 0, usando a instrução **return 0**; no final de **main**.

Em programas em C pode-se omitir o especificador de tipo de retorno na frente de **main** (isto é, **int**). Programas em C++ não permitem isto. Como veremos no Capítulo 6, além de especificar o tipo de retorno de uma função, você também pode especificar o tipo ou tipos de valores de dados, chamados de argumentos, *passados* para que a função trabalhe com eles. Tais valores de dados são listados dentro dos parênteses após o nome da função. No entanto, a função **main** não aceita nenhum argumento. Assim, deixaremos os parênteses vazios neste caso. No C++, isto significa que nenhum argumento é passado para a função – mas no C padrão, significa apenas que você não está falando nada sobre o número e tipos de argumentos. Outra opção do C++ é colocar a palavra-chave **void** entre parênteses de uma função que não aceita argumentos. Isto é equivalente a deixar os parênteses vazios:

```
int main(void)
{
    cout << "Hello from C++." << endl;

    return 0;
}
```

cout << "Hello from C++." << endl;

Esta é a linha de código que efetivamente produz a saída de nosso primeiro programa:

```
#include <iostream>
using namespace std;

// Exibe uma mensagem de boas-vindas

int main()
{
    cout << "Hello from C++." << endl;

    return 0;
}
```

Vimos esta linha de código na seção *Análise Aprofundada* deste capítulo. Em programas em C, normalmente se usa uma função incorporada chamada **printf** para exibir saída de texto de um programa:

```
#include <stdio.h>

/* Imprime "Hello from C." */

main()
{
```

```
    printf("Hello from C.");

    return 0;
}
```

A função **printf** é usada para exibir texto formatado, sendo o programador responsável por formatar a saída da maneira desejada quando usa **printf**. Por outro lado, **cout** é um objeto de fluxo (stream) especial do C++, que cuida da maioria dos detalhes para o programador. Você pode passar para **cout** texto ou números: ele é capaz de tratar ambos os tipos de dados por conta própria. Em nosso primeiro programa, passamos uma string de texto, "Hello from C++.", e o manipulador **endl** de iostream para **cout** usando o operador << (para obter detalhes sobre manipuladores, consulte o Capítulo 13). Você pode usar o operador << em estágios, como vimos aqui, para passar múltiplos itens para **cout**. Quando o programa é executado, o texto enviado a **cout** é exibido como se segue:

```
%hello
Hello from C++.
```

O manipulador **endl** faz a saída pular para a próxima linha. Embora neste caso isto não seja necessário se este programa estiver sendo executado em DOS (pois, quando o programa termina, a saída pula para a próxima linha quando o prompt de comando reaparece), o avanço de linha é necessário em UNIX. Outra opção que funciona da mesma forma que **endl** é usar a *seqüência de caracteres de escape* '**\n**' para fazer a saída pular para a próxima linha:

```
#include <iostream>
using namespace std;

// Exibe uma mensagem de boas-vindas

int main()
{
    cout << "Hello from C++." << '\n';

    return 0;
}
```

A barra invertida, \, em '**\n**', informa ao C++ que o caractere a seguir deve ser interpretado como parte de uma seqüência de caracteres de escape. Neste caso, o C++ interpreta o '**\n**' e envia um caractere de nova linha para a saída. Na verdade, você pode tratar o '**\n**' como parte de uma string de texto, da seguinte maneira:

```
cout << "Hello from C++.\n";
```

Há diversas outras seqüências de caracteres de escape que **cout** compreende, tais como barras invertidas e tabulações. Para ver os detalhes, consulte *Habilidades básicas: como usar seqüências de caracteres de escape*, mais adiante neste capítulo.

O **cout** é um objeto importante, que veremos ao longo de todo o livro. Embora possa parecer que **cout** simplesmente recebe os dados e os exibe como ele deseja, você pode personalizar seu comportamento de diversas maneiras. Veja também *Habilidades básicas: como formatar saída*, mais adiante neste capítulo, para obter mais informações sobre como usar **cout** para produzir saída formatada. No entanto, o objeto **cout** possui padrões para a exibição de todos os tipos de dados, o que torna usá-lo muito mais fácil do que a antiga função **printf** do C (embora o **printf** ainda esteja disponível para uso em programas C++).

Há também um objeto análogo, **cin**, para ler entrada baseada em texto. Veja *Habilidades básicas: como ler entrada do teclado*, mais adiante neste capítulo.

NOTA: *Na programação em Windows não é possível escrever em* ***cout****. Em vez disso deve-se usar funções predefinidas do Windows, tais como* ***TextOut****, para escrever em janelas. Em geral, a entrada e a saída em um ambiente de janelas são bastante distintas da entrada e saída de um programa C++ padrão.*

---

return 0;

A última instrução da função **main** é tipicamente **return 0;**:

```
#include <iostream>
using namespace std;

// Exibe uma mensagem de boas-vindas

int main()
{
    cout << "Hello from C++." << endl;

    return 0;
}
```

Ela especifica o valor retornado pela função. Normalmente, quando uma função retorna um valor este valor é passado de volta para a parte do programa C++ que chamou a função, mas o valor de retorno da função **main** é diferente, pois ela é chamada pelo sistema operacional. Neste caso, um valor de 0 é retornado para o sistema operacional, indicando um término de programa normal.

DICA: *Se você devolver um valor diferente de zero da função* ***main****, o valor é considerado um código de erro. Você pode então usar tal valor de retorno no UNIX ou no DOS (embora no DOS você precise manipular o valor em um arquivo .bat).*

Na verdade, você pode omitir a instrução **return 0;** ao final de **main**. O C++ adiciona a instrução ao código. Este é o único local em que um valor de retorno está implícito, e o C++ tratará dos detalhes se você omiti-lo. No entanto, embora isto seja parte do padrão C++, não aconselho que você confie nisto: o C++ é notório por exigir que tudo seja escrito explicitamente, e eu tenho certeza de que algumas implementações do C++ não incluem automaticamente uma instrução **return** ao final de **main** se você omiti-la.

Outras formas de encerrar um programa incluem as instruções **exit** e **abort**; veja *Como usar as instruções **exit** e **abort***, no Capítulo 4.

Solução relacionada:	Encontrada na página:
Como usar as instruções **exit** e **abort**	158

Habilidades básicas: como compilar um programa

Após seu programa estar escrito, você precisa compilá-lo para poder rodá-lo. Os detalhes de como compilar o código C++ variam conforme o compilador, mas darei uma idéia geral do processo aqui.

Em ambientes de desenvolvimento integrados sofisticados, normalmente seu programa C++ fará parte de um *projeto*, e você poderá usar itens de menu como Make, Build ou Build All para criar um arquivo executável. Normalmente tais pacotes podem criar diferentes tipos de programas para você, os quais podem ser destinados a rodar em DOS, em uma janela do Windows, como uma DLL ou em um aplicativo para a Web. Os detalhes do processo de compilação dependem do compilador. Por outro lado, tais pacotes de C++ vêm com grande quantidade de documentação para ajudá-lo com a tarefa.

No UNIX padrão o processo é mais simples. Nele o compilador normalmente é algo como CC ou g++ e você só precisa passar o nome do arquivo, ou arquivos que deseja compilar, para o compilador via linha de comando, da seguinte forma:

```
%g++ hello.cpp
```

Em algumas versões, você pode precisar especificar que deseja ligar (link) a biblioteca C++ explicitamente, com algo como o seguinte:

```
%g++ hello.cpp -lg++
```

Isto compila o código-fonte C++ para um novo arquivo, hello.o, e então o *liga* (*linca; vincula*) às bibliotecas C++ padrão, para adicionar o código necessário para suportar o C++. O resultado é um arquivo chamado a.out, que é um arquivo executável que pode ser rodado da seguinte forma:

```
%a.out
Hello from C++.
```

Para saber mais, use o comando **man** do compilador que está usando, por exemplo, **man CC** ou **man g++**. Se quiser renomear a.out, você pode usar comandos do UNIX como o **mv**.

No DOS, na linha de comando o processo é semelhante. Por exemplo, para a versão gratuita do Borland C++, o nome do compilador é bcc32.exe e ele é desempacotado em um subdiretório de nome bin. Os arquivos a serem incluídos no código C++, como iostream, são colocados em um subdiretório chamado include, e as rotinas da biblioteca do C++ em um subdiretório de nome lib. Se você desempacotar tudo em um diretório chamado c:\bcc, sua linha de comando pode ter uma aparência como a mostrada a seguir, na qual estou usando a *opção de compilação* (switch) **-I** para indicar onde estão os arquivos de inclusão e a opção de compilação **-L** para indicar onde estão os arquivos de biblioteca do C++[1]:

```
C:\cpp>c:\bcc\bin\bcc32 -Ic:\bcc\include -Lc:\bcc\lib hello.cpp
Borland C++ 5.5 for Win32 Copyright (c) 1993, 2000 Borland
```

---

(1) N.R.T.: Para não precisar digitar todo o caminho do diretório onde está o compilador C++ nem usar as opções de compilação para definir a localização dos arquivos de inclusão e de bibliotecas, pode ser interessante incluir esses diretórios no caminho de busca padrão do sistema. No DOS/Windows, por exemplo, inclua os diretórios na variável PATH= do arquivo autoexec.bat:

```
SET PATH=c:\bcc\bin\;c:\bcc\include;c:\bcc\lib
```

Deve-se salientar, no entanto, que tal procedimento não necessariamente funciona com todos os compiladores para DOS/Windows, nem necessariamente para todos os diretórios (por exemplo, pode funcionar para o diretório onde está o compilador, mas não para os diretórios de inclusão e de bibliotecas).

```
hello.cpp:
Turbo Incremental Link 5.00 Copyright (c) 1997, 2000 Borland
```

DICA: *Se você usar opções de compilação como* ***-I*** *ou* ***-L*** *na linha de comando para personalizar o comportamento do seu compilador, confira a documentação do compilador para ver quais opções de compilação de linha de comando estão disponíveis (normalmente há várias delas). Para exibir as opções do compilador gratuito da Borland, por exemplo, basta chamar o programa sem qualquer argumento: C:\cpp>c:\bcc\bin\bcc32 .*

Isto cria hello.exe, pronto para ser executado[2]. Você também pode compilar diversos arquivos de código-fonte, como a.cpp, b.cpp, c.cpp e assim por diante, da seguinte maneira:

```
C:\cpp>c:\bcc\bin\bcc32 -Ic:\bcc\include -Lc:\bcc\lib a.cpp b.cpp c.cpp
```

Neste caso, a.cpp é normalmente o arquivo-fonte que contém a função **main**. O arquivo .exe resultante é chamado de a.exe (ele recebe seu nome a partir do primeiro arquivo compilado).

Habilidades básicas: como executar um programa

Como você efetivamente executa um programa compilado e ligado (lincado) depende do sistema operacional. No Windows, você digita o nome do arquivo executável, por exemplo, hello, na linha de comando, omitindo a extensão .exe (esta extensão é usada pelo sistema operacional para saber que se trata de um arquivo executável, mas você não precisa digitá-la), e pressiona Enter para iniciar o programa.

No UNIX o nome do arquivo executável é algo como a.out (a não ser que você tenha tomado providências para renomeá-lo) e é este o nome que você deve digitar na linha de comando para executar o programa.

Nos compiladores C++ baseados em IDE (tal como o Microsoft Visual C++), haverá normalmente um item de menu Run ou Execute, o qual você poderá usar para executar seu programa compilado e ligado (lincado).

DICA: *Caso seu programa não termine normalmente e pareça estar "travado", você pode encerrá-lo pressionando Ctrl+C se tiver iniciado sua execução na linha de comando ou selecionando o item de menu apropriado (por exemplo, Stop Running) nas implementações baseadas em IDE.*

DICA: *Algumas implementações do C++ criam programas que, quando executados, exibem seus resultados em uma janela e imediatamente após fecham a janela, antes de ser possível ver o que aconteceu. Se você tiver tal problema, experimente colocar a instrução* ***cin.get();*** *bem no final da função* ***main****. Esta instrução aguarda até que você pressione uma tecla, como Enter; após você pressionar a tecla, o programa encerrará. Para obter mais informações sobre* ***cin.get****, consulte* Como usar **cin** para ler caracteres individuais e strings inteiras, *no Capítulo 2.*

Habilidades básicas: como armazenar dados

Uma das habilidades cruciais que usaremos em todo capítulo de agora em diante é armazenar dados em *variáveis*. Se já programou antes, você sabe o que são variáveis: elas são posições de memória com

(2) N.R.T.: Naturalmente, você não poderá criar (gravar) um novo arquivo no CD-ROM. Assim, para usar os exemplos incluídos no CD-ROM que acompanha o livro, é conveniente copiá-los todos para o disco rígido do computador, mantendo a estrutura de subdiretórios do CD-ROM. No Windows, por exemplo, basta usar o Windows Explorer para copiar toda a pasta **Cppcodea** para o diretório-raiz do disco rígido. Assim, você poderá salvar cada arquivo executável no mesmo diretório do seu respectivo arquivo-fonte.

nomes, nas quais você pode armazenar dados. Um programa que não tenha dados sobre os quais operar não poderá ser muito útil (o Capítulo 2 estuda variáveis mais aprofundadamente).

Como ocorre com outras linguagens, no C++ você pode criar variáveis. Ao contrário de outras linguagens, as variáveis do C++ são *fortemente tipadas*, o que significa que o C++ insiste que as variáveis declaradas e os tipos de dados atribuídos a tais variáveis sejam do mesmo tipo ou de tipos compatíveis. O tipo de uma variável indica que espécie de dados você pode armazenar nela. Por exemplo, você pode armazenar inteiros como 0, 215 ou –36 em variáveis do C++ tipo **int**, números de ponto flutuante(3) como 3.1415, 2.7128 ou 1.5 em variáveis do tipo **float**, e assim por diante. Você deve sempre estar atento ao tipo de uma variável, pois o C++ não permitirá que você guarde dados de um tipo em uma variável cujo tipo seja muito diferente (veja o Capítulo 2 para obter mais informações sobre tipos de variáveis e como converter valores de um tipo para outro, bem como muitos exemplos). Este é um aspecto com o qual os programadores C++ se acostumam muito rapidamente.

Eis aqui um exemplo. Neste caso, estou criando uma variável inteira de nome **number_of_buddhas** com a palavra-chave **int** e armazenando o número de estátuas de Buda de uma coleção, 729, nela:

```
#include <iostream>
using namespace std;

// Exibe o número de estátuas de Buda.

int main()
{
    int number_of_buddhas = 729;
    .
    .
    .
```

Aqui, eu *declarei* uma variável inteira de nome **number_of_buddhas** em uma instrução de declaração e *inicializei* o valor da variável para 729. Os tipos internos da linguagem, como **int** e **float**, são chamados de tipos *simples*, e após você declarar uma variável de tipo simples, o C++ guarda espaço para ela em memória e você pode usá-la em seu programa. Inicializando a variável ao mesmo tempo em que eu a declaro, eu faço que ela comece guardando um valor específico, neste caso 729.

Agora eu posso usar esta nova variável, **number_of_buddhas**, em um código como o seguinte, através do qual eu exibo o número de estátuas de Buda de uma coleção simplesmente passando tal variável para **cout**:

```
#include <iostream>
using namespace std;

// Exibe o número de estátuas de Buda.

int main()
{
    int number_of_buddhas = 729;
```

(3) N.R.T.: Dentro do código de programas em C++, você sempre usará o ponto (.) como separador decimal (mesmo em programas que recebam valores e/ou exibam resultados com vírgula como separador decimal).

```
    cout << "There are " << number_of_buddhas;
    cout << " Buddha figurines in my collection." << endl;

    return 0;
}
```

Eis aqui o resultado da execução do código. Você pode ver que **cout** exibiu o valor da variável **number_of_buddhas**, conforme esperado:

```
%numberbuddhas
There are 729 Buddha figurines in my collection.
```

Eu não precisaria inicializar a variável **number_of_buddhas** com qualquer valor específico. Eu poderia simplesmente declarar a variável com a instrução de declaração:

```
    int number_of_buddhas;
```

Eu poderia então usar o *operador de atribuição* = para atribuir um valor à variável. (Para ter uma visão geral dos operadores do C++, veja *Habilidades básicas: como usar os operadores do C++* mais adiante neste capítulo.) Este código funciona exatamente como o do exemplo anterior:

```
int main()
{
    int number_of_buddhas;

    number_of_buddhas = 729;

    cout << "There are " << number_of_buddhas;
    cout << " Buddha figurines in my collection." << endl;

    return 0;
}
```

Você também pode declarar variáveis na mesma linha se separá-las por vírgulas, conforme mostrado a seguir:

```
int main()
{
    int number_of_cats, number_of_dogs;

    number_of_cats = 297;
    number_of_dogs = 319;

    cout << "I have " << number_of_cats << " cats and ";
    cout << number_of_dogs << " dogs." << endl;

    return 0;
}
```

Eis aqui o resultado deste programa:

```
%catsanddogs
I have 297 cats and 319 dogs.
```

Você pode encontrar os tipos de variáveis simples padrão do C++ na Tabela 1.2. Veremos mais a respeito deles no Capítulo 2. Observe que nem todos os compiladores necessariamente suportam todos os tipos. Por exemplo, o tipo caractere largo **wchar_t** é geralmente usado para códigos de caracteres 'largos' (que exigem mais do que um byte para sua representação), como o Unicode, e a maioria dos compiladores ainda não suporta Unicode.

Tabela 1.2 Tipos de variáveis simples do C++.

Tipo	Conteúdo
bool	Guarda um valor verdadeiro (diferente de zero) ou falso (zero)
char	Contém caracteres, como 'a', 'b' ou 'c'
wchar_t	Caractere largo (mais de um byte), como os do Unicode
signed char	Tipo **char** com sinal numérico
unsigned char	Tipo **char** sem sinal numérico
short	Inteiro de tamanho igual ou maior a **char**, mas menor ou igual ao do tipo **int**
short int	O mesmo que **short**
signed short	O mesmo que **short**
unsigned short	Inteiro **short** sem sinal
int	Tipo inteiro básico
signed int	O mesmo que **int**
unsigned int	Inteiro sem sinal
long	Inteiro longo
signed long	O mesmo que **long**
unsigned long	Inteiro longo sem sinal
float	Número de ponto flutuante
double	Número de ponto flutuante de precisão dupla, normalmente é mais preciso do que **float**
long double	Número de ponto flutuante com precisão ainda maior do que **double**, embora muitas implementações tratem **long double** da mesma forma que **double**
void	Tipo nulo

Além dos tipos simples da Tabela 1.2, você também pode definir seus próprios tipos no C++, com instruções como **typedef**, **struct** e **class**. Veremos como isto funciona detalhadamente nos capítulos 3 e 8.

Existe um outro ponto importante aqui: os lugares onde você guarda valores, como variáveis, recebem um nome especial na programação em C++ – *lvalue*. Este termo derivou de "left value" (valor à esquerda), pois quando você atribui um valor a uma variável ele fica no lado esquerdo do operador de atribuição =. Atualmente lvalues também são às vezes chamados de *valores de localização* (*location values*), pois eles correspondem a posições de memória específicas (por exemplo, expressões numéricas simples, como 5 + 2, não podem ser lvalues). Você freqüentemente encontrará o termo lvalue na documentação do C++ como uma abreviatura que se refere a posições de memória. Expressões que não são lvalues são chamadas de *rvalues*, termo derivado de "right values" (valores à direita), pois eles aparecem no lado direito de um operador de atribuição, mas não à esquerda dele (em algumas, como Perl, expressões como 5 + 2 podem na verdade ser lvalues em alguns casos; no C++ não). Atualmente rvalues também são às vezes chamados de *valores de leitura* (*read values*).

Habilidades básicas: valores verdadeiros e falsos no C++

No C++, expressões são às vezes avaliadas não para a obtenção de resultados numéricos, mas para um *valor-verdade*. Este é um aspecto especialmente importante, porque o valor-verdade de uma expressão é usado em instruções de controle, tais como desvios condicionais (**if**) e laços. A convenção do C++ é que, quando avaliados para valor-verdade, valores diferentes de zero são considerados verdadeiros e valores iguais a zero considerados como falsos. Este é um ponto importante a ser lembrado ao longo de todo o estudo deste livro.

O tipo de dado **bool**, mostrado na Tabela 1.2, foi especialmente concebido para guardar valores verdadeiros e falsos. Na verdade, você pode atribuir às palavras-chave **true** ou **false** do C++ a variáveis desse tipo, bem como resultados de expressões. O nome **bool** é uma abreviatura de booleano. Variáveis booleanas muitas vezes também são chamadas de *flags*, e os valores verdadeiro/falso que elas guardam podem se referir a configurações do seu programa, tais como, por exemplo, se a verificação ortográfica ou uma ferramenta de desenho específica está ativa ou não.

NOTA: *Quando o C++ retorna um valor verdadeiro ou falso de uma função ou armazena um valor desse tipo em uma variável, os compiladores quase invariavelmente usam 0 para falso e 1 para verdadeiro.*

Habilidades básicas: como ler entrada do teclado

Já usamos **cout** bastante neste capítulo, para exibir saída. Agora é hora de apresentar o objeto correspondente para ler entrada: **cin**. Da mesma forma que **cout**, **cin** torna o processo de ler do teclado muito mais fácil do que era em C, onde era necessário usar uma função chamada **scanf** para ler entradas especificando-se o formato esperado exato. Como **cout**, **cin** permite fazer uso de formatação padrão, manipulando diversos tipos de dados transparentemente.

Eis aqui um exemplo que usa **cin** para ler e ecoar texto digitado pelo usuário. Eu precisarei reservar algum espaço para o texto lido do teclado e, para tal, usarei a classe padrão do C++ chamada de **string**. Neste caso, usarei a classe **string** exatamente como uma variável de tipo simples, mas veremos no Capítulo 16 que há muito mais poder na classe **string**. Eis como eu crio uma nova variável tipo string, chamada de **input**:

```
#include <iostream>
#include <string>
using namespace std;

// Lê e exibe dados

int main()
{
    string input;
        .
        .
        .
```

Agora podemos ler de **cin** e enviar o que lemos para a variável **input**. Como estamos lendo de **cin** (em vez de escrevendo em **cout**), usarei aqui o operador >> , não <<, e pedirei para que o usuário digite uma palavra:

```
#include <iostream>
#include <string>
using namespace std;

// Lê e exibe dados

int main()
{
    string input;

    cout << "Type a word: ";

    cin >> input;
    .
    .
    .
```

Após o usuário digitar uma palavra no teclado e pressionar a tecla Enter, tal palavra será armazenada na variável **input**. Podemos então exibir o valor da variável com **cout**, da seguinte forma:

```
#include <iostream>
#include <string>
using namespace std;

// Lê e exibe dados

int main()
{
    string input;

    cout << "Type a word: ";

    cin >> input;

    cout << "You typed: " << input << endl;

    return 0;
}
```

E isto é tudo. Eis a saída do programa, cin.cpp:

```
%cin
Type a word: Hello
You typed: Hello
```

Se o usuário digitar mais do que uma palavra, cada uma é atribuída a uma variável diferente por **cin**. Eis aqui um exemplo que pede que o usuário digite quatro palavras:

```
#include <iostream>
#include <string>
using namespace std;

// Lê e exibe dados

int main()
{
    string input1, input2, input3, input4;
```

```
    cout << "Type four words: ";

    cin >> input1 >> input2 >> input3 >> input4;

    cout << "You typed: " << input1 << " " << input2 << " ";
    cout << input3 << " " << input4 << endl;

    return 0;
}
```

Eis aqui a saída do programa, fourwords.cpp:

```
%fourwords
Type four words: This is a test...
You typed: This is a test...
```

Você também pode usar **cin** para ler valores numéricos, como veremos no Capítulo 2. Normalmente, **cin** não retorna qualquer valor até que o usuário pressione a tecla Enter, no final de uma linha. No entanto, veremos como ler caracteres um a um usando a função incorporada **get** do objeto **cin**, e também como ler uma linha de texto de múltiplas palavras de uma só vez no Capítulo 2 (veja *Como usar **cin** para ler caracteres individuais e strings inteiras*, no Capítulo 2).

Solução relacionada:	Encontrada na página:
Como usar **cin** para ler caracteres individuais e strings inteiras	72

Habilidades básicas: como usar seqüências de caracteres de escape

Como já vimos, podemos usar a seqüência de caracteres de escape '**\n**' para fazer a saída pular para uma nova linha quando se usa **cout**. Colocar uma barra invertida, \, na frente do caractere, faz com que o C++ procure por uma seqüência de caracteres de escape e a trate de uma forma especial. Chama-se usar uma barra invertida dessa forma "escapar" um caractere ou uma seqüência de caracteres.

As seqüências de caracteres de escape suportadas pelo C++ são mostradas na Tabela 1.3.

Tabela 1.3 Seqüências de caracteres de escape do C++.

Seqüência de escape	Representa
\a	Campainha (alerta)
\b	Retrocesso (backspace)
\f	Alimentação de formulário (FF, nova tela)
\n	Nova linha
\r	Retorno de carro (CR, retorno ao início da linha)
\t	Tabulação horizontal
\v	Tabulação vertical
\'	Apóstrofe
\"	Aspas duplas
\\	Barra invertida

Tabela 1.3 Seqüências de caracteres de escape do C++ *(continuação).*

Seqüência de escape	Representa
\?	Ponto de interrogação
\ooo	Código do caractere em notação octal
\xhhh	Código do caractere em notação hexadecimal

Algumas das seqüências de caracteres de escape da Tabela 1.3 são bastante úteis. Eis aqui um exemplo no qual eu uso o caractere de retrocesso, **\b**. Primeiro eu faço o programa exibir uma solicitação de dados, "Type a word:______", e então uso seis caracteres de retrocesso para posicionar o cursor imediatamente após "word:", na posição do primeiro caractere de sublinhado, da seguinte forma:

```
#include <iostream>
#include <string>
using namespace std;

// Lê e exibe dados

int main()
{
    string input;

    cout << "Type a word:______\b\b\b\b\b\b";

    cin >> input;

    cout << "You typed: " << input << endl;

    return 0;
}
```

Habilidades básicas: como formatar saída

O objeto **cout** contém diversas funções incorporadas que podem ser usadas para formatar a saída que ele exibe. Essas funções embutidas de um objeto são chamadas de *métodos*, como veremos no Capítulo 8. Um dos métodos de **cout** é **precision**, que permite definir a precisão numérica usada para exibir números. Para definir uma precisão numérica de 3 dígitos, chama-se o método precision da seguinte forma: **cout.precision(3)** (como veremos no Capítulo 8, podemos chamar um método de um objeto usando o operador ponto, .). Eis aqui como eu posso exibir dois valores de PI, após armazená-lo como um valor de ponto flutuante e então definir a precisão numérica:

```
#include <iostream>
using namespace std;

int main()
{
    float pi = 3.14159;

    cout << "Pi: " << pi << endl;

    cout.precision(3);
```

```
    cout << "Pi with a precision of three digits: " << pi << endl;

    return 0;
}
```

Eis aqui a saída gerada por este programa, precision.cpp:

```
%precision
Pi: 3.14159
Pi with a precision of three digits: 3.14
```

Existe outra maneira de definir a precisão: usando o manipulador **setprecision()**. Da mesma forma que o manipulador **endl**, você passa o manipulador **setprecision()** para o objeto **cout**, mas neste caso você define a precisão numérica dentro dos parênteses do manipulador, da seguinte forma:

```
#include <iostream>
#include <iomanip>
using namespace std;

int main()
{
    float pi = 3.14159;

    cout << "Pi: " << pi << endl;

    cout << setprecision(3) << "Pi with a precision of three digits: "
        << pi << endl;

    return 0;
}
```

Este programa gera o mesmo resultado do anterior. Na verdade, há diversas outras maneiras de formatar saída, tais como usar o método **setf** e outros manipuladores, como veremos no Capítulo 13.

Habilidades básicas: como tomar decisões com a instrução if

Estudaremos a instrução **if** detalhadamente no Capítulo 4, mas ela é um bloco de construção essencial do qual precisaremos antes daquele ponto, de forma que vamos dar uma olhada geral nela agora. Eis aqui as duas formas da instrução **if:**

```
if (expressão) instrução
if (expressão) instrução else instrução
```

A instrução **if** permite executar ou não código em função de ***expressão*** ser verdadeira ou falsa. Se ***expressão*** for verdadeira, o código que segue ***instrução*** (que pode ser uma instrução simples ou uma instrução composta) é executado. Também pode haver uma cláusula **else** em uma instrução **if.** Neste caso, o código na cláusula **else** é executado quando ***expressão*** for falsa.

No próximo exemplo eu peço que o usuário forneça um número inteiro para ser comparado com zero e uso uma instrução **if** para exibir o texto "That integer is greater than zero." se o inteiro for maior do que zero e o texto "That integer is zero or less than zero." caso contrário. Como eu comparo o inteiro com zero? Usarei a expressão **number > 0**, que usa o operador de comparação > (para obter mais informações sobre os operadores do C++ veja a próxima seção, *Habilidades básicas: como usar os operadores do C++*). A expressão é verdadeira se o valor na variável number for maior do que zero e falsa caso contrário. Eis aqui como a instrução **if** em si fica no código:

```
#include <iostream>
using namespace std;

// Usando a instrução if

int main()
{
    int number;

    cout << "Enter an integer to be checked: ";

    cin >> number;

    if (number > 0){
        cout << "That integer is greater than zero." << endl;
    }
    else {
        cout << "That integer is zero or less than zero." << endl;
    }

    return 0;
}
```

Vamos estudar a instrução **if** detalhadamente no Capítulo 4, mas é essencial que você tenha alguma familiaridade com ela agora, pois vamos colocá-la para trabalhar no Capítulo 2.

Habilidades básicas: como usar os operadores do C++

Uma das habilidades básicas que você deve ter é o conhecimento dos operadores do C++ (eles são vistos mais detalhadamente nos capítulos 2 e 4). Por exemplo, o operador + permite adicionar os números 23 e 19, da seguinte forma:

```
#include <iostream>
using namespace std;

// Usando o operador de adição

int main()
{
    int sum;

    sum = 23 + 19;

    cout << "23 + 19 = " << sum << endl;

    return 0;
}
```

Eis aqui o resultado da execução deste programa, addition.cpp:

```
%addition
23 + 19 = 42
```

O C++ padrão tem uma grande quantidade de operadores, os quais veremos ao longo do livro, a partir do Capítulo 2. Para fins de referência, incluímos aqui a Tabela 1.4, que possui todos os operadores do C++, divididos em grupos por precedência de operador (veja *Precedência entre operadores no C++*, no Capítulo 2). Vamos estudá-los conforme necessário, ao longo dos próximos capítulos.

Tabela 1.4 Operadores do C++.

Operador	Nome ou significado
::	Resolução de escopo
::	Global
.	Seleção de membro (objeto)
->	Seleção de membro (ponteiro)
++	Incremento pós-fixado
--	Decremento pós-fixado
[ ]	Índice de array
( )	Chamada de função
( )	Conversão
typeid( )	Nome de tipo
const_cast	Conversão explícita de tipo
dynamic_cast	Conversão explícita de tipo
reinterpret_cast	Conversão explícita de tipo
static_cast	Conversão explícita de tipo
sizeof	Tamanho do objeto
sizeof ( )	Tamanho do tipo
++	Incremento pré-fixado
--	Decremento pré-fixado
(*tipo*)	Conversão explícita de tipo
new	Alocação de objeto
new[ ]	Alocação de array
delete	Liberação de objeto
delete[ ]	Liberação de array
	Desreferenciação
&	Endereço de
+	Mais unário
–	Negação aritmética (unária)
!	NÃO (negação) lógico

Tabela 1.4 Operadores do C++ *(continuação)*.

Operador	Nome ou significado
~	Complemento bit a bit
.*	Aplicação de ponteiro a membro de classe (objetos)
->*	Desreferenciação de ponteiro para membro de classe
*	Multiplicação
/	Divisão
%	Resto ("módulo")
+	Adição
-	Subtração
<<	Deslocamento para a esquerda
>>	Deslocamento para a direita
<	Menor que
>	Maior que
<=	Menor ou igual a
>=	Maior ou igual a
==	Igualdade
!=	Desigualdade
&	E bit a bit
^	OU exclusivo bit a bit
|	OU bit a bit
&&	E lógico
||	OU lógico
e1?e2:e3	Condicional
=	Atribuição
*=	Multiplicação com atribuição
/=	Divisão com atribuição
%=	Resto de divisão com atribuição
+=	Adição com atribuição

Tabela 1.4 Operadores do C++ *(continuação)*.

Operador	Nome ou significado
-=	Subtração com atribuição
<<=	Deslocamento para a esquerda com atribuição
>>=	Deslocamento para a direita com atribuição
&=	E bit a bit com atribuição
|=	OU inclusivo bit a bit com atribuição
^=	OU exclusivo bit a bit com atribuição
throw	Lançamento de exceção
,	Vírgula

Solução relacionada:	***Encontrada na página:***
Precedência entre operadores no C++	80

Habilidades básicas: como trabalhar com laços

Uma habilidade básica e essencial para usar o C++ é saber trabalhar com *laços* (loops), tais como os definidos por instruções **for** e **while**. Veremos os laços detalhadamente no Capítulo 4, mas você deve familiarizar-se com eles antes disso.

Como você talvez já saiba, uma instrução de laço, executa repetidamente o código contido em seu corpo até que uma condição de encerramento seja satisfeita. Por exemplo, o laço **for** é uma boa opção para se usar como um índice numérico a ser automaticamente incrementado ou decrementado a cada vez que o laço é executado. Eis aqui o formato geral da instrução de laço **for**:

```
for (instrução_de_inicialização; expressão_de_teste; pós_expressão) instrução
```

Observe que ***instrução*** pode ser uma instrução simples ou uma instrução composta que inclua diversas instruções simples, entre chaves. Este laço executa ***instrução*** repetidamente enquanto a ***expressão_de_teste*** for verdadeira. Você pode inicializar o laço, normalmente criando e inicializando um *índice de laço* – uma variável que acompanha o número de vezes que o laço foi executado – em ***instrução_de_inicialização*** (na verdade, você pode inicializar e usar diversos índices de laço em um laço **for**), fornecer uma ***expressão_de_teste*** que causará o fim do laço quando sua avaliação resultar em falso e fornecer uma expressão a ser executada a cada iteração do laço após ***instrução*** ser executada – normalmente para incrementar um índice de laço para a próxima iteração – em ***pós_expressão***.

Eis aqui um exemplo. Neste caso, perguntarei ao usuário quantas vezes ele deseja ver uma saudação exibida e repetirei a execução do laço esse número de vezes, exibindo a saudação a cada iteração:

```
#include <iostream>
using namespace std;

// Teste do laço for
```

```
int main()
{
    int number;

    cout << "How many times do you want to see the greeting? ";

    cin >> number;

    for (int loop_index = 0; loop_index < number; loop_index++){
        cout << "Hello from C++." << endl;
    }

    return 0;
}
```

Há alguns comentários a serem feitos aqui: neste programa eu declaro e inicializo a variável **loop_index** na *instrução de inicialização* do laço, testando se ela excede o número de repetições que o usuário pediu com a *expressão de teste* **loop_index < number** (quando esta expressão se torna falsa, o laço é encerrado) e incrementando **loop_index** a cada vez que o corpo do laço tiver sido executado com a *expressão de iteração* **loop_index++**, que usa o operador de incremento do C++, ++ (listado na Tabela 1.4; consulte o Capítulo 2 para obter mais informações sobre este operador), para adicionar 1 a **loop_index** a cada iteração do laço. Eis aqui o programa, greeter.cpp, em ação:

```
%greeter
How many times do you want to see the greeting? 5
Hello from C++.
Hello from C++.
Hello from C++.
Hello from C++.
Hello from C++.
```

Outra instrução de laço poderosa é **while**:

```
while (expressão) instrução
```

Este laço executa ***instrução*** enquanto ***expressão*** permanecer verdadeira. Eis aqui um exemplo, no qual eu continuo pedindo ao usuário para fornecer um número e, enquanto o número fornecido não for igual a zero, continuo pedindo outro número:

```
#include <iostream>
using namespace std;

// Teste de inteiros

int main()
{
    int number;

    cout << "Enter a non-zero integer to be checked: ";

    cin >> number;

    while (number != 0){
```

```
        if(number > 0){
            cout << "That integer is greater than zero." << endl;
        }
        else {
            cout << "That integer is less than zero." << endl;
        }

        cout << "Enter a non-zero integer to be checked: ";

        cin >> number;
    }

    cout << "You entered zero." << endl;

    return 0;
}
```

Eis aqui o exemplo, comparer.cpp, em ação:

```
%comparer
Enter a non-zero integer to be checked: 1
That integer is greater than zero.
Enter a non-zero integer to be checked: 2
That integer is greater than zero.
Enter a non-zero integer to be checked: -1
That integer is less than zero.
Enter a non-zero integer to be checked: 0
You entered zero.
```

Habilidades básicas: como usar arquivos de cabeçalho

Ao longo deste capítulo, usamos a diretiva de pré-processamento **#include** para incluir arquivos de cabeçalho. Por exemplo, no programa a seguir estou usando a diretiva para incluir o arquivo de cabeçalho iostream:

```
#include <iostream>
using namespace std;

// Exibe uma mensagem de boas-vindas


int main()

{
    cout << "Hello from C++." << endl;

    return 0;
}
```

Arquivos de cabeçalho normalmente contêm declarações, definições e diretivas de pré-processamento, como **#include** (para incluir outros arquivos de cabeçalho). Armazenar tais itens em arquivos de cabeçalho ajuda a tornar seu código mais "limpo". Você pode criar seus próprios arquivos de cabeçalho. Veremos o valor de fazê-lo ao longo deste livro.

Eis aqui um exemplo rápido, useheader.cpp, que usa um arquivo e cabeçalho. Na verdade ele é uma versão alterada do código que vimos em *Habilidades básicas: como formatar saída*, neste capítulo:

```
int main()
{
    float pi = 3.14159;

    cout << "Pi: " << pi << endl;

    cout << setprecision(3) << "Pi with a precision of three digits: "
        << pi << endl;

    return 0;
}
```

Este código precisa dos arquivos de cabeçalho iostream e iomanip para funcionar, o que significa que ele precisa das seguintes instruções:

```
#include <iostream>
#include <iomanip>
```

Neste caso, no entanto, coloquei essas instruções em um novo arquivo de cabeçalho, de nome useheader. Agora posso usar a diretiva de pré-processamento **#include** para incluir o arquivo de cabeçalho em useheader.cpp da seguinte forma (observe que, em casos como esses, você deve envolver o nome do arquivo com aspas, não símbolos de menor e maior):

```
#include "useheader"
using namespace std;

int main()
{
    float pi = 3.14159;

    cout << "Pi: " << pi << endl;

    cout << setprecision(3) << "Pi with a precision of three digits: "
        << pi << endl;

    return 0;
}
```

Neste caso eu não estou colocando qualquer extensão no nome do arquivo de cabeçalho, seguindo o estilo C++ padrão. No entanto, você também poderá encontrar arquivos de cabeçalho com a extensão .h e, em alguns sistemas, mesmo .hxx. Que tipos de cabeçalhos usam cada tipo de extensão? Eis aqui a lista, repetida aqui para fins de conveniência:

- *Arquivos de cabeçalho estilo C antigo* – Terminados em .h, como stdio.h (utilizável em C e C++).
- *Arquivos de cabeçalho estilo C++ antigo* – Terminados em .h, como iostream.h (utilizável em C++).

- *Arquivos de cabeçalho estilo C++ novo* – Sem extensão, como iostream (utilizável em C++ com um espaço de nomes como **std**).
- *Arquivos de cabeçalho C convertidos* – Sem extensão e com o prefixo c adicionado, como cctype (utilizável em C++).

Observe em particular os arquivos de cabeçalho C convertidos na lista: muitos dos arquivos de cabeçalho estilo C antigo foram convertidos para o estilo C++ novo e usam o espaço de nomes **std**, de forma que seus nomes não possuem extensão. Para indicar que eles são arquivos de cabeçalho estilo C convertidos, seus nomes são prefixados com c como, por exemplo, cmath e cctype.

A biblioteca padrão do C++ atualmente fornece 32 arquivos de cabeçalho C++: <algorithm>, <iomanip>, <list>, <ostream>, <streambuf>, <bitset>, <ios>, <locale>, <queue>, <string>, <complex>, <iosfwd>, <map>, <set>, <typeinfo>, <deque>, <iostream>, <memory>, <sstream>, <utility>, <exception>, <istream>, <new>, <stack>, <valarray>, <fstream>, <iterator>, <numeric>, <stdexcept>, <vector>, <functional> e <limits>.

Os recursos da biblioteca padrão do C são fornecidos em 18 arquivos de cabeçalho adicionais: <cassert>, <ciso646>, <csetjmp>, <cstdio>, <ctime>, <cctype>, <climits>, <csignal>, <cstdlib>, <cwchar>, <cerrno>, <clocale>, <cstdarg>, <cstring>, <cwctype>, <cfloat>, <cmath> e <cstddef>.

Ao longo deste livro eu sempre indicarei quais arquivos de cabeçalho C++ usar, à medida que eles forem necessários. Note que, caso seu compilador C++ não suporte a nova maneira de fazer as coisas, ou seja, usar arquivos de cabeçalho C++ sem extensão que usam o espaço de nomes **std**, você deve usar o estilo C++ antigo, no qual arquivos de cabeçalho usam a extensão .h, e remover a seguinte instrução de espaço de nomes dos exemplos deste livro:

```
using namespace std;
```

Há ainda outro ponto importante a se ter em mente quando criar seus próprios arquivos de cabeçalho: se tiver vários arquivos você pode acabar incluindo o mesmo arquivo de cabeçalho mais de uma vez, o que pode ser um problema. Digamos que você tenha declarado uma variável em um arquivo de cabeçalho e resolva incluir o arquivo de cabeçalho uma segunda vez, porque outra parte do programa também inclui o mesmo arquivo. Em tal caso, o compilador C++ reclamará que a variável já foi declarada. Se você se deparar com este problema, a solução é simples: basta você definir um símbolo, normalmente correspondente ao nome do arquivo de cabeçalho, dentro da diretiva de pré-processamento **#define** e usar diretivas de pré-processamento como **#ifndef** (que significa "if not defined", se não definido) para delimitar o código no arquivo de cabeçalho, testando se aquele símbolo já foi definido ou não:

```
#ifndef __NOME_CABEC
#define __NOME_CABEC
// O conteúdo do arquivo de cabeçalho vai aqui
#endif
```

Agora o conteúdo do arquivo de cabeçalho é incluído somente se ele *não* tiver sido incluído anteriormente no programa.

Como criar macros de pré-processamento

Você pode criar suas próprias macros de pré-processamento, bastando para isto usar **#define** para escrever código que será inserido onde quer que você use a macro no código. Embora macros tenham sido amplamente superadas por funções in-line, que são mais seguras de usar, ainda vale a pena ver um exemplo. Você pode referir-se aos dados sobre os quais uma macro deve operar com as letras **a**, **b** e assim por diante. Eis aqui um exemplo que usa o operador ?: (que veremos em *O operador if-then-else: ?:*, no Capítulo 2). Neste caso, estou criando uma macro chamada maximum, que encontra o maior entre dois números:

```
#include <iostream>
using namespace std;

#define maximum(a, b) (a < b) ? b : a

int main()
{
    int max = maximum(5, 3);

    cout << "The maximum of 5 and 3 = " << max << endl;

    return 0;
}
```

Eis aqui a saída gerada pelo programa, macro.cpp:

```
%macro
The maximum of 5 and 3 = 5
```

Solução relacionada:	Encontrada na página:
O operador if-then-else: ?:	87

O C# da Microsoft

A Microsoft está lançando uma versão personalizada do C++, modificada e reduzida, chamada de C#. Em muitos aspectos ela parece ter como idéia tornar o C++ parecido com o Java, removendo as partes que a Microsoft considera inconvenientes ou possivelmente inseguras. Eis aqui uma descrição do C#, obtida da edição de agosto de 2000 do Visual Basic's Programmer's Journal (quando este livro estava sendo escrito, revisado, a versão original deste artigo poderia ser obtida em **http://www.devx.com/upload/free/features/vbpj/2000/08aug00/ts0008/tsvc0008/tsvc0008.asp**):

> "O C# permite desenvolver componentes e aplicações rapidamente com código robusto. A Microsoft projetou o C# como uma linguagem orientada a objetos pura, e a empresa quis eliminar aquelas partes da linguagem C++ que permitiam que desenvolvedores introduzissem erros nos programas. Para tornar o C# mais produtivo e simples, a Microsoft removeu diversas construções do C++, para eliminar formas redundantes de se fazer a mesma coisa, tornando mais fácil escrever e entender o código. Os projetistas do produto removeram elementos como macros, modelos, sintaxe #include e as várias sintaxes diferentes de acesso a

objetos. Em vez de precisar descobrir quando usar os operadores ponto (.), de desreferenciação (->) e escopo (::), o programador sempre usa a notação de ponto.

Para prevenir código com erros, o C# trata do gerenciamento da memória e elimina os ponteiros, a raiz de todos os males. Através do Common Language Runtime (ambiente de tempo de execução comum da linguagem), o sistema faz a coleta de lixo de todos automaticamente a intervalos apropriados, de modo que o programador não precisa se preocupar com ponteiros apontando para nada, contagem de referências ou estouros de memória. A linguagem não permite variáveis globais, eliminando problemas de concorrência global. Por fim, o C# não permite herança de implementação múltipla. Pode-se herdar de múltiplas interfaces, mas por definição interfaces não têm implementação, de modo que as ambigüidades que tornam a herança múltipla uma bagunça deixam de ser um problema."

Se esta versão do C++ vai ou não pegar ainda não é uma questão discutível. Embora o C# possa ser mais seguro para programas voltados para a Web e outros usos especializados, é duvidoso se programadores C++ estarão dispostos a abrir mão do poder da linguagem.

Isto completa a base de que necessitamos para os próximos capítulos. Todas as habilidades básicas já foram vistas. De posse delas, é hora de ir para o Capítulo 2.

Capítulo 2

Trabalhando com Operadores do C++ e Dados

(continua)

Análise Aprofundada

Nenhum programa C++ além dos mais triviais vai muito longe sem dados sobre os quais trabalhar. Na verdade, esta é uma das principais ênfases da programação orientada a objetos, já que classes e objetos têm como intenção serem centrados em dados. O C++ já vem com muitas maneiras de armazenar e organizar dados: com os tipos simples e os tipos derivados. Os tipos simples incluem os tipos de dados que já vimos rapidamente no capítulo anterior – **char**, **int**, **float**, **long double** e assim por diante. Neste capítulo trabalharemos com os tipos de dados simples. Os tipos derivados serão estudados no próximo capítulo, o Capítulo 3.

Já vimos o tipo de dado simples mais popular – o tipo **int**, ou inteiro – em funcionamento no capítulo anterior. No exemplo a seguir eu armazeno o número de gatos à mão em uma variável inteira de nome **number_of_cats** e o número de cães em uma variável **int** de nome **number_of_dogs**:

```
int main()
{
    int number_of_cats, number_of_dogs;

    number_of_cats = 297;
    number_of_dogs = 319;

    cout << "I have " << number_of_cats << " cats and ";
    cout << number_of_dogs << " dogs." << endl;

    return 0;
}
```

Que tipos de números você pode armazenar em variáveis **int** simples? Infelizmente esta não é uma questão simples de responder, conforme veremos na seção *Soluções Imediatas*, porque as implementações do C++ podem diferir neste ponto. O padrão C++ não especifica o espaço de armazenamento efetivo que cada tipo deve usar, embora ele especifique um espaço de armazenamento mínimo para cada tipo – por exemplo, um tipo de dado **int** precisa ser armazenado com pelo menos 16 bits (embora a maioria das implementações atuais use pelo menos 32).

NOTA: *Neste capítulo falarei de bits, bytes e palavras. Como você provavelmente sabe, os dados são efetivamente armazenados em um computador em um formato* binário, *o que significa que eles são armazenados como bits ou, em outras palavras, zeros e uns. Um bit pode ser considerado um dígito individual de um número binário (base 2). Oito bits formam um* byte. *Embora um bit possa guardar somente o valor 0 ou 1, um byte, que é um número binário de oito dígitos, pode guardar números de 0 a 2^8 –1, ou 255 (em binário 255 é 11111111, o que significa que todos os dígitos binários estão configurados em 1, o maior valor que cada dígito pode ter; 256 é 100000000 em binário, nove dígitos, o que é um dígito binário a mais do que um byte pode guardar). Uma* palavra *em termos de armazenamento de dados em computadores é um espaço de 16 bits, o que significa que ela pode guardar valores de 0 a 2^{16} –1, ou 65535. (Alguém já inventou de chamar números binários de quatro dígitos nibbles ou, acredite se quiser, nybbles. Eu não vou usar este termo aqui.[1])*

---

(1) N.R.T.: Em inglês, **bit** significa 'pedacinho', **bite** significa 'mordidinha' ou 'bocado' e **nibble** significa 'mordidela' ou 'bocadinho'.

Como criar variáveis usando os tipos de dados simples do C++

Há diversos tipos de variáveis. Elas servem como 'guardadores de lugar' na memória para dados. Os diferentes tipos são conseqüência dos formatos como os dados são armazenados e de quanta memória é reservada para guardar tais dados. Por exemplo, o tipo de variável inteiro, **int**, normalmente tem quatro bytes, ou 32 bits. Veremos como determinar qual o tamanho das variáveis **int** definidas pela implementação do C++ que você está usando em *Qual é a capacidade de armazenamento dos tipos inteiros?* e *Qual é a capacidade de armazenamento dos tipos de ponto flutuante?*, mais adiante neste capítulo. Um número de 32 bits pode, em princípio, guardar números de 0 a 4.294.967.295. Entretanto, o tipo **int** também pode armazenar números negativos, de modo que, se uma implementação do C++ usa um **int** de 32 bits, seu intervalo é alterado para levar em conta números negativos, podendo assim guardar valores de -2.147.483.648 a 2.147.483.647 (veja *Dados com e sem sinal*, mais adiante neste capítulo).

Antes de usar uma variável em C++ você precisa declará-la, especificando seu tipo. Eis aqui como você declara variáveis em C++ (neste livro usarei colchetes, [e], para indicar parâmetros opcionais em definições formais de instruções, como esta):

```
tipo nome [= valor][, nome [= valor]...];
```

Aqui, ***tipo*** é o tipo da variável que está sendo declarada, ***nome*** é o nome sendo dado a ela e ***valor*** é o seu valor inicial. Embora já tenhamos visto rapidamente o processo no capítulo anterior, vamos dar uma olhada mais detalhada na declaração de variáveis agora. Em primeiro lugar eu vou apenas declarar uma variável do tipo **int** com o nome **days**:

```
#include <iostream>
using namespace std;

int main()
{
    int days;
          .
          .
          .
}
```

Supondo-se que o tipo **int** tenha 32 bits, este código aloca 32 bits da memória e rotula a posição dessa porção da memória, no que diz respeito ao compilador C++, de **days**, o que significa que agora você pode usar esse nome no código. Eis aqui como armazenar um valor numérico de 365 em **days**, usando o operador de atribuição do C++, =:

```
#include <iostream>
using namespace std;

int main()
{
    int days;

    days = 365;
          .
          .
          .
}
```

Aqui o valor 365 é um *literal* inteiro, o que significa que ele é um valor literal colocado diretamente no código. Veremos neste capítulo que tipos de literais o C++ permite (números literais como esse são armazenados como valores **int**, a não ser que haja alguma razão para armazená-lo com um tipo diferente). Para conferir se **days** agora contém 365, podemos imprimir o conteúdo da variável:

```
#include <iostream>
using namespace std;

int main()
{
    int days;

    days = 365;

    cout << "Number of days = " << days << endl;

    return 0;
}
```

Eis aqui o resultado deste código, days.cpp:

```
%days
Number of days = 365
```

Como você pode ver, criamos uma variável, armazenamos um dado nela e buscamos nela novamente o dado para imprimi-lo na tela. Há também um atalho conveniente que permite inicializar uma variável no momento em que ela é declarada. A seguir eu declaro **days** e a inicializo para 365 em um único passo:

```
#include <iostream>
using namespace std;

int main()
{
    int days = 365;

    cout << "Number of days = " << days << endl;

    return 0;
}
```

Ao contrário do C, você pode declarar uma variável em qualquer lugar onde você poderia colocar uma instrução normal do C++. Isto é bastante conveniente, porque você pode declarar uma variável perto do ponto do código aonde você efetivamente vai usá-la (no C as declarações têm de ficar juntas no início do código, o que pode ser milhares de linhas de distância entre a declaração de uma variável e o código que a usa). Eis aqui um exemplo:

```
#include <iostream>
using namespace std;

int main()
{
    int days = 365;
```

```
    cout << "Number of days = " << days << endl;

    int months = 12;

    cout << "Number of months = " << months << endl;

    return 0;
}
```

Na verdade algumas instruções, como **if** e **for**, efetivamente permitem a declaração de variáveis dentro da própria instrução. Já vimos um laço **for** no capítulo anterior – observe que o primeiro termo entre parênteses é uma *instrução* de inicialização, não uma *expressão* de inicialização:

```
for (instrução_de_inicialização; expressão_de_teste; expressão_de_iteração) instrução
```

É possível declarar variáveis como, por exemplo, índices de laço nesta instrução, como vimos no exemplo do capítulo anterior:

```
#include <iostream>
using namespace std;

// Teste do laço for

int main()
{
    int number;

    cout << "How many times do you want to see the greeting? ";

    cin >> number;

    for (int loop_index = 0; loop_index < number; loop_index++){
        cout << "Hello from C++." << endl;
    }

    return 0;
}
```

Tipos de dados

O C++ coloca ênfase considerável em tipos de dados. Ela é uma linguagem fortemente tipada, o que significa que ele insiste que as variáveis declaradas e os tipos de dados atribuídos a tais variáveis sejam do mesmo tipo ou de tipos compatíveis.

Cada variável simples precisa ter um tipo (e, na verdade, cada expressão do C++ também possui um tipo). O C++ é muito meticuloso em manter a integridade de tais tipos, especialmente quando se tenta atribuir um valor de um tipo a uma variável de outro tipo. No C++ você pode fazer a conversão entre certos tipos de dados como, por exemplo, tipos inteiros, e daremos uma olhada nisto neste capítulo (veja *Conversão entre tipos de dados*, mais adiante neste capítulo).

NOTA: *Quando estiver trabalhando com variáveis, você pode encontrar uma situação em que o compilador C++ gere uma grande quantidade de erros e alertas sobre tipos de dados, o que pode ser algo que leva algum tempo para acostumar. Tenha em mente que o objetivo de fazer o C++ tão meticuloso em ser fiel a tipos de dados e não misturá-los com facilidade foi impedir erros de programação.*

O tipo **int** é somente um dos tipos de variáveis que você pode usar em seus programas C++. Eu farei um apanhado rápido das opções aqui. Nós as veremos mais detalhadamente na seção *Soluções Imediatas.*

- O tipo **bool** foi projetado para guardar somente dois tipos de valores: verdadeiro e falso. Ele é usado para guardar valores que representem, por exemplo, sim ou não a perguntas.
- O tipo **char** pode guardar os códigos numéricos de caracteres como '**a**', '**b**', e assim por diante. Este tipo normalmente tem o tamanho de um byte (mas algumas implementações do C++ usam uma palavra – 2 bytes). Existem também os tipos **wchar_t** (caracteres 'largos', de mais de um byte, para armazenar Unicode) **signed char** e **unsigned char.**
- Os tipos inteiros são **short** (que é maior do que **char**, mas menor ou igual a **int**), **unsigned short, signed short, int, signed int, unsigned int, long** (um inteiro longo, maior do que **int**), **signed long** e **unsigned long**. Observe que tipos como **int** e **signed int** (inteiro com sinal) são o mesmo, porque variáveis **int** podem armazenar sinais como padrão (ao contrário dos tipos **unsigned** que, por não guardarem sinal, só armazenam 0 e números positivos). Você pode usar esses tipos para armazenar números inteiros. Caso o tipo **signed** seja usado, isso pode incluir números negativos. Exemplos incluem 4.319 e –244.
- Os tipos de ponto flutuante são **float, double** (ponto flutuante de precisão dupla) e **long double** (supostamente uma versão maior de **double**, mas freqüentemente igual a **double**). Você pode usar este tipo para armazenar valores numéricos com parte decimal[(1)], como 3.14159, 2.7128 ou mesmo 1.0000.

Conversões entre tipos

Devido ao C++ ser fortemente tipado, você pode ter problemas se misturar tipos de dados, o que ocorre quando você atribui dados de um tipo a uma variável de outro tipo, por exemplo. O C++ trata de tais misturas de tipo com *conversões de tipo*. Há dois tipos de conversões: *implícitas* e *explícitas*. Conversões implícitas são tratadas pelo compilador; conversões explícitas devem ser feitas explicitamente no código do programa. Vejamos, por exemplo, o código a seguir: nele eu estou adicionando dois valores contidos em variáveis de tipos diferentes – short e long:

```
#include <iostream>
using namespace std;

int main()
{
    short big = 48272;
    long bigger = 138281285;

    cout << "The sum of big and bigger = " << bigger + big << endl;

    return 0;
}
```

(1) N.R.T.: Dentro de código C++, você sempre usará ponto (.) decimal para a representação de valores numéricos não inteiros.

Embora eu esteja adicionando um **short** a um **long**, não há problema: o compilador simplesmente "eleva" o valor **short** ao tipo **long** antes de adicioná-lo ao outro **long**. Como não há possibilidade de perder qualquer precisão neste caso, o compilador faz a conversão ele mesmo, ou seja, implicitamente. Eis aqui o resultado de executar este programa, types.cpp:

```
%types
The sum of big and bigger = 138264021
```

Por outro lado, dê uma olhada no exemplo a seguir. Nele, eu adiciono um número de ponto flutuante com casas decimais a um inteiro e armazeno o resultado em um inteiro:

```
#include <iostream>
using namespace std;
int main()
{
    int sum;
    int ten = 10;
    float pi = 3.14159;

    sum = pi + ten;

    cout << "The integer sum = " << sum << endl;

    return 0;
}
```

Neste caso definitivamente perdemos precisão, porque o C++ joga fora a parte decimal do valor de ponto flutuante, 3.14159, simplesmente fazendo a operação 3 + 10 e adicionando o resultado na variável **sum**. Em casos como este, o compilador deve alertá-lo sobre o que está ocorrendo, o que realmente ocorre se você compilar o código com o g++:

```
%g++ conversion.cpp
conversion.cpp: In function 'int main()':
conversion.cpp:9: warning: assignment to 'int' from 'float'
```

No entanto, nem todos os compiladores emitirão um alerta (na verdade, eu acabo de testar este código em um compilador que não o fez). Para indicar ao C++ que você sabe o que está fazendo em um caso como este e que a perda de precisão é aceitável, você pode *converter explicitamente* (fazer um "*cast*") o número de ponto flutuante para um inteiro temporariamente. Como veremos em *Conversão entre tipos de dados*, mais adiante neste capítulo, para converter a variável de ponto flutuante **pi** para um inteiro podemos fazer algo assim:

```
#include <iostream>
using namespace std;
int main()
{
    int sum;
    int ten = 10;
    float pi = 3.14159;

    sum = static_cast <int> (pi) + ten;
```

```
    cout << "The integer sum = " << sum << endl;

    return 0;
}
```

Agora o compilador não reclamará. Eis aqui o resultado de executar o programa, conversion.cpp:

```
%conversion
The integer sum = 13
```

Então, como realmente trabalhamos com os dados dentro de variáveis simples? Com os operadores do C++.

Operadores do C++

Vamos ver neste capítulo como usar alguns dos operadores do C++, como +, ++, * e assim por diante. Já vimos alguns dos operadores C++ em ação no capítulo anterior, como no exemplo em que usamos o operador de adição, +, para somar 23 a 19:

```
#include <iostream>
using namespace std;

// Usando o operador de adição

int main()
{
    int sum;

    sum = 23 + 19;

    cout << "23 + 19 = " << sum << endl;

    return 0;
}
```

Eis aqui o resultado de executar este programa, addition.cpp:

```
%addition
23 + 19 = 42
```

Veremos muitos dos operadores do C++ neste capítulo, mas não todos eles, porque alguns deles são destinados a usos avançados, como operações com classes e objetos, ponteiros e gerenciamento dinâmico de memória. Estudaremos esses operadores nos capítulos apropriados ao longo do livro.

Além de trabalharmos com os tipos de dados simples e os operadores do C++, também veremos uma introdução à classe **string** do C++, que agora faz parte do C++ padrão. Embora esta classe não seja um tipo de dado simples, você pode usá-la da mesma forma que um tipo simples para armazenar strings de texto. A classe **string** é uma das grandes melhorias do C++ em relação ao C, e merece pelo menos uma menção neste capítulo sobre como armazenar dados em variáveis, pois ela funciona exatamente como qualquer outro tipo de variável. Veremos muito mais sobre a classe **string** no Capítulo 15.

Não final deste capítulo também veremos algumas das funções utilitárias disponíveis no C++, tais como **rand**, que gera números aleatórios, **cos**, que calcula cossenos e **log**, que calcula logaritmos naturais. Passaremos agora à seção *Soluções Imediatas*, dando uma olhada nos tipos simples disponíveis.

Soluções Imediatas

Que tipos de dados simples estão disponíveis?

Os tipos de dados simples disponíveis no C++ padrão estão listados na Tabela 2.1. Veremos estes tipos mais detalhadamente nas próximas seções.

Tabela 2.1 Tipos de variáveis simples do C++.

Tipo	Conteúdo
bool	Guarda um valor verdadeiro (diferente de zero) ou falso (zero)
char	Contém um caractere, como 'a', 'b' ou 'c'
wchar_t	Caractere largo (mais de um byte), como os do Unicode
signed char	Tipo **char** com sinal numérico
unsigned char	Tipo **char** sem sinal numérico
short	Inteiro de tamanho igual ou maior a **char**, mas menor ou igual ao do tipo **int**
short int	O mesmo que **short**
signed short	O mesmo que **short**
unsigned short	Inteiro **short** sem sinal
int	Tipo inteiro básico
signed int	O mesmo que **int**
unsigned int	Inteiro sem sinal
long	Inteiro longo
signed long	O mesmo que **long**
unsigned long	Inteiro longo sem sinal
float	Número de ponto flutuante
double	Número de ponto flutuante de precisão dupla, normalmente mais preciso do que **float**
long double	Número de ponto flutuante com precisão ainda maior do que **double**, embora muitas implementações tratem **long double** da mesma forma que **double**
void	Tipo nulo

Como declarar variáveis

Como visto na seção *Análise Aprofundada* deste capítulo, no C++ você precisa declarar qualquer variável antes de usá-la. Eis aqui como funciona a instrução de declaração:

```
tipo nome [= valor][, nome [= valor]...];
```

Aqui, ***tipo*** é o tipo da variável que está sendo declarada, ***nome*** é o nome sendo dado a ela e ***valor*** é o seu valor inicial. Já vimos esta declaração de variável funcionando, como neste exemplo:

```
#include <iostream>
using namespace std;
int main()
{
    int sum;
    int ten = 10;
    float pi = 3.14159;

    sum = static_cast <int> (pi) + ten;

    cout << "The integer sum = " << sum << endl;

    return 0;
}
```

Você também pode agrupar declarações de variáveis de um mesmo tipo em uma só linha, separando cada nome de variáveis (e seu valor inicial correspondente, se houver um) das demais por uma vírgula, como mostrado a seguir:

```
#include <iostream>
using namespace std;
int main()
{
    int sum = 0, ten = 10;
    float pi = 3.14159;

    sum = static_cast <int> (pi) + ten;

    cout << "The integer sum = " << sum << endl;

    return 0;
}
```

E como já vimos, podemos também adicionar declarações em qualquer parte do código, como mostra o exemplo a seguir:

```
#include <iostream>
using namespace std;

int main()
{
    int days = 365;

    cout << "Number of days = " << days << endl;

    int months = 12;

    cout << "Number of months = " << months << endl;

    return 0;
}
```

Na verdade, conforme mencionado na seção *Análise Aprofundada* deste capítulo, algumas instruções, como **if** e **for**, permitem a declaração de variáveis dentro da própria instrução. Já demos uma olhada no laço **for** na seção *Análise Aprofundada* deste capítulo – observe novamente que o primeiro termo entre parênteses é uma *instrução* de inicialização, não uma *expressão* de inicialização:

```
for (instrução_de_inicialização; expressão_de_teste; expressão_de_iteração) instrução
```

Em C++, você pode declarar variáveis como, por exemplo, índices de laço em uma instrução **for**, como neste exemplo:

```
#include <iostream>
using namespace std;

// Teste do laço for

int main()
{
    int number;

    cout << "How many times do you want to see the greeting? ";

    cin >> number;

    for (int loop_index = 0; loop_index < number; loop_index++){
        cout << "Hello from C++." << endl;
    }

    return 0;
}
```

Como dar nomes a variáveis

O C++ possui regras para os nomes que as variáveis declaradas em um programa podem ter. Ei-las aqui:

- Os únicos caracteres que podem ser usados em nomes de variáveis são caracteres alfabéticos[1], números e o caractere de sublinhado, _.
- O primeiro caractere não pode ser um dígito (porque o C++ pensará que você está se referindo a um número).
- Os nomes de variáveis diferenciam maiúsculas de maiúsculas. Em outras palavras, uma variável de nome **numero_de_elefantes** será considerada diferente de uma chamada **numero_de_Elefantes**. Em geral usa-se principalmente minúsculas para nomes de variáveis, ao passo que nomes totalmente em maiúsculas normalmente são usados somente para constantes, não variáveis.
- Nenhuma palavra-chave reservada do C++ pode ser usada como nome de variável (a Tabela 1.1 tem a relação dessas palavras-chave).

(1) N.R.T.: Não os caracteres acentuados. Alguns compiladores C++ específicos podem vir a aceitar á, ç, õ etc. como parte de nomes de variáveis, mas normalmente tais caracteres são entendidos como inválidos pelos compiladores para tal.

- Não há limite definido para o tamanho de nomes no padrão do C++. Na prática, no entanto, muitos compiladores efetivamente têm limites, como 255 (ou, em um caso que conheço, 254) caracteres.
- Os nomes de variáveis que começam com um caractere de sublinhado (_) ou dois desses caracteres (__) são reservados para o uso da implementação do C++.
- Caso os nomes de variáveis sejam compostos de várias palavras, tem-se como convenção o uso de caracteres de sublinhado ou letras maiúsculas para separar as palavras. Por exemplo, **total_vendas_mes** ou **totalVendasMes**.

Observe que o último item da lista não é uma regra rígida, mas uma convenção. Se os nomes de suas variáveis forem constituídos de várias palavras, a convenção é usar caracteres de sublinhado entre as palavras como, por exemplo, **indice_laco_interno** ou colocar em maiúscula a primeira letra da segunda palavra e das palavras subseqüentes como, por exemplo, **indiceLacoInterno**. A forma preferida muitas vezes depende da 'herança de programação' do programador. Aqueles que vieram da programação em C normalmente preferirão os sublinhados, ao passo que os originários do Java poderão preferir usar iniciais maiúsculas. Embora minha preferência pessoal seja para iniciais maiúsculas (embora eu atualmente use C++ mais do que Java), o padrão C++ ANSI/ISO em si foi escrito usando-se sublinhados em nomes de variáveis (mesmo não havendo menção de tal fato no documento). Por isso, usarei aqui essa convenção.

Como trabalhar com tipos de dados **char**

O menor tipo de dado simples é o **char**, que, conforme seu nome indica, representa o tipo de dado de caracteres. Ele normalmente tem tamanho de um byte (para verificar seu tamanho em seu sistema, veja *Qual é a capacidade de armazenamento dos tipos inteiros?*, mais adiante neste capítulo). Você pode usar este tipo para armazenar caracteres alfanuméricos individuais, como '**a**', '**T**' ou '**7**'. Eis aqui um programa de exemplo, char.cpp, que usa este tipo e pede para o usuário digitar um único caractere:

```
#include <iostream>
using namespace std;

int main( )
{
    char character;

    cout << "Type one character: ";

    cin >> character;

    cout << "You typed " << character << endl;

    return 0;
}
```

Eis aqui um exemplo da saída gerada pelo programa:

```
%char
Type one character: A
You typed A
```

Na verdade, não é a letra A o que foi armazenado em **character**, mas sim o código numérico que representa tal caractere. Quando um **char** é passado a **cout**, **cout** converte o código do caractere novamente para o caractere em si e exibe o caractere, porque **cout** sabe que o tipo **char** tem como objetivo guardar caracteres. Muitas implementações do C++ ainda usam códigos de caractere ASCII (American Standard Code for Information Interchange, Código Norte-Americano Padrão para o Intercâmbio de Informações), e o código ASCII de '**A**' é 65. Se eu fosse tratar o código de caractere em **character** como um inteiro e não um **char** e o exibisse dessa forma, veríamos 65. Eis aqui o novo código:

```
#include <iostream>
using namespace std;

int main( )
{
    char character;
    int character_code;

    cout << "Type one character: ";

    cin >> character;

    cout << "You typed " << character << endl;

    character_code = character;

    cout << "That character's code is " << character_code << endl;

    return 0;
}
```

Eis aqui o resultado do código:

```
%char
Type one character: A
You typed A
That character's code is 65
```

DICA: *Para converter entre caracteres e números, consulte as funções* ***atoi***, ***atof*** *e* ***itoa*** *em* As funções utilitárias do C++: matemáticas, de tempo, trigonométricas, de números aleatórios e muito mais, *mais adiante neste capítulo.*

Que tipo de caractere é este?

Você também pode usar as funções declaradas no arquivo de cabeçalho cctype para determinar o tipo de caractere com o qual está lidando. Por exemplo, eu posso usar as funções **isalpha**, **isdigit**, **isspace** e **ispunct** para testar se um caractere é alfanumérico, um dígito, um espaço ou um sinal de pontuação, da seguinte forma:

```
#include <iostream>
#include <cctype>
using namespace std;

int main()
{
```

```
    cout << "Please type a character: ";
    char character;

    cin >> character;

    if(isalpha(character))
        cout << "That character is alphanumeric." << endl;
    else if(isdigit(character))
        cout << "That character is a digit." << endl;
    else if(isspace(character))
        cout << "That character is a space." << endl;
    else if(ispunct(character))
        cout << "That character is a punctuation character." << endl;

    return 0;
}
```

Eis aqui o resultado gerado pelo programa, cctypes.cpp:

```
%cctypes
Please type a character: 7
That character is a digit.
```

Caracteres "largos"

Conforme mencionado, muitos compiladores usam o conjunto de caracteres ASCII, o qual usa valores de 0 a 255 para representar caracteres. Por exemplo, o código ASCII para A é 65, o código para B é 66, e assim por diante.

Por outro lado, atualmente a World Wide Web é, conforme o nome diz, mundial. E há no mundo muitos tipos de alfabetos que não são tratados pelo ASCII, tais como o bengali, o armênio, o hebreu, o tailandês, o tibetano, o katakana japonês, o árabe e o cirílico, dentre outros. Por isso, muitos fabricantes de compiladores estão começando a suportar Unicode, e o C++ introduziu um novo tipo de caractere "largo", o **wchar_t** (ele é chamado de caractere "largo" porque normalmente cada caractere é armazenado em dois bytes, não apenas um como no caso de **char**). A maioria dos compiladores ainda não suporta caracteres largos.

Como os códigos Unicode usam dois bytes cada em vez de um, eles vão de 0 a 65.535, não apenas de 0 a 255 (no entanto, para facilitar as coisas, na verdade os códigos Unicode de 0 a 255 correspondem aos códigos ASCII de 0 a 255). Assim, o Unicode pode incluir a maioria dos símbolos normalmente de todos os conjuntos de caracteres e ideogramas atualmente usados no mundo. Somente cerca de 40.000 códigos Unicode são reservados para tal (dos quais cerca de 20.000 códigos são usados para ideogramas han, embora na verdade haja mais de 80.000 de tais ideogramas definidos, e 11.000 para sílabas hangul do coreano). Você pode aprender mais sobre o Unicode em **www.unicode.org.**

NOTA: *Na verdade nem mesmo o Unicode permite a representação de todos os símbolos em uso atualmente. Por isso, uma nova especificação, o UCS (Universal Character System ou Sistema de Caracteres Universal, também chamado de ISO 10646) usa quatro bytes por símbolo, o que permite representar cerca de 2 bilhões de símbolos – bem mais do que o necessário. Outra maneira de referenciar codificação Unicode pura é usando-se a codificação UCS-2 (também chamada de ISO-10646-UCS-2), que é um UCS compactado de dois bytes. Pode-se também usar a UTF-16, que é uma codificação especial que representa símbolos UCS usando dois bytes, de forma que o resultado corresponde à UCS-2. A codificação UCS direta é chamada de UCS-4 (também conhecida como ISO-10646-UCS-4).*

Alguns compiladores usam **wcin** e **wcout** como objetos de entrada e saída de Unicode, em vez de **cin** e **cout**. Você também pode indicar que um literal caractere deve ser representado em Unicode colocando um L em frente dele, da seguinte forma: **L'A'**.

O tipo **char** também pode ser declarado como **signed char** ou **unsigned char**, caso você desejar usá-lo como um valor numérico. Como o tipo **char** normalmente é implementado como um byte, o tipo **signed char** pode guardar valores de -128 a 127 e o tipo **unsigned char**, valores de 0 a 255. Como o intervalo para variáveis **signed char** acaba sendo de -128 a 127 e não, por exemplo, -127 a 128? Veja o próximo tópico para saber.

Dados com e sem sinal

Como um byte é constituído apenas de uns e zeros, como é possível armazenar um número negativo nele? Não existe um bit especial para o sinal. Para armazenar números negativos, os compiladores C++ usam o que se chama de *matemática de complemento de dois*. Por exemplo, se você armazena 1 em um byte, seu complemento de dois, que é 11111111, significa -1.

Por que 11111111 deveria significar -1? A razão é simples: veja o que acontece a este número quando você adiciona 1. O resultado é 100000000, ou seja, nove dígitos binários, grande demais para guardar em um byte. Na prática o primeiro 1 é perdido e o byte acaba ficando como 0. Em outras palavras, -1 + 1 = 0.

Para criar o complemento de dois de um número, tome sua representação binária, troque todos seus 1s por 0s e 0s por 1 e adicione 1 ao resultado. Agora você já sabe como a coisa funciona. E isto deve prepará-lo para outro fato do C++: se você usar um tipo de dado com sinal, como **int** e tentar armazenar um número tão grande que o bit mais à esquerda seja 1, esse número é tratado como sendo *negativo*, não positivo. Eis aqui um exemplo no qual adiciono dois números positivos grandes e, devido à maneira com que o C++ armazena inteiros negativos (com o bit mais à esquerda configurado para 1), o resultado (errado) é *negativo*:

```
#include <iostream>
using namespace std;

int main()
{
    int int1 = 28848484802;
    int int2 = 20939393971;

    cout << "The sum = " << int1 + int2 << endl;

    return 0;
}
```

Eis aqui o resultado da execução do programa. Claramente ele gera um resultado incorreto, e quando isto acontece é hora de trocar para um tipo de dado inteiro longo ou de ponto flutuante.

```
%neg
The sum = -1751728779
```

(Este exemplo pode não dar o mesmo resultado com seu compilador, caso ele use um número diferente de bytes para o tipo **int**.)

Como trabalhar com literais **char**

Um literal é um valor constante colocado diretamente dentro do código. Por exemplo, aqui vou atribuir um literal (a letra '**a**') a uma variável **char**:

```
int main()
{
    char character;

    character = 'a';

    cout << "The character = " << character << endl;

    return 0;
}
```

Deve-se prestar atenção que caracteres literais, como '**a**', '**b**' e '**7**', são delimitados por *apóstrofes*. Se você usar aspas, o C++ vai tratá-los como strings, não como caracteres simples. Literais caracteres longos são indicados por uma letra L maiúscula prefixada a eles, como **L'z'**. Você também pode usar seqüências de caracteres de escapes como caracteres literais. Tais seqüências são listadas na Tabela 2.2.

Tabela 2.2 Seqüências de caracteres de escape do C++.

Seqüência de escape	Representa
\a	Campainha (alerta)
\b	Retrocesso (backspace)
\f	Alimentação de formulário (FF, nova tela)
\n	Nova linha
\r	Retorno de carro (CR, retorno ao início da linha)
\t	Tabulação horizontal
\v	Tabulação vertical
\'	Apóstrofe
\"	Aspas duplas
\\	Barra invertida
\?	Ponto de interrogação
ooo	Código do caractere em notação octal
\x*hhh*	Código do caractere em notação hexadecimal

Note em particular a forma *\xhhh* na Tabela 2.1; ela permite fornecer diretamente o código do caractere, usando dígitos hexadecimais, ou base 16. Por exemplo o código ASCII de '**A**' é 65, que é 41 em hexadecimal, de modo que você pode se referir a '**A**' como '**\x41**'.

DICA: *Para converter entre caracteres e números, consulte as funções* ***atoi***, ***atof*** *e* ***itoa*** *em* As funções utilitárias do C++: matemáticas, de tempo, trigonométricas, de números aleatórios e muito mais, *mais adiante neste capítulo.*

Como trabalhar com tipos de dados inteiros

Os tipos de dados inteiros armazenam números sem parte fracionária como, por exemplo 1, 0, 319, 438328291 e assim por diante. Há três tipos básicos para inteiros: **short**, **int** e **long**. Esses tipos também podem ser declarados como com ou sem sinal, respectivamente, usando-se **signed** e **unsigned** (se você não especificar **signed** ou **unsigned**, a maioria dos compiladores usará como padrão **signed**), o que significa que eles podem guardar valores negativos, zero e positivos ou apenas zero e valores positivos, respectivamente. Eis aqui os tipos disponíveis:

- **short** – Inteiro de tamanho igual ou maior a **char**, mas menor ou igual ao do tipo **int**.
- **short int** – O mesmo que **short**.
- **signed short** – O mesmo que **short**.
- **unsigned short** – Inteiro **short** sem sinal.
- **int** – Tipo inteiro básico.
- **signed int** – O mesmo que **int**.
- **unsigned int** – Inteiro sem sinal.
- **long** – Inteiro longo.
- **signed long** – O mesmo que **long**.
- **unsigned long** – Inteiro longo sem sinal.

Eis aqui um exemplo que usa todos os três tipos de inteiros básicos:

```
#include <iostream>
using namespace std;

int main()
{
    short short_integer;
    int integer;
    long long_integer;

    short_integer = 1;
    integer = 2;
    long_integer = 3;

    cout << "The short integer holds " << short_integer << endl;
    cout << "The integer holds " << integer << endl;
    cout << "The long integer holds " << long_integer << endl;

    return 0;
}
```

Eis aqui o resultado da execução deste código, int.cpp:

```
%int
The short integer holds 1
The integer holds 2
The long integer holds 3
```

E qual é a capacidade de armazenamento desses tipos inteiros? Veja a próxima seção.

Qual é a capacidade de armazenamento dos tipos inteiros?

Infelizmente, a capacidade de armazenamento dos tipos inteiros varia de acordo com o compilador C++. O padrão C++ só especifica as capacidades *mínimas*:

- Um **short** tem pelo menos 16 bits.
- Um **int** tem pelo menos o mesmo tamanho de um **short**.
- Um **long** tem pelo menos 32 bits e pelo menos o mesmo tamanho de um **int**.

Normalmente uma variável **int** tem tamanho de 32 bits, o que significa que um **signed int** pode guardar valores de -2147483648 a 2147483647. Como é possível descobrir a capacidade de armazenamento de cada um dos tipos inteiros de um compilador C++ específico? Através do operador **sizeof**, bem como das constantes definidas no arquivo de cabeçalho climits. O operador **sizeof** informa o tamanho, em bytes, de um objeto em memória de um tipo básico como **int**, ao passo que o arquivo de cabeçalho climits define constantes como **MIN_INT** e **MAX_INT**, que dão os valores mínimo e máximo que podem ser armazenados no tipo **int**. Eis aqui um programa, intlimits.cpp, que coloca tudo isto para funcionar, exibindo o tamanho dos tipos **char**, **short**, **int** e **long**, bem como os valores máximos e mínimos que podem ser armazenados nesses tipos quando tratados como o padrão, **signed**, e como **unsigned**:

```
#include <iostream>
#include <climits>
using namespace std;

int main()
{
    cout << "The char type is " << sizeof (char) << " byte long" << endl;
    cout << "The short type is " << sizeof (short) << " bytes long" << endl;
    cout << "The int type is " << sizeof (int) << " bytes long" << endl;
    cout << "The long type is " << sizeof (long) << " bytes long" << endl;
    cout << endl;

    cout << "Minimum char value: " << CHAR_MIN << endl;
    cout << "Maximum char value: " << CHAR_MAX << endl;
    cout << "Minimum unsigned char value: 0" << endl;
    cout << "Maximum unsigned char value: " << UCHAR_MAX << endl;
    cout << endl;

    cout << "Minimum short value: " << SHRT_MIN << endl;
    cout << "Maximum short value: " << SHRT_MAX << endl;
    cout << "Minimum unsigned short value: 0" << endl;
    cout << "Maximum unsigned short value: " << USHRT_MAX << endl;
    cout << endl;

    cout << "Minimum int value: " << INT_MIN << endl;
    cout << "Maximum int value: " << INT_MAX << endl;
    cout << "Minimum unsigned int value: 0" << endl;
    cout << "Maximum unsigned int value: " << UINT_MAX << endl;
    cout << endl;

    cout << "Minimum long value: " << LONG_MIN << endl;
    cout << "Maximum long value: " << LONG_MAX << endl;
    cout << "Minimum unsigned long value: 0" << endl;
```

```
    cout << "Maximum unsigned long value: " << ULONG_MAX << endl;
    cout << endl;

    return 0;
}
```

Eis aqui o resultado para um compilador típico. Note que **int** tem o mesmo tamanho que **long**, o que não é incomum:

```
The char type is 1 byte long
The short type is 2 bytes long
The int type is 4 bytes long
The long type is 4 bytes long

Minimum char value: -128
Maximum char value: 127
Minimum unsigned char value: 0
Maximum unsigned char value: 255

Minimum short value: -32768
Maximum short value: 32767
Minimum unsigned short value: 0
Maximum unsigned short value: 65535

Minimum int value: -2147483648
Maximum int value: 2147483647
Minimum unsigned int value: 0
Maximum unsigned int value: 4294967295

Minimum long value: -2147483648
Maximum long value: 2147483647
Minimum unsigned long value: 0
Maximum unsigned long value: 4294967295
```

NOTA: *Alguns compiladores possuem tipos inteiros adicionais, não padrão, que armazenam números inteiros ainda maiores. Tais tipos são normalmente chamados de _I64 ou _int64 e armazenam valores inteiros de 64 bits.*

Como trabalhar com literais inteiros

Literais inteiros são simplesmente números inteiros dentro do código do programa. Já vimos literais inteiros no começo da seção *Análise Aprofundada* deste capítulo:

```
int main()
{
    int number_of_cats, number_of_dogs;

    number_of_cats = 297;
    number_of_dogs = 319;

    cout << "I have " << number_of_cats << " cats and ";
    cout << number_of_dogs << " dogs." << endl;

    return 0;
}
```

O C++ armazena literais inteiros usando como padrão o tipo **int**, a não ser que haja alguma razão para não fazê-lo (por exemplo, o literal ser grande demais para o tipo **int**). Você também pode indicar o tipo de um literal inteiro com os seguintes sufixos:

- l ou L para literais inteiros longos. Por exemplo, 54321L.
- u ou U para literais inteiros sem sinal. Por exemplo, 345U.
- ul (em qualquer combinação de minúsculas e maiúsculas e ordem, como LU ou uL) para literais inteiros longos sem sinal. Por exemplo, 314159UL.

Você também pode especificar um literal em hexadecimal, ou seja, base 16, prefixando-o com "0x", como por exemplo 0x10 (que é 16 em decimal) ou em octal, prefixando-o com um zero, "0", como por exemplo 015 (que é 13 em decimal).

NOTA: *Como literais octais começam com zero, você não deve jamais usar zero como primeiro dígito de um literal decimal.*

Como trabalhar com tipos de dados **bool**

O C++ possui também um tipo de dado chamado **bool**, capaz de armazenar somente dois valores: verdadeiro e falso. Este tipo, chamado de booleano, recebeu seu nome em função de George Bool, que trabalhou com representações matemáticas da lógica. Você pode usar o tipo **bool** com as palavras-chave **true** e **false** do C++ para representar, respectivamente, valores verdadeiros e falsos. Como diversas instruções, como o **if**, avaliam o valor-verdade de uma instrução antes de executar seu código, valores booleanos muitas vezes são usados com tais instruções. Eis aqui um exemplo:

```
#include <iostream>
using namespace std;

int main()
{
    bool display_the_text;

    display_the_text = true;

    if(display_the_text) {
        cout << "Have you renewed your insurance?" << endl;
    }

    return 0;
}
```

Eis aqui a saída do exemplo, bool.cpp:

```
%bool
Have you renewed your insurance?
```

Como trabalhar com literais **bool**

Você pode atribuir a variáveis booleanas as palavras-chave **true** e **false** do C++, da seguinte forma:

```
bool iniciar_o_processo = true;
```

Na verdade, você pode atribuir qualquer valor diferente de zero a uma variável **bool** e, como valores diferentes de zero são tratados como verdadeiro em um contexto verdadeiro/falso (veja *Habilidades básicas: valores verdadeiros e falsos no C++* , no Capítulo 1), uma variável booleana que receba um valor diferente de zero acaba guardando nela **true**. Atribuir um valor de zero significa que a variável guardará um valor de **false**:

```
bool iniciar = -3224; // iniciar guarda "true" (verdadeiro)
bool iniciar = 0;     // iniciar guarda "false" (falso)
```

Como trabalhar com tipos de dados de ponto flutuante

Números de ponto flutuante possuem uma parte fracionária (isto é, "casas depois da vírgula"), como 3.14159 (embora seja possível que a parte fracionária seja zero, como em 6.0000). Você também pode trabalhar com números no formato científico como, por exemplo, 3.14159E+08, onde E significa "expoente", de modo que o valor significa 3.14159 x 10^8 ou 1.2345e-9 (tanto e quanto E significam "expoente" em quase todos os compiladores), que significa 1.2345 x 10^{-9}.

Há três tipos de ponto flutuante no C++ padrão: **float**, **double** e **long double** (todos esses formatos podem armazenar sinal, não havendo versões sem sinal correspondentes, como no caso dos tipos inteiros). Embora a capacidade real dos tipos dependa do compilador, o padrão do C++ tem algumas exigências mínimas:

- Um **float** precisa ter pelo menos 32 bits de tamanho.
- Um **double** precisa ter pelo menos 48 de tamanho (normalmente 64).
- Um **long double** precisa ter pelo menos o mesmo tamanho que **double** (e normalmente tem 96 ou 128 bits de tamanho). Em muitos compiladores, **double** e **long double** são a mesma coisa.

Qual a capacidade de armazenamento desses tipos em seu compilador? Veja a próxima seção.

Qual é a capacidade de armazenamento dos tipos de ponto flutuante?

Como ocorre com os tipos inteiros, a precisão de valores de ponto flutuante depende de seu compilador C++. Também da mesma forma que com os tipos inteiros, pode-se usar o operador **sizeof** para a determinação do tamanho, em bytes, reservado para variáveis de ponto flutuante por um compilador específico. Pode-se também usar as constantes definidas no arquivo de cabeçalho cfloat para a determinação da precisão dos números de ponto flutuante de um compilador específico. Eis aqui um, floatlimits.cpp, que faz isto. Observe que os números de ponto flutuante são divididos em duas partes, a *mantissa* e o *exponente*, e o número de dígitos da mantissa fornecido por este programa é o número de dígitos *binários*, não decimais, da mantissa:

```
#include <iostream>
#include <cfloat>
using namespace std;

int main()
{
    cout << "The float type is " << sizeof (float) << " bytes long" << endl;
    cout << "The double type is " << sizeof (double) << " bytes long" << endl;
```

```
    cout << "The long double type is " << sizeof (long double)
        << " bytes long" << endl;
    cout << endl;

    cout << "Minimum float value: " << FLT_MIN << endl;
    cout << "Maximum float value: " << FLT_MAX << endl;
    cout << "Number of binary mantissa digits: " << FLT_MANT_DIG << endl;
    cout << "Maximum exponent for decimal numbers: " << FLT_MAX_10_EXP << endl;
    cout << "Minimum exponent for decimal numbers: " << FLT_MIN_10_EXP << endl;
    cout << endl;

    cout << "Minimum double value: " << DBL_MIN << endl;
    cout << "Maximum double value: " << DBL_MAX << endl;
    cout << "Number of binary mantissa digits: " << DBL_MANT_DIG << endl;
    cout << "Maximum exponent for decimal numbers: " << DBL_MAX_10_EXP << endl;
    cout << "Minimum exponent for decimal numbers: " << DBL_MIN_10_EXP << endl;
    cout << endl;

    cout << "Minimum long double value: " << LDBL_MIN << endl;
    cout << "Maximum long double value: " << LDBL_MAX << endl;
    cout << "Number of binary mantissa digits: " << LDBL_MANT_DIG << endl;
    cout << "Maximum exponent for decimal numbers: " <<
        LDBL_MAX_10_EXP << endl;
    cout << "Minimum exponent for decimal numbers: " <<
        LDBL_MIN_10_EXP << endl;
    cout << endl;

    return 0;
}
```

Eis aqui o resultado do programa, floatlimits.cpp, em um compilador típico:

```
%floatlimits
The float type is 4 bytes long
The double type is 8 bytes long
The long double type is 10 bytes long

Minimum float value: 1.17549e-38
Maximum float value: 3.40282e+38
Number of binary mantissa digits: 24
Maximum exponent for decimal numbers: 38
Minimum exponent for decimal numbers: -37

Minimum double value: 2.22507e-308
Maximum double value: 1.79769e+308
Number of binary mantissa digits: 53
Maximum exponent for decimal numbers: 308
Minimum exponent for decimal numbers: -307

Minimum long double value: 3.3621e-4932
Maximum long double value: 1.18973e+4932
Number of binary mantissa digits: 64
Maximum exponent for decimal numbers: 4932
Minimum exponent for decimal numbers: -4931
```

NOTA: *Como* ***cout*** *exibe números de ponto flutuante? Como padrão, o C++ exibe um total de seis dígitos, mudando para a notação e ou E após um milhão. O* ***cout*** *do C++ padrão atualmente também suprime zeros não significativos após o separador decimal (em versões mais antigas do C++ isto não ocorria).*

NOTA: *Lembre-se de que a precisão de números de ponto flutuante não é ilimitada. Por exemplo, adicionar 0.0000000000000000000000000000000001 a um número de ponto flutuante pode não alterar seu valor em absoluto.*

Como trabalhar com literais de ponto flutuante

Há diversas maneiras de indicar que um valor literal é um literal de ponto flutuante. A forma mais fácil é usar casas decimais (separadas da parte inteira por um ponto decimal) em um literal numérico. Você também pode usar a notação e ou E (tanto faz maiúscula ou minúscula) para especificar um expoente na base 10 como, por exemplo, 1.23e+10, que é igual a 1.23×10^{10} (o + antes do expoente é opcional, porque ele é pressuposto para expoentes positivos), ou 1.23E-5, que é igual a 1.23×10^{-5}.

Como padrão, literais de ponto flutuante são armazenados como valores do tipo **double** pelos compiladores, exceto se houver alguma razão para não fazê-lo. Se desejar armazenar um literal de ponto flutuante explicitamente como **float**, você pode usar o sufixo f ou F como, por exemplo, 3.14159f ou 3.14159F. Se desejar armazenar o literal como um **long double** use o sufixo l ou L como, por exemplo, 3.14159l ou 3.14159L. Eis aqui mais alguns exemplos:

- **2.222f** ou **2.222F** – Um literal **float.**
- **2.222** – Um literal **double.**
- **2.222l** ou **2.222L** – Um literal **long double.**

Apresentando a classe **string** do C++

Já vimos neste capítulo os tipos de dados simples. Há, porém, mais um tipo que merece ser mencionado aqui, mesmo não sendo um tipo de dado simples, mas uma classe do C++: a classe **string** (tecnicamente falando, é a classe de modelo **string** do C++, baseada no modelo **basic_string** da Standard Template Library). Veremos esta classe detalhadamente no CCapítulo 16, mas vale a pena apresentá-la aqui. Esta classe permite armazenar strings de texto praticamente como se elas fossem tipos de dados simples: mesmo que não tenhamos ainda estudado classes e objetos, não há problema. Eis aqui um exemplo: neste caso, eu crio uma string de nome **string1** e a inicializo com o texto "**No**", colocando o texto entre parênteses após o nome da string, **string1** (conforme veremos, isto passa o texto ao *construtor* da classe **string**, inicializando o objeto **string**). Na maioria dos compiladores (mas não em todos eles), é necessário incluir também o arquivo de cabeçalho string:

```
#include <iostream>
#include <string>
using namespace std;

int main()
{
    string string1("No ");
    .
    .
    .
```

Você também pode criar uma string da mesma forma que faria para criar uma variável simples e atribuir texto a ela com o operador =:

```
#include <iostream>
#include <string>
using namespace std;

int main()
{
    string string1("No ");
    string string2;

    string2 = "problems";
        .
        .
        .
```

Agora você pode juntar, ou concatenar, as duas strings com o operador +, e até mesmo usar o operador +=, da seguinte forma:

```
#include <iostream>
#include <string>
using namespace std;

int main()
{
    string string1("No ");
    string string2;

    string2 = "problems";

    string string3 = string1 + string2;

    cout << string3 << endl;

    string3 += " at all.";

    cout << string3 << endl;

    return 0;
}
```

Eis aqui o resultado da execução deste código, string1.cpp:

```
%string1
No problems
No problems at all.
```

Os objetos **string** contam com uma grande variedade de métodos incorporados. Conforme mencionado no Capítulo 1, um método é uma função incorporada a uma classe ou objeto, e você pode acessar tais métodos com o operador ponto, **.** (veja o Capítulo 8 para obter mais detalhes). Eis aqui um exemplo que mostra como determinar o tamanho de uma string com o método **length**, localizar nela uma substring com o método **find**, encontrar a última ocorrência de um caractere com o método **find_last_of** e substituir parte da string com texto novo, através do método **replace**:

```
#include <iostream>
#include <string>
using namespace std;
```

```
int main()
{
    string string1("No problems.");

    cout << "String length: " << string1.length() << endl;

    cout << "Location of \"problems\" " << string1.find("problems") << endl;

    cout << "Location of last \'o\': " << string1.find_last_of('o') << endl;

    cout << string1.replace(string1.length() - 1, 1, " at all.") << endl;

    return 0;
}
```

Eis aqui o resultado da execução deste programa, stringmethods.cpp (observe que as posições numéricas aqui exibidas são baseadas em 0, ou seja, o primeiro caractere da string é o caractere na posição 0):

```
%stringmethods
String length: 12
Location of "problem" 3
Location of last 'o': 5
No problems at all
```

Para saber mais sobre a classe **string** padrão do C++, dê uma olhada na próxima seção.

Como usar **cin** para ler caracteres individuais e strings inteiras

Como vimos no capítulo anterior, pode-se usar **cin** para ler uma palavra por vez do teclado, mas isto às vezes não é conveniente quando se trabalha com strings. Por exemplo, você pode querer ler do teclado uma linha inteira de texto, com várias palavras, ou somente um caractere por vez. Eis aqui um exemplo. Neste caso, eu uso a função **getline** (ela é uma função incorporada ao C++ que faz parte da Standard Template Library, da qual a classe **string** é parte) para ler uma linha inteira por vez, passando à função o objeto **cin** em si e a variável em que queremos colocar o texto, **string1**. Eu também uso o método **get** do objeto **cin**, para ler somente um caractere:

```
#include <iostream>
#include <string>
using namespace std;

int main()
{
    string string1;

    cout << "Type a few words: ";

    getline(cin, string1);

    cout << "You typed: " << string1 << endl;

    cout << "Type a word: ";
```

```
    string1 = cin.get();
    cout << "The first character was: " << string1 << endl;

    return 0;
}
```

Eis aqui uma saída gerada pelo programa, stringinput.cpp:

```
%stringinput
Type a few words: Now is the time
You typed: Now is the time
Type a word: Hello
The first character was: H
```

Solução relacionada:	Encontrada na página:
Como ler strings estilo C com métodos de **cin**	114

Como declarar constantes com **const**

Você pode usar o modificador **const** para declarar constantes em C++. Uma constante é um valor tipado que não pode ser alterado. No C, muitas vezes usava-se uma diretiva de compilação para criar constantes, da seguinte maneira:

```
#include <iostream>
using namespace std;

#define MAX_DAYS 31;

int main()
{
    int days = MAX_DAYS;

    cout << "There are " << days << " in this month." << endl;

    return 0;
}
```

Isto funciona, mas o C++ na verdade tem uma maneira melhor: o modificador **const** (embora você ainda possa usar **#define** em C++ e deva fazer isto para definir os "tokens" que o pré-processador usará – veja *Habilidades básicas: como usar arquivos de cabeçalho*, no Capítulo 1). Esta palavra-chave modifica a declaração de um item de dados, transformando-o em uma constante cujo valor não pode ser alterado (uma constante não é um lvalue e o compilador reclamará que você precisa de um lvalue para armazenar um novo valor). Eis aqui como o código anterior fica quando **const** é usada:

```
#include <iostream>
using namespace std;

int main()
{
    const int MAX_DAYS = 31;

    int days = MAX_DAYS;
```

```
    cout << "There are " << days << " in this month." << endl;

    return 0;
}
```

Por que isto é melhor? Porque com **const** você pode especificar o tipo da constante, o que permite verificação de tipos. Além disso, você pode usar **const** com estruturas e arrays do C++, algo que não pode ser feito com **#define**. Veremos **const** muito ao longo deste livro, pois usar **const** indica para o compilador que você não vai alterar o valor de um elemento, o que pode ser especialmente útil quando se trabalha com ponteiros.

***NOTA:** Quando se define uma constante em C++, a convenção é usar letras maiúsculas para o nome (por exemplo, **MAX_DIAS**), ou pelo menos usar como primeira letra uma maiúscula. Fazer isto torna claro que o nome é de uma constante, não de um lvalue.*

Solução relacionada:	Encontrada na página:
Habilidades básicas: como usar arquivos de cabeçalho	41

De que tipo é uma dada variável?

Você pode usar informações de tipo de tempo de execução (RTTI, runtime type information) para determinar o tipo de variáveis simples quando um programa está em execução. Veremos a RTTI com mais detalhes no Capítulo 12, mas aqui está uma prévia. Para determinar o tipo de uma variável você pode usar o operador **typeid** como no exemplo a seguir, no qual eu exibo o tipo de uma variável inteira:

```
#include <iostream>
#include <typeid>
using namespace std;

int main()
{
    int integer1 = 200;

    cout << "The type of integer1 is: " << typeid(integer1).name() << endl;

    return 0;
}
```

Eis aqui o resultado da execução deste programa, typeid.cpp, o qual nos mostra que o tipo de **integer1** é **int**:

```
%typeid
The type of integer1 is: int
```

Conversão entre tipos de dados

Conforme visto na seção *Análise Aprofundada* deste capítulo, como as variáveis do C++ são fortemente tipadas você precisa ter cuidado ao realizar operações que misturam variáveis de tipos diferentes. Tal mistura pode ocorrer:

- Em expressões com tipos de dados distintos.
- Em atribuições.
- Na passagem de argumentos a uma função, quando os tipos de dados dos parâmetros não correspondem àqueles da lista de argumentos.
- No retorno de uma expressão de uma função, quando o tipo do valor de retorno não corresponde ao tipo declarado.

Conforme mencionado na seção *Análise Aprofundada* deste capítulo, existem duas espécies de conversão de tipo: *implícita* e *explícita*. Qual é a diferença? Conversões implícitas são tratadas pelo compilador, ao passo que as conversões explícitas são determinadas pelo programador, no código do programa.

Conversões entre tipos implícitas

Como exemplo, dê uma olhada neste código, que já vimos na seção *Análise Aprofundada*; nele eu adiciono os valores de duas variáveis de tipos distintos: **short** e **long**:

```
#include <iostream>
using namespace std;

int main()
{
    short big = 48272;
    long bigger = 138281285;

    cout << "The sum of big and bigger = " << bigger + big << endl;

    return 0;
}
```

Embora eu esteja adicionando um **short** a **long**, não há problema, pois o compilador converte implicitamente o valor **short** para **long** para adicioná-lo ao outro **long**.

As regras de conversão de tipo em expressões são as seguintes:

- Se um operando for **long double**, o outro é convertido para **long double.**
- Do contrário, se um operando for **double**, o outro é convertido para **double**.
- Do contrário, se um operando for **float**, o outro é convertido para **float**.
- Do contrário, se um operando for **unsigned long**, o outro é convertido para **unsigned long**.
- Do contrário, se um operando for **long** e o outro um **unsigned int**, caso o tipo **long** seja um superconjunto de **unsigned int**, o **unsigned int** é convertido para **long**.
- Do contrário, se um operando for **long**, o outro é convertido para **long**.
- Do contrário, se um operando for **unsigned int**, o outro é convertido para **unsigned int**.
- Do contrário, ambos os operandos são convertidos para **int**.

A regra geral é sempre converter tipos menores para tipos maiores, para evitar a perda de precisão. Tudo que for menor que **int** é convertido para **int**, caso haja risco de perda de precisão.

Conversões entre tipos explícitas

Existem ocasiões em que você sabe o que está fazendo ao misturar tipos de dados e precisa avisar ao compilador que a operação está em ordem. Vimos este exemplo na seção *Análise Aprofundada* deste capítulo:

```
#include <iostream>
using namespace std;
int main()
{
    int sum;
    int ten = 10;
    float pi = 3.14159;

    sum = pi + ten;

    cout << "The integer sum = " << sum << endl;

    return 0;
}
```

Nele eu adiciono 3.14159 a 10 e armazeno o resultado em um inteiro, o que significa que o inteiro resultante armazenará 13, pois o C++ truncará[1] 3.14159 para 3. Se este for o resultado esperado, você deve informar ao C++ que quer mesmo que ele jogue fora parte do valor, convertendo explicitamente (fazendo um "cast") da variável de ponto flutuante **pi** para um inteiro temporariamente (o valor efetivamente contido em **pi** não é afetado após a conversão explícita ser executada). Eis aqui as formas de se fazer conversão explícita de tipos no C++:

- ***(tipo)*** – Conversão explícita de tipo estilo antigo.
- **const_cast <*tipo*> (*expressão*)** – Este tipo de conversão explícita tira a "constância" de expressões.
- **dynamic_cast <*tipo*> (*expressão*)** – Este tipo de conversão explícita suporta a identificação em tempo de execução de objetos de classe referenciados por ponteiro ou referência.
- **reinterpret_cast <*tipo*> (*expressão*)** – Este tipo de conversão explícita suporta a reinterpretação de baixo nível do padrão de bits da expressão.
- **static_cast <*tipo*> (*expressão*)** – Este tipo de conversão explícita faz "casts" explícitos, sem verificação de tipo em tempo de execução, e desativa mensagens de alerta.

Antigamente, por exemplo, para converter explicitamente um **float** em um **int**, bastava colocar a palavra-chave **int** entre parênteses antes do **float**:

```
#include <iostream>
using namespace std;
int main()
{
```

(1) N.R.T.: O valor é truncado (a parte decimal é jogada "fora") e não arredondado. Em outras palavras caso o número fosse 3.99999, ainda assim ele seria convertido para 3, não 4.

```
    int sum;
    int ten = 10;
    float pi = 3.14159;

    sum = (int) pi + ten;

    cout << "The integer sum = " << sum << endl;

    return 0;
}
```

No entanto, o comitê ANSI/ISO ficou preocupado com o fato de que muitos usavam esta técnica simplesmente para, na prática, desligar a verificação de tipos. Agora existem quatro operadores de conversão explícita, **const_cast**, **dynamic_cast**, **reinterpret_cast**, e **static_cast**, para tratar das diferentes situações em que uma conversão de tipo explícita é necessária. Veremos mais sobre como usar cada tipo de "cast" ao longo do livro, à medida que isto for necessário, mas a opção mais simples de usar é **static_cast**, que é a mais parecida com o estilo antigo de conversão explícita. Para usar este operador, basta fornecer o tipo para o qual se deseja converter a expressão, assim:

```
#include <iostream>
using namespace std;
int main()
{
    int sum;
    int ten = 10;
    float pi = 3.14159;

    sum = static_cast <int> (pi) + ten;

    cout << "The integer sum = " << sum << endl;

    return 0;
}
```

Agora o compilador aceitará a instrução com tipos misturados sem problemas.

Solução relacionada:	**Encontrada na página:**
Como converter entre strings estilo C e números	112

Quais operadores estão disponíveis no C++?

Neste capítulo iniciamos nosso estudo dos operadores do C++. Aqui daremos uma olhada nos operadores básicos, como +, -, *, /, %, **sizeof**, ?:, no operador vírgula (,) e outros. Veremos os demais operadores em outros capítulos, em situações onde eles normalmente são usados. Por exemplo, operadores como -> são usados com ponteiros. Por isso eles serão estudados no Capítulo 5, pois não faria muito sentido estudá-los antes de vermos ponteiros. Já o operador **typeid** trabalha com identificação de tipos em tempo de execução, de forma que vamos vê-lo no Capítulo 11. Por sua vez, operadores como || e && são usados para conectar cláusulas lógicas em instruções condicionais e de laço, de modo que vamos estudá-los no Capítulo 4. E assim por diante.

Para fins de referência, listamos os operadores do C++ na Tabela 2.3. A tabela foi dividida em grupos de precedência (veja a próxima seção para obter detalhes sobre precedência entre operadores). O que significa o termo "Associatividade" na tabela? Veja também na próxima seção. Veremos a maioria desses operadores no resto do capítulo, de acordo com sua precedência.

Tabela 2.3 Operadores do C++.

Operador	Nome ou significado	Associatividade
::	Resolução de escopo	Nenhuma
::	Global	Nenhuma
.	Seleção de membro (objeto)	Esquerda para a direita
->	Seleção de membro (ponteiro)	Esquerda para a direita
++	Incremento pós-fixado	Nenhuma
--	Decremento pós-fixado	Nenhuma
[ ]	Índice de array	Esquerda para a direita
( )	Chamada de função	Esquerda para a direita
( )	Conversão	Nenhuma
typeid( )	Nome de tipo	Nenhuma
const_cast	Conversão explícita de tipo	Nenhuma
dynamic_cast	Conversão explícita de tipo	Nenhuma
reinterpret_cast	Conversão explícita de tipo	Nenhuma
static_cast	Conversão explícita de tipo	Nenhuma
sizeof	Tamanho do objeto	Nenhuma
sizeof ( )	Tamanho do tipo	Nenhuma
++	Incremento pré-fixado	Nenhuma
--	Decremento pré-fixado	Nenhuma
(*type*)	Conversão explícita de tipo	Direita para a esquerda
new	Alocação de objeto	Nenhuma
new[ ]	Alocação de array	Nenhuma
delete	Liberação de objeto	Nenhuma
delete[ ]	Liberação de array	Nenhuma
*	Desreferenciação	Nenhuma
&	Endereço de	Nenhuma
+	Mais unário	Nenhuma
–	Negação aritmética (unária)	Nenhuma
!	NÃO (negação) lógico	Nenhuma
~	Complemento bit a bit	Nenhuma
.*	Aplicação de ponteiro a membro de classe (objetos)	Esquerda para a direita

Tabela 2.3 Operadores do C++ *(continuação)*.

Operador	Nome ou significado	Associatividade
->*	Desreferenciação de ponteiro para membro de classe	Esquerda para a direita
*	Multiplicação	Esquerda para a direita
/	Divisão	Esquerda para a direita
%	Resto ("módulo")	Esquerda para a direita
+	Adição	Esquerda para a direita
-	Subtração	Esquerda para a direita
<<	Deslocamento para a esquerda	Esquerda para a direita
>>	Deslocamento para a direita	Esquerda para a direita
<	Menor que	Esquerda para a direita
>	Maior que	Esquerda para a direita
<=	Menor ou igual a	Esquerda para a direita
>=	Maior ou igual a	Esquerda para a direita
==	Igualdade	Esquerda para a direita
!=	Desigualdade	Esquerda para a direita
&	E bit a bit	Esquerda para a direita
^	OU exclusivo bit a bit	Esquerda para a direita
|	OU bit a bit	Esquerda para a direita
&&	E lógico	Esquerda para a direita
||	OU lógico	Esquerda para a direita
e1?e2:e3	Condicional	Direita para a esquerda
=	Atribuição	Direita para a esquerda
*=	Multiplicação com atribuição	Direita para a esquerda
/=	Divisão com atribuição	Direita para a esquerda
%=	Resto de divisão com atribuição	Direita para a esquerda
+=	Adição com atribuição	Direita para a esquerda
-=	Subtração com atribuição	Direita para a esquerda
<<=	Deslocamento para a esquerda com atribuição	Direita para a esquerda

Tabela 2.3 Operadores do C++ *(continuação)*.

Operador	Nome ou significado	Associatividade
>>=	Deslocamento para a direita com atribuição	Direita para a esquerda
&=	E bit a bit com atribuição	Direita para a esquerda
|=	OU inclusivo bit a bit com atribuição	Direita para a esquerda
^=	OU exclusivo bit a bit com atribuição	Direita para a esquerda
throw	Lançamento de exceção	Nenhuma
,	Vírgula	Esquerda para a direita

Precedência entre operadores no C++

Dê uma olhada neste código, que tenta adicionar 12 a 24 e então dividir a soma por 6, para obter 36 / 6 = 6:

```
#include <iostream>
using namespace std;
int main()
{
    double value;

    value = 12 + 24 / 6;

    cout << "The value = " << value << endl;

    return 0;
}
```

Eis o resultado real do código:

```
%precedence
The value = 16
```

Claramente ocorreu algo diferente do que esperávamos. Na verdade o C++ estabelece uma precedência entre operadores muito clara, o que significa que, caso encontre dentro de uma instrução dois operadores do mesmo nível (ou seja, não colocados entre parênteses, colchetes ou chaves), ele executará o operador de maior precedência em primeiro lugar. Como o operador / possui precedência maior do que o operador +, na expressão anterior 24 é divido por 6 e o resultado é adicionado a 12, resultando em 16.

Para dizer ao C++ exatamente a ordem em que deseja que os operadores sejam avaliados, você pode usar parênteses para agrupar as operações que deseja executar em primeiro lugar. Eis aqui como isto seria feito para o exemplo anterior: colocar 12 + 24 entre parênteses assegura que a operação seja executada em primeiro lugar:

```
#include <iostream>
using namespace std;
int main()
{
```

```
    double value;

    value = (12 + 24) / 6;

    cout << "The value = " << value << endl;

    return 0;
}
```

Eis aqui o resultado do código:

```
%precedence1
The value = 6
```

A precedência entre operadores do C++ é mostrada na Tabela 2.3, em grupos da maior para a menor (os operadores de um mesmo grupo possuem o mesmo nível de precedência). Quando dois operadores possuem a mesma precedência, o C++ verifica se eles possuem *associatividade* da direita para a esquerda ou da esquerda para a direita. Operadores associam-se à expressão à sua esquerda ou à expressão à sua direita, algo que no C++ é chamado de associatividade. Por exemplo, como a multiplicação e a divisão têm associatividade da esquerda para a direita, na expressão 12 / 6 * 4 primeiro é realizada a divisão de 12 por 6 para obter 2, e então a multiplicação por 4, resultando em 8. E como a associatividade influencia a precedência? Se houver dois operadores com associatividade da esquerda para a direita atuando sobre o mesmo operando, o C++ aplica o operador à esquerda antes. Se houver dois operadores com associatividade da direita para a esquerda atuando sobre o mesmo operando, o C++ aplica o operador à direita antes.

Incrementando e decrementando: ++ e --

O operador ++ incrementa seu operando de um e o operador -- decrementa seu operando de um. Por exemplo, se **variavel** tiver 0, após a execução de **variavel++, variavel** terá 1. Esses operadores foram incluídos no C para tornar as operações de incremento e decremento de valores, muito comuns, mais fáceis (e eles são tão populares que foram a origem do nome do C++, querendo indicar uma versão incrementada do C).

Um aspecto importante: os operadores ++ e -- podem ser *pós-fixados* (usados da seguinte forma: **variavel++**) ou *pré-fixados* (usados como: **++variavel**). Quando usados como operadores pós-fixados, eles são executados *após* o resto da instrução, ao passo que são executados *antes* do resto da instrução quando usados como operadores pré-fixados. Isto é algo importante, pois no caso de uma expressão como

```
var2 = var1++;
```

quando a execução da instrução for concluída **var2** na verdade terá recebido o valor *original* de **var1**, e só após a execução da atribuição o valor de **var1** será incrementado. Eis aqui um exemplo que mostra como isto funciona:

```
#include <iostream>
using namespace std;
int main()
{
```

```
    int value1 = 0, value2 = 0;

    cout << "value1 = " << value1 << endl;
    cout << "value2 = " << value2 << endl;

    value2 = value1++;

    cout << "After value2 = value1++..." << endl;
    cout << "value1 = " << value1 << endl;
    cout << "value2 = " << value2 << endl;

    int value3 = 0, value4 = 0;

    cout << endl;
    cout << "value3 = " << value3 << endl;
    cout << "value4 = " << value4 << endl;

    value4 = ++value3;

    cout << "After value4 = ++value3..." << endl;
    cout << "value3 = " << value3 << endl;
    cout << "value4 = " << value4 << endl;

    return 0;
}
```

E aqui está o resultado da execução do código:

```
%increment
value1 = 0
value2 = 0
After value2 = value1++...
value1 = 1
value2 = 0

value3 = 0
value4 = 0
After value4 = ++value3...
value3 = 1
value4 = 1
```

Negação unária: ~ e !

O operador ~ é o operador NÃO (de negação) unário bit a bit e ! é o operador de NÃO unário lógico. O operador ~ inverte todos os bits de argumentos numéricos, ao passo que o operador ! troca um valor verdadeiro para falso e um valor falso para verdadeiro.

Eis aqui um exemplo, em que trocamos todos os bits do maior valor inteiro curto positivo, 32767, para descobrir o menor valor inteiro curto (negativo) e invertemos um valor booleano de verdadeiro para falso:

```
#include <iostream>
using namespace std;
int main()
{
```

```
    short short1 = 32767;
    bool boolean1 = true;

    cout << "Most negative short = " << ~short1 << endl;
    cout << "!true = " << !boolean1 << endl;

    return 0;
}
```

Eis aqui o resultado da execução deste código, flip.cpp (alguns compiladores, como o Microsoft Visual C++ e o Borland C++, podem exibir 0 em vez de **false**):

```
%flip
Most negative short = -32768
!true = false
```

Se eu tivesse colocado 0 em uma variável inteira e invertido seus bits com o operador ~, resultando 1111111111111111 em binário, o C++ exibiria o valor resultante como -1, pois o C++ usa a notação de complemento de dois para números negativos, o que significa que o primeiro bit em 1 indica um número negativo e em 0 um número positivo (veja *Dados com e sem sinal*, anteriormente neste capítulo).

O operador **sizeof**

Você pode usar o operador **sizeof** para determinar o número de bytes utilizado por um objeto na memória. Você também pode usar esse operador em tipos básicos, como já mostramos em *Qual é a capacidade de armazenamento dos tipos inteiros?*, anteriormente neste capítulo.

Eis aqui um exemplo que exibe o tamanho de uma variável inteira e dos tipos inteiros:

```
#include <iostream>
using namespace std;

int main()
{
    int integer = 4;

    cout << "The variable named integer is " << sizeof (integer) <<
        " bytes long" << endl;

    cout << endl;
    cout << "The char type is " << sizeof (char) << " byte long" << endl;
    cout << "The short type is " << sizeof (short) << " bytes long" << endl;
    cout << "The int type is " << sizeof (int) << " bytes long" << endl;
    cout << "The long type is " << sizeof (long) << " bytes long" << endl;
    cout << endl;

    return 0;
}
```

Eis aqui a saída produzida pelo código, sizeof.cpp:

```
%sizeof
The variable named integer is 4 bytes long
```

```
The char type is 1 byte long
The short type is 2 bytes long
The int type is 4 bytes long
The long type is 4 bytes long
```

Multiplicação e divisão: * e /

No C++, você pode usar * para multiplicar valores e / para dividir valores. Eis aqui um exemplo onde usaremos * e / em valores tipo double e então faremos a mesma coisa em valores inteiros. Decidi fazer a multiplicação e a divisão em valores inteiros para mostrar como a parte fracionária dos resultados de operações matemáticas é truncada quando são usados inteiros. Para garantir que os resultados de tais operações conservem sua precisão, normalmente não se deve usar inteiros. Eis aqui o código:

```
#include <iostream>
using namespace std;
int main()
{
    double double1 = 4, double2 = 6, double3 = 5, doubleResult;

    doubleResult = double1 * double2 / double3;

    cout << "4 * 6 / 5 = " << doubleResult << endl;

    int int1 = 4, int2 = 6, int3 = 5, intResult;

    intResult = int1 * int2 / int3;

    cout << "With integer math, 4 * 6 / 5 = " << intResult << endl;

    return 0;
}
```

E aqui está o resultado da execução do código, multdiv.cpp (ao compilar este exemplo, seu compilador pode emitir um alerta):

```
%multdiv
4 * 6 / 5 = 4.8
With integer math, 4 * 6 / 5 = 4
```

Resto de divisão: %

O operador de resto de divisão, ou módulo, %, naturalmente retorna o resto de uma operação de divisão. Por exemplo, 10 / 3 = 3 com um resto de 1, de modo que 10 % 3 é igual a 1. O operador de resto de divisão é especialmente útil para converter números entre bases diferentes, pois usar o operador % com a base para o qual o número está sendo convertido sucessivamente produz os dígitos do número (na seqüência inversa). Eis aqui um exemplo ligeiramente mais complexo, mod.cpp, que converte um número de base 10 para base 16. Neste caso usaremos um modelo de pilha (stack template) do C++, uma construção que veremos no Capítulo 16, para inverter a ordem dos dígitos à medida que eles são obtidos do número a converter e o operador >> para deslocar o número a converter 4 posições binárias, para simular a divisão inteira por 16 (veja *Operadores de deslocamento: >> e <<* mais adiante neste capítulo):

```
#include <iostream>
#include <stack>
using namespace std;

int main()
{
    int value = 32, temp = value;
    stack<int> st;

    while (temp > 0) {
        st.push(temp % 16);
        temp >>= 4;
    }

    cout << "Converting " << value << " yields 0x";

    while(!st.empty()) {
        cout << st.top();
        st.pop();
    }

    return 0;
}
```

Eis aqui o resultado da execução deste código, mod.cpp:

```
%mod
Converting 32 yields 0x20
```

Adição e subtração: + e -

Talvez os operadores aritméticos mais tradicionais sejam + e -, usados respectivamente para a adição e subtração. Eis aqui um exemplo:

```
#include <iostream>
using namespace std;
int main()
{
    int operand1 = 5, operand2 = 4, sum, diff;

    sum = operand1 + operand2;
    diff = operand1 - operand2;

    cout << operand1 << " + " << operand2 << " = " << sum << endl;
    cout << operand1 << " - " << operand2 << " = " << diff << endl;

    return 0;
}
```

Eis aqui o resultado da execução deste código, addsub.cpp:

```
%addsub
5 + 4 = 9
5 - 4 = 1
```

Operadores de deslocamento: >> e <<

Os operadores de deslocamento deslocam todos os bits de um valor para a direita ou para a esquerda o número de posições binárias especificado. Há dois operadores de deslocamento: deslocamento para a direita, >>, e deslocamento para a esquerda, <<. Eis aqui como usá-los:

```
novo_valor = valor << número_de_posições;
novo_valor = valor >> número_de_posições;
```

Por exemplo, 16 >> 2 desloca o número 16 para a direita duas posições decimais, o que equivale a dividi-lo por 4. Assim, 16 >> 2 é igual a 4. Os operadores de deslocamento normalmente são usados para empacotar valores binários em campos **int** ou **long**, pois você pode adicionar um número ao **int** ou **long** e então deslocá-lo para a esquerda para dar espaço ao novo campo de dados.

Importante: o operador >> respeita o sinal do seu operando e, como um valor negativo significa que o bit mais à esquerda é 1, deslocar um número negativo para a direita introduz um novo 1 à esquerda, de modo que deslocar 1111111111111100, que é -4 como um **short**, resulta em 1111111111111110, que é -2. Mas deslocar -1, que é 1111111111111111, dá 1111111111111111, que continua sendo -1. (Por esta razão foi incluído na linguagem Java o operador >>>, que permite trabalhar com os bits reais de um número ao deslocá-lo para a direita, sem que 1 seja adicionado à esquerda quando se desloca números negativos.)

Eis aqui um exemplo que coloca os operadores de deslocamento para trabalhar:

```
#include <iostream>
using namespace std;

int main()
{
    int value = 16, negValue = -1;

    cout << value << " << 2 = " << (value << 2) << endl;
    cout << value << " >> 2 = " << (value >> 2) << endl;
    cout << negValue << " >> 2 = " << (negValue >> 2) << endl;

    return 0;
}
```

E aqui está o resultado da execução do código, lrshift.cpp:

```
%lrshift
16 << 2 = 64
16 >> 2 = 4
-1 >> 2 = -1
```

Operadores E, OU e OU exclusivo bit a bit: &, ^ e |

Os operadores bit a bit permitem examinar os bits individuais de valores. Eles tratam seus operandos como números binários, com cada bit correspondendo a um dígito binário. Por exemplo, quando se usa o operador bit a bit & com dois operandos, é feita a operação de *E lógico* de cada bit de um operando com o bit correspondente do outro operando: se ambos os bits forem 1 o resultado para aquele bit será um; do contrário, será zero. Isto significa, por exemplo, que é possível testar o bit 3 (contado a partir da direita, sendo o bit mais à direita o bit 0) de um valor e configurá-lo em 1 fazendo um E bit a bit desse valor com um outro valor, cujo bit 3 esteja configurado em 1 e os demais em 0. Se o resultado da operação E bit a bit *não* for zero, o terceiro bit do valor original estava configurado em 1. Eis aqui um exemplo de código que efetua tal operação:

```
#include <iostream>
using namespace std;
int main()
{
    int value = 12;
    int bit3setting = value & 1 << 3;

    if (bit3setting != 0) {
        cout << "Bit 3 is set." << endl;
    }
    else {
        cout << "Bit 3 is not set." << endl;
    }

    return 0;
}
```

E aqui está o resultado da execução do código, setbit.cpp:

```
%setbit
Bit 3 is set.
```

A Tabela 2.4 mostra o resultado da aplicação dos operadores bit a bit. Em termos gerais, eles funcionam assim: o operador OU bit a bit, |, retorna 0 quando ambos os bits são 0 e 1 nos demais casos; o operador E bit a bit, &, retorna 1 quando ambos os bits são 1 e 0 nos demais casos; e o operador OU exclusivo bit a bit, ^, retorna 1 quando os bits são diferentes e 0 quando são iguais.

Tabela 2.4 Os operadores bit a bit.

x	y	x | y (OU)	x & y (E)	x ^ y (OU exclusivo)
0	0	0	0	0
1	0	1	0	1
0	1	1	0	1
1	1	1	1	0

O operador if-then-else: ?:

O C++ possui um operador que funciona de forma muito parecida com uma instrução if-then-else. É o operador ternário ?: . Este operador é chamado de ternário porque ele toma três operandos, uma condição e dois valores:

```
valor = condição ? valor1 : valor2;
```

Se a ***condição*** for verdadeira, o operador ?: retorna ***valor1***; caso contrário ele retorna ***valor2***. Assim, a instrução funciona da mesma forma que a seguinte instrução **if**:

```
if (condição) {
    valor = valor1;
}
else {
    valor = valor2;
}
```

Eis aqui um exemplo de uso do operador, que obtém o valor absoluto de um número:

```
#include <iostream>
using namespace std;

int main()
{
    int absval, value = -5;

    absval = value > 0 ? value : -value;

    cout << "The absolute value of " << value << " is " << absval << endl;

    return 0;
}
```

E aqui está o resultado da execução do código, abs.cpp:

```
%abs
The absolute value of -5 is 5
```

Operadores de atribuição: = e *operador*=

Os operadores mais básicos são os operadores de atribuição. Nós já os usamos bastante ao longo do livro. O operador = atribui a uma variável um valor literal ou um valor contido em outra variável, da seguinte forma:

```
#include <iostream>
using namespace std;
int main()
{
    int value = 12;

    cout << "The value = " << value << endl;

    return 0;
}
```

Eis o resultado:

```
%assign
The value = 12
```

No C++ você também pode executar várias atribuições na mesma instrução (isto funciona porque o o próprio operador de atribuição retorna o valor atribuído):

```
#include <iostream>
using namespace std;
int main()
{
    int value1, value2, value3;

    value1 = value2 = value3 = 12;

    cout << "value1 = " << value1 << endl;
    cout << "value2 = " << value2 << endl;
    cout << "value3 = " << value3 << endl;

    return 0;
}
```

Eis o resultado:

```
%multassign
value1 = 12
value2 = 12
value3 = 12
```

Como o resultado de uma atribuição é o valor atribuído, às vezes você poderá ver código C++ como este (para obter mais informações sobre o laço **while**, veja *O laço **while***, no Capítulo 4, e para ter mais informações sobre **cin.get**, veja *Como usar **cin** para ler caracteres individuais e strings inteiras*, anteriormente neste capítulo), que combina uma atribuição e um teste condicional:

```
#include <iostream>
using namespace std;

int main()
{
    char character;

    while((character = cin.get()) != 'q'){
        cout << character;
    }

    return 0;
}
```

Você também pode combinar diversos operadores com o operador de atribuição, =. Por exemplo, += é o operador de adição com atribuição, o que significa que valor += 2 é um atalho para valor = valor + 2. Eis aqui um exemplo, que coloca o operador de multiplicação com atribuição para trabalhar:

```
#include <iostream>
using namespace std;
int main()
{
    int value = 10;

    value *= 2;
```

```
    cout << "value * 2 = " << value << endl;

    return 0;
}
```

E aqui está o resultado:

```
%app
value * 2 = 20
```

Há diversos operadores que realizam operações combinadas com atribuição:

- **%=** – Resto de divisão com atribuição
- **&=** – E bit a bit com atribuição
- ***=** – Multiplicação com atribuição
- **/=** – Divisão com atribuição
- **^=** – OU exclusivo bit a bit com atribuição
- **|=** – OU bit a bit com atribuição
- **+=** – Adição com atribuição
- **<<=** – Deslocamento para a esquerda com atribuição
- **-=** – Subtração com atribuição
- **>>=** – Deslocamento para a direita com atribuição

O operador vírgula

No C++ a vírgula também é um operador. Ela pode ser usada para executar diversas instruções em uma. Eis aqui um exemplo:

```
int1 = 10, int2 = 20;
```

Aqui, as expressões separadas por vírgula são executadas da esquerda para a direita. **int1** recebe 10 e **int2** recebe 20. O valor de retorno de um conjunto de expressões separadas por vírgulas é o valor da expressão mais à direita. Para ver outro exemplo do operador vírgula em ação, veja *O laço **for***, no Capítulo 4.

Solução relacionada:	Encontrada na página:
O laço **for**	151

As funções utilitárias do C++: matemáticas, de tempo, trigonométricas, de números aleatórios e muito mais

Além dos operadores matemáticos que já vimos neste capítulo, o C++ também inclui diversas funções utilitárias, como **cos**, para o cálculo de cossenos, e **sin**, para o cálculo de senos. Para dar-lhe uma idéia inicial, eis aqui uma lista parcial dessas funções. Deve-se levar em conta que para usar muitas dessas funções é necessário incluir no código do programa o arquivo de cabeçalho cmath:

- **abs** – valor absoluto
- **acos** – arco cosseno
- **asin** – arco seno
- **atan** – arco tangente
- **atan2** – arco tangente com dois argumentos
- **atof** – conversão de string de caracteres estilo C para float
- **atoi** – conversão de string de caracteres estilo C para inteiro
- **atol** – conversão de string de caracteres estilo C para long
- **ceil** – "teto" de um valor
- **cos** – cosseno
- **cosh** – cosseno hiperbólico
- **exp** – o operando elevado à potência de **e**
- **fabs** – valor absoluto de ponto flutuante
- **floor** – "piso" de um valor
- **itoa** – conversão de inteiro para string de caracteres estilo C
- **log** – logaritmo natural do operando
- **log10** – logaritmo na base 10 do operando
- **ltoa** – conversão de long para string de caracteres estilo C
- **localtime** – obtém a estrutura da hora local
- **modf** – módulo (resto de divisão) de ponto flutuante
- **pow** – eleva à potência de
- **rand** – gera números aleatórios
- **sin** – seno
- **sinh** – seno hiperbólico
- **sort** – ordena lista
- **sprintf** – formata string
- **sqrt** – raiz quadrada
- **srand** – configura a "semente" (valor-base) para a geração de números aleatórios
- **tan** – tangente
- **tanh** – tangente hiperbólica
- **time** – retorna a hora atual em segundos

Eis aqui um exemplo do uso dessas funções, que gera números aleatórios empregando a função **rand**. Para usar tal função deve-se antes criar uma "*semente*" para o gerador de números aleatórios, passando-se à função **srand** um valor de semente. Pode-se usar a função **time** (passando-se a ela um valor 0, para se obter a hora atual em segundos) para retornar um valor que pode ser usado como semente para o gerador de números aleatórios.

Após a aplicação da função, o número aleatório retornado por **rand** é um inteiro no intervalo de 0 a **RAND_MAX** (**RAND_MAX** é um valor que depende da implementação do C++). Para obter um valor entre 0 e *n*, pode-se dividir o valor retornado por **rand** por **RAND_MAX** e então multiplicá-lo por **n**; para se obter um número aleatório entre **m** e **m + n**, basta fazer a mesma operação e adicionar **m** ao resultado. Por exemplo, no código a seguir eu peço para o usuário fornecer o valor máximo do intervalo dentro do qual o número aleatório desejado será gerado e uso **rand** para gerá-lo (alguns compiladores Unix exigem o uso da opção -lm para ligar a biblioteca matemática; além disso, alguns compiladores não suportam RAND_MAX):

```
#include <iostream>
#include <cmath>
#include <ctime>
using namespace std;

int main()
{
    double max;

    srand(time(0));

    cout << "Enter maximum random number you want: ";

    cin >> max;

    double random = (static_cast<double> (rand())) / RAND_MAX * max;

    cout << "Here's a random number between 0 and " << max <<
        ": " << random << endl;

    return 0;
}
```

Eis aqui um exemplo do resultado gerado pela execução do programa, rand.cpp:

```
%rand
Enter maximum random number you want: 12
Here's a random number between 0 and 12: 10.3121
```

NOTA: *Outro exemplo de **rand** em funcionamento, desta vez para criar inteiros aleatórios entre 1 e 10, é mostrado em* O laço **do-while**, *no Capítulo 4.*

Chamar **time(0)** retorna a hora atual em segundos, o que resulta em um valor como, por exemplo 969193206. Para obter a hora atual em horas, minutos e segundos, pode-se usar um código como o seguinte (este código usa ponteiros e estruturas, conceitos que veremos nos capítulos 3 e 5):

```
time_t t = time(0);
int seconds = localtime(&t)->tm_sec;
int minutes = localtime(&t)->tm_min;
int hours = localtime(&t)->tm_hour;
int day_of_month = localtime(&t)->tm_mday;
int month = localtime(&t)->tm_mon; // mês (0-11)
```

```
int year = localtime(&t)->tm_year;  // anos desde 1900
int weekday = localtime(&t)->tm_wday; // dia da semana (0-6)
int day_of_year = localtime(&t)->tm_yday; // dia do ano
int isdst = localtime(&t)->tm_isdst; // não-zero para horário de verão
```

Para ver alguns exemplos de como converter entre números e strings com as funções **itoa** e **atoi** da lista anterior, veja *Como converter entre strings estilo C e números*, no próximo capítulo.

Solução relacionada:	Encontrada na página:
Como converter entre strings estilo C e números	112

Como manipular operações matemáticas avançadas

Como calcular a cossecante hiperbólica em C++? A linguagem dá meios para fazê-lo? Sim, embora não diretamente. A Tabela 2.5 mostra como calcular outras funções a partir das funções padrão incorporadas ao C++, no arquivo de cabeçalho cmath.

Tabela 2.5 Funções matemáticas calculadas.

Função	Calcule assim
Secante	sec(x) = 1 / cos(x)
Cossecante	cosec(x) = 1 / sin(x)
Cotangente	cotan(x) = 1 / tan(x)
Arco seno	arcsin(x) = atan(x / sqrt(-x * x + 1))
Arco cosseno	arccos(x) = atan(-x / sqrt(-x * x + 1)) + 2 * atan(1)
Arco secante	arcsec(x) = atan(x / sqrt(x * x – 1)) + sin((x) – 1) * (2 * atan(1))
Arco cossecante	arccosec(x) = atan(x / sqrt(x * x – 1)) + (sin(x) – 1) * (2 * atan(1))
Arco cotangente	arccotan(x) = atan(x) + 2 * atan(1)
Seno hiperbólico	sinh(x) = (exp(x) – exp(-x)) / 2
Cosseno hiperbólico	cosh(x) = (exp(x) + exp(-x)) / 2
Tangente hiperbólica	tanh(x) = (exp(x) – exp(-x)) / (exp(x) + exp(-x))
Secante hiperbólica	sech(x) = 2 / (exp(x) + exp(-x))
Cossecante hiperbólica	cosech(x) = 2 / (exp(x) – exp(-x))
Cotangente hiperbólica	cotanh(x) = (exp(x) + exp(-x)) / (exp(x) – exp(-x))
Arco seno hiperbólico	arcsinh(x) = log(x + sqrt(x * x + 1))
Arco cosseno hiperbólico	arccosh(x) = log(x + sqrt(x * x – 1))
Arco tangente hiperbólica	arctanh(x) = log((1 + x) / (1 – x)) / 2
Arco secante hiperbólica	arcsech(x) = log((sqrt(-x * x + 1) + 1) / x)
Arco cossecante hiperbólica	arccosech(x) = log((sin(x) * sqrt(x * x + 1) + 1) / x)
Arco cotangente hiperbólica	arccotanh(x) = log((x + 1) / (x – 1)) / 2
Logaritmo na base N	logN(x) = log(x) / log(N)

Capítulo 3

Tipos derivados: arrays, strings, estruturas, uniões e enumerações

Análise Aprofundada

Este capítulo trata dos tipos derivados do C++: arrays, strings estilo C, estruturas, uniões e enumerações. Estes tipos são chamados de tipos derivados porque são construídos a partir de elementos mais simples. Por exemplo, digamos que você esteja dando aula de C++ para quatro alunos. Não será problema acompanhar as notas desses alunos em seu sistema de acompanhamento automatizado (escrito em C++, naturalmente). No entanto, logo se espalha a notícia de seu estilo de aula dinâmico e conhecimento inigualável de C++, e em pouco tempo a turma passa a ter 400 alunos. E agora, o que fazer? Colocar 400 variáveis em seu programa para acompanhar as notas dos alunos? E se você precisar lançar mais do que uma nota por aluno?

É hora de passar a um novo nível de manipulação de dados. O C++ suporta diversas construções distintas, as quais permitem a construção de estruturas de dados mais poderosas. Elas incluem as construções que veremos neste capítulo – arrays, strings estilo C, estruturas, uniões e enumerações.

Arrays

Como você provavelmente já saiba, *arrays* são construções de programação que permitem agrupar itens de dados do mesmo tipo de uma maneira que eles possam ser indexados numericamente. Por exemplo, digamos que você queira acompanhar as notas de 5 alunos. Neste caso, você pode criar um array chamado **scores** com cinco elementos **int** nele:

```
#include <iostream>
using namespace std;

int main()
{
    int scores[5];
    .
    .
    .
```

Esta é uma forma de declarar um array unidimensional: especificando um tipo e um nome e colocando o número de elementos desejado entre colchetes, [e] (as declarações de array são explicadas formalmente em *Como declarar arrays*, mais adiante neste capítulo). Após ter declarado este array, você pode se referir a qualquer um de seus cinco elementos com um índice numérico, também especificado entre colchetes, da seguinte forma: **scores[2]**. Em C++ o primeiro elemento de um array tem índice 0, o segundo índice 1 e assim por diante (ao contrário de outras linguagens, como BASIC, todos os arrays do C++ começam com o elemento 0). Usando um valor de índice, você pode acessar cada elemento de um array separadamente. Por exemplo, eis aqui como colocar valores em um array e exibir um deles:

```
#include <iostream>
using namespace std;
```

```
int main()
{
    int scores[5];

    scores[0] = 91;
    scores[1] = 21;
    scores[2] = 41;
    scores[3] = 81;
    scores[4] = 91;

    cout << "The score of the third person is " << scores[2] << endl;

    return 0;
}
```

Existe uma forma abreviada de inicializar dados de um array (veja *Como inicializar arrays*, mais adiante neste capítulo) – você pode listar os valores que deseja que os elementos recebam entre de chaves na declaração do array, da seguinte forma:

```
#include <iostream>
using namespace std;

int main()
{
    int scores[5] = {91, 21, 41, 81, 91};

    cout << "The score of the third person is " << scores[2] << endl;

    return 0;
}
```

Isto funciona da mesma forma que o formato anterior. A importância dos arrays está em permitir associar um conjunto de itens do mesmo tipo e acessar tais elementos através de um índice numérico. Isto é particularmente útil porque computadores são excelentes trabalhando com índices numéricos, permitindo incrementar e decrementar tal índice via programa (por exemplo, usando-se um laço – veja *Como usar arrays*, neste capítulo) e acessar eficientemente todos os elementos de um array a partir do código. Além de arrays unidimensionais, como os mostrados nos exemplos vistos até agora, podemos também criar e trabalhar com arrays multidimensionais (também mostrado em *Como usar arrays*, mais adiante neste capítulo).

NOTA: *Você pode misturar ponteiros e arrays de diversas formas, como veremos no Capítulo 5.*

Strings estilo C

No capítulo anterior vimos a classe **string** do C++ (veja *Apresentando a classe* ***string*** *do C++*, no Capítulo 2), que torna a manipulação de strings de texto no C++ fácil. A maneira "C" de fazer as coisas, no entanto, consiste em armazenar caracteres individuais em um array do tipo **char** (e livrar-se disso foi uma das principais realizações do C++). Não há nada de especial em uma string de texto estilo C – ela é simplesmente um array do tipo **char** – exceto por uma coisa: o último caractere é um zero (o valor 0, não o código ASCII do caractere 0). O último caractere marca o final da string. Entretanto, ainda há algumas coisas para as quais as strings C são úteis como, por exemplo, converter números para strings (por exemplo, converter o número de ponto flutuante 3.14159 para a string de texto "3.14159"). Daremos uma olhada nas strings estilo C neste capítulo.

Para criar uma string estilo C, você deve criar um array do tipo **char**, atribuir cada caractere da string a um elemento do array e então adicionar um byte 0, que você pode representar como '\0', como o terminador da string, para marcar o final dela (veja *Como trabalhar com literais* ***char***, no Capítulo 2). Eis uma maneira de fazer isto. Aqui vou armazenar a palavra "Hello" em uma string estilo C de nome **word**:

```
char word[6];
word[0] = 'H';
word[1] = 'e';
word[2] = 'l';
word[3] = 'l';
word[4] = 'o';
word[5] = '\0';
```

Como você pode imaginar, criar strings desta maneira pode ser um pouco tedioso. Mas há alguns atalhos. Por exemplo, você pode usar o atalho de inicialização de arrays que vimos na seção anterior (listar os valores para o array entre chaves). Na verdade, o C e o C++ permitem inicializar um array do tipo **char** com uma string entre aspas, da seguinte forma:

```
#include <iostream>
using namespace std;

int main()
{
    char word[] = {'H', 'e', 'l', 'l', 'o', '\0'};
    char other_word[] = "Hello";
    .
    .
    .
```

Note também que não é necessário especificar o tamanho do array entre os colchetes quando ele é inicializado desta maneira: o C++ sabe quantos elementos devem ser criados com base no tamanho da string fornecida (veja *Como inicializar arrays*, mais adiante neste capítulo).

O objeto **cout** do C++ também sabe como tratar de strings estilo C. Assim, você pode exibir tais strings da seguinte maneira:

```
#include <iostream>
using namespace std;

int main()
{
    char word[] = {'H', 'e', 'l', 'l', 'o', '\0'};
    char other_word[] = "Hello";

    cout << other_word << endl;

    return 0;
}
```

O estilo C de manipular strings tem sido usado há um bom tempo, e existe na biblioteca padrão do C uma grande quantidade de funções utilitárias para trabalhar com elas. Veremos algumas delas neste capítulo como, por exemplo, **strstr**, para pesquisar strings, e **strcmp**, para compará-las (a classe **string** do C++ também tem grande quantidade de métodos utilitários; veja o Capítulo 16 para obter mais detalhes).

DICA: *Você pode converter um objeto* ***string*** *do C++ para uma string estilo C com seu método* ***c_str*** *e passar uma string estilo C para o construtor de um objeto* ***string*** *do C++ (isto é, passá-la entre parênteses quando estiver criando o objeto* ***string****) para converter uma string estilo C para um objeto* ***string*** *do C++. Você também pode atribuir uma string estilo C a um objeto* ***string*** *do C++ diretamente.*

Estruturas

Tanto arrays quanto strings estilo C são constituídos de elementos do mesmo tipo. Em determinados casos, porém, fazem-se necessárias construções de dados mais heterogêneas. Por exemplo, digamos que você queira armazenar o nome e o sobrenome de pessoas como strings e suas idades como inteiros. Para resolver tal tipo de problema, o C++ suporta *estruturas*. Você pode usar estruturas para criar suas próprias estruturas de dados. Ao criar uma estrutura você está, na verdade, criando um novo tipo de dado, podendo então declarar variáveis desse tipo.

Por exemplo, eis aqui como podemos criar uma estrutura chamada **person**, constituída de duas strings C++, **first_name** e **second_name**, e um inteiro, **age**:

```
struct person {
    string first_name;
    string second_name;
    int age;
};
```

Agora podemos declarar variáveis do novo tipo **person**, da seguinte forma:

```
#include <iostream>
#include <string>
using namespace std;

int main()
{
    struct person {
        string first_name;
        string second_name;
        int age;
    };

    person ralph;
    person alice;
    .
    .
    .
```

E podemos acessar os *membros* de uma estrutura usando a notação de ponto (.) conforme mostra o exemplo a seguir, no qual ela é usada para armazenar dados na estrutura de dados e posteriormente exibi-los:

```
#include <iostream>
#include <string>
```

```
using namespace std;

int main()
{
    struct person {
        string first_name;
        string second_name;
        int age;
    };

    person ralph;
    person alice;

    ralph.first_name = "Ralph";
    ralph.second_name = "Kramden";
    ralph.age = 39;

    cout << "The first person is " << ralph.first_name << " ";
    cout << ralph.second_name << ", age " << ralph.age << endl;

    return 0;
}
```

Eis aqui o resultado produzido por este código:

```
%struct
The first person is Ralph Kramden, age 39
```

Você também pode armazenar estruturas em arrays. Veja *Como criar e usar arrays de estruturas*, mais adiante neste capítulo. Usando esta construção você poderá criar suas próprias estruturas de dados avançadas, manipulando-as quase da mesma maneira que os tipos simples.

Uniões

Uniões são estruturas de dados especializadas nas quais todos os membros compartilham os mesmos dados. Isto permite, dentre outras coisas, referenciar os mesmos dados com nomes diferentes. Eis aqui um exemplo, em que a palavra-chave **union** é usada para criar uma união de nome **one_union** com duas variáveis double, **double_variable** e **double_variable2:**

```
union one_union
{
    double double_variable;
    double double_variable2;
};
```

Agora eu posso criar uma variável do tipo **one_union** de nome **union1** e colocar um valor no membro **double_variable** da seguinte maneira:

```
#include <iostream>
using namespace std;

int main()
{
```

```
union one_union
{
    double double_variable;
    double double_variable2;
};

one_union union1;

union1.double_variable = 3.14159;
.
.
.
```

Como esta é uma estrutura tipo união, tanto **union.double_variable** quanto **union.double_variable2** apontam para os mesmos dados na memória. Assim, exibir ambas as variáveis exibe o mesmo valor:

```
#include <iostream>
using namespace std;

int main()
{
    union one_union
    {
        double double_variable;
        double double_variable2;
    };

    one_union union1;

    union1.double_variable = 3.14159;

    cout << "union1.double_variable = " << union1.double_variable << endl;
    cout << "union1.double_variable2 = " << union1.double_variable2 << endl;

    return 0;
}
```

Eis aqui o resultado gerado pela execução deste programa:

```
%union
union1.double_variable = 3.14159
union1.double_variable2 = 3.14159
```

Como todos os membros de uma união apontam para o mesmo dado em memória, haverá problemas caso você misture tipos pois, por exemplo, variáveis **double** são armazenadas em um formato totalmente diferente daquele usado para inteiros. Veja *Como criar uniões*, mais adiante neste capítulo, para obter mais informações.

Enumerações

Outra maneira de criar um tipo simples personalizado consiste em criar uma *enumeração*. Uma enumeração permite definir os valores que uma variável do tipo criado pode receber. Por exemplo, digamos que você deseje trabalhar com os dias da semana em inglês: Sunday, Monday, Tuesday e assim por diante, e não quer se referir a eles com inteiros como 0, 1, 2, mas pelos seus nomes reais. Você pode fazer isto com uma enumeração de nome **day** como a seguinte, que lista um conjunto de nomes simbólicos:

```
enum day
{
    Sunday,
    Monday,
    Tuesday,
    Wednesday,
    Thursday,
    Friday,
    Saturday
};
```

Então, quando criar uma variável do tipo **day**, você pode atribuir a ela valores da lista de valores possíveis que criou. Veja o exemplo a seguir, onde criamos uma variável do tipo **day** chamada de **today**:

```
#include <iostream>
using namespace std;

int main()
{
    enum day
    {
        Sunday,
        Monday,
        Tuesday,
        Wednesday,
        Thursday,
        Friday,
        Saturday
    };

    enum day today = Friday;
    .
    .
    .
```

Agora você pode trabalhar com a variável **today** da mesma forma que faria com qualquer outra variável, com o entendimento de que ela guarda valores da enumeração em vez de, digamos, números de ponto flutuante de precisão simples ou dupla:

```
#include <iostream>
using namespace std;

int main()
{
    enum day
    {
        Sunday,
        Monday,
        Tuesday,
        Wednesday,
        Thursday,
```

```
        Friday,
        Saturday
    };

    enum day today = Friday;

    if(today == Friday){
        cout << "Today is Friday." << endl;
    }

    return 0;
}
```

Isto é ótimo para deixar o código mais claro, através do uso de nomes simbólicos em vez de números. Na verdade, nos bastidores o C++ efetivamente usa números para os valores da enumeração. Neste exemplo, Sunday receberá o valor inteiro 0, Monday o inteiro 1 e assim por diante. Para obter mais detalhes veja *Como usar enumerações*, mais adiante neste capítulo.

E esta é toda a introdução que precisamos para este tópico. Agora é hora de ir para as *Soluções Imediatas*.

Soluções Imediatas

Como declarar arrays

Conforme discutido na seção *Análise Aprofundada* deste capítulo, usa-se um array para associar itens de dado do mesmo tipo em um conjunto facilmente acessível através de um índice numérico. Eis aqui a declaração formal de um array:

```
tipo nome [expressão_constante] [[expressão_constante] ... ]
```

NOTA: *Nesta declaração os colchetes imediatamente ao redor dos parâmetros* **expressão_constante** *são parte da declaração, não indicando parâmetros opcionais.*

O parâmetro ***tipo*** indica o tipo de cada elemento do array; ***nome*** é o nome do array; e os parâmetros ***expressão_constante*** especificam o número de elementos de cada dimensão do array. Eis aqui um exemplo, em que declaramos um array de nome **scores** com cinco elementos:

```
int scores[5];
```

Você pode adicionar dimensões adicionais a um array especificando o número de elementos dessas dimensões entre pares de colchetes adicionais, como no exemplo a seguir, em que declaramos um array de inteiros 3 x 5:

```
int scores[3][5];
```

Com esta declaração, cada elemento de **scores** está indexado por dois índices numéricos, não apenas um. Exemplos de índices de elementos seriam **scores[0][1]** ou **scores [2][3]**. Isto significa que este array pode armazenar, por exemplo, três notas de provas para cada um de cinco estudantes – a nota da primeira prova do primeiro estudante poderia ser guardada em **scores[0][0]**, sua nota na segunda prova poderia ser colocada em **scores[1][0]** e assim por diante. Para obter mais informações sobre como usar arrays multidimensionais veja *Como usar arrays*, mais adiante neste capítulo.

Existe uma outra maneira de declarar um array, que não exige a especificação do tamanho do array entre colchetes: pode-se declarar um array e inicializá-lo ao mesmo tempo. Neste caso, o C++ usará a parte de inicialização da declaração para dimensionar o array automaticamente. Para ver como isto funciona veja *Como inicializar arrays*, a seguir.

NOTA: *Algumas linguagens de programação permitem aumentar e diminuir o tamanho de arrays em tempo de execução (por exemplo, o BASIC permite fazê-lo através da instrução* ***ReDim****). Para fazer isto em C++ você normalmente usará ponteiros e os operadores* ***new*** *e* ***delete*** *para alocar e liberar memória. Veremos este assunto no Capítulo 5.*

Como inicializar arrays

Você pode inicializar um array quando o declara, especificando os valores de inicialização em uma lista separada por vírgulas entre chaves, da seguinte forma:

```
int array1[4] = {0, 1, 2, 3};
```

Isto atribui 0 ao elemento zero deste array, 1 ao elemento um e assim por diante. Você também pode listar menos itens do que o tamanho do array. Neste caso, o C++ atribuirá a todos os elementos não especificados o valor 0:

```
int array2[4] = {0, 1, 2};
```

Este array receberá os valores 0, 1, 2 e 0. (Observe que, caso você não fizer a inicialização nos elementos do array, o C++ não dá qualquer garantia de que esses elementos contenham 0.). Como o C++ inicializa em 0 os elementos que estão além daqueles cuja inicialização tenha sido explicitada, eis aqui uma forma fácil de declarar um array de 1000 elementos e inicializá-los todos em zero rapidamente:

```
int array3[1000] = {0};
```

Por outro lado, se você não declarar as dimensões de um array mas fornecer uma lista de inicialização, o C++ dimensionará o array por si próprio, determinando o tamanho do array a partir do número de itens da lista de inicialização. O exemplo a seguir cria um array de quatro elementos:

```
int array4[] = {0, 1, 2, 3};
```

Você também pode inicializar arrays de **char** com strings de texto, da seguinte maneira:

```
char word[] = "Hello";
```

Isto também adiciona um byte zero, '\0', ao final deste array de **char**, para criar uma string estilo C (veja *Como criar strings estilo C*, mais adiante neste capítulo, para obter mais detalhes).

A seguir está um exemplo de como inicializar um array bidimensional. Tais arrays podem ser vistos em termos de linhas e colunas. Por exemplo, um array de inteiros 3 x 5 possui três linhas e cinco colunas. Eis aqui como inicializar um array deste tipo: os valores de inicialização precisam ser fornecidos em três linhas, cada uma com cinco colunas:

```
int scores[3][5] = {
    { 92 , 73 , 57 , 98 , 89 },
    { 88 , 76 , 23 , 95 , 72 },
    { 94 , 82 , 63 , 99 , 94 }
};
```

A maioria dos compiladores permite que você pule o tamanho da *primeira* dimensão do array (no nosso exemplo, 3), quando inicializar arrays multidimensionais, porque o compilador pode determinar tal dimensão a partir do número de elementos usados para inicializar o array. Isto significa que a declaração a seguir é equivalente à anterior:

```
int scores[][5] = {
    { 92 , 73 , 57 , 98 , 89 },
    { 88 , 76 , 23 , 95 , 72 },
    { 94 , 82 , 63 , 99 , 94 }
};
```

Como usar arrays

Os elementos de um array são acessados através de um índice numérico. Como tal índice começa em zero, o primeiro elemento de um array unidimensional é o elemento 0, o seguinte é o elemento 1 e assim por diante. Já no caso de um array bidimensional, por exemplo, **tabela**, o primeiro elemento seria **tabela[0][0]**, o elemento da terceira fila e quarta coluna do array seria **tabela[2][3]** e assim por diante.

Eis aqui um exemplo de emprego de arrays, scores.cpp. Nele criamos um array de nome **scores**, populamos o array com dados e exibimos um dos elementos:

```
#include <iostream>
using namespace std;

int main()
{
    int scores[5];
    scores[0] = 91;
    scores[1] = 21;
    scores[2] = 41;
    scores[3] = 81;
    scores[4] = 91;

    cout << "The score of the third person is " << scores[2] << endl;

    return 0;
}
```

Eis aqui o resultado da execução deste programa:

```
%scores
The score of the third person is 41
```

Poder acessar os elementos de um array pelo índice é muito útil para percorrer todos os elementos do array: basta usar um laço. Eis aqui um exemplo, que varre um array bidimensional que armazena três notas de provas de cinco estudantes, exibindo a nota média de cada prova:

```
#include <iostream>
using namespace std;

int main()
{
    int test_index, student_index, scores[3][5] = {
        { 92 , 73 , 57 , 98 , 89 },
        { 88 , 76 , 23 , 95 , 72 },
        { 94 , 82 , 63 , 99 , 94 }
    };
    float sum;

    for (test_index = 0; test_index < 3; test_index++){
        for (student_index = 0, sum = 0; student_index < 5; student_index++)
            sum = sum + scores[test_index][student_index];
```

```
        cout << "Average for test " << test_index + 1 << " is " << sum / 5
            << endl;
    }

    return 0;
}
```

Eis aqui o resultado do programa, array.cpp:

```
%array
Average for test 1 is 81.8
Average for test 2 is 70.8
Average for test 3 is 86.4
```

NOTA: *Como veremos no Capítulo 5, ponteiros podem simular muitas das operações tradicionais que podemos realizar com arrays.*

Você pode notar que, neste caso, usei o número de estudantes que fez cada prova, 5, diretamente no código quando fiz a divisão para determinar a média da prova. No entanto, caso tenha um array arbitrário você pode não saber de antemão seu tamanho. Porém, existe uma forma simples de determinar o tamanho de um array. Veja a próxima seção para saber como.

Como determinar o tamanho de um array

Pode-se usar o operador **sizeof** para determinar o tamanho de um array unidimensional, pois **sizeof** informa tanto o tamanho total do array, em bytes, quanto o tamanho de cada elemento do array. Basta dividir um valor pelo outro. Eis aqui um exemplo, arraysize.cpp, que mostra como isto funciona. Neste exemplo, determinamos o tamanho do array **scores** tanto em número de bytes quanto em número de elementos:

```
#include <iostream>
using namespace std;

int main()
{
    int scores[5] = {92 , 73 , 57 , 98 , 89 };

    cout << "The array is " << sizeof(scores) << " bytes long." << endl;

    cout << "The array has " << sizeof(scores) / sizeof(int) << " elements."
        << endl;

    return 0;
}
```

Eis aqui o resultado produzido por este código:

```
%arraysize
The array is 20 bytes long.
The array has 5 elements.
```

No entanto, isto não funciona tão diretamente assim com arrays multidimensionais, pois **sizeof** fornece apenas o tamanho do array como um todo e o tamanho de cada elemento. É necessário, neste caso, saber o número de elementos de todas as dimensões exceto uma (por exemplo, no caso de um array bidimensional, o número de linhas ou de colunas) para determinar o número de elementos na dimensão remanescente.

NOTA: *Quando estudarmos a criação de array a partir de modelos, no Capítulo 16, veremos que há formas mais fáceis de descobrir o comprimento de um array.*

Solução relacionada:	Encontrada na página:
O operador **sizeof**	83

Como criar strings estilo C

Arrays do tipo **char** que terminam com um byte zero são tratados como strings de texto em C (veja a discussão Strings estilo C, anteriormente neste capítulo). Vimos que há duas maneiras de declarar e inicializar tais strings: atribuir cada caractere individualmente ao array de caracteres e adicionar um byte zero, **'\0'**, o terminador da string, ao final do array, ou deixar o C++ cuidar de alguns dos detalhes inicializando o array de caracteres com uma string delimitada por aspas, como no programa de exemplo cstring.cpp:

```
#include <iostream>
using namespace std;

int main()
{
    char word[] = {'H', 'e', 'l', 'l', 'o', '\0'};
    char string1[] = "Hello";

    cout << "word: " << word << endl;
    cout << "string1: " << string1 << endl;
    return 0;
}
```

O objeto **cout** sabe tudo sobre strings estilo C, de modo que você pode exibi-las usando tal objeto, conforme mostrado no código anterior (no C usa-se a função de biblioteca **printf** para a exibição de strings).

DICA: *Como uma string estilo C é um verdadeiro array de* ***char****, você pode acessar caracteres individuais dele usando índices, da seguinte forma:* ***string1[3] = 'x'****.*

Como vimos no capítulo anterior, o C++ possui uma classe **string**, baseada no modelo **basic_string**. Essa classe é, em termos gerais, muito superior às strings estilo C. Eu recomendo que você use a classe **string** sempre que puder, deixando as strings estilo C apenas para os casos em que elas forem realmente necessárias. Veremos as funções de biblioteca do C criadas para o tratamento de strings estilo C nas próximas seções.

DICA: *Você pode converter um objeto* ***string*** *do C++ para uma string estilo C com seu método* ***c_str*** *e passar uma string estilo C para o construtor de um objeto* ***string*** *do C++ (isto é, passá-la entre parênteses quando estiver criando o objeto* ***string****) para converter uma string estilo C para um objeto* ***string*** *do C++. Você também pode atribuir uma string estilo C a um objeto* ***string*** *do C++ diretamente.*

Solução relacionada:	Encontrada na página:
Apresentando a classe string do C++	70

Como descobrir o comprimento de strings estilo C

A função **strlen** da biblioteca padrão do C retorna o número de caracteres de uma string estilo C (sem incluir o byte zero terminador). Eis aqui um exemplo, strlen.cpp, que descobre o comprimento de uma string estilo C:

```
#include <iostream>

using namespace std;
int main()
{
    char string1[] = "Hello";

    cout << "The length of string1 is " << strlen(string1) << " characters."
        << endl;

    return 0;
}
```

Eis aqui o resultado do programa, strlen.cpp:

```
%strlen
The length of string1 is 5 characters.
```

Como comparar strings estilo C

Strings estilo C podem ser comparadas com a função **strcmp** da biblioteca padrão do C. Esta função retorna um inteiro maior, igual ou menor a 0, respectivamente, se a primeira string for lexicograficamente maior, igual ou menor do que a segunda string. O exemplo a seguir, strcmp.cpp, compara duas strings estilo C e exibe os resultados:

```
#include <iostream>

using namespace std;
int main()
{
    char string1[] = "bat";
    char string2[] = "cat";

    int result = strcmp(string1, string2);

    if (result > 0){
        cout << "string1 is lexicographically greater than string2" << endl;
    } else if (result == 0) {
        cout << "string1 is lexicographically equal to string2" << endl;
```

```
    } else if (result < 0) {
        cout << "string1 is lexicographically less than string2" << endl;
    }

    return 0;
}
```

Eis o resultado da execução deste programa, que constata que "bat" vem antes de "cat", alfabeticamente:

```
%strcmp
string1 is lexicographically less than string2
```

Como pesquisar strings estilo C

Podemos usar a função **strstr** da biblioteca padrão do C para pesquisar pela primeira ocorrência de uma substring em uma string estilo C. Esta função retorna um *ponteiro* para a substring encontrada (se não for encontrada uma substring, **strstr** retorna um valor nulo). Veremos ponteiros no Capítulo 5, mas vale a pena dar uma olhada em **strstr** já. No exemplo a seguir, tudo o que você precisa saber sobre ponteiros é que eles "apontam" para uma posição de memória, e podemos tratar o ponteiro resultante para a substring como a própria string. No exemplo, strstr.cpp, pesquisaremos pela substring "ing" na string "We are building a house.". A função **strstr** retorna um ponteiro para o local onde a substring começa e, caso passemos tal ponteiro a **cout** como o início de uma string estilo C, ele exibe todo o texto a partir dessa posição, no nosso caso, "ing":

```
#include <iostream>

using namespace std;
int main()
{
    char string1[] = "We are building a house.";
    char string2[] = "ing";
    char* string3;

    string3 = strstr(string1, string2);

    cout << string3 << endl;

    return 0;
}
```

Eis aqui o resultado do programa:

```
%strstr
ing a house.
```

Como concatenar strings estilo C

Podemos usar a função **strcat** da biblioteca padrão do C para anexar uma string ao final de outra. Esta função retorna um ponteiro para a string resultante. Veremos ponteiros no Capítulo 5; para uma visão rápida, veja *Como pesquisar strings estilo C*, anteriormente neste capítulo. Eis aqui um exemplo de como usar **strcat**, que concatena as strings "Hello" e " there" e exibe o resultado:

```
#include <iostream>

using namespace std;
int main()
{
    char string1[] = "Hello";
    char string2[] = " there";
    char* string3;

    string3 = strcat(string1, string2);

    cout << string3 << endl;

    return 0;
}
```

Eis aqui o resultado do programa, strcat.cpp:

```
%strcat
Hello there
```

Neste caso, a função **strcat** efetivamente anexa **string2** ao final de **string1**. Alguns compiladores terão problemas se as strings de origem e destino acabarem se sobrepondo, ao passo que outros simplesmente realocam novo espaço para **string1** automaticamente. Caso você tenha problemas ou simplesmente queira evitá-los, declare **string1** grande o suficiente para conter ambas as strings, usando algo como o seguinte:

```
char string1[40] = "Hello";
```

Como copiar strings estilo C

Podemos usar a função **strcpy** da biblioteca padrão do C para copiar uma string estilo C para outra. Eis aqui um exemplo, em que **string2** está sendo copiada para **string1**:

```
#include <iostream>

using namespace std;
int main()
{
    char string1[] = "bat";
    char string2[] = "cat";

    strcpy(string1, string2);

    cout << string1 << endl;

    return 0;
}
```

Eis aqui o resultado gerado pelo programa, strcpy.cpp. Como podemos ver, o conteúdo de **string1** foi substituído pelo conteúdo de **string2**:

```
%strcpy
cat
```

Como converter entre strings estilo C e números

Se tiver um valor numérico e desejar inclui-lo em uma string, você não pode simplesmente usar uma conversão explícita de tipo ("cast"). Em vez disso, você pode usar funções da biblioteca do C como **itoa** para converter um inteiro em uma string estilo C ou a função **atoi** para converter uma string estilo C em um inteiro. O exemplo a seguir, stringconvert.cpp, usa a função **itoa** para converter um inteiro para uma string, **atoi** para convertê-lo novamente para um inteiro e **atof** para converter uma string estilo C em um valor tipo **float**:

```
#include <iostream>
#include <string>
using namespace std;

int main()
{
    char new_text[8];
    int new_integer, integer = 255;
    float new_float;
    string new_string, string_object("3.14159");

    itoa(integer, new_text, 10);
    cout << "Converting the integer to a character string yields: "
        << new_text << endl;

    new_string = new_text;
    cout << "Converting the character string to a string object yields: "
        << new_string << endl;

    new_integer = atoi(new_text);
    cout << "Converting the text back to an integer yields: "
        << new_integer << endl;

    new_float = atof(string_object.c_str());
    cout << "Converting the string object into a float yields: "
        << new_float << endl;

    return 0;
}
```

Eis aqui o resultado do programa, stringconvert.cpp:

```
%stringconvert
Converting the integer to a character string yields: 255
Converting the character string to a string object yields: 255
Converting the text back to an integer yields: 255
Converting the string object into a float yields: 3.14159
```

Você também pode usar a função **sprintf** da biblioteca padrão do C (cujo nome deriva de "formatted string print", impressão de string formatada) para converter um número em uma string com um formato específico. Eis aqui como usar esta função, em termos gerais:

```
sprintf (string, formato, lista)
```

Aqui ***string*** é a string em que o resultado deve ser colocado e ***formato*** é uma string de conversão que especifica como o resultado deve ser formatado, especificando uma conversão para cada elemento de ***lista***. As seguintes conversões podem ser usadas em ***formato***:

- **%%** – um sinal de porcentagem
- **%c** – um caractere com o código numérico dado
- **%d** – um inteiro com sinal em formato decimal
- **%e** – um número de ponto flutuante em notação científica
- **%E** – o mesmo que **%e**, mas usando um E maiúsculo
- **%f** – um número de ponto flutuante em decimal fixa
- **%g** – um número de ponto flutuante em **%e** ou **%f**
- **%G** – o mesmo que **%g**, mas usando um G maiúsculo
- **%n** – armazena o número de caracteres de saída na próxima variável
- **%o** – um inteiro sem sinal em octal
- **%p** – um ponteiro (o endereço do valor em hexadecimal)
- **%s** – uma string
- **%u** – um inteiro sem sinal em decimal
- **%x** – um inteiro sem sinal em hexadecimal
- **%X** – o mesmo que **%x**, mas exibindo as letras como maiúsculas
- **%D** – o mesmo que **%ld**
- **%F** – o mesmo que **%f**
- **%i** – o mesmo que **%d**
- **%O** – o mesmo que **%lo**
- **%U** – o mesmo que **%lu**
- **-** – justifica à esquerda dentro do campo
- **#** – prefixa octal não-zero com 0, hexadecimal não-zero com 0x
- **.** ***número*** – "precisão": o número de dígitos após o ponto decimal para valores de ponto flutuante, o comprimento máximo para strings ou o comprimento mínimo para inteiros
- **+** – prefixa números positivos com um sinal de mais
- **0** – usa zeros em vez de espaços para justificar à direita
- **h** – interpreta inteiros como **short**
- **l** – interpreta inteiros como **long**
- ***número*** – tamanho máximo do campo
- **caractere de espaço** – prefixa números positivo com um espaço

Eis aqui um exemplo, sprintf.cpp, que converte o número 1234.56789 para uma string conservando apenas quatro casas decimais. Observe que muitos compiladores exigem a inclusão de cstdio para o uso de **sprintf**:

```
#include <iostream>
#include <cstdio>
using namespace std;

int main()
{
    char formatted_string[20];

    float number = 1234.56789;
    sprintf (formatted_string, "%.4f\n", number);
    cout << formatted_string << endl;

    return 0;
}
```

Eis aqui o resultado do programa (observe que **stprintf** arredonda o número para 1234.5679):

```
%sprintf
1234.5679
```

Solução relacionada:	Encontrada na página:
As funções utilitárias do C++: matemáticas, de tempo, trigonométricas, de números aleatórios e muito mais	90

Como ler strings estilo C com métodos de **cin**

Podemos usar métodos do objeto **cin** para ler entrada do teclado e armazenar o resultado em uma string estilo C: **cin.getline** e **cin.get** (para ver como ler caracteres individuais e armazenar texto em objetos **string** do C++, veja *Como usar **cin** para ler caracteres individuais e strings inteiras*, no Capítulo 2).

Como usar **cin.getline**

Eis um exemplo, getline.cpp, que lê entrada do teclado e armazena a string do resultante em uma string estilo C, **string1**:

```
#include <iostream>
using namespace std;

int main()
{
    const int total = 50;
    char string1[total];

    cout << "Type some words: ";

    cin.getline(string1, total);
```

```
    cout << "You typed: " << string1 << endl;

    return 0;
}
```

Observe que você precisa passar a string estilo C na qual deseja que o texto seja armazenado e o número de caracteres a ler para **cin.getline**. Este método lerá o número de caracteres menos 1, pois ele precisa deixar espaço para o **'\0'** ao final da string(1).

Além de **cin.getline**, você também pode usar **cin.get**.

Como usar **cin.get**

Podemos usar o método **cin.get** para ler caracteres individuais (veja *Como usar **cin** para ler caracteres individuais e strings inteiras*, no Capítulo 2). Além disso, há uma forma de **cin.get** que permite ler uma linha de texto inteira por vez. Para usar esta forma, deve-se passar a string estilo C para armazenar o texto e o número de caracteres a ler para **cin.get** (**cin.get** lerá entrada até o número máximo de caracteres menos 1 ser alcançado ou até o usuário pressionar Enter).

Um aspecto a ser notado: **cin.get** lê tudo até o '**\n**' de encerramento se houver um, mas *não* lê esse '**\n**'. Para limpar o caractere '**\n**' do buffer de entrada pode-se usar o método **cin.clear** ou chamar **cin.get** uma segunda vez. O exemplo a seguir, get.cpp, usa **cin.get** para armazenar texto em uma string, usando **cin.get** de modo *encadeado* para ler primeiro o texto e então o '**\n**'. Eis o código:

```
#include <iostream>
using namespace std;

int main()
{
    const int total = 50;
    char string1[total];

    cout << "Type some words: ";

    cin.get(string1, total).get();

    cout << "You typed: " << string1 << endl;

    return 0;
}
```

Eis aqui um exemplo da saída gerada pelo programa(2):

```
%get
Type some words: Now is the time.
You typed: Now is the time.
```

(1) N.R.T.: Veja também que, caso digite um número de caracteres menor do que o tamanho da string menos 1, pode ser necessário pressionar <Enter> duas vezes para o programa "entender" que a entrada foi encerrada; por outro lado, caso você digite um número de caracteres maior do que aquele número, apenas um <Enter> é necessário, e os caracteres que excederem essa quantidade são desprezados. Caso deseje visualizar melhor esse comportamento, altere no programa o valor de **total** para 10 ou 5.

(2) N.R.T.: Ao contrário do caso de **cin.getline**, aqui nunca será necessário pressionar <Enter> duas vezes para o programa saber que a saída foi encerrada; basta o '**\n**', gerado quando <Enter> é pressionado.

Solução relacionada:	Encontrada na página:
Como usar **cin** para ler caracteres individuais e strings inteiras	72

Como declarar estruturas

Conforme discutido na seção *Análise Aprofundada* deste capítulo, você pode usar estruturas para criar seus próprios tipos de dados, os quais podem ser compostos de diversos outros tipos de dados diferentes. Eis aqui como declarar uma estrutura em geral, usando a palavra-chave **struct**, tanto em C quanto C++:

```
struct [nome] {[lista_de_membros]}
```

Neste caso, ***nome*** é o nome da estrutura e ***lista_de_membros*** é uma lista de membros que farão parte do novo tipo estrutura, separados por vírgulas.

NOTA: *As estruturas do C++ são consideravelmente mais poderosas do que as do C, pois as estruturas do C++ são, na verdade, classes, e por isso podem ter métodos. Veremos mais sobre métodos no Capítulo 8.*

Eis aqui um exemplo em que declaramos uma estrutura de nome **person** com duas strings, **first_name** e **second_name** (observe que é necessário encerrar a declaração da estrutura com um ponto-e-vírgula):

```
#include <iostream>
#include <string>
using namespace std;

int main()
{
    struct person {
        string first_name;
        string second_name;
    };
    .
    .
    .
```

Agora podemos declarar variáveis para este tipo estrutura e acessar os membros de dados de cada variável com o operador ponto (.):

```
#include <iostream>
#include <string>
using namespace std;

int main()
{
    struct person {
        string first_name;
        string second_name;
    };
```

```
    person ralph;
    person alice;

    ralph.first_name = "Ralph";
    ralph.second_name = "Kramden";

    cout << "The first person is " << ralph.first_name << " ";
    cout << ralph.second_name << endl;

    return 0;
}
```

***NOTA:** Em C é necessário preceder a declaração de variáveis de um tipo estrutura com a palavra-chave **struct** (por exemplo, **struct person ralph;**). No C++ isto não é necessário.*

Eis aqui o resultado produzido por este código:

```
%struct2
The first person is Ralph Kramden
```

Declarar a estrutura de dados em uma função como **main** restringe o uso da estrutura àquela função. Pode-se também declarar uma estrutura de dados fora de qualquer função, o que a torna disponível para todo o código existente no arquivo-fonte onde ela foi declarada:

```
#include <iostream>
#include <string>
using namespace std;

struct person {
    string first_name;
    string second_name;
};

int main()
{
    person ralph;
    person alice;

    ralph.first_name = "Ralph";
    ralph.second_name = "Kramden";

    cout << "The first person is " << ralph.first_name << " ";
    cout << ralph.second_name << endl;

    return 0;
}
```

Observe que você também pode definir variáveis tipo estrutura imediatamente após a declaração da estrutura (e antes do ponto-e-vírgula terminador), como no exemplo a seguir:

```
#include <iostream>
#include <string>
using namespace std;
```

```
int main()
{
    struct person {
        string first_name;
        string second_name;
    }ralph, alice;

    ralph.first_name = "Ralph";
    ralph.second_name = "Kramden";

    cout << "The first person is " << ralph.first_name << " ";
    cout << ralph.second_name << endl;

    return 0;
}
```

Pode-se até mesmo declarar estruturas sem nomes, anônimas, como no caso a seguir (alguns compiladores, como o Visual C++, parecem ter problemas em usar a classe **string** do C++ dentro de uma estrutura anônima, mas não tipos simples como **int** ou **float**):

```
#include <iostream>
#include <string>
using namespace std;

int main()
{
    struct {
        string first_name;
        string second_name;
    }ralph, alice;

    ralph.first_name = "Ralph";
    ralph.second_name = "Kramden";

    cout << "The first person is " << ralph.first_name << " ";
    cout << ralph.second_name << endl;

    return 0;
}
```

Pode-se também inicializar os dados de uma estrutura de dados quando ela é declarada. Veja a seção a seguir para saber como fazê-lo.

Como inicializar estruturas

O C++ permite inicializar o conteúdo de uma variável tipo estrutura quando a mesma é declarada, usando o mesmo tipo de sintaxe utilizado para a inicialização de arrays. Eis aqui um exemplo:

```
#include <iostream>
#include <string>
using namespace std;
```

```
int main()
{
    struct person {
        string first_name;
        string second_name;
    };

    person ralph = {"Ralph", "Kramden"};
    person alice = {"Alice", "Kramden"};

    cout << "The first person is " << ralph.first_name << " ";
    cout << ralph.second_name << endl;

    return 0;
}
```

Infelizmente, nem todos os compiladores aceitam esta sintaxe. Eis aqui uma outra maneira de inicializar variáveis tipo estrutura no instante em que elas são declaradas (que também não é aceita por todos os compiladores):

```
#include <iostream>
#include <string>
using namespace std;

int main()
{
    struct person {
        string first_name;
        string second_name;
    } ralph = {"Ralph", "Kramden"}, alice = {"Alice", "Kramden"};

    cout << "The first person is " << ralph.first_name << " ";
    cout << ralph.second_name << endl;

    return 0;
}
```

Como usar estruturas

Usar estruturas é fácil. Como vimos na seção *Análise Aprofundada* deste capítulo, após declararmos um tipo estrutura e criar variáveis para o tipo, podemos acessar os membros de uma variável tipo estrutura individualmente usando o operador ponto (.), da seguinte maneira:

```
#include <iostream>
#include <string>
using namespace std;

int main()
{
    struct person {
        string first_name;
        string second_name;
    };
```

```
    person ralph;
    person also_ralph;

    ralph.first_name = "Ralph";
    ralph.second_name = "Kramden";
    .
    .
    .
}
```

Podemos acessar todos os membros de dados simples armazenados dentro de uma variável tipo estrutura com o operador ponto, e é tudo o que precisamos. Na verdade é possível incluir tipos de dados mais complexos como, por exemplo, arrays, dentro de estruturas, como o código a seguir exemplifica:

```
#include <iostream>
#include <string>
using namespace std;

int main()
{
    struct person {
        string names[2];
    };

    person ralph;
    person also_ralph;

    ralph.names[0] = "Ralph";
    ralph.names[1] = "Kramden";
    .
    .
    .
}
```

Muitos compiladores permitem, inclusive, incluir estruturas dentro de outras estruturas (mas nem todos).

Como atribuir estruturas a outras estruturas

Veremos agora outra operação conveniente que pode ser realizada com estruturas: podemos atribuir o conteúdo de uma variável tipo estrutura a outra. Eis aqui um exemplo de como isto funciona:

```
#include <iostream>
#include <string>
using namespace std;

int main()
{
    struct person {
        string first_name;
        string second_name;
    };

    person ralph;
    person also_ralph;
```

```
    ralph.first_name = "Ralph";
    ralph.second_name = "Kramden";

    also_ralph = ralph;

    cout << "The first person is " << also_ralph.first_name;
    cout << " " << also_ralph.second_name << endl;

    return 0;
}
```

A operação de atribuição copia o conteúdo de uma variável estrutura para a outra, membro a membro. Eis aqui o resultado gerado pelo programa de exemplo desta operação, structassign.cpp:

```
%structassign
The first person is Ralph Kramden
```

Como criar e usar arrays de estruturas

Pode-se também criar e usar arrays de estruturas, que funcionarão da forma usual. Eis aqui um exemplo, structarray.cpp, que cria um array de estrutura, guarda dados nele e exibe tais dados:

```
#include <iostream>
#include <string>
using namespace std;

int main()
{
    struct person {
        string first_name;
        string second_name;
    };

    person people[2];

    people[0].first_name = "Ralph";
    people[0].second_name = "Kramden";

    cout << "The first person is " << people[0].first_name;
    cout << " " << people[0].second_name << endl;

    return 0;
}
```

E este é o resultado da execução do programa, structarray.cpp:

```
%structarray
The first person is Ralph Kramden
```

Alguns compiladores (mas não todos) permitem inicializar um array de estruturas da forma usual, através da especificação dos valores iniciais para cada elemento tipo estrutura do array, como mostrado a seguir:

```
#include <iostream>
#include <string>
using namespace std;
```

```
int main()
{
    struct person {
        string first_name;
        string second_name;
    };

    person people[2] =
    {
        {"Ralph", "Kramden"},
        {"Alice", "Kramden"}
    };

    cout << "The first person is " << people[0].first_name;
    cout << " " << people[0].second_name << endl;

    return 0;
}
```

Como criar campos de bits

Um dos usos de estruturas, tanto em C quanto em C++, está em configurar dados de modo a permitir acesso fácil a seus bits individuais. No exemplo a seguir, bitfield.cpp, criamos uma estrutura de nome **flags** constituída de bits individuais que podem ser configurados para 0 ou 1 para indicar o estado ativado/desativado de certas condições (variáveis que guardam tais estados tipo ativado/desativado ou ligado/desligado são freqüentemente chamadas de flags).

O exemplo configura alguns flags para um programa de desenho hipotético que precisa saber qual ferramenta de desenho o usuário está usando no momento, através de quatro flags: **line_flag**, **brush_flag**, **ellipse_flag** e **rectangle_flag**. Cada um desses flags emprega um único bit. O programa também guarda a cor de desenho atual com 4 bits, o que permite representar 16 cores distintas. Para especificar o tamanho de um campo de bits, usa-se dois-pontos e um inteiro positivo, da seguinte maneira:

```
struct flags
{
    int color : 4;
    bool line_flag : 1;
    bool brush_flag : 1;
    bool ellipse_flag : 1;
    bool rectangle_flag : 1;
}
```

Declarada a estrutura, podemos usá-la no programa. Para tal, no exemplo criamos uma variável deste tipo estrutura de nome **current_flags** e acessamos seus elementos da mesma maneira que os de qualquer outra estrutura (tendo o cuidado de não excedermos a capacidade de armazenamento de cada um dos itens). O programa configura o flag da ferramenta de desenho retângulo como verdadeiro e então testa o flag:

```
#include <iostream>
using namespace std;
```

```
int main()
{
    struct flags
    {
        int color : 4;
        bool line_flag : 1;
        bool brush_flag : 1;
        bool ellipse_flag : 1;
        bool rectangle_flag : 1;
    };

    flags current_flags;
    current_flags.rectangle_flag = 1;

    if(current_flags.rectangle_flag){
        cout << "You're drawing rectangles." << endl;
    } else {
        cout << "You're not drawing rectangles." << endl;
    }

    return 0;
}
```

Eis aqui o resultado do programa, bitfield.cpp:

```
%bitfield
You're drawing rectangles.
```

Como criar uniões

Conforme discutido na seção *Análise Aprofundada* deste capítulo, uma união é um tipo de estrutura cujos membros *sobrepõem-se* uns aos outros, compartilhando o mesmo local da memória. Eis aqui a declaração formal de uma união:

```
union [nome] {[lista_de_membros]}
```

Nela, ***nome*** indica o nome da união e ***lista_de_membros*** é uma lista de membros que farão parte do novo tipo união. Eis aqui um exemplo, de nome **one_union**:

```
union one_union
{
    int int_variable;
    long long_variable;
    double double_variable;
    double double_variable2;
};
```

Este caso coloca na união variáveis com formatos de armazenamento interno diferentes (**int**, **long** e **double**), um procedimento perigoso, pois todas elas compartilharão o mesmo local da memória. Isto significa que se colocarmos um dado no formato **double** nesta união e tentarmos ler a variável **int**, o resultado não fará sentido.

Eis aqui um exemplo, union.cpp, que mostra a união anterior em funcionamento. Em primeiro lugar colocamos um valor no membro **int**, então no primeiro membro **double**, **double_variable** (que sobrescreve o valor inteiro) e então exibimos os dados acessando esses dois membros. Como seria de se esperar, o valor **int** exibido não faz sentido. E também exibimos o valor da segunda variável **double**, **double_variable2**, que naturalmente tem o mesmo dado que **double_variable**, para demonstrar uma utilidade das uniões – permitir acessar os mesmos dados através de nomes diferentes:

```
#include <iostream>
using namespace std;

int main()
{
    union one_union
    {
        int int_variable;
        long long_variable;
        double double_variable;
        double double_variable2;
    };

    one_union p;

    p.int_variable = 1;
    p.double_variable = 3.14159;

    cout << p.int_variable << endl;
    cout << p.double_variable << endl;
    cout << p.double_variable2 << endl;

    return 0;
}
```

Eis aqui o resultado da execução de union.cpp:

```
%union
-266631570
3.14159
3.14159
```

Da mesma maneira que as estruturas, pode-se criar uniões anônimas, bastando para tal não fornecer seu nome.

Caso declare uma união anônima dentro de uma estrutura, você pode referenciar qualquer um dos membros da união como membros da estrutura, mas naturalmente todos os membros de uma união farão referência ao mesmo dado em memória.

Como declarar enumerações

Conforme discutido na seção *Análise Aprofundada* deste capítulo, você pode declarar suas próprias constantes simbólicas usando a instrução **enum**. Eis aqui o formato de tal declaração:

```
enum [nome] {lista_da_enumeração}
```

Neste caso, ***nome*** é o nome da enumeração e ***lista_da_enumeração*** é uma lista de membros que farão parte do novo tipo enumeração. Variáveis de um tipo **enum** podem receber valores constantes na ***lista_da_enumeração*** (bem como outros do intervalo que a lista define – veja *Como usar outros valores de intervalos de enumerações*, mais adiante neste capítulo).

Usar **enum** é uma alternativa a usar **#define** ou **const** para definir um conjunto de constantes de um programa, tendo a vantagem de que os valores numéricos reais são gerados automaticamente pelo compilador e que, ao contrário de **#define**, a enumeração obedece a regras de escopo (veja o Capítulo 6 para saber mais sobre escopo). Eis aqui um exemplo que vimos na seção *Análise Aprofundada* do capítulo, no qual criamos uma enumeração de nome **day** e a colocamos para trabalhar:

```
#include <iostream>
using namespace std;

int main()
{
    enum day
    {
        Sunday,
        Monday,
        Tuesday,
        Wednesday,
        Thursday,
        Friday,
        Saturday,
    };

    enum day today = Friday;

    if(today == Friday){
        cout << "Today is Friday." << endl;
    }

    return 0;
}
```

NOTA: *A vírgula após a última constante de uma enumeração é opcional. Muitos programadores usam uma vírgula ali para o caso de precisarem adicionar novos valores à enumeração e esquecerem de colocar uma vírgula antes do novo valor.*

Da mesma forma que ocorre com estruturas, pode-se declarar variáveis de um tipo enumeração imediatamente após a declaração da enumeração, da seguinte forma:

```
#include <iostream>
using namespace std;

int main()
{
    enum day
    {
        Sunday,
        Monday,
        Tuesday,
```

```
        Wednesday,
        Thursday,
        Friday,
        Saturday,
    } today;

    today = Friday;

    if(today == Friday){
        cout << "Today is Friday." << endl;
    }

    return 0;
}
```

Nos bastidores, o compilador atribui valores inteiros para os membros da enumeração (o padrão é dar ao primeiro item de uma enumeração o valor 0). No entanto, você pode especificar valores personalizados para os membros de uma enumeração, conforme mostrado a seguir:

```
enum day
{
    Sunday,
    Monday,
    Tuesday = 5,
    Wednesday,
    Thursday,
    Friday,
    Saturday,
};
```

Em um compilador típico, Sunday será associado a 0, Monday a 1, Tuesday a 5, Wednesday a 2, Thursday a 3, Friday a 4 e Saturday a 5 (o resultado em alguns compiladores poderá ser bastante diferente como, por exemplo, Sunday ser associado a 0, Monday a 1, Tuesday a 5, Wednesday a 6, Thursday a 7, Friday a 8 e Saturday a 9). Enumerações podem conter valores constantes em duplicata. O importante a lembrar é que os nomes das constantes declarados em uma enumeração não podem entrar em conflito com outros nomes visíveis na parte do programa onde você usa a enumeração. Na verdade, pode-se definir *todos* os valores usados em uma enumeração, da seguinte forma:

```
enum numbers
{
    one = 1,
    three = 3,
    five = 5,
    seven = 7,
};
```

Pode-se também declarar tipos de dados enumeração sem nome. Note que, neste caso, é necessário declarar as variáveis do tipo na mesma declaração em que a enumeração em si é criada, pois não é possível fazer referência a uma enumeração sem nome como um tipo dentro do código de um programa:

```
#include <iostream>
using namespace std;
```

```
int main()
{
    enum
    {
        Sunday,
        Monday,
        Tuesday,
        Wednesday,
        Thursday,
        Friday,
        Saturday,
    } today;

    today = Friday;

    if(today == Friday){
        cout << "Today is Friday." << endl;
    }

    return 0;
}
```

Como usar enumerações

Usar enumerações é fácil. Conforme visto na seção *Análise Aprofundada* deste capítulo, pode-se usar enumerações para listar constantes simbólicas para valores que variáveis daquele tipo enumeração podem receber. Eis aqui um exemplo que vimos na seção *Análise Aprofundada*, enum.cpp. Em primeiro declaramos a enumeração, **day**, cujas variáveis poderão receber os seguintes valores: Sunday, Monday, Tuesday, Wednesday, Thursday, Friday e Saturday:

```
#include <iostream>
using namespace std;

int main()
{
    enum day
    {
        Sunday,
        Monday,
        Tuesday,
        Wednesday,
        Thursday,
        Friday,
        Saturday,
    };
    .
    .
    .
```

Agora podemos declarar variáveis do tipo **day** e atribuir a elas valores da enumeração:

```
#include <iostream>
using namespace std;

int main()
{
```

```
    enum day
    {
        Sunday,
        Monday,
        Tuesday,
        Wednesday,
        Thursday,
        Friday,
        Saturday,
    };

    enum day today = Friday;

    if(today == Friday){
        cout << "Today is Friday." << endl;
    }

    return 0;
}
```

No código, atribuímos a uma variável desse tipo o valor Friday e então comparamos o conteúdo da variável a esse valor. Eis aqui o resultado do programa, enum.cpp:

```
%enum
Today is Friday.
```

Em algumas implementações do C++, como o Microsoft Visual C++, pode-se atribuir explicitamente um novo valor inteiro a uma variável de um tipo de dado enumerado, usando-se uma conversão explícita de tipo:

```
day today;
today = static_cast<enum day> (10);
```

Entretanto, a maioria das referências de C++ que conheço recomendam fortemente que não se faça isto.

Você pode estar achando que variáveis de um tipo enumeração só podem receber os valores definidos na enumeração, mas isto não é totalmente verdade. Pode-se, na verdade, atribuir a tais variáveis outros valores, desde que eles estejam no intervalo definido pela enumeração. Veja a próxima seção para saber como.

Como usar outros valores de intervalos de enumerações

Variáveis de um tipo enumeração não ficam necessariamente restritas a receber os valores explicitamente especificados na enumeração. Por exemplo, digamos que eu tenha uma enumeração de nome **day** com constantes definidas para os valores 1, 4 e 5:

```
#include <iostream>
using namespace std;

int main()
{
```

```
enum day
{
    Sunday = 1,
    Monday = 4,
    Tuesday = 5,
};
.
.
.
```

Normalmente simplesmente usaríamos os valores definidos. Podemos, no entanto, atribuir a uma variável deste tipo enumeração qualquer um dos valores inteiros existentes dentro do intervalo definido pela enumeração (no nosso exemplo, de 1 a 5). Por exemplo, caso criemos uma variável do tipo **day** chamada **today**, podemos atribuir a ela o valor de 3, o qual *não* corresponde a nenhuma das constantes definidas para o tipo enumeração, usando a seguinte sintaxe:

```
#include <iostream>
using namespace std;

int main()
{
    enum day
    {
        Sunday = 1,
        Monday = 4,
        Tuesday = 5,
    };

    enum day today;

    today = day(3);
    .
    .
    .
```

E o valor pode ser exibido da seguinte maneira:

```
#include <iostream>
using namespace std;

int main()
{
    enum day
    {
        Sunday = 1,
        Monday = 4,
        Tuesday = 5,
    };

    enum day today;

    today = day(3);

    cout << "The actual value in the variable today is " << today << endl;

    return 0;
}
```

Eis aqui o resultado da execução do programa, erange.cpp:

```
%erange
The actual value in the variable today is 3
```

Poder usar valores não definidos explicitamente pela enumeração desta forma dá à estrutura um pouco mais de flexibilidade, algo que a maioria dos programadores aprecia.

Como usar **typedef**

Podemos usar instruções **typedef** para fornecer nomes alternativos, ou 'apelidos' (aliases), a tipos do C++ ou definidos pelo usuário, o que pode ajudar a tornar o código dos programas mais legível. Eis aqui um exemplo, que torna a palavra **renda_anual** um 'apelido' (alias) para o tipo **double**:

```
typedef double renda_anual;
renda_anual renda_Paulo = 45000.00;
```

Usar **typedef** freqüentemente facilita entender para que determinados tipos são usados. Veja o caso a seguir, que cria o apelido **flag_impressora_ligada** para o tipo **bool**:

```
typedef bool flag_impressora_ligada;
```

Capítulo 4

Instruções e Operadores Condicionais e de Laço

Se você precisar de uma solução imediata para:	*Consulte a página:*

Análise Aprofundada

Depois de usar operadores simples em um programa, o passo seguinte é empregar *instruções condicionais*, também chamadas de *instruções de desvio* ou *instruções de seleção* (o último termo é como a especificação oficial do C++ do ANSI/ISO as chama). Podemos usar instruções condicionais para tomar decisões com base no valor de certos dados e determinar que parte do programa será executada de acordo. Estudaremos estas instruções neste capítulo.

Intimamente relacionadas às instruções condicionais estão as *instruções de laço*, também chamadas de *instruções de iteração* (segundo a especificação oficial do C++ do ANSI/ISO). Essas instruções permitem executar trechos de código repetidamente, sob controle de programa. Já vimos instruções condicionais e instruções de laço neste livro, desde o Capítulo 1, mas neste capítulo vamos estudá-las detalhadamente.

Também veremos os tipos de operadores usados com essas instruções – operadores relacionais e lógicos – bem como outros tipos de instruções de controle de fluxo como **break**, **continue**, **exit** e **abort**.

Instruções condicionais

Conforme já falamos, instruções condicionais permitem que um programa tome decisões. Digamos, por exemplo, que se deseje fazer um programa que analise o tempo e, caso a temperatura esteja abaixo de 80 graus Fahrenheit (26,7 °C), ele imprima uma mensagem como "It's not too hot" ("Não está quente demais"). Isto pode ser feito testando-se a temperatura atual através de uma instrução **if** como a seguinte, que compara o valor contido na variável **temperature** com 80 e, se o valor da variável for menor, imprime uma mensagem informativa:

```
#include <iostream>
using namespace std;

int main()
{
    int temperature = 73;

    if (temperature < 80) {
        cout << "It\'s not too hot." << endl;
    }

    return 0;
}
```

A instrução **if** testa sua *condição*, a parte que aparece dentro dos parênteses e que, neste caso, é **temperature < 80**. O operador relacional < (menor que) do C++ é usado para testar se o valor em **temperature** é menor do que 80. Como o valor da variável foi configurado em 73, a condição da instrução **if** é verdadeira, o que significa que o código no corpo da instrução **if** será executado. Eis aqui o resultado da execução deste código, temperature.cpp:

```
%temperature
It's not too hot.
```

Pode-se criar instruções **if** mais complexas através da adição de cláusulas **else**, que quando usadas precisam seguir a instrução **if** e cujas instruções executadas se a condição da instrução **if** for falsa. Eis aqui um exemplo, uma versão aperfeiçoada do programa temperature.cpp:

```
#include <iostream>
using namespace std;

int main()
{
    int temperature = 73;

    if (temperature < 80) {
        cout << "It\'s not too hot." << endl;
    }
    else {
        cout << "It\'s too hot!" << endl;
    }

    return 0;
}
```

O C++ também possui outras instruções condicionais, as quais serão vistas e colocadas para trabalhar neste capítulo.

Instruções de laço

Laços ("loops") são construções de programação fundamentais, que permitem a realização de tarefas através da execução repetida de conjuntos de instruções específicas. Por exemplo, podemos usar laços para processar os elementos de um conjunto de dados, trabalhando sucessivamente com cada item, ou para realizar uma tarefa específica até que uma condição específica torne-se verdadeira (ou falsa). A instrução de laço básica é a instrução **for**, que permite executar um bloco de código através do uso de um índice de laço. A cada vez que o laço é executado seu índice terá um valor diferente, podendo esse índice ser usado para indicar um item de dados diferente do conjunto de dados. Isto ocorre, por exemplo, quando se usa um índice de laço como índice de acesso aos elementos de um array.

Eis aqui o formato genérico da instrução **for**. Observe que ***instrução*** pode ser uma instrução simples ou uma instrução composta de diversas instruções simples, entre chaves:

```
for (instrução_de_inicialização; expressão_de_teste; expressão_de_iteração) instrução
```

Este laço executa ***instrução*** repetidamente, enquanto ***expressão_de_teste*** for verdadeira. Pode-se inicializar o laço, normalmente através da criação e inicialização de um índice de laço, em ***instrução_de_inicialização*** (na verdade, pode-se inicializar e utilizar diversos índices de laço em um laço **for**). Também podemos fornecer uma ***expressão_de_teste***, que encerrará o laço quando a mesma se tornar falsa, e uma expressão a ser executada a cada iteração, após ***instrução*** ser executada – normalmente para incrementar um índice de laço para a próxima iteração – em ***expressão_de_iteração***.

Eis aqui um exemplo para ilustrar o funcionamento dessa estrutura. Nele, usamos um laço **for** para somar as notas de seis estudantes, armazenadas em um array, e calcular a nota média. Observe, no código, que na verdade declaramos e inicializamos o índice do laço em 0 na expressão de inicialização do laço **for**, algo que o C++ permite fazer:

```
#include <iostream>
using namespace std;
```

```
int main()
{
    double grades[] = {88, 99, 73, 56, 87, 64};
    double sum, average;

    sum = 0;

    for (int loop_index = 0; loop_index < sizeof(grades) / sizeof (double);
        loop_index++) {
        sum += grades[loop_index];
    }

    average = sum / (sizeof(grades) / sizeof (double));

    cout << "Average grade = " << average << endl;

    return 0;
}
```

Este código percorre todos os elementos do array **grades** e adiciona seus conteúdos, colocando o resultado na variável **sun**. O valor final desta variável, após o encerramento do laço, é então dividido pelo número total de entradas do array, para se obter o valor médio. A passagem por todos os elementos do array é feita usando-se um índice de laço iniciado em zero e incrementado de um a cada vez que o laço é executado, até o último elemento do array. Eis aqui o resultado da execução deste código, average.cpp:

```
%average
Average grade = 77.8333
```

Como podemos ver, o laço **for** é bastante poderoso. Mas, na verdade, ele é apenas uma das diversas estruturas de laço da linguagem. Veremos como usar as demais estruturas, operadores e instruções condicionais na seção *Soluções Imediatas*, a seguir.

Soluções Imediatas

A instrução **if**

As instruções condicionais do C++, como **if**, são usadas quando desejamos testar condições e executar opcionalmente código de acordo com tais condições. Eis aqui os dois formatos da instrução **if**:

```
if (expressão) instrução
if (expressão) instrução else instrução
```

A instrução **if** permite executar código condicionalmente, dependendo de ***expressão*** ser verdadeira ou falsa. Se ***expressão*** for verdadeira o código da ***instrução*** que se segue a ela (a qual pode ser uma instrução simples ou uma instrução composta) é executado. A instrução **if** pode ter também uma cláusula **else**. Caso ela seja incluída, o código da ***instrução*** que segue **else** é executado se ***expressão*** for falsa. Observe que também neste caso ***instrução*** pode ser uma instrução simples ou composta, constituída de diversas instruções delimitadas por chaves.

Por exemplo, uma forma de se obter o valor absoluto de um número consiste em testar se o número é maior do que zero e, neste caso, simplesmente imprimir o próprio número. Eis aqui como fazer tal teste com uma instrução **if**:

```
#include <iostream>
using namespace std;

int main()
{
   int value = 10;

    if(value > 0)
        cout << "Abs(" << value << ") = " << value << endl;

    return 0;
}
```

E aqui está o resultado da execução deste código, absval.cpp:

```
%absval
Abs(10) = 10
```

Observe que, neste caso, a instrução executada se a condição da instrução **if** for verdadeira é uma instrução simples, mas também poderíamos executar várias instruções, bastando para tal torná-las parte de uma instrução composta em um bloco de código, da seguinte forma:

```
#include <iostream>
using namespace std;

int main()
{
    int value = 10;
```

```
    if(value > 0) {
        cout << "The number was positive." << endl;
        cout << "Abs(" << value << ") = " << value << endl;
    }

    return 0;
}
```

Eis aqui o resultado da execução deste código, absval2.cpp:

```
%absval2
The number was positive.
Abs(10) = 10
```

A cláusula **else**

Observe que as instruções **if** dos nossos exemplos de valor absoluto até agora só exibem um valor absoluto se o mesmo for maior do que 0. No entanto, podemos expandir a instrução **if** de modo a acrescentar uma cláusula **else**, que é executada se a condição da instrução **if** for falsa. Aqui está o código que permite tratar tanto números positivos quanto negativos:

```
#include <iostream>
using namespace std;

int main()
{
    int value = -10;

    if(value > 0) {
        cout << "Abs(" << value << ") = " << value << endl;
    }
    else {
        cout << "Abs(" << value << ") = " << -value << endl;
    }

    return 0;
}
```

Eis aqui o resultado da execução deste código:

```
%absval_else
Abs(-10) = 10
```

Instruções **if** aninhadas

Podemos também aninhar instruções **if** dentro de outras. Eis aqui um exemplo de como isto funciona:

```
#include <iostream>
using namespace std;

int main()
{
    double value = 2;
```

```
    if (value != 0) {
        if (value > 0)
            cout << "The result = " << (1 / value) << endl;
        else
            cout << "The result = " << (-1 / value) << endl;
    }

    return 0;
}
```

E aqui está o resultado da execução deste código, nestedif.cpp:

```
%nestedif
The result = 0.5
```

Escadas if-else

Na verdade, é possível criar uma seqüência inteira de instruções **if-else** aninhadas, o que se chama de "*escada*" ("*ladder*") **if-else**. Eis aqui um exemplo que mostra como isto funciona. Neste caso, testamos o valor de uma string sucessivamente, até encontrarmos uma correspondência, da seguinte forma:

```
#include <iostream>
#include <string>
using namespace std;

int main()
{
    string day = "Wednesday";

    if(day == "Monday")
        cout << "It\'s Monday." << endl;
    else if (day == "Tuesday")
        cout << "It\'s Tuesday." << endl;
    else if (day == "Wednesday")
        cout << "It\'s Wednesday." << endl;
    else if (day == "Thursday")
        cout << "It\'s Thursday." << endl;
    else if (day == "Friday")
        cout << "It\'s Friday." << endl;
    else if (day == "Saturday")
        cout << "It\'s Saturday." << endl;
    else if (day == "Sunday")
        cout << "It\'s Sunday." << endl;
}
```

Eis aqui o resultado da execução deste código, ifladder.cpp:

```
%ifladder
It's Wednesday.
```

Embora seja possível criar escadas **if-else** desta maneira, o C++ possui uma instrução específica para tais situações. É a instrução **switch**, que veremos na próxima seção.

A instrução **switch**

O **switch** é a instrução do C++ para desvios múltiplos. Ela fornece a mesma funcionalidade da escada **if-else** (veja *A instrução **if***, anteriormente neste capítulo), mas de uma forma mais sintética. Eis o formato geral da instrução **switch**:

```
switch (expressão) {
    case valor1:
        instrução1;
        [break;]
    case valor2:
        instrução2;
        [break;]
    case valor3:
        instrução3;
        [break;]
            .
            .
            .
    [default:
        instrução_padrão;]
}
```

Nela, o valor de ***expressão***, que precisa ser do tipo **byte**, **char**, **short**, **int** ou algum outro tipo que possa ser facilmente convertido para **int** pelo compilador (por exemplo, a maioria dos compiladores não aceitará um valor do tipo **float**), é comparado contra os diversos testes de valor nas cláusulas **case**, ou seja, ***valor1***, ***valor2*** e assim por diante. Se o valor de ***expressão*** corresponder ao valor de alguma das cláusulas **case**, o código associado àquele **case** é executado. Se a execução alcançar uma instrução **break**, a execução da instrução **switch** é encerrada e a execução continua para a instrução seguinte ao **switch**(1). Se houver uma cláusula **default** (ela é opcional) e ***expressão*** não corresponder ao valor de qualquer cláusula **case**, o código em ***instrução_padrão*** é executado.

Eis aqui um exemplo que exibe o dia da semana com base em um valor numérico usando uma instrução **switch**:

```
#include <iostream>
using namespace std;

int main()
{
    int today = 3;

    switch(today) {
        case 0:
            cout << "It\'s Monday." << endl;
            break;
        case 1:
```

(1) N.R.T.: Se não houver um **break** em uma cláusula **case** que corresponda a uma expressão, todo o código existente no **switch** a partir dessa cláusula, inclusive instruções de outras cláusulas **case** (quer seu ***valor*** corresponda ou não a ***expressão***), é executado, até que o programa encontre um **break**.

```
            cout << "It\'s Monday." << endl;
            break;
        case 2:
            cout << "It\'s Tuesday." << endl;
            break;
        case 3:
            cout << "It\'s Wednesday." << endl;
            break;
        case 4:
            cout << "It\'s Thursday." << endl;
            break;
        case 5:
            cout << "It\'s Friday." << endl;
            break;
        default:
            cout << "It must be Saturday." << endl;
    }

    return 0;
}
```

Eis aqui o resultado da execução deste código, daystest.cpp:

```
%daystest
It's Wednesday.
```

Se não quiser usar números em instruções **switch** você pode usar enumerações, da seguinte maneira:

```
#include <iostream>
using namespace std;

int main()
{
    enum day {Sunday, Monday, Tuesday, Wednesday,
        Thursday, Friday, Saturday};

    day today = Wednesday;

    switch(today) {
        case Sunday:
            cout << "It\'s Monday." << endl;
            break;
        case Monday:
            cout << "It\'s Monday." << endl;
            break;
        case Tuesday:
            cout << "It\'s Tuesday." << endl;
            break;
        case Wednesday:
            cout << "It\'s Wednesday." << endl;
```

```
            break;
        case Thursday:
            cout << "It\'s Thursday." << endl;
            break;
        case Friday:
            cout << "It\'s Friday." << endl;
            break;
        default:
            cout << "It must be Saturday." << endl;
    }

    return 0;
}
```

Instruções **switch** também podem ser aninhadas. Em tais casos, cláusulas **case** e **default** são associadas à instrução **switch** mais profundamente aninhada que as contém. Por exemplo:

```
switch(day)
{
case Saturday:
    switch(temperature)
    {
    case 68:
        cout << "Perfect weather." << endl;
        break;
    case 80:
        cout << "A little warm." << endl;
        break;
        .
        .
        .
    }
case Sunday:
    .
    .
    .
```

Observe que, caso você não especifique uma instrução **break** ao final de uma cláusula **case**, a execução continuará pelo código da próxima cláusula **case**. Este comportamento pode ser aproveitado, por exemplo, quando se deseja executar o mesmo código para diversos valores de teste de **case**, como na situação a seguir:

```
#include <iostream>
using namespace std;

int main()
{
   int temperature = 68;

   switch(temperature) {
      case 60:
```

```
        case 61:
        case 62:
        case 63:
        case 64:
            cout << "Too cold." << endl;
            break;
        case 65:
        case 66:
        case 67:
        case 68:
        case 69:
            cout << "Cool." << endl;
            break;
        case 70:
        case 71:
        case 72:
        case 73:
        case 74:
        case 75:
            cout << "Warm." << endl;
            break;
        default:
            cout << "Probably too hot." << endl;
    }

    return 0;
}
```

Eis aqui o resultado da execução deste código, nobreak.cpp:

```
%nobreak
Cool.
```

Operadores relacionais: >, >=, <, <=, == e !=

Podemos usar operadores relacionais para criar expressões que, quando avaliadas, resultam em um valor verdadeiro ou falso. Tais expressões podem, por exemplo, ser usadas para a tomada de decisão em instruções condicionais, como **if**, ou como expressões de teste em instruções de laço. Por exemplo, eis como podemos testar se uma determinada variável possui valor maior do que zero através de uma instrução **if**:

```
#include <iostream>
using namespace std;

int main()
{
    int budget = 1;

    if (budget < 0) {
        cout << "Uh oh." << endl;
```

```
        }
        else {
            cout << "Still solvent." << endl;
        }
}
```

Eis aqui o resultado da execução deste código, budget.cpp:

```
%budget
Still solvent.
```

Os operadores relacionais são listados a seguir. Eles retornam verdadeiro caso seus operandos correspondam à descrição feita na lista:

- > – maior que (por exemplo, **operando1 > operando2** retorna verdadeiro se **operando1** for maior que **operando2**)
- >= – maior ou igual a
- < – menor que
- <= – menor ou igual a
- == – igual a
- != – diferente de

Importante: embora possamos usar esses operadores com objetos string do C++, strings estilo C devem ser comparadas com a função **strcmp** da biblioteca padrão do C. Essa função retornará um inteiro maior, igual ou menor que zero, respectivamente, se a primeira string da comparação for maior, igual ou menor do que a segunda string. Eis aqui um exemplo já apresentado no Capítulo 3, strcmp.cpp, que compara duas strings estilo C e exibe o resultado:

```
#include <iostream>

using namespace std;
int main()
{
    char string1[] = "bat";
    char string2[] = "cat";

    int result = strcmp(string1, string2);

    if (result > 0){
        cout << "string1 is lexicographically greater than string2" << endl;
    } else if (result == 0) {
        cout << "string1 is lexicographically equal to string2" << endl;
    } else if (result < 0) {
        cout << "string1 is lexicographically less than string2" << endl;
    }

    return 0;
}
```

Eis o resultado da execução deste programa, que constata que "bat" vem antes de "cat", alfabeticamente:

```
%strcmp
string1 is lexicographically less than string2
```

Você também pode combinar expressões criadas com operadores relacionais, através de operadores lógicos. Veja a próxima seção para ter mais detalhes.

DICA: *Algo a ser prestado atenção é que no C++ o operador que compara dois valores é ==, e não =. Por exemplo, a expressão* ***alguma_var == 0*** *é verdadeira se o valor contido em* ***alguma_var*** *for 0, ao passo que a expressão* ***alguma_var = 0*** atribui a ***alguma_var*** *o valor 0 e o resultado da expressão, sendo zero, é avaliado como falso. Preste atenção, pois usar = em vez de == em condições lógicas é um erro bastante comum.*

Solução relacionada:	Encontrada na página:
Como comparar strings estilo C	109

Operadores lógicos: && e ||

Os operadores lógicos do C++ são usados para juntar expressões lógicas. Os dois operadores lógicos normalmente usados em expressões lógicas são o E lógico, &&, e o OU lógico, ||. Esses operadores funcionam com operandos da forma mostrada na Tabela 4.1.

Tabela 4.1 Os operadores lógicos.

x	y	x || y (OU)	x && y (E)
falso	falso	falso	falso
verdadeiro	falso	verdadeiro	falso
falso	verdadeiro	verdadeiro	falso
verdadeiro	verdadeiro	verdadeiro	verdadeiro

Em outras palavras, o operador OU, ||, retorna falso quando ambos seus operandos são falsos e verdadeiro em todos os demais casos. O operador E, &&, retorna verdadeiro quando ambos seus operandos são verdadeiros e falso em todos os outros casos. Podemos usar esses operadores para juntar expressões lógicas da maneira com que os nomes dos operadores indicam, ou seja, usar E quando se deseja testar se todas as cláusulas lógicas são verdadeiras e OU quando basta uma das cláusulas ser verdadeira.

Eis aqui um exemplo de uso de &&. Neste caso, o valor de **temperature** precisa ser menor do que 90 *e* maior do que 60 para que condição dentro dos parênteses da instrução **if** seja verdadeira:

```
#include <iostream>
using namespace std;

int main()
{
    int temperature = 70;
```

```
    if (temperature < 90 && temperature > 60) {
        cout << "Time for a picnic." << endl;
    }

    return 0;
}
```

Eis aqui o resultado da execução deste código, picnic.cpp:

```
%picnic
Time for a picnic.
```

O operador || pode ser usado com duas expressões para retornar um valor verdadeiro se *alguma* das expressões for verdadeira. Eis aqui um exemplo que mostra como isto funciona:

```
#include <iostream>
using namespace std;

int main()
{
    int temperature = 70;

    if (temperature > 90 || temperature < 60) {
        cout << "Bad weather, no picnic today." << endl;
    } else {
        cout << "Time for a picnic." << endl;
    }

    return 0;
}
```

O resultado deste programa é igual ao do exemplo anterior:

```
%picnic2
Time for a picnic.
```

Os operadores && e || possuem uma propriedade interessante: eles são operadores de *curto-circuito*, o que significa que, se puderem determinar o valor-verdade final avaliando somente o operando esquerdo, eles não avaliarão o operando direito. Isto é bastante útil em casos como o seguinte, onde testamos tanto se um valor é igual a zero quanto seu inverso. Se o valor efetivamente for 0 a segunda parte da expressão, onde o inverso é calculado, não é executada, o que faz com que este código não apresente o risco de gerar um erro de divisão por zero:

```
#include <iostream>
using namespace std;

int main()
{
  double value = 0;

    if (value != 0 && 1 / value < 1000) {
        cout << "The value is not too small." << endl;
    }
    else {
```

```
        cout << "The value is too small." << endl;
    }

    return 0;
}
```

Eis aqui o resultado da execução deste código, divide.cpp:

```
%divide
The value is too small.
```

Precedência de operadores lógicos

Vale a pena notar que os operadores lógicos possuem precedência menor do que os operadores relacionais. Por exemplo,

```
temperature > 68 && temperature < 72
```

equivale à seguinte expressão:

```
(temperature > 68) && (temperature < 72)
```

Além disso, && possui maior precedência que ||, de modo que

```
temperature > 68 && temperature < 72 || temperature > 100
```

equivale a

```
(temperature > 68 && temperature < 72) || temperature > 100
```

Quando estiver em dúvidas sobre a precedência, use parênteses para especificar a ordem em que deseja que uma expressão usando operadores lógicos e relacionais seja avaliada.

Há também outro aspecto importante sobre o uso de parênteses. O operador de negação, !, possui precedência maior do que todos os operadores relacionais e lógicos, de modo que provavelmente você deverá usar uma expressão como **!(temperature > 68)** em vez de **!temperature > 68** (você poderia achar que a expressão **!temperature > 68** estaria correta se quisesse explicitamente inverter o valor lógico da variável **temperature** antes de realizar a comparação, mas como o operador ! retorna apenas um de dois valores, 0 e 1, esta expressão *sempre* é falsa).

Um último lembrete: os operadores && e || são operadores de *curto-circuito*, o que significa que, se puderem determinar o valor-verdade final avaliando somente o operando esquerdo, eles não avaliarão o operando direito. Consulte a seção anterior, *Operadores lógicos: && e* ||, para obter mais detalhes.

O laço **while**

Um laço **while** executa repetidamente a instrução em seu corpo (que pode ser uma instrução composta, constituída de diversas instruções simples dentro de chaves), enquanto uma condição lógica específica for avaliada como verdadeira. Eis o formato geral de um laço **while**:

```
while(condição) instrução
```

Enquanto ***condição*** for verdadeira o laço **while** executará ***instrução*** repetidamente. Aqui, ***instrução*** pode ser uma instrução simples e composta. Observe que, se ***condição*** não for verdadeira quando o programa chegar ao laço, o corpo do laço não é executado nenhuma vez.

Eis aqui um exemplo simples de uso do laço **while**, que exibe um valor, subtrai 1 dele e exibe então o resultado, sucessivamente, enquanto o resultado for positivo. Quando o valor chega a 0 o laço **while** encerra sua execução, pois a condição de teste usada, **value > 0**, torna-se falsa:

```
#include <iostream>
using namespace std;

int main()
{
    int value = 10;

    while (value > 0) {
        cout << "Current value = " << value-- << endl;
    }

    return 0;
}
```

Eis o resultado gerado por este programa de laço **while**, simplewhile.cpp:

```
%simplewhile
Current value = 10
Current value = 9
Current value = 8
Current value = 7
Current value = 6
Current value = 5
Current value = 4
Current value = 3
Current value = 2
Current value = 1
```

Aqui está um outro exemplo de laço **while**, que calcula fatorial (por exemplo, o fatorial de 6, denotado como 6!, é igual a 6 * 5 * 4 * 3 * 2 * 1 = 720):

```
#include <iostream>
using namespace std;

int main()
{
    int value = 6, factorial = 1, temp;

    temp = value;   //make a destructive copy of the data.

    while (temp > 0) {
        factorial *= temp--;
    }

    cout << value << "! = " << factorial << endl;

    return 0;
}
```

Eis como este programa, whilefactorial.cpp, calcula o fatorial de 6:

```
%whilefactorial
6! = 720
```

Embora tenhamos usado a expressão condicional **temp > 0** no laço **while** do exemplo anterior, note que também poderíamos simplesmente usar **temp**, sem qualquer comparação, como expressão condicional, pois quando **temp** se torna zero ele é interpretado como um valor igual a falso, o que encerra o laço (você verá muitas vezes este tipo de atalho em código C++):

```
#include <iostream>
using namespace std;

int main()
{
    int value = 6, factorial = 1, temp;

    temp = value;    //make a destructive copy of the data.

    while (temp) {
        factorial *= temp--;
    }

    cout << value << "! = " << factorial << endl;

    return 0;
}
```

Eis aqui um exemplo um pouco mais avançado, que converte um número de base 10 para 16 (ou seja, de decimal para hexadecimal) usando um laço **while**. Neste caso usamos um objeto pilha ("stack") criado com o modelo de pilha padrão (uma construção que estudaremos no Capítulo 14) para inverter a ordem dos dígitos à medida que eles são obtidos do número a converter e o operador >> para deslocar o número a converter para a direita quatro posições binárias, simulando assim a divisão inteira por 16:

```
#include <iostream>
#include <stack>
using namespace std;

int main()
{
    int value = 32, temp = value;
    char characters[] = {'0', '1', '2', '3', '4', '5', '6',
        '7', '8', '9', 'A', 'B', 'C', 'D', 'E', 'F'};
    stack<int> st;

    while (temp > 0) {
        st.push(temp % 16);
        temp >>= 4;
    }

    cout << "Converting " << value << " yields 0x";

    while(!st.empty()) {
        cout << characters[st.top()];
        st.pop();
    }
```

```
}
```

Eis aqui o resultado da execução deste código, mod.cpp:

```
%mod
Converting 32 yields 0x20
```

Uma outra informação interessante: como instruções nulas (isto é, vazias), são válidas em C++, um laço **while** não precisa ter, na verdade, corpo nenhum. Eis aqui um exemplo que mostra uma maneira "força bruta" de calcular a raiz quadrada de um número inteiro. Note que todo o processamento ocorre na parte de condição do laço:

```
#include <iostream>
using namespace std;

int main()
{
    int target = 144, sqrt = 1;

    while (++sqrt * sqrt != target) ;

    cout << "sqrt(" << target << ") = " << sqrt << endl;

    return 0;
}
```

E aqui está o resultado da execução deste código, sqrt.cpp:

```
%sqrt
sqrt(144) = 12
```

O exemplo de laço **while** a seguir combina uma atribuição e o uso de um operador relacional em sua expressão condicional. Este exemplo lê e exibe os caracteres de uma linha de texto até que ele encontre o caractere '**q**':

```
#include <iostream>
using namespace std;

int main()
{
    char character;

    while((character = cin.get()) != 'q'){
        cout << character;
    }

    return 0;
}
```

E aqui está um último exemplo, que lê inteiros até que o usuário entre texto que não seja um inteiro (por exemplo, uma palavra), caso em que **cin >> number** retorna um valor falso (porque o programa tenta armazenar dados não inteiros em um inteiro), encerrando o laço:

```
#include <iostream>
```

```
using namespace std;

int main()
{
    int number;

    cout << "Enter some integers..." << endl;

    while(cin >> number){
        cout << "You entered: " << number << endl;
    }

    cout << "Your entry was not an integer, so quitting." << endl;

    return 0;
}
```

O C++ possui também um outro tipo de laço **while**: o laço **do-while**, que veremos na seção a seguir.

Solução relacionada:	*Encontrada na página:*
Como usar **cin** para ler caracteres individuais e strings inteiras	72

O laço **do-while**

O laço **do-while** funciona da mesma forma que o laço **while**, exceto que a condição é avaliada ao final do laço, não em seu início. Mostramos o formato do laço **do-while** a seguir. Tenha em mente que ***instrução*** pode ser uma instrução composta com diversas instruções simples entre chaves:

```
do
    instrução
while(condição);
```

Talvez o uso mais importante de um laço **do-while** em vez de um laço **while** esteja em situações em que se deseja que o corpo do laço seja executado pelo menos uma vez. Por exemplo, eis aqui um caso em que o valor sendo testado para encerrar o laço nem sequer está disponível para ser testado antes do final do laço:

```
#include <iostream>
using namespace std;

int main()
{
    int values[] = {1, 2, 3, 0, 5}, test, index = 0;

    do {
        test = 5 * values[index++];
    } while (test < 15);

    return 0;
```

```
}
```

Por outro lado, há situações em que se deve usar um laço **while** em vez de um laço **do-while**: quando o corpo do laço não deve ser executado nem mesmo uma vez caso a condição não seja verdadeira. Veja, por exemplo, o código a seguir, no qual um laço **do-while** avalia o inverso de um número, mas só consegue testar se o valor é diferente de zero ao final do laço:

```
#include <iostream>
using namespace std;

int main()
{
    double value;

    do {
        cout << "Enter a value: ";
        cin >> value;
        cout << "The reciprocal is " << 1 / value << endl;
    } while (value != 0);

    return 0;
}
```

Este código permite que o usuário divida um valor por zero, o que é um problema. Neste caso é muito melhor usar um laço **while**, para testar se o valor é 0 em primeiro lugar:

```
#include <iostream>
using namespace std;

int main()
{
    double value;

    cout << "Enter a value: ";
    cin >> value;

    while (value != 0) {
        cout << "The reciprocal is " << 1 / value << endl;
        cout << "Enter a value: ";
        cin >> value;
    };

    return 0;
}
```

No exemplo de uso de **do-while** a seguir, dowhile.cpp, geramos um valor inteiro aleatório entre 1 e 10, pedimos ao usuário para adivinhar o número e continuamos a executar o laço até que o usuário descubra o número gerado (alguns compiladores Unix exigirão para este exemplo a opção **-lm**, para ligar (lincar) a biblioteca matemática; além disso, alguns compiladores não suportam RAND_MAX):

```
#include <iostream>
#include <cmath>
#include <ctime>
```

```
using namespace std;

int main()
{
    int my_number, user_guess;

    srand(time(0));

    my_number = static_cast <double> (rand()) / RAND_MAX * 10 + 1;

    cout << "I've got a number from 1 to 10, can you guess it?" << endl;

    do{
        cout << "Your guess: ";
        cin >> user_guess;
    } while(user_guess != my_number);

    cout << "You got it." << endl;

    return 0;
}
```

Eis um exemplo do resultado gerado por este programa, dowhile.cpp:

```
%dowhile
I've got a number from 1 to 10, can you guess it?
Your guess: 1
Your guess: 2
Your guess: 3
Your guess: 4
You got it.
```

Solução relacionada:	Encontrada na página:
As funções utilitárias do C++: matemáticas, de tempo, trigonométricas, de números aleatórios e muito mais	90

O laço **for**

O laço **for** do C++ é uma boa opção quando se deseja usar um índice numérico que seja automaticamente incrementado ou decrementando a cada iteração do laço ou quando se trabalha com arrays. Eis aqui o formato genérico da instrução **for**. Observe que ***instrução*** pode ser uma instrução simples ou uma instrução composta de diversas instruções simples, entre chaves:

```
for (instrução_de_inicialização; expressão_de_teste; expressão_de_iteração) instrução
```

Este laço executa ***instrução*** repetidamente, enquanto ***expressão_de_teste*** for verdadeira. Pode-se inicializar o laço, normalmente através da criação e inicialização de um índice de laço, em ***instrução_de_inicialização*** (na verdade, pode-se inicializar e utilizar diversos índices de laço em um laço **for**). Também podemos fornecer uma ***expressão_de_teste***, que encerrará o laço quando a mesma se tornar falsa, e uma expressão a ser executada a cada iteração, após ***instrução*** ser executada – normalmente para incrementar um índice de laço para a próxima iteração – em ***expressão_de_iteração***.

Eis aqui um exemplo, firstfor.cpp, que mostra o laço **for** em funcionamento. Observe que iniciamos o índice do laço, a variável que acompanha quantas vezes o laço foi executado, em 1. A execução do laço termina quando o índice do laço for maior do que 10, o que significa que o corpo do laço será executado exatamente 10 vezes:

```
#include <iostream>
using namespace std;

int main()
{
    int loop_index;

    for (loop_index = 1; loop_index <= 10; loop_index++) {
        cout << "This is iteration number "
            << loop_index << endl;
    }

    return 0;
}

%firstfor
This is iteration number 1
This is iteration number 2
This is iteration number 3
This is iteration number 4
This is iteration number 5
This is iteration number 6
This is iteration number 7
This is iteration number 8
This is iteration number 9
This is iteration number 10
```

Eis aqui um exemplo que vimos no início do capítulo, que calcula a média das notas de um conjunto de alunos passando por todas as notas e somando-as. Note que declaramos e inicializamos o índice do laço em 0 na instrução de inicialização do programa, average.cpp:

```
#include <iostream>
using namespace std;

int main()
{
    double grades[] = {88, 99, 73, 56, 87, 64};
    double sum, average;

    sum = 0;

    for (int loop_index = 0; loop_index < sizeof(grades) / sizeof (double);
        loop_index++) {
        sum += grades[loop_index];
    }

    average = sum / (sizeof(grades) / sizeof (double));

    cout << "Average grade = " << average << endl;
```

```
    return 0;
}
```

Eis aqui o resultado da execução deste código:

```
%average
Average grade = 77.8333
```

Quando declaramos uma variável de laço da forma que fizemos para **loop_index** deste exemplo, seu *escopo* é limitado ao laço **for** (o escopo de uma variável é a parte do programa em que ela pode ser acessada, conforme veremos no Capítulo 6). Isto significa que **loop_index** não pode ser acessada fora do laço **for**.

Observe que podemos ter construções bem complexas como expressões de um laço **for**. O C++ permite separar as expressões de um laço **for** por vírgulas, conforme mostrado no exemplo a seguir, que usa dois índices de laço:

```
#include <iostream>
using namespace std;

int main()
{
    for (int loop_index = 0, doubled = 0; loop_index <= 10;
        loop_index++, doubled = 2 * loop_index) {
        cout << "Loop index " << loop_index <<
            " doubled equals " << doubled << endl;
    }

    return 0;
}
```

Eis aqui o resultado da execução deste código, doubled.cpp:

```
%doubled
Loop index 0 doubled equals 0
Loop index 1 doubled equals 2
Loop index 2 doubled equals 4
Loop index 3 doubled equals 6
Loop index 4 doubled equals 8
Loop index 5 doubled equals 10
Loop index 6 doubled equals 12
Loop index 7 doubled equals 14
Loop index 8 doubled equals 16
Loop index 9 doubled equals 18
Loop index 10 doubled equals 20
```

Como já vimos, o laço **for** não precisa ter qualquer corpo: uma instrução nula (isto é, vazia) pode ser usada como corpo do laço. Eis aqui um exemplo desta situação, que usa um laço **for** para somar todos os elementos de um array sem ter qualquer código no corpo do laço:

```
#include <iostream>
using namespace std;

int main()
{
    int array[] = {1, 2, 3, 4, 5}, sum = 0;

    for (int loop_index = 0;
```

```
    loop_index < sizeof(array) / sizeof(int);
    sum += array[loop_index++]) ;

    cout << "The sum = " << sum << endl;

    return 0;
}
```

Eis aqui o resultado da execução deste código, summer.cpp:

```
%summer
The sum = 15
```

Não é sequer necessário haver qualquer índice de laço, como mostra este exemplo, que lê texto do teclado até que o usuário digite "quit":

```
#include <iostream>
#include <string>
using namespace std;

int main()
{
    string input;

    cout << "Enter some text (\"quit\" to quit)..." << endl;

    for(cin >> input; input != "quit"; cin >> input){
        cout << "You typed: " << input << endl;
        cout << "Enter some text (\"quit\" to quit)..." << endl;
    }

    return 0;
}
```

Na verdade, pode-se na prática transformar um laço **for** em um laço **while**, como mostra o exemplo a seguir, adaptado do exemplo de fatorial da seção *O laço **while***, deste capítulo – observe como o código fica compacto:

```
#include <iostream>
using namespace std;

int main()
{
    int value = 6, factorial = 1, temp;

    temp = value;

    for( ; temp; ) {
        factorial *= temp--;
    }

    cout << value << "! = " << factorial << endl;

    return 0;
}
```

Eis aqui o resultado da execução deste código:

```
%factorial
6! = 720
```

Uma forma conveniente de especificar um laço "infinito", que será repetido para sempre a não ser que se use uma instrução como **break** (veja *Como usar a instrução **break***, mais adiante neste capítulo), é usar um laço **for** como o seguinte:

```
for( ; ; )
{
    // Instruções
}
```

Isto equivale a:

```
while(1)
{
    // Instruções
}
```

Laços aninhados

O C++ permite aninhar laços, um dentro do outro. Eis aqui um exemplo que mostra como isto funciona. Neste caso, calculamos o valor médio dos elementos de um array bidimensional percorrendo todos os elementos com dois laços **for**:

```
#include <iostream>
using namespace std;

int main()
{
    const int ROWS = 3;
    const int COLS = 3;

    int array[ROWS][COLS] = {{1, 2, 3},
                             {3, 2, 1},
                             {1, 2, 3}};
    int sum = 0, total = 0;

    for(int outer_index = 0; outer_index < ROWS; outer_index++) {
        for(int inner_index = 0; inner_index < COLS; inner_index++) {
            sum += array[outer_index][inner_index];
            total++;
        }
    }

    cout << "Average array value = " <<
        (static_cast<double> (sum) / total) << endl;

    return 0;
}
```

Eis aqui o resultado da execução deste código, nestedfor.cpp:

```
%nestedfor
Average array value = 2
```

NOTA: *Embora a especificação do C++ não tenha um limite de níveis de aninhamento, os compiladores normalmente possuem um limite prático como, por exemplo, 9 níveis.*

Como usar a instrução **break**

Podemos usar a instrução **break** para encerrar a execução de um laço ou de uma instrução **switch**. Eis aqui um exemplo, que usa a instrução **break** se uma soma tornar-se maior do que 12:

```
#include <iostream>
using namespace std;

int main()
{
    int array[] = {1, 2, 3, 4, 5, 6, 7, 8, 9, 10};
    int sum = 0;

    for(int loop_index = 0; loop_index <
        sizeof(array) / sizeof(int); loop_index++) {

        sum += array[loop_index];
        if (sum > 12) break;
        cout << "Looping..." << endl;
    }

    cout << "The sum exceeded the maximum value." << endl;

    return 0;
}
```

Eis aqui o resultado da execução deste código, usebreak.cpp:

```
%usebreak
Looping...
Looping...
Looping...
Looping...
The sum exceeded the maximum value.
```

Observe que a instrução **break** encerra somente a instrução **switch** ou o laço mais interno. **break** pode ser muito útil quando é necessário encerrar um laço e eu já usei muitas vezes essa instrução assim mas, às vezes, a aparente necessidade de uma instrução **break** em um laço na verdade indica um erro na lógica do programa.

Como usar a instrução **continue**

A instrução **continue** faz a execução do programa pular para a próxima iteração de um laço, ou seja, as instruções entre **continue** e o final do laço são puladas e uma nova iteração é iniciada. Em geral a instrução **continue** transfere o controle para a próxima iteração do laço mais interno. Eis aqui um exemplo que imprime inversos, evitando tentar imprimir o inverso de 0. Se o índice do laço atual for igual a 0 o programa pula a iteração atual e vai para a próxima, usando a instrução **continue**:

```
#include <iostream>
using namespace std;
```

```
int main()
{
    for(double loop_index = 5; loop_index > -5; loop_index--) {
        if (loop_index == 0) continue;
        cout << "The reciprocal of " << loop_index <<
            " = " << (1 / loop_index) << endl;
    }

    return 0;
}
```

Eis aqui o resultado da execução deste código, recip.cpp. Observe que a saída pula a linha que tentaria calcular o inverso de 0:

```
%recip
The reciprocal of 5 = 0.2
The reciprocal of 4 = 0.25
The reciprocal of 3 = 0.333333
The reciprocal of 2 = 0.5
The reciprocal of 1 = 1
The reciprocal of -1 = -1
The reciprocal of -2 = -0.5
The reciprocal of -3 = -0.333333
The reciprocal of -4 = -0.25
```

Como usar a instrução **goto**

A instrução **goto** é usada para se pular de um ponto a outro do código de um programa. Atualmente o uso desta instrução é muito criticado, mas ela ainda existe. A razão para que desaprove tanto o uso de **goto** é que empregar a instrução torna o fluxo de um programa extremamente difícil de seguir e depurar, criando muitos caminhos de execução diferente, algo que às vezes é chamado de "código espaguete"(2). Em geral, você não deve usar **goto**. Se precisar sair de um laço antes do seu término normal, por exemplo, use **break**. Para sair imediatamente de diversos laços aninhados até seria possível usar **goto** em alguns casos, mas mesmo nessa situação é normalmente melhor usar uma "escada" de instruções **break**.

Para completar o texto, veremos **goto** aqui. Para usar o **goto** é necessário também definir um *rótulo*. Por exemplo, **goto FIM_LACO**. Neste caso, **FIM_LACO** é um rótulo definido pelo programador. Ele é colocado, seguido por dois-pontos, antes da instrução para a qual a execução do programa deve pular. Eis aqui um exemplo, use goto.cpp, que mostra como isto funciona, usando **goto** para encerrar a execução de um laço:

```
#include <iostream>
using namespace std;

int main()
{
    for(int loop_index = 0; loop_index > -5; loop_index--) {
```

(2) N.R.T.: Pegue uma grande tigela de espaguete cozido, já com o molho misturado, e tente descobrir olhando onde cada fio de espaguete começa e termina. Esta é a origem do termo.

```
        if(loop_index == 0)
            goto END_LOOP;
        cout << "1 / " << loop_index << " = " << 1 / loop_index;
    }
    exit(0);

END_LOOP: cerr << "Ending loop to avoid dividing by 0." << endl;
    return 0;
}
```

Há dois aspectos a serem observados neste programa. O primeiro é que a mensagem de erro é exibida usando-se **cerr**, não **cout**. Usa-se o objeto **cerr** para a exibição de mensagens de erro. Entretanto, como padrão, **cerr** corresponde à console do sistema, exatamente como **cout** (assim, a mensagem aparecerá na tela da mesma forma que as exibidas via **cout**). Além disso, usei a instrução **exit(0)** no código anterior para encerrar o programa normalmente assim que o laço termina, para evitar exibir a mensagem de erro. Para saber mais sobre como usar a instrução **exit**, veja *Como usar as instruções **exit** e **abort***, a seguir.

Como usar as instruções **exit** e **abort**

As instruções **exit** e **abort** encerram programas C++. Podemos usar a instrução **exit** para encerrar programas e retornar um código de saída, da mesma forma que a instrução **return**. **exit** pode ser usada para encerrar um programa em qualquer ponto dele, não apenas na função **main**. Eis aqui novamente o exemplo da seção anterior. Nele encerramos o programa com um código de **exit** de 0, para indicar o encerramento normal do programa, antes da instrução que exibiria a mensagem de erro:

```
#include <iostream>
using namespace std;

int main()
{
    for(int loop_index = 0; loop_index > -5; loop_index--) {
        if(loop_index == 0)
            goto END_LOOP;
        cout << "1 / " << loop_index << " = " << 1 / loop_index;
    }
    exit(0);

END_LOOP: cerr << "Ending loop to avoid dividing by 0." << endl;
    return 0;
}
```

Se for necessário parar um programa abruptamente como, por exemplo, no caso da ocorrência de um erro significativo, pode-se usar a instrução **abort**. A diferença entre **exit** e **abort** é que **exit** permite que ocorra o processamento de encerramento de tempo de execução do C++ normal (por exemplo, serão chamados os destrutores dos objetos globais; veja o Capítulo 8 para saber mais sobre os destrutores), ao passo que **abort** simplesmente pára a execução do programa imediatamente.

Capítulo 5

Ponteiros e Gerenciamento de Memória

Análise Aprofundada

Nos capítulos anteriores vimos uma maneira de manipular dados: dar nomes a posições de memória, na forma de variáveis, e fazer referência aos dados dentro do código através desses nomes. Este capítulo apresenta uma outra estratégia de manipulação e endereçamento de dados: ponteiros.

Os ponteiros são extremamente importantes no C++, especialmente para a manipulação da memória. Os ponteiros permitem acessar dados em memória não pelos seus nomes, mas pelos endereços reais de tais dados na memória. Quando o endereço de memória de um item de dados está armazenado em um ponteiro, pode-se apontar para aquele item (e esta é a origem do nome ponteiro), em vez de usar o nome daquele local para acessá-lo. O fato de que ponteiros apontam para posições de memória sem que seja necessário usar nomes para elas torna mais fácil, em alguns casos, trabalhar em programas com ponteiros do que usar posições de memória com nomes, pois é possível mudar o endereço que um ponteiro guarda em tempo de execução. Ponteiros têm tudo a ver com endereços de memória, e este é o primeiro tópico que veremos.

Como obter endereços da memória

O C++ possui um operador especial para obter o endereço de elementos na memória: o operador &, também chamado de operador *endereço*, *endereço-de* ou *referência* (o operador & endereço, que toma um operando, não deve ser confundido com o operador & bit a bit, que toma dois operandos). Eis aqui um exemplo que mostra como o operador endereço funciona. Neste caso, tomamos o endereço de memória de uma variável, **apples**, e exibimos esse endereço:

```
#include <iostream>
using namespace std;

int main()
{
    int apples = 10;

    cout << "I have " << apples << " apples at address " << &apples << endl;

    return 0;
}
```

Eis um exemplo do resultado gerado por este programa, quando executado em um PC usando Windows:

```
C:\cpp>address
I have 10 apples at address 0065FE00
```

E aqui está o resultado em um sistema UNIX:

```
/home/steve:address
I have 10 apples at address 0xeffffc0c
```

Em ambos os casos mostram endereços de memória típicos desses sistemas. Mas o que acontece se adicionarmos outro inteiro ao programa e exibirmos seus endereços?

```
#include <iostream>
using namespace std;

int main()
{
    int apples = 10;
    int oranges = 20;

    cout << "I have " << apples << " apples at address " << &apples << endl;
    cout << "I have " << oranges << " oranges at address "
        << &oranges << endl;

    return 0;
}
```

Eis aqui o resultado deste programa, address2.cpp, no Windows:

```
%address2
I have 10 apples at address 0065FE00
I have 20 oranges at address 0065FDFC
```

E aqui está o resultado em UNIX:

```
%address2
I have 10 apples at address 0xeffffc0c
I have 20 oranges at address 0xeffffc08
```

A diferença entre os dois endereços de memória é de exatamente quatro bytes, que é o tamanho de uma variável **int** em ambos os sistemas.

Esta é uma parte do processo de criação de um ponteiro: localizar o endereço de memória dos dados para os quais se deseja apontar. A outra parte do processo é dar um nome ao ponteiro. Isto é feito declarando-se o ponteiro.

Como declarar ponteiros

Em C++, cada ponteiro precisa ter um tipo. Por exemplo, um ponteiro que aponte para inteiros é um ponteiro inteiro, um ponteiro para um double é um ponteiro double, e assim por diante. E como fazer para informar ao C++ quando, por exemplo, se declara um ponteiro para um **int** e não uma variável **int** simples? Usa-se um asterisco, *, como o exemplo mostrado a seguir, de uma declaração de um ponteiro para **int**:

```
int *ponteiro;
```

Na verdade, a posição do * não é fixa; eis aqui outra forma de fazer a mesma declaração (note o espaçamento):

```
int * ponteiro;
```

O * pode ser colocado também imediatamente após o especificador de tipo, sendo também um formato de declaração comum:

```
int* ponteiro;
```

Como o * pode variar de lugar, observe que uma declaração como a seguinte na verdade declara um ponteiro (**ponteiro1**) e um **int** (**ponteiro2**):

```
int* ponteiro1, ponteiro2;
```

Para declarar dois ponteiros na mesma declaração é necessário prefixar ambos os itens com asteriscos:

```
int *ponteiro1, *ponteiro2;
```

Vejamos um exemplo de ponteiros na prática. Neste caso, criamos um inteiro e um ponteiro para um inteiro, com uma declaração como a seguinte:

```
#include <iostream>
using namespace std;

int main()
{
    int integer, *pointer;
        .
        .
        .
```

Agora vamos fazer o ponteiro apontar para o inteiro, e ver como podemos acessar dados do inteiro usando o ponteiro.

Como usar ponteiros

Em primeiro lugar armazenamos um dado na variável inteira, assim:

```
#include <iostream>
using namespace std;

int main()
{
    int integer, *pointer;

    integer = 1;
        .
        .
        .
```

Agora podemos armazenar o endereço da variável inteira no ponteiro com o operador ***endereço***, &:

```
#include <iostream>
using namespace std;

int main()
{
    int integer, *pointer;
```

```
    integer = 1;

    pointer = &integer;
    .
    .
    .
}
```

Agora o ponteiro aponta para a variável inteira, fornecendo uma maneira de acessar o conteúdo daquela variável sem o uso do nome da variável. E como fazemos isto? Usando o *operador de desreferência*, que também é um asterisco, *. Para nos referirmos aos dados apontados por um **ponteiro**, basta usarmos ***ponteiro**. Eis aqui como isto fica em código:

```
#include <iostream>
using namespace std;

int main()
{
    int integer, *pointer;

    integer = 1;

    pointer = &integer;

    cout << "The value of the integer is: " << *pointer;

    return 0;
}
```

O operador * de desreferência toma a posição de memória contida no ponteiro e retorna os dados existentes naquela posição, de forma que no nosso exemplo ***pointer** retorna um valor igual a 1, o valor do inteiro. Eis aqui o resultado gerado pelo programa, intpointer.cpp:

```
%intpointer
The value of the integer is: 1
```

Eis como ponteiros funcionam. Após armazenarmos o endereço de um item de dados em um ponteiro, podemos usar o operador de desreferência para acessar o valor do item de dados.

NOTA: *Como veremos, além de ponteiros para itens de dados, podemos ter ponteiros para funções e objetos, entre outros.*

Na verdade, como ***pointer** referencia os dados em **integer**, poderíamos alterar tais dados com uma atribuição como a seguinte:

```
#include <iostream>
using namespace std;

int main()
{
    int integer, *pointer;

    integer = 1;

    pointer = &integer;
```

```
    *pointer = 2;

    cout << "The value of the integer is: " << *pointer;

    return 0;
}
```

Eis aqui o resultado da execução deste novo código, intpointer2.cpp:

```
%intpointer2
The value of the integer is: 2
```

Como você pode ver, ponteiros simplesmente representam outra forma de acessar memória, usando endereços em vez de nomes (a forma de acesso representada pelas variáveis). Ponteiros são excelentes para se trabalhar com a memória, não apenas porque eles podem armazenar endereços, mas porque tais endereços podem ser atribuídos a eles em tempo de execução. Este é o segredo por trás da alocação dinâmica de memória do C++.

Como manipular memória em tempo de execução com ponteiros

Para o C++, a memória está dividida em três áreas: *armazenamento automático*, onde as variáveis de uma função são alocadas e armazenadas quando o programa entra na função, *armazenamento estático*, onde os dados declarados como *static* são armazenados (conforme veremos no Capítulo 7) e mantidos durante a execução do programa e *armazenamento livre* (em C, o armazenamento livre é chamado de pilha, ou "heap"). O armazenamento livre é a memória reservada para uso do programa em tempo de execução, a qual pode ser alocada e gerenciada usando-se os operadores **new** e **delete** do C++.

Poder alocar e liberar memória em tempo de execução é uma grande vantagem para um programa. Até agora tínhamos alocado memória apenas usando variáveis, o que significa precisar indicar ao C++ exatamente quanta memória precisa ser reservada antes do programa ser executado. E isto pode acabar sendo um desperdício. Por exemplo, se precisarmos de 10 elementos de um array 90 por cento do tempo, mas 2.000 elementos no mesmo array 10 por cento do tempo? Declarar o array como uma variável fixa significa que é necessário declará-lo com todos os 2.000 elementos, o que pode ser um grande desperdício de espaço. Alocá-lo *dinamicamente* significa poder alocar espaço para o número de elementos efetivamente necessário em tempo de execução, o que pode ser muito mais eficiente neste caso.

Podemos alocar memória dinamicamente com o operador **new** e liberá-la com o operador **delete**. Eis aqui um exemplo, que aloca espaço para uma variável **double** de nome **pi** com o operador **new**:

```
#include <iostream>
using namespace std;

int main()
{
    double * pi = new double;
        .
        .
        .
```

O operador **new** retorna um ponteiro para a memória recém-alocada, sendo esta a razão pela qual precisamos esperar até este capítulo para usá-lo. Neste caso, o operador **new** retorna um ponteiro para uma variável **double** porque pedimos para ele alocar espaço para um valor **double**. Após termos alocado espaço em memória e obtido um ponteiro para ele – neste exemplo, o ponteiro de nome **pi** – podemos acessar tal memória através do ponteiro, neste caso ***pi**. Eis como armazenar um valor na memória recém-alocada e exibir tal valor:

```
#include <iostream>
using namespace std;

int main()
{
    double * pi = new double;

    *pi = 3.14159;

    cout << "The value of pi = " << *pi << endl;
    .
    .
    .
```

Quando não precisarmos mais da memória alocada, devemos liberá-la com o operador **delete**, da seguinte forma (deve-se usar o operador **delete** apenas em memória alocada com **new**):

```
#include <iostream>
using namespace std;

int main()
{
    double * pi = new double;

    *pi = 3.14159;

    cout << "The value of pi = " << *pi << endl;

    delete pi;

    return 0;
}
```

Eis aqui o resultado da execução do programa:

```
%new
The value of pi = 3.14159
```

Na verdade há mais uma coisa que deveríamos ter feito: se **new** não conseguir alocar a memória solicitada ele retorna um ponteiro *nulo* (que, por convenção, possui um valor igual a 0). Em programas de aplicações práticas você deve verificar se a instrução **new** não está retornando um ponteiro nulo, o que pode ser feito comparando o valor do ponteiro com a constante **NULL**:

```
#include <iostream>
using namespace std;

int main()
{
    double * pi = new double;
```

```
    if(pi == NULL) exit(1);

    *pi = 3.14159;

    cout << "The value of pi = " << *pi << endl;

    delete pi;

    return 0;
}
```

***NOTA:** Se você não testar o valor retornado pelo operador **new** e acabar usando um ponteiro nulo em um programa, esse programa pode apresentar problemas e normalmente exibirá uma mensagem sobre ponteiros nulos em algum ponto de sua execução, o que pode não fazer sentido para o usuário.*

Existem também formas especiais de **new** e **delete** para uso com arrays. Veja *Como usar **new** e **delete** com arrays*, mais adiante neste capítulo.

Ponteiros e arrays e aritmética de ponteiros

Existe um aspecto especial, muito importante, sobre ponteiros: aritmética de ponteiros. Digamos que queiramos ter um ponteiro para um array de valores **double** na memória. Como já vimos, um ponteiro aponta para uma posição de memória, de modo que se adicionássemos 1 a um ponteiro poderíamos esperar que o ponteiro apontasse para a próxima posição de memória, ou seja, o byte seguinte àquele originalmente apontado. Mas não é assim que a coisa funciona: como cada ponteiro sabe de que tipo é, quando adicionamos 1 a um ponteiro ele é na verdade incrementado pelo *tamanho do elemento* para o qual ele aponta. Por exemplo, um ponteiro para um **double** é incrementado pelo tamanho de um **double** (normalmente oito bytes) quando o ponteiro é incrementado de 1. Isto se chama aritmética de ponteiros.

Esta é uma excelente maneira de acessar uma seqüência de valores em memória, pois tudo que se precisa fazer é ficar adicionando 1 a um ponteiro para movê-lo de um valor para o seguinte, não importa o tamanho do item para o qual o ponteiro aponta (é claro, desde que todos os itens apontados tenham o mesmo tamanho). Eis aqui um exemplo, que começa definindo um array de valores **double** armazenados um após o outro na memória:

```
#include <iostream>
using namespace std;

int main()
{
    double values[4] = {0.0, 1.0, 2.0, 3.0};
    .
    .
    .
```

Agora podemos obter um ponteiro para o primeiro elemento do array:

```
#include <iostream>
using namespace std;

int main()
{
    double values[4] = {0.0, 1.0, 2.0, 3.0};
```

```
    double *pointer = &values[0];
    .
    .
    .
```

Neste ponto podemos acessar o valor do primeiro elemento do array usando ***pointer**, exibi-lo e, usando aritmética de ponteiros, adicionar 1 diretamente ao ponteiro para acessar o próximo elemento do array, da seguinte forma:

```
#include <iostream>
using namespace std;

int main()
{
    double values[4] = {0.0, 1.0, 2.0, 3.0};

    double *pointer = &values[0];

    cout << "*pointer = " << *pointer << endl;

    cout << "*(++pointer) = " << *(++pointer) << endl;

    return 0;
}
```

Eis aqui o resultado gerado pelo programa, pointermath.cpp. Como podemos ver, o ponteiro foi efetivamente incrementado do primeiro elemento para o segundo:

```
%pointermath
*pointer = 0
*(++pointer) = 1
```

E é assim que podemos percorrer arrays usando ponteiros. Na verdade, há um outro ponto interessante: o C++ pode tratar nomes de arrays como ponteiros de diversas maneiras. Por exemplo, a expressão **&values[0]** no exemplo de código anterior é na prática o mesmo que o nome **values** em si, ou seja, o nome de um array pode ser tratado como um ponteiro para o primeiro elemento de um array em muitos casos (mas não em todos eles; por exemplo, não podemos atribuir um valor a um nome de array, como faríamos com um ponteiro). As semelhanças entre arrays e ponteiros é um dos aspectos favoritos do C++ para os programadores, e torna alocar e usar arrays em tempo de execução fácil. Veja *Como usar **new** e **delete** com arrays*, mais adiante neste capítulo. Veremos isto detalhamento neste capítulo. Veja *Semelhanças entre ponteiros e arrays no C++*.

Ponteiros e estruturas

Há mais um aspecto sobre ponteiros que devemos abordar antes de partirmos para as *Soluções Imediatas*: o uso de ponteiros com estruturas. Um ponteiro aponta para um item de dado em memória – mas no caso de uma estrutura são necessárias mais informações. E se quisermos que o ponteiro aponte para um dos membros da estrutura, não a estrutura inteira. Em tal caso precisamos especificar exatamente o membro desejado da estrutura. Até agora usamos o operador ponto, ., para apontar para um membro de uma estrutura, da seguinte maneira: ***estrutura.membro***. Na verdade, a sintaxe **(**apontador_para_a_estrutura*).*membro*** funcionará se tivermos um apontador para a estrutura, mas o C++ tem um atalho que você verá com freqüência: o operador seta, ->. Usando o operador seta podemos usar o ponteiro diretamente, sem precisarmos desreferenciá-lo com o operador *. Tudo o que precisamos fazer é usar a expressão ***apontador_para_a_estrutura->membro***, a qual equivale a ***(*apontador_para_a_estrutura).membro***.

Eis aqui um exemplo, em que criamos uma variável estrutura, **structure1**, e obtemos um ponteiro para a estrutura. Então usamos o ponteiro diretamente, com o operador seta, para acessar uma string de texto da estrutura. O código, structptr.cpp, é o seguinte:

```
#include <iostream>
#include <string>
using namespace std;

int main()
{
    struct structure{
        string text;
        int numbers[100];
    } structure1;

    structure *pointer = &structure1;

    pointer->text = "Hello from the arrow operator.";

    cout << pointer->text << endl;

    return 0;
}
```

E como acessamos um elemento de um array de inteiros que esteja dentro de uma estrutura? Veja *Ponteiros, estruturas e o operador ->*, mais adiante neste capítulo. Na verdade, já está na hora de irmos para a seção *Soluções Imediatas* e começarmos a ver detalhes sobre ponteiros.

***NOTA:** Trabalhar com ponteiros é um dos tópicos que veremos detalhadamente neste livro, tratando as questões especiais associadas e eles, algo que muitos livros só abordam superficialmente. Por exemplo, veja* Como usar ponteiros para funções, *no Capítulo 6,* Como passar argumentos a funções por referência, *no Capítulo 7,* Ponteiros a objetos e membros de objetos, *no Capítulo 8,* Como criar um construtor de cópia, *no Capítulo 9,* Métodos virtuais e polimorfismo de tempo de execução, *no Capítulo 10,* Como usar ponteiros em modelos de classes, *no Capítulo 11,* Como usar **dynamic_cast** com ponteiros em tempo de execução, *no Capítulo 12... bom, já deu para dar a idéia. O que queremos salientar é que é importante ter uma boa compreensão de ponteiros para muitos dos tópicos do C++ que veremos.*

Soluções Imediatas

Como localizar o endereço de um item de dados

Para criar um ponteiro é necessário ter uma posição de memória para a qual apontar. No C++ usamos o operador &, também chamado de operador *endereço*, *endereço-de* ou *referência*, para obtermos o endereço de um item em memória. Este operador se aplica a lvalues. Vimos um exemplo disso na seção *Análise Aprofundada* deste capítulo, address2.cpp, que declarava dois inteiros e então exibia seus endereços de memória:

```
#include <iostream>
using namespace std;

int main()
{
    int apples = 10;
    int oranges = 20;

    cout << "I have " << apples << " apples at address " << &apples << endl;
    cout << "I have " << oranges << " oranges at address "
        << &oranges << endl;

    return 0;
}
```

Eis aqui o resultado deste programa, address2.cpp, no Windows:

```
%address2
I have 10 apples at address 0065FE00
I have 20 oranges at address 0065FDFC
```

E aqui está o resultado em UNIX:

```
%address2
I have 10 apples at address 0xeffffc0c
I have 20 oranges at address 0xeffffc08
```

A diferença entre os dois endereços de memória é de exatamente quatro bytes, que é o tamanho de uma variável **int** em ambos os sistemas. Mas saber como obter um endereço de memória é apenas metade do processo de criar um ponteiro. Ponteiros são fortemente tipados em C++. Assim, para criar um é necessário antes declará-lo. Veja a próxima seção para obter os detalhes.

Como declarar um ponteiro

Como vimos na seção *Análise Aprofundada* deste capítulo, no C++ cada ponteiro usado precisa ter um tipo. Por exemplo, um ponteiro que aponte para inteiros é um ponteiro inteiro, um ponteiro para um double é um ponteiro double, e assim por diante.

Digamos que, por exemplo, desejemos declarar um ponteiro para um **int**. Como fazer para informar ao C++ que se está declarando um ponteiro para um **int** e não uma variável **int**? Usa-se um asterisco, *, como o exemplo mostrado a seguir, de uma declaração de um ponteiro para **int**:

```
int *ponteiro;
```

Como mencionado na seção *Análise Aprofundada* deste capítulo, a posição do * não é fixa; eis aqui outra forma de fazer a mesma declaração (note o espaçamento):

```
int * ponteiro;
```

O * pode ser colocado também imediatamente após o especificador de tipo, e alguns programadores gostam de declarar ponteiros assim:

```
int* ponteiro;
```

E aqui repetimos algo que já dissemos na seção *Análise Aprofundada* deste capítulo – como o * pode variar de lugar, observe que uma declaração como a seguinte declara somente um ponteiro (**ponteiro1**) e um inteiro (**ponteiro2**):

```
int* ponteiro1, ponteiro2;
```

Para declarar dois ponteiros na mesma declaração é necessário prefixar ambos os itens com asteriscos:

```
int *ponteiro1, *ponteiro2;
```

Podemos declarar ponteiros para ponteiros? Não há problema. Eis aqui um ponteiro para um ponteiro para um valor inteiro (veremos ponteiros para ponteiros em funcionamento em *Como criar e usar ponteiros*, mais adiante neste capítulo):

```
int **ptr2ptr;
```

Declarações de ponteiros podem se tornar complicadas, e sua sintaxe um pouco obscura. Por exemplo, a declaração a seguir é de um ponteiro constante para um inteiro ou de um ponteiro para uma constante inteira?

```
int * const ponteiro1;
```

Depois de lutar com declarações de ponteiros por muito tempo, eu finalmente descobri como tratar com elas. E vou passar agora este segredo (que nunca vi em qualquer outro livro sobre C++) para vocês. A chave é ler as declarações de ponteiros *de trás para frente*. A declaração anterior, por exemplo, pode ser lida como "ponteiro1 é uma constante que aponta para um inteiro", ou seja, ponteiro1 é um ponteiro constante para um inteiro.

E que tal esta?

```
const int *ponteiro1;
```

Neste caso, a declaração pode ser lida como "ponteiro1 é um ponteiro para um inteiro constante", ou seja, como "ponteiro1 é um ponteiro para uma constante inteira".

E podemos ter até mesmo declarações como a seguinte:

```
const int * const ponteiro1;
```

Como você agora provavelmente já percebeu, este é um ponteiro constante para uma constante inteira. Para saber mais sobre ponteiros e constantes, veja *Ponteiros e* ***const***, mais adiante neste capítulo. Para obter detalhes sobre como declarar ponteiros para arrays multidimensionais, veja *Como usar* ***new*** *e* ***delete*** *com arrays*, mais adiante neste capítulo.

Como criar e usar ponteiros

Criar um ponteiro exige duas etapas: declará-lo e colocar um endereço nele. A seção anterior mostrou como declarar ponteiros, e podemos colocar um endereço nele com o operador & ***endereço***, visto em *Como localizar o endereço de um item de dados*, anteriormente neste capítulo.

Vimos este exemplo, intpointer2.cpp, na seção *Análise Aprofundada* deste capítulo. Nele declaramos um ponteiro e usamos o operador & para fazê-lo apontar para uma variável inteira, e então usamos a sintaxe ***ponteiro** para acessar o dado para o qual o ponteiro aponta:

```
#include <iostream>
using namespace std;

int main()
{
    int integer, *pointer;

    integer = 1;

    pointer = &integer;

    *pointer = 2;

    cout << "The value of the integer is: " << *pointer;

    return 0;
}
```

Eis aqui o resultado da execução do código:

```
%intpointer2
The value of the integer is: 2
```

Pode-se também inicializar um ponteiro no momento em que ele é declarado, desde que se use o operador & em uma posição de memória que já exista (como as declarações são processadas da esquerda para a direita, no exemplo a seguir **integer** já existirá quando tomarmos seu endereço na segunda parte da instrução de declaração):

```
#include <iostream>
using namespace std;

int main()
{
    int integer = 1, *pointer = &integer;

    *pointer = 2;
```

```
    cout << "The value of the integer is: " << *pointer;

    return 0;
}
```

***DICA:** Como atribuir uma posição de memória diretamente a um ponteiro? Neste caso **static_cast** não funciona (por exemplo, **ponteiro = static_cast <int *> (0xb0000000);** não compilará). É necessária uma conversão explícita de tipo mais forte, como **reinterpret_cast**, que reinterpreta os bits de um valor completamente (como esta: **ponteiro = reinterpret_cast <int *> (0xb0000000);**). Normalmente, porém, não há razão para se fazer isto, exceto quando se trabalha com portas de hardware, buffers de dispositivo (como os buffers de teclado e tela) ou o relógio do sistema diretamente no código do programa. Para ver mais informações sobre conversões explícitas de tipo como estas, veja* Como usar conversões explícitas de tipo (casts) estáticas, reinterpretativas e constantes, *mais adiante neste capítulo.*

Além disso, assegure-se de que um ponteiro efetivamente aponte para uma posição de memória antes de usá-lo. Ao contrário de linguagens como o Perl, o C++ não cria a posição de memória para a qual um ponteiro aponta simplesmente quando o ponteiro é usado. Por exemplo, o código a seguir causará um problema, pois **pi** não aponta para uma posição real da memória até que se coloque um endereço nele:

```
double * pi;
*pi = 3.14159;
```

Podemos usar ponteiros para ponteiros? Sem dúvida. Basta usar asteriscos duplos. Eis aqui um exemplo, ptr2ptr.cpp:

```
#include <iostream>
using namespace std;

int main()
{
    int integer, *pointer, **ptr2ptr;

    integer = 1;

    pointer = &integer;

    ptr2ptr = &pointer;

    cout << "The value of the integer is: " << **ptr2ptr;

    return 0;
}
```

Eis aqui o resultado da execução do programa:

```
%ptr2ptr
The value of the integer is: 1
```

Como usar **new** para alocar memória

Como vimos na seção *Análise Aprofundada* deste capítulo, podemos alocar memória dinamicamente com o operador **new** e liberá-la com o operador **delete**. Eis aqui um exemplo, new.cpp, que aloca espaço para uma variável **double** de nome **pi** com o operador **new**, da seguinte forma:

```
#include <iostream>
using namespace std;

int main()
{
    double * pi = new double;
    .
    .
    .
```

O operador **new** retorna um ponteiro para a memória recém-alocada. Neste caso, o operador **new** retorna um ponteiro para uma variável **double** porque pedimos para ele alocar espaço para um valor **double**. O operador **new** retorna um ponteiro nulo, com valor 0, se não tiver conseguido alocar a memória solicitada. Assim, antes de usarmos um novo ponteiro, devemos compará-lo com a constante **NULL** para saber se a alocação foi bem-sucedida (observe que, antes de encerrar um programa real desta maneira, naturalmente você deveria explicar ao usuário por que ele está sendo encerrado):

```
#include <iostream>
using namespace std;

int main()
{
    double * pi = new double;

    if(pi == NULL) exit(1);
    .
    .
    .
```

Após termos alocado espaço em memória e obtido um ponteiro válido para ele, podemos acessar tal memória com o ponteiro, usando a sintaxe ***ponteiro**. Eis como podemos armazenar um valor na memória recém-alocada e exibir o valor:

```
#include <iostream>
using namespace std;

int main()
{
    double * pi = new double;

    if(pi == NULL) exit(1);

    *pi = 3.14159;

    cout << "The value of pi = " << *pi << endl;

    return 0;
}
```

Eis aqui o resultado da execução do programa:

```
%new
The value of pi = 3.14159
```

Quando não precisarmos mais da memória alocada, devemos liberá-la com o operador **delete**. Veja a seção a seguir para obter mais detalhes.

Solução relacionada:	Encontrada na página:
Como usar as instruções **exit** e **abort**	158

Como usar **delete** para liberar memória

Quando alocamos memória manualmente, através do operador **new**, somos responsáveis por gerenciá-la dentro do programa. Para evitar "atravancar" o programa com memória que não está mais em uso, devemos liberá-la com o operador **delete**. Para liberar uma porção de memória alocada, basta passar o ponteiro que aponta para aquela memória ao operador **delete**.

Isto é especialmente importante quando se aloca memória com **new** dentro de uma função a cada vez que a função é chamada: não conte com o C++ para liberar essa memória. Se você chamar uma função repetidamente, o resultado pode ser uma enorme quantidade de memória desperdiçada e congelada, o que se chama de "estouro de memória" (memory leak).

DICA: *Você só deve usar o operador **delete** em memória alocada com **new**. Não tente liberar memória do armazenamento automático ou estático com o operador **delete**.*

Por exemplo, eis como liberar a memória alocada no exemplo da seção anterior:

```
#include <iostream>
using namespace std;

int main()
{
    double * pi = new double;

    *pi = 3.14159;

    cout << "The value of pi = " << *pi << endl;

    delete pi;

    return 0;
}
```

Como podemos ver, liberar memória alocada é bastante simples. Há também uma forma especial de **delete** para uso com arrays: veja na próxima seção.

Como usar **new** e **delete** com arrays

Há formas especiais de **new** e **delete** para arrays, normalmente referenciadas como **new[]** e **delete[]**. O operador **new** funciona da forma usual com arrays. Basta adicionar colchetes, [e], para indicar quantos elementos deseja-se alocar em memórias. Os arrays criados desta forma são chamados de *arrays dinâmicos*.

No exemplo a seguir alocamos um array de dez valores **double**, colocamos um valor em um dos elementos do array e exibimos o valor:

```
#include <iostream>
using namespace std;

int main()
{
    double * values = new double[10];

    if(values == NULL) exit(1);

    values[5] = 3.14159;

    cout << "The stored value = " << values[5] << endl;
    .
    .
    .
```

Para liberar a memória ocupada pelo array quando terminarmos nosso trabalho com ele, usamos **delete[]** (e não **delete**):

```
#include <iostream>
using namespace std;

int main()
{
    double * values = new double[10];

    if(values == NULL) exit(1);

    values[5] = 3.14159;

    cout << "The stored value = " << values[5] << endl;

    delete[] values;

    return 0;
}
```

Eis aqui o resultado gerado pela execução do programa, newarray.cpp:

```
%newarray
The stored value = 3.14159
```

Quando se usa **new** para alocar um array multidimensional, ele retorna um ponteiro para o primeiro elemento do array e o tipo de ponteiro resultante preserva o tamanho de todas as dimensões do array, exceto a mais à esquerda. Por exemplo,

```
new float[100][200][300];
```

retorna um ponteiro de tipo **float (*)[200][300]**, sendo este o tipo a ser usado com arrays desta espécie. Por exemplo, o código a seguir, que usa um ponteiro simples para um **float**, é inválido:

```
float *pointer;
pointer = new float[100][200][300];
```

Eis como se deve escrever esse código:

```
float (*pointer)[200][300];
pointer = new float[100][200][300];
```

Na verdade, há um relacionamento especial entre ponteiros e arrays no C++. Você pode ter notado que eu usei um ponteiro como nome de array no código mostrado anteriormente nesta seção:

```
#include <iostream>
using namespace std;

int main()
{
    double * values = new double[10];

    if(values == NULL) exit(1);

    values[5] = 3.14159;
    .
    .
    .
```

Para obter mais informações sobre o relacionamento entre ponteiros e arrays veja a próxima seção e *Como passar arrays a funções*, no Capítulo 6.

DICA: *Infelizmente, quando se usa **new** não existe (ainda) uma maneira de inicializar o array criado na mesma instrução. Para popular um array dinâmico é necessário armazenar valores no array após ele ter sido criado com a instrução **new**.*

Solução relacionada:	Encontrada na página:
Como passar arrays a funções	212

Semelhanças entre ponteiros e arrays no C++

No C++ ponteiros e arrays são semelhantes. Por exemplo, na seção anterior, vimos que podemos usar um ponteiro como nome de um array, da seguinte forma:

```
#include <iostream>
using namespace std;

int main()
{
    double * values = new double[10];

    if(values == NULL) exit(1);

    values[5] = 3.14159;
    .
    .
    .
```

De forma análoga, podemos usar um nome de array como um ponteiro constante que aponta para o primeiro elemento do array. Por exemplo, eis aqui como criar um array de dez elementos chamado **values** e usar o nome desse array como um ponteiro constante para o primeiro elemento do array:

```
#include <iostream>
using namespace std;

int main()
{
    double values[10];

    *values = 3.14159;

    cout << values[0] << endl;

    return 0;
}
```

Em outras palavras, **values** e **&values[0]** são a mesma coisa, e **values[0]** e ***values** também o são.

O fato de que o C++ permite tratar nomes de arrays como ponteiros em muitos casos significa que podemos nos referir a elementos de arrays usando notação de ponteiros como mencionado na seção *Análise Aprofundada* deste capítulo e visto em *Aritmética de ponteiros*, mais adiante neste capítulo, quando adicionamos 1 a um ponteiro o ponteiro é incrementado do tamanho do item para o qual ele aponta, não simplesmente para a próxima posição de memória. Isto significa que a expressão **array[*n*]** é na verdade equivalente a ***(array + *n*)** (por exemplo, ***(values + 5)** é o mesmo que **values[5]**).

De forma semelhante, quando temos um ponteiro podemos nos referir às posições que se seguem à atual usando a notação de array. Em outras palavras, ***(ponteiro + *n*)** é o mesmo que **ponteiro[*n*]**. Isto é muito útil quando se usa **new** para alocar um array, como mostra o código do início desta seção, que aloca um array usando **new** e então usa o ponteiro retornado por **new** como nome do array.

No entanto, há algumas diferenças importantes entre ponteiros e nomes de arrays no C++. Um nome de array não é um lvalue por si mesmo, de modo que não se pode adicionar valores a ele, como fazemos na aritmética de ponteiros, nem se atribuir um ponteiro a um nome de array. Isto quer dizer que devemos considerar um nome de array como um ponteiro *constante*, não um ponteiro normal. Observe também que o operador **sizeof** fornece o tamanho de um array quando aplicado a um array, mas somente o tamanho do ponteiro em si quando aplicado a um ponteiro. Para saber mais a respeito deste assunto veja *Aritmética de ponteiros*, em seguida neste capítulo, e *Como passar arrays a funções*, no Capítulo 6.

Solução relacionada:	Encontrada na página:
O operador **sizeof**	83
Como passar arrays a funções	212

Aritmética de ponteiros

O que é aritmética de ponteiros? Este conceito é mais bem explicado através de exemplos. Digamos que você tenha um ponteiro para um array de valores **double** em memória. Se adicionar 1 a esse ponteiro, você poderia esperar que ele apontasse para a próxima posição de memória, ou seja, o próximo byte. Mas a coisa não funciona assim. Conforme mencionado na seção *Análise Aprofundada* deste capítulo, cada ponteiro conhece seu próprio tipo e, quando adicionamos 1 a ele, ele na verdade é incrementado pelo tamanho do elemento para o qual aponta. No nosso exemplo, isto significa que um ponteiro para um **double** é incrementado pelo tamanho de um **double** (normalmente oito bytes), quando incrementamos o ponteiro de um dentro do programa.

A aritmética de ponteiros é uma excelente maneira de acessar uma seqüência de valores em memória, pois tudo que se precisa fazer é ficar adicionando 1 a um ponteiro para movê-lo de um valor para o seguinte. Eis aqui um exemplo, que vimos rapidamente no início do capítulo. Ele começa definindo um array de valores **double** armazenados um após o outro na memória:

```
#include <iostream>
using namespace std;

int main()
{
    double values[4] = {0.0, 1.0, 2.0, 3.0};
        .
        .
        .
```

Então obtemos um ponteiro para o primeiro elemento do array:

```
#include <iostream>
using namespace std;

int main()
{
    double values[4] = {0.0, 1.0, 2.0, 3.0};

    double *pointer = &values[0];
        .
        .
        .
```

Neste ponto podemos acessar o valor do primeiro elemento do array usando ***pointer**. Usando aritmética de ponteiros, podemos então adicionar 1 diretamente ao ponteiro para acessar o próximo elemento do array, da seguinte forma:

```
#include <iostream>
using namespace std;

int main()
{
    double values[4] = {0.0, 1.0, 2.0, 3.0};

    double *pointer = &values[0];

    cout << "*pointer = " << *pointer << endl;

    cout << "*(++pointer) = " << *(++pointer) << endl;

    return 0;
}
```

Eis aqui o resultado gerado pelo programa, pointermath.cpp:

```
%pointermath
*pointer = 0
*(++pointer) = 1
```

Dado um ponteiro, podemos nos referir ao ***n-ésimo*** item após o atual na memória como ***(ponteiro + *n*)**. Na verdade, podemos nos referir às posições de memória subseqüentes à atual usando notação de array – em outras palavras, ***(ponteiro + *n*)** é o mesmo que **ponteiro[*n*]**. Veja *Semelhanças entre ponteiros e arrays no C++*, anteriormente neste capítulo, para saber mais sobre como usar ponteiros com notação de arrays.

Ponteiros e strings estilo C

Como vimos no Capítulo 3, strings estilo C são simplesmente arrays de elementos tipo **char**. Por isso podemos usar ponteiros para apontar para strings estilo C. Eis aqui um exemplo:

```
#include <iostream>
using namespace std;

int main()
{
    const char *message = "Hello from C++.";
        .
        .
        .
```

O objeto **cout** é inteligente o suficiente para saber o que fazer com ponteiros para strings estilo C, de modo que podemos exibi-las usando **cout**, da seguinte maneira:

```
#include <iostream>
using namespace std;

int main()
{
    const char *message = "Hello from C++.";

    cout << message << endl;

    return 0;
}
```

Eis aqui o resultado gerado por este código, stringpointer.cpp:

```
%stringpointer
Hello from C++.
```

Na verdade, muitas das funções da biblioteca padrão do C que tratam strings lidam com elas usando ponteiros. Por exemplo, podemos usar a função **strstr** para procurar pela primeira ocorrência de uma substring estilo C em uma string estilo C. Esta função retorna um ponteiro para a posição inicial da substring dentro da string (se a substring não for encontrada dentro da string, **strstr** retorna nulo). Eis aqui um exemplo já visto no capítulo, strstr.cpp, que procura pela substring "ing" na string

"We are building a house." A função **strstr** retorna um ponteiro para o local onde a substring começa e, caso passemos tal ponteiro a **cout** como o início de uma string estilo C, ele exibe todo o texto a partir dessa posição, no nosso caso, "ing":

```
#include <iostream>

using namespace std;
int main()
{
    char string1[] = "We are building a house.";
    char string2[] = "ing";
    char* string3;

    string3 = strstr(string1, string2);

    cout << string3 << endl;

    return 0;
}
```

Eis aqui o resultado deste programa:

```
%strstr
ing a house.
```

Também podemos usar a função **strcat** da biblioteca padrão do C para anexar uma string ao final de outra. Esta função retorna um ponteiro para a string resultante. Eis aqui um exemplo de como usar **strcat**, também já mostrado no Capítulo 3, que concatena as strings "Hello" e " there" e exibe o resultado:

```
#include <iostream>

using namespace std;
int main()
{
    char string1[] = "Hello";
    char string2[] = " there";
    char* string3;

    string3 = strcat(string1, string2);

    cout << string3 << endl;

    return 0;
}
```

Eis aqui o resultado deste programa, strcat.cpp:

```
%strcat
Hello there
```


Solução relacionada:	Encontrada na página:
Como criar strings estilo C	108
Como concatenar strings estilo C	110
Como pesquisar strings estilo C	110

Ponteiros, estruturas e o operador ->

Quando queremos acessar um tipo de dado simples apontado por um ponteiro não há problemas: basta usar uma expressão como ***ponteiro**. Mas o que fazer quando o item sendo apontado possui uma estrutura interna, com membros internos? Como saber para o que efetivamente o ponteiro está apontando?

Digamos que tenhamos uma estrutura como a seguinte:

```
struct structure{
    string text;
    int numbers[100];
} structure1;
```

Digamos agora que tenhamos um ponteiro, **pointer**, para uma variável deste tipo estrutura, e desejamos acessar o membro **texto** da variável. Como podemos fazer isto? Como visto na seção *Análise Aprofundada* deste capítulo, podemos usar uma sintaxe como a seguinte: **(*pointer).text**. O C++ também suporta uma sintaxe alternativa que usa o operador seta, que você pode usar sem desreferenciar o ponteiro, da seguinte forma: **pointer->text**.

Eis aqui um exemplo que mostra isto em funcionamento. Ele cria uma variável estrutura, obtém um apontador para a variável e acessa o membro **text** da estrutura usando o ponteiro diretamente, com a notação **pointer->text**:

```
#include <iostream>
#include <string>
using namespace std;

int main()
{
    struct structure{
        string text;
        int numbers[100];
    } structure1;

    structure *pointer = &structure1;

    pointer->text = "Hello from the arrow operator.";

    cout << pointer->text << endl;

    return 0;
}
```

E se desejarmos acessar o array de números da estrutura? Para isto podemos usar uma expressão como **pointer->numbers[5]**:

```
#include <iostream>
#include <string>
using namespace std;

int main()
{
    struct structure{
        string text;
        int numbers[100];
    } structure1;
```

```
    structure *pointer = &structure1;

    pointer->numbers[5] = 5;
    pointer->text = "Hello from the arrow operator.";

    cout << pointer->text << endl;

    cout << "Here's the value: " << pointer->numbers[5] << endl;
    return 0;
}
```

Eis aqui o resultado gerado pelo programa completo, structptr2.cpp:

```
%structptr2
Hello from the arrow operator.
Here's the value: 5
```

Também podemos armazenar ponteiros dentro de uma estrutura, e eis aqui um exemplo de como fazê-lo. O programa a seguir usa uma construção chamada de *lista encadeada*. Numa lista encadeada, cada elemento aponta para o próximo elemento da lista, permitindo que a lista seja percorrida de um item para o seguinte (os elementos de uma estrutura parecida, a lista duplamente encadeada, possuem também um ponteiro para o item anterior, o que permite que ela seja percorrida em ambos os sentidos). No exemplo a seguir cada item será uma variável da estrutura que guarda dois inteiros e um ponteiro para a próxima variável do mesmo tipo:

```
#include <iostream>
using namespace std;

int main()
{
    struct structure
    {
        int integer1;
        int integer2;
        struct structure *next;
    } structure1, structure2, structure3;
    .
    .
    .
```

Nessa declaração criamos três variáveis do tipo estrutura declarado, **structure1**, **structure2** e **structure3**. Em seguida preenchemos os ponteiros de **structure1** e **structure2** de modo a apontar para a variável estrutura seguinte da seqüência:

```
#include <iostream>
using namespace std;

int main()
{
    struct structure
    {
        int integer1;
        int integer2;
        struct structure *next;
```

```
    } structure1, structure2, structure3;

    structure1.next = &structure2; //Estabelece a lista encadeada.
    structure2.next = &structure3;
    .
    .
    .
```

Após colocarmos um valor no elemento **integer1** da segunda estrutura, podemos usar o ponteiro da primeira estrutura para acessar o valor, como mostra o código a seguir:

```
#include <iostream>
using namespace std;

int main()
{
    struct structure
    {
        int integer1;
        int integer2;
        struct structure *next;
    } structure1, structure2, structure3;

    structure1.next = &structure2; //Estabelece a lista encadeada.
    structure2.next = &structure3;

    structure2.integer1 = 5;

    cout << "integer1 in structure2 = "
        << structure1.next->integer1 << endl;

    return 0;
}
```

Este é o resultado exibido pelo programa, linkedlist.cpp, quando executado:

```
%linkedlist
integer1 in structure2 = 5
```

Como usar **auto_ptr** para liberações de memória seguras

Como já vimos, você deve liberar memória alocada com **new** usando o operador **delete**. No entanto, em algumas circunstâncias o programa pode não alcançar o ponto onde o operador **delete** é chamado para liberar a memória (por exemplo, se ocorrer um erro e o fluxo de execução do programa voltar de uma função antes de todo o código da função ter sido executado).

A biblioteca de modelos padrão do C++, que estudaremos no Capítulo 15, possui um modelo especial, chamado de **auto_ptr**, para tratar de tais casos. Usando **auto_ptr**, podemos alocar memória usando ponteiros de tal maneira que não é necessário usar **delete**: quando o ponteiro não está mais dentro do escopo sendo executado, a porção de memória para a qual ele aponta é automaticamente liberada e devolvida para o armazenamento livre (veja o Capítulo 6 para ter mais informações sobre escopo, que se refere às partes de um programa para as quais um item é visível).

Para usar **auto_ptr** usamos a sintaxe **auto_ptr<*tipo*> *nome* (new *tipo*)** e precisamos incluir o arquivo de cabeçalho **memory**, no qual **auto_ptr** está definido. Eis aqui um exemplo que cria um novo ponteiro para uma string. Observe que o código não precisa usar **delete**, pois a liberação da memória alocada é feita automaticamente:

```
#include <iostream>
#include <memory>
#include <string>
using namespace std;

int main()
{
    auto_ptr<string> pointer (new string("Hello from C++"));

    cout << *pointer;

    //não é necessário usar delete

    return 0;
}
```

Ponteiros e **const**

Vale a pena discutirmos ponteiros e valores constantes, pois há aspectos deles que precisam ficar claros. No C++ podemos ter ponteiros para variáveis, o que temos visto ao longo deste capítulo. Mas podemos também declarar um ponteiro para um valor constante. No exemplo a seguir, **pointer1** é um ponteiro para uma constante inteira (para obter mais informações sobre como usar **const** em declarações de ponteiros veja *Como declarar um ponteiro*, anteriormente neste capítulo):

```
const int * pointer1;
```

Na verdade este ponteiro não precisa apontar para um valor constante em absoluto. Tudo o que dizemos com esta declaração é que o ponteiro tratará o valor para o qual ele aponta como constante (e o compilador entenderá qualquer tentativa de tratá-lo de forma diferente como um erro). Por exemplo, o trecho de código a seguir funcionará sem problemas, mesmo que o ponteiro esteja na verdade apontando para um **int**, não uma constante:

```
#include <iostream>
using namespace std;

int main()
{
    int integer1 = 5;
    const int * pointer1;

    pointer1 = &integer1;

    cout << *pointer1;

    return 0;
}
```

Tratar um valor como constante desta maneira pode ajudar a evitar erros que ocorreriam se tal valor fosse inadvertidamente alterado. Podemos também ter um ponteiro para um valor constante que efetivamente aponte para um valor constante, como o seguinte:

```
#include <iostream>
using namespace std;

int main()
{
    const int integer1 = 5;
    const int * pointer1;

    pointer1 = &integer1;

    cout << *pointer1;

    return 0;
}
```

No entanto, não podemos ter um ponteiro normal que aponte para uma constante. O exemplo a seguir gerará um erro de compilação:

```
#include <iostream>
using namespace std;

int main()
{
    const int integer1 = 5;
    int * pointer1;

    pointer1 = &integer1;          //Error.

    cout << *pointer1;

    return 0;
}
```

Eis aqui um resumo:

- Ponteiros normais para variáveis são permitidos.
- Ponteiros normais para constantes não são permitidos.
- Ponteiros para constantes que apontam para constantes são permitidos.
- Ponteiros para constantes que apontam para variáveis são permitidos.

Também podemos criar ponteiros constantes. Usamos tais ponteiros para indicar que não alteraremos o valor contido no ponteiro. Eis aqui um exemplo:

```
#include <iostream>
using namespace std;

int main()
{
```

```
    int integer1 = 5;
    int * const pointer1 = &integer1;

    cout << *pointer1;

    return 0;
}
```

Também podemos ter ponteiros constantes para constantes (o que significa que o valor apontado será tratado como uma constante, não necessariamente que ele seja uma constante):

```
#include <iostream>
using namespace std;

int main()
{
    int integer1 = 5;
    const int * const pointer1 = &integer1;

    cout << *pointer1;

    return 0;
}
```

Ponteiros e conversões explícitas de tipo

Normalmente não se faz conversão explícita entre ponteiros de tipos diferentes. No entanto, podemos usar um ponteiro do tipo **void*** para guardar um ponteiro para *qualquer* tipo de dado não constante. Por isso, ponteiros **void** são às vezes chamados de ponteiros *genéricos*.

Eis aqui um exemplo, voidptr.cpp, que usa um ponteiro **void** para apontar para um valor inteiro:

```
#include <iostream>
using namespace std;

int main()
{
    int integer = 5;
    void *pointer;

    pointer = &integer;
    .
    .
    .
```

Agora podemos acessar o valor para o qual este ponteiro aponta. Porém, para fazê-lo, precisamos usar uma conversão de tipo explícita para indicar como que tipo de ponteiro queremos tratar o ponteiro **void** (não é possível desreferenciar um ponteiro **void** diretamente). Neste caso, queremos tratar o ponteiro **void** como um ponteiro inteiro:

```
#include <iostream>
using namespace std;
```

```
int main()
{
    int integer = 5;
    void *pointer;

    pointer = &integer;

    cout << "The value in the integer is "
        << *(static_cast<int *> (pointer)) <<endl;

    return 0;
}
```

Eis aqui a saída gerada pelo programa, voidptr.cpp:

```
%voidptr
The value in the integer is 5
```

Como você pode imaginar, ponteiros **void** são úteis quando os tipos dos dados sendo apontados não são conhecidos de antemão.

Como usar conversões explícitas de tipo (casts) estáticas, reinterpretativas e constantes

Como vimos em *Conversão entre tipos de dados*, no Capítulo 2, há várias maneiras diferentes de fazer conversões explícitas de tipo (casts), no C++:

- ***(tipo)*** – Conversão explícita de tipo estilo antigo, considerada obsoleta.
- **const_cast <*tipo*> (*expressão*)** – Este tipo de conversão explícita tira a "constância" de expressões.
- **dynamic_cast <*tipo*> (*expressão*)** – Este tipo de conversão explícita suporta a identificação em tempo de execução de objetos de classe referenciados por ponteiro ou referência.
- **reinterpret_cast <*tipo*> (*expressão*)** – Este tipo de conversão explícita suporta a reinterpretação de baixo nível do padrão de bits da expressão.
- **static_cast <*tipo*> (*expressão*)** – Este tipo de conversão explícita faz "casts" explícitos, sem verificação de tipo em tempo de execução, e desativa mensagens de alerta.

Agora que já sabemos o que estamos fazendo com ponteiros, podemos estudar mais a fundo esses tipos de conversão de tipo.

Podemos usar **static_cast** para tornar explícitas as conversões de tipo que o compilador na verdade realiza implicitamente (embora possa emitir alerta). Eis aqui um exemplo originalmente visto no Capítulo 2, que converte um valor **float** em um valor **int**:

```
#include <iostream>
using namespace std;
int main()
{
    int sum;
    int ten = 10;
    float pi = 3.14159;
```

```
    sum = static_cast <int> (pi) + ten;

    cout << "The integer sum = " << sum << endl;

    return 0;
}
```

const_cast é usado para "jogar fora" a "constância" de uma expressão (e também a "volatilidade" de expressões – veja *Tudo sobre qualificadores de classes de armazenamento:* ***const, register, volatile*** *e* ***mutable***, no Capítulo 7). Eis aqui um exemplo no qual podemos desconsiderar o fato de que **const_ptr** é um ponteiro constante quando atribuímos a ele o ponteiro normal **ptr** (do contrário, isto geraria um erro):

```
char *ptr;
const char *const_ptr;
    .
    .
    .
ptr = const_cast <char *> (const_ptr);
```

reinterpret_cast é usado para aqueles casos em que **static_cast** não funciona, pois **reinterpret_cast** força o compilador a reinterpretar o significado dos bits reais de um valor. Esta é a conversão explícita mais poderosa, que só faz sentido se você souber exatamente o que está fazendo – por exemplo, se você reinterpretar os bits de um **float** como **long**, o resultado não fará qualquer sentido.

No entanto há situações em que **reinterpret_cast** deve ser usado. Já vimos uma delas em *Como criar e usar ponteiros*, anteriormente neste capítulo. Naquele caso queríamos atribuir uma posição de memória diretamente a um ponteiro e **static_cast** não teria funcionado.

Por exemplo, a linha código a seguir não compilará, pois o compilador não considera a conversão de tipo **unsigned long** para **int*** algo que ele possa fazer implicitamente:

```
pointer = static_cast <int *> (0xb0000000);
```

Para tal é necessário usar **reinterpret_cast**, como mostrado a seguir:

```
pointer = reinterpret_cast <int *> (0xb0000000);
```

NOTA: *Como mencionado em* Como criar e usar ponteiros, *anteriormente neste capítulo, normalmente não há razão para se atribuir um número diretamente a um ponteiro, como fizemos no último exemplo, a não ser que estejamos trabalhando com portas de hardware, buffers de dispositivos, tais como buffers de teclado ou tela, ou com o relógio do sistema.*

O **dynamic_cast** é usado com a RTTI (runtime type identification, identificação de tipos em tempo de execução). Veremos este tipo de conversão explícita no Capítulo 12.

Como ler argumentos da linha de comando

Quando iniciamos a execução de um programa na linha de comando, podemos passar a ele argumentos de linha comando. Digamos que executemos um programa de nome commandline assim:

```
%commandline Hello there C++.
```

O primeiro argumento de linha de comando passado ao programa é o próprio nome do programa, "commandline" (algumas versões do C++ prefixam o nome com o caminho). O segundo argumento é "Hello", o seguinte é "there"e o último é "C++.". Para ler argumentos de linha de comando usa-se a seguinte forma especial da função **main**, conforme exemplificada no programa commandline.cpp, a seguir:

```
#include <iostream>
using namespace std;

int main(int argc, char * argv[])
{
    .
    .
    .
}
```

O argumento **argc** guarda o número de argumentos da linha de comando, inclusive o nome do programa, e o segundo argumento, **argv**, é um ponteiro para os arrays de **char** que guardam os argumentos da linha de comando. Eis aqui como exibir todos os argumentos de linha de comando, empregando um laço:

```
#include <iostream>
using namespace std;

int main(int argc, char * argv[])
{
    for (int loop_index = 0; loop_index < argc; loop_index++) {
        cout << argv[loop_index] << endl;
    }

    return 0;
}
```

E aqui está um exemplo do resultado gerado pela execução deste exemplo, commandline.cpp:

```
%commandline Hello there C++.
commandline
Hello
there
C++.
```

***DICA:** Programar em C++ no Macintosh é um pouco diferente neste caso, devido à ausência de uma linha de comando. Se usar o Symantec C++ ou o Metrowerks CodeWarrior, você pode incluir console.h e executar a instrução **argc = ccommand(&argv)**. Ela exibe uma caixa de diálogo para os argumentos de linha de comando, que permite que o usuário forneça tais argumentos.*

Capítulo 6

Funções

Análise Aprofundada

Os blocos de construção dos programas C++ são as *funções*. Todo o código fica dentro de funções (embora haja algumas poucas exceções especializadas específicas de compilador a esta regra como, por exemplo, código compartilhado em memória). Já sabemos o que são funções. Um exemplo básico de função é a função **main**:

```
#include <iostream>
using namespace std;

// Exibe uma mensagem de boas-vindas

int main()
{
    cout << "Hello from C++" << endl;

    return 0;
}
```

Os parênteses vazios após o nome da função **main** estão ali para indicar que a função não recebe qualquer argumento e o **int** antes do nome da função **main** está ali para indicar que a função retorna um valor inteiro. Veremos como chamar nossas próprias funções neste capítulo. O C++ vem com uma grande quantidade de funções incorporadas em suas diversas bibliotecas, e já vimos como passar argumentos a funções de biblioteca e usar seus valores de retorno, como neste exemplo já visto no Capítulo 3, que emprega a função **strlen** da biblioteca padrão do C para descobrir o comprimento de uma string estilo C:

```
#include <iostream>

using namespace std;
int main()
{
    char string1[] = "Hello";

    cout << "The length of string1 is " << strlen(string1) << " characters."
        << endl;

    return 0;
}
```

Neste caso passamos uma string estilo C para **strlen** e retorna o comprimento da string (menos o byte 0 terminador) em caracteres como um valor inteiro, o qual então é exibido:

```
%strlen
The length of string1 is 5 characters.
```

Como já vimos, uma string estilo C é na verdade um array de caracteres, de modo que o que fazemos aqui é passar um array para **strlen**. Veremos como passar arrays para nossas próprias funções neste capítulo.

Há muito mais para vermos sobre funções. Por isso, este capítulo e o seguinte são devotados a elas. Começaremos com uma visão geral sobre como definir funções.

Como definir funções

Como já vimos a partir de nossa análise da função **main**, para *definir* uma função usamos a seguinte estrutura geral:

```
tipo nome(argumentos...)
{
    instruções
    return expressão;
}
```

tipo é o tipo de retorno da função – se a função não retornar um valor, usa-se a palavra-chave **void** no lugar do tipo. ***nome*** é o nome da função e ***argumentos...*** é uma lista de argumentos separados por vírgulas, que também especifica o tipo de cada argumento, no formato ***tipo argumento1, tipo argumento2...***. Se a função não aceitar argumento algum, pode-se usar a palavra-chave **void** entre os parênteses ou não colocar nada entre eles. O corpo da função, onde fica seu código – ***instruções*** no modelo anterior – é delimitado por chaves. A instrução **return** não precisa ser a última da função – podemos usar instruções **return** em instruções condicionais ao longo da função, por exemplo – mas leve em conta que, se houver qualquer código depois da instrução **return** em uma função, pode não haver maneira de alcançá-lo, pois o fluxo de execução do programa pode já ter saído da função.

A definição de uma função informa ao compilador C++ o código desejado na função. Eis aqui um exemplo, que cria uma função de nome **greeting**, a qual não recebe argumentos e não retorna um valor, mas apenas exibe a saudação "Hello from the greeting function" .

NOTA: *Não tente compilar ainda o exemplo a seguir. Como veremos, ele ainda precisa de algum trabalho adicional.*

```
#include <iostream>
using namespace std;

int main()
{

    return 0;
}

void greeting(void)
{
    cout << "Hello from the greeting function." << endl;
}
```

Como esta função não recebe argumento algum e não retorna nenhum valor, podemos chamá-la de forma muito simples, assim:

```
#include <iostream>
using namespace std;
```

```
int main()
{
    greeting();

    return 0;
}

void greeting(void)
{
    cout << "Hello from the greeting function." << endl;
}
```

Quando o fluxo de execução do programa encontra a chamada à função ele é transferido para a função **greeting**, executa o código ali contido para exibir a saudação e então retorna ao ponto imediatamente seguinte à chamada da função.

Podemos também construir uma função que recebe argumentos e retorna um valor. Por exemplo, podemos passar dois valores inteiros a uma função de nome **adder** e fazer com que ela retorne a soma desses argumentos como um **long**. Eis aqui um esboço da função **adder**:

```
#include <iostream>
using namespace std;

int main()
{
    greeting();

    return 0;
}

void greeting(void)
{
    cout << "Hello from the greeting function." << endl;
}

long adder(int x, int y)
{
    .
    .
    .
}
```

Como podemos ver, **adder** tem dois elementos em sua lista de argumentos, cujos tipos são especificados. Neste caso, o primeiro argumento, **x**, é um argumento do tipo **int**, e o segundo argumento, **y**, também. Também está especificado o tipo de retorno desta função, **long**. Os nomes dos argumentos passados a funções seguem as mesmas regras usadas para dar nomes a variáveis (veja *Como dar nomes a variáveis*, no Capítulo 2, para obter os detalhes).

Tendo dado nomes aos argumentos passados a uma função, podemos nos referir aos valores desses argumentos no corpo da função usando esses nomes. A ordem dos argumentos é preservada: o primeiro argumento receberá o nome **x** e o segundo **y**. Assim, podemos somar **x** com **y** e retornar sua soma como resultado da função, da seguinte maneira:

```
#include <iostream>
using namespace std;
```

```
int main()
{
    greeting();

    return 0;
}

void greeting(void)
{
    cout << "Hello from the greeting function." << endl;
}

long adder(int x, int y)
{
    return x + y;
}
```

Podemos chamar a nova função, **adder**, com dois argumentos inteiros e exibir o valor de retorno, a soma dos argumentos, da seguinte maneira:

```
#include <iostream>
using namespace std;

int main()
{
    int value1 = 5, value2 = 10;

    greeting();
    cout << value1 << " + " << value2 << " = "
        << adder(value1, value2)  << endl;

    return 0;
}

void greeting(void)
{
    cout << "Hello from the greeting function." << endl;
}

long adder(int x, int y)
{
    return x + y;
}
```

***NOTA:** Os tipos dos argumentos passados a uma função precisam corresponder àqueles declarados na lista de argumentos ou poder ser convertidos implicitamente pelo compilador para que correspondam. Do contrário, ocorrerá um erro de compilação.*

O código está pronto para ser executado? Não. Se tentar compilá-lo, você terá erros. Mas qual o problema? O problema é que, embora tenhamos *definido* duas novas funções, nós não as *declaramos*. Para fazê-lo, precisamos usar *protótipos de função*.

Como declarar funções usando protótipos

Na seção anterior vimos como definir uma função. Mas precisamos também *declarar* as funções que definimos, usando protótipos de função. No C++, o protótipo de uma função informa ao compilador sobre a função, de modo que ele saiba o que esperar quando o programa for usá-la. Mas, como criar um protótipo? Digamos que tenhamos este formato geral de função:

```
tipo nome(argumentos...)
{
    instruções
    return expressão;
}
```

Criar um protótipo para uma função é fácil: basta copiar a primeira linha da definição da mesma e adicionar um ponto-e-vírgula após ela, da seguinte maneira:

```
tipo nome(argumentos...);
```

Esse protótipo efetivamente declara uma função de forma análoga à declaração de uma variável. A declaração permite que o compilador saiba quantos argumentos a função receberá e seus tipos, bem como que tipo de valor ela retorna. O protótipo permite que o compilador faça a verificação de tipos e, no C++, é necessário declarar uma função (com um protótipo) ou defini-la (fornecendo seu código completo) antes de usá-la. Normalmente os protótipos das funções criadas em um programa são colocados no início do arquivo, para que o compilador as "veja" antes de encontrar chamadas a elas, da seguinte maneira:

```
tipo nome(argumentos...);
    .
    .
    .
tipo nome(argumentos...)
{
    instruções
    return expressão;
}
```

Eis aqui como isto ficaria em nosso exemplo. Observe que os protótipos das funções são colocados fora de qualquer função e antes que qualquer chamada às funções declaradas apareça no código:

```
#include <iostream>
using namespace std;

void greeting(void);
long adder(int x, int y);

int main()
{
    int value1 = 5, value2 = 10;

    greeting();
    cout << value1 << " + " << value2 << " = " << adder(value1, value2)
        << endl;

    return 0;
}

void greeting(void)
{
```

```
    cout << "Hello from the greeting function." << endl;
}

long adder(int x, int y)
{
    return x + y;
}
```

E isto é tudo. Agora o código, function.cpp, compila e executa, chamando as funções **greeting** e **adder**:

```
%function
Hello from the greeting function.
5 + 10 = 15
```

Podemos evitar o uso de protótipos se definirmos uma função antes de usá-la, caso em que o compilador obterá todas as informações sobre a função antes dela ser chamada, não precisando então de um protótipo (a propósito, é por isso que **main** nunca precisa de um protótipo: você nunca chamará **main** você mesmo, de modo que o compilador nunca vê qualquer chamada a **main** antes de encontrar sua definição).

Eis aqui um exemplo que compila e executa sem o uso de protótipos, pois as funções **greeting** e **adder** são definidas antes de serem chamadas pela primeira vez:

```
#include <iostream>
using namespace std;

void greeting(void)
{
    cout << "Hello from the greeting function." << endl;
}

long adder(int x, int y)
{
    return x + y;
}

int main()
{
    int value1 = 5, value2 = 10;

    greeting();
    cout << value1 << " + " << value2 << " = " << adder(value1, value2)
        << endl;

    return 0;
}
```

Embora esta forma de programação funcione, nem sempre é possível colocar todas as funções antes delas serem chamadas (o estilo C++ consiste em normalmente colocar a função **main** em primeiro lugar, pois é nela que a execução do programa começa, ou seja, ela fornece o ponto de entrada do programa).

Protótipos de funções muitas vezes ficam escondidos em arquivos de cabeçalho, juntamente com outras declarações. Como já vimos, freqüentemente é necessário incluir arquivos de cabeçalhos para usar as diversas funções das bibliotecas do C e do C++. Os protótipos dessas funções estão nesses arquivos de cabeçalho.

Podemos, por exemplo, colocar os protótipos das funções **greeting** e **adder** em um arquivo de cabeçalho com um nome como, por exemplo, header. Eis aqui o conteúdo de um tal arquivo (algumas implementações podem exigir uma extensão para o nome do arquivo de cabeçalho, como .h; veja *Habilidades básicas: como usar arquivos de cabeçalho*, no Capítulo 1, para obter mais detalhes):

```
void greeting(void);
long adder(int x, int y);
```

Então o arquivo de cabeçalho precisa ser incluído no resto do código, através de uma diretiva de pré-processamento **#include**:

```
#include <iostream>
#include "header"
using namespace std;

int main()
{
    int value1 = 5, value2 = 10;

    greeting();
    cout << value1 << " + " << value2 << " = " << adder(value1, value2)
        << endl;

    return 0;
}

void greeting(void)
{
    cout << "Hello from the greeting function." << endl;
}

long adder(int x, int y)
{
    return x + y;
}
```

Escopo

Ao estudarmos funções, a idéia de escopo se torna importante. Escopo se refere à seção do programa na qual um nome específico pode ser usado. Por exemplo, o escopo de uma variável consiste daquelas partes de um programa em que podemos nos referir àquela variável no código sem que haja problemas dela não ser reconhecida.

As variáveis declaradas dentro de uma função são, como padrão, *privativas* à função. Em outras palavras, a função fornece um espaço privado para variáveis que se pretende usar localmente na função. O fato de tais variáveis serem privativas à função ajuda a dividir um programa em blocos de construção distintos, pois mesmo quando você usa o mesmo nome de variável em funções diferentes, as variáveis em si não se sobreporão nem entrarão em conflito. Eis aqui um exemplo, scope.cpp, que declara e usa uma variável chamada **sum** em uma função chamada **adder**, que adiciona dois valores inteiros e retorna sua soma:

```
#include <iostream>
using namespace std;

long adder(int value1, int value2);

int main()
{
    return 0;
}

long adder(int value1, int value2)
{
    long sum;

    sum = value1 + value2;
    return sum;
}
```

Podemos então chamar a função **adder** a partir do código de **main**, mas não podemos nos referir diretamente à variável **sum** na função **main**, pois **sum** foi declarada e é privativa de outra função, **adder**:

```
#include <iostream>
using namespace std;

long adder(int value1, int value2);

int main()
{
    cout << adder(1, 2);
    //cout << sum;              // Não é possível acessar esta variável aqui!

    return 0;
}

long adder(int value1, int value2)
{
    long sum;

    sum = value1 + value2;
    return sum;
}
```

Variáveis declaradas em uma função são chamadas de *variáveis automáticas*, porque é alocado espaço para elas a cada vez que a função é chamada. Elas são armazenadas em uma seção da memória chamada de *armazenamento automático* (que normalmente corresponde à pilha – "stack" – interna do programa).

NOTA: *Conforme visto na seção* Análise Aprofundada *do Capítulo 5, a memória é dividida em três áreas: armazenamento automático, onde as variáveis de uma função são alocadas e armazenadas quando o programa entra na função, armazenamento estático, onde os dados declarados como static são armazenados (conforme veremos no Capítulo 7) e mantidos durante a execução do programa e armazenamento livre (em C, o armazenamento livre é chamado de pilha, ou "heap").*

Eis aqui um exemplo, autostorage.cpp, que armazena variáveis no armazenamento automático. Ele começa criando uma variável classe **string** do C++ de nome **color** com o texto "red" nela. Como a variável foi declarada em uma função e não foi declarada explicitamente como estática, ela será alocada no armazenamento automático da função **main**:

```
#include <iostream>
#include <string>
using namespace std;

int main()
{
    string color("red");

    cout << "In main the color is " << color << endl;
        .
        .
        .
```

Também podemos chamar uma função que tenha uma variável própria com o mesmo nome, **color**, mas atribua a ela outro valor, como "green". Ela será armazenada no armazenamento automático daquela função:

```
#include <iostream>
#include <string>
using namespace std;

void function(void);

int main()
{
    string color("red");

    cout << "In main the color is " << color << endl;
    function();

    return 0;
}

void function(void)
{
    string color("green");

    cout << "In the function the color is " << color << endl;
}
```

Na verdade, variáveis declaradas dentro de qualquer bloco de código (porção de código delimitada por { e }), não apenas aquelas definidas no bloco de código de uma função, são guardadas no armazenamento automático do bloco de código. Pode-se usar tais blocos de código em instruções condicionais ou de laço ou em qualquer trecho do programa, colocando um conjunto de instruções entre { e } como fazemos a seguir, onde criamos outra variável com o nome **color** e desta vez atribuímos a ela o valor de "blue":

```
#include <iostream>
#include <string>
using namespace std;
```

```
void function(void);

int main()
{
    string color("red");

    cout << "In main the color is " << color << endl;
    function();

    return 0;
}

void function(void)
{
    string color("green");

    cout << "In the function the color is " << color << endl;

    {
        string color("blue");
        cout << "In the block the color is " << color << endl;
    }

    cout << "After the block the color is " << color << endl;
}
```

Observe que, mesmo que tenhamos usado o mesmo nome de variável, **color**, em cada um dos blocos do programa, cada uma das variáveis é local ao bloco de código em que ela está. Isto significa que podemos ter variáveis **color** distintas, com valores diferentes, em cada bloco de código, como comprova o resultado da execução do programa, autostorage.cpp:

```
%autostorage
In main the color is red
In the function the color is green
In the block the color is blue
After the block the color is green
```

NOTA: *No próximo capítulo estenderemos o conceito de escopo de modo a tratar com* ligação, *que especifica como usar nomes em diversos arquivos. Também veremos como criar variáveis com escopo* global, *as quais podem ser acessadas por qualquer código dentro do arquivo onde elas foram definidas.*

Como podemos ver, a idéia de escopo permite dividir um programa em seções sem que qualquer uma delas entre em conflito com as demais. Para saber mais sobre escopo, veja *O que significa escopo?*, mais adiante neste capítulo.

E isto encerra nossa visão geral de funções. É hora de começar a trabalhar com a seção *Soluções Imediatas*. Veremos neste capítulo e no seguinte muito mais sobre funções como, por exemplo, como passar arrays e estruturas para funções e como manipular números de argumentos variáveis, funções in-line e argumentos padrão.

Soluções Imediatas

Como definir uma função

Para definir uma função, é necessário indicar o nome da função, os nomes e os tipos dos argumentos passados a ela, se algum, e seu tipo de retorno, no seguinte formato geral:

```
tipo nome(argumentos...)
{
    instruções
    return expressão;
}
```

Conforme visto na seção *Análise Aprofundada* deste capítulo, ***tipo*** é o tipo de retorno da função – se a função não retornar um valor, usa-se a palavra-chave **void** no lugar do tipo. ***nome*** é o nome da função e ***argumentos...*** é uma lista de argumentos separados por vírgulas, que também especifica o tipo de cada argumento, no formato ***tipo argumento1, tipo argumento2...***. Se a função não aceitar nenhum argumento, pode-se usar a palavra-chave **void** entre os parênteses ou não colocar nada entre eles. O corpo da função, onde fica seu código – ***instruções*** no modelo acima – é delimitado por chaves. A instrução **return** não precisa ser a última da função – podemos usar instruções **return** em instruções condicionais ao longo da função, por exemplo – mas leve em conta que, se houver qualquer código depois da instrução **return** em uma função, pode não haver maneira de alcançá-lo, pois o fluxo de execução do programa pode já ter saído da função.

Eis aqui um exemplo que já vimos na seção *Análise Aprofundada* deste capítulo, function.cpp. Neste caso, definimos duas novas funções, **greeting** e **adder**. A função **greeting** não recebe nenhum argumento e não retorna qualquer valor, mas a função **adder** recebe dois inteiros e retorna um **long**:

```
#include <iostream>
using namespace std;

void greeting(void);
long adder(int x, int y);

int main()
{
    int value1 = 5, value2 = 10;

    greeting();
    cout << value1 << " + " << value2 << " = " << adder(value1, value2)
        << endl;

    return 0;
}

void greeting(void)
{
```

```
    cout << "Hello from the greeting function." << endl;
}

long adder(int x, int y)
{
    return x + y;
}
```

Observe que, como definimos essas funções após chamá-las em **main**, foi necessário adicionar protótipos para as funções no início do código. Veja a próxima seção para ter todas as informações sobre protótipos.

Como declarar funções usando protótipos

O compilador C++ precisa ter informações sobre uma função antes que ela seja chamada. Há duas maneiras de fornecer essas informações: *definindo* uma função antes dela ser chamada no código (veja a seção anterior para saber mais sobre como definir funções) ou *declarando* a função através do uso de um protótipo para ela, antes que ela seja chamada.

Nem sempre é possível definir uma função antes dela ser chamada. A função pode estar, por exemplo, em outro arquivo ou em uma biblioteca. Mas o compilador ainda precisa ter informações sobre a função antes dela poder ser usada em um programa. Em tais casos as informações são fornecidas através de protótipos de função, que são uma espécie de declaração da função. Por exemplo, se a definição de uma função tiver o formato:

```
tipo nome(argumentos...)
{
    instruções
    return expressão;
}
```

O protótipo para ela será:

```
tipo nome(argumentos...);
```

Deve-se colocar o protótipo no código antes da definição da função correspondente e antes que qualquer chamada à função seja feita:

```
tipo nome(argumentos...);
    .
    .
    .
tipo nome(argumentos...)
{
    instruções
    return expressão;
}
```

No C++ padrão é necessário usar um protótipo para declarar uma função ou defini-la antes dela ser chamada. No C padrão ANSI, protótipos são opcionais. No C++, no entanto, o protótipo de uma função é obrigatório caso uma função seja chamada antes de ser definida, pois o compilador C++ precisa ter informações sobre a função antes dela ser chamada.

NOTA: *Há também outra diferença entre os protótipos do C ANSI e do C++ padrão ANSI/ISO: caso os parênteses após o nome da função sejam deixados vazios no C++, isto significa que a função não recebe argumentos. Já no C isto significa apenas que não se está especificando os argumentos da lista de argumentos.*

Eis aqui como criar protótipos para as funções **greeting** e **adder** do código da seção anterior, onde elas foram definidas:

```
#include <iostream>
using namespace std;

void greeting(void);
long adder(int x, int y);

int main()
{
    int value1 = 5, value2 = 10;

    greeting();
    cout << value1 << " + " << value2 << " = " << adder(value1, value2)
        << endl;

    return 0;
}

void greeting(void)
{
    cout << "Hello from the greeting function." << endl;
}

long adder(int x, int y)
{
    return x + y;
}
```

Criar um protótipo para uma função é fácil: basta copiar a primeira linha da definição da mesma e adicionar um ponto-e-vírgula após ela.

O importante a lembrar é que é necessário dar ao compilador informações sobre uma função antes de chamá-la. Isto significa usar um protótipo para declarar a função ou definir a função antes de chamá-la, como mostrado a seguir:

```
#include <iostream>
using namespace std;

void greeting(void)
{
    cout << "Hello from the greeting function." << endl;
}

long adder(int x, int y)
{
```

```
    return x + y;
}

int main()
{
    int value1 = 5, value2 = 10;

    greeting();
    cout << value1 << " + " << value2 << " = " << adder(value1, value2)
        << endl;

    return 0;
}
```

Também se deve lembrar que protótipos de funções são freqüentemente colocados em arquivos de cabeçalho, os quais são então incluídos no código com a diretiva de pré-processamento **#include**. Por exemplo, temos incluído o arquivo de cabeçalho iostream em praticamente todos os programas de exemplo vistos até agora no livro, pois esse cabeçalho contém as declarações necessárias ao uso dos objetos e funções da biblioteca iostream, como **cout**.

Podemos colocar os protótipos das funções **greeting** e **adder** em um arquivo de cabeçalho com um nome como, por exemplo, header (algumas implementações podem exigir uma extensão para o nome do arquivo de cabeçalho, como .h; veja *Habilidades básicas: como usar arquivos de cabeçalho*, no Capítulo 1, para obter mais detalhes):

```
void greeting(void);
long adder(int x, int y);
```

Então o arquivo de cabeçalho precisa ser incluído no resto do código, através de uma diretiva de pré-processamento **#include**:

```
#include <iostream>
#include "header"
using namespace std;

int main()
{
    int value1 = 5, value2 = 10;

    greeting();
    cout << value1 << " + " << value2 << " = " << adder(value1, value2)
        << endl;

    return 0;
}

void greeting(void)
{
    cout << "Hello from the greeting function." << endl;
}

long adder(int x, int y)
{
    return x + y;
}
```

Solução relacionada:	Encontrada na página:
Habilidades básicas: como usar arquivos de cabeçalho	41

Como passar argumentos a funções

Podemos passar dados a uma função, para que ela os processe. Tais dados são passados como *argumentos* à função. Os tipos e nomes dos argumentos passados a uma função são especificados tanto na definição da função quanto no seu protótipo (se ela tiver um), como uma *lista de argumentos* colocada entre parênteses após o nome da função:

```
tipo nome(argumentos...);
       .
       .
       .
tipo nome(argumentos...)
{
    instruções
    return expressão;
}
```

A lista de argumentos é uma lista de argumentos separados por vírgulas, onde cada entrada especifica o nome e o tipo de cada argumento, no formato ***tipo argumento1, tipo argumento2...*** Cada argumento precisa ter um nome, para que possamos referenciá-los no código da função. Esses nomes devem seguir as mesmas regras dos nomes das variáveis do C++ (veja *Como dar nomes a variáveis*, no Capítulo 2, para obter mais detalhes).

No exemplo function.cpp, que vimos na seção *Análise Aprofundada* deste capítulo, definimos uma função chamada **adder** que recebe dois valores inteiros, soma-os e retorna o resultado como um **long**. Eis aqui o esboço da função:

```
long adder(int x, int y)
{
       .
       .
       .
}
```

Como podemos ver, a lista de argumentos aqui é **int x, int y**, o que indica que a função recebe dois argumentos. A lista de argumentos também indica que o primeiro argumento passado à função é um inteiro que será referenciado pelo nome **x** no código da função e que o segundo argumento também é um inteiro, que será referenciado pelo nome **y**. Ambas as variáveis, **x** e **y**, são locais à função. Veja como colocamos ambos os argumentos passados a **adder** para funcionar dentro do código, referindo-nos a eles pelos nomes dados:

```
#include <iostream>
using namespace std;

void greeting(void);
long adder(int x, int y);

int main()
{
```

```
    int value1 = 5, value2 = 10;

    greeting();
    cout << value1 << " + " << value2 << " = " << adder(value1, value2)
        << endl;

    return 0;
}

void greeting(void)
{
    cout << "Hello from the greeting function." << endl;
}

long adder(int x, int y)
{
    return x + y;
}
```

Eis aqui alguns exemplos de listas de argumentos em protótipos de funções:

```
int draw_circle(int x, int y, int radius);
double calculate_value(double asset_value, float years, float rate);
void display_text(string text, int color);
long find_max(long value1, long value2);
```

Deve-se salientar que, como padrão, o C++ passa argumentos a funções por *valor*, o que significa que o que é passado a uma função é uma *cópia* do valor de cada argumento. Isto não faz muita diferença quando se trabalha com variáveis simples, mas passa a ser relevante quando se trabalha com estruturas grandes, pois uma cópia de toda a estrutura é passada à função a cada vez que ela é chamada, o que pode tornar o programa mais lento e exigir demais do espaço de armazenamento automático do programa. Para evitar isto, pode ser interessante passar somente um ponteiro para a estrutura, em vez de uma cópia dela (veja *Como passar estruturas a funções*, mais adiante neste capítulo). Além disso, como nomes de arrays são tratados como ponteiros constantes no C++, quando um array é passado a uma função o que realmente se passa a ela é uma cópia desse ponteiro – o que também tem conseqüências, pois isto permite que o código da função tenha acesso direto aos elementos do array original, podendo inadvertidamente alterar seus valores.

Para obter detalhes sobre como passar arrays a funções, veja *Como passar arrays a funções*. Para obter mais detalhes sobre como passar estruturas a funções, veja *Como passar estruturas a funções*.

NOTA: *O C++ também permite, alternativamente, a passagem de valores a funções por referência. Veremos esse processo no Capítulo 7.*

Solução relacionada:	Encontrada na página:
Como dar nomes a variáveis	58

Como retornar valores de funções

Quando uma função é definida, bem como quando o protótipo da função é criado, é necessário especificar o tipo do valor de retorno da função, como **int**, **float**, **double**, e assim por diante. Se a função não retornar um valor, usa-se a palavra-chave **void**. O tipo de retorno de uma função é especificado imediatamente antes do nome da função, tanto na definição da função quanto em seu protótipo:

```
tipo nome(argumentos...);        // protótipo da função
    .
    .
    .
tipo nome(argumentos...)         // definição da função
{
    instruções
    return expressão;
}
```

Ao contrário de algumas linguagens, como o Perl, que permitem diversos valores de retorno de funções, as funções do C++ podem receber diversos argumentos, mas retornar um único valor (embora o único valor retornado possa ser todo um array de valores – veja *Como retornar arrays de funções*, mais adiante neste capítulo).

NOTA: *Versões mais antigas do C++ permitiam omitir o valor de retorno de uma função, pois havia um tipo-padrão pressuposto de* ***int****. No entanto, o C++ padrão ANSI/ISO exige a especificação do tipo de retorno em qualquer função definida ou declarada. Alguns compiladores ainda permitem omitir o tipo de retorno, mas eu recomendo que você especifique o tipo de retorno de todas as funções.*

Quando uma função é chamada dentro do código (escrevendo-se o nome da função e incluindo-se quaisquer argumentos passados entre parênteses após o nome), o valor da chamada da função é avaliado para o valor retornado pela função. E como fazer para retornar o valor de uma função? Usa-se **return**. A instrução **return** toma o valor de ***expressão***, retorna-o da função e transfere a execução do programa para o ponto imediatamente seguinte à chamada da função:

```
tipo nome(argumentos...)
{
    instruções
    return expressão;
}
```

Observe que o tipo de ***expressão*** precisa corresponder ao tipo de retorno declarado para a função ou ser de um tipo que o compilador possa converter implicitamente para o tipo declarado.

Vamos ver como isto funciona. Vimos este exemplo, function.cpp, na seção *Análise Aprofundada* deste capítulo. Nele, dois inteiros são passados para a função **adder** e **adder** retorna sua soma. Assim, neste caso, a expressão **adder(value1, value2)** é substituída pela soma dos dois argumentos passados:

```
#include <iostream>
using namespace std;

void greeting(void);
long adder(int x, int y);

int main()
{
    int value1 = 5, value2 = 10;

    greeting();
    cout << value1 << " + " << value2 << " = " << adder(value1, value2)
        << endl;
```

```
    return 0;
}

void greeting(void)
{
    cout << "Hello from the greeting function." << endl;
}

long adder(int x, int y)
{
    return x + y;
}
```

Eis aqui alguns outros exemplos de valores de retorno, conforme especificados pelos protótipos das funções:

```
int draw_circle(int x, int y, int radius);
double calculate_value(double asset_value, float years, float rate);
void display_text(string text, int color);
long find_max(long value1, long value2);
```

Para obter detalhes sobre como retornar arrays de funções, veja *Como retornar arrays de funções*. Para obter mais detalhes sobre como retornar estruturas de funções, veja "Como retornar estruturas de funções".

Como chamar funções

Como já vimos, para chamar uma função basta usar o nome da função e colocar quaisquer argumentos que se deseje passar a ela entre parênteses após seu nome. A chamada à função em si é uma expressão, sendo avaliada para o valor retornado pela função. Por exemplo, se a função **sqrt** retornar a raiz quadrada de um valor, então a expressão **sqrt(4)** é avaliada para 2.

Podemos atribuir o valor de retorno de uma função a uma variável do mesmo tipo (ou de um tipo para o qual o compilador possa convertê-lo implicitamente):

```
int sum = adder(value1, value2);
```

Às vezes pode não se ter qualquer utilidade para o valor de retorno de uma função. O C++ permite que tal valor seja simplesmente descartado, bastando para tal não atribuir o valor de retorno a qualquer variável. A instrução a seguir exemplifica o processo com a função **adder**:

```
adder(value1, value2);
```

Para saber mais sobre como chamar funções e manipular seus valores de retorno, veja a seção anterior, *Como retornar valores de funções*. Para saber detalhes sobre como usar ponteiros de funções para chamar funções, veja *Como usar ponteiros para funções*, mais adiante neste capítulo.

O que significa escopo?

O escopo de um nome ou "token" (elemento) de um programa C++ é a soma de todas as áreas do programa em que se pode referir a tal nome ou token. Em outras palavras, o escopo representa a janela de visibilidade do nome ou token. O conceito de escopo se torna importante quando começamos a dividir programas em funções, porque cada função possui seu próprio escopo.

Como mencionado na seção *Análise Aprofundada* deste capítulo, as variáveis declaradas em uma função são chamadas de variáveis automáticas, porque é alocado espaço para elas a cada vez que a função é chamada. Elas são armazenadas em uma seção da memória chamada de armazenamento automático (que normalmente corresponde à pilha – "stack" – interna do programa). Como já vimos, a memória é dividida em três áreas: armazenamento automático, onde as variáveis de uma função são alocadas e armazenadas quando o programa entra na função, armazenamento estático, onde os dados declarados como static são armazenados e armazenamento livre.

O escopo de variáveis automáticas declaradas em uma função é limitado ao corpo da função, o que significa que tais variáveis são privativas à função. Neste exemplo, scope.cpp, a variável automática **sum** é privativa à função **adder**, não podendo ser referenciada em **main**:

```
#include <iostream>
using namespace std;

int adder(int a, int b);

int main()
{
    cout << adder(1, 2);
    //cout << sum;            // Não é possível acessar esta variável aqui!

    return 0;
}

int adder(int a, int b)
{
    int sum;

    sum = a + b;
    return sum;
}
```

Conforme visto na seção *Análise Aprofundada* deste capítulo, variáveis automáticas podem ser declaradas em qualquer bloco de código, não apenas funções. Isto inclui instruções condicionais e de laço e qualquer bloco de código delimitado por { e }. O exemplo a seguir, autostorage.cpp, ilustrou isto na seção *Análise Aprofundada* deste capítulo. Ele coloca variáveis no armazenamento automático de funções e de um bloco de código e, mesmo que use o mesmo nome para essas variáveis, elas na verdade são variáveis distintas, conforme mostra a execução do programa:

```
#include <iostream>
#include <string>
using namespace std;

void function(void);

int main()
{
    string color("red");

    cout << "In main the color is " << color << endl;
    function();
```

```
    return 0;
}

void function(void)
{
    string color("green");

    cout << "In the function the color is " << color << endl;

    {
        string color("blue");
        cout << "In the block the color is " << color << endl;
    }

    cout << "After the block the color is " << color << endl;
}
```

Eis aqui o resultado gerado pela execução do exemplo, autostorage.cpp:

```
%autostorage
In main the color is red
In the function the color is green
In the block the color is blue
After the block the color is green
```

Observe também que toda variável de um bloco de código que envolve um bloco mais interno é visível no bloco interno, a não ser que seu nome entre em conflito (seja igual) ao de uma variável do bloco interno, caso em que a versão local da variável é usada. Por exemplo, a redefinição local da variável **color** no bloco de código de autostorage.cpp oculta a variável de mesmo nome definida no bloco de código que o envolve (a função **function**).

NOTA: *Onde o armazenamento automático é realmente armazenado? Quando um programa é executado, ele mantém o armazenamento automático na* pilha *("stack") do programa, uma construção especial projetada para esta finalidade. Veremos mais sobre pilhas quando estudarmos os modelos padrão do C++, a partir do Capítulo 15. No entanto, já vimos um exemplo de criação e uso de pilhas, na seção "O laço* ***while****" do Capítulo 4.*

O C++ também possui uma palavra-chave que vale a pena mencionar: **auto**. Usar tal palavra-chave assegura que uma variável seja armazenada no armazenamento automático, e você pode usá-la sempre que houver qualquer dúvida (a contraparte de **auto** é **static**, que veremos no Capítulo 7 e armazena explicitamente variáveis no armazenamento estático):

```
void function(void)
{
    auto string color("green");
    .
    .
    .
```

Veremos mais detalhes sobre escopo no Capítulo 7, bem como a idéia de *ligação* (lincagem), que indica como usar variáveis em diversos arquivos.

Um aspecto importante sobre o escopo é que, quando uma variável automática não está mais dentro do escopo, você não deve supor que ela continua disponível para uso. Isto significa que, por exemplo, você não deve retornar um ponteiro para uma variável automática a partir de uma função se a variável foi definida dentro daquela função, pois se a variável não estiver mais dentro do escopo, ela pode muito bem ter sido liberada e a porção de memória que ocupava ter sido sobrescrita). Se desejar retornar um ponteiro para dados recém-alocados a partir de uma função, você deve usar o operador **new** para alocar memória no armazenamento livre, não no automático. Memória alocada no armazenamento livre permanecerá alocada até que se use **delete**, de modo que é seguro retornar um ponteiro para memória alocada com **new** a partir de uma função.

DICA: *O fato de que variáveis automáticas são alocadas em uma função sempre que a função é chamada significa que elas começam com seus valores iniciais a cada vez que a função é chamada. Isto quer dizer que as variáveis não conservam seus valores entre chamadas de função (você não pode, por exemplo, usar uma dessas variáveis como um contador entre chamadas de função). Para fazer com que uma variável de uma função conserve seu valor entre as chamadas à função, devemos declarar a variável como* ***static****, conforme veremos no próximo capítulo.*

Solução relacionada:	Encontrada na página:
A instrução **if**	135
O laço **for**	151

Como passar arrays a funções

E se quisermos passar todo um array a uma função como, por exemplo, se desejarmos escrever uma função que some todos os valores de um array e retorne sua soma? Fazer isto em C++ não é difícil. Veremos um exemplo, passarray.cpp, que faz exatamente isto: soma os elementos de um array.

Para adicionar os elementos de um array criaremos uma nova função chamada **adder** e passaremos a ela o array, bem como o número de elementos do array a somar. Para indicar que um argumento passado a uma função é um array, basta adicionar [] ao nome do argumento, como mostra este protótipo de **adder**:

```
#include <iostream>
using namespace std;

long adder(int array[], int number_elements);
    .
    .
    .
```

Agora podemos criar em **main** um array e passar o array e seu tamanho a **adder**. Após **adder** somar os valores do array podemos exibir a soma, assim:

```
#include <iostream>
using namespace std;

long adder(int array[], int number_elements);

int main()
{
    int data[] = {1, 2, 3, 4};

    int total = adder(data, sizeof(data)/sizeof(int));
```

```
    cout << "The total is " << total << endl;

    return 0;
}
```

Na função **adder** simplesmente nos referimos ao array passado como **array[]**, pois o declaramos desta forma na lista de argumentos. Eis aqui como percorrer todos os elementos do array usando um laço, somá-los e retornar o resultado:

```
long adder(int array[], int number_elements)
{
    long sum = 0;

    for (int loop_index = 0; loop_index < number_elements; loop_index++)
        sum = sum + array[loop_index];

    return sum;
}
```

E aqui está o resultado da execução do programa:

```
%passarray
The total is 10
```

Este código é bastante parecido com o que poderíamos esperar para uma operação semelhante com variáveis simples. Então, por que o destaque dado a ele? A resposta é que nele há várias coisas acontecendo nos bastidores as quais você deve conhecer. Lembre-se de que o C++ trata os nomes de arrays como ponteiros constantes, de modo que quando passamos um array a uma função na verdade não estamos passando qualquer elemento do array, mas uma cópia desse ponteiro constante. Como podemos usar de forma intercambiável a notação de array e a de ponteiro quando trabalhamos com os elementos indexados de um array, pudemos nesse exemplo usar notação de array para acessar os membros do array, mesmo que na verdade estivéssemos trabalhando com um ponteiro:

```
long adder(int array[], int number_elements)
{
    long sum = 0;

    for (int loop_index = 0; loop_index < number_elements; loop_index++)
        sum = sum + array[loop_index];

    return sum;
}
```

***NOTA:** Como quando um array é passado a uma função o que a função realmente recebe é um ponteiro constante para o array, também precisamos passar à função o número de elementos do array, para processá-los todos. Se tentássemos descobrir o número de elementos do array dentro do código de **adder** usando **sizeof**, obteríamos simplesmente o tamanho do ponteiro.*

Embora tal intercâmbio de notações entre arrays e ponteiros torne passar arrays a funções muito conveniente, ele tem uma conseqüência importante: o ponteiro passado aponta para o array original, o que significa que o código da função que recebe o ponteiro pode trabalhar com os elementos do array diretamente, eventualmente alterando seus valores inadvertidamente. Para garantir que isto não ocorra, podemos declarar o parâmetro array como **const** – veja a seção a seguir para obter os detalhes.

Argumentos de funções e **const**

Como visto na seção anterior, quando passamos um ponteiro a uma função o código da função pode acessar diretamente os dados apontados pelo ponteiro. Às vezes é isto que se deseja, mas outras vezes este comportamento pode não ser uma idéia muito boa, pois o código da função pode inadvertidamente alterar os dados originais.

Uma situação em que tal tipo de problema de passagem de ponteiros a funções pode ocorre facilmente é quando se passa um array a uma função. É fácil esquecer de que o que efetivamente é passado à função é um ponteiro constante ao array, o que significa que o código da função tem acesso ao array original. Para garantir que o código da função não altere os dados do array original é necessário tornar o ponteiro passado um ponteiro para dados constantes. Isto é feito através do uso de **const** (veja *Ponteiros e **const***, no Capítulo 5).

É fácil proteger os dados neste caso. No exemplo a seguir, usamos **const** para modificar o exemplo da seção anterior, de modo a indicar que o código da função **adder** deve tratar os dados apontados pelo ponteiro de nome **array** como constantes:

```
#include <iostream>
using namespace std;

int adder(const int array[], int number_elements);

int main()
{
    int data[] = {1, 2, 3, 4};

    int total = adder(data, sizeof(data)/sizeof(int));

    cout << "The total is " << total << endl;

    return 0;
}

int adder(const int array[], int number_elements)
{
    int sum = 0;

    for (int loop_index = 0; loop_index < number_elements; loop_index++)
        sum = sum + array[loop_index];

    return sum;
}
```

Solução relacionada:	Encontrada na página:
Ponteiros e **const**	184

Como retornar arrays de funções

Como arrays são passados a funções usando-se ponteiros, faz sentido retorná-los da mesma forma. Na verdade, o fácil intercâmbio entre ponteiros e nomes de arrays torna o processo bastante simples.

Eis aqui um exemplo, retarray.cpp, que retorna um array de uma função chamada **create_array**. Queremos nele poder atribuir o valor de retorno de **create_array** a um array, da seguinte forma:

```
#include <iostream>
using namespace std;

int main()
{
    new_array = create_array();
    .
    .
    .
```

No entanto, o C++ não permite atribuir um array a outro diretamente, nem retornar um array inteiro de uma função. Assim, precisaremos usar ponteiros. Isto significa que a variável **new_array** na verdade será um ponteiro normal, não um array padrão (lembre-se de que o nome de um array padrão é um ponteiro constante, o que não funcionaria aqui porque precisamos atribuir o valor de retorno da função **create_array** a ele):

```
#include <iostream>
using namespace std;

int main()
{
    int *new_array;

    new_array = create_array();
    .
    .
    .
```

No entanto, como podemos usar intercambiavelmente a notação de ponteiro e a de array, podemos também tratar **new_array** como um array, o que faz parecer que **create_array** efetivamente retorna um array:

```
#include <iostream>
using namespace std;

int main()
{
    int *new_array;

    new_array = create_array();

    cout << "First element is " << new_array[0] << endl;
    .
    .
    .
}
```

A função **create_array** retorna um ponteiro para o início de um array e, como quero que este array seja do tipo **int**, eis como deverá ser o esboço de **create_array**:

```
int* create_array(void)
{
        .
        .
        .
}
```

Não podemos simplesmente declarar uma variável automática e retornar o ponteiro a essa variável, pois a variável não poderá ser usada quando estiver fora do escopo (veja *O que significa escopo?*, anteriormente neste capítulo). Em vez disso, precisamos alocar memória para o array no armazenamento livre, usando **new**, em seguida colocar valores no array e por fim retornar o ponteiro para o array, da seguinte maneira:

```
int* create_array(void)
{
    int *array = new int[3];

    array[0] = 1;
    array[1] = 2;
    array[2] = 3;

    return array;
}
```

Há aqui algo que deve ser relembrado: como alocamos espaço em memória usando **new[]**, devemos liberá-la usando **delete[]**. Eis aqui o programa completo, retarray.cpp:

```
#include <iostream>
using namespace std;

int* create_array(void);

int main()
{
    int *new_array;

    new_array = create_array();

    cout << "First element is " << new_array[0] <<  endl;

    delete[]  new_array;

    return 0;
}

int* create_array(void)
{
    int *array = new int[3];
```

```
    array[0] = 1;
    array[1] = 2;
    array[2] = 3;

    return array;
}
```

Aqui está o resultado da execução do programa:

```
%retarray
First element is 1
```

Como podemos ver, o fácil intercâmbio entre a notação de ponteiro e a notação de array permite que este programa funcione de forma razoavelmente direta. No entanto, é necessário saber o que acontece nos bastidores para se escrever este tipo de código.

Podemos também usar o modelo **auto_ptr** para alocar memória livre que não precise ser explicitamente liberada mais tarde. Veja *Como usar **auto_ptr** para liberações de memória seguras*, no Capítulo 5, para obter mais detalhes.

Solução relacionada:	Encontrada na página:
Como usar **auto_ptr** para liberações de memória seguras	183

Como passar strings estilo C a funções

Quando se trata de passar objetos da classe **string** do C++ a funções e retorná-los de funções, podemos tratá-los como se fossem variáveis simples. Passar e retornar strings estilo C, no entanto, exige considerações adicionais.

Strings estilo C são arrays do tipo **char**, de modo que podemos usar as técnicas expostas em *Como passar arrays a funções*, anteriormente neste capítulo. Eis aqui um exemplo, passstring.cpp, que passa uma string estilo C a uma função chamada **print_string** e exibe a string a partir dessa função. Podemos chamar **print_string** diretamente, passando a ela um literal string:

```
#include <iostream>
using namespace std;

void print_string(const char * text);

int main()
{
    print_string("Hello from C++");

    return 0;
}
```

Em **print_string**, tudo que precisamos fazer é nos lembrarmos de que o que realmente está sendo passado é um ponteiro para um **char** constante, de modo que podemos definir a função da seguinte forma (como um literal string é uma constante, seu compilador poderá reclamar se você não usar **const**):

```
void print_string(const char * text)
{
      .
      .
      .
}
```

Como o C++ compreende strings estilo C, podemos passar a string que queremos imprimir diretamente a **cout**, como feito em **print_string**:

```
void print_string(const char * text)
{
    cout << text << endl;
}
```

Eis aqui o código completo, passstring.cpp:

```
#include <iostream>
using namespace std;

void print_string(const char * text);

int main()
{
    print_string("Hello from C++");

    return 0;
}

void print_string(const char * text)
{
    cout << text << endl;
}
```

Aqui está o resultado da execução do programa:

```
%passstring
Hello from C++
```

Solução relacionada:	*Encontrada na página:*
Como criar strings estilo C	108

Como retornar strings estilo C de funções

Na seção anterior vimos o processo de passar strings estilo C a funções. Usando ponteiros, também podemos retornar strings estilo C de funções. Veremos como isto funciona aqui.

No exemplo a seguir, retstring.cpp, a função **return_greeting** simplesmente retorna um ponteiro para a string estilo C "Hello from C++". Como visto em *Como retornar arrays de funções*, podemos retornar de uma função um ponteiro para um array, mas não o array em si. Mas como strings estilo C são simplesmente arrays do tipo **char**, não há problema. Eis como armazenamos e usamos o ponteiro retornado de **return_greeting** para exibir a mensagem retornada por essa função. Note que estamos tratando a mensagem em si como se fosse um literal string – como uma string constante:

```
#include <iostream>
#include <cstring>
using namespace std;

int main()
{
    const char *pointer = return_greeting();

    cout << pointer << endl;
        .
        .
        .
}
```

Em **return_greeting** não podemos simplesmente declarar uma variável automática e retornar um ponteiro para ela, pois tal variável não poderá ser usada quando estiver fora de escopo (veja *O que significa escopo?*, anteriormente neste capítulo). Em vez disso, alocamos memória para a string estilo C no armazenamento livre usando **new[]**, alocando espaço para a mensagem "Hello from C++" como se segue. Lembre-se de que **strlen** retorna o comprimento de uma string e precisamos adicionar a este valor 1, para dar espaço ao caractere '\0' terminador.

NOTA: *Caso o compilador que você estiver usando tenha problemas com o valor de retorno constante da função do exemplo a seguir, remova a palavra-chave* ***const*** *do tipo de retorno do protótipo e da definição da função.*

```
const char* return_greeting(void)
{
    char *pstring = new char[strlen("Hello from C++") + 1];
        .
        .
        .
}
```

Infelizmente, não há modo de inicializar um array dinâmico na instrução **new** no momento em que ele é criado. Assim, usaremos **strcpy** separadamente para preencher a string estilo C com a mensagem "Hello from C++" e retornaremos o ponteiro para a string a partir desta função, **return_greeting**:

```
const char* return_greeting(void)
{
    char *pstring = new char[strlen("Hello from C++") + 1];

    strcpy(pstring, "Hello from C++");

    return pstring;
}
```

Além disso, precisaremos liberar a memória reservada para a string com **delete[]**, quando tivermos terminado de usá-la. Eis aqui o programa inteiro, retstring.cpp:

```
#include <iostream>
#include <cstring>
using namespace std;
```

```
const char* return_greeting(void);

int main()
{
    const char *pointer = return_greeting();

    cout << pointer << endl;

    delete [] pointer;

    return 0;
}

const char* return_greeting(void)
{
    char *pstring = new char[strlen("Hello from C++") + 1];
    strcpy(pstring, "Hello from C++");

    return pstring;
}
```

E aqui está o resultado gerado pela execução do programa:

```
%retstring
Hello from C++
```

Solução relacionada:	Encontrada na página:
Como descobrir o comprimento de strings estilo C	109
Como copiar strings estilo C	111

Como passar estruturas a funções

Como padrão arrays são passados a funções como ponteiros, já que nomes de arrays são tratados como ponteiros constantes no C++. No entanto, com estruturas a coisa é diferente: como padrão elas são passadas por valor, como variáveis simples. Isto significa que uma cópia de toda a estrutura sendo passada para a função é criada e então passada a ela, sendo essa cópia armazenada no armazenamento automático.

Eis aqui um exemplo, passstructure.cpp. Este exemplo usa uma estrutura, **complex_number**, que armazena números complexos, e uma função, **add_complex**, que soma números complexos e retorna no resultado (por exemplo, somar a + bi com c + di resulta em (a + c) + (b + d)i, onde i é a raiz quadrada de –1). Iniciamos este exemplo definindo a estrutura **complex_number** e o protótipo para a função **add_complex**. Então criamos dois números complexos e os passamos a **add_complex**, para somá-los:

```
#include <iostream>
using namespace std;

struct complex_number
{
    int real;
```

```
    int imaginary;
};

complex_number add_complex(complex_number t1, complex_number t2);

int main()
{
    complex_number c1 = {1, 2};
    complex_number c2 = {3, 4};

    complex_number total = add_complex(c1, c2);
    cout << "Complex number sum = " << total.real;
    cout << " + " << total.imaginary << "i" <<endl;

    return 0;
}
```

Agora só precisamos criar a função **add_complex**. Como estruturas são passadas por valor, uma cópia completa de cada estrutura é passada à função. Isto significa que podemos tratar as estruturas da mesma forma que variáveis simples: basta usarmos seus nomes no código. Após somarmos as partes real e imaginária dos números complexos e colocarmos o resultado em uma variável do mesmo tipo chamada **sum**, declarada dentro da função, tudo o que precisamos fazer é retornar **sum**:

```
complex_number add_complex(complex_number c1, complex_number c2)
{
    complex_number sum;

    sum.real = c1.real + c2.real;
    sum.imaginary = c1.imaginary + c2.imaginary;

    return sum;
}
```

Quando a função retorna **sum** na verdade ela está retornando uma cópia de **sum**. Assim, não precisamos nos preocupar com **sum** sair do escopo (ou seja, não precisarmos alocá-la no armazenamento livre, podendo usá-la como uma variável automática). Eis aqui a saída gerada pelo programa, passstructure.cpp:

```
%passstructure
Complex number sum = 4 + 6i
```

NOTA: *Estruturas são passadas e retornadas a funções por valor, o que significa que uma cópia de cada estrutura passada é criada e usada. Se as estruturas passadas para e/ou retornadas de funções forem grandes ou muitas, elas podem degradar a velocidade de execução do programa e impor um grande esforço ao armazenamento automático. Por isso, nesses casos é melhor passar e retornar ponteiros para as estruturas em si. Veja* Como passar ponteiros de estruturas a funções, *mais adiante neste capítulo.*

Como retornar estruturas de funções

Como visto na seção anterior, *Como passar estruturas a funções*, no C++ as estruturas são passadas por valor, o que significa que uma cópia de cada estrutura listada como argumento de uma função é criada e passada à função chamada. Estruturas também são retornadas por valor, o que significa que, quando uma função retorna uma estrutura, uma cópia da estrutura inteira é criada e retornada. No programa de exemplo passstructure.cpp, criado na seção anterior, vimos que isto significa que podemos simplesmente retornar uma estrutura diretamente com a instrução **return**, pois o que efetivamente é retornado é uma cópia da estrutura:

```
#include <iostream>
using namespace std;

struct complex_number
{
    int real;
    int imaginary;
};

complex_number add_complex(complex_number t1, complex_number t2);

int main()
{
    .
    .
    .
}

complex_number add_complex(complex_number c1, complex_number c2)
{
    complex_number sum;

    sum.real = c1.real + c2.real;
    sum.imaginary = c1.imaginary + c2.imaginary;

    return sum;
}
```

Isto é seguro porque, como uma cópia da estrutura **sum** é retornada, não é necessário se preocupar com **sum** sair do escopo quando a chamada à função retornar. A estrutura **sum** em si realmente sai do escopo, mas a função retorna uma cópia da estrutura, não a original, de modo que isto não é problema.

NOTA: *Estruturas são passadas e retornadas a funções por valor, o que significa que uma cópia de cada estrutura passada é criada e usada. Se as estruturas passadas para e/ou retornadas de funções forem grandes ou muitas, elas podem degradar a velocidade de execução do programa e impor um grande esforço ao armazenamento automático. Por isso, nesses casos é melhor passar e retornar ponteiros para as estruturas em si. Veja* Como passar ponteiros de estruturas a funções, *a seguir neste capítulo.*

Como passar ponteiros de estruturas a funções

Como estruturas são passadas e retornadas por valor, podemos acabar usando muita memória se passarmos grandes estruturas *de* ou *para* funções. Para evitar degradar o desempenho do sistema, em diversos casos é mais indicado passar e/ou retornar ponteiros para estruturas, em vez das estruturas em si.

Eis aqui um exemplo, structureptr.cpp, que usa a estrutura de exemplo **complex_number** desenvolvida nas duas seções anteriores deste capítulo. Essa estrutura guarda números complexos. Nesta nova versão adicionamos uma função, **magnitude**, que calcula a magnitude de um número complexo (a magnitude de um número complexo é a raiz quadrada da soma dos quadrados das partes real e imaginária do número). Para ilustrar a passagem de estruturas através de ponteiros, passaremos para **magnitude** um ponteiro para um número complexo, conforme mostra o protótipo da função:

```
#include <iostream>
#include <cmath>
using namespace std;

struct complex_number
{
    int real;
    int imaginary;
};

double magnitude(complex_number * c);
    .
    .
    .
```

Eis aqui o código completo, structureptr.cpp – tudo o que precisamos fazer é nos certificarmos de passar a **magnitude** um ponteiro para um número complexo e usarmos o operador seta com tal ponteiro para acessar as partes real e imaginária do número complexo:

```
#include <iostream>
#include <cmath>
using namespace std;

struct complex_number
{
    int real;
    int imaginary;
};

double magnitude(complex_number * c);

int main()
{
    complex_number complex = {3, 4};

    cout << "Maginitude of the complex number: "
        << magnitude(&complex) << endl;

    return 0;
}

double magnitude(complex_number* c)
{
    return sqrt(c->real * c->real + c->imaginary * c->imaginary);
}
```

Eis aqui o resultado gerado pela execução do programa:

```
%structureptr
Maginitude of the complex number: 5
```

Como usar recursividade

Um conceito importante relacionado a funções é a recursividade, ou a capacidade de uma função chamar a si mesma. Usar recursividade é adequado quando se pode dividir uma tarefa em uma seqüência de passos programaticamente idênticos, cada um deles dependendo do resultado de um passo anterior. Mas este conceito não é a melhor maneira de explicar recursividade para alguém que nunca tenha visto o assunto. É melhor usarmos um exemplo.

O exemplo tradicionalmente usado para ilustrar a recursividade é o cálculo de fatoriais. Então, vamos a ele. O fatorial de um número inteiro positivo é o produto deste número por todos os inteiros positivos menores do que ele, até 1. Em outras palavras, o fatorial de seis, representado como 6!, é o mesmo que 6 * 5 * 4 * 3 * 2 * 1 = 720. Um fato interessante é que 6! = 6 * 5! e, na verdade, n! = n * (n –1)!. Isto é perfeito para o uso de recursividade. Por exemplo, se tivermos uma função de nome **factorial** que calcule fatoriais, esta função pode chamar a si própria para tornar o processo como um todo mais simples. Por exemplo, quando chamamos **factorial(*n*)**, o código em **factorial** só precisa multiplicar ***n*** por **factorial(*n* – 1)**. É claro que esta recursividade precisa parar em um ponto. Como 1! = 1, incluímos isto no código, de modo que **factorial(1)** simplesmente retorne 1 em vez de tentar calcular o fatorial de 1 com base na recursividade (isto impede que o código tente calcular 0!, então -1!, e assim por diante, infinitamente).

Eis aqui o código de um programa que chama a função de cálculo de fatoriais, chamado factorial.cpp. Neste caso, chamamos a função **factorial** para calcular 6!:

```
#include <iostream>
using namespace std;

int factorial(int value);

int main()
{
    cout << "6! = " << factorial(6) << endl;

    return 0;
}
```

E aqui está a função **factorial**. Quando ela é chamada com um valor igual a ***n***, ela retorna 1 se ***n*** for igual a 1 e o produto de ***n*** por **(*n* –1)!** do contrário. Observe que ela calcula **(*n* –1)!** chamando a si própria com um valor de **(*n* –1)**:

```
int factorial(int value)
{
    if (value == 1) {
        return value;
    } else {
        return value * factorial(value - 1);
    }
}
```

Eis aqui o resultado gerado pelo código:

```
%factorial
6! = 720
```

E basta isto para colocar a recursividade em ação. Mesmo que nunca mais use a idéia de recursividade, você deve guardar que no C++ as funções podem chamar a si próprias. No jargão da computação, isto significa que as funções são *reentrantes*: a cada vez que uma função é chamada, espaço para as variáveis automáticas da função é alocado no armazenamento automático. A cada vez subseqüente que uma função chama a si própria espaço adicional é alocado. Assim, quaisquer novos valores armazenados pela chamada mais recente à função não entram em conflito com os valores armazenados pela chamada anterior (cada conjunto de variáveis automáticas armazenadas desta maneira é chamado de *quadro de chamada – call frame*).

Como usar ponteiros para funções

Como foi citado rapidamente no Capítulo 5, o C++ suporta ponteiros para funções. Isto pode parecer um pouco estranho, pois estamos acostumados a usar ponteiros para dados em memória, mas se torna um pouco mais compreensível se levarmos em conta que o código compilado também é armazenado na memória. Um ponteiro para uma função, portanto, aponta para a posição da memória para a qual a execução do programa é transferida quando a função é chamada.

Usamos uma declaração para criar um ponteiro para uma função. Por exemplo, se este for o protótipo da função para a qual desejamos um ponteiro:

```
tipo nome_da_função(argumento1, argumento2...);
```

então um ponteiro para essa função poderia ser declarado desta forma:

```
tipo (*ponteiro_para_a_função)(argumento1, argumento2...);
```

Em C++, um nome de função pode ser tratado como um ponteiro constante para a função, da mesma maneira que um nome de array pode ser tratado como um ponteiro constante para o array. Isto significa que, para obter um ponteiro para a função, podemos usar o próprio nome da função, como na atribuição a seguir:

```
ponteiro_para_a_função = nome_da_função;
```

Agora podemos usar o ponteiro para a função para chamar a função, da seguinte forma:

```
valor_de_retorno = (*ponteiro_para_a_função)(argumento1, argumento2...);
```

NOTA: *Por que é necessário colocar* ****ponteiro_para_a_função*** *entre parênteses neste código? Os parênteses estão ali porque o operador * possui precedência menor do que o operador parênteses, de modo que* ****ponteiro_para_a_função(argumento1, argumento2...)*** *é tecnicamente uma função que retorna um ponteiro, não uma chamada a uma função. Veja também os comentários no final desta seção sobre a remoção dos parênteses ao redor de* ****ponteiro_para_a_função*** *e do * em C++ ANSI/ISO.*

Eis aqui um exemplo, functionpointer.cpp, que coloca ponteiros de função para trabalhar. Ele cria uma função de nome **printem** que exibe uma string passada a ela. Em vez de chamar **printem** diretamente, no entanto, o programa emprega uma nova função para tal, **caller_function**. Passamos então para **caller_function** um ponteiro que aponta para **printem**, para que o código em **caller_function** use esse ponteiro para chamar **printem**. Desta forma veremos não apenas como usar ponteiros de função mas também a sintaxe que deve ser usada para passar ponteiros de funções a outras funções.

Quando chamamos **caller_function**, passamos tanto a string que queremos que **printem** exiba quanto um ponteiro par **printem**. Para passar um ponteiro que aponte para **printem**, tudo o que precisamos fazer é passar o próprio nome **printem**, desta maneira:

```
#include <iostream>
#include <string>
using namespace std;

int main()
{
    caller_function("Hello from C++", printem);

    return 0;
}
```

Agora que já vimos a passagem da string a imprimir, "Hello from C++", e um ponteiro para a função **printem** a **caller_function**, precisamos definir **caller_function**. Eis aqui a definição. Observe a maneira de especificar o argumento ponteiro para função na lista de argumentos: é necessário especificar tanto o valor de retorno quanto a lista de argumentos da função apontada, usando uma sintaxe como a seguinte:

```
void caller_function(string text, void (*pointer_to_function)(string))
{
    .
    .
    .
}
```

Agora podemos usar o ponteiro para a função para chamar **printem** e passar o argumento **text** para essa função, da seguinte maneira:

```
void caller_function(string text, void (*pointer_to_function)(string))
{
    (*pointer_to_function)(text);
}
```

Só falta agora escrever a função **printem**, que imprime o texto enviado a ela:

```
void printem(string text)
{
    cout << text << endl;
}
```

Eis aqui o código completo, functionpointer.cpp:

```
#include <iostream>
#include <string>
using namespace std;

void printem(string text);
void caller_function(string text, void (*pointer_to_function)(string text));

int main()
{
```

```
    caller_function("Hello from C++", printem);

    return 0;
}

void printem(string text)
{
    cout << text << endl;
}

void caller_function(string text, void (*pointer_to_function)(string))
{
    (*pointer_to_function)(text);
}
```

E aqui está o resultado gerado pela execução do código:

```
%functionpointer
Hello from C++
```

Há um último aspecto a ser considerado sobre ponteiros para funções. O C++ ANSI/ISO permite usar um atalho digno de menção. Como podemos tratar nomes de funções como ponteiros constantes para funções, o C++ ANSI/ISO também permite tratar ponteiros a funções como nomes de funções. Isto significa que a sintaxe:

*valor_de_retorno = (*ponteiro_para_a_função)(argumento1, argumento2...);*

é equivalente à sintaxe a seguir – observe que o * e os parênteses foram removidos de ***(*ponteiro_para_a_função)***:

valor_de_retorno = ponteiro_para_a_função(argumento1, argumento2...);

Alguns puristas podem ter objeções a esta sintaxe, mas ela é oficialmente válida.

Capítulo 7

Funções: Sobrecarga, Referências, Ligação e Modelos

Análise Aprofundada

Começamos nosso estudo de funções no capítulo anterior, mas não há como ver tudo o que as funções do C++ podem fazer em um único capítulo. Neste capítulo daremos uma olhada nos tópicos remanescentes, e descobriremos que o Capítulo 6 meramente arranhou a superfície do assunto. Aqui veremos como usar referências e sobrecarregar funções, tudo sobre escopo e ligação a outros arquivos e como usar modelos de função. Também daremos uma olhada em funções in-line, argumentos padrão, sobrecarga de modelos de função, manipulação de número variável de argumentos de função, uso de especificadores de classe de armazenamento como **register**, **volatile** e **mutable** e muito mais. Está tudo aqui, e há muito a ver.

Referências

Um dos tópicos mais importantes que veremos neste capítulo é como usar referências. No capítulo anterior vimos que, como padrão, o C++ passa a funções os argumentos por valor. Isto significa que é feita uma cópia de cada argumento e essas cópias são fornecidas ao código da função. Vimos também que, às vezes, é útil dar ao código de uma função acesso direto aos dados sobre os quais ele deve trabalhar, especialmente se estivermos trabalhando com estruturas de dados grandes e não quisermos passar cópias delas a cada vez que chamarmos uma função. Se o código de uma função puder acessar os dados sobre os quais desejamos trabalhar, ele pode alterar o valor de tais dados no lugar onde eles estão originalmente armazenados.

Como já vimos quando trabalhamos com a passagem de arrays a funções, uma maneira de dar ao código de uma função acesso aos dados originais consiste em passar um ponteiro para tais dados. Por exemplo, vamos dar uma olhada no programa a seguir, addone.cpp. Nele, simplesmente queremos que uma função, **add_one_ptrs**, aceite um ponteiro para um valor **long** e use o ponteiro para incrementar esse valor **long**. Eis aqui como usar **add_one_ptrs** para adicionar 1 ao valor de uma variável chamada **salary** – observe que passamos um ponteiro para este valor a **add_one_ptrs**:

```
#include <iostream>
using namespace std;

void add_one_ptrs(long * n);

int main()
{
    long salary = 250000;

    cout << "Current salary: $" << salary << endl;

    add_one_ptrs(&salary);

    cout << "After the first raise: $" << salary << endl;

    return 0;
}
```

Na função **add_one_ptrs** simplesmente precisamos desreferenciar o ponteiro e incrementar o valor para o qual ele aponta:

```
void add_one_ptrs(long * n)
{
    (*n)++;
}
```

Passar um ponteiro a **add_one_ptrs** dá ao código da função acesso à variável **salary** diretamente. Entretanto há uma maneira mais fácil de fazer isto: podemos passar valores por *referência*, não por valor. Quando passamos a uma função uma referência a uma variável a função tem acesso direto à variável, sem precisar desreferenciar qualquer ponteiro. Para mostrar como isto funciona, adicionaremos outra função, **add_one_refs**, a addone.cpp. Esta nova função passará seus argumentos por referência, não por valor.

Em C++, o operador & serve tanto como operador de endereço quanto como o símbolo usado para referências. Eis aqui como usar & para indicar que você quer que os argumentos sejam passados por referência em **add_one_refs**:

```
#include <iostream>
using namespace std;

void add_one_refs(long & n);
void add_one_ptrs(long * n);
    .
    .
    .
```

Observe a semelhança entre este novo protótipo e aquele que usei para a função que recebe ponteiros, **add_one_ptrs**. No entanto, há uma diferença significativa: agora que estamos passando uma referência, todo o trabalho de bastidores que precisávamos fazer com ponteiros passa a ser feito automaticamente. Isto significa que tudo o que precisamos fazer agora é passar a variável sobre a qual queremos que **add_one_refs** opere, **salary**, diretamente à função, sem precisarmos descobrir seu endereço:

```
#include <iostream>
using namespace std;

void add_one_refs(long & n);
void add_one_ptrs(long * n);

int main()
{
    long salary = 250000;

    cout << "Current salary: $" << salary << endl;

    add_one_ptrs(&salary);

    cout << "After the first raise: $" << salary << endl;

    add_one_refs(salary);

    cout << "After the second raise: $" << salary << endl;

    return 0;
}
```

Agora, no código de **add_one_refs** podemos simplesmente trabalhar com a variável passada diretamente e, como ela foi passada por referência, qualquer alteração feita à variável aqui será feita aos dados na variável em si. Compare o código com o de **add_one_ptrs**, onde precisamos desreferenciar o ponteiro passado antes de podermos trabalhar com os dados originais diretamente:

```
void add_one_refs(long & n)
{
    n++;
}

void add_one_ptrs(long * n)
{
    (*n)++;
}
```

E isto é tudo. Quando usamos & na frente de um argumento na lista de argumentos de uma função tal argumento é passado por referência, o que significa que temos acesso direto a ele e não precisamos passar pelas etapas adicionais de criar e desreferenciar um ponteiro. Eis aqui o resultado da execução do nosso programa de exemplo, addone.cpp:

```
%addone
Current salary: $250000
After the first raise: $250001
After the second raise: $250002
```

Sobrecarga de funções

Outro assunto importante relacionado a funções é como *sobrecarregar funções*. Este assunto é um dos meus favoritos, pois permite personalizar o código de uma maneira que torna os programas muito mais fáceis de trabalhar. Uma função sobrecarregada pode manipular argumentos de números e tipos diferentes. Por exemplo, poderíamos sobrecarregar uma função, **print_this**, que exibe texto, de modo a podermos passar a ela uma string estilo C, um objeto **string** do C++, um único **char** ou mesmo um código de caractere ASCII. Se **print_this** for sobrecarregada corretamente, ela poderá tratar todos esses tipos de dados, tornando **print_this** uma função de uso geral muito útil.

Para sobrecarregar uma função com listas de argumentos diferentes, basta definir a função diversas vezes, cada uma delas com uma lista de argumentos diferentes. Quando funções são sobrecarregadas suas listas de argumentos são chamadas de *assinaturas*, de modo que definimos a função diversas vezes sendo que a cada vez o fazemos com uma assinatura diferente. Quando uma função sobrecarregada é chamada, o compilador C++ verifica os argumentos sendo passados a ela e determina se eles correspondem a alguma das assinaturas definidas para a função. Caso não correspondam, o compilador verifica se ele pode fazer conversões implícitas de dados que façam os argumentos corresponderem a alguma assinatura. Caso não haja correspondência ou mais de uma assinatura corresponder, ocorre um erro de compilação.

Para mostrar como isto funciona, criaremos a função **print_this** em um exemplo, functionoverload.cpp, e sobrecarregaremos a função de modo a podermos passar a ela um único **char**, uma string estilo C, o código ASCII de um único caractere ou um objeto **string** do C++. Para fazer isto, só precisamos definir a função com múltiplas assinaturas:

```
#include <iostream>
#include <string>
using namespace std;
```

```
void print_this(char the_char){cout << the_char;}
void print_this(char* the_C_string){cout << the_C_string;}
void print_this(int ASC_code){cout << static_cast<char> (ASC_code);}
void print_this(string the_string) {cout << the_string;};
    .
    .
    .
```

Isto define os diversos formatos da função sobrecarregada, **print_this**. Agora o compilador pode descobrir qual dos formatos da função deve ser usado com base nos dados passados a ela, como no código a seguir:

```
#include <iostream>
#include <string>
using namespace std;

void print_this(char the_char){cout << the_char;}
void print_this(char* the_C_string){cout << the_C_string;}
void print_this(int ASC_code){cout << static_cast<char> (ASC_code);}
void print_this(string the_string) {cout << the_string;};

int main()
{
    print_this(97);                 // código ASCII de 'a'
    print_this('b');                // char
    print_this("c");                // string estilo C
    print_this(string("d"));        // string estilo C++

    return 0;
}
```

Esse código usa **print_this** para exibir o código ASCII de 'a', o caractere 'b', uma string estilo C "c" e um objeto string do C++ que contém "d". Eis aqui o resultado gerado pela execução deste exemplo, functionoverload.cpp:

```
%functionoverload
abcd
```

À medida que for trabalhando mais com o C++, você acabará sobrecarregando funções o tempo todo. Veja *Como sobrecarregar uma função* para obter mais detalhes sobre este assunto.

Classes de armazenamento, escopo e ligação

No capítulo anterior começamos a ver a idéia de escopo, as áreas de um programa em que um item específico é "visível" e pode ser usado no código. Entretanto há muito mais a ser visto sobre este assunto, e vamos nos aprofundar nele neste capítulo.

Como já vimos, a memória de um programa em C++ dividida em três áreas: *armazenamento automático*, onde as variáveis de uma função são alocadas e armazenadas quando o programa entra na função; *armazenamento estático*, onde os dados declarados como static são armazenados e mantidos durante a execução do programa e *armazenamento livre*. Essas três áreas, armazenamento automático, armazenamento estático e armazenamento livre, são conhecidas como três *classes de armazenamento* distintas.

Classes de armazenamento

No Capítulo 5 demos uma olhada no armazenamento livre, usando **new** e **delete**, bem como **new[]** e **delete[]**, para alocar e liberar espaço em memória conforme ele era necessário.

No Capítulo 6 demos uma olhada no armazenamento automático e em questões de escopo levantadas pelo uso de variáveis de armazenamento automático. Em particular, uma variável automática é alocada no armazenamento automático do bloco em que ela foi declarada e seu escopo é limitado àquele bloco e quaisquer blocos contidos dentro dele (desde que não haja uma variável com o mesmo nome dentro de um desses blocos, o que sobrepõe a variável declarada externamente localmente).

Neste capítulo veremos a terceira classe de armazenamento, o armazenamento estático. Quando armazenamos dados no armazenamento estático de um programa, esses dados persistem durante toda a vida do programa. Isto significa que os dados estáticos não são reinicializados a cada vez que uma função é chamada, como ocorre com o armazenamento automático. Para saber mais a respeito deste aspecto do armazenamento estático, veja *Como criar variáveis locais estáticas (persistentes)*, neste capítulo.

Escopo

Vamos também ver mais alguns aspectos relacionados a escopo neste capítulo. Variáveis podem ter escopo *local* (ou de *bloco*) ou *global* (ou de *arquivo*). Variáveis globais ficam disponíveis para todo o código de um arquivo, e veremos como usar o escopo global neste capítulo. Quando declaramos uma variável fora de qualquer função, ela é chamada de *externa*. Variáveis externas são globais a um arquivo e podem ser usadas por qualquer função que esteja após a declaração da variável e não tenha uma variável do mesmo nome declarada nela (neste caso, a variável local sobrepõe a global). A classe de armazenamento de dados também afeta este escopo. Por exemplo, variáveis automáticas podem ter escopo local, mas não escopo global. No entanto, variáveis estáticas podem ter escopo local ou global.

Ligação

Veremos também um novo conceito neste capítulo: *ligação* (lincagem). A ligação se refere à capacidade de um item ser usado em diferentes arquivos de um mesmo programa. Variáveis externas possuem também ligação externa, o que significa que elas ficam disponíveis para outros arquivos que componham o mesmo programa. Variáveis com ligação interna, por sua vez, não estão disponíveis para os arquivos de um programa que não aquele em que ela foi declarada. A classe de armazenamento dos dados afeta sua ligação. Por exemplo, não podemos ter uma variável automática global, o que significa que não existe algo como variável automática externa. Isto significa que variáveis automáticas só podem ter ligação interna, o que seu uso fica restrito ao arquivo em que foram definidas.

No C++ os conceitos de escopo, ligação e classes de armazenamento estão relacionados de uma forma que não é sistemática, sendo às vezes difícil de entender claramente. Para esclarecer todos esses conceitos, eis aqui uma visão geral:

- *Variáveis automáticas* são locais a um bloco e, assim, possuem escopo local e ligação interna.
- *Variáveis externas* são declaradas fora de qualquer função, ficam disponíveis a todos os arquivos de um programa e possuem escopo global e ligação externa.
- *Variáveis externas estáticas* são variáveis externas declaradas com a palavra-chave **static**, ficando disponíveis para todo o código de um arquivo, mas restritas ao arquivo em que foram definidas. Assim, possuem escopo global e ligação interna.

- *Variáveis externas constantes* são variáveis externas declaradas com a palavra-chave **const** e ficam disponíveis para todo o código de um arquivo, mas restritas ao arquivo em que foram definidas. Assim, possuem escopo global e ligação interna. (Elas possuem ligação interna, o que significa ser possível colocá-las em cabeçalhos e compartilhá-las em múltiplos arquivos sem conflito.)
- *Variáveis estáticas* são variáveis automáticas declaradas com a palavra-chave **static**, sendo confinadas a um bloco e tendo, assim, escopo local e ligação interna.

NOTA: *Por que não mencionamos o armazenamento livre na lista anterior? Não fizemos isto porque podemos manipular a memória alocada no armazenamento livre com ponteiros e os ponteiros em si precisam ser declarados em uma das outras duas classes de armazenamento, automática ou estática. Isto significa que ponteiros para porções de memória do armazenamento livre precisam seguir as regras da lista que acabamos de ver, o que determina seu escopo e ligação.*

Eis aqui dois exemplos para tornar tudo isto mais fácil. O primeiro é chamado external.cpp e declara uma variável, **color**, fora de qualquer função, o que a torna externa e dá a ela escopo global e ligação externa:

```
#include <iostream>
#include <string>
using namespace std;

string color("red");
    .
    .
    .
```

Se tivéssemos tornado esta variável externa estática, usando a palavra-chave **static**, **color** continuaria tendo escopo global, mas passaria a ter ligação interna, ou seja, ficaria restrita apenas ao arquivo atual:

```
#include <iostream>
#include <string>
using namespace std;

static string color("red");
    .
    .
    .
```

Como **color** é global ela está disponível a todo o código do arquivo, como mostra o trecho de código a seguir, que exibe seu valor na função **main**:

```
#include <iostream>
#include <string>
using namespace std;

string color("red");

int main()
{
    cout << "Global color: " << color << endl;

    return 0;
}
```

No entanto, se tivermos outra função, **local**, que defina uma variável de nome **color** própria, a variável local tem precedência, o que podemos confirmar ao imprimir o conteúdo de tal variável:

```
#include <iostream>
#include <string>
using namespace std;

string color("red");

void local();

int main()
{
    cout << "Global color: " << color << endl;

    local();

    return 0;
}

void local()
{
    string color("blue");

    cout << "Local color: " << color << endl;
}
```

Eis aqui o resultado gerado pela execução do programa, external.cpp. Como podemos ver, a versão local de **color** sobrepôs-se à global:

```
%external
Global color: red
Local color: blue
```

DICA: *Como acessar o valor de uma variável global dentro de uma função local? Veja* Como criar variáveis com escopo global, *mais adiante neste capítulo.*

Este exemplo, external.cpp, exemplificou escopo. O próximo mostrará ligação na prática. Ele usa dois arquivos, file1.cpp e file2.cpp. Em file1.cpp declaramos e inicializamos uma variável, **value1**, tornando-a externa:

```
#include <iostream>
using namespace std;

int value1 = 1;          // definição de variável externa
    .
    .
    .
```

Como value1 é uma variável externa, ela possui escopo global e ligação externa. Ter ligação externa significa que ela pode ser acessada a partir de outros arquivos que componham o mesmo programa, conforme veremos. Primeiro, exibiremos o valor de **value1** a partir do código de file1.cpp:

```
#include <iostream>
using namespace std;

int value1 = 1;            // definição de variável externa

int main()
{
    cout << "In file one..." << endl;
    cout << "value1: " << value1 << endl;
    .
    .
    .
}
```

Em seguida chamaremos uma função de nome **second_file_values**, definida no outro arquivo, file2.cpp, que também exibe o valor de **value1**, usando o código a seguir:

```
#include <iostream>
using namespace std;

int value1 = 1;            // definição de variável externa

void second_file_values();

int main()
{
    cout << "In file one..." << endl;
    cout << "value1: " << value1 << endl;

    second_file_values();

    return 0;
}
```

No segundo arquivo, file2.cpp, criamos a função **second_file_values** e exibimos **value1** da seguinte maneira:

```
#include <iostream>
using namespace std;

void second_file_values()
{
    cout << "In file two..." << endl;
    cout << "value1: " << value1 << endl;
}
```

Há mais um passo a ser tomado: quando o compilador compila file2.cpp ele ficará confuso, pois estamos usando **value1** sem jamais ter sido declarada. Para evitar que o compilador pense que esquecemos de declarar **value1**, precisamos informar que **value1** foi definida em outro arquivo. Fazemos isto usando a palavra-chave **extern**:

```
#include <iostream>
using namespace std;

extern int value1;         // value1 definida em outro arquivo
```

```
void second_file_values()
{
    cout << "In file two..." << endl;
    cout << "value1: " << value1 << endl;
}
```

E este é todo o código. Agora precisamos compilar e ligar (lincar) file1.cpp e file2.cpp juntos. Por exemplo, usando o g++, a linha de comando seria:

```
%g++ file1.cpp file2.cpp
```

Veja *Habilidades básicas: como compilar um programa*, no Capítulo 1, para obter mais informações sobre como compilar e ligar múltiplos arquivos. Ao executarmos o programa(1) podemos ver que **value1** é efetivamente visível no código tanto do arquivo file1.cpp quanto do arquivo file2.cpp:

```
%file1
In file one...
value1: 1
In file two...
value1: 1
```

Conforme eu disse, no C++ os conceitos de classes de armazenamento, escopo e ligação estão interligados. Por exemplo, a palavra-chave **static** possui dois usos, um para classe de armazenamento e outro para ligação (usamos **static** para colocar variáveis automáticas na classe de armazenamento estática persistente, mas podemos também usar **static** com variáveis externas, para mudar sua ligação de externa para interna). Entender completamente isto pode levar algum tempo, de modo que talvez você precise estudar o material deste capítulo mais de uma vez.

Modelos de função

O quarto grande tópico deste capítulo é como usar *modelos de função* (function templates). Como já vimos, o C++ é uma linguagem fortemente tipada, de modo que quando definimos uma função longa e complexa que manipula inteiros, não podemos chamá-la com valores de ponto flutuante. Podemos sobrecarregar a função para que ela trabalhe tanto com inteiros quanto com números de ponto flutuante, mas isto significa definir a função duas vezes, o que pode ser um pouco chato se não houver qualquer alteração no código exceto pelo tipo dos argumentos.

É para evitar esse aborrecimento que o C++ fornece modelos (templates) de função. Usando um modelo de função, podemos definir uma função usando tipos de dados abstratos, não específicos, e então usar tal modelo para criar funções que empreguem tipos de dados específicos, como **int** ou **float**. Em outras palavras, um modelo de função permite deixar os tipos de dados sobre os quais ela opera não especificados; os tipos de dados são especificados quando o modelo é usado para criar uma função. Desta maneira, os modelos são parte da iniciativa de programação genérica do C++.

Eis aqui um exemplo, functiontemplate.cpp, que mostra como isto funciona. Ele define um modelo de função de nome **add_one**, que simplesmente adiciona 1 a um número passado a ela por referência. Para criar um modelo de função, precisamos usar um nome que 'marque o lugar' do tipo de dado que

(1) N.R.T.: Os programas file1.cpp e file2.cpp do CD, na verdade, geram uma saída um pouco mais extensa, pois são as versões expandidas deste exemplo, desenvolvidas na seção *Soluções Imediatas* do capítulo.

será em última análise usado na função, e como muitos programadores simplesmente usam o nome **T**, também vamos usá-lo. Eis aqui como iniciar o novo modelo, usando a palavra-chave **template** e a palavra-chave **typename**, para significar qualquer tipo:

```
template <typename T>
    .
    .
    .
```

Além de **typename**, também podemos usar a palavra-chave **class** (na verdade, compiladores C++ mais antigos não reconhecerão **typename**). Agora que já indicamos que estamos criando um modelo usando o tipo de dado **T**, podemos definir a função que usa um dado deste tipo da seguinte forma:

```
template <typename T>
void add_one(T &n)
{
    n++;
}
```

Podemos agora usar este modelo de função para criar funções, aplicando a função sobre um dado de um determinado tipo e deixando o compilador criar a versão correspondente da função. Para usar este modelo, começamos criando um protótipo para o modelo de função, conforme o exemplo seguinte (observe que um protótipo de modelo de função é criado da mesma forma que um protótipo de função: basta omitir o corpo da função e incluir um ponto-e-vírgula no final):

```
#include <iostream>
using namespace std;

template <typename T>
void add_one(T &n);

int main()
{
    .
    .
    .
}

template <typename T>
void add_one(T &n)
{
    n++;
}
```

Em seguida criamos uma variável **long**, **salary**, e usamos **add_one** para aumentar seu valor de 1, assim:

```
#include <iostream>
using namespace std;

template <typename T>
void add_one(T &n);
```

```
int main()
{
    long long_salary = 250000;

    cout << "Current long salary: $" << long_salary << endl;

    add_one(long_salary);

    cout << "After the long raise: $" << long_salary << endl;

    return 0;
}

template <typename T>
void add_one(T &n)
{
    n++;
}
```

Quando o compilador vê a expressão **add_one(long_salary)**, ele usa o modelo de função para criar para **add_one** um corpo que manipule variáveis **long**. De forma análoga, se chamarmos **add_one** com um **double**, o compilador criará uma versão de **add_one** para variáveis **double**:

```
#include <iostream>
using namespace std;

template <typename T>
void add_one(T &n);

int main()
{
    long long_salary = 250000;

    cout << "Current long salary: $" << long_salary << endl;

    add_one(long_salary);

    cout << "After the long raise: $" << long_salary << endl;

    double double_salary = 250000.0;

    cout << "Current double salary: $" << double_salary << endl;

    add_one(double_salary);

    cout << "After the double raise: $" << double_salary << endl;

    return 0;
}

template <typename T>
void add_one(T &n)
{
    n++;
}
```

E isto é tudo. Eis aqui o resultado gerado pela execução deste exemplo, functiontemplate.cpp:

```
%functiontemplate
Current long salary: $250000
After the long raise: $250001
Current double salary: $250000
After the double raise: $250001
```

Como podemos ver, o compilador conseguiu usar o modelo de função para criar versões da função **add_one** para variáveis **long** e **double**.

Há muito mais neste capítulo sobre modelos, bem como outros assuntos, tais como funções in-line, argumentos padrão e variáveis temporárias, dentre outros. Na verdade, é hora de vê-lo, na seção *Soluções Imediatas* deste capítulo.

Soluções Imediatas

Como criar funções in-line

O C++ suporta *funções in-line* para permitir que o código economize um pouco de tempo de execução. No caso de funções normais, o compilador coloca uma instrução de desvio ("jump") para o código da função dentro do código executável sempre que a função é chamada. Isto significa que os argumentos e as variáveis automáticas precisam ser colocados na pilha ("stack"), a execução do programa precisa ser transferida para a função em si, e assim por diante. No caso de uma função in-line, por sua vez, o compilador na verdade coloca todo o código da função em cada lugar em que a função é chamada (esta é a razão do nome in-line, ou seja, "na linha"). Isto significa que nenhum desvio é necessário, economizando um pouco de tempo. Para criar uma função in-line, usamos a palavra-chave **inline**.

Normalmente usamos funções in-line somente no caso de funções pequenas, com pouco código. Eis aqui um exemplo, inline.cpp, que mostra como criar uma função in-line. Ele cria uma função chamada **sq**, que eleva ao quadrado o valor de seu argumento:

```
#include <iostream>
using namespace std;

inline int sq(int value) {return value * value;}
        .
        .
        .
```

Note a palavra-chave **inline**, que torna esta função uma função in-line. Agora, sempre que **sq** for chamada no programa, todo o código da função é colocado diretamente no corpo do programa, na posição onde a chamada foi feita:

```
#include <iostream>
using namespace std;

inline int sq(int value) {return value * value;}

int main()
{
    int data = 5;

    cout << data << " squared = " << sq(5) << endl;

    return 0;
}
```

Eis aqui o resultado gerado pela execução do exemplo, inline.cpp:

```
%inline
5 squared = 25
```

Funções in-line muitas vezes são colocadas em arquivos de cabeçalho. Elas possuem ligação interna (ao contrário de funções regulares, que têm ligação externa), o que significa que elas são locais ao arquivo em que estão e não entrarão em conflito com outros arquivos que incluam o mesmo arquivo de cabeçalho. Veja *Ligação e funções*, mais adiante neste capítulo, para obter mais detalhes.

Como especificar argumentos padrão

O C++ permite especificar *argumentos padrão* em funções. Usando argumentos padrão, podemos especificar um valor padrão para cada argumento de uma função, ou seja, um valor que será usado caso nenhum outro valor seja passado para aquele argumento.

Especificamos um valor padrão para um argumento seguindo o nome do argumento com = ***valor_padrão*** na lista de argumentos do protótipo da função. Eis aqui um exemplo, default.cpp, que configura um valor padrão igual a 1 para o argumento **operand2** da função **adder**, que soma seus argumentos e retorna o resultado:

```
#include <iostream>
using namespace std;

long adder(int operand1, int operand2 = 1);

int main()
{
    .
    .
    .
}

long adder(int operand1, int operand2)
{
    return operand1 + operand2;
}
```

Agora, ao chamarmos **adder**, podemos passar dois argumentos ou 1. Se passarmos um argumento, o segundo será configurado para seu valor padrão, 1:

```
#include <iostream>
using namespace std;

long adder(int operand1, int operand2 = 1);

int main()
{
    cout << "5 + 7 = " << adder(5, 7) << endl;
    cout << "5 + 1 = " << adder(5) << endl;

    return 0;
}

long adder(int operand1, int operand2)
{
    return operand1 + operand2;
}
```

Eis aqui o resultado da execução deste programa, default.cpp. Observe que quando passamos um único argumento, 5, o valor padrão, 1, é somado a ele:

```
%default
5 + 7 = 12
5 + 1 = 6
```

Um ponto importante: se atribuirmos um valor padrão a um argumento na lista de argumentos de uma função, também precisaremos atribuir valores padrão para todos os argumentos à direita dele na lista de argumentos:

```
int calculate(int value1, int value2 = 2, int value3 = 3, int value4 = 4);
```

A necessidade disto é que especificamos que argumentos devem ser configurados para seus valores padrão omitindo-os na chamada da função, e quando começamos a omitir argumentos o compilador não sabe quais estão faltando, a não ser que todos os argumentos restantes também sejam omitidos.

Como tratar um número de argumentos variável

O C++ possui um conjunto de macros que permite criar funções com uma quantidade variável de argumentos variável. Este procedimento tem sido amplamente abandonado em favor da sobrecarga de funções, mas veremos um exemplo aqui, um programa de nome varargs.cpp, para melhor compreensão.

Para usarmos essas macros precisamos incluir o arquivo de cabeçalho cstdarg. Neste exemplo criamos uma função de nome **adder**, que soma um número variável de argumentos, desde que passemos o número de argumentos constantes na chamada como o primeiro argumento. Para indicar que esta função recebe um inteiro seguido de um número variável de argumentos, definimos a função com a lista de argumentos **int...**. Em **adder** usamos a macro **va_list** para obter a lista dos argumentos passados à função e a macro **va_start** para inicializar a lista. A cada vez que usarmos a macro **va_arg** a partir de então, obtemos um novo argumento da lista e, quando tivermos terminado, usamos a macro **va_end**. Eis como isto fica em varargs.cpp:

```
#include <iostream>
#include <cstdarg>
using namespace std;

int adder(int...);

int main()
{
    cout << "The sum = " << adder(3, 1, 2, 3) << endl;

    return 0;
}

int adder(int number ...)
{
    int result = 0;
    va_list list;
    va_start(list, number);
```

```
    for(int loop_index = 0;loop_index < number; loop_index++){
        int integer = va_arg(list, int);
        result += integer;
    }

    va_end(list);

    return result;
}
```

Eis aqui o resultado gerado pela execução do exemplo, varargs.cpp :

```
%varargs
The sum = 6
```

Solução relacionada:	Encontrada na página:
Como criar macros de pré-processamento	44

Como criar variáveis de referência

Referências são um dos tópicos mais importantes do C++. Já as vimos na seção *Análise Aprofundada* deste capítulo. Além de passar argumentos a funções por referência, também podemos criar *variáveis* de referência. Uma variável de referência comporta-se basicamente como um apelido para uma outra variável. Elas são declaradas com &, da seguinte forma: **int &** ***nome_da_variável***.

Eis aqui um exemplo, reference.cpp, onde criamos uma variável de nome **couches** e uma variável de referência, **sofas**, para ela. Para inicializar uma variável de referência, basta atribuir outra variável a ela. As duas variáveis passam, a partir de então, a se referir à mesma posição de memória. No nosso exemplo, **sofas** será um apelido, ou nome alternativo, para **couches**. No programa de exemplo, reference.cpp, exibimos os endereços da posição de memória a que ambas as variáveis se referem (que devem ser iguais), os valores contidos inicialmente nas variáveis e então os valores após uma das variáveis ser incrementada:

```
#include <iostream>
using namespace std;

int main()
{
    int couches = 101;
    int & sofas = couches;

    cout << "Address of couches: " << &couches << endl;
    cout << "Address of sofas: " << &sofas << endl;

    cout << "Number of couches: " << couches << endl;
    cout << "Number of sofas: " << sofas << endl;

    couches++;

    cout << "Number of couches: " << couches << endl;
    cout << "Number of sofas: " << sofas << endl;

    return 0;
}
```

Eis aqui o resultado da execução deste programa, references.cpp. Observe que não apenas ambas as variáveis se referem à mesma posição de memória, mas quando uma é incrementada, ambas passam a ter o novo valor:

```
%references
Address of couches: 0065FE00
Address of sofas: 0065FE00
Number of couches: 101
Number of sofas: 101
Number of couches: 102
Number of sofas: 102
```

Podemos também criar referências constantes e referências a valores constantes. Devemos ler essas declarações de trás para frente, da mesma forma que vimos com ponteiros. Eis aqui alguns exemplos:

```
const long & ref;          // Referência a um long constante
long & const ref;          // Referência constante a um long
const long & const ref;    // Referência constante a um long constante
```

Solução relacionada:	Encontrada na página:
Como declarar um ponteiro	169

Como passar argumentos a funções por referência

Conforme visto na seção *Análise Aprofundada* deste capítulo, podemos passar argumentos a funções por referência, simplesmente colocando & na frente do argumento na lista de argumentos da função. Eis aqui um exemplo que já vimos na seção *Análise Aprofundada* deste capítulo, addone.cpp. Ele incrementa o valor de uma variável de nome **salary** de duas maneiras: usando ponteiros e usando referências. Como podemos ver, ambas as técnicas são semelhantes, mas quando se passa variáveis por referência não é necessário criar e desreferenciar ponteiros:

```
#include <iostream>
using namespace std;

void add_one_refs(long & n);
void add_one_ptrs(long * n);

int main()
{
    long salary = 250000;

    cout << "Current salary: $" << salary << endl;

    add_one_ptrs(&salary);

    cout << "After the first raise: $" << salary << endl;

    add_one_refs(salary);

    cout << "After the second raise: $" << salary << endl;
```

```
    return 0;
}

void add_one_refs(long & n)
{
    n++;
}

void add_one_ptrs(long * n)
{
    (*n)++;
}
```

Eis aqui o resultado da execução deste programa, addone.cpp. Observe que conseguimos alterar o valor da variável **salary** a partir do código tanto da função **add_one_ptrs**, usando um ponteiro, quanto da função **add_one_refs**, passando **salary** por referência:

```
%addone
Current salary: $250000
After the first raise: $250001
After the second raise: $250002
```

Em C++ podemos usar inclusive referências constantes (declaradas com **const**), se não quisermos que os dados aos quais as referências se referem sejam alterados. No entanto, passar uma referência constante acaba sendo igual a passar o mesmo dado por valor (veja a seção anterior para obter mais informações sobre como declarar referências constantes).

Variáveis temporárias e argumentos por referência

Quando passamos um valor por referência, as coisas funcionam bem se passamos um lvalue, pois não existe problema em se criar uma referência para um lvalue. Mas o que acontece se passamos um rvalue, tal como uma constante ou uma expressão mista que não corresponde a uma posição de memória? Por exemplo, se tivermos uma função, **add_one_refs**, cujos argumentos são passados por referência, e em vez de passarmos a ela uma variável como **salary**, passamos uma expressão que não corresponde a uma posição de memória, como **salary + 1**?:

```
#include <iostream>
using namespace std;

void add_one_refs(long & n);

int main()
{
    long salary = 250000;

    add_one_refs(salary + 1);

    cout << "After the raise: $" << salary << endl;

    return 0;
}
```

```
void add_one_refs(long & n)
{
    n++;
}
```

Em casos como este o compilador C++ cria uma *variável temporária* que corresponde à expressão sendo passada. Isto não é problema, exceto quanto a uma coisa: e se o código dentro da função chamada tentar alterar os dados passados à função por referência? Nesse caso ele estará tentando alterar o valor da variável temporária, o que significa que qualquer alteração será perdida. Os compiladores muitas vezes emitem alertas quando algo deste tipo está ocorrendo. O exemplo a seguir mostra o comportamento do compilador Borland C++ quando tentamos compilar o código anterior:

```
tempvars.cpp:
Warning W8030 tempvars.cpp 10: Temporary used for parameter 'n' in call to 'add_one_refs(long &)' in function
main()
```

Se não for alterar os dados passados por referência, você pode ignorar este alerta. Para suprimir o alerta podemos passar uma referência a uma constante, de modo que o compilador saiba que não vamos tentar alterar os dados originais. Observe, no entanto, que alguns compiladores (como o Visual C++) estão "descontinuando" ("phasing out") o uso de variáveis temporárias, de forma que eles considerarão o código anterior errado.

Solução relacionada:	Encontrada na página:
Habilidades básicas: como armazenar dados	27

Como usar referências a estruturas

Passar valores por referência foi um recurso adicionado originalmente ao C++ para se poder manipular grandes estruturas com funções sem a necessidade de se passar cópias das estruturas inteiras para as funções. Eis aqui um exemplo, structurereference.cpp, que mostra como isto funciona. Ele cria uma estrutura de nome **person** que guarda o nome, o sobrenome e o salário de uma pessoa. Para dar um aumento à pessoa, podemos passar estruturas desse tipo para uma função de nome **raise**, que adiciona 1 ao valor contido pelo membro **salary** da estrutura.

Para mostrar como retornar uma referência de uma função, faremos com que **raise** faça exatamente isto: retornar uma referência à estrutura passada a ela. Isto significa que, se quisermos dar a uma pessoa dois aumentos, tudo o que precisaremos fazer é passar o valor de retorno de **raise** de volta a **raise** novamente. Eis aqui o código do exemplo. Observe a sintaxe do protótipo de **raise**, que indica que esta função não somente recebe uma referência mas também retorna uma referência:

```
#include <iostream>
using namespace std;

struct person
{
    char first_name[40];
    char last_name[40];
    long salary;
};
```

```
person & raise(person & personref);

int main()
{
    person dan =
    {
        "Dan",
        "DeFoe",
        14000,
    };

    cout << "Dan\'s salary: $" << dan.salary << endl;

    raise(dan);
    cout << "After the first raise: $" << dan.salary << endl;

    raise(raise(dan));
    cout << "After two more raises: $" << dan.salary << endl;

    return 0;
}

person & raise(person & person_ref)
{
    person_ref.salary++;

    return person_ref;
}
```

Observe que, conforme mencionado, como a função **raise** retorna uma referência, podemos passar seu valor de retorno de volta a **raise** se desejarmos, resultando em dar à pessoa dois aumentos no código anterior. Eis aqui o resultado gerado pela execução do exemplo, structurereference.cpp:

```
%structurereference
Dan's salary: $14000
After the first raise: $14001
After two more raises: $14003
```

Na verdade, como **raise** retorna uma referência, podemos até mesmo atribuir um valor ao valor de retorno de **raise** se quisermos (o que parece bastante incomum), resultando em instruções como a seguinte:

```
raise(structure1) = raise(structure2);
```

NOTA: *Quando uma função retorna uma referência, o item referenciado não pode ter saído do escopo. Assim, a não ser que retornemos a mesma referência que tinha sido originalmente passada à função, devemos usar o operador **new** para alocar espaço ao item referenciado no armazenamento livre (e usar posteriormente **delete**, para liberá-lo).*

Como sobrecarregar uma função

Conforme visto na seção *Análise Aprofundada* deste capítulo, o C++ permite sobrecarregar funções, o que significa chamar uma determinada função com múltiplas listas de argumentos, ou seja, listas de argumentos com número e/ou tipo de argumentos diferentes. Por exemplo, poderíamos sobrecarregar uma função, **print_this**, que exibe texto, de modo a podermos passar a ela uma string estilo C, um objeto **string** do C++, um único **char** ou mesmo um código de caractere ASCII. Isto transformaria **print_this** em uma função de uso geral muito útil, que pode ser chamada para diversos tipos de dados.

Para sobrecarregar uma função com listas de argumentos diferentes, basta definir a função diversas vezes, cada uma delas com uma lista de argumentos diferentes. Como mencionado na seção Análise Aprofundada deste capítulo, quando funções são sobrecarregadas suas listas de argumentos são chamadas de *assinaturas*, de modo que definimos a função diversas vezes o fazemos cada vez com uma assinatura diferente.

Quando uma função sobrecarregada é chamada, o compilador C++ verifica os argumentos sendo passados a ela e determina se eles correspondem a alguma das assinaturas definidas para a função. Caso não correspondam, o compilador verifica se ele pode fazer conversões implícitas de dados que façam os argumentos corresponderem a alguma assinatura. Caso não haja correspondência ou mais de uma assinatura corresponder, ocorre um erro de compilação. A Tabela 7.1 mostra as conversões típicas que o compilador tenta fazer para converter os tipos dos argumentos passados àqueles efetivamente declarados na lista de argumentos de uma função (nela, "tipo" se refere a qualquer tipo de dado da tabela).

Tabela 7.1 Conversões padrão permitidas para a correspondência de listas de argumentos de funções sobrecarregadas.

Tipo do argumento passado	Tipo do argumento na lista de argumentos
tipo	tipo &
tipo &	tipo
tipo[]	*tipo
tipo(args...)	tipo(*)(args...)
tipo	const ou volatile tipo
tipo*	const ou volatile tipo*

A sobrecarga de funções também é chamada de *polimorfismo* (ou seja, "muitas formas") de funções. Veremos mais sobre como usar a sobrecarga quando estivermos estudando classes e objetos. Em geral, sobrecarrega-se uma função quando se deseja que ela execute a mesma tarefa passando-se a ela listas de argumentos diferentes.

Eis aqui um exemplo, functionoverload.cpp, que já vimos na seção *Análise Aprofundada* deste capítulo. Neste exemplo criamos a função **print_this**, mencionada no início desta seção, e sobrecarregaremos a função de modo a podermos passar a ela um único **char**, uma string estilo C, o código ASCII de um único caractere ou um objeto **string** do C++. Para fazer isto, só precisamos definir a função diversas vezes, com assinaturas distintas. Isto, em termos do código de functionoverload.cpp, toma o seguinte aspecto:

```
#include <iostream>
#include <string>
using namespace std;

void print_this(char the_char){cout << the_char;}
void print_this(char* the_C_string){cout << the_C_string;}
void print_this(int ASC_code){cout << static_cast<char> (ASC_code);}
void print_this(string the_string) {cout << the_string;};

int main()
{
```

```
    print_this(97);                // código ASCII de 'a'
    print_this('b');               // char
    print_this("c");               // string estilo C
    print_this(string("d"));       // string estilo C++

    return 0;
}
```

Esse código usa **print_this** para exibir o código ASCII de 'a', o caractere 'b', uma string estilo C "c" e um objeto string do C++ que contém "d". Eis aqui o resultado gerado pela execução deste exemplo, functionoverload.cpp:

```
%functionoverload
abcd
```

NOTA: *Neste código aproveitamos o fato de que o operador << é ele mesmo sobrecarregado para o objeto* ***cout****, o que permite que* ***cout*** *exiba texto armazenado em diferentes tipos de formatos e que torna o código para cada forma de* ***print_this*** *bastante compacto. Permitir a sobrecarga de operadores é um aspecto bastante poderoso do C++, que veremos no Capítulo 9.*

É claro que podemos sobrecarregar funções com quaisquer tipos de listas de argumentos, não apenas funções com um argumento, desde que cada assinatura seja única. Por exemplo, digamos que queiramos criar uma função de nome **draw_ellipse**, que desenha elipses e círculos. Para desenharmos uma elipse precisamos fornecer o comprimento dos dois eixos da elipse, maior e menor, ao passo que para desenharmos um círculo basta seu raio. Isto significa que podemos sobrecarregar **draw_ellipse** da forma que os protótipos a seguir indicam:

```
void draw_ellipse(ellipse_major_axis, ellipse_minor_axis);
void draw_ellipse(circle_radius);
```

Agora, quando chamarmos **draw_ellipse** com dois argumentos o compilador C++ saberá que queremos usar a forma de dois argumentos da função e, quando a chamarmos com um argumento, o compilador saberá que queremos a forma com um argumento.

Entendendo classes de armazenamento, escopo e ligação

Os conceitos de classes de armazenamento, escopo e ligação tornam-se importantes quando trabalhamos com funções, e já vimos esses tópicos na seção *Análise Aprofundada* deste capítulo. Eis aqui o que esses termos significam:

- *Classe de armazenamento* refere-se ao tipo de armazenamento usado para um item de memória, podendo ser armazenamento automático, estático ou livre.
- *Escopo* refere-se às áreas de um programa nas quais um item é visível e pode ser usado no código. O escopo pode ser local (também chamado de escopo de bloco), que indica um item cuja visibilidade se restringe ao bloco de código onde ele foi definido, ou global (também chamado de escopo de arquivo), que indica um item que é visível para o todo o código do arquivo.
- A *ligação* (lincagem) pode ser interna ou externa. Se um item tiver ligação interna ele é restrito ao arquivo atual, ao passo que se tiver ligação externa ele pode ser acessado pelo código de todos os arquivos que compõem um mesmo programa.

Veremos esses três tópicos mais detalhadamente agora.

Classe de armazenamento

A classe de armazenamento de um item determina como ele é armazenado. Há duas possibilidades:

- *Armazenamento automático* corresponde à pilha ("stack") do programa, sendo onde as variáveis de uma função são alocadas e armazenadas quando a execução do programa entra na função.
- *Armazenamento estático* é onde os dados declarados estáticos são armazenados e mantidos durante todo o tempo de vida de um programa.
- *Armazenamento livre* é a memória onde itens alocados com **new** e **new[]** são armazenados.

Escopo

Eis uma visão geral de como o escopo funciona:

- *Variáveis automáticas* são locais e possuem escopo local.
- *Variáveis externas* são declaradas fora de qualquer função e possuem escopo global.
- *Variáveis externas estáticas* são declaradas com a palavra-chave **static** fora de qualquer função e possuem escopo global.
- *Variáveis externas constantes* são declaradas com a palavra-chave **const** fora de qualquer função e possuem escopo global.
- *Variáveis estáticas* são variáveis automáticas declaradas com a palavra-chave **static**, sendo confinadas a um bloco e tendo, assim, escopo local.

Ligação (Lincagem)

E eis aqui uma visão geral de como a ligação (lincagem) funciona:

- *Variáveis automáticas* possuem lincagem interna.
- *Variáveis externas* são declaradas fora de qualquer função. Elas estão disponíveis a todos os arquivos de um programa e possuem lincagem externa.
- *Variáveis externas estáticas* são declaradas com a palavra-chave **static**, ficando disponíveis para todo o código de um arquivo, mas restritas ao arquivo em que foram definidas, o que quer dizer que possuem lincagem interna.
- *Variáveis externas constantes* são declaradas com a palavra-chave **const**, ficando disponíveis para todo o código de um arquivo, mas restritas ao arquivo em que foram definidas, o que quer dizer que possuem lincagem interna. Elas possuem lincagem interna, o que significa ser possível colocá-las em cabeçalhos e compartilhá-las em múltiplos arquivos sem conflito.
- *Variáveis estáticas* são variáveis automáticas declaradas com a palavra-chave **static**, sendo confinadas a um bloco e tendo, assim, lincagem interna.

É assim que os conceitos de classes de armazenamento, escopo e lincagem podem ser vistos de modo geral. Veremos esses conceitos mais detalhadamente nas próximas seções.

Como criar variáveis com escopo global

Como dar a uma variável escopo global (de arquivo) no C++? Fazemos isto tornando a variável externa, o que significa declará-la fora de qualquer função, Para ver como isto funciona vamos partir do programa de exemplo external.cpp, visto na seção *Análise Aprofundada* deste capítulo, e adicionar mais código a ele. Iniciamos declarando uma variável de nome **color** configurada para "red" que é externa, e portanto, global:

```
#include <iostream>
#include <string>
using namespace std;

string color("red");
    .
    .
    .
```

Na função **main** podemos nos referir a esta variável global e também declará-la com a palavra-chave **extern**, para mostrar explicitamente que estamos usando a variável externa **color** (esta declaração é opcional e, embora válida, acaba confundindo alguns compiladores que testamos; caso ela cause problemas a seu compilador, omita-a):

```
#include <iostream>
#include <string>
using namespace std;

string color("red");

void local();

int main()
{
    extern string color;          // declaração opcional

    cout << "Global color: " << color << endl;
    .
    .
    .
```

Criamos também uma nova função de nome **local**, que também declara uma variável chamada **color** mas a configura para "blue". Esta variável local sobrepõe-se à global, de forma que **color** tem o valor "blue" em **local**. E é possível ter acesso à variável global **color** em local? Sim. Para nos referirmos à variável global, podemos usar o operador de resolução de escopo, **::**, como em **::color** (veremos por que isto funciona quando trabalharmos com classes):

```
#include <iostream>
#include <string>
using namespace std;

string color("red");

void local();
```

```
int main()
{
    extern string color;          // declaração opcional

    cout << "Global color: " << color << endl;

    local();

    return 0;
}

void local()                      // usa a variável local
{
    string color("blue");

    cout << "Local color: " << color << endl;

    cout << "Global color: " << ::color << endl;
}
```

Eis aqui o resultado da execução deste programa, external2.cpp. Observe que podemos acessar a variável global mesmo dentro da função **local:**

```
%external2
Global color: red
Local color: blue
Global color: red
```

Variáveis externas como esta também possuem ligação externa. Por outro lado, se você declarar uma variável externa estática, tal variável terá ligação interna, não externa. Veja *Como usar ligação interna e externa com múltiplos arquivos*, a seguir neste capítulo, para obter os detalhes.

Além disso, você deve levar em conta que variáveis globais constantes (ou seja, aquelas declaradas com **const**) também possuem ligação interna, não externa, de modo que você pode colocá-las em cabeçalhos compartilhados por múltiplos arquivos. Por terem ligação interna elas não entram em conflito quando o mesmo cabeçalho é incluído em múltiplos arquivos.

NOTA: *Embora usar variáveis globais possa ser muito conveniente, você deve limitar seu uso por uma razão muito importante: conflito não intencional com outras variáveis. Atravancar o espaço global de um programa com variáveis é considerado uma forma de programação ruim, pois a idéia por trás do escopo é exatamente permitir dividir um programa em espaços privados para evitar tais conflitos não intencionais, e criar muitas variáveis globais pode frustrar tal propósito.*

Como usar ligação interna e externa com múltiplos arquivos

A idéia por trás da ligação é permitir que o programador especifique como os itens são tratados entre múltiplos arquivos. Um item com ligação (lincagem) externa pode ser usado em outros arquivos, ao passo que itens com ligação (lincagem) interna ficam restritos ao arquivo em que foram definidos. Para usar ligação externa é necessário declarar o item em um arquivo e declará-lo novamente com a palavra-chave **extern** em todos os demais arquivos em que se deseje usá-lo. Por outro lado, caso um item externo seja declarado como estático ele possuirá somente ligação interna.

Eis aqui um exemplo composto de dois arquivos, file1.cpp e file2.cpp; vimos esses arquivos na seção *Análise Aprofundada* deste capítulo, mas aqui vamos desenvolvê-los. No arquivo file1.cpp criaremos duas variáveis externas e uma variável externa estática. Mostraremos seus valores via código em **main** e também chamaremos uma função do segundo arquivo, **second_file_values**, da seguinte maneira:

```
#include <iostream>
using namespace std;

int value1 = 1;
int value2 = 2;
static int value3 = 3;

void second_file_values();

int main()
{
    cout << "In file one..." << endl;
    cout << "value1: " << value1 << endl;
    cout << "value2: " << value2 << endl;
    cout << "value3: " << value3 << endl;

    second_file_values();

    return 0;
}
```

Em file2.cpp declaremos **value1** como **extern**, para indicar ao compilador que **value1** é definida externamente (em file1.cpp, neste caso). Também declararemos e inicializaremos uma variável estática externa de nome **value2** em file2.cpp. Esta variável terá ligação interna e se sobreporá à **value2** de file1.cpp. Por fim, declararemos e inicializaremos uma variável externa de nome **value3**. Como a variável **value3** de file1.cpp possui ligação interna, ela não entra em conflito com a **value3** de file2.cpp. Também exibiremos as três variáveis na função chamada a partir de file1.cpp, **second_file_values**:

```
#include <iostream>
using namespace std;

extern int value1;
static int value2 = 4;
int value3 = 5;

void second_file_values()
{
    cout << "In file two..." << endl;
    cout << "value1: " << value1 << endl;
    cout << "value2: " << value2 << endl;
    cout << "value3: " << value3 << endl;
}
```

E este é todo o código. Agora precisamos compilar e ligar (lincar) file1.cpp e file2.cpp juntos (para obter mais detalhes de como fazê-lo, veja *Habilidades básicas: como compilar um programa*, no Capítulo 1). Por exemplo, usando o g++, a linha de comando seria:

```
%g++ file1.cpp file2.cpp
```

A execução do programa, conforme exibido a seguir, mostra que **value1** foi compartilhada entre os arquivos, **value2** foi sobreposta por uma versão local de mesmo nome em file2.cpp e **value3**, possuindo ligação interna em file1.cpp, não entra em conflito com a variável de mesmo nome definida em file2.cpp:

```
%file1
In file one...
value1: 1
value2: 2
value3: 3
In file two...
value1: 1
value2: 4
value3: 5
```

Lembre-se de que variáveis globais constantes (ou seja, aquelas declaradas com **const**) também possuem ligação interna, não externa, de modo que você pode colocá-las em cabeçalhos compartilhados por múltiplos arquivos. Em outras palavras, por terem ligação interna elas não entram em conflito quando o mesmo cabeçalho é incluído em múltiplos arquivos. Outro aspecto a ser lembrado é que, quando se usa **static** com variáveis externas isto torna sua ligação interna, mas quando se usa **static** com variáveis automáticas isto muda sua classe de armazenamento para **static**. Veja a próxima seção para ter os detalhes.

Como criar variáveis locais estáticas (persistentes)

Há duas maneiras de usar a palavra-chave **static** com variáveis no C++: com *variáveis externas* e com *variáveis automáticas*. Quando usamos **static** com uma variável externa ela torna sua ligação interna, mas quando se usa **static** com uma variável automática ela muda sua classe de armazenamento para **static**. Ao contrário de dados no armazenamento automático, os dados no armazenamento estático persistem durante toda a vida de um programa.

Há algo útil a saber. Por exemplo, digamos que desejemos manter uma contagem chamando uma função de nome **totaller** – a primeira vez que **totaller** for chamada ela deve retornar 1, a segunda vez 2, e assim por diante. A primeira tentativa de implementar uma função contadora desse tipo poderia ser algo como:

```
#include <iostream>
using namespace std;

int totaller();

int main()
{
    cout << "After first call, totaller returns " << totaller() << endl;

    cout << "After second call, totaller returns " << totaller() << endl;

    return 0;
}

int totaller()
{
    int total = 0;              // variável local automática
```

```
    total++;

    return total;
}
```

Mas eis o que o programa exibe quando é executado:

```
%static
After first call, totaller returns 1
After second call, totaller returns 1
```

Observe que **totaller** sempre retorna 1. O problema é que a variável em **totaller**, **total**, é uma variável automática, o que significa que ela é reinicializada a cada vez que a função **totaller** é chamada. Assim, **total** é inicializada em 0, incrementada e retornada como 1. Da primeira vez tudo bem, mas da próxima vez que a função for chamada **total** inicia em 0 novamente.

Para corrigir este problema podemos usar uma variável declarada com a palavra-chave **static**, pois tal variável será armazenada no armazenamento estático e, assim, *persiste* enquanto o programa estiver em execução. Para fazer isto adicionarei ao programa original uma nova função, **summer**, da seguinte maneira:

```
#include <iostream>
using namespace std;

int totaller();
int summer();

int main()
{
    cout << "After first call, totaller returns " << totaller() << endl;
    cout << "After first call, summer returns " << summer() << endl;

    cout << "After second call, totaller returns " << totaller() << endl;
    cout << "After second call, summer returns " << summer() << endl;

    return 0;
}

int totaller()
{
    int total = 0;              // variável local automática

    total++;

    return total;
}

int summer()
{
    static int sum = 0;         // variável local estática

    sum++;

    return sum;
}
```

Eis aqui o resultado da execução do novo programa, static2.cpp. Como podemos ver, armazenar a contagem em armazenamento estático resolveu o problema:

```
%static2
After first call, totaller returns 1
After first call, summer returns 1
After second call, totaller returns 1
After second call, summer returns 2
```

DICA: *Compiladores C++ mais antigos não permitiam inicializar arrays a não ser que eles fossem estáticos. Assim, caso esteja tendo problemas para inicializar arrays automáticos, agora você já tem a solução: torne-os estáticos. Compiladores que obedecem ao padrão C++ ANSI/ISO não apresentam este problema.*

Ligação e funções

Em C++, o tipo de ligação (lincagem) também é definido para funções. Como padrão funções precisam se definidas fora de qualquer outra função, tendo assim escopo global (de arquivo) e ligação externa. Em outras palavras, podemos definir uma função em um arquivo e usá-la em outro. Vimos um exemplo disso em *Como usar ligação interna e externa com múltiplos arquivos*, anteriormente neste capítulo, com a função **second_file_values**.

Podemos, no entanto, dar a uma função ligação interna, confinando-a ao arquivo onde ela é definida, usando a palavra-chave **static**:

```
static int chame_me(int n);
```

Como funções têm ligação externa como padrão, não podemos incluí-las em um arquivo de cabeçalho se compartilharmos tal cabeçalho entre os arquivos de um programa, pois o compilador entenderia que a mesma função estaria sendo definida mais de uma vez. Porém, funções in-line têm ligação interna, sendo assim locais e não havendo problema em inclui-las em cabeçalhos incluídos em mais de um arquivo do mesmo programa. Para mais informações sobre funções in-line, veja *Como criar funções in-line*, anteriormente neste capítulo.

Ligação entre múltiplas linguagens

Em certas situações podemos querer ligar código com arquivos compilados escritos em outras linguagens, como C, ou mesmo usar bibliotecas de funções escritas originalmente em outra linguagem. Para fazê-lo, precisamos informar ao compilador e ao ligador (linker) o que queremos.

Há duas razões para que o compilador e o ligador precisem saber que estamos usando código em outra linguagem: a primeira é que algumas outras linguagens têm como padrão passar valores por referência, não por valor (como o C++); a segunda é que os compiladores na verdade alteram os nomes das funções de um programa quando ele é compilado. Essa alteração de nome é chamada de *mutilação de nomes* (name mangling).

No C++, por exemplo, a mutilação de nomes permite que o compilador diferencie entre as diversas formas sobrecarregadas de uma função. Poderíamos ter, por exemplo, uma função de nome **calcular(int m, int n)** sobrecarregada como **calcular(double m, double n)**; para manter as duas formas da função distintas, o compilador C++ poderia dar a elas nomes como **calcular__ii** e

calcular__dd. Como linguagens diferentes usam esquemas de mutilação de nomes diferentes, o ligador precisa saber em que linguagem o código compilado que está sendo chamado foi escrito, caso não tenha sido C++.

Como padrão os programas C++ usam ligação C++, de modo que se estiver trabalhando apenas com C++ você não precisa se preocupar com a ligação. Para ligar um código compilador originalmente escrito em C, no entanto, precisamos especificar a ligação C, da seguinte forma (note que também precisamos declarar a função com **extern**, pois a definição da função está fora do arquivo atual):

```
extern "C" long ganhar_dinheiro(int);      // usa ligação C
```

Eis aqui como especificar a ligação C++, se desejado:

```
extern "C++" long ganhar_dinheiro(int);    // usa ligação C++
```

Tudo sobre qualificadores de classes de armazenamento: **const**, **register**, **volatile** e **mutable**

O C++ suporta diversos qualificadores que podem ser usados para especificar mais informações sobre a classe de armazenamento de uma variável quando ela é declarada: **const**, **register**, **volatile** e **mutable**.

Já vimos bastante bem **const**, usado para dar a dados valores constantes. Não estenderemos nosso estudo de **const** aqui, exceto para dizer que, como padrão, variáveis externas possuem ligação externa, mas se **const** for usado para declarar uma variável, ela passará a ter ligação interna.

A classe de armazenamento **register** age como um *pedido* para que o compilador armazene a variável em um dos registradores internos da CPU, para acelerar o acesso. Caso um dado seja armazenado na memória, é necessário buscá-lo na memória a cada vez que ele seja usado, mas se for armazenado em um registrador da CPU ele já está carregado e pronto para ser usado, o que poupa tempo. Isto é útil se usarmos uma mesma variável diversas vezes em rápida sucessão. No entanto, freqüentemente é difícil criar código que mantenha um valor constantemente em um registrador da CPU (normalmente todos os registradores são usados, pois sua quantidade é muito limitada), sendo esta a razão deste qualificador ser apenas um pedido ao compilador, não uma instrução.

Tenha em mente que os registradores de uma CPU normalmente têm tamanho de 32 bits (em algumas máquinas, 64 bits), de modo que não é lá muito razoável pedir ao compilador tornar uma variável **double** uma variável de registrador. Eis aqui um exemplo:

```
register int cont;
```

A classe de armazenamento **volatile** indica que o valor de uma variável pode ser alterado por outros fatores que não o código do programa. Por exemplo, uma variável pode corresponder a uma posição de memória especial de hardware atualizada pelo computador automaticamente como, por exemplo, o relógio do sistema. Em programas com múltiplas linhas de execução ("multithreaded"), os quais são suportados por alguns compiladores mas que não são contemplados pela especificação C++ padrão, existem diversas linhas de execução ("threads") e uma linha pode ter alterado o valor de uma variável prestes a ser lida por outra linha de execução. Tal tipo de variável deve ser declarado como volátil. (O que a palavra-chave **volatile** realmente faz é, principalmente, informar ao compilador para não otimizar a manipulação e a localização dos dados voláteis com base na suposição de que tal valor não mudaria.)

A classe de armazenamento **mutable** especifica que um membro em particular de uma estrutura ou classe pode ser alterado mesmo que faça parte de uma variável que foi declarada como constante. No exemplo a seguir estamos tornando o membro **salary** da estrutura mutável, o que significa que, mesmo que declaremos uma variável deste tipo estrutura com **const**, o membro **salary** não será constante, podendo ter seu valor alterado:

```
struct person
{
    char first_person[40];
    char last_person[40];
    mutable int salary;
};

const person ralph = {"Ralph", "Kramden", 14000};
ralph.salary -= 100;
```

Como criar modelos de função

Conforme visto na seção *Análise Aprofundada* deste capítulo, podemos usar modelos (templates) de função para criar diversas funções cujo código é o mesmo, exceto pelos tipos de dados que a função manipula. Em outras palavras, podemos ver um modelo de função como uma espécie de molde de funções, e cada função criada por este molde vai operar sobre tipos de dados diferentes. Modelos de função são freqüentemente armazenados em arquivos de cabeçalho, ao contrário das funções em si (porque, se incluirmos um cabeçalho com o código de uma função em vários arquivos de um programa, o compilador pode pensar que estamos definindo a mesma função diversas vezes e isso pode gerar conflito).

Para definir um modelo de função usamos a palavra-chave **template**. Também precisamos de um 'marcador de lugar' para os tipos de dados sobre os quais queremos que a função opere. Muitos programadores usam o nome **T**, de modo que também vamos usá-lo aqui. Por exemplo, eis aqui como criar um modelo de função para uma função de nome **sq**, que eleva ao quadrado o valor do seu argumento:

```
template <class T>
T sq(T data)
{
    return data * data;
}
```

Podemos também usar a palavra-chave **typename** em vez de **class** para nos referir ao tipo de dado que a função manipulará (no entanto, compiladores mais antigos não reconhecem a palavra-chave **typename**):

```
template <typename T>
T sq(T data)
{
    return data * data;
}
```

Quando a função **sq** for usada dentro de um programa o compilador C++ *instanciará* a versão correta da função, com base no tipo do dado que está sendo passado a ela:

```
long long_result = sq(int_value, int_value);
double double_result = sq(float_value, float_value);
```

Podemos também incluir argumentos com tipo de dado fixo na lista de argumentos da função cujo modelo está sendo criado, como no caso a seguir, em que incluímos um argumento inteiro:

```
template <class T>
T adder(T data, int n)
{
    return data + n;
}
```

Eis aqui um exemplo que vimos no início deste capítulo, na seção *Análise Aprofundada*, de nome functiontemplate.cpp. Nele criamos um modelo de função de nome **add_one**, que adiciona 1 a seu argumento, passado a ela por referência, e então usamos essa função com variáveis **long** e **double**. Observe que devemos criar um protótipo para o modelo de função da mesma maneira que fazemos para uma função: omitindo o corpo da função e incluindo um ponto-e-vírgula no final:

```
#include <iostream>
using namespace std;

template <typename T>
void add_one(T &n);

int main()
{
    long long_salary = 250000;

    cout << "Current long salary: $" << long_salary << endl;

    add_one(long_salary);

    cout << "After the long raise: $" << long_salary << endl;

    double double_salary = 250000.0;

    cout << "Current double salary: $" << double_salary << endl;

    add_one(double_salary);

    cout << "After the double raise: $" << double_salary << endl;

    return 0;
}

template <typename T>
void add_one(T &n)
{
    n++;
}
```

Este é o resultado gerado pela execução do programa, functiontemplate.cpp:

```
%functiontemplate
Current long salary: $250000
After the long raise: $250001
Current double salary: $250000
After the double raise: $250001
```

Como sobrecarregar modelos de função

Podemos sobrecarregar modelos de função da mesma maneira que funções. Na verdade o processo é praticamente o mesmo: basta definir diversos modelos de função com assinaturas diferentes. Eis aqui um exemplo, templateoverload.cpp, onde sobrecarregamos a função **add_one** que vimos na seção anterior. Esta função adiciona 1 a seu argumento, mas incluímos agora uma versão que aceita um argumento inteiro e adiciona este valor a seu outro argumento, em vez de 1:

```
#include <iostream>
using namespace std;

template <typename T>
void add_one(T &n);

template <typename T>
void add_one(T &n, int m);

int main()
{
    long salary = 250000;

    cout << "Current salary: $" << salary << endl;

    add_one(salary);

    cout << "After the raise: $" << salary << endl;

    add_one(salary, 10);

    cout << "After the new raise: $" << salary << endl;

    return 0;
}

template <typename T>
void add_one(T &n)
{
    n++;
}

template <typename T>
void add_one(T &n, int m)
{
    n += m;
}
```

Eis aqui o resultado gerado pela execução deste programa, templateoverload.cpp, mostrando o efeito do uso do modelo sobrecarregado:

```
%templateoverload
Current salary: $250000
After the raise: $250001
After the new raise: $250011
```

Como criar instanciações explícitas de funções

Embora o C++ instancie funções a partir de modelos de função conforme a necessidade, podemos também criar instanciações *explícitas* de funções, ou seja, instanciar funções sem esperar que o compilador o faça. Para criar uma instanciação explícita de uma função, basta fornecer o tipo de dado que se deseja que a instanciação manipule, como **int** no exemplo a seguir:

```
template swap<int>(int, int);
```

Eis aqui como adicionar uma instanciação de função explícita, em um exemplo de nome explicitfunctiontemplate.cpp (deve-se levar em conta que nem todos os compiladores suportam instanciações explícitas de funções):

```
#include <iostream>
using namespace std;

template <typename T>
void add_one(T &n);

void add_one<int>(int);

int main()
{
    long salary = 250000;

    cout << "Current salary: $" << salary << endl;

    add_one(salary);

    cout << "After the long raise: $" << salary << endl;

    return 0;
}

template <typename T>
void add_one(T &n)
{
    n++;
}
```

Eis aqui o resultado gerado pela execução de explicitfunctiontemplate.cpp:

```
%explicitfunctiontemplate
Current salary: $250000
After the long raise: $250001
```

Como criar especializações explícitas de modelos de função

Às vezes um modelo de função é perfeito para todos os tipos de dados que se deseja usar com ela – exceto um ou dois tipos de dados. Por exemplo, a função **add_one** que temos usado ao longo do capítulo adiciona 1 a seu argumento, o que é adequado para tipos numéricos. Porém isto não seria adequado para tipos string, de modo que se pode querer criar uma versão específica de **add_one**, não coberta pelo modelo, que exiba um erro se **add_one** for chamada com uma string. Tal versão específica de uma função que não usa o modelo normal da função é chamada de *especialização explícita*. Se a chamada a uma função corresponder exatamente à lista de argumentos declarada em uma especialização, o compilador usará a especialização em vez do modelo da função.

Para criar uma especialização, basta definir a função que se deseja usar para uma lista de argumentos específica em vez do modelo e colocar **template <>** na frente do protótipo e da definição da função. Eis aqui um exemplo, specialization.cpp, que usa um modelo de função para **add_one**, exceto quando uma referência a uma string é passada, caso em que é usada uma especialização explícita que exibe um erro:

```
#include <iostream>
#include <string>
using namespace std;

template <typename T>
void add_one(T &n);

template <> void add_one(string &s);

int main()
{
    int int_value = 0;
    string string_value("Hello from C++");

    add_one(int_value);

    cout << "The new int_value = " << int_value << endl;

    add_one(string_value);

    return 0;
}

template <typename T>
void add_one(T &n)
{
    n++;
}

template <> void add_one(string &s)
{
    cout << "Sorry, adding one to the string \"" << s
        << "\" is not defined." << endl;
}
```

Eis aqui o resultado da execução deste programa, specialization.cpp:

```
%specialization
The new int_value = 1
Sorry, adding one to the string "Hello from C++" is not defined.
```

Capítulo 8

Classes e objetos

Análise Aprofundada

Um dos grandes atrativos do C++ sempre foi a *programação orientada a objetos* (abreviada normalmente como POO) e, na verdade, a POO tornou-se uma moda tão grande que legiões de programadores C migraram para C++ quer precisassem ou não. Como você sabe, a grande inovação do C++ em relação ao C foi a programação orientada a objetos. O próprio C foi uma tremenda inovação em relação às linguagens anteriores, mas eventualmente o C começou a mostrar limitações, da mesma forma que as linguagens anteriores a ele. À medida que os programas em C cresciam eles se tornavam mais difíceis de manusear, pois não havia uma maneira simples de dividir um programa em C em componentes verdadeiramente autocontidos. A programação em C é *procedimental* (ou *procedural*), o que significa que podemos dividir um programa em funções, mas à medida que os programas ficavam realmente grandes isto não era suficiente: imagine gerenciar um programa com várias centenas de funções e lembrar-se do que todas elas fazem.

Para permitir que os programadores dividissem programas em unidades mais autônomas, o C++ adicionou a POO ao C (na verdade Bjarne Stroustrup, o criador do C++, é o chefe do Departamento de Pesquisa de Programação em Grande Escala do Laboratório da AT&T). O lema da programação orientada a objetos é "dividir e conquistar". Podemos dividir um programa de modo que possamos ver cada subdividão como uma parte facilmente conceitualizada. Por exemplo, imagine que tenhamos um sistema complexo usado para manter alimentos refrigerados. Podemos verificar a temperatura dos alimentos com um termômetro e, quando a temperatura subir acima de um certo valor, poderíamos ligar uma chave que daria partida no compressor e abriria as válvulas para o líquido refrigerante circular, e assim por diante. Esta é uma maneira de fazer isto. A outra é juntar todas essas operações e torná-las automáticas, empacotando o todo em uma unidade facilmente conceitualizada – uma geladeira. Agora todos os elementos internos estão fora de vista e tudo o que temos a fazer é colocar e tirar alimentos dela. O processo de dividir um problema em conceitos facilmente manipuláveis é chamado de *abstração*.

Objetos são capazes de ocultar seus detalhes de programação internos do resto de um programa, reduzindo todas as interdependências que surgem em um programa C através do estabelecimento de uma interface bem definida e controlável, que trata da conexão entre o objeto e o resto do código. Agora podemos pensar no objeto em termos simples. Por exemplo, poderíamos ter um objeto que manipulasse toda a interação com a tela do computador, dando a ele o nome de **tela**. Poderíamos então usar tal objeto de diversas maneiras que veremos ao longo deste livro para manipular aquilo sobre o que ele foi feito para operar, neste caso, a tela do computador. Após criarmos o objeto, saberíamos que a tela é manipulada por aquele objeto e podemos esquecer os problemas dessa operação: não é mais necessário que diversos trechos de código tratem de sua própria manipulação de tela; não é mais necessário se lembrar do que quatrocentas funções de manipulação de tela fazem; basta usar o objeto **tela** em vez disso. Ocultar os detalhes e os dados de objetos é algo chamado de *encapsulamento*, sendo um procedimento que ajuda o tratamento de tarefas de programação de grande escala.

O acréscimo da programação orientada a objetos ao C transformou-o no C++, permitindo aos programadores lidarem com programas maiores. Mas o código orientado a objetos também ajudou a resolver vários outros problemas. Por exemplo, o suporte a objetos facilitou aos fabricantes de software fornecer aos programadores muitos códigos pré-escritos e prontos para usar. Par criar um objeto usa-se uma *classe*, que funciona como um modelo ou molde para o objeto. Em outras palavras, uma classe é para um objeto o que um molde é para uma estátua de gesso. Podemos pensar em uma classe como o *tipo* de um objeto (de forma análoga a uma variável ser do tipo inteiro, por exemplo).

Com o C++ suportando classes, os fabricantes de software começaram a fornecer enormes bibliotecas de classes, prontas para serem usadas para a criação de objetos. Por exemplo, umas das bibliotecas mais populares de classes C++ é a biblioteca MFC (Microsoft Foundation Classes), que vem com o Visual C++ da Microsoft, e os programadores descobriram que a biblioteca MFC era um tremendo avanço em relação ao que se tinha anteriormente. Quando um programador escrevia um programa C para Windows, ele precisava de cerca de 5 páginas de código só para exibir uma janela em branco. Usando uma classe da biblioteca MFC, basta usar um objeto do tipo de janela desejado: com borda, sem borda, uma caixa de diálogo, e assim por diante. Toda a funcionalidade do tipo de janela desejado já está incorporada ao objeto, de modo que basta criar a janela em uma linha de código, a linha em que se cria o novo objeto janela a partir da classe selecionada.

Este capítulo é totalmente dedicado à programação orientada a objetos (POO). Começamos a ver o assunto no Capítulo 1, mas agora que já estudamos toda a sintaxe básica do C++, estamos prontos para estudá-la de uma maneira formal. A idéia da POO é encapsular dados e métodos (procedimentos que operam sobre os dados) em objetos, tornando cada objeto semi-autônomo, encerrando métodos e dados privados (isto é, puramente internos) de modo a impedir que eles fiquem atravancando o espaço de nomes geral. Cada objeto pode então interagir com o resto do programa através de uma interface bem definida, determinada por seus métodos públicos (isto é, métodos chamáveis a partir de fora do objeto). A idéia por trás do encapsulamento é pegar um sistema complexo, que exige grande atenção, e transformá-lo em um objeto que faz todo o trabalho internamente e pode ser facilmente conceitualizado. Se a primeira máxima da programação orientada a objetos é dividir e conquistar, a segunda é certamente 'fora da vista, fora da mente' – um processo chamado *ocultamento de dados*.

A programação orientada a objetos gira em torno de alguns poucos conceitos-chave: classes, objetos, membros de dados, métodos, herança e ocultamento de dados. Eis aqui uma visão geral do que tais termos significam:

- Uma *classe* é um modelo a partir do qual pode-se criar objetos. A definição de uma classe inclui as especificações formais da classe e de quaisquer dados e métodos dentro dela. Ou seja, a classe é um *tipo* de objeto.
- Um *objeto* é uma instância de uma classe, de forma análoga a como uma variável é uma instância de um tipo de dado. Se enxergarmos uma classe como um tipo de objeto, então um objeto é como uma ocorrência de uma classe. Objetos encapsulam métodos e variáveis de instância.
- *Membros de dados* são as variáveis que fazem parte de uma classe, as quais podem ser usadas para armazenar os dados que os objetos da classe usam.
- *Métodos* são funções existentes dentro de uma classe e, em conseqüência, dos objetos criados a partir da classe.
- *Herança* é o processo de derivar uma classe, chamada de *derivada*, de outra, a classe-base, e poder usar os dados e métodos da classe-base na classe derivada.
- *Ocultamento de dados* é esconder os dados existentes dentro de um objeto do mundo externo a ele. Na verdade, objetos e classes são freqüentemente projetados a partir dos dados, e a POO é muitas vezes considerada centrada em dados (e o processo de encapsulamento é fre-

qüentemente chamado de *encapsulamento de dados*). Podemos ter dados *privados* (visíveis somente ao código da classe), *protegidos* (visíveis somente dentro da classe onde foram definidos e das classes derivadas dela) ou *públicos* (visíveis ao código dentro e fora da classe). Podemos também ter métodos *privados*, *protegidos* e *públicos*.

Todos esses conceitos são importantes para a programação orientada a objetos, e veremos mais detalhes sobre cada um deles neste e nos próximos capítulos.

Como criar classes e objetos

Já é hora de começarmos a ver algum código. No exemplo a seguir criamos uma classe e mostramos como o conceito de classes nasce naturalmente do que já fizemos. Digamos, por exemplo, que decidimos nos dedicar à observação de pássaros e que queremos registrar quantos pássaros de cada espécie vimos. Naturalmente, usaremos o C++ para implementar o processo.

Iniciando com uma estrutura

Poderíamos registrar os pássaros observados com variáveis individuais, tais como **name_of_bird1**, **number_of_bird1_seen**, **name_of_bird2**, **number_of_bird2_seen**, e assim por diante, mas isto fica difícil de manusear se quisermos registrar dezenas de pássaros diferentes. Em vez disso, com base no que já vimos, poderíamos criar uma estrutura com um nome como **bird_structure**, que permite armazenar todas as informações necessárias para cada espécie de pássaro. Eis aqui como seria tal estrutura, disponível no exemplo birdstructure.cpp do CD:

```
#include <iostream>
#include <string>
using namespace std;

struct bird_structure
{
    string name;
    int number_seen;
};
    .
    .
    .
```

Agora o nome e o número de cada pássaro específico são armazenados em variáveis deste novo tipo **bird_structure**. Podemos criar variáveis deste tipo e colocar valores nos membros de dados da estrutura da forma exemplificada a seguir, que cria uma variável de nome **orioles** e inicializa o número de "orioles" (papa-figos) vistos em 0:

```
#include <iostream>
#include <string>
using namespace std;

struct bird_structure
{
    string name;
    int number_seen;
};
```

```
int main()
{
    bird_structure orioles;

    orioles.name = "oriole";
    orioles.number_seen = 0;
        .
        .
        .
```

Agora, quando observarmos um oriole (papa-figo) podemos incrementar o membro de dados **number_seen** e exibir o novo valor:

```
#include <iostream>
#include <string>
using namespace std;

struct bird_structure
{
    string name;
    int number_seen;
};

int main()
{
    bird_structure orioles;

    orioles.name = "oriole";
    orioles.number_seen = 0;

    orioles.number_seen++;

    cout << "Number of " << orioles.name << "s seen: "
        << orioles.number_seen << endl;

    return 0;
}
```

Eis aqui o resultado gerado pela execução desse código:

```
%birdstructure
Number of orioles seen: 1
```

O código funciona, mas pode ser melhorado. Os detalhes internos de **bird_structure** são visíveis demais do ponto de vista da POO – por exemplo, no código anterior precisamos nos lembrar de que a estrutura usa um membro de dados interno de nome **number_seen** para armazenar o número de pássaros vistos e incrementarmos este valor nós mesmos. Não seria melhor, um programador versado em POO perguntaria, se todos esses detalhes internos fossem ocultados da vista, e pudéssemos simplesmente chamar funções bem definidas que estabelecessem uma interface sistemática a tais dados? Dessa forma não seríamos responsáveis por todas as tarefas de gerenciamento de dados como, por exemplo, manipulação de erros, testes de limites ("estouros") e assim por diante. Por exemplo, diria o programador POO, que tal adicionar uma função de nome **increment_count** a cada estrutura de modo que, quando chamada, ela incrementasse a chamada interna automaticamente?

Adicionando métodos a uma estrutura

Bom, seria ótimo poder adicionar uma função a uma estrutura. E ocorre que o C++ permite fazer isto. Por exemplo, poderíamos definir uma nova função, **increment_count**, dentro da própria estrutura:

```
#include <iostream>
#include <string>
using namespace std;

struct bird_structure
{
    string name;
    int number_seen;
    void increment_count(){number_seen++;}
};
    .
    .
    .
```

Isto não é algo que se possa fazer em C, mas que é possível em C++. A nova função, **increment_count**, é uma função-membro de **bird_structure**, podendo ser acessada através do operador ponto, ., da mesma maneira que se acessa membros de dados de uma estrutura. Por exemplo, se observarmos um papa-figo, podemos chamar o método **increment_count** da estrutura **oriole** da seguinte maneira:

```
#include <iostream>
#include <string>
using namespace std;

struct bird_structure
{
    string name;
    int number_seen;
    void increment_count(){number_seen++;}
};

int main()
{
    bird_structure orioles;

    orioles.name = "oriole";
    orioles.number_seen = 0;

    orioles.increment_count();

    cout << "Number of " << orioles.name << "s seen: "
        << orioles.number_seen << endl;

    return 0;
}
```

O resultado gerado pela execução desse código é o mesmo que o anterior:

```
%birdstructure2
Number of orioles seen: 1
```

Do ponto de vista da POO este é um passo na direção certa, pois estamos ocultando parte da manipulação interna de dados dentro da estrutura. No entanto, observe que continuamos precisando inicializar o membro de dados interno **number_seen** e usá-lo para exibir o número de papa-figos vistos:

```
#include <iostream>
#include <string>
using namespace std;

struct bird_structure
{
    string name;
    int number_seen;
    void increment_count(){number_seen++;}
};

int main()
{
    bird_structure orioles;

    orioles.name = "oriole";
    orioles.number_seen = 0;

    orioles.increment_count();

    cout << "Number of " << orioles.name << "s seen: "
        << orioles.number_seen << endl;

    return 0;
}
```

É hora de ocultar os dados dentro de **bird_structure** ainda mais. E para fazer isto, temos de transformar a estrutura em uma classe. Na verdade, em C++ estruturas *são* classes (e, por sinal, uniões também), exceto que todos seus membros internos são *públicos*, ou seja, acessíveis a código fora da estrutura. Para tornar os dados internos realmente internos, precisamos transformar **bird_structure** em **bird_class**.

Ocultando dados em classes

Os dados e métodos colocados dentro de uma classe são *privados* – acessíveis somente a código dentro da classe – como padrão, o que reflete a natureza de ocultamento de dados das classes. Transformar **bird_structure** é fácil **bird_class**: tudo o que precisamos fazer, além de mudar o nome, é alterar a palavra **structure** para **class**:

```
#include <iostream>
#include <string>
using namespace std;

class bird_class
{
public:
    string name;
    int number_seen;
    void increment_count(){number_seen++;}
};
    .
    .
    .
```

Tudo? Bem, nem tudo. Observe que também incluímos a palavra-chave **public** no início da classe, para indicar que desejamos que os membros da classe sejam públicos, pelo menos por enquanto. Se **public** não fosse incluída, eles seriam acessíveis somente ao código dentro da classe. É assim que o *escopo das classes* funciona: os membros de uma classe são acessíveis ao código dentro da classe. De fora da classe, todos os membros **public** (públicos) da classe são visíveis, nenhum membro **private** (privado) da classe é visível e quaisquer membros declarados como **protected** (protegidos) são acessíveis somente ao código de classes baseadas na classe atual. Como veremos na seção *Soluções Imediatas* deste capítulo, usamos os operadores ., -> e :: para acessar os membros de um objeto de fora dele.

Lembre-se de que uma classe é um *tipo*, e podemos criar objetos desse tipo. O processo é análogo ao usado com estruturas, o que pode ser visto em nosso primeiro programa baseado em classes, birdclass.cpp:

```
#include <iostream>
#include <string>
using namespace std;

class bird_class
{
public:
    string name;
    int number_seen;
    void increment_count(){number_seen++;}
};

int main()
{
    bird_class orioles;

    orioles.name = "oriole";
    orioles.number_seen = 0;

    orioles.increment_count();

    cout << "Number of " << orioles.name << "s seen: "
        << orioles.number_seen << endl;

    return 0;
}
```

Observe, no entanto, que ainda estamos acessando os dados internos da nova classe diretamente. Por exemplo, veja como inicializamos o membro de dados interno **number_seen** em 0:

```
#include <iostream>
#include <string>
using namespace std;

class bird_class
{
public:
    string name;
    int number_seen;
```

```
    void increment_count(){number_seen++;}
};

int main()
{
    bird_class orioles;

    orioles.name = "oriole";
    orioles.number_seen = 0;
    .
    .
    .
```

Muito dos conceitos de classes e objetos se baseia no ocultamento de dados, de forma que seria melhor se tratássemos tudo o que tem a ver com o membro de dados **number_seen** dentro da própria classe. Não podemos inicializar **number_seen** em 0 quando o declaramos dentro de uma classe da seguinte maneira:

```
#include <iostream>
#include <string>
using namespace std;

class bird_class
{
private:
    int number_seen = 0;
public:
    string name;
    void increment_count(){number_seen++;}
};
    .
    .
    .
```

Em vez disso, inicializamos os dados dentro de objetos usando métodos especiais, chamados de *construtores*.

NOTA: *Bem, dizer que não se pode inicializar dados em uma definição de classe não é algo totalmente verdadeiro. Um fato não muito conhecido é que podemos configurar itens declarados como* ***static const*** *para valores constantes como, por exemplo,* ***static const int zero = 0;****, em definições de classes. Também podemos usar enumerações dentro de uma definição de classe, da seguinte forma:* ***enum {constante1 = 1, constante2 = 2};****.*

Inicializando dados com construtores

O construtor de um objeto é um método executado quando o objeto está sendo alocado na memória, o que quer dizer que ele pode ser usado para inicializar dados do objeto nessa ocasião. Um construtor é um método da classe como qualquer outro, exceto que ele tem o mesmo nome que a classe e não retorna valor algum (veja *Como criar construtores*, mais adiante neste capítulo, para os detalhes). Da mesma forma que qualquer outro método, construtores podem aceitar argumentos. Eis como declaramos um construtor para **bird_class** em um novo programa, birdclassconstructor.cpp, que permite passar o nome do pássaro a acompanhar:

```
#include <iostream>
#include <string>
using namespace std;
```

```
class bird_class
{
public:
    string name;
    int number_seen;
    void increment_count(){number_seen++;}
    bird_class(string text);
};
```

Poderíamos definir o corpo do novo construtor dentro da definição da classe, como fizemos para o método **increment_count**, mas isto pode ficar desajeitado se houver mais do que umas poucas linhas de código. Podemos definir o corpo de um método *fora* da definição da classe se usarmos o operador de resolução de escopo, ::, para indicar a que classe o método pertence. Eis aqui como colocamos no construtor de **bird_class** código para armazenar o nome do pássaro a acompanhar e inicializar **number_seen** em 0:

```
#include <iostream>
#include <string>
using namespace std;

class bird_class
{
public:
    string name;
    int number_seen;
    void increment_count(){number_seen++;}
    bird_class(string text);
};

bird_class::bird_class(string text)
{
    name = text;
    number_seen = 0;
}
    .
    .
    .
```

Agora podemos usar este novo construtor para criar novos objetos e passar o nome do pássaro a acompanhar ao construtor quando criamos um objeto da classe **bird_class**, da seguinte maneira:

```
#include <iostream>
#include <string>
using namespace std;

class bird_class
{
public:
    string name;
    int number_seen;
    void increment_count(){number_seen++;}
    bird_class(string text);
};
```

```
bird_class::bird_class(string text)
{
    name = text;
    number_seen = 0;
}

int main()
{
    bird_class orioles("oriole");

    orioles.increment_count();

    cout << "Number of " << orioles.name << "s seen: "
        << orioles.number_seen << endl;

    return 0;
}
```

Usando este novo construtor, pudemos inicializar os dados de um objeto sem precisarmos configurar o membro interno **number_seen** para zero explicitamente na função **main**.

Gerenciando dados privados

Existe um último local onde usamos o membro de dados interno **number_seen** fora de objetos de **bird_class**: onde exibimos o número de pássaros vistos:

```
cout << "Number of " << orioles.name << "s seen: "
    << orioles.number_seen << endl;
```

Para tornar **number_seen** totalmente privado a **bird_class**, adicionaremos um *método de acesso a dados* de nome **get_count** a esta classe, que retorna o valor de **number_seen**. Quando tornamos os dados de objetos privados, podemos fornecer métodos de acesso a dados como **get_count** para controlar o acesso de código externo a um objeto a seus dados internos (veja *Como criar métodos de acesso a dados*, mais adiante neste capítulo, para obter mais detalhes). Quando adicionamos o método **get_count** a **bird_class**, podemos tornar **number_seen** um membro de dados **private** (privado) da classe, o que significa que ele fica inacessível fora da classe, como mostra a nova versão do programa, birdclass2.cpp:

```
#include <iostream>
#include <string>
using namespace std;

class bird_class
{
private:
    int number_seen;
public:
    string name;
    void increment_count(){number_seen++;}
    int get_count(){return number_seen;}
    bird_class(string text);
};
```

```
bird_class::bird_class(string text)
{
    name = text;
    number_seen = 0;
}

int main()
{
    bird_class orioles("oriole");

    orioles.increment_count();

    cout << "Number of " << orioles.name << "s seen: "
        << orioles.get_count() << endl;

    return 0;
}
```

E isto é todo o necessário. Agora o membro de dados **number_seen** é privado aos objetos de **bird_class** e tornamos oculto. Dá para perceber como este processo pode ser inestimável a objetos de maior escala: imagine, por exemplo, que estejamos trabalhando com um objeto que manipule a tela e os dados em registradores da tela e buffers de dados, bem como obtendo taxas de varredura, bloqueando o controle vertical e assim por diante. Em vez de manipularmos nós mesmos todos esses detalhes ou que seja necessário nos preocuparmos com outras partes do programa interferindo em tais dados por engano, é muito mais fácil se um tal objeto simplesmente *expusesse* um conjunto de métodos fáceis de usar, como **exibir_texto** ou **desenhar_circulo**. Dividir tudo em componentes autônomos como esses é uma parcela considerável do que a POO representa. Bom, agora é hora de ir para as *Soluções Imediatas* e ver tudo isto funcionando.

Soluções Imediatas

Como definir uma classe

Para definir uma classe usamos a sintaxe a seguir (adicionaremos novos elementos a este diagrama de sintaxe no Capítulo 10, quando estudarmos herança de classes – veja *Como derivar uma classe de uma classe base*, no Capítulo 10, para obter mais detalhes):

```
class nome
{
private:
    membros de dados e métodos privados
protected:
    membros de dados e métodos protegidos
public:
    membros de dados e métodos públicos
}[lista_de_objetos...];
```

Podemos tornar os membros de dados e métodos de uma classe **private** (privados, visíveis somente ao código da classe), **protected** (protegidos, visíveis dentro da classe e às classes derivadas dela) ou **public** (públicos, visíveis a código dentro e fora da classe).

Podemos também declarar classes? Por exemplo, podemos usar um "protótipo" de classe como o seguinte para apresentar a classe ao compilador antes que ela seja definida?

```
class nome;
```

Sim, podemos, mas tais declarações são de utilidade limitada, pois o compilador não terá qualquer informação sobre o conteúdo da classe. Declarações de classe são úteis quando se deseja criar e usar ponteiros a objetos de uma classe antes de definir a classe, pois o compilador não precisa saber o que há dentro de uma classe antes de criar um ponteiro para objetos dessa classe. Ocorre que existem algumas situações em que declarar uma classe é necessário – veja *Como criar métodos "friend"*, no Capítulo 9, para um exemplo disso.

Eis aqui um exemplo que vimos na seção *Análise Aprofundada* deste capítulo, birdclass.cpp, que mostra como definir uma classe. Nele definimos uma classe de nome **bird_class** e então declaramos um objeto de tal classe, da seguinte maneira:

```
#include <iostream>
#include <string>
using namespace std;

class bird_class
{
public:
    string name;
    int number_seen;
```

```
    void increment_count(){number_seen++;}
};

int main()
{
    bird_class orioles;

    orioles.name = "oriole";
    orioles.number_seen = 0;

    orioles.increment_count();

    cout << "Number of " << orioles.name << "s seen: "
        << orioles.number_seen << endl;

    return 0;
}
```

Vale a pena notar que o C++ trata classes basicamente da mesma forma que os demais tipos de dados. Por exemplo, definições de classes têm ligação interna, de modo que elas podem ser colocadas em arquivos de cabeçalho e incluídas em vários arquivos de um mesmo programa sem haver conflito.

Solução relacionada:	Encontrada na página:
Como criar métodos "friend"	341

Como criar um objeto

Uma classe é um tipo de objeto, o que quer dizer que uma classe é para um objeto o que um molde é para uma estátua de gesso. Para criar um objeto de uma certa classe, basta declarar o objeto como uma variável do tipo da classe, como mostramos a seguir:

```
#include <iostream>
#include <string>
using namespace std;

class bird_class
{
public:
    string name;
    int number_seen;
    void increment_count(){number_seen++;}
};

int main()
{
    bird_class orioles;

    orioles.name = "oriole";
    orioles.number_seen = 0;

    orioles.increment_count();
```

```
    cout << "Number of " << orioles.name << "s seen: "
        << orioles.number_seen << endl;

    return 0;
}
```

Da mesma forma que estruturas, podemos também declarar um objeto ou objetos ao final da declaração da classe:

```
#include <iostream>
#include <string>
using namespace std;

class bird_class
{
public:
    string name;
    int number_seen;
    void increment_count(){number_seen++;}
}orioles;

int main()
{
    orioles.name = "oriole";
    orioles.number_seen = 0;

    orioles.increment_count();

    cout << "Number of " << orioles.name << "s seen: "
        << orioles.number_seen << endl;

    return 0;
}
```

Como também vimos na seção *Análise Aprofundada* deste capítulo, podemos também usar um construtor, um método da classe com o mesmo nome que a classe e sem valor de retorno, para inicializar um objeto. Quando declaramos o objeto, podemos também passar argumentos ao construtor, conforme já vimos. Se não for definido um construtor para a classe, o compilador cria automaticamente um construtor padrão. Assim, pode-se criar objetos sem passar qualquer argumento para o construtor da classe. Eis aqui um exemplo:

```
#include <iostream>
#include <string>
using namespace std;

class bird_class
{
public:
    string name;
    int number_seen;
    void increment_count(){number_seen++;}
    bird_class(string text);
};

bird_class::bird_class(string text)
{
```

```
    name = text;
    number_seen = 0;
}

int main()
{
    bird_class orioles("oriole");

    orioles.increment_count();

    cout << "Number of " << orioles.name << "s seen: "
        << orioles.number_seen << endl;

    return 0;
}
```

Podemos também usar o operador **new** para criar objetos. Neste caso, obtemos um ponteiro para o novo objeto:

```
bird_class *orioles = new bird_class("oriole");
```

Como criar membros de dados

Podemos armazenar dados em objetos criando membros de dados. Os membros de dados de uma classe são iguais aos membros de dados de estruturas e são usados praticamente da mesma maneira, como já vimos:

```
#include <iostream>
#include <string>
using namespace std;

class bird_class
{
public:
    string name;
    int number_seen;
    void increment_count(){number_seen++;}
};

int main()
{
    bird_class orioles;

    orioles.name = "oriole";
    orioles.number_seen = 0;

    orioles.increment_count();

    cout << "Number of " << orioles.name << "s seen: "
        << orioles.number_seen << endl;

    return 0;
}
```

Como já vimos na seção *Análise Aprofundada* deste capítulo, a principal diferença entre usar membros de dados de classes e estruturas é que todos os dados de uma estrutura são públicos, ao passo que os membros de dados de uma classe são todos privados como padrão. Podemos tornar os membros de dados de uma classe privados, protegidos ou públicos declarando-os explicitamente com as palavras-chave **private**, **protected** e **public**, respectivamente.

Como criar métodos

As funções definidas como parte de uma classe são chamadas de métodos. Há dois modos principais de definir métodos para uma classe: internamente e externamente. Para definir um método dentro da definição da classe, basta colocar a definição do método dentro da definição da classe, conforme vimos no programa birdclass.cpp, na seção *Análise Aprofundada* deste capítulo:

```
#include <iostream>
#include <string>
using namespace std;

class bird_class
{
public:
    string name;
    int number_seen;
    void increment_count(){number_seen++;}
};

int main()
{
    bird_class orioles;

    orioles.name = "oriole";
    orioles.number_seen = 0;

    orioles.increment_count();

    cout << "Number of " << orioles.name << "s seen: "
        << orioles.number_seen << endl;

    return 0;
}
```

Definir um método dentro da definição da classe na verdade torna tal método uma função in-line (veja *Como criar funções in-line*, no Capítulo 7, e *Como criar métodos in-line*, mais adiante neste capítulo). Podemos também colocar a *declaração* de um novo método na definição da classe e sua *definição* fora dela, desde que prefixemos a definição do método com o nome da classe à qual ele pertence e com o operador de resolução de escopo, ::. Eis como isto fica em nosso exemplo:

```
#include <iostream>
#include <string>
using namespace std;

class bird_class
{
public:
    string name;
    int number_seen;
```

```
    void increment_count();
};

void bird_class::increment_count()
{
    number_seen++;
}

int main()
{
    bird_class orioles;

    orioles.name = "oriole";
    orioles.number_seen = 0;

    orioles.increment_count();

    cout << "Number of " << orioles.name << "s seen: "
        << orioles.number_seen << endl;

    return 0;
}
```

Os métodos de uma classe são todos privados como padrão. Podemos tornar os membros de dados de uma classe privados, protegidos ou públicos declarando-os explicitamente com as palavras-chave **private**, **protected** e **public**, respectivamente. Observe que os métodos declarados dessa maneira precisam ser todos chamados sobre um objeto, da seguinte forma: **orioles.get_count()**; ou **pointer_to_orioles->get_count()**. Podemos, no entanto, também chamar métodos estáticos usando somente o nome da classe, sem a necessidade de indicar um objeto. Veja *Métodos estáticos*, mais adiante neste capítulo, para obter mais detalhes.

Solução relacionada:	Encontrada na página:
Como criar funções in-line	242

Como usar especificadores de acesso

Podemos configurar o acesso aos membros de uma classe, usando os especificadores de acesso **private**, **protected** e **public**. Com eles podemos, respectivamente, tornar os membros *privados* (visíveis somente ao código da classe), *protegidos* (visíveis dentro da classe e às classes derivadas dela) ou *públicos* (visíveis a código dentro e fora da classe). Como padrão todos os membros de uma classe são privados, e todos os membros de uma estrutura são públicos.

Eis aqui um exemplo que mostra como usar os especificadores de acesso que vimos em birdclass2.cpp, na seção *Análise Aprofundada* deste capítulo, em que declaramos alguns membros privados e outros públicos. Os membros declarados após um especificador de acesso têm o acesso correspondente (observe que a declaração **private** aqui não é necessária, pois todos os membros de uma classe são privados como padrão):

```
#include <iostream>
#include <string>
using namespace std;
```

```
class bird_class
{
private:
    int number_seen;
public:
    string name;
    void increment_count(){number_seen++;}
    int get_count(){return number_seen;}
    bird_class(string text);
};

bird_class::bird_class(string text)
{
    name = text;
    number_seen = 0;
}

int main()
{
    bird_class orioles("oriole");

    orioles.increment_count();

    cout << "Number of " << orioles.name << "s seen: "
        << orioles.get_count() << endl;

    return 0;
}
```

Como criar métodos de acesso a dados

Uma parte crucial da POO é o ocultamento de dados, conforme visto na seção *Análise Aprofundada* deste capítulo. Quando ocultamos dados dentro de um objeto, podemos fornecer métodos de acesso aos dados, para permitir que código fora do objeto acesse tais dados. Dessa forma, podemos controlar o acesso aos dados, garantindo, por exemplo, que valores considerados inválidos não sejam armazenados neles. Normalmente implementamos métodos de acesso a dados em pares de métodos "get" e "set", o método "get" para obter o valor de um item de dado e o método "set" para configurá-lo.

Eis aqui um exemplo, birdclassdataaccess.cpp, que inclui os métodos get e set, **get_number** e **set_number** para dar acesso ao número de pássaros vistos, **number_seen**, em **bird_class**:

```
#include <iostream>
#include <string>
using namespace std;

class bird_class
{
private:
    int number_seen;
public:
    string name;
    void increment_count(){number_seen++;}
    bird_class(string text);
    int bird_class::get_number();
```

```
    void bird_class::set_number(int new_number);
};

bird_class::bird_class(string text)
{
    name = text;
    number_seen = 0;
}

int bird_class::get_number()
{
    return number_seen;
}

void bird_class::set_number(int new_number)
{
    number_seen = new_number;
}

int main()
{
    bird_class orioles("oriole");

    orioles.increment_count();

    cout << "Number of " << orioles.name << "s seen: "
        << orioles.get_number() << endl;

    return 0;
}
```

Agora o código fora de **bird_class** pode usar **get_number** e **set_number** para acessar um dado interno do objeto, armazenado no membro de dados privado **number_seen**. Observe que podemos fazer os métodos de acesso a dados retornar indicações de erro, se apropriado.

Como criar construtores

Como já vimos na seção *Análise Aprofundada* deste capítulo, podemos criar construtores para inicializar os dados de um objeto no momento em que o objeto é criado. Um construtor é um método especial que tem o mesmo nome que a classe e que não retorna qualquer valor. Podemos sobrecarregar construtores (veja *Como sobrecarregar métodos e construtores*, mais adiante neste capítulo, para obter mais detalhes). Quando declaramos um objeto podemos passar ao construtor valores, os quais são usados pelo construtor para inicializar o objeto.

Eis aqui um exemplo que vimos na seção *Análise Aprofundada* deste capítulo, birdclassconstructor.cpp:

```
#include <iostream>
#include <string>
using namespace std;
```

```
class bird_class
{
public:
    string name;
    int number_seen;
    void increment_count(){number_seen++;}
    bird_class(string text);
};

bird_class::bird_class(string text)
{
    name = text;
    number_seen = 0;
}

int main()
{
    bird_class orioles("oriole");

    orioles.increment_count();

    cout << "Number of " << orioles.name << "s seen: "
        << orioles.number_seen << endl;

    return 0;
}
```

Existe também um aspecto que não muitos programadores C++ conhecem: quando escrevemos um construtor, podemos usar também uma lista de *inicializadores* para atribuirmos valores a membros de dados. Cada inicializador possui o formato ***nome(valor)***, onde ***nome*** é o nome do membro de dado sendo inicializado e ***valor*** o valor dado a ele. Podemos colocar uma lista de inicializadores, precedida por dois-pontos e com seus elementos separados por vírgulas, imediatamente antes das chaves de uma definição de construtor. Por exemplo, este construtor é equivalente ao que acabamos de ver:

```
#include <iostream>
#include <string>
using namespace std;

class bird_class
{
public:
    string name;
    int number_seen;
    void increment_count(){number_seen++;}
    bird_class(string text);
};

bird_class::bird_class(string text) : name(text), number_seen(0){}

int main()
{
    bird_class orioles("oriole");

    orioles.increment_count();
```

```
    cout << "Number of " << orioles.name << "s seen: "
        << orioles.number_seen << endl;

    return 0;
}
```

Existe um atalho especial (que não é suportado universalmente por todos os compiladores) que podemos usar se a classe possui um construtor de um argumento:

```
#include <iostream>
#include <string>
using namespace std;

class bird_class
{
public:
    string name;
    int number_seen;
    void increment_count(){number_seen++;}
    bird_class(string text);
};

bird_class::bird_class(string text)
{
    name = text;
    number_seen = 0;
}

int main()
{
    bird_class orioles = "oriole";
        .
        .
        .
}
```

Podemos também usar o operador **new** para retornar um ponteiro para um novo objeto e passar argumentos ao construtor da seguinte forma:

```
bird_class *orioles = new bird_class("oriole");
```

NOTA: *Caso não seja fornecido um construtor o compilador fornecerá um construtor padrão. Veja a próxima seção para conhecer os detalhes.*

O construtor padrão

Caso você não forneça um construtor para uma classe o compilador fornecerá um por você: o *construtor padrão*. O construtor padrão não recebe argumentos e existe para podermos criar objetos para uma classe. Por exemplo, vimos o construtor padrão em ação no programa birdclass.cpp, na seção *Análise Aprofundada* deste capítulo:

```
#include <iostream>
#include <string>
using namespace std;
```

```
class bird_class
{
public:
    string name;
    int number_seen;
    void increment_count(){number_seen++;}
};

int main()
{
    bird_class orioles;

    orioles.name = "oriole";
    orioles.number_seen = 0;

    orioles.increment_count();

    cout << "Number of " << orioles.name << "s seen: "
        << orioles.number_seen << endl;

    return 0;
}
```

Se o código do programa fornecer um construtor normal o compilador não criará um construtor padrão (sem argumentos), de modo que, se quisermos um nesse caso, precisamos incluir um construtor sem argumentos no código, como mostra o exemplo a seguir, birdclassdefaultconstructor.cpp:

```
#include <iostream>
#include <string>
using namespace std;

class bird_class
{
public:
    string name;
    int number_seen;
    void increment_count(){number_seen++;}
    bird_class(string text);
    bird_class();
};

bird_class::bird_class(string text)
{
    name = text;
    number_seen = 0;
}

bird_class::bird_class()
{
    name = "Robin";
    number_seen = 0;
}

int main()
{
    bird_class orioles;
```

```
    orioles.name = "oriole";

    orioles.increment_count();

    cout << "Number of " << orioles.name << "s seen: "
        << orioles.number_seen << endl;

    return 0;
}
```

***NOTA:** Em alguns casos um construtor padrão pode ser indesejável. Por exemplo, você pode não querer permitir que alguém crie objetos de sua classe a não ser que eles sejam explicitamente inicializados com dados indisponíveis a você quando criou a classe como, por exemplo, o endereço de e-mail da pessoa.*

Como criar destrutores

Além de construtores, o C++ também suporta *destrutores* (ou *destruidores*). Um destrutor basicamente faz o trabalho oposto ao do construtor: enquanto construtores inicializam objetos, destrutores são executados automaticamente (eles nunca são chamados explicitamente a partir do código do programa) quando um objeto está sendo destruído (por exemplo, quando um objeto alocado no armazenamento automático está saindo do escopo). O código existente no destrutor permite "arrumar a casa" após o uso do objeto. Por exemplo, liberar memória alocada com **new**. Destrutores também diferem de construtores em dois outros aspectos: eles têm o mesmo nome que a classe, mas o nome começa com um til (~), e não passamos a ele qualquer argumento (o que faz sentido, pois é a estrutura do programa que os chama, não o programador).

Eis aqui um exemplo, birdclassdestructor.cpp, onde criamos um destrutor, **~bird_class**, que libera a memória alocada com **new** no construtor:

```
#include <iostream>
#include <string>
using namespace std;

class bird_class
{
public:
    string *name;
    int number_seen;
    void increment_count(){number_seen++;}
    bird_class(string text);
    ~bird_class();
};

bird_class::bird_class(string text)
{
    name = new string(text);
    number_seen = 0;
}

bird_class::~bird_class()
{
```

```
    delete name;
}

int main()
{
    bird_class orioles("oriole");

    orioles.increment_count();

    cout << "Number of " << *(orioles.name) << "s seen: "
        << orioles.number_seen << endl;

    return 0;
}
```

E isto é tudo. Veremos um destrutor em ação também no exemplo da próxima seção.

Um exemplo de pilha

Por alguma razão, praticamente todos os livros de C++ que já li têm um exemplo de pilha ("stack") para ilustrar o uso de classes e objetos. Assim, aqui está o nosso, stack.cpp. Este exemplo é completo, apresentando construtor, destrutor, dados ocultos e métodos **push** e **pop** para, respectivamente, colocar um valor na pilha e retirar um valor da pilha. O processo funciona de forma análoga a usar uma pilha de pratos, tirando aqueles no topo da pilha à medida que forem sendo usados e guardando-os de volta em cima dos outros. Este exemplo coloca 10 números na pilha e então os retira. Observe que os valores são retirados na ordem inversa à que foram colocados na pilha, já que sempre trabalhamos com o valor no "topo" da pilha:

```
#include <iostream>
#include <string>
using namespace std;

class stack_class
{
    int max_values;
    int *data_buffer;
    int stack_top;      // Quando stack_top é -1, a pilha está vazia
public:
    stack_class(int mem_required);
    ~stack_class(void);
    int pop(int & pop_to);
    int push(int push_this);
};

stack_class::stack_class(int mem_required)
{
    stack_top = -1;
    max_values = mem_required;
    data_buffer = new int[mem_required];  // aloca memória
}

stack_class::~stack_class(void)
{
    cout << "Deallocating memory.\n";
    delete[] data_buffer;               // libera a memória alocada
}
```

```
int stack_class::pop(int & pop_to)
{
    if(stack_top == -1)       // a pilha está vazia - retorna erro
        return 0;
    else                      // do contrário, retorna o dado
        pop_to = data_buffer[stack_top--];
        return 1;
}

int stack_class::push(int push_this)
{
    if(stack_top >= max_values)     // a pilha está cheia -- retorna erro
        return 0;
    else                            // do contrário, armazena o dado
        data_buffer[++stack_top] = push_this;
        return 1;
}

int main()
{
    stack_class stack(200);
    int loop_index, popped_value;

    cout << "Pushing values now...\n"; // primeiro coloca os valores na pilha

    for(loop_index = 0; loop_index < 10; loop_index++){
        stack.push(loop_index);
        cout << "Pushed value--> " << loop_index << "\n";
    }

    cout << "Popping values now...\n";      // agora tira os valores da pilha

    while(stack.pop(popped_value)){
        cout << "Popped value--> " << popped_value << "\n";
    }

    return 0;
}
```

Observe que **pop** retira o valor por referência, de modo que podemos testar o valor de retorno do método para detectarmos erros (ele retorna falso se a pilha estiver vazia). Eis aqui o resultado exibido pelo programa quando ele é executado:

```
Pushing values now...
Pushed value--> 0
Pushed value--> 1
Pushed value--> 2
Pushed value--> 3
Pushed value--> 4
Pushed value--> 5
Pushed value--> 6
Pushed value--> 7
Pushed value--> 8
Pushed value--> 9
Popping values now...
Popped value--> 9
Popped value--> 8
Popped value--> 7
Popped value--> 6
```

```
Popped value--> 5
Popped value--> 4
Popped value--> 3
Popped value--> 2
Popped value--> 1
Popped value--> 0
Deallocating memory.
```

Como criar métodos in-line

Como vimos no Capítulo 7 (veja *Como criar funções in-line*), o código de uma função in-line é inserido no arquivo compilado onde a função é chamada, o que significa que a execução do programa não precisa pular para um novo local para executar a função. Ocorre que se colocarmos a definição (não apenas a declaração) de uma função (ou método) dentro de uma definição de classe, a função torna-se in-line como padrão:

```
#include <iostream>
#include <string>
using namespace std;

class bird_class
{
public:
    string name;
    int number_seen;
    void increment_count(){number_seen++;}
};

int main()
{
    bird_class orioles;

    orioles.name = "oriole";
    orioles.number_seen = 0;

    orioles.increment_count();

    cout << "Number of " << orioles.name << "s seen: "
        << orioles.number_seen << endl;

    return 0;
}
```

Na verdade, também podemos definir um método fora da definição da classe e tornar tal método in-line, usando a palavra-chave **inline**:

```
#include <iostream>
#include <string>
using namespace std;

class bird_class
{
public:
    string name;
    int number_seen;
```

```
    void increment_count();
};

inline void bird_class::increment_count()
{
    number_seen++;
}

int main()
{
    bird_class orioles;

    orioles.name = "oriole";
    orioles.number_seen = 0;

    orioles.increment_count();

    cout << "Number of " << orioles.name << "s seen: "
        << orioles.number_seen << endl;

    return 0;
}
```

Solução relacionada:	***Encontrada na página:***
Como criar funções in-line	242

Como passar e retornar objetos

Como padrão, quando passamos ou retornamos um objeto de uma função ou método, é passada uma cópia do objeto. No entanto, freqüentemente você verá funções e métodos escritos da forma a seguir, onde não apenas um objeto é passado a uma função ou método, mas ele é passado por referência constante e retornado por referência:

```
tipo_da_classe & nome_da_função(const tipo_da_classe & objeto)
{
    .
    .
    .
}
```

Por que os programadores preferem passar e retornar objetos desta forma? Porque assim o programa não precisa fazer uma cópia do objeto inteiro a cada vez que ele é passado e retornado. E, se necessário, pode-se passar referências constantes a objetos, para garantir que o objeto original não será alterado. (Existem também razões adicionais, que veremos quando estudarmos funções virtuais, no Capítulo 10).

NOTA: *É claro que você deve retornar uma referência somente a um objeto que permanecerá no escopo quando a função ou método retornar. Você pode retornar uma referência a um objeto passado por referência, por exemplo. Se o objeto que você deseja retornar não estiver mais no escopo quando a função ou método retornar, provavelmente deve ser retornado o objeto em si, caso em que uma cópia dele será retornada.*

A propósito, caso deseje passar ou retornar objetos que contêm ponteiros, veja *Como criar um construtor de cópia*, no Capítulo 9, para saber de detalhes importantes.

Solução relacionada:	Encontrada na página:
Como criar um construtor de cópia	332

Armazenando definições de classes em arquivos de cabeçalho

Podemos armazenar definições de classes em arquivos de cabeçalho sem nos preocuparmos com erros de compilação relacionados à definições em duplicata, mesmo se incluirmos o mesmo cabeçalho em vários arquivos de um programa. As classes são manipuladas assim pelo C++ porque elas são consideradas tipos de dados, e podemos precisar usar o mesmo tipo de dado em vários arquivos.

Eis aqui um exemplo rápido, onde colocamos uma definição de classe em um arquivo de cabeçalho, birdclassheader, e usamos tal cabeçalho em outro arquivo. Eis o conteúdo de birdclassheader:

```
class bird_class
{
public:
    string name;
    int number_seen;
    void increment_count(){number_seen++;}
    bird_class(string text);
};

bird_class::bird_class(string text)
{
    name = text;
    number_seen = 0;
}
```

E aqui está birdclassheaders.cpp, o arquivo que usa birdclassheader:

```
#include <iostream>
#include <string>
using namespace std;
#include "birdclassheader"

int main()
{
    bird_class orioles("oriole");

    orioles.increment_count();

    cout << "Number of " << orioles.name << "s seen: "
        << orioles.number_seen << endl;

    return 0;
}
```

Observe que neste caso colocamos birdclassheader no mesmo diretório que birdclassheaders.cpp. Por isso, incluímos o cabeçalho com a instrução **#include "birdclassheader"**. Se o arquivo de cabeçalho fosse armazenado no diretório padrão da instalação C++ para arquivos de inclusão, ele poderia ser incluído como:

```
#include <birdclassheader>
```

Porém, é melhor reservar esta sintaxe para arquivos de cabeçalho de sistema. Eis aqui o que o programa exibe quando executado:

```
%birdclassheaders
Number of orioles seen: 1
```

Métodos constantes

E se definirmos um objeto com **const**, tornando-o constante, e então tentarmos chamar um método do objeto? O compilador C++ gerará um erro, a não ser que declaremos também o método chamado com **const**. Resolvemos este tipo de problema antes, declarando argumentos de funções como referências constantes ou ponteiros constantes, mas a sintaxe aqui é diferente. O que fazer, por exemplo, se o método não tomar argumentos? Como ainda podemos declarar o método inteiro como constante, assegurando ao compilador que o método não alterará o objeto?

Fazemos isto colocando a palavra-chave **const** *após* a lista de argumentos do método, como mostra o exemplo a seguir, birdclassconstmethod.cpp:

```
#include <iostream>
#include <string>
using namespace std;

class bird_class
{
private:
    int number_seen;
public:
    string name;
    void increment_count(){number_seen++;}
    bird_class(string text);
    int bird_class::get_number() const;
};

bird_class::bird_class(string text)
{
    name = text;
    number_seen = 1;
}

int bird_class::get_number() const
{
    return number_seen;
}

int main()
{
    const bird_class orioles("oriole");

    cout << "Number of " << orioles.name << "s seen: "
        << orioles.get_number() << endl;

    return 0;
}
```

Este é o resultado gerado pela execução deste exemplo, birdclassconstmethod.cpp:

```
%birdclassconstmethod
Number of orioles seen: 1
```

Como usar o ponteiro **this**

Digamos que tenhamos dois objetos da classe **bird_class** que temos usado ao longo deste capítulo e desejemos compará-los. Poderíamos, por exemplo, querer saber qual pássaro foi mais observado, papa-figos (orioles) ou tordos (robins). Para podermos comparar objetos dessa forma, podemos adicionar um novo método a **bird_class**, de nome **compare**. Se tivermos dois objetos desta classe, por exemplo, **orioles** e **robins**, podemos chamar **compare** da seguinte maneira: **orioles.compare(robins)** e retornar o objeto (**orioles** ou **robins**) que registra o maior número de pássaros.

Implementar este exemplo, birdclasscompare.cpp, demonstrará o uso do ponteiro **this**, que é incorporado a todo objeto e aponta para o objeto atual. Neste caso, passaremos um objeto constante a **compare** por referência e retornaremos uma referência ao objeto que registra o maior número de pássaros. Eis aqui o protótipo de **compare**:

```
const bird_class & compare(const bird_class & other_bird);
```

Como **compare** é chamado como **orioles.compare(robins)**, estaremos trabalhando com dois objetos no método: o objeto atual (neste caso **orioles**) e o objeto passado (neste caso **robins**). Para comparar os dois objetos, só precisamos comparar o membro de dados **number_seen** de cada objeto, da seguinte maneira:

```
const bird_class & bird_class::compare(const bird_class & other_bird)
{
    if(number_seen > other_bird.number_seen)
        .
        .
        .
}
```

Se **number_seen** for maior no objeto atual, retornaremos o objeto atual de **compare** —mas como fazer isto? O objeto atual nem mesmo conhece seu próprio nome, então como podemos retorná-lo de **compare**? Em outras palavras, não podemos colocar no código **return orioles;**. Ocorre que todo objeto possui um ponteiro incorporado de nome **this**, que aponta para o objeto atual. Para retornar o objeto atual precisamos apenas retornar ***this** (se desejássemos retornar um ponteiro ao objeto atual, poderíamos retornar o próprio **this**):

```
const bird_class & bird_class::compare(const bird_class & other_bird)
{
    if(number_seen > other_bird.number_seen)
        return *this;
            .
            .
            .
}
```

Se, por outro lado, o objeto passado registrar mais pássaros, devemos retornar esse objeto, o que podemos fazer por nome:

```
const bird_class & bird_class::compare(const bird_class & other_bird)
{
    if(number_seen > other_bird.number_seen)
        return *this;
    else
        return other_bird;
}
```

Eis aqui o programa completo, birdclasscompare.cpp. Observe que, para exibir o nome do objeto com mais pássaros, basta usar o membro de dados **name** do objeto retornado de **compare**:

```
#include <iostream>
#include <string>
using namespace std;

class bird_class
{
public:
    string name;
    int number_seen;
    void increment_count(){number_seen++;}
    bird_class(string text);
    const bird_class & compare(const bird_class & other_bird);
};

bird_class::bird_class(string text)
{
    name = text;
    number_seen = 0;
}

const bird_class & bird_class::compare(const bird_class & other_bird)
{
    if(number_seen > other_bird.number_seen)
        return *this;
    else
        return other_bird;
}

int main()
{
    bird_class orioles("oriole");
    bird_class robins("robin");

    orioles.increment_count();

    cout << "Type of most birds seen: "
        << orioles.compare(robins).name << endl;

    return 0;
}
```

Eis aqui o resultado gerado pela execução deste programa:

```
%birdclasscompare
Type of most birds seen: oriole
```

Arrays de objetos

Arrays de objetos funcionam basicamente da forma esperada. Por exemplo, podemos declarar um array de objetos da seguinte forma: **bird_class birds[3];**. Podemos também chamar métodos de cada objeto individual do array, usando o seguinte formato: **birds[2].increment_count();**. Entretanto, eles têm algumas sutilezas: por exemplo, e se quisermos usar um construtor para inicializar cada objeto separadamente?

O exemplo a seguir, birdclassarray.cpp, mostra como. Para inicializar separadamente cada objeto de um array de objetos, podemos chamar o construtor de classe associado para cada objeto em uma lista de inicialização, da seguinte maneira:

```
#include <iostream>
#include <string>
using namespace std;

class bird_class
{
public:
    string name;
    int number_seen;
    void increment_count(){number_seen++;}
    bird_class(string text);
};

bird_class::bird_class(string text)
{
    name = text;
    number_seen = 0;
}

int main()
{
    bird_class birds[3] = {bird_class("oriole"),
                           bird_class("robin"),
                           bird_class("blue jay")};

    birds[2].increment_count();

    cout << "Number of " << birds[2].name << "s seen: "
        << birds[2].number_seen << endl;

    return 0;
}
```

Esta é uma extensão da técnica normal de se inicializar um array.

NOTA: *Se você inicializar apenas os primeiros objetos de um array com uma instrução de inicialização como a que acabamos de ver, todos os objetos seguintes usarão o construtor padrão da classe.*

Solução relacionada:	Encontrada na página:
Como inicializar arrays	105

Como sobrecarregar métodos e construtores

Da mesma forma que funções, podemos sobrecarregar métodos e construtores. Quando sobrecarregamos um método ou construtor, redefinimos o método ou construtor usando uma lista de argumentos, ou assinatura, diferente (veja *Como sobrecarregar uma função*, no Capítulo 7). O compilador decide qual versão sobrecarregada do método ou construtor usar com base no número e tipos dos argumentos passados e se ele pode ou não encontrar uma forma do método ou construtor com a mesma assinatura.

Eis aqui um exemplo, birdclassoverload.cpp, que sobrecarrega o método **increment_count**. Normalmente não passaríamos nenhum argumento a este método, pois ele simplesmente incrementa a quantidade de observações de determinado pássaro de 1. No entanto, adicionaremos uma nova forma a este método, para que possamos passar um inteiro e incrementar a contagem por um número maior do que 1, se desejarmos. Este é o código de birdclassoverload.cpp:

```
#include <iostream>
#include <string>
using namespace std;

class bird_class
{
public:
    string name;
    int number_seen;
    void increment_count(){number_seen++;}
    void increment_count(int n){number_seen += n;}
    bird_class(string text);
};

bird_class::bird_class(string text)
{
    name = text;
    number_seen = 0;
}

int main()
{
    bird_class orioles("oriole");

    orioles.increment_count(10);

    cout << "Number of " << orioles.name << "s seen: "
        << orioles.number_seen << endl;

    return 0;
}
```

E aqui está o resultado da execução de birdclassoverload.cpp:

```
%birdclassoverload
Number of orioles seen: 10
```

Podemos também sobrecarregar construtores, como vimos quando adicionamos um construtor padrão a **bird_class**, em birdclassdefaultconstructor.cpp:

```
#include <iostream>
#include <string>
using namespace std;

class bird_class
{
public:
    string name;
    int number_seen;
    void increment_count(){number_seen++;}
    bird_class(string text);
    bird_class();
};

bird_class::bird_class(string text)
{
    name = text;
    number_seen = 0;
}

bird_class::bird_class()
{
    name = "Robin";
    number_seen = 0;
}

int main()
{
    bird_class orioles;

    orioles.name = "oriole";

    orioles.increment_count();

    cout << "Number of " << orioles.name << "s seen: "
        << orioles.number_seen << endl;

    return 0;
}
```

Solução relacionada:	Encontrada na página:
Como sobrecarregar uma função	249

Como criar membros de dados estáticos

Como vimos no Capítulo 7, há duas maneiras de usar a palavra-chave **static** com variáveis no C++: com variáveis externas, para tornar sua ligação interna, e com variáveis automáticas, para mudar sua classe de armazenamento para estática. Assim, não deve causar surpresa termos duas maneiras de usar **static** com classes e objetos (na verdade, todas essas maneiras de usar **static** estão relacionadas, embora possa não parecer a princípio). Quando usamos **static** com um *membro de dados* de uma classe, todos os objetos da classe compartilham a mesma posição de memória para esse membro de dados, como veremos nesta seção. Quando declaramos um *método* **static**, por outro lado, ele se torna um método de classe (não de objeto), o que significa que podemos chamá-lo simplesmente através do nome de sua classe, como veremos na próxima seção.

Quando declaramos um membro de dados *static* ele funciona de forma muito parecida com uma união (veja *Como criar uniões*, no Capítulo 3). O compilador C++ aloca somente uma posição de memória para o membro de dados, não importa quantos objetos sejam instanciados, e todos os objetos compartilham da mesma posição de memória para esse membro de dados. Isto é muito útil quando se deseja que todos os objetos de uma mesma classe compartilhem dados específicos, podendo fornecer um meio de comunicação entre esses objetos.

Eis aqui um exemplo, birdclassstaticdata.cpp. Ele usa a classe **bird_class**, mas torna o membro de dados que armazena o número de pássaros observados, **number_seen**, estático, o que significa que todos os objetos da classe compartilharão o mesmo valor de **number_seen**. Isto permite acompanhar o número total de pássaros registrados por todos os objetos, não importa quantos objetos houver:

```
#include <iostream>
#include <string>
using namespace std;

class bird_class
{
public:
    static int number_seen;
    string name;
    void increment_count(){number_seen++;}
    bird_class(string text);
};
    .
    .
    .
```

Precisamos inicializar cada variável estática fora da definição da classe, pois se não o fizermos o compilador reclamará que não há memória alocada para a variável. Eis aqui como inicializamos **number_seen** fora da definição da classe. Observe que usamos o operador de resolução de escopo, ::.

```
#include <iostream>
#include <string>
using namespace std;

class bird_class
{
public:
    static int number_seen;
    string name;
    void increment_count(){number_seen++;}
    bird_class(string text);
};

int bird_class::number_seen = 0;
    .
    .
    .
```

Agora podemos criar dois objetos da classe **bird_class**, incrementar o número de cada pássaro observado e então exibir **number_seen**, que terá 2. Aqui está o código, birdclassstaticdata.cpp:

```
#include <iostream>
#include <string>
using namespace std;

class bird_class
{
public:
    static int number_seen;
    string name;
    void increment_count(){number_seen++;}
    bird_class(string text);
};

int bird_class::number_seen = 0;

bird_class::bird_class(string text)
{
    name = text;
    number_seen = 0;
}

int main()
{
    bird_class orioles("oriole");
    bird_class robins("robin");

    orioles.increment_count();
    robins.increment_count();

    cout << "Number of birds seen: " << bird_class::number_seen << endl;

    return 0;
}
```

Este é o resultado gerado pela execução deste exemplo, birdclassstaticdata.cpp:

```
%birdclassstaticdata
Number of birds seen: 2
```

Os membros de dados estáticos têm também outras duas vantagens. Podemos declarar um membro de dados como sendo da mesma classe da qual ele é membro (o que não podemos fazer com outros membros de dados) e ele pode ser usado como argumentos padrão para um método da classe da qual ele faz parte.

DICA: *Se declarar itens como* ***static const****, você pode inicializá-los com valores constantes dentro de uma definição de classe, assim:* ***static const int zero = 0;****. Não existe outro tipo de item de dado que possa ser inicializado dentro de uma definição de classe (exceto uma enumeração como a seguinte:* ***enum {constante1 = 1, constante2 = 2};****); para isto precisamos usar construtores.*

Solução relacionada:	Encontrada na página:
Como criar uniões	123
Como criar variáveis locais estáticas (persistentes)	256

Métodos estáticos

Quando declaramos um método como **static** ele se torna um método da classe (não de seus objetos), o que significa que ele pode ser chamado simplesmente com o nome da classe, e mesmo sem que tenhamos um objeto da classe. Isto é útil se tivermos uma classe cheia de métodos utilitários e não desejemos criar um objeto de tal classe antes de usarmos esses métodos.

Eis aqui um exemplo, que adiciona um método de nome **info** à classe **bird_class** que estamos usando ao longo deste capítulo. Este método será um método de classe, não um usado em objetos. Especificamente, usaremos **info** para retornar informações sobre a própria classe **bird_class**:

```
#include <iostream>
#include <string>
using namespace std;

class bird_class
{
public:
    int number_seen;
    string name;
    void increment_count(){number_seen++;}
    bird_class(string text);
    static string info() {return string("This is the bird_class");}
};
    .
    .
    .
```

Agora podemos chamar o novo método estático **info** simplesmente usando o nome da classe e o operador de resolução de escopo, ::, da seguinte forma – sem precisar de qualquer objeto:

```
#include <iostream>
#include <string>
using namespace std;

class bird_class
{
public:
    int number_seen;
    string name;
    void increment_count(){number_seen++;}
    bird_class(string text);
    static string info() {return string("This is the bird_class");}
};

bird_class::bird_class(string text)
{
    name = text;
    number_seen = 0;
}

int main()
{
    cout << bird_class::info() << endl;

    return 0;
}
```

Eis aqui o resultado gerado pela execução deste programa, birdclassstaticmethods.cpp:

```
%birdclassstaticmethods
This is the bird_class
```

NOTA: *Como métodos estáticos não fazem parte de qualquer objeto em memória, eles só podem acessar membros de dados estáticos da classe.*

Ponteiros a objetos e membros de objetos

Há dois operadores do C++ que são projetados para auxiliar no trabalho com ponteiros aos membros de um objeto. Eles são .* e ->*. O padrão C++ os chama de operadores ponteiro a membro. Eis aqui um exemplo, birdclasspointers.cpp, que utiliza estes operadores. Como este tópico trata de como trabalhar com ponteiros para membros de um objeto, usaremos um ponteiro para o método **increment_count** da classe **bird_class**.

Começamos declarando um objeto da classe **bird_class**, que temos usado ao longo deste capítulo, e dando a esse objeto o nome **orioles**. Então usamos o operador **new** para obtermos um ponteiro para um novo objeto da mesma classe e damos a este ponteiro o nome **robins_pointer**:

```
#include <iostream>
#include <string>
using namespace std;

class bird_class
{
public:
    string name;
    int number_seen;
    void increment_count(){number_seen++;}
    bird_class(string text);
};

bird_class::bird_class(string text)
{
    name = text;
    number_seen = 0;
}

int main()
{
    bird_class orioles("oriole");
    bird_class *robins_pointer = new bird_class("robin");
        .
        .
        .
```

Em seguida, em **main**, obtemos um ponteiro que aponta para o método **increment_count** da classe **bird_class**. Normalmente criamos um ponteiro para uma função da seguinte forma (veja *Como usar ponteiros para funções*, no Capítulo 6):

```
tipo (*ponteiro_para_a_função)(argumento1, argumento2...);
```

Quando trabalhamos com um método, no entanto, precisamos indicar a qual classe o método pertence, usando uma sintaxe como a seguinte:

```
int main()
{
    bird_class orioles("oriole");
    bird_class *robins_pointer = new bird_class("robin");

    void (bird_class::*pointer)(void);
    .
    .
    .
```

Agora que declaramos **pointer** como um ponteiro para o método **increment_count** da classe **bird_class**, podemos inicializar o ponteiro da seguinte forma:

```
int main()
{
    bird_class orioles("oriole");
    bird_class *robins_pointer = new bird_class("robin");

    void (bird_class::*pointer)(void);
    pointer = &bird_class::increment_count;
    .
    .
    .
```

Para chamar a função **increment_count** usando **pointer**, podemos usar o operador .* com o objeto **orioles**, empregando a expressão **orioles.*pointer**. Este operador, .*, trata **pointer** como um ponteiro para um membro de **orioles** e desreferencia esse ponteiro (observe que precisamos usar uma expressão como **orioles.*pointer** aqui, não **orioles.(*pointer)**):

```
int main()
{
    bird_class orioles("oriole");
    bird_class *robins_pointer = new bird_class("robin");

    void (bird_class::*pointer)(void);
    pointer = &bird_class::increment_count;

    (orioles.*pointer)();
    .
    .
    .
```

Se não tivermos um objeto, mas sim um ponteiro para um objeto, usamos o operador ->* para apontar para um membro do objeto. Eis aqui como usamos ->* com o ponteiro **robins_pointer**:

```
int main()
{
    bird_class orioles("oriole");
    bird_class *robins_pointer = new bird_class("robin");

    void (bird_class::*pointer)(void);
    pointer = &bird_class::increment_count;
```

```
    (orioles.*pointer)();
    (robins_pointer->*pointer)();

    cout << "Number of " << orioles.name << "s seen: "
        << orioles.number_seen << endl;
    cout << "Number of " << robins_pointer->name << "s seen: "
        << robins_pointer->number_seen << endl;

    return 0;
}
```

No final do código exibimos o número de pássaros incrementado. Eis aqui o resultado gerado pela execução do programa, birdclasspointers.cpp:

```
%birdclasspointers
Number of orioles seen: 1
Number of robins seen: 1
```

Solução relacionada:	**Encontrada na página:**
Como usar ponteiros para funções	225

Capítulo 9

Funções "Friend", Sobrecarga de Operadores e Construtores de Cópia

Análise Aprofundada

Vimos muitos tópicos da programação orientada a objetos (POO) no capítulo anterior, mas não há como colocar tudo o que há para ser estudado sobre a POO no C++ em um único capítulo. Neste capítulo enriqueceremos nosso estudo da programação orientada a objetos com alguns assuntos essenciais: funções "friend", construtores de cópia, como sobrecarregar operadores, classes "friend", métodos "friend", conversões entre classes e outros tipos e aninhamento de classes, dentre outros.

Precisaremos de uma classe simples para demonstrar as técnicas deste capítulo. Para tal usaremos a classe **product**, que pode ser usada para controlar os estoques de um mercado. Esta classe permitirá criar objetos que armazenam o número e o nome de um certo produto como, por exemplo, laranjas, em um membro de dados interno de nome **number**, e acessar esse membro de dados com os métodos de acesso **get_number** e **set_number**. Além disso, há um membro de dados público chamado de **name** que guarda o nome do produto (vamos deixar este membro de dados público para simplificar as coisas, mas em uma classe de uma aplicação prática o membro de dados **name** deveria ser privado e manipulado através de métodos de acesso a dados). Há também um construtor para o qual podemos passar o nome de um produto (como "laranjas") e a quantidade de produtos em estoque (por exemplo, 200). Eis aqui o aspecto dessa classe em productclass.cpp, que simplesmente cria um objeto desta classe, armazena e então exibe os dados do objeto:

```
#include <iostream>
#include <string>
using namespace std;

class product
{
    int number;
public:
    string name;
    int get_number(){return number;}
    void set_number(int n){number = n;}
    product(string text, int count);
};

product::product(string text, int count)
{
    name = text;
    number = count;
}

int main()
{
    product oranges("oranges", 200);
```

```
    cout << "Number of " << oranges.name << ": "
        << oranges.get_number() << endl;

    return 0;
}
```

Como podemos ver, esta é uma classe bastante simples, e será fácil estendê-la ao longo deste capítulo, pois não há maneira melhor de entender conceitos de programação do que os vendo em funcionamento. Eis aqui o resultado gerado pela execução de productclass.cpp:

```
%productclass
Number of oranges: 200
```

Funções "friend"

O primeiro tópico que veremos neste capítulo é como usar *funções "friend"*. Se declararmos uma função como "friend" ("amiga") de uma classe, tal função terá acesso aos membros públicos, protegidos e privados da classe. Isto é útil em muitas circunstâncias como, por exemplo, quando temos um grande número de classes e não queremos definir um mesmo método utilitário para cada uma dessas classes. Em vez disso, podemos criar uma função e torná-la "friend" de todas as classes. Você poderia pensar que as funções "friend" se opõem ao conceito de ocultamento de dados, fundamental da POO, mas na verdade tudo o que fazemos quando adicionamos uma "friend" a uma classe é estendê-la.

Eis aqui um exemplo curto, productclassfriend.cpp, que mostra como isto funciona. Ele tem uma função chamada de **display**, que exibe os dados internos de um objeto, que é "friend" da classe **product**. Isto é feito declarando-se **display** dentro de **product** e usando-se a palavra-chave **friend** na frente de tal declaração. Isto significa que **display** tem acesso a todos os dados internos dos objetos da classe **product**, de modo que quando passarmos um objeto **product** a essa função, poderemos exibir o nome do produto e a quantidade em estoque sem precisarmos usar qualquer método de acesso a dados:

```
#include <iostream>
#include <string>
using namespace std;

class product
{
    int number;
public:
    string name;
    int get_number(){return number;}
    void set_number(int n){number = n;}
    product(string text, int count);
    friend void display(product p);
};

product::product(string text, int count)
{
    name = text;
    number = count;
}

void display(product p)
{
```

```
    cout << "Number of " << p.name << ": " << p.number << endl;
}

main()
{
    product oranges("oranges", 200);

    display(oranges);

    return 0;
}
```

Aqui está o resultado da execução deste código, productclassfriend.cpp:

```
%productclassfriend
Number of oranges: 200
```

Devemos ter cuidado no uso de funções "friend", pois elas podem causar "furos" significativos no ocultamento de dados. Entretanto, há ocasiões em que elas são necessárias e bastante úteis. Veja *Conversões, "friends" e sobrecarga de operadores*, mais adiante neste capítulo, para ver um exemplo. Além de funções "friend", também veremos neste capítulo classes "friend" e métodos "friend" – veja *Como criar classes "friend"* e *Como criar métodos "friend"*.

Sobrecarga de operadores

Um dos recursos mais interessantes da POO do C++ é a capacidade de se sobrecarregar operadores para manipular objetos de classes (não podemos fazer isto em outras linguagens orientadas a objetos como, por exemplo, Java). Há, no entanto, algumas restrições: operadores sobrecarregados precisam ser usados com pelo menos um operando que seja do tipo sobrecarregado, não é possível criar operadores totalmente novos, mudar um operador de unário para binário ou vice-versa nem sobrecarregar os operadores **sizeof**, ., ::, .*, ?:, **typeid**, **const_cast**, **dynamic_cast**, **reinterpret_cast** e **static_cast**. Podemos, no entanto, sobrecarregar todos os demais operadores, inclusive operadores como **new**, **delete**, += e *=.

Por exemplo, que tal uma forma prática de armazenar o número de laranjas em estoque, armazenado em um objeto da classe **product** de nome **oranges**? Ser capaz de usar uma expressão como **oranges++** seria ótimo, mas precisamos explicar ao C++ o que a expressão significa e como implementá-la.

Eis aqui um exemplo, productclassincrement.cpp, que faz isto. Para sobrecarregar o operador ++ de modo a manipular objetos de uma classe específica, precisamos definir um novo método nesta classe: **operator++**, que não recebe argumentos e retorna o objeto incrementado. Como este método é um método de um objeto, ele tem acesso aos dados internos do objeto, o que significa que podemos implementar **operator++** da seguinte forma:

```
#include <iostream>
#include <string>
using namespace std;

class product
{
    int number;
```

```
public:
    string name;
    int get_number(){return number;}
    void set_number(int n){number = n;}
    product(string text, int count);
    product operator++(void);
};

product::product(string text, int count)
{
    name = text;
    number = count;
}

product product::operator++(void)
{
    number++;
    return *this;
}

int main()
{
    product oranges("oranges", 200);

    ++oranges;

    cout << "Number of " << oranges.name << ": "
        << oranges.get_number() << endl;

    return 0;
}
```

Isto funciona muito bem, exceto por um detalhe: ocorre que o método **operator++(void)** sobrecarrega ++ somente como operador pré-fixado (como em **++oranges**), não como operador pós-fixado (**oranges++**). E como sobrecarregamos ++ como operador pós-fixado? Para isto precisamos definir um novo método, **operator++(int)**, além de **operator++(void)**. O argumento **int** é um mero "testa-de-ferro", servindo apenas para que o compilador possa diferenciar entre ++ como operador pré-fixado e pós-fixado. Isto ilustra outra faceta irritante da sobrecarga de operadores no C++: ela não é sistemática. Muitos operadores apresentam peculiaridades para serem sobrecarregados e, por isto, veremos como sobrecarregar diversos operadores deste capítulo, como +, ++, <<, >>, [] (o operador de índice de array), **new** e **delete**. O processo usado para sobrecarregar cada um desses operadores é diferente. Eis aqui como também sobrecarregar ++ como operador pós-fixado para objetos da classe **product**:

```
#include <iostream>
#include <string>
using namespace std;

class product
{
    int number;
public:
    string name;
    int get_number(){return number;}
```

```
    void set_number(int n){number = n;}
    product(string text, int count);
    product operator++(void);
    product operator++(int);
};

product::product(string text, int count)
{
    name = text;
    number = count;
}

product product::operator++(void)
{
    number++;
    return *this;
}

product product::operator++(int)
{
    number++;
    return *this;
}

int main()
{
    product oranges("oranges", 200);

    oranges++;

    cout << "Number of " << oranges.name << ": "
        << oranges.get_number() << endl;

    return 0;
}
```

Eis aqui a saída produzida por este exemplo, productclassincrement.cpp:

```
%productclassincrement
Number of oranges: 201
```

***DICA:** Quando sobrecarregamos operadores como **new** e **delete**, como temos acesso às versões originais, não sobrecarregadas de **new** e **delete**? Podemos nos referir a eles como **::new** e **::delete**.*

Conversões entre objetos e outros tipos de dados

A sobrecarga de operadores permite instruir o compilador como manipular nossos objetos com operadores. Mas podemos levar a personalização ainda mais adiante, instruindo o compilador sobre como realizar conversões sobre os objetos. Por exemplo, e se tivermos um objeto da classe **product** de nome **oranges** que está armazenando o nome "oranges" e o número de laranjas em estoque, 200, e alguém atribui **oranges** a uma variável inteira? Ou se alguém atribuir uma string ao objeto **oranges**? O que o compilador deve fazer?

No C++, podemos explicar ao compilador exatamente o que ele deve fazer. Eis aqui um exemplo, productclassconversion.cpp, que faz exatamente o que descrevemos no parágrafo anterior: cria um objeto da classe **product** de nome **oranges**, atribui uma string a **oranges** e então atribui um inteiro a **oranges.** Então, como dizemos para o compilador o que fazer quando alguém atribui uma **string** a **oranges**? Podemos fazer isto criando para a classe **product** um construtor que receba somente um argumento **string**. Eis aqui como isto fica em productclassconversion.cpp. Observe que atribuímos uma **string** ao objeto **orange** em **main** e que o novo construtor usará essa **string** como nome do produto a ser armazenado no objeto:

```
#include <iostream>
#include <string>
using namespace std;

class product
{
    int number;
public:
    string name;
    int get_number(){return number;}
    void set_number(int n){number = n;}
    product();
    product(string text);
};

product::product()
{
    name = "";
    number = 0;
}

product::product(string text)
{
    name = text;
    number = 0;
}

int main()
{
    product oranges;
    string product_name("oranges");

    oranges = product_name;

    oranges.set_number(200);
    .
    .
    .
}
```

DICA: *E se não quisermos que o compilador use um construtor dessa maneira, implicitamente, para converter outros tipos de dados para objetos de uma classe? Podemos prefaciar a declaração do construtor com a palavra-chave* ***explicit****, o que significa que ele será usado somente para conversões explícitas. Veja* Conversões de e para objetos, *mais adiante neste capítulo.*

Agora já explicamos ao compilador como converter uma string em um objeto **product**, mas e se desejarmos ir no sentido contrário e, digamos, atribuirmos um objeto **product** a um inteiro? Para informar ao compilador como converter objetos para outros tipos de dados, precisamos adicionar um novo método de operador, de nome **operator *tipo***, onde ***tipo*** é o nome do tipo para o qual queremos permitir que o compilador converta os objetos. Por exemplo, se desejarmos atribuir **oranges** a um inteiro, vamos querer que o inteiro receba o número de laranjas em estoque. Fazemos isto declarando um novo método, de nome **operator int**, e fazendo com que tal função retorne a quantidade (**number**) armazenada no objeto da classe **product**. Eis aqui o código para tal:

```
#include <iostream>
#include <string>
using namespace std;

class product
{
    int number;
public:
    string name;
    int get_number(){return number;}
    void set_number(int n){number = n;}
    product();
    product(string text);
    operator int() const;
};

product::product()
{
    name = "";
    number = 0;
}

product::product(string text)
{
    name = text;
    number = 0;
}

product::operator int() const
{
    return number;
}

int main()
{
    product oranges;
    string product_name("oranges");

    oranges = product_name;

    oranges.set_number(200);

    int number_of_oranges = oranges;
```

```
    cout << "Number of " << oranges.name << ": " << number_of_oranges
        << endl;

    return 0;
}
```

Aqui está o resultado da execução deste código, productclassconversion.cpp. Observe que configuramos tanto o nome quanto o número do produto usando conversões que definimos nós mesmos:

```
%productclassconversion
Number of oranges: 200
```

Construtores de cópia

Construtores de cópia tornam-se importantes quando temos objetos que armazenam ponteiros como membros de dados. Como você já sabe, ponteiros muitas vezes introduzem complicações sobre as quais você precisará pensar duas vezes no C++, e esta pode ser muito bem a razão deles terem sido omitidos em linguagens como Java e o C# da Microsoft – o material promocional sobre o C# chega ao ponto de chamar os ponteiros de "origem de todos os males".

Digamos, por exemplo, que tenhamos um objeto com membros de dados que são ponteiros e retornemos esse objeto de um método. Mesmo que o objeto original saia de escopo quando retornamos do método, poderíamos pensar estarmos tranqüilos, pois o que estaria sendo retornado seria, na verdade, uma cópia do objeto. Mas e os ponteiros na cópia do objeto? Se tais ponteiros apontarem para itens dentro do objeto antigo ou para itens no armazenamento automático alocados dentro do método, tais itens também estarão fora do escopo. Isto significa que o objeto retornado estaria apontando para itens que não estão mais no escopo e que podem ser sobrescritos a qualquer momento.

Na verdade este tipo de problema pode ocorrer sempre que fazemos uma cópia de um objeto que possui ponteiros como membros de dados: mesmo que os itens para os quais os ponteiros apontam não saiam do escopo ainda pode haver problemas, pois os ponteiros do novo objeto apontam para dados do objeto antigo. Isto pode ser desastroso se o desejado for que os ponteiros do novo objeto apontem para dados do objeto novo, não do antigo.

Se quisermos criar um novo objeto e inicializá-lo a partir de um objeto existente, muitas vezes precisamos nos assegurar de que os ponteiros do novo objeto apontem para itens associados ao objeto novo, não ao antigo. Copiar os ponteiros para um objeto antigo por engano é algo que pode ocorre de muitas maneiras ocultas como quando, por exemplo, o programa passa ou retorna uma cópia do objeto para uma função ou método, quando ele cria uma cópia temporária do objeto (alguns compiladores fazem isto quando atribuem a objetos valores intermediários enquanto realizam operações em múltiplos objetos) ou quando criamos e inicializamos explicitamente um objeto usando outro objeto da mesma classe.

Como padrão, quando um programa precisa criar uma cópia de um objeto ele usa o *construtor de cópia padrão* do objeto, que simplesmente copia cada membro do objeto antigo para o novo. Mas isto não é adequado quando o objeto antigo possui ponteiros que precisam ser alterados na criação do novo objeto. Nesses casos precisamos criar nosso próprio construtor de cópia (reinicializar ponteiros e outros dados que não podem ser simplesmente copiados é chamado de fazer uma *cópia profunda– "deep copy"*). Eis aqui um exemplo, productclasscopyconstructor.cpp, que mostra como isto funciona. Ele tem uma classe **product** alterada de modo a salvar o nome do produto como um ponteiro (chamado **name**) para um array de **char** que é criado e inicializado no construtor da classe:

```
#include <iostream>
#include <cstring>
using namespace std;
```

```
class product
{
    int number;
public:
    char *name;
    int get_number(){return number;}
    void set_number(int n){number = n;}
    product(char *text, int count);
};

product::product(char *text, int count)
{
    name = new char[40];
    strcpy(name, text);
    number = count;
}
        .
        .
        .
```

Ao fazermos cópias de objetos desta classe, precisamos agora nos assegurar de alterarmos o ponteiro **name** de modo a apontar para o array de **char** do novo objeto, não apenas fazer uma cópia do ponteiro antigo, que aponta para o array de **char** do objeto antigo. Faremos isto com um construtor de cópia. Cria-se um construtor de cópia para uma classe definindo-se um construtor que recebe uma referência constante a um objeto da mesma classe. No construtor de cópia, criamos explicitamente um novo array de **char** para **name** apontar e usamos **strcpy** (veja *Como copiar strings estilo C*, no Capítulo 3, para obter mais detalhes sobre **strcpy**) para copiar o nome do produto do objeto original. Agora estamos livres para criar um objeto da classe **product** de nome **oranges** e usar esse objeto para inicializar um novo objeto, **also_oranges**:

```
#include <iostream>
#include <cstring>
using namespace std;

class product
{
    int number;
public:
    char *name;
    int get_number(){return number;}
    void set_number(int n){number = n;}
    product(char *text, int count);
    product(const product &other_product);
};

product::product(char *text, int count)
{
    name = new char[40];
    strcpy(name, text);
    number = count;
}

product::product(const product &other_product)
{
```

```
    name = new char[40];
    strcpy(name, other_product.name);
    number = other_product.number;
}

int main()
{
    product oranges("oranges", 200), also_oranges(oranges);

    cout << "Number of " << also_oranges.name << ": "
        << also_oranges.get_number() << endl;

    return 0;
}
```

Eis aqui o resultado gerado pela execução de productclasscopyconstructor.cpp. Observe que **also_oranges** realmente foi inicializado a partir de **oranges**:

```
%productclasscopyconstructor
Number of oranges: 200
```

DICA: *Se desejar, você também pode modificar o código que acabamos de ver para confirmar que tanto* ***oranges.name*** *quanto* ***also_oranges.name*** *apontam para endereços de memória diferentes. Porém, se fizer isto, não se esqueça de converter os ponteiros para o tipo* ***void**** *antes. Do contrário* ***cout*** *simplesmente exibirá o texto apontado pelos ponteiros (pois o tipo dos ponteiros é* ***char****).*

E isto é tudo para a visão geral de que precisávamos para o capítulo. É hora de ir para as *Soluções Imediatas*.

DICA: *Em geral, quando cria uma classe que aloca memória usando* ***new*** *e, portanto, armazena um ponteiro para essa memória, você deve dar à classe um construtor de cópia, um destrutor para liberar a memória alocada e um método de operador de atribuição explícito. Todos esses tópicos são vistos neste capítulo.*

Soluções Imediatas

Como criar funções "friend"

Quando declaramos uma função "friend" ("amiga") de uma classe, tal função tem acesso a todos os membros de dados dos objetos daquela classe (ou seja, todos seus membros de dados públicos, protegidos e privados).

Eis aqui um exemplo, productclassfriend.cpp, já visto na seção *Análise Aprofundada* deste capítulo, e que mostra isto em funcionamento. Ele declara uma função de nome de **display**, como friend da classe **product**. Isto significa que **display** tem acesso a todos os dados internos de objetos da classe **product**, de forma que podemos acessar inclusive o membro privado **number** de objetos **product** passados a **display**, conforme mostrado aqui:

```
#include <iostream>
#include <string>
using namespace std;

class product
{
    int number;
public:
    string name;
    int get_number(){return number;}
    void set_number(int n){number = n;}
    product(string text, int count);
    friend void display(product p);
};

product::product(string text, int count)
{
    name = text;
    number = count;
}

void display(product p)
{
    cout << "Number of " << p.name << ": " << p.number << endl;
}

main()
{
    product oranges("oranges", 200);

    display(oranges);

    return 0;
}
```

Aqui está o resultado da execução deste código, productclassfriend.cpp:

```
%productclassfriend
Number of oranges: 200
```

Para obter mais informações sobre funções "friend", veja *Conversões, "friends" e sobrecarga de operadores*, mais adiante neste capítulo.

Como sobrecarregar operadores unários como ++ e --

Como visto na seção *Análise Aprofundada* deste capítulo, podemos sobrecarregar operadores criando novos métodos de operador e podemos usar métodos de uma classe ou funções não-membro para fazê-lo (entretanto, não podemos sobrecarregar =, (), [] ou -> com uma função não-membro). Veremos como sobrecarregar operadores com métodos nesta seção e nas próximas, e então com funções não-membro em *Conversões, "friends" e sobrecarga de operadores*, mais adiante neste capítulo.

Esta seção trata da sobrecarga de operadores unários, como ++ e --, que tomam um operando. Para sobrecarregar um operador unário criamos um método de classe como o seguinte, onde ***op*** é o símbolo do operador em si. Observe também que o método precisa retornar um objeto da classe para a qual o operador está sendo sobrecarregado:

```
tipo operatorop()
{
    .
    .
    .
}
```

Aqui, ***tipo*** é o tipo de retorno do operador, que pode ser um objeto ou um tipo de dado simples. Eis aqui como sobrecarregar o operador ++ para a classe **product**, como vimos no programa productclassincrement.cpp, na seção *Análise Aprofundada* deste capítulo. Começamos criando um novo método, **operator++(void)**; neste método, só precisamos incrementar a contagem interna armazenada no objeto e retornar o objeto:

```
#include <iostream>
#include <string>
using namespace std;

class product
{
    int number;
public:
    string name;
    int get_number(){return number;}
    void set_number(int n){number = n;}
    product(string text, int count);
    product operator++(void);
};

product::product(string text, int count)
{
    name = text;
    number = count;
}
```

```
product product::operator++(void)
{
    number++;
    return *this;
}

int main()
{
    product oranges("oranges", 200);

    ++oranges;

    cout << "Number of " << oranges.name << ": "
        << oranges.get_number() << endl;

    return 0;
}
```

Como visto na seção *Análise Aprofundada* deste capítulo, este código sobrecarrega ++ somente quando ele é usado como operador pré-fixado, da seguinte forma: ++oranges. Para sobrecarregar ++ como pós-fixado, para podermos usá-lo em expressões como oranges++, precisamos sobrecarregar **operator++(int)**, onde o argumento **int** é um "testa-de-ferro":

```
#include <iostream>
#include <string>
using namespace std;

class product
{
    int number;
public:
    string name;
    int get_number(){return number;}
    void set_number(int n){number = n;}
    product(string text, int count);
    product operator++(void);
    product operator++(int);
};

product::product(string text, int count)
{
    name = text;
    number = count;
}

product product::operator++(void)
{
    number++;
    return *this;
}

product product::operator++(int)
{
    number++;
```

```
    return *this;
}

int main()
{
    product oranges("oranges", 200);

    oranges++;

    cout << "Number of " << oranges.name << ": "
        << oranges.get_number() << endl;

    return 0;
}
```

Eis aqui a saída produzida por este exemplo, productclassincrement.cpp:

```
%productclassincrement
Number of oranges: 201
```

Como sobrecarregar operadores binários como + e -

Na seção anterior vimos como sobrecarregar operadores unários. A sobrecarga de operadores binários, que recebem dois operandos, funciona de forma diferente. Por exemplo, o que acontece se sobrecarregarmos o operador + usando um método de nome **operator+** para a classe **product** e somarmos dois objetos de **product**, **apples** e **oranges**, da seguinte forma: **apples + oranges**? Neste caso será chamado o método **operator+** do objeto **apples** e o objeto **oranges** será passado a esse método. O formato de um método operador para sobrecarregar um operador binário ***op*** é o seguinte:

```
tipo operatorop(nome_da_classe segundo_operando)
{
    .
    .
    .
}
```

Aqui, ***tipo*** é o tipo de retorno do operador, que pode ser um objeto ou um tipo de dado simples. Você verá freqüentemente métodos de sobrecarga de operadores escritos de forma a passar e retornar valores por referência, com o seguinte formato: ***tipo* & operator*op*(*nome_da_classe* & *segundo_operando*)**. O compilador também fará a correspondência desse método com o operador ***op***. Podemos também usar a palavra-chave **const** para indicar que não pretendemos alterar o objeto passado, da seguinte forma: ***tipo* & operator*op*(const *nome_da_classe* & *segundo_operando*)**. Naturalmente, se o item que está sendo passado ao método tiver sido ele mesmo declarado como **const**, é necessário declarar esse argumento na lista de argumentos usando **const**. Na verdade, programadores freqüentemente passam objetos a funções e métodos usando referências constantes para melhorar a eficiência, pois desta forma não é necessário fazer uma cópia do objeto (veja *Como passar e retornar objetos*, no Capítulo 8). Usaremos tais técnicas neste capítulo conforme apropriado (por exemplo, não retornaremos uma referência a um objeto quando estivermos retornando um objeto do armazenamento automático, pois em tal caso o que realmente queremos retornar é uma cópia do objeto). Há outras razões para usar essas técnicas como, por exemplo, quando trabalhamos com herança. Veremos isto no próximo capítulo.

Vamos dar uma olhada em um exemplo, productclassaddition.cpp, que soma dois objetos da classe **product**, **apples** e **oranges**. Para sobrecarregar o operador + para a classe **product**, criamos um novo método **operator+**, que recebe um argumento: um objeto da classe **product**. Na expressão **apples + oranges**, o objeto passado a **operator+** será **oranges**. O método **operator+** precisa retornar um objeto que represente a soma dos seus operandos. Neste caso concatenaremos os nomes dos produtos adicionados e somaremos suas quantidades. Para fazer isto, criamos um novo objeto e retornamos o objeto de **operator+**:

```
#include <iostream>
#include <string>
using namespace std;

class product
{
    int number;
public:
    string name;
    int get_number(){return number;}
    void set_number(int n){number = n;}
    product(string text, int count);
    product operator+(const product & second_product);
};

product::product(string text, int count)
{
    name = text;
    number = count;
}

product product::operator+(const product & second_product)
{
    product temp("", 0);
    temp.name = name + " and " + second_product.name;
    temp.set_number(number + second_product.number);
    return temp;
}

int main()
{
    product oranges("oranges", 200);
    product apples("apples", 300);

    product apples_and_oranges = apples + oranges;

    cout << "Number of " << apples_and_oranges.name << ": "
        << apples_and_oranges.get_number() << endl;

    return 0;
}
```

Eis o resultado da versão parcial do programa productclassaddition.cpp, com o que vimos até agora:

```
%productclassaddition
Number of apples and oranges: 500
```

E que tal adicionarmos outros tipos de objetos à classe **product**? Por exemplo, e se quisermos adicionar um inteiro a **oranges**, da seguinte forma: **oranges + 5**? Podemos sobrecarregar o operador + para adicionar inteiros a objetos da classe **product** da seguinte forma, que soma o inteiro ao número armazenado internamente no objeto de **product**:

```
#include <iostream>
#include <string>
using namespace std;

class product
{
    int number;
public:
    string name;
    int get_number(){return number;}
    void set_number(int n){number = n;}
    product(string text, int count);
    product operator+(const product & second_product);
    product operator+(int n);
};

product::product(string text, int count)
{
    name = text;
    number = count;
}

product product::operator+(const product & second_product)
{
    product temp("", 0);
    temp.name = name + " and " + second_product.name;
    temp.set_number(number + second_product.number);
    return temp;
}

product product::operator+(int n)
{
    product temp("", 0);
    temp.name = name;
    temp.set_number(number + n);
    return temp;
}

int main()
{
    product oranges("oranges", 200);
    product apples("apples", 300);

    product apples_and_oranges = apples + oranges;

    cout << "Number of " << apples_and_oranges.name << ": "
        << apples_and_oranges.get_number() << endl;
```

```
    apples = apples + 5;

    cout << "Number of " << apples.name << ": "
        << apples.get_number() << endl;

    return 0;
}
```

Eis aqui o que o programa exibe quando executado agora:

```
%productclassaddition
Number of apples and oranges: 500
Number of apples: 305
```

Podemos adicionar inteiros e outros tipos de dados a objetos da classe **product** porque em expressões como **apples + 5** o valor 5 é passado ao método **operator+** do objeto **apples**. E o que acontece com expressões como **5 + apples**? O número 5 não possui um método **operator+**, de modo que isto não funciona. Para saber como lidar com expressões como esta, aonde o objeto de **product** vem em segundo lugar, veja *Conversões, "friends" e sobrecarga de operadores*, mais adiante neste capítulo.

Como sobrecarregar o operador <<

No C++ podemos sobrecarregar o operador <<. O operador << opera em um fluxo chamado de **ostream**, o fluxo de saída do programa, de modo que o protótipo para a função **operator<<** tem o seguinte aspecto:

```
ostream &operator<<(ostream &stream, const product & p);
```

Aqui passamos a **ostream** uma referência (a que demos o nome de **stream**) e um objeto **product** (o objeto que queremos mandar para a tela com <<). Dentro de **operator<<** podemos usar **cout** para enviar texto para o terminal. Após fazê-lo, também temos de retornar uma referência para o fluxo que recebemos como parâmetro, pois << pode ser *encadeado* ou, em outras palavras, uma expressão como a seguinte é válida:

```
cout << apples << oranges;
```

Vamos ver como isto funciona. Neste exemplo, productclassinsertion.cpp (<< é chamado de operador de *inserção – insertion*, pois ele insere dados em fluxos), exibimos o nome e a quantidade de um produto armazenado em um objeto **product** da forma mostrada na seqüência. Observe que tornamos a função **operator<<** "friend" da classe **product** para que essa função possa acessar os membros internos de **product** (é padrão tornar o operador **operator<<** um "friend" da classe para a qual ele está sendo sobrecarregado):

```
#include <iostream>
#include <string>
using namespace std;

class product
{
    int number;
```

```
public:
    string name;
    int get_number(){return number;}
    void set_number(int n){number = n;}
    product(string text, int count);
    friend ostream &operator<<(ostream &stream, const product & p);
};

product::product(string text, int count)
{
    name = text;
    number = count;
}

ostream &operator<<(ostream &stream, const product & p)
{
    cout << "Number of " << p.name << ": " << p.number << endl;
    return stream;
}

int main()
{
    product oranges("oranges", 200);

    cout << oranges << endl;

    return 0;
}
```

Agora podemos enviar objetos da classe **product** para o terminal diretamente com <<. Eis aqui o resultado da execução do programa productclassinsertion.cpp:

```
%productclassinsertion
Number of oranges: 200
```

Além de << também podemos sobrecarregar >>. Veja o tópico a seguir.

Como sobrecarregar o operador >>

No C++ podemos sobrecarregar o operador >>. O operador >> opera em um fluxo chamado de **istream**, o fluxo de entrada do programa, de modo que o protótipo para a função **operator>>** tem o seguinte aspecto:

```
istream &operator>>(istream &stream, const product & p);
```

Aqui passamos à **istream** uma referência (a que demos o nome de **stream**) e uma referência a um objeto **product** (o objeto no qual queremos armazenar dados com >>). Dentro de **operator>>** podemos usar **cin** para ler dados do teclado. Após fazê-lo, também temos de retornar uma referência para o fluxo que recebemos como parâmetro, pois >> pode ser *encadeado*. Em outras palavras, uma expressão como a seguinte é válida:

```
cin >> apples >> oranges;
```

A classe **product** armazena dois itens de dados: o nome e a quantidade de um produto. Assim, precisamos sobrecarregar o operador >> de modo que ele leia dois itens de dados. Iniciaremos este novo exemplo, productclassextraction.cpp (o operador >> é chamado de operador de *extração* – *extraction*, pois ele extrai dados de fluxos), tornando a função **operator>>** "friend" da classe **product**:

```
#include <iostream>
#include <string>
using namespace std;

class product
{
    int number;
public:
    string name;
    int get_number(){return number;}
    void set_number(int n){number = n;}
    product(string text, int count);
    friend ostream &operator<<(ostream &stream, const product & p);
    friend istream &operator>>(istream &stream, product & p);
};
    .
    .
    .
```

Agora podemos definir o corpo da função **operator>>** para que ela leia e armazene os dois itens de dados de que necessitamos. Observe que, como **operator>>** é um "friend" da classe **product**, ele pode acessar os dados internos de **product** diretamente. Neste programa solicitamos que o usuário forneça valores para os dados de um objeto chamado **oranges**, usamos o operador >> sobrecarregado para armazenar esses dados em **oranges** e então usamos o operador << sobrecarregado para exibir os dados. Eis aqui o código para tal:

```
#include <iostream>
#include <string>
using namespace std;

class product
{
    int number;
public:
    string name;
    int get_number(){return number;}
    void set_number(int n){number = n;}
    product(string text, int count);
    friend ostream &operator<<(ostream &stream, const product & p);
    friend istream &operator>>(istream &stream, product & p);
};

product::product(string text, int count)
{
    name = text;
    number = count;
}

istream &operator>>(istream &stream, product & p)
{
```

```
    cin >> p.name >> p.number;
    return stream;
}

ostream &operator<<(ostream &stream, const product & p)
{
    cout << "Number of " << p.name << ": " << p.number << endl;
    return stream;
}

main()
{
    product oranges("", 0);

    cout << "Please enter the product name and number: ";

    cin >> oranges;

    cout << oranges << endl;

    return 0;
}
```

Eis aqui o que o programa, productclassextraction.cpp, exibe quando executado:

```
%productclassextraction
Please enter the product name and number: oranges 200
Number of oranges: 200
```

Como sobrecarregar o operador []

O C++ permite sobrecarregar o operador [], de índice de array. Este operador permite usar índices de array em objetos e retornar dados do armazenamento interno do objeto conforme a necessidade. Sobrecarregar este operador dá a possibilidade de realizar qualquer cálculo adequado sobre esses dados antes deles serem retornados.

Sobrecarregar o operador [] não é difícil. Como seria de se esperar, sobrecarrega-se este operador com um método de nome **operator[]**. Este método recebe o índice de array usado no objeto. Eis aqui o aspecto do protótipo do operador **operator[]**:

```
tipo operator[](int índice);
```

Observe que este método retorna uma referência para os dados especificados pelo ***índice*** do array.

Eis aqui um exemplo, productclassarray.cpp, que estende a classe **product** que temos usado ao longo deste capítulo de modo que ela possa acompanhar o estoque de um produto em três locais diferentes através do suporte ao operador []. Por exemplo, **oranges[0]** poderia ser o estoque de laranjas em São Francisco, **oranges[1]** o estoque em Boston e **oranges[3]** o estoque em Paris. No exemplo armazenamos as quantidades do produto no objeto e o inicializamos no construtor da seguinte forma:

```
#include <iostream>
#include <string>
using namespace std;
```

```
class product
{
    int number[3];
public:
    string name;
    product(string text, int count0, int count1, int count2);
};

product::product(string text, int count0, int count1, int count2)
{
    name = text;
    number[0] = count0;
    number[1] = count1;
    number[2] = count2;
}
        .
        .
        .
```

Agora podemos sobrecarregar o operador [] para a classe **product**. Neste caso retornaremos uma referência ao valor armazenado em cada um dos três possíveis índices de array, conforme a necessidade. Isto funciona assim em **operator[]** – observe também que passamos três inteiros ao construtor do objeto e agora podemos usar o operador [] sobre o objeto em **main**:

```
#include <iostream>
#include <string>
using namespace std;

class product
{
    int number[3];
public:
    string name;
    product(string text, int count0, int count1, int count2);
    int operator[](int index) {return number[index];}
};

product::product(string text, int count0, int count1, int count2)
{
    name = text;
    number[0] = count0;
    number[1] = count1;
    number[2] = count2;
}

int main()
{
    product oranges("oranges", 200, 300, 400);

    cout << "Number of " << oranges.name << ": " << oranges[0] << endl;

    return 0;
}
```

Aqui está o resultado da execução do programa, productclassarray.cpp:

```
%productclassarray
Number of oranges: 200
```

Como sobrecarregar o operador =

O C++ permite sobrecarregar o operador =, o que muitas vezes é útil quando temos objetos que armazenam ponteiros internamente. O operador = sobrecarregado é usado quando atribuímos um objeto a outro, da forma a seguir:

```
apples = oranges;
```

Compiladores C++ também permitem usar um operador de atribuição sobrecarregado quando inicializamos um objeto a partir de outro:

```
product apples = oranges;
```

Normalmente tal tipo de inicialização, a partir de outro objeto, é feito com o construtor de cópia, mas os compiladores C++ também podem usar o construtor de cópia para criar um objeto temporário e o operador = para atribuir um valor a tal objeto temporário.

Caso não seja sobrecarregado, o operador = simplesmente copia um objeto membro a membro, da mesma forma que o construtor de cópia padrão. Entretanto, ocorre aqui o mesmo problema já visto com construtores de cópia padrão: se um objeto contiver ponteiros, não necessariamente esses ponteiros devem ser simplesmente copiados para o novo objeto, pois os ponteiros copiados continuarão apontando para dados do objeto antigo (veja a seção *Análise Aprofundada* deste capítulo para obter mais informações sobre como fazer cópias de objetos que armazenam ponteiros que pode causar problemas). Para evitar tal tipo de problemas podemos sobrecarregar o operador = com um método como:

```
tipo_da_classe operator=(tipo_da_classe segundo_objeto);
```

Em uma expressão como **also_oranges = oranges**, o método **operator=** de **also_oranges** é chamado e **oranges** é passado ao método.

Eis aqui um exemplo, productclassequals.cpp, que mostra como isto funciona. Ele modifica a classe **product** de modo a armazenar o nome do produto usando um ponteiro para um array de **char**:

```
#include <iostream>
#include <cstring>
using namespace std;

class product
{
    int number;
public:
    char *name;
    int get_number(){return number;}
    void set_number(int n){number = n;}
    product();
    product(char *text, int count);
};
```

```
product::product(char *text, int count)
{
    name = new char[40];
    strcpy(name, text);
    number = count;
}
        .
        .
        .
```

Para sobrecarregar o operador = de modo que ele trate objetos desta classe, incluímos o método **operator=** da forma a seguir e usamos **strcpy** (veja *Como copiar strings estilo C*, no Capítulo 3, para obter mais informações sobre **strcpy**) para copiar o array de **char** do objeto original para o novo objeto. Agora podemos atribuir um objeto **product** a outro, da seguinte forma:

```
#include <iostream>
#include <cstring>
using namespace std;

class product
{
    int number;
public:
    char *name;
    int get_number(){return number;}
    void set_number(int n){number = n;}
    product();
    product(char *text, int count);
    product & operator=(const product & second_product);
};

product::product(char *text, int count)
{
    name = new char[40];
    strcpy(name, text);
    number = count;
}

product::product()
{
    name = new char[40];
    number = 0;
}

product & product::operator=(const product & second_product)
{
    strcpy(name, second_product.name);
    number = second_product.number;
    return *this;
}

int main()
{
    product oranges("oranges", 200), also_oranges;
```

```
    also_oranges = oranges;

    cout << "Number of " << also_oranges.name << ": "
        << also_oranges.get_number() << endl;

    return 0;
}
```

Este exemplo, productclassequals.cpp, exibe o nome e o número de laranjas do novo objeto, **also_oranges**, comprovando que o operador de atribuição funcionou:

```
%productclassequals
Number of oranges: 200
```

Solução relacionada:	Encontrada na página:
Como copiar strings estilo C	111

Como sobrecarregar os operadores **new** e **delete**

Os operadores **new** e **delete** também podem ser sobrecarregados em C++. O operador **new** sobrecarregado retorna um ponteiro do tipo **void*** e recebe um argumento de tipo **size_t**, um tipo especial criado para guardar tamanhos. O operador **delete** recebe um ponteiro do tipo **void***:

```
void *operator new(size_t size);
void operator delete(void *p);
```

Também podemos sobrecarregar **new[]** e **delete[]**:

```
void *operator new[](size_t size);
void operator delete[](void *p);
```

No operador **new** sobrecarregado, alocamos memória para o novo objeto e retornamos um ponteiro **void*** para essa memória (a estrutura do programa inicializa o objeto e o armazena na memória para nós). Eis aqui como isto funciona em um exemplo, productclassnew.cpp, que sobrecarrega **new** para alocar memória para um objeto da classe **product** e usa **delete** para liberar essa memória. Eis o código:

```
#include <iostream>
#include <string>
using namespace std;

class product
{
    int number;
public:
    string name;
    int get_number(){return number;}
    product(string text, int count);
    void *operator new(size_t size);
    void operator delete(void *p);
};
```

```
product::product(string text, int count)
{
    name = text;
    number = count;
}

void *product::operator new(size_t size)
{
    cout << "Allocating memory..." << endl;
    void *p = new char[size];
    return p;
}

void product::operator delete(void *p)
{
    cout << "Deleting memory..." << endl;
    delete[] (void *) p;
}

int main()
{
    product *orange_pointer = new product("oranges", 200);

    cout << "Number of " << orange_pointer->name << ": "
        << orange_pointer->get_number() << endl;

    delete orange_pointer;

    return 0;
}
```

Depois de termos sobrecarregado **new** e **delete**, como podemos acessar os **new** e **delete** originais, não sobrecarregados? Isto é bastante simples: basta nos referirmos a eles como **::new** e **::delete**.

Como criar um construtor de cópia

Conforme vimos na seção *Análise Aprofundada* deste capítulo, construtores de cópia tornam-se importantes quando temos objetos que armazenam ponteiros como membros de dados. Se tivermos em um objeto ponteiros e fizermos uma cópia desse objeto, os ponteiros do objeto da cópia apontarão para os mesmos dados que os ponteiros do objeto original. Isto pode não ser o comportamento desejado, pois muitas vezes se deseja que os ponteiros do novo objeto apontem para dados novos, não para os dados do objeto antigo.

Esse problema pode ocorrer quando o programa cria uma cópia de um objeto quando, por exemplo, ele passa ou retorna uma cópia de um objeto a uma função ou método, quando ele cria uma cópia temporária do objeto ou quando criamos e inicializamos explicitamente um objeto usando outro objeto da mesma classe. Como padrão, quando um programa precisa criar uma cópia de um objeto ele usa o *construtor de cópia padrão* do objeto, que simplesmente copia cada membro do objeto antigo para o novo. Isto, é claro, causa problemas quando o objeto antigo possui ponteiros que precisam ser reinicializados no novo objeto. Em tais situações, devemos criar nossos próprios construtores de cópia. Conforme mencionado na seção *Análise Aprofundada* deste capítulo, reinicializar ponteiros e outros dados que não podem ser simplesmente copiados é chamado de fazer uma *cópia profunda*– "*deep copy*".

Vimos um exemplo na seção *Análise Aprofundada*, productclasscopyconstructor.cpp, que mostra como isto funciona. Ele altera a classe **product** de modo a salvar o nome do produto como um ponteiro para um array de **char** e altera o construtor normal da classe **product** de modo a manipular com tal tipo de array de **char**:

```
#include <iostream>
#include <cstring>
using namespace std;

class product
{
    int number;
public:
    char *name;
    int get_number(){return number;}
    void set_number(int n){number = n;}
    product(char *text, int count);
};

product::product(char *text, int count)
{
    name = new char[40];
    strcpy(name, text);
    number = count;
}
    .
    .
    .
```

Quando copiamos objetos desta classe não podemos simplesmente fazer uma cópia do ponteiro **name**, pois esse ponteiro apontará para o membro **name** do objeto antigo, não para o do novo. Precisamos de um construtor de cópia. Para criarmos um construtor de cópia para uma classe, basta criarmos um construtor que receba uma referência constante para um objeto da mesma classe. Nesse construtor podemos reinicializar quaisquer ponteiros ou outros dados, conforme a necessidade, para criarmos a nova cópia do objeto. Neste caso isto significa alocar um novo array de **char** para guardar o nome do produto e usar **strcpy** para copiar o nome antigo para o novo. Podemos acionar o construtor de cópia, por exemplo, inicializando um objeto a partir de outro da mesma classe:

```
#include <iostream>
#include <cstring>
using namespace std;

class product
{
    int number;
public:
    char *name;
    int get_number(){return number;}
    void set_number(int n){number = n;}
```

```
    product(char *text, int count);
    product(const product & other_product);
};

product::product(char *text, int count)
{
    name = new char[40];
    strcpy(name, text);
    number = count;
}

product::product(const product & other_product)
{
    name = new char[40];
    strcpy(name, other_product.name);
    number = other_product.number;
}

int main()
{
    product oranges("oranges", 200), also_oranges(oranges);

    cout << "Number of " << also_oranges.name << ": "
        << also_oranges.get_number() << endl;

    return 0;
}
```

Usar construtores de cópia é um aspecto sutil e fácil de esquecer. No entanto, caso você tenha objetos que armazenam ponteiros, leve em conta que eles são bons candidatos a construtores de cópia, especialmente porque o uso ou não de construtores de cópia fica a cargo da implementação do C++, e você pode não obter os resultados esperados se não fornecer construtores de cópia.

Conversões *de* e *para* objetos

O C++ oferece um grande suporte a objetos, tornando-os o mais que pode parecidos com tipos de dados básicos da linguagem. Parte deste suporte nos permite especificar como desejamos que o compilador execute conversões sobre os objetos que definimos. Por exemplo, e se tivermos um objeto da classe **product** de nome **oranges** que está armazenando o nome "oranges" e o número de laranjas em estoque, 200, e alguém atribui **oranges** a uma variável inteira? Ou se alguém atribuir uma string ao objeto **oranges**? O que o compilador deve fazer?

Vimos como dizer ao compilador o que fazer no exemplo productclassconversion.cpp da seção Análise Aprofundada deste capítulo. Ele cria um objeto chamado **oranges**, atribui uma string a **oranges** e então atribui um inteiro a **oranges**. Veremos mais detalhes aqui.

Conversões para objetos

Como dizer ao compilador o que fazer se atribuirmos uma **string** a **oranges**? Isto é feito criando-se para a classe **product** um construtor que receba somente um argumento **string**. Eis aqui como isto é feito em productclassconversion.cpp. Observe que estamos atribuindo uma **string** ao objeto **oranges** em **main** e que o novo construtor usará essa **string** como o nome do produto a ser armazenado no objeto:

```
#include <iostream>
#include <string>
using namespace std;

class product
{
    int number;
public:
    string name;
    int get_number(){return number;}
    void set_number(int n){number = n;}
    product();
    product(string text);
};

product::product()
{
    name = "";
    number = 0;
}

product::product(string text)
{
    name = text;
    number = 0;
}

int main()
{
    product oranges;
    string product_name("oranges");

    oranges = product_name;
        .
        .
        .
}
```

E se tivermos um construtor que aceita um argumento string, mas não quisermos que o compilador o use para fazer conversões implícitas? Neste caso usamos a palavra-chave **explicit** (leve em conta que alguns compiladores só permitem usar **explicit** com construtores definidos dentro de uma classe, ou seja, dentro da definição da classe) para que o compilador saiba que ele deve usar este construtor apenas para fazer conversões explicitadas com uma conversão explícita de tipo ("cast"):

```
#include <iostream>
#include <string>
using namespace std;

class product
{
    int number;
```

```
public:
    string name;
    int get_number(){return number;}
    void set_number(int n){number = n;}
    product();
    explicit product(string text){name = text; number = 0;}
};

product::product()
{
    name = "";
    number = 0;
}
    .
    .
    .
```

Conversões a partir de objetos

Podemos também especificar como converter objetos para diversos tipos de dados, usando métodos especiais. Por exemplo, para especificar como converter um objeto para uma variável do tipo **int**, declaramos um método de nome **operator int**. Para converter um objeto para uma variável do tipo **double**, o método seria **operator double**, e assim por diante. Eis aqui como fazemos para permitir conversões de objetos da classe **product** para inteiros e fazemos uso da nova conversão em **main**, em productclassconversion.cpp:

```
#include <iostream>
#include <string>
using namespace std;

class product
{
    int number;
public:
    string name;
    int get_number(){return number;}
    void set_number(int n){number = n;}
    product();
    product(string text);
    operator int() const;
};

product::product()
{
    name = "";
    number = 0;
}

product::product(string text)
{
    name = text;
    number = 0;
}

product::operator int() const
{
```

```
    return number;
}

int main()
{
    product oranges;
    string product_name("oranges");

    oranges = product_name;

    oranges.set_number(200);

    int number_of_oranges = oranges;

    cout << "Number of " << oranges.name << ": " << number_of_oranges
        << endl;

    return 0;
}
```

E aqui está o resultado da execução de productclassconversion.cpp. Como podemos ver, o programa converteu com sucesso uma string para um objeto **product** e um objeto **product** em um inteiro:

```
%productclassconversion
Number of oranges: 200
```

Conversões, "friends" e sobrecarga de operadores

Como vimos em *Como sobrecarregar operadores binários como + e -*, anteriormente neste capítulo, quando sobrecarregamos um operador binário em uma expressão como **a + b**, o método **operator+** de **a** é chamado e recebe uma referência a **b**. Isto não apresenta problemas para expressões como **apples + oranges**, onde **apples** e **oranges** são objetos, ou mesmo **apples + 5**, mas não funciona para expressões como **5 + apples**, onde o operando não é um objeto, não podendo assim possuir um método **operator+**.

Podemos, no entanto, resolver este problema usando funções "friend", pois uma função "friend" receberá *ambos* os operandos. Por exemplo, se tornarmos **operator+** uma função "friend", podemos declarar uma versão de **operator+** que aceite como primeiro argumento um inteiro e como segundo argumento um objeto **product**. Fazer isto permite usar expressões como **5 + apples**, como mostra o exemplo productclassaddition2.cpp:

```
#include <iostream>
#include <string>
using namespace std;

class product
{
    int number;
public:
    string name;
    int get_number(){return number;}
    void set_number(int n){number = n;}
    product(int count);
    product(string text, int count);
```

```
    friend product operator+(int n, const product & product2);
};

product::product(int count)
{
    number = count;
}

product::product(string text, int count)
{
    name = text;
    number = count;
}

product operator+(int n, const product & product2)
{
    product temp("", 0);
    temp.name = product2.name;
    temp.set_number(n + product2.number);
    return temp;
}

main()
{
    product apples("apples", 300);

    apples = 5 + apples;

    cout << "Number of " << apples.name << ": "
        << apples.get_number() << endl;

    return 0;
}
```

Eis aqui o resultado gerado pela execução do novo programa, productclassaddition2.cpp:

```
%productclassaddition2
Number of apples: 305
```

Embora pareça que precisemos definir uma nova versão de **operator+** para cada combinação possível de operandos desta forma, podemos tornar o processo inteiro mais fácil se permitirmos conversões de diversos tipos de dados para nossos objetos. Por exemplo, digamos que tenhamos definidos uma função "friend" de nome **operator+** e passemos a ela dois objetos da classe **product**. Se também fornecermos métodos de conversão dos diversos tipos de dados para a classe **product**, o compilador converte esses tipos de dados conforme a necessidade e os passa à função **operator+**, de modo que só precisamos de uma função **operator+**. Eis aqui um exemplo, productclassaddition3.cpp, que mostra como isto funciona. Nela, deixamos **operator+** manipular dois objetos da classe **product**, mas também fornecemos um construtor de conversão de inteiros para objetos **product**, o que significa que podemos agora tratar expressões como **apples + oranges**, **apples + 5** e **5 + apples**:

```
#include <iostream>
#include <string>
using namespace std;
```

```
class product
{
    int number;
public:
    string name;
    int get_number(){return number;}
    void set_number(int n){number = n;}
    product(int count);
    product(string text, int count);
    friend product operator+(const product & product1,
        const product & product2);
};

product::product(int count)
{
    number = count;
}

product::product(string text, int count)
{
    name = text;
    number = count;
}

product operator+(const product & product1, const product & product2)
{
    product temp("", 0);
    if(!product1.name.empty())
        temp.name = product1.name;
    if(!product2.name.empty())
        temp.name = product2.name;
    if(!product1.name.empty() && !product2.name.empty())
        temp.name = product1.name + " and " + product2.name;
    temp.set_number(product1.number + product2.number);
    return temp;
}

main()
{
    product oranges("oranges", 200);
    product apples("apples", 300);

    product apples_and_oranges = apples + oranges;

    cout << "Number of " << apples_and_oranges.name << ": "
        << apples_and_oranges.get_number() << endl;

    apples = apples + 5;

    cout << "Number of " << apples.name << ": "
        << apples.get_number() << endl;
```

```
    apples = 5 + apples;

    cout << "Number of " << apples.name << ": "
        << apples.get_number() << endl;

    return 0;
}
```

Eis aqui o resultado gerado pela execução do programa, productclassaddition3.cpp:

```
%productclassaddition3
Number of apples and oranges: 500
Number of apples: 305
Number of apples: 310
```

Como criar classes "friend"

Além de funções, também podemos declarar classes como "friends" de outras classes. Se uma classe é "friend" de outra, ela tem acesso a todos os membros internos da segunda classe. Eis aqui um exemplo, productclassfriendclass.cpp, onde criamos uma nova classe de nome **inventory** e a tornamos "friend" da classe **produto.** A classe **inventory** possui um único método, **get_number**, e quando passamos a ele um objeto da classe **product**, ele retorna o número armazenado no membro de dados privado **number** do objeto. Em **main** podemos usar um objeto da classe **inventory** para obter o número de laranjas armazenado em um objeto da classe **product**, da seguinte maneira:

```
#include <iostream>
#include <string>
using namespace std;

class product
{
    friend class inventory;
    int number;
public:
    string name;
    int get_number(){return number;}
    void set_number(int n){number = n;}
    product(string text, int count);
};

class inventory
{
public:
    int get_number(product p);
};

int inventory::get_number(product p)
{
    return p.number;
}
```

```
product::product(string text, int count)
{
    name = text;
    number = count;
}

int main()
{
    product oranges("oranges", 200);
    inventory i;

    cout << "Number of " << oranges.name << ": "
        << i.get_number(oranges) << endl;

    return 0;
}
```

Eis aqui o resultado gerado pela execução deste código, productclassfriendclass.cpp:

```
%productclassfriendclass
Number of oranges: 200
```

Como criar métodos "friend"

Além de classes "friend" e funções "friend", podemos tornar métodos específicos "friends" de uma classe. Eis aqui um exemplo, productclassfriendmethod.cpp. Nele tornamos o método **get_number** da classe **inventory** "friend" da classe **product** e então usamos esse método para acessar os dados internos de um objeto da classe **product**. Observe que precisamos declarar a classe **product** antes de usá-la no método **get_number** da classe **inventory** (e não podemos simplesmente colocar a classe **product** antes, pois essa classe declara o método **get_number** da classe **inventory** como friend e nesse caso o compilador reclamará que ainda não viu a classe **inventory**):

```
#include <iostream>
#include <string>
using namespace std;

class product;

class inventory
{
public:
    int get_number(product p);
};

class product
{
    friend int inventory::get_number(product p);
    int number;
public:
    string name;
    int get_number(){return number;}
```

```
    void set_number(int n){number = n;}
    product(string text, int count);
};

int inventory::get_number(product p)
{
    return p.number;
}

product::product(string text, int count)
{
    name = text;
    number = count;
}

int main()
{
    product oranges("oranges", 200);
    inventory i;

    cout << "Number of " << oranges.name << ": "
        << i.get_number(oranges) << endl;

    return 0;
}
```

Eis aqui o resultado gerado pela execução do programa, productclassfriendmethod.cpp:

```
%productclassfriendmethod
Number of oranges: 200
```

Como criar classes aninhadas e locais

Em C++ podemos colocar uma classe dentro de outra. Eis aqui um exemplo, productclassnested.cpp, em que definimos uma nova classe, **value**, dentro da classe **product** e usamos um objeto da classe **value** para armazenar o número de produtos em estoque. Para acessar a quantidade de um objeto, podemos agora usar os métodos de acesso a dados **set_value** e **get_value** da classe **value**:

```
#include <iostream>
#include <string>
using namespace std;

class product
{
    class value
    {
    public:
        int internal_value;
        int get_value(){return internal_value;}
        void set_value(int n){internal_value = n;}
    };
    value number;
```

```
public:
    string name;
    int get_number(){return number.get_value();}
    void set_number(int n){number.set_value(n);}
    product(string text, int count);
};

product::product(string text, int count)
{
    number.set_value(count);
    name = text;
}

int main()
{
    product oranges("oranges", 200);

    cout << "Number of " << oranges.name << ": "
        << oranges.get_number() << endl;

    return 0;
}
```

Eis aqui o resultado gerado pela execução do programa, productclassnested.cpp:

```
%productclassnested
Number of oranges: 200
```

Podemos também usar objetos da classe **value** fora da classe **product**, mas neste caso precisamos usar o nome totalmente qualificado da classe **value**, ou seja, **product::value**.

Além disso, podemos definir classes dentro do corpo de uma função. Tais classes são chamadas de *classes locais*. Essas classes são alocadas no armazenamento automático e, portanto, não podem ter membros estáticos. Além disso, uma classe aninhada dentro de uma classe local pode ser referenciada fora da classe em que ela está aninhada, mas somente dentro do escopo da classe local.

Capítulo 10

Herança de Classes

Análise Aprofundada

Uma das principais atrações dos pacotes C++ vendidos por fornecedores independentes são as classes pré-escritas fornecidas com esses pacotes. Por exemplo, as Microsoft Foundation Classes que vêm com o Microsoft Visual C++ oferecem um enorme volume de suporte para programadores Windows, com literalmente milhares de classes. No entanto, nada disso seria muito útil se não fosse possível personalizar essas classes de alguma maneira, fazendo-as se comportar do modo desejado e adicionando-as ao código dos programas. Este capítulo é totalmente dedicado à *reutilização* de código em C++, através da *herança de classes*, um dos principais pilares da POO, e a razão pela qual podemos personalizar e usar as classes fornecidas por vendedores independentes.

A herança de classes permite reutilizar classes derivando classes novas de antigas e personalizando as novas classes conforme desejado. Iniciaremos com alguns exemplos, começando com uma introdução à classe simples que usaremos neste capítulo, a classe **animal**.

A classe animal

Para ver como a herança funciona, precisaremos de uma classe de exemplo. Para isso usaremos a classe **animal**. Esta classe simplesmente suporta uns poucos métodos, **eat**, **sleep** e **breathe** (respectivamente, **comer**, **dormir** e **respirar**), que exibem as mensagens "Eating...", "Sleeping..." e "Breathing..." ("Comendo...", "Dormindo..." e "Respirando..."):

```
#include <iostream>
using namespace std;

class animal
{
public:
    void eat();
    void sleep();
    void breathe();
};

void animal::eat(){cout << "Eating..." << endl;}
void animal::sleep(){cout << "Sleeping..." << endl;}
void animal::breathe(){cout << "Breathing..." << endl;}
    .
    .
    .
```

Os métodos desta classe são comuns a todos os animais. Por exemplo, podemos declarar um objeto de nome **cat** (gato) que come, dorme e respira, da seguinte forma:

```
#include <iostream>
using namespace std;
```

```
class animal
{
public:
    void eat();
    void sleep();
    void breathe();
};

void animal::eat(){cout << "Eating..." << endl;}
void animal::sleep(){cout << "Sleeping..." << endl;}
void animal::breathe(){cout << "Breathing..." << endl;}

int main()
{
    animal cat;

    cat.eat();
    cat.breathe();
    cat.sleep();

    return 0;
}
```

Eis aqui o resultado da execução deste código, animalclass.cpp:

```
%animalclass
Eating...
Breathing...
Sleeping...
```

Os métodos da classe **animal** são comuns a todos os animais, porém são muito básicos. Usando somente esta classe não podemos diferenciar um gato de um canário e, com o passar do tempo, podemos passar a achar a classe um tanto quanto aborrecida. Se trabalharmos com a classe **animal** por um longo tempo, podemos acabar querendo personalizá-la de alguma forma, para refletir com mais precisão o comportamento dos diversos animais. Por exemplo, um peixe não respira da mesma forma que uma girafa.

Uma maneira de personalizar essa classe para diversos animais é copiar a classe para dezenas de classes e personalizar cada uma delas para um animal específico. No entanto, se o código da classe **animal** for muito grande, ou tiver grande quantidade de dados internos, escrever uma classe separada para cada tipo de animal pode não ser uma boa idéia. Se precisássemos alterar o código de um método, poderíamos precisar modificar cada classe separadamente.

Em vez, disso, podemos tomar todas as características que os animais têm em comum e colocá-las em uma *classe-base*. No nosso exemplo, a classe **animal**, com seus métodos básicos **eat**, **sleep** e **breathe** comuns a todos os animais, será nossa classe-base. Usando herança, podemos então derivar novas classes a partir dessa classe-base, sendo que essas *classes derivadas* podem ser personalizadas para cada animal específico e ao mesmo tempo manter a funcionalidade dos métodos **eat**, **sleep** e **breathe** da classe-base, **animal**. Por exemplo, pode haver um estouro de elefantes, mas raramente isto acontece com peixinhos dourados de aquário. Em outras palavras, podemos derivar uma classe **elephant** (elefante) da classe **animal** e adicionar um método de nome **stampede** (estouro), ao passo que a classe **goldfish** (peixe dourado de aquário) não terá tal método. Agora a classe **elephant** possui os métodos **eat**, **sleep**, **breathe** e **stampede**, e tudo que tivemos de fazer foi desenvolver o método **stampede** – os métodos **eat**, **sleep** e **breathe** já estavam prontos para uso, na classe **animal**.

Herança

Eis aqui como usar herança para desenvolver a classe **elephant**. Esta classe é baseada na classe **animal**. Por isso incluiremos a definição da classe **animal** neste novo exemplo, animalclassinheritance.cpp:

```
#include <iostream>
using namespace std;

class animal
{
public:
    void eat();
    void sleep();
    void breathe();
};

void animal::eat(){cout << "Eating..." << endl;}
void animal::sleep(){cout << "Sleeping..." << endl;}
void animal::breathe(){cout << "Breathing..." << endl;}
    .
    .
    .
```

Agora derivaremos a classe **elephant** da classe **animal** e adicionaremos dois novos métodos a ela: **trumpet** (barrido, a voz do elefante) e **stampede** (estouro). Para indicar que **elephant** é baseado em **animal**, adicionamos **: public animal** (observe os dois-pontos) à declaração de **elephant**:

```
#include <iostream>
using namespace std;

class animal
{
public:
    void eat();
    void sleep();
    void breathe();
};

class elephant : public animal
{
public:
    void trumpet();
    void stampede();
};

void animal::eat(){cout << "Eating..." << endl;}
void animal::sleep(){cout << "Sleeping..." << endl;}
void animal::breathe(){cout << "Breathing..." << endl;}

void elephant::trumpet(){cout << "Trumpeting..." << endl;}
void elephant::stampede(){cout << "Stampeding..." << endl;}
    .
    .
    .
```

Isto significa que **elephant** é derivada de **animal**, e assim **elephant** herda tudo o que há na classe animal; **elephant** passa a ter os métodos **eat, sleep, breathe, trumpet** e **stampede**. Se declararmos um objeto de nome **jumbo** da classe **elephant**, podemos agora usar todos esses métodos:

```
#include <iostream>
using namespace std;

class animal
{
public:
    void eat();
    void sleep();
    void breathe();
};

class elephant : public animal
{
public:
    void trumpet();
    void stampede();
};

void animal::eat(){cout << "Eating..." << endl;}
void animal::sleep(){cout << "Sleeping..." << endl;}
void animal::breathe(){cout << "Breathing..." << endl;}

void elephant::trumpet(){cout << "Trumpeting..." << endl;}
void elephant::stampede(){cout << "Stampeding..." << endl;}

int main()
{
    elephant jumbo;

    jumbo.breathe();
    jumbo.trumpet();
    jumbo.stampede();

    return 0;
}
```

Eis aqui o resultado produzido por esse exemplo, animalclassinheritance.cpp:

```
%animalclassinheritance
Breathing...
Trumpeting...
Stampeding...
```

Desta maneira podemos criar uma classe derivada de uma classe-base e incluir alguns métodos adicionais nela.

NOTA: *Lembre-se de que podemos armazenar definições de classe a arquivos de cabeçalho. Para fins de simplicidade, não faremos isto com muita freqüência neste capítulo (para ver um exemplo, consulte* Como criar bibliotecas de classes, *mais adiante neste capítulo), mas caso vá reutilizar classes em muitos arquivos, tenha isto em mente, pois esta é a forma como programadores profissionais freqüentemente codificam.*

Eis aqui algumas coisas que podemos fazer usando herança:

- Adicionar funcionalidade a uma classe preexistente adicionando nossos próprios métodos, como vimos.
- Adicionar membros de dados a uma classe preexistente.
- Alterar como os métodos de uma classe existente funcionam, redefinindo-os. Isto se chama *sobreposição* (overriding) de um método da classe-base.

A herança é baseada em relacionamentos "é-um". Neste caso, este relacionamento pode ser expresso como "um elefante é um tipo de animal". Outro relacionamento freqüente entre classes é o relacionamento "tem-um", no qual um objeto é membro de outro objeto – veja *Como criar relacionamentos tem-um*, mais adiante neste capítulo.)

Alguns métodos de uma classe *não são* herdados quando uma classe derivada é criada: construtores, destrutores e métodos de operador de atribuição não são herdados. As classes derivadas, no entanto, podem usar os construtores, destrutores e métodos de operador de atribuição de suas classes base, bem como adicionar os seus próprios. Por exemplo, se a classe-base tiver um método de operador de atribuição, o compilador usará tal método também para a classe derivada, o que não traz problemas, a não ser que a classe derivada crie também membros de dados próprios (caso em que se deve criar um novo método **operator=** para a classe derivada). Veremos com usar construtores e destrutores com herança neste capítulo.

NOTA: *Há mais um aspecto que vale a pena saber: podemos atribuir objetos de uma classe derivada a objetos de uma classe-base (embora quaisquer membros que tenham sido adicionados na classe derivada sejam perdidos após a atribuição), mas não podemos atribuir um objeto de uma classe-base a um objeto de uma classe derivada, exceto se tivermos definido um método de conversão. Veja* Conversões *de* e *para* objetos, *no Capítulo 9, para mais informações sobre métodos de conversão.*

Especificadores de acesso

Como já vimos, os membros de uma classe podem ser declarados privados, públicos ou protegidos. Os membros privados não estão disponíveis fora dos objetos da classe, membros públicos ficam disponíveis fora da classe e membros protegidos estão disponíveis somente à classe e àquelas derivadas dela. Os especificadores de acesso usados têm implicações no funcionamento da herança com cada classe. Para vermos como isto funciona, vejamos o código de um novo exemplo, animalclassaccess.cpp, onde tornamos o método **eat** da classe **animal** privado, seu método **run** protegido e os métodos **sleep** e **breathe** públicos:

```
#include <iostream>
using namespace std;

class animal
{
private:
    void eat();
protected:
    void run();
public:
```

```
    void sleep();
    void breathe();
};
        .
        .
        .
```

Veja agora o que acontece quando derivamos a classe **elephant** de **animal**: o método privado **eat** não fica disponível a **elephant**, mas o método protegido **run** e os métodos **sleep** e **breathe** ficam. Como o método protegido **run** é disponibilizado apenas a classes derivadas de **animal**, ele não fica disponível publicamente a partir de objetos **elephant**. Para tornar o método **run** da classe **animal** disponível publicamente a partir de objetos **elephant**, podemos definir em **elephant** um novo método público **run** que chame o método **run** da classe **elephant**. Para chamarmos um método da classe-base usamos o operador de resolução de escopo, ::. Em nosso caso, usamos o operador da seguinte forma: **animal::run**, como mostrado a seguir:

```
#include <iostream>
using namespace std;

class animal
{
private:
    void eat();
protected:
    void run();
public:
    void sleep();
    void breathe();
};

class elephant : public animal
{
public:
    void run();
    void trumpet();
    void stampede();
};

void animal::eat(){cout << "Eating..." << endl;}
void animal::run(){cout << "Running..." << endl;}
void animal::sleep(){cout << "Sleeping..." << endl;}
void animal::breathe(){cout << "Breathing..." << endl;}

void elephant::run(){animal::run();}
void elephant::trumpet(){cout << "Trumpeting..." << endl;}
void elephant::stampede(){cout << "Stampeding..." << endl;}

int main()
{
    elephant jumbo;

    jumbo.run();
    jumbo.breathe();
```

```
    jumbo.trumpet();
    jumbo.stampede();

    return 0;
}
```

Aqui está o resultado da execução deste exemplo, animalclassaccess.cpp:

```
%animalclassaccess
Running...
Breathing...
Trumpeting...
Stampeding...
```

Usando os especificadores de acesso **public**, **private** e **protected**, podemos especificar em uma classe-base o que desejamos deixar disponível às classes derivadas. No entanto, isto ainda deixa em aberto muitas perguntas sobre a conexão entre as classes-base e suas derivadas. Por exemplo, e se tanto uma classe-base quanto uma derivada dela tiverem construtores? Quais deles são chamados e em que ordem?

Herança e construtores

Se uma classe-base não tiver um construtor definido explicitamente, seu construtor padrão é chamado todas as vezes que for criado um objeto de uma classe derivada dela. Mas o que acontece se a classe- base efetivamente tiver um construtor explícito? Por exemplo, vamos adicionar à classe **animal** um construtor que armazene o nome do animal, da seguinte maneira:

```
class animal
{
private:
    string name;
public:
    void eat();
    void sleep();
    void breathe();
    animal(string s);
};

animal::animal(string s){name = s;}
```

Agora a classe **animal** possui um construtor que toma um argumento string (e como foi criado um construtor, o compilador C++ não mais cria um construtor padrão para a classe). Quando criamos um objeto da classe **elephant**, que é derivada de **animal**, como passamos os dados de volta para o construtor da classe **animal**? Para fazer isto, precisamos adicionar ao construtor da classe **elephant** uma lista de inicializadores (veja *Como criar construtores*, no Capítulo 8, para ter mais informações sobre inicializadores). Por exemplo, se escrevermos para a classe **elephant** um construtor que tome um argumento string, podemos passar esse argumento para o construtor da classe **animal** da seguinte forma, incluída em animalclassconstructor.cpp:

```
#include <iostream>
#include <string>
using namespace std;
```

```
class animal
{
private:
    string name;
public:
    void eat();
    void sleep();
    void breathe();
    animal(string s);
};

class elephant : public animal
{
public:
    void trumpet();
    void stampede();
    elephant(string s);
};

void animal::eat(){cout << "Eating..." << endl;}
void animal::sleep(){cout << "Sleeping..." << endl;}
void animal::breathe(){cout << "Breathing..." << endl;}
animal::animal(string s){name = s;}

void elephant::trumpet(){cout << "Trumpeting..." << endl;}
void elephant::stampede(){cout << "Stampeding..." << endl;}
elephant::elephant(string s) : animal(s)
{
    cout << "Initializing name to " << s << endl;
}

int main()
{
    elephant jumbo("Jumbo");

    jumbo.breathe();
    jumbo.trumpet();
    jumbo.stampede();

    return 0;
}
```

É assim que passamos argumentos para construtores de classe-base: usando inicializadores, como em **elephant::elephant(string s) : animal(s)**, que passa o argumento string para o construtor da classe **animal**. Eis aqui o resultado gerado pela execução do programa, animalclassconstructor.cpp:

```
%animalclassconstructor
Initializing name to Jumbo
Breathing...
Trumpeting...
Stampeding...
```

Para obter mais detalhes, veja *Como usar construtores com herança*, mais adiante neste capítulo.

Como sobrepor membros de uma classe-base

Podemos também personalizar uma classe-base redefinindo seus membros em uma classe derivada. Este processo é chamado de *sobreposição* (overriding, que não deve ser confundido com sobrecarga – overloading). Quando sobrepomos um membro de uma classe-base redefinimos o membro, seja ele um membro de dados ou um método. Por exemplo, a classe **animal** possui um método chamado **breathe**, que exibe "Breathing...", mas se derivarmos da classe **animal** uma classe de nome **fish**, poderíamos achar mais apropriado que esse método exibisse "Bubbling..." ("Fazendo bolhas..."). Para sobrepor um método da classe-base, basta redefinir o método – e é só. Por exemplo, eis aqui como sobrepusemos o método **breathe** na classe **fish**, derivada de **animal**, em um novo exemplo, animalclassoverride.cpp:

```
#include <iostream>
using namespace std;

class animal
{
public:
    void eat();
    void sleep();
    void breathe();
};

class fish : public animal
{
public:
    void breathe();
};

void animal::eat(){cout << "Eating..." << endl;}
void animal::sleep(){cout << "Sleeping..." << endl;}
void animal::breathe(){cout << "Breathing..." << endl;}
void fish::breathe(){cout << "Bubbling..." << endl;}

int main()
{
    fish bigfish;
    bigfish.breathe();

    return 0;
}
```

Aqui está o resultado da execução deste exemplo, animalclassoverride.cpp. Observe que o método de sobreposição **breathe** exibe "Bubbling...", não "Breathing...":

```
%animalclassoverride
Bubbling...
```

Como podemos ver, o método **breathe** da classe **fish** sobrepôs o método **breathe** da classe-base. Isto nos permite continuar a usar a classe-base mesmo que ela tenha alguns métodos ou membros de dados inadequados para nossos fins, pois eles podem ser redefinidos diferentemente em uma classe derivada. Um aspecto importante: redefinir um método de uma classe-base em uma classe derivada oculta à classe derivada todos os métodos com o mesmo nome da classe-base, não apenas aqueles com a mesma lista de argumentos. Em outras palavras, sobreposição não é sobrecarga: quando sobrepomos um método, todas as versões sobrecarregadas do método também são sobrepostas. Para obter mais informações veja *Como sobrepor membros de uma classe base*, mais adiante neste capítulo.

Métodos virtuais, ligação precoce e tardia

Ainda não analisamos o que acontece a ponteiros quando trabalhamos com classes-base e derivadas, mas há muito a ser estudado. Ponteiros para objetos de uma classe-base também podem ser usados para apontar para objetos de uma classe derivada (embora não possamos referenciar membros da classe derivada que não estejam na classe-base quando usamos um ponteiro de uma classe-base). Como um ponteiro também pode apontar para diversos objetos derivados distintos, este processo é chamado de *polimorfismo*.

Eis aqui um exemplo, animalclasspolymorphism.cpp, em que incluímos ao exemplo da classe **fish** que vimos na seção anterior um objeto **animal** e um ponteiro para a classe **animal**, de nome **pointer**. Podemos usar **pointer** para apontar para objetos tanto da classe **animal** quanto da classe **fish** da maneira mostrada a seguir, onde chamamos o método **breathe** em cada um dos casos:

```
#include <iostream>
using namespace std;

class animal
{
public:
    void eat();
    void sleep();
    void breathe();
};

class fish : public animal
{
public:
    void breathe();
};

void animal::breathe(){cout << "Breathing..." << endl;}
void animal::eat(){cout << "Eating..." << endl;}
void animal::sleep(){cout << "Sleeping..." << endl;}
void fish::breathe(){cout << "Bubbling..." << endl;}

int main()
{
    animal animal_object;
    fish bigfish;
    animal *pointer;

    pointer = &animal_object;

    pointer->breathe();

    pointer = &bigfish;

    pointer->breathe();

    return 0;
}
```

Aqui está o resultado gerado pela execução deste código:

```
%animalclasspolymorphism
Breathing...
Breathing...
```

Vamos analisar o que aconteceu: embora o ponteiro da classe **animal** possa apontar para objetos tanto da classe **animal** quanto da classe derivada **fish**, quando chamamos o método **breathe** o método chamado é o **breathe** da classe-base em ambos os casos. Isto ocorre porque o compilador sabe que o ponteiro aponta para a classe **animal**, de forma que ele usa como padrão os métodos daquela classe, um processo chamado de ligação *precoce* ou *estática* (*early* ou *static* binding).

Entretanto, podemos fazer com que o programa espere até ser efetivamente executado antes de decidir que versão de **breathe** chamar, o que é conhecido com ligação *tardia* ou *dinâmica* (*late* ou *dynamic* binding). Para usar ligação tardia com **breathe**, usamos a palavra-chave **virtual** em sua declaração, tornando-o um *método virtual*. Agora, se **pointer** tiver um ponteiro para um objeto da classe **animal** e usarmos esse ponteiro para chamar **breathe, animal::breathe** continuará sendo chamado. Mas se **pointer** tiver um ponteiro para um objeto da classe **fish** e usarmos **pointer** para chamar **breathe, fish::breathe** será chamado em vez de **animal::breathe.** Usando ligação tardia, o programa determina para o membro de que classe um ponteiro aponta em tempo de execução, não em tempo de compilação.

Eis aqui como isto funciona em animalclasspolymorphism2.cpp. Observe que tornamos **breathe** um método virtual:

```
#include <iostream>
using namespace std;

class animal
{
public:
    void eat();
    void sleep();
    virtual void breathe();
};

class fish : public animal
{
public:
    void breathe();
};

void animal::breathe(){cout << "Breathing..." << endl;}
void animal::eat(){cout << "Eating..." << endl;}
void animal::sleep(){cout << "Sleeping..." << endl;}
void fish::breathe(){cout << "Bubbling..." << endl;}

int main()
{
    animal animal_object;
    fish bigfish;
    animal *pointer;

    pointer = &animal_object;
```

```
    pointer->breathe();

    pointer = &bigfish;

    pointer->breathe();

    return 0;
}
```

Agora o código executado produz o resultado a seguir. Observe que quando colocamos um ponteiro para um objeto **fish** em **pointer** e chamamos **pointer->breathe**, a versão de **breathe** da classe **fish** é a chamada:

```
%animalclasspolymorphism2
Breathing...
Bubbling...
```

NOTA: *Embora possamos usar um ponteiro de uma classe-base para apontar para um objeto de uma classe derivada, não podemos usar esse ponteiro da classe-base para acessar membros existentes na classe derivada que* não são *membros da classe-base. Tentar fazer isto gerará um erro de compilação.*

Mas isto foi só uma introdução a polimorfismo e herança. Veremos mais nas *Soluções Imediatas*, às quais passaremos agora.

Soluções Imediatas

Como derivar uma classe de uma classe-base

A derivação de uma classe a partir de uma classe-base se faz conforme a sintaxe a seguir, onde ***especificador_de_acesso*** pode ser **public**, **private** ou **protected** e ***classe_base*** é o nome da classe-base:

```
class nome [: especificador_de_acesso classe_base [, especificador_de_acesso classe_base...]]
{
private:
    membros de dados e métodos privados
protected:
    membros de dados e métodos protegidos
public:
    membros de dados e métodos públicos
}[lista_de_objetos...];
```

Vimos um exemplo na seção *Análise Aprofundada* deste capítulo, animalclassinheritance.cpp, onde derivamos uma classe de nome **elephant** a partir de uma classe-base de nome **animal**:

```
#include <iostream>
using namespace std;

class animal
{
public:
    void eat();
    void sleep();
    void breathe();
};

class elephant : public animal
{
public:
    void trumpet();
    void stampede();
};

void animal::eat(){cout << "Eating..." << endl;}
void animal::sleep(){cout << "Sleeping..." << endl;}
void animal::breathe(){cout << "Breathing..." << endl;}

void elephant::trumpet(){cout << "Trumpeting..." << endl;}
void elephant::stampede(){cout << "Stampeding..." << endl;}
    .
    .
    .
```

Então criamos um objeto da classe **elephant** e usamos seus métodos:

```
#include <iostream>
using namespace std;

class animal
{
public:
    void eat();
    void sleep();
    void breathe();
};

class elephant : public animal
{
public:
    void trumpet();
    void stampede();
};

void animal::eat(){cout << "Eating..." << endl;}
void animal::sleep(){cout << "Sleeping..." << endl;}
void animal::breathe(){cout << "Breathing..." << endl;}

void elephant::trumpet(){cout << "Trumpeting..." << endl;}
void elephant::stampede(){cout << "Stampeding..." << endl;}

int main()
{
    elephant jumbo;

    jumbo.breathe();
    jumbo.trumpet();
    jumbo.stampede();

    return 0;
}
```

A classe **elephant** herdou os métodos da classe **animal**, conforme a execução do exemplo mostra:

```
%animalclassinheritance
Breathing...
Trumpeting...
Stampeding...
```

No entanto, isto é só arranhar a superfície da herança. As seções a seguir mostrarão muito mais.

Como usar especificadores de acesso

Podemos usar especificadores de acesso para definir que tipo de acesso uma classe derivada terá aos membros da classe-base. Especificamente, os membros de uma classe podem ser declarados *privados*, *públicos* ou *protegidos*. Os membros privados não estão disponíveis fora dos objetos da classe, membros públicos ficam disponíveis fora da classe e membros protegidos estão disponíveis somente à classe e àquelas derivadas dela.

Por exemplo, vimos o exemplo de nome animalclassaccess.cpp na seção *Análise Aprofundada* deste capítulo. Nele, a classe **animal** possui métodos privados, públicos e protegidos:

```
#include <iostream>
using namespace std;

class animal
{
private:
    void eat();
protected:
    void run();
public:
    void sleep();
    void breathe();
};
    .
    .
    .
```

Os membros públicos da classe-base também serão públicos na classe derivada. Os membros privados da classe-base não podem ser acessados na classe derivada, mas os membros públicos e protegidos podem. Os membros protegidos não podem ser acessados fora da classe e de suas derivadas – por exemplo, como **run** é um método protegido da classe **animal**, para tornar tal método acessível precisamos fornecer um método público na classe derivada que chame **animal::run**:

```
#include <iostream>
using namespace std;

class animal
{
private:
    void eat();
protected:
    void run();
public:
    void sleep();
    void breathe();
};

class elephant : public animal
{
public:
    void run();
    void trumpet();
    void stampede();
};

void animal::eat(){cout << "Eating..." << endl;}
void animal::run(){cout << "Running..." << endl;}
void animal::sleep(){cout << "Sleeping..." << endl;}
void animal::breathe(){cout << "Breathing..." << endl;}

void elephant::run(){animal::run();}
void elephant::trumpet(){cout << "Trumpeting..." << endl;}
void elephant::stampede(){cout << "Stampeding..." << endl;}
```

```
int main()
{
    elephant jumbo;

    jumbo.run();
    jumbo.breathe();
    jumbo.trumpet();
    jumbo.stampede();

    return 0;
}
```

Aqui está o resultado da execução deste exemplo, animalclassaccess.cpp:

```
%animalclassaccess
Running...
Breathing...
Trumpeting...
Stampeding...
```

Existe outro lugar onde podemos usar especificadores de acesso com herança: quando definimos uma classe derivada. No código anterior, por exemplo, usamos herança pública, conforme indicado pelo especificador de acesso **public**:

```
class elephant : public animal
{
public:
    void run();
    void trumpet();
    void stampede();
};
```

Entretanto, podemos ser mais restritivos com respeito aos membros da classe-base, usando herança privada ou protegida. Veja *Como usar a herança privada* e *Como usar a herança protegida*, mais adiante neste capítulo.

Como usar construtores com herança

Se uma classe-base não tiver um construtor definido explicitamente, seu construtor padrão é chamado todas as vezes que for criado um objeto de uma classe derivada dela. Mas o que acontece se a classe-base efetivamente tiver um construtor explícito? Neste caso precisamos especificar os argumentos que desejamos passar para aquele construtor, usando inicializadores.

Eis aqui um exemplo que já vimos na seção *Análise Aprofundada* deste capítulo, animalclassconstructor.cpp. Nele adicionamos um construtor que toma um argumento string às classes **animal** e **elephant**. Para passar o argumento para o construtor da classe **animal**, usamos um inicializador como o seguinte:

```
#include <iostream>
#include <string>
using namespace std;
```

```
class animal
{
private:
    string name;
public:
    void eat();
    void sleep();
    void breathe();
    animal(string s);
};

class elephant : public animal
{
public:
    void trumpet();
    void stampede();
    elephant(string s);
};

void animal::eat(){cout << "Eating..." << endl;}
void animal::sleep(){cout << "Sleeping..." << endl;}
void animal::breathe(){cout << "Breathing..." << endl;}
animal::animal(string s){name = s;}

void elephant::trumpet(){cout << "Trumpeting..." << endl;}
void elephant::stampede(){cout << "Stampeding..." << endl;}
elephant::elephant(string s) : animal(s)
{
    cout << "Initializing name to " << s << endl;
}

int main()
{
    elephant jumbo("Jumbo");

    jumbo.breathe();
    jumbo.trumpet();
    jumbo.stampede();

    return 0;
}
```

É assim que passamos argumentos para construtores da classe-base: usando argumentos como **elephant::elephant(string s) : animal(s)**, que passa a string **s** para o construtor da classe **animal**. Aqui está o resultado gerado pela execução do programa, animalclassconstructor.cpp:

```
%animalclassconstructor
Initializing name to Jumbo
Breathing...
Trumpeting...
Stampeding...
```

O construtor da classe-base é chamado antes do construtor da classe derivada (pois a classe derivada precisa que os membros da classe-base estejam totalmente inicializados). Destrutores são chamados em ordem inversa: o da classe derivada antes, então o da classe-base. Podemos passar múltiplos argumentos aos construtores de classes-base, é claro, inclusive argumentos que não estejam na lista de argumentos do construtor da classe derivada. Aqui está um exemplo:

```
elephant::elephant(string s, int n) : animal(s, n, -512)
{
    cout << "Initializing name to " << s << endl;
}
```

DICA: *Se estiver inicializando um objeto de dentro de outro objeto, você deve chamar o construtor de cópia da classe-base.*

Para saber mais sobre este processo veja herança múltipla, no próximo capítulo.

Como sobrepor membros de uma classe-base

Podemos personalizar uma classe-base sobrepondo seus membros em uma classe derivada. Quando sobrepomos um membro de uma classe-base, seja ele um membro de dados ou um método, redefinimos o membro, tornando a nova versão a padrão na classe derivada. No entanto, continuamos podendo acessar o membro sobreposto, usando a sintaxe ***classe_base::membro***.

Quando sobrepomos um método de uma classe-base, todas as versões do método, não importa que lista de argumentos usem, também são sobrepostas. Assim, sobrepor é bastante diferente de sobrecarregar. Eis aqui um exemplo, animalclassoverride.cpp, da seção *Análise Aprofundada* deste capítulo, em que a classe **animal** possui um método **breathe** que sobrepusemos na classe derivada **fish**. O método **animal::breathe** exibe "Breathing...", mas o método **fish::breathe** exibe "Bubbling...":

```
#include <iostream>
using namespace std;

class animal
{
public:
    void eat();
    void sleep();
    void breathe();
};

class fish : public animal
{
public:
    void breathe();
};

void animal::eat(){cout << "Eating..." << endl;}
void animal::sleep(){cout << "Sleeping..." << endl;}
void animal::breathe(){cout << "Breathing..." << endl;}
void fish::breathe(){cout << "Bubbling..." << endl;}
    .
    .
    .
```

Agora, quando chamamos o método **breathe** em um objeto da classe **fish**, a versão sobreposta é usada:

```
#include <iostream>
using namespace std;

class animal
{
public:
    void eat();
    void sleep();
    void breathe();
};

class fish : public animal
{
public:
    void breathe();
};

void animal::eat(){cout << "Eating..." << endl;}
void animal::sleep(){cout << "Sleeping..." << endl;}
void animal::breathe(){cout << "Breathing..." << endl;}
void fish::breathe(){cout << "Bubbling..." << endl;}

int main()
{
    fish bigfish;
    bigfish.breathe();

    return 0;
}
```

Aqui está o resultado da execução deste exemplo:

```
%animalclassoverride
Bubbling...
```

Observe que ainda podemos acessar o método **breathe** da classe **animal** dentro da classe **fish**, usando a expressão **animal::breathe**.

Solução relacionada:	Encontrada na página:
Como sobrecarregar métodos e construtores	298

Métodos virtuais e polimorfismo em tempo de execução

Conforme visto na seção *Análise Aprofundada* deste capítulo, podemos armazenar um ponteiro ou referência a uma classe derivada em um ponteiro ou referência à classe-base. Em outras palavras, um ponteiro ou referência pode apontar ou se referir a objetos de não apenas uma classe, mas também a objetos de classes derivadas dela. Se tais objetos suportarem métodos, podemos fazer o programa esperar até o momento em que é executado para decidir qual versão de cada método ele deve chamar, se o da classe-base ou o da classe derivada. Este processo é chamado de polimorfismo em tempo de execução, sendo bastante útil porque permite que o programa decida em tempo de execução que método ele vai chamar.

Isto é mais bem explicado com um exemplo, como o que vimos em animalclasspolymorphism2.cpp, na seção *Análise Aprofundada* deste capítulo. Nele criamos um objeto da classe **animal**, um ponteiro para a classe **animal** e um objeto da classe **fish**, derivada da classe **animal**. Tanto a classe **animal** quanto **fish** possuem versões diferentes de um método chamado **breathe**, e declaramos tal método **virtual** na classe-base para indicar que o compilador deve tratá-lo com polimorfismo de tempo de execução:

```
#include <iostream>
using namespace std;

class animal
{
public:
    void eat();
    void sleep();
    virtual void breathe();
};

class fish : public animal
{
public:
    void breathe();
};

void animal::breathe(){cout << "Breathing..." << endl;}
void fish::breathe(){cout << "Bubbling..." << endl;}
    .
    .
    .
```

Isto significa que **pointer->breathe** chama **animal::breathe** quando **pointer** aponta para um objeto **animal**, mas chama **fish::breathe** quando **pointer** aponta para um objeto **fish**:

```
#include <iostream>
using namespace std;

class animal
{
public:
    void eat();
    void sleep();
    virtual void breathe();
};

class fish : public animal
{
public:
    void breathe();
};

void animal::breathe(){cout << "Breathing..." << endl;}
void animal::eat(){cout << "Eating..." << endl;}
void animal::sleep(){cout << "Sleeping..." << endl;}
void fish::breathe(){cout << "Bubbling..." << endl;}
```

```
int main()
{
    animal animal_object;
    fish bigfish;
    animal *pointer;

    pointer = &animal_object;

    pointer->breathe();

    pointer = &bigfish;

    pointer->breathe();

    return 0;
}
```

Eis aqui o resultado da execução do programa. Observe que o programa usou **animal::breathe** quando o ponteiro apontou para um objeto **animal**, mas **fish::breathe** quando o ponteiro apontou para um objeto **fish**:

```
%animalclasspolymorphism2
Breathing...
Bubbling...
```

NOTA: *Como podemos usar polimorfismo de tempo de execução com métodos virtuais, um estilo de programação diz que devemos declarar todos os métodos que queremos que sejam sobrepostos como virtuais, e nenhum dos métodos que não queremos que sejam sobrepostos desta forma.*

Observe também que construtores não podem ser virtuais, nem tampouco o podem métodos ou funções 'friend' (já que 'friends' não são realmente membros da classe atual). No entanto, é muitas vezes interessante tornar *destrutores* virtuais, especialmente se tivermos uma classe que sirva como classe-base e objetos de classes derivadas dela sejam alocados com **new**. Em tal caso, o programa usa o ponteiro retornado por **new** para apontar para o objeto, o que significa que será aplicada ligação estática ao destrutor do objeto, a não ser que o destrutor seja tornado virtual. Se mantivermos a ligação estática somente o destrutor da classe-base será chamado, mas se o destrutor for virtual o destrutor da classe derivada apropriada será chamado.

Além disso, como já comentamos na seção *Análise Aprofundada* deste capítulo, embora possamos usar um ponteiro de uma classe-base para apontar para um objeto de uma classe derivada, não podemos usar esse ponteiro da classe-base para acessar membros existentes na classe derivada que *não* são membros da classe-base. Tentar fazer isto gerará um erro de compilação.

Solução relacionada:	Encontrada na página:
Como usar **dynamic_cast** com ponteiros em tempo de execução	426

Como criar classes abstratas e métodos puramente virtuais

Podemos deixar um método de uma classe *não implementado*, para torná-lo um *método puramente virtual*. Quando uma classe possui um ou mais métodos puramente virtuais ela é chamada de *classe abstrata* e não podemos instanciar objetos dessa classe diretamente. Em vez disso, precisamos derivar nossas próprias classes a partir da classe abstrata, sobrepondo explicitamente qualquer função puramente virtual.

DICA: *Se quiser que programadores tenham de sobrepor determinados métodos de uma classe, tais como aqueles que precisam ter suas informações personalizadas para cada instalação específica, você deve tornar tais métodos puramente virtuais. É para isto que métodos puramente virtuais foram criados.*

Criamos um método puramente virtual colocando **= 0** no lugar do corpo de um método. Eis aqui um exemplo, animalclassabstractclass.cpp, que mostra como isto funciona. Nele transformamos o método **breathe** da classe **animal** em um método puramente virtual:

```
#include <iostream>
using namespace std;

class animal
{
public:
    void eat();
    void sleep();
    virtual void breathe() = 0;
};
    .
    .
    .
```

Agora que a classe **animal** é abstrata, não podemos criar objetos dessa classe – só podemos usá-la como uma classe-base. Para criar uma classe derivada não abstrata dessa classe, precisamos sobrepor o método **breathe**, como mostrado a seguir:

```
#include <iostream>
using namespace std;

class animal
{
public:
    void eat();
    void sleep();
    virtual void breathe() = 0;
};

class fish : public animal
{
public:
    void breathe();
};

void animal::eat(){cout << "Eating..." << endl;}
void animal::sleep(){cout << "Sleeping..." << endl;}
void fish::breathe(){cout << "Bubbling..." << endl;}

int main()
{
```

```
    fish bigfish;

    bigfish.breathe();

    return 0;
}
```

Eis o que o exemplo, animalclassabstractclass.cpp, exibe quando executado:

```
%animalclassabstractclass
Bubbling...
```

Como criar relacionamentos tem-um

Conforme exposto na seção *Análise Aprofundada* deste capítulo, a herança é baseada em relacionamentos "é-um". Por exemplo, digamos que derivemos a classe **elephant** a partir da classe **animal**:

```
#include <iostream>
using namespace std;

class animal
{
public:
    void eat();
    void sleep();
    void breathe();
};

class elephant : public animal
{
public:
    void trumpet();
    void stampede();
};
```

Neste caso o relacionamento entre animal e elephant é um relacionamento "é-um", ou seja, um elefante "é um" tipo de animal. Também existem outros tipos de relacionamentos entre objetos, tais como o relacionamento "tem-um", que indica que um objeto contém outro. Eis aqui um exemplo, animalclasscontainment.cpp, onde criamos uma nova classe chamada **legs** (pernas) com um método **walk** (andar):

```
#include <iostream>
using namespace std;

class legs
{
public:
    void walk(){cout << "Walking..." << endl;}
};
    .
    .
    .
```

Então colocamos um objeto da classe **legs** dentro da classe **animal**. Em outras palavras, **animal** "tem-um" **legs:**

```
#include <iostream>
using namespace std;

class legs
{
public:
   void walk(){cout << "Walking..." << endl;}
};

class animal
{
   legs l;
   .
   .
   .
```

Agora podemos usar o método **walk** deste objeto nos métodos da classe **animal:**

```
#include <iostream>
using namespace std;

class legs
{
public:
   void walk(){cout << "Walking..." << endl;}
};

class animal
{
   legs l;
public:
   void eat();
   void sleep();
   void breathe();
   void walk(){l.walk();}
};

void animal::eat(){cout << "Eating..." << endl;}
void animal::sleep(){cout << "Sleeping..." << endl;}
void animal::breathe(){cout << "Breathing..." << endl;}

int main()
{
   animal jumbo;

   jumbo.eat();
   jumbo.breathe();
   jumbo.sleep();
   jumbo.walk();

   return 0;
}
```

Eis aqui o resultado gerado pela execução do programa, animalclasscontainment.cpp:

```
%animalclasscontainment
Eating...
Breathing...
Sleeping...
Walking...
```

Podemos também usar objetos contidos na lista de inicialização de um construtor, como no caso a seguir, em que atribuímos a string "James" ao objeto contido **name**:

```
person::person()  :  name("James")
{
    .
    .
    .
}
```

Como usar a herança privada

A derivação de uma classe a partir de uma classe-base se faz conforme a sintaxe a seguir, onde ***especificador_de_acesso*** pode ser **public**, **private** ou **protected** e ***classe_base*** é o nome da classe-base:

```
class nome [: especificador_de_acesso classe_base [, especificador_de_acesso classe_base...]]
{
private:
    membros de dados e métodos públicos
protected:
    membros de dados e métodos protegidos
public:
    membros de dados e métodos públicos
}[lista_de_objetos...];
```

Ao longo deste capítulo temos usado herança pública, ou seja, usamos o especificador de acesso **public** para especificar como derivar uma nova classe a partir de uma classe-base:

```
class elephant : public animal
{
public:
    void trumpet();
    void stampede();
};
```

Neste caso, os membros privados de **animal** não estão disponíveis para **elephant**, mas os membros públicos de **animal** se tornam públicos em **elephant** e os membros protegidos de **animal** se tornam protegidos em **elephant**.

No entanto, há dois outros especificadores de acesso possíveis: **private** e **protected**. Veremos **private** nesta seção e **protected** na seguinte. Quando usamos herança privada, os membros públicos e protegidos da classe-base tornam-se membros *privados* da classe derivada. Na verdade, podemos ver a herança privada mais como a implementação de um relacionamento tem-um (veja o tópico anterior) do que a de um relacionamento é-um, pois a classe-base é muito mais contida do que no caso da herança pública.

Eis aqui um exemplo, animalclassprivateinheritance.cpp, onde derivamos a classe **elephant** da classe **animal** usando herança privada. Observe que os métodos da classe **animal** não ficam mais disponíveis a partir de um objeto da classe **elephant**, pois tais métodos agora são privados e, para chamá-lo, precisamos fazer a chamada a partir do código dentro da classe **elephant**, como o exemplo a seguir mostra para o método **breathe**:

```
#include <iostream>
using namespace std;

class animal
{
protected:
    void breathe();
public:
    void eat();
    void sleep();
};

class elephant : private animal
{
public:
    void trumpet();
    void stampede();
    void breathe();
};

void animal::eat(){cout << "Eating..." << endl;}
void animal::sleep(){cout << "Sleeping..." << endl;}
void animal::breathe(){cout << "Breathing..." << endl;}

void elephant::trumpet(){cout << "Trumpeting..." << endl;}
void elephant::stampede(){cout << "Stampeding..." << endl;}
void elephant::breathe(){animal::breathe();}

int main()
{
    elephant jumbo;

    jumbo.breathe();
    jumbo.trumpet();
    jumbo.stampede();

    return 0;
}
```

Eis aqui o que o programa animalclassprivateinheritance.cpp exibe quando executado:

```
%animalclassprivateinheritance
Breathing...
Trumpeting...
Stampeding...
```

Além da herança privada também podemos usar herança protegida, que será vista na seção a seguir.

DICA: *Você deseja usar a herança privada mas ainda manter alguns membros da classe-base públicos, não privadas, na classe derivada? Leia* Como definir acesso com **using**, *mais adiante neste capítulo.*

Como usar a herança protegida

A derivação de uma classe a partir de uma classe-base se faz conforme a sintaxe a seguir, onde ***especificador_de_acesso*** pode ser **public**, **private** ou **protected** e ***classe_base*** é o nome da classe-base:

```
class nome [: especificador_de_acesso classe_base [, especificador_de_acesso classe_base...]]
{
private:
    membros de dados e métodos públicos
protected:
    membros de dados e métodos protegidos
public:
    membros de dados e métodos públicos
}[lista_de_objetos...];
```

Já vimos neste capítulo herança pública e privada. Veremos agora a herança protegida. Quando derivamos a partir de uma classe-base usando o especificador de acesso **protected**, os membros públicos e protegidos da classe-base se tornam membros protegidos da classe derivada (os membros privados da classe-base não ficam disponíveis para a classe derivada). A herança protegida muitas vezes é útil quando se deriva a partir de uma classe que não foi projetada para herança, pois ela converte membros públicos da classe-base, que podemos não querer expor, em membros protegidos da classe derivada.

Eis aqui um exemplo, animalclassprotectedinheritance.cpp. Como usa herança protegida, quaisquer membros públicos ou protegidos da classe **animal** se tornam membros protegidos da classe **elephant**, o que significa que eles não estão disponíveis fora de **elephant** e que, se quisermos chamar um método da classe **animal** usando um objeto da classe **elephant**, precisamos chamar esse método usando código dentro do objeto da classe **elephant**, como exemplificado a seguir com o método **breathe**:

```
#include <iostream>
using namespace std;

class animal
{
public:
    void eat();
    void sleep();
    void breathe();
};

class elephant : protected animal
{
```

```
public:
    void trumpet();
    void stampede();
    void breathe();
};

void animal::eat(){cout << "Eating..." << endl;}
void animal::sleep(){cout << "Sleeping..." << endl;}
void animal::breathe(){cout << "Breathing..." << endl;}

void elephant::trumpet(){cout << "Trumpeting..." << endl;}
void elephant::stampede(){cout << "Stampeding..." << endl;}
void elephant::breathe(){animal::breathe();}

int main()
{
    elephant jumbo;

    jumbo.breathe();
    jumbo.trumpet();
    jumbo.stampede();

    return 0;
}
```

Eis aqui o resultado gerado pela execução do programa, animalclassprotectedinheritance.cpp:

```
%animalclassprotectedinheritance
Breathing...
Trumpeting...
Stampeding...
```

DICA: *Você quer usar herança protegida mas manter alguns membros da classe-base públicos, não protegidos, na classe derivada? Consulte* Como definir acesso com **using**, *a seguir neste capítulo.*

Como definir acesso com **using**

E se estivermos usando herança privada ou protegida e subitamente percebermos que queremos manter alguns membros públicos da classe-base públicos na classe derivada? É necessário mudar para a herança pública e se preocupar com membros que preferiríamos ver privados ou protegidos tornando-se públicos? Não. Podemos usar a palavra-chave **using** para declarar o acesso de membros específicos da classe-base na classe derivada. Esta palavra-chave permite redefinir o acesso a membros específicos da classe-base em uma classe derivada.

Eis aqui um exemplo, animalclassusing.cpp, onde usamos herança privada para derivar a classe **elephant** a partir da classe **animal**, da seguinte maneira:

```
#include <iostream>
using namespace std;

class animal
{
```

```
public:
    void eat();
    void sleep();
    void breathe();
};

class elephant : private animal
{
        .
        .
        .
```

O uso da herança privada torna todos os métodos públicos da classe **animal** privados. E se quisermos tornar o método **breathe** da classe **animal** público em **elephant**? Podemos fazer isto declarando **breathe** com **using** na seção pública da definição da classe **elephant** (observe que declaramos **breathe** usando seu nome totalmente qualificado, mas sem lista de argumentos):

```
#include <iostream>
using namespace std;

class animal
{
public:
    void eat();
    void sleep();
    void breathe();
};

class elephant : private animal
{
public:
    void trumpet();
    void stampede();
    using animal::breathe;
};
        .
        .
        .
```

E é assim que a coisa funciona: usamos **using** para redefinir o acesso ao membro de uma classe-base e especificar o tipo de acesso desejado, **public, protected** ou **private**. Agora **breathe** é um membro público da classe **elephant** e podemos chamá-lo diretamente:

```
#include <iostream>
using namespace std;

class animal
{
public:
    void eat();
    void sleep();
    void breathe();
};

class elephant : private animal
{
```

```
public:
    void trumpet();
    void stampede();
    using animal::breathe;
};

void animal::eat(){cout << "Eating..." << endl;}
void animal::sleep(){cout << "Sleeping..." << endl;}
void animal::breathe(){cout << "Breathing..." << endl;}

void elephant::trumpet(){cout << "Trumpeting..." << endl;}
void elephant::stampede(){cout << "Stampeding..." << endl;}

int main()
{
    elephant jumbo;

    jumbo.breathe();
    jumbo.trumpet();
    jumbo.stampede();

    return 0;
}
```

Aqui está o resultado gerado pela execução deste código, animalclassusing.cpp:

```
%animalclassusing
Breathing...
Trumpeting...
Stampeding...
```

Um outro ponto a ser salientado: antigamente podíamos redefinir o acesso sem usar a palavra-chave **using**, da seguinte maneira:

```
class elephant : private animal
{
public:
    void trumpet();
    void stampede();
    animal::breathe;
};
```

No entanto, tal maneira de fazer as coisas está agora *desaprovado* (*deprecated*), ou seja, sendo descontinuado.

Como criar bibliotecas de classes

Quando criamos diversas classes destinadas a serem usadas como classes base, devemos considerar a criação de uma biblioteca de classes. Muitos dos grandes pacotes de compilador C++ incluem bibliotecas de classes, de cujas classes podemos derivar nossas próprias classes.

A implementação das bibliotecas de classes varia de acordo com o sistema. Tipicamente o código de uma biblioteca de classes já está compilado, podendo ser usado com o ligador (lincador) do compilador C++ sendo usado. Os detalhes dependem da instalação. Nesta seção mostramos como criar uma biblioteca de classes usando o Borland C++. Criaremos aqui um arquivo de biblioteca de classes chamado animal.lib que conterá, compilados, a definição e os métodos da classe **animal**. Eis aqui o arquivo que define a classe **animal** e seus métodos animalclasssource.cpp:

```
#include <iostream>
using namespace std;

class animal
{
public:
    void eat();
    void sleep();
    void breathe();
};

void animal::eat(){cout << "Eating..." << endl;}
void animal::sleep(){cout << "Sleeping..." << endl;}
void animal::breathe(){cout << "Breathing..." << endl;}
```

Após compilarmos este arquivo para animalclasssource.obj, podemos usar a ferramenta de biblioteca tlib, fornecida com o Borland C++, para crair um arquivo de biblioteca animal.lib:

```
%tlib animal.lib +animalclasssource.obj
```

Agora estamos prontos para usar a biblioteca de classes. Primeiro definimos um arquivo de cabeçalho, animal, que informará ao compilador sobre a classe **animal**:

```
class animal
{
public:
    void eat();
    void sleep();
    void breathe();
};
```

Para colocar nossa biblioteca de classes para funcionar precisamos incluir este arquivo de cabeçalho, animal, em nosso código, como fizemos aqui no exemplo animalclassuselib.cpp. Após incluirmos o cabeçalho, podemos usar a classe **animal** como quisermos:

```
#include <iostream>
#include "animal"
using namespace std;

class elephant : public animal
{
public:
    void trumpet();
    void stampede();
};

void elephant::trumpet(){cout << "Trumpeting..." << endl;}
void elephant::stampede(){cout << "Stampeding..." << endl;}
```

```
int main()
{
    elephant jumbo;

    jumbo.breathe();
    jumbo.trumpet();
    jumbo.stampede();

    return 0;
}
```

Por fim, quando compilamos animalclassuselib.cpp, ligamos também animal.lib, de modo que o ligador possa localizar a versão compilada da classe **animal** (as chaves de compilação a seguir indicam ao compilador onde procurar por arquivos de inclusão e de bibliotecas de sistema e ativam os alertas[1]):

```
%bcc32 -Ic:\bcc\include -w -Lc:\bcc\lib animalclassuselib.cpp animal.lib
```

E isto é tudo o que precisamos. Armazenar classes em bibliotecas de classes pode economizar um tempo de desenvolvimento considerável, e se você estiver desenvolvendo um grande número de classes base, criar bibliotecas de classes pré-compiladas é algo em que você deve pensar.

(1) N.R.T.: Conforme mencionado no Capítulo 1, caso os diretórios dos arquivos de inclusão e de bibliotecas estejam no caminho de busca padrão do sistema, não é necessário especificá-los na linha de comando, o que permitiria usar um comando como:

```
%bcc32 -w animalclassuselib.cpp animal.lib
```

Capítulo 11

Herança Múltipla e Modelos de Classe

Análise Aprofundada

No capítulo anterior vimos a questão da reutilização de código através da herança. Este capítulo continua com o tema: continuaremos estudando como herdar a partir de múltiplas classes-base e como criar *modelos de classe* (*class templates*) que permitam instanciar classes usando tipos de dados distintos. Esses tópicos são fundamentais a dois dos pilares que diferenciam o C++ do C – a programação orientada a objetos e a programação genérica.

Herança múltipla

Usando herança múltipla podemos criar uma única classe derivada de diversas classes-base. Por exemplo, poderíamos ter uma classe chamada **zoo** (ou **zoológico**) que herdasse de diversas classes de animais, ou uma classe de nome **pessoal** que herdasse de várias classes de empregados: **gerente**, **superintendente**, **diretor** e assim por diante.

Na verdade, a herança múltipla do C++ é um assunto um pouco controverso (alguns programadores querem que ela seja retirada do C++), porque herdar de múltiplas classes-base facilita o aparecimento de conflitos entre classes e métodos. Por exemplo, se tivermos uma classe de nome **zoo** que herde das classes **anaconda** e **zebra**, cada uma dessas classes pode definir uma versão diferente do método **walk** (andar) e as versões podem entrar em conflito. Parte de nosso estudo da herança múltipla será ver como o C++ trata tais conflitos.

NOTA: *Algumas outras linguagens, como o Java, não suportam a herança múltipla em si, devido à razão que mencionamos: evitar conflitos. Em vez dela o Java usa* interfaces *compostas de métodos não implementados para oferecer algum suporte à herança múltipla.*

Como implementar a herança múltipla? Indicamos que uma nova classe é derivada de múltiplas classes-base simplesmente fornecendo uma lista separada por vírgulas das classes-base das quais a nova classe é derivada. Por exemplo, eis aqui como criar uma classe **zoo** com base nas classes **anaconda** e **zebra**, em um exemplo de nome animalclassmultipleinheritance.cpp. Observe que podemos especificar herança pública, protegida ou privada (**public**, **protected** ou **private**) para cada classe-base:

```
#include <iostream>
using namespace std;

class anaconda
{
public:
    void slither() {cout << "Slithering..." << endl;}
};

class zebra
{
public:
```

```
    void saunter() {cout << "Sauntering..." << endl;}
};

class zoo : public anaconda, public zebra
{
public:
    void close() {cout << "Sorry, we're closed..." << endl;}
};

int main()
{
    zoo z;

    z.slither();
    z.saunter();

    return 0;
}
```

A classe **anaconda** possui um método de nome **slither** (serpentear) e a classe **zebra** um método de nome **saunter** (passear), e como ambas são classes-base de **zoo**, um objeto **zoo** pode chamar ambos os métodos, conforme a execução do programa mostra:

```
%animalclassmultipleinheritance
Slithering...
Sauntering...
```

E se tanto a classe **anaconda** quanto a classe **zebra** definirem um mesmo método, de nome **eat**? Se tivermos um objeto **zoo** de nome **z**, a qual método **z.eat** estaria se referindo? No que se refere ao compilador não há problema, pois ele não tem meios para decidir entre **anaconda::eat** e **zebra::eat**, já que a chamada é ambígua, e ele simplesmente informa um erro e encerra a execução. Por outro lado, conflitos podem ser um pouco mais complicados. Por exemplo, e se tanto a classe **anaconda** quanto a classe **zebra** forem elas próprias baseadas em uma mesma classe, como a classe **animal** que vimos no Capítulo 10? Neste caso, quando criamos um objeto da classe **zoo** *dois* objetos internos da classe **animal** serão criados, um dentro de **anaconda** e outro dentro de **zebra**. Se chamarmos um método da classe **animal** o compilador não terá como distinguir entre os dois objetos **animal** e novamente a chamada será ambígua. Nessa situação, no entanto, o C++ oferece uma forma de corrigir o problema.

Classes-base virtuais

Em casos como o que acabamos de ver não deveria haver realmente um conflito, já que os métodos da classe **animal** são os mesmos, não importa qual dos dois objetos **animal** internos seja usado. O C++ permite criar um único objeto interno compartilhado se a classe do objeto for feita *virtual*. Dê uma olhada no código a seguir, animalclassvirtualbaseclass.cpp, para ver como isto funciona. Nele derivamos as classes **anaconda** e **zebra** da mesma classe-base, **animal**, e usamos a herança virtual com a palavra-chave **virtual** para criar **anaconda** e **zebra**:

```
#include <iostream>
using namespace std;

class animal
{
```

```
public:
    void eat() {cout << "Eating..." << endl;};
    void sleep() {cout << "Sleeping..." << endl;};
    void breathe() {cout << "Breathing..." << endl;};
};

class anaconda : public virtual animal
{
    void walk() {cout << "Slithering..." << endl;}
};

class zebra : public virtual animal
{
    void walk() {cout << "Sauntering..." << endl;}
};

class zoo : public anaconda, public zebra
{
public:
    void close() {cout << "Sorry, we're closed..." << endl;}
};

int main()
{
    zoo z;

    z.eat();
    z.breathe();
    z.sleep();

    return 0;
}
```

Agora, quando criamos um objeto **zoo** somente um objeto **animal** interno é criado, mesmo que ambas as classes-base de **zoo, anaconda** e **zebra,** tenham **animal** como classe-base. Como só existe uma classe-base **animal,** não há ambigüidade quando usamos os métodos **eat, breathe** e **sleep,** de modo que o programa pode ser executado sem problemas:

```
%animalclassvirtualbaseclass
Eating...
Breathing...
Sleeping...
```

***NOTA:** Por que usarmos aqui a palavra-chave **virtual** em vez de uma que explique melhor o que acontece, como **shared** (compartilhado)? Usamos **virtual** aqui parcialmente porque usamos **virtual** quando definimos métodos concebidos para serem sobrepostos (veja* Métodos virtuais e polimorfismo em tempo de execução, *no Capítulo 10), mas também em parte porque a comunidade C++ é muito resistente a novas palavras-chave. Em qualquer caso, estamos amarrados a **virtual** aqui. Na verdade, esta palavra-chave é algo que me irrita: criar um objeto compartilhado em vez de vários objetos em casos como este deveria, na verdade, ser o comportamento padrão do C++, pois não existe outra interpretação possível.*

No entanto, as coisas podem ficar complexas também neste caso. Por exemplo, e se usarmos nas classes **anaconda** e **zebra** construtores que passam argumentos diferentes ao construtor da classe **animal**? Como o programa só pode criar um objeto compartilhado se os dois objetos **animal** forem realmente idênticos, o C++ desativa a passagem automática de argumentos através de classes intermediárias para uma classe-base compartilhada quando a classe-base é virtual. Em tais casos o programa chama o construtor padrão (isto é, sem argumentos) da classe-base. Podemos, porém, especificar argumentos para o objeto da classe-base compartilhada diretamente. Veja *Classes-base virtuais e construtores*, mais adiante neste capítulo, para ter mais informações sobre o que acontece nesse caso.

Modelos de classe

Vimos modelos de função no Capítulo 7. Como você se recorda, podemos usar um modelo de função para instanciar funções de forma análoga a usar um molde para fazer estátuas de gesso. Da mesma forma que modelos de função, modelos de classe são parametrizados, ou seja, criamos modelos de classe para trabalharmos com tipos de dados não especificados, especificando os tipos de dados somente quando instanciamos uma classe com o modelo.

Eis aqui um exemplo, classtemplate.cpp. Criar um modelo de classe é muito parecido com criar um modelo de função: usamos a palavra-chave **template** e damos um nome, como **T**, para o tipo criado para que o modelo trabalhe com ele (**T** é chamado de *parâmetro de tipo*). Em classtemplate.cpp, criamos um modelo para uma classe de array chamada de **Array**. Quando chamamos o construtor dessa classe passamos a ele o número de elementos do array, sendo que cada elemento será do tipo **T**. Também sobreporemos o operador [], para podermos usar objetos dessa classe da mesma forma que qualquer array (na verdade, poderemos até mesmo usar este modelo de classe recursivamente, para criar arrays multidimensionais – veja *Como usar modelos de classe recursivamente e como classes-base*, mais adiante neste capítulo). Iniciamos indicando que estamos criando um modelo de classe para a classe **Array**, com base no tipo não especificado que estamos chamando de **T**:

```
#include <iostream>
using namespace std;

template <class T>
class Array
{
        .
        .
        .
}
```

Na classe **Array** em si alocamos memória para o novo array usando **new** e guardamos o ponteiro para esse novo array (como **ptr_to_array**) e o número de itens do array. Eis aqui como isto fica – observe que estou fazendo o construtor explícito, para evitar quaisquer "conversões" não intencionais de inteiros (veja "*Conversões* de *e* para *objetos*", no Capítulo 9). Observe também que começamos a definição dos métodos da classe fora do modelo da classe, com **template<*lista_de_parâmetros*>**:

```
#include <iostream>
using namespace std;

template <class T>
class Array
{
    T *ptr_to_array;
    int number;
```

```
public:
    explicit Array(int number_of_elements);
    T& operator[](int index) {return ptr_to_array[index];}
};

template <class T>
Array<T>::Array(int number_of_elements)
{
    number = number_of_elements;
    ptr_to_array = new T[number];
}
    .
    .
    .
```

Agora estamos prontos para criar um objeto da classe **Array**. Para fazer isto, só precisamos especificar o tipo dos elementos que queremos no array e passar o número de elementos para os quais queremos alocar espaço ao construtor. Então podemos usar o novo objeto **Array** com o operador []:

```
#include <iostream>
using namespace std;

template <class T>
class Array
{
    T *ptr_to_array;
    int number;
public:
    explicit Array(int number_of_elements);
    T& operator[](int index) {return ptr_to_array[index];}
};

template <class T>
Array<T>::Array(int number_of_elements)
{
    number = number_of_elements;
    ptr_to_array = new T[number];
}

int main()
{
    const int student_number = 5;
    Array<float> scores(10);

    scores[student_number] = 85;

    cout << "Student number " << student_number << " scored "
        << scores[student_number] << endl;

    return 0;
}
```

Aqui está o resultado gerado pela execução do programa, classtemplate.cpp:

```
%classtemplate
Student number 5 scored 85
```

NOTA: *Você pode ter observado que, como estamos armazenando o array de dados usando um ponteiro, a classe* ***Array*** *deveria ter um construtor de cópia, um operador de atribuição e um destrutor. Você está certo. Veja* Como usar ponteiros em modelos de classe, *mais adiante neste capítulo.*

Também podemos usar múltiplos parâmetros de tipo em um modelo de classe. Veja *Como usar modelos de classe com múltiplos tipos*, mais adiante neste capítulo. Na verdade, modelos de classe são muito versáteis no C++. Podemos usar inclusive métodos "friend" neles:

```
template <class T>
class animal
{
    friend friend_method();
        .
        .
        .
};
```

Também podemos usar classes aninhadas em modelos de classe. Veremos tudo isto detalhadamente na seção *Soluções Imediatas*, para a qual vamos agora.

Soluções Imediatas

Como herdar de múltiplas classes-base

Em C++, podemos derivar uma classe de múltiplas classes-base simplesmente especificando uma lista de classes-base – cada uma com seu especificador de acesso – em uma lista separada por vírgulas quando criamos a classe derivada:

```
class nome [: especificador_de_acesso classe_base [, especificador_de_acesso classe_base...]]
{
private:
    membros de dados e métodos públicos
protected:
    membros de dados e métodos protegidos
public:
    membros de dados e métodos públicos
}[lista_de_objetos...];
```

Vimos um exemplo, animalclassmultipleinheritance.cpp, na seção *Análise Aprofundada* deste capítulo. Nele derivamos uma classe de nome **zoo** a partir de duas classes-base, **anaconda** e **zebra**:

```
#include <iostream>
using namespace std;

class anaconda
{
public:
    void slither() {cout << "Slithering..." << endl;}
};

class zebra
{
public:
    void saunter() {cout << "Sauntering..." << endl;}
};

class zoo : public anaconda, public zebra
{
public:
    void close() {cout << "Sorry, we're closed..." << endl;}
};
```

Agora podemos usar a nova classe, **zoo**, e todos os métodos que ela herdou de **anaconda** e **zebra**:

```
#include <iostream>
using namespace std;
```

```
class anaconda
{
public:
   void slither() {cout << "Slithering..." << endl;}
};

class zebra
{
public:
   void saunter() {cout << "Sauntering..." << endl;}
};

class zoo : public anaconda, public zebra
{
public:
};

int main()
{
   zoo z;

   z.slither();
   z.saunter();

   return 0;
}
```

Eis aqui o resultado gerado pela execução de animalclassmultipleinheritance.cpp. Observe que o objeto **zoo** do programa tem acesso tanto ao método **anaconda::slither** quanto ao método **zebra::saunter**:

```
%animalclassmultipleinheritance
Slithering...
Sauntering...
```

Conforme mencionado na seção *Análise Aprofundada* deste capítulo, um dos principais problemas da herança múltipla são os conflitos que ela pode criar – por exemplo, o que acontece se duas classes-base definirem um método com o mesmo nome e lista de argumentos? Veja os detalhes na próxima seção.

Como especificar a chamada a métodos da classe-base

O que acontece quando diversas classes-base definem o mesmo método? Como resolver esses conflitos? Este é um dos problemas da herança múltipla que teremos de enfrentar, e vamos enfrentá-lo aqui. Por exemplo, o que ocorre se as classes **anaconda** e **zebra** forem as classes-base de uma classe **zoo** e ambas definirem um mesmo método, **walk**, mas com código diferente? Qual deles o compilador deve escolher quando chamarmos **walk** a partir de um objeto **zoo**? Se os métodos possuírem listas de argumentos diferentes o compilador resolve a questão sem problemas, mas o que acontece se **anaconda::walk** e **zebra::walk** possuírem a mesma assinatura?

Há duas formas de resolver o problema. A primeira é usar o operador de resolução de escopo para especificar que método deve ser chamado. Por exemplo, se tivermos um objeto **zoo** de nome **z** e desejemos chamar **anaconda::walk**, podemos chamá-lo como **z.anaconda::walk**. A segunda é definir na própria classe **zoo** um método **walk** que chame especificamente o método da classe-base desejada. Eis como essas técnicas são implementadas em um novo exemplo, animalclassmultiplemethods.cpp:

```
#include <iostream>
using namespace std;

class anaconda
{
public:
    void walk() {cout << "Slithering..." << endl;}
};

class zebra
{
public:
    void walk() {cout << "Sauntering..." << endl;}
};

class zoo : public anaconda, public zebra
{
public:
    void walk() {zebra::walk();}
};

int main()
{
    zoo z;

    z.anaconda::walk();
    z.walk();

    return 0;
}
```

Aqui está o resultado gerado pela execução desse código, animalclassmultiplemethods.cpp:

```
%animalclassmultiplemethods
Slithering...
Sauntering...
```

Como usar classes-base virtuais

Algo que merece cuidados com respeito à herança múltipla são os conflitos entre classes-base. Por exemplo, o que ocorre se criarmos uma classe **zoo** a partir de duas classes-base, **anaconda** e **zebra**, e ambas as classes-base forem derivadas de uma classe como **animal**? Quando criamos um objeto da classe **zoo** serão criados dois objetos internos da classe **animal**, e quando chamamos qualquer método da classe **animal** a partir do objeto **zoo** o compilador não saberá que objeto **animal** usar. Para resolver este problema precisamos tornar **animal** uma classe-base virtual, o que significa que somente um objeto interno dessa classe, compartilhado, será criado.

Para indicar que uma classe-base é compartilhada e somente um objeto interno da classe deve ser criado empregamos a herança virtual, usando a palavra-chave **virtual**. Eis aqui um exemplo, animalclassvirtualbaseclass.cpp, que vimos no início deste capítulo e mostra como usar **virtual** para tornar classes base virtuais:

```
#include <iostream>
using namespace std;

class animal
{
public:
    void eat() {cout << "Eating..." << endl;};
    void sleep() {cout << "Sleeping..." << endl;};
    void breathe() {cout << "Breathing..." << endl;};
};

class anaconda : public virtual animal
{
    void walk() {cout << "Slithering..." << endl;}
};

class zebra : public virtual animal
{
    void walk() {cout << "Sauntering..." << endl;}
};
    .
    .
    .
```

Agora podemos usar a classe **animal** sem conflito, mesmo ela sendo uma classe-base tanto de **anaconda** quanto de **zebra**:

```
#include <iostream>
using namespace std;

class animal
{
public:
    void eat() {cout << "Eating..." << endl;};
    void sleep() {cout << "Sleeping..." << endl;};
    void breathe() {cout << "Breathing..." << endl;};
};

class anaconda : public virtual animal
{
    void walk() {cout << "Slithering..." << endl;}
};

class zebra : public virtual animal
{
    void walk() {cout << "Sauntering..." << endl;}
};

class zoo : public anaconda, public zebra
{
```

```
public:
    void close() {cout << "Sorry, we're closed..." << endl;}
};

int main()
{
    zoo z;

    z.eat();
    z.breathe();
    z.sleep();

    return 0;
}
```

Eis aqui o resultado gerado pela execução de animalclassvirtualbaseclass.cpp:

```
%animalclassvirtualbaseclass
Eating...
Breathing...
Sleeping...
```

Usar herança virtual desta maneira permite evitar conflitos entre classes-base compartilhadas. Mas, e se as classes-base tiverem construtores? Veja a próxima seção.

Classes-base virtuais e construtores

A seção anterior analisou como usar classes-base virtuais, mas há mais a ser visto sobre o assunto. Por exemplo, o que acontece se usarmos nas classes **anaconda** e **zebra** construtores que passem argumentos distintos ao construtor da classe **animal**? Como o programa só pode criar um objeto compartilhado se os dois objetos **animal** forem idênticos, o C++ *desativa* a passagem automática de argumentos através de classes intermediárias para uma classe-base compartilhada quando a classe-base é virtual. Em tais casos o programa chama o construtor padrão (isto é, sem argumentos) da classe-base. Por exemplo, digamos que este seja o construtor da classe **zoo**, que passe o peso e o nome do animal para os construtores de **anaconda** e **zebra**:

```
zoo(int weight, string name) : anaconda(weight, name), zebra(weight,name){}
```

Neste caso os construtores **anaconda** de **zebra** não terão permissão de passar dados como o peso e o nome para o construtor da classe **animal**. No entanto, *podemos* especificar argumentos para o construtor de uma classe-base virtual se chamarmos o construtor explicitamente. Eis aqui um exemplo, animalclassmultipleconstructors.cpp, onde fazemos isto. Nele adicionamos construtores para todas as classes, da seguinte forma:

```
#include <iostream>
#include <string>
using namespace std;

class animal
{
    string name;
```

```
public:
    void eat() {cout << "Eating..." << endl;};
    void sleep() {cout << "Sleeping..." << endl;};
    void breathe() {cout << "Breathing..." << endl;};
    animal(string s) {name = s;}
};

class anaconda : public virtual animal
{
    int weight;
public:
    void walk() {cout << "Slithering..." << endl;}
    anaconda(int w, string s) : animal(s){weight = w;}
};

class zebra : public virtual animal
{
    int weight;
public:
    void walk() {cout << "Sauntering..." << endl;}
    zebra(int w, string s) : animal(s){weight = w;}
};
    .
    .
    .
```

Veja agora como chamamos o construtor da classe **animal** explicitamente com o argumento **name** quando definimos o construtor da classe **zoo.** Observe que o chamamos antes dos construtores de **anaconda** e **zebra:**

```
#include <iostream>
#include <string>
using namespace std;

class animal
{
    string name;
public:
    void eat() {cout << "Eating..." << endl;};
    void sleep() {cout << "Sleeping..." << endl;};
    void breathe() {cout << "Breathing..." << endl;};
    animal(string s) {name = s;}
};

class anaconda : public virtual animal
{
    int weight;
public:
    void walk() {cout << "Slithering..." << endl;}
    anaconda(int w, string s) : animal(s){weight = w;}
};

class zebra : public virtual animal
{
    int weight;
public:
    void walk() {cout << "Sauntering..." << endl;}
    zebra(int w, string s) : animal(s){weight = w;}
};
```

```
class zoo : public anaconda, public zebra
{
public:
    zoo(int weight, string name) : animal(name), anaconda(weight, name),
        zebra(weight,name){}
};

int main()
{
    zoo z(1000, "Franklin");

    z.eat();
    z.breathe();
    z.sleep();

    return 0;
}
```

Eis aqui o resultado gerado pela execução de animalclassmultipleconstructors.cpp:

```
%animalclassmultipleconstructors
Eating...
Breathing...
Sleeping...
```

Dominância de classes-base virtuais

Além das que já vimos neste capítulo, o C++ tem uma outra regra para resolver conflitos entre classes-base virtuais em casos de herança múltipla: a *dominância*. Esta regra determina que os membros de uma classe derivada que entrem em conflito com membros de uma classe-base virtual *dominam* os membros da classe-base.

Eis aqui um exemplo, animalclassdominance.cpp, para esclarecer as coisas. Nele, a classe virtual **animal** define um método de nome **eat** e a classe derivada **anaconda**, derivada de **animal**, também define um método **eat**. Neste caso, **anaconda::eat** domina **animal::eat**:

```
#include <iostream>
using namespace std;

class animal
{
public:
    void eat() {cout << "Eating..." << endl;};
    void sleep() {cout << "Sleeping..." << endl;};
    void breathe() {cout << "Breathing..." << endl;};
};

class anaconda : public virtual animal
{
public:
    void eat() {cout << "Swallowing..." << endl;}
};
```

```
class zebra : public virtual animal
{
public:
   void walk() {cout << "Sauntering..." << endl;}
};

class zoo : public anaconda, public zebra
{
public:
   void close() {cout << "Sorry, we're closed..." << endl;}
};

int main()
{
   zoo z;

   z.eat();

   return 0;
}
```

Podemos ver que **anaconda::eat** domina **animal::eat** executando o código:

```
%animalclassdominance
Swallowing...
```

Como definir modelos de classe

Usamos modelos de classe para criar modelos para classes usando tipos de dados não especificados, os quais só são especificados quando uma classe é instanciada a partir do modelo. Criar um modelo de classe é muito parecido com criar um modelo de função: usamos a palavra-chave **template** e damos um nome, como **T**, para o tipo criado para que o modelo trabalhe com ele (**T** é chamado de parâmetro de tipo):

```
template <lista_de_parâmetros>
class nome
{
      .
      .
      .
}
```

No exemplo classtemplate.cpp, que vimos na seção *Análise Aprofundada* deste capítulo, criamos um modelo para uma classe de array chamada de **Array**. Quando chamamos o construtor dessa classe passamos a ele o número de elementos do array, sendo que cada elemento será do tipo **T**. Também sobreporemos o operador [], para podermos usar objetos dessa classe da mesma forma que qualquer array. Iniciamos criando o modelo de classe em si com a palavra-chave **template**, colocando em seguida dela os parâmetros que queremos usar com o modelo, delimitados por < e >. Neste caso vamos usar somente um parâmetro, **T**, que especifica o tipo dos elementos a serem armazenados no array:

```
template <class T>
class Array
{
```

```
    T *ptr_to_array;
    int number;
public:
    explicit Array(int number_of_elements);
    T& operator[](int index) {return ptr_to_array[index];}
};
    .
    .
    .
```

Este é um modelo para a classe de nome **Array<T>**. Agora podemos definir os métodos da classe. Para definir um método fora do modelo de classe, precedemos sua definição com **template <*lista_de_parâmetros*>**, da seguinte maneira:

```
template <class T>
class Array
{
    T *ptr_to_array;
    int number;
public:
    explicit Array(int number_of_elements);
    T& operator[](int index) {return ptr_to_array[index];}
};

template <class T>
Array<T>::Array(int number_of_elements)
{
    number = number_of_elements;
    ptr_to_array = new T[number];
}
```

Como usar este modelo para instanciar uma classe? Veja a próxima seção.

***NOTA:** Como modelos de classe definem somente tipos e podemos compilar somente instanciações, não podemos colocar modelos em arquivos por si mesmos e compilar esses arquivos (a não ser que o compilador suporte a palavra-chave **export**). Modelos de classe são ótimos em arquivos de cabeçalho, no entanto.*

Como usar um modelo de classe

Na seção anterior criamos um modelo de classe para a classe **Array**. Nesta seção vamos usá-lo. Para instanciar uma classe a partir de um modelo é necessário especificar o tipo ou tipos que se deseja usar (por exemplo, **float**) – ao contrário dos modelos de função, que podem usar os argumentos especificados para decidir como instanciar uma função. Eis aqui como isto é feito no exemplo classtemplate.cpp, onde criamos um array de valores de ponto flutuante de 10 elementos de nome **scores**:

```
#include <iostream>
using namespace std;

template <class T>
class Array
```

```
{
    T *ptr_to_array;
    int number;
public:
    explicit Array(int number_of_elements);
    T& operator[](int index) {return ptr_to_array[index];}
};

template <class T>
Array<T>::Array(int number_of_elements)
{
    number = number_of_elements;
    ptr_to_array = new T[number];
}

int main()
{
    const int student_number = 5;
    Array<float> scores(10);

    scores[student_number] = 85;

    cout << "Student number " << student_number << " scored "
        << scores[student_number] << endl;

    return 0;
}
```

Aqui está o resultado gerado pela execução do programa, classtemplate.cpp:

```
%classtemplate
Student number 5 scored 85
```

Usamos nesse exemplo uma instanciação de modelo implícita, ou seja, o compilador instancia a versão correta da classe **Array** com base na declaração do array **scores**. Podemos também instanciar classes explicitamente. Veja *Como criar especializações explícitas de modelos*, mais adiante neste capítulo.

Como usar ponteiros em modelos de classe

E se quisermos armazenar ponteiros nas classes para as quais estamos criando um modelo? Tais classes seguem as mesmas regras que as demais classes que usam ponteiros: elas precisam de um construtor de cópia, um operador de atribuição e um destrutor. Eis aqui como modificar o exemplo classtemplate.cpp que vimos nas duas seções anteriores para que a classe **Array** suporte esses elementos:

```
#include <iostream>
using namespace std;

template <class T>
class Array
{
    T *ptr_to_array;
    int number;
```

```
public:
    Array(int number_of_elements);
    Array(const Array & a);
    ~Array();
    T& operator= (const Array & a);
    T& operator[](int index) {return ptr_to_array[index];}
};

template <class T>
Array<T>::Array(int number_of_elements)
{
    number = number_of_elements;
    ptr_to_array = new T[number];
}

template <class T>
Array<T>::Array(const Array & a)
{
    number = a.number;
    T *ptr_to_array = new T[number];

    for(int loop_index = 0; loop_index < number; loop_index++) {
        ptr_to_array[loop_index] = a.ptr_to_array[loop_index];
    }
}

template <class T>
T& Array<T>::operator= (const Array & a)
{
    if(this == &a) return *this;
    delete[] ptr_to_array;

    number = a.number;
    T *ptr_to_array = new T[number];

    for(int loop_index = 0; loop_index < number; loop_index++) {
        ptr_to_array[loop_index] = a.ptr_to_array[loop_index];
    }
    return *this;
}

template <class T>
Array<T>::~Array()
{
    delete[] ptr_to_array;
}

int main()
{
    const int student_number = 5;
    Array<float> scores(10);
```

```
    scores[student_number] = 85;

    cout << "Student number " << student_number << " scored "
        << scores[student_number] << endl;

    return 0;
}
```

O código continua funcionando da mesma forma que antes, mas é muito mais seguro, pois os ponteiros dentro de objetos da classe **Array** são tratados apropriadamente.

Observe também que podemos usar a classe **Array** para guardar ponteiros. Não há problemas quanto a isto, mas se copiarmos um objeto **Array** para outro, os ponteiros do segundo objeto apontarão para os mesmos dados apontados pelos ponteiros do primeiro objeto **Array**.

NOTA: *Para ver um exemplo, de como armazenar ponteiros na classe* ***Array****, consulte* Como usar tipos de objetos diferentes com parâmetros de tipo iguais, *mais adiante neste capítulo.*

Como usar argumentos não-tipo em modelos de classe

E se desejarmos passar, digamos, um valor inteiro para um modelo de classe? Por exemplo, o modelo de classe **Array** que temos desenvolvido ao longo das últimas seções permite especificar os tipos de elementos que se deseja guardar no array:

```
template <class T>
class Array
{
    .
    .
    .
}
```

E se quisermos passar a este modelo um inteiro, por exemplo, para especificar o valor inicial que cada elemento do array deve ter? Podemos fazer algo como o seguinte?

```
template <class T, int initial_value>
class Array
{
    .
    .
    .
}
```

Sim, podemos. Aqui está um exemplo classtemplatenontype.cpp, que mostra como. Quando incluímos parâmetros não-tipo em um modelo, damos nomes a esses parâmetros e então nos referimos a eles da mesma forma como se eles tivessem sido passados para o código de um método de uma classe. Neste caso configuramos o valor inicial dos elementos do array especificando um valor para o parâmetro **initial_value**, que usamos no construtor do array (para fins de simplicidade este parâmetro é do tipo **int**, o tipo mais fácil para que o compilador faça conversões explícitas para outros tipos). Observe como criamos um array com a declaração **Array<float, 50> scores(10)**, que dá a cada um dos 10 elementos **float** um valor inicial de 50:

```
#include <iostream>
using namespace std;
```

```
template <class T, int initial_value>
class Array
{
    T *ptr_to_array;
    int number;
public:
    explicit Array(int number_of_elements);
    Array(const Array & a);
    ~Array();
    T& operator= (const Array & a);
    T& operator[](int index) {return ptr_to_array[index];}
};

template <class T, int initial_value>
Array<T, initial_value>::Array(int number_of_elements)
{
    number = number_of_elements;
    ptr_to_array = new T[number];

    for(int loop_index = 0; loop_index < number; loop_index++) {
        ptr_to_array[loop_index] = initial_value;
    }
}

template <class T, int initial_value>
Array<T, initial_value>::Array(const Array & a)
{
    number = a.number;
    T *ptr_to_array = new T[number];

    for(int loop_index = 0; loop_index < number; loop_index++) {
        ptr_to_array[loop_index] = a.ptr_to_array[loop_index];
    }
}

template <class T, int initial_value>
T& Array<T, initial_value>::operator= (const Array & a)
{
    if(this == &a) return *this;
    delete[] ptr_to_array;

    number = a.number;
    T *ptr_to_array = new T[number];

    for(int loop_index = 0; loop_index < number; loop_index++) {
        ptr_to_array[loop_index] = a.ptr_to_array[loop_index];
    }
    return *this;
}

template <class T, int initial_value>
Array<T, initial_value>::~Array()
{
    delete[] ptr_to_array;
}
```

```
int main()
{
    const int student_number = 5;
    Array<float, 50> scores(10);

    cout << "Student number " << student_number << " scored "
        << scores[student_number] << endl;

    return 0;
}
```

Eis aqui o resultado gerado pela execução deste exemplo, classtemplatenontype.cpp:

```
%classtemplatenontype
Student number 5 scored 50
```

E aqui está outro exemplo, classtemplatesetnumber.cpp. No exemplo classtemplate.cpp configuramos os elementos do array passando o número ao construtor da classe **Array** conforme mostrado a seguir, onde criamos um array de 10 elementos **float**:

```
Array<float> scores(10);
```

Entretanto, também podemos passar o número de elementos a criar em um array como parâmetro de modelo não-tipo, modificando a declaração anterior para algo como:

```
Array<float, 10> scores;
```

Eis aqui como o código para classtemplatesetnumber.cpp fica. Observe que adicionamos ao modelo da classe um parâmetro não-tipo, **number_of_elements**, e usamos esse parâmetro no construtor para criar o array:

```
#include <iostream>
using namespace std;

template <class T, int number_of_elements>
class Array
{
    T *ptr_to_array;
public:
    explicit Array();
    Array(const Array & a);
    ~Array();
    T& operator= (const Array & a);
    T& operator[](int index) {return ptr_to_array[index];}
};

template <class T, int number_of_elements>
Array<T, number_of_elements>::Array()
{
    ptr_to_array = new T[number_of_elements];
}

template <class T, int number_of_elements>
Array<T, number_of_elements>::Array(const Array & a)
{
```

```
    number_of_elements = a.number_of_elements;
    T *ptr_to_array = new T[number_of_elements];

    for(int loop_index = 0; loop_index < number_of_elements; loop_index++) {
        ptr_to_array[loop_index] = a.ptr_to_array[loop_index];
    }
}

template <class T, int number_of_elements>
T& Array<T, number_of_elements>::operator= (const Array & a)
{
    if(this == &a) return *this;
    delete[] ptr_to_array;

    number_of_elements = a.number_of_elements;
    T *ptr_to_array = new T[number_of_elements];

    for(int loop_index = 0; loop_index < number_of_elements; loop_index++) {
        ptr_to_array[loop_index] = a.ptr_to_array[loop_index];
    }
    return *this;
}

template <class T, int number_of_elements>
Array<T, number_of_elements>::~Array()
{
    delete[] ptr_to_array;
}

int main()
{
    const int student_number = 5;
    Array<float, 10> scores;

    scores[student_number] = 85;

    cout << "Student number " << student_number << " scored "
        << scores[student_number] << endl;

    return 0;
}
```

Agora o programa funciona exatamente como classtemplate.cpp, exceto que movemos o parâmetro que especifica o número de elementos do array do construtor da classe para o modelo da classe:

```
%classtemplatesetnumber
Student number 5 scored 85
```

Como usar modelos de classe com múltiplos tipos

Não estamos restritos a usar somente um parâmetro de tipo em um modelo de classe; podemos usar diversos parâmetros de tipo, o que significa que podemos usar modelos de classe como modelos para classes com base em mais do que um tipo de dado.

Eis aqui um exemplo, classtemplatenamed.cpp, que permite especificar um nome para o array. Nele, o modelo de classe toma dois parâmetros de tipo: o primeiro configura o tipo dos elementos do array e o segundo configura o tipo do nome do array (usaremos **string** para este tipo). Podemos implementar este exemplo simplesmente adicionando um novo parâmetro de tipo, **T2**, ao modelo, e usando **T2** para declarar o membro **name** do array (neste exemplo declaramos **name** como público para fins de brevidade, mas em aplicações práticas ele deveria ser privado e ter métodos de acesso):

```
#include <iostream>
#include <string>
using namespace std;

template <class T, class T2>
class Array
{
    T *ptr_to_array;
    int number;
public:
    T2 name;
    explicit Array(int number_of_elements);
    Array(const Array & a);
    ~Array();
    T& operator= (const Array & a);
    T& operator[](int index) {return ptr_to_array[index];}
};

template <class T, class T2>
Array<T, T2>::Array(int number_of_elements)
{
    number = number_of_elements;
    ptr_to_array = new T[number];
}

template <class T, class T2>
Array<T, T2>::Array(const Array & a)
{
    number = a.number;
    T *ptr_to_array = new T[number];

    for(int loop_index = 0; loop_index < number; loop_index++) {
        ptr_to_array[loop_index] = a.ptr_to_array[loop_index];
    }
}

template <class T, class T2>
T& Array<T, T2>::operator= (const Array & a)
{
    if(this == &a) return *this;
    delete[] ptr_to_array;

    number = a.number;
    T *ptr_to_array = new T[number];

    for(int loop_index = 0; loop_index < number; loop_index++) {
        ptr_to_array[loop_index] = a.ptr_to_array[loop_index];
    }
    return *this;
}
```

```
template <class T, class T2>
Array<T, T2>::~Array()
{
    delete[] ptr_to_array;
}

int main()
{
    const int student_number = 5;
    Array<float, string> scores(10);

    scores.name = "Students";

    scores[student_number] = 85;

    cout << "In the " << scores.name << " array, student number "
        << student_number << " scored " << scores[student_number] << endl;

    return 0;
}
```

Agora podemos dar nome ao array "Students" e usar esse nome quando exibimos dados do array, conforme mostra a execução de classtemplatenamed.cpp:

```
%classtemplatenamed
In the Students array, student number 5 scored 85
```

Como usar tipos de objetos diferentes com parâmetros de tipo iguais

Um dos problemas dos modelos é que, quando os declaramos para um determinado tipo, estamos amarrados a usar somente esse tipo em instanciações do modelo:

```
template <class T>
class Array
{
    .
    .
    .
}
```

Será mesmo? Na verdade há uma maneira de contornar esta situação, usando polimorfismo em tempo de execução. Como vimos no Capítulo 10, polimorfismo em tempo de execução significa poder carregar ponteiros para classes derivadas em ponteiros de um tipo de classe base (*Métodos virtuais e polimorfismo em tempo de execução*", no Capítulo 10). Por exemplo, se tivermos uma classe de nome **student** e outra de nome **exchange_student**, derivada da primeira classe, então ponteiros do tipo **student** também podem guardar ponteiros para objetos **exchange_student**. Como o mesmo ponteiro pode apontar para tipos de objetos diferentes, o polimorfismo em tempo de execução permite usar um modelo de classe declarado para um único tipo de objeto também com objetos derivados. Para tal, só precisamos instanciar o modelo usando ponteiros para a classe-base.

Eis aqui um exemplo, classtemplatemulticlass.cpp, onde criamos uma classe **student**, derivamos uma nova classe, **exchange_student**, e usamos ponteiros para objetos de ambas as classes em um array criado com o modelo de array que desenvolvemos neste capítulo. Eis aqui como criamos as classes **student** e **exchange_student**, bem como o modelo de array:

```
#include <iostream>
#include <string>
using namespace std;

template <class T>
class Array
{
    T *ptr_to_array;
    int number;
public:
    explicit Array(int number_of_elements);
    Array(const Array & a);
    ~Array();
    T& operator= (const Array & a);
    T& operator[](int index) {return ptr_to_array[index];}
};

template <class T>
Array<T>::Array(int number_of_elements)
{
    number = number_of_elements;
    ptr_to_array = new T[number];
}

template <class T>
Array<T>::Array(const Array & a)
{
    number = a.number;
    T *ptr_to_array = new T[number];

    for(int loop_index = 0; loop_index < number; loop_index++) {
        ptr_to_array[loop_index] = a.ptr_to_array[loop_index];
    }
}

template <class T>
T& Array<T>::operator= (const Array & a)
{
    if(this == &a) return *this;
    delete[] ptr_to_array;

    number = a.number;
    T *ptr_to_array = new T[number];

    for(int loop_index = 0; loop_index < number; loop_index++) {
        ptr_to_array[loop_index] = a.ptr_to_array[loop_index];
    }
    return *this;
}

template <class T>
Array<T>::~Array()
```

```
{
    delete[] ptr_to_array;
}

class student
{
public:
    int score;
};

class exchange_student : public student
{
public:
    string home_school;
};
```

Na função **main** criamos um ponteiro para um objeto **student**, um ponteiro para um objeto **exchange_student** e um array de 10 elementos, cada um dos quais do tipo **student***, ou seja, um ponteiro para a classe-base:

```
int main()
{
    student *dan = new student;
    exchange_student *jerry = new exchange_student;
    Array<student *> students(10);
    .
    .
    .
```

Em seguida armazenamos dados em cada novo objeto e guardamos ponteiros para cada objeto – mesmo um sendo um objeto **student** e outro um objeto **exchange_student** – no array. Eis aqui como isto fica: após armazenarmos os dados dos estudantes no array, exibimos os dados para confirmar que eles foram armazenados corretamente:

```
int main()
{
    student *dan = new student;
    exchange_student *jerry = new exchange_student;
    Array<student *> students(10);

    dan->score = 80;
    jerry->score = 85;

    students[0] = dan;
    students[1] = jerry;

    cout << "Dan's score is " << students[0]->score << endl;
    cout << "Jerry's score is " << students[1]->score << endl;

    return 0;
}
```

Eis aqui o resultado da execução do exemplo, classtemplatemulticlass.cpp:

```
%classtemplatemulticlass
Dan's score is 80
Jerry's score is 85
```

Desta forma, mesmo que não possamos armazenar dados de tipos diferentes em um mesmo array, pelo menos podemos armazenar ponteiros para tipos diferentes em um mesmo array.

Solução relacionada:	Encontrada na página:
Métodos virtuais e polimorfismo em tempo de execução	364

Como usar modelos de classe recursivamente e como classes-base

O C++ permite usar modelos de classe como classes-base. Na verdade, podemos usar modelos de classe com a sintaxe de herança normal, da seguinte forma:

```
template <class T>
class new_array : public array<T>
{
    .
    .
    .
}
```

Também podemos usar modelos de classe como componentes de outros modelos de classe:

```
template <class T>
class new_array
{
public:
    array<T> old_array;
    .
    .
    .
}
```

Podemos usar modelos de classe recursivamente, caso tenhamos cuidados em como desenvolvê-los. Por exemplo, podemos usar o modelo de classe **Array** que criamos neste capítulo recursivamente, o que significa podermos criar arrays multidimensionais que podemos usar da seguinte forma: **scores[0][1]**. Usar modelos de classe recursivamente muitas vezes exige um pouquinho mais de planejamento, mas não neste caso, pois o operador [] retorna uma referência para seus dados:

```
T& operator[](int index) {return ptr_to_array[index];}
```

Arrays multidimensionais são, na verdade, arrays de arrays. É isto que torna possível usar o modelo de classe **Array** recursivamente. Em uma expressão como **scores[0][1]** o operador [] é chamado duas vezes: na primeira vez ele retorna uma referência a um array unidimensional e na segunda ele retorna uma referência a um elemento específico do array que foi indexada.

Nosso exemplo disso é o programa classtemplaterecursion.cpp, que começa com o modelo de classe **Array**:

```
#include <iostream>
using namespace std;

template <class T, int number_of_elements>
class Array
{
    T *ptr_to_array;
public:
    explicit Array();
    Array(const Array & a);
    ~Array();
    T& operator= (const Array & a);
    T& operator[](int index) {return ptr_to_array[index];}
};

template <class T, int number_of_elements>
Array<T, number_of_elements>::Array()
{
    ptr_to_array = new T[number_of_elements];
}

template <class T, int number_of_elements>
Array<T, number_of_elements>::Array(const Array & a)
{
    number_of_elements = a.number_of_elements;
    T *ptr_to_array = new T[number_of_elements];

    for(int loop_index = 0; loop_index < number_of_elements; loop_index++) {
        ptr_to_array[loop_index] = a.ptr_to_array[loop_index];
    }
}

template <class T, int number_of_elements>
T& Array<T, number_of_elements>::operator= (const Array & a)
{
    if(this == &a) return *this;
    delete[] ptr_to_array;

    number_of_elements = a.number_of_elements;
    T *ptr_to_array = new T[number_of_elements];

    for(int loop_index = 0; loop_index < number_of_elements; loop_index++) {
        ptr_to_array[loop_index] = a.ptr_to_array[loop_index];
    }
    return *this;
}

template <class T, int number_of_elements>
Array<T, number_of_elements>::~Array()
{
    delete[] ptr_to_array;
}
    .
    .
    .
```

Na função **main** podemos usar o modelo de classe **Array** recursivamente para criar um array multidimensional de nome **scores**:

```
int main()
{
    Array<Array<float, 3>, 10> scores;
    .
    .
    .
```

Como projetamos o operador [] desta classe de modo a retornar valores por referência, podemos chamá-lo duas vezes sucessivamente. Além disso, como o operador retorna uma referência, podemos configurar os dados reais referidos por ele através da referência, da seguinte forma:

```
int main()
{
    Array<Array<float, 3>, 10> scores;

    scores[0][1] = 85;
    .
    .
    .
```

Isso armazena o valor 85 em **scores[0][1]**, como podemos conferir ao exibirmos o valor:

```
int main()
{
    Array<Array<float, 3>, 10> scores;

    scores[0][1] = 85;

    cout << "The student scored " << scores[0][1] << endl;

    return 0;
}
```

Eis aqui o resultado gerado pela execução deste exemplo, classtemplaterecursion.cpp:

```
%classtemplaterecursion
The student scored 85
```

Como podemos ver, podemos usar modelos de classe da mesma maneira que classes padrão: com herança, como componentes de outras classes e recursivamente, sendo possível até mesmo aninhá-las.

Como criar especializações explícitas de modelos

Quando declaramos um objeto usando um modelo de classe o compilador cria uma *instanciação de classe implícita* da classe necessária, usando o tipo ou tipos especificados:

```
int main()
{
```

```
    const int student_number = 5;
    Array<float, 10> scores;
        .
        .
        .
}
```

No entanto, o compilador não instancia uma classe implicitamente até que ele precise um objeto da classe. Por outro lado, há situações em que podemos desejar uma instanciação de classe sem termos um objeto quando, por exemplo, estamos codificando em vários arquivos e precisamos informar ao compilador sobre os membros de uma classe como **Array** em um arquivo que não contém nenhum objeto **Array** nele (por exemplo, poderíamos precisar declarar um ponteiro que aponte para uma estrutura definida na classe). Para criar uma instanciação explícita da classe a partir de um modelo de classe, podemos usar a palavra-chave **template** e especificar o parâmetro ou parâmetros de tipo necessários em uma declaração explícita como a seguinte:

```
template Array<float>;
```

Essa declaração instancia uma classe de nome **Array<float>**. Também podemos fornecer valores para parâmetros não-tipo, da seguinte maneira:

```
template Array<float, 100>;
```

Essa declaração instancia uma classe de nome **Array<float, 100>**.

Podemos também criar *especializações explícitas* de modelos de classe, da mesma maneira que com modelos de função. Uma especialização explícita é uma definição de classe para um tipo em particular, que o compilador usará para aquele tipo em vez do modelo geral. Por exemplo, podemos ter um modelo que trate parâmetros de tipo **float**, **int** e **double** sem problemas, mas precisemos também manipular strings estilo C, tipo **char***, de uma maneira diferente. Neste caso, podemos criar uma especialização do modelo para o tipo **char***.

Eis aqui um exemplo, classtemplatespecialization.cpp, que introduz uma especialização do modelo de classe **Array** que desenvolvemos neste capítulo. Adicionaremos aqui uma especialização que bloqueará qualquer tentativa de instanciar uma classe **Array** a partir da classe **string** do C++.

Criamos uma especialização explícita com a palavra-chave **template**, da seguinte maneira:

```
template <>
class name<lista_de_parâmetros_especializados>
{
        .
        .
        .
}
```

Isto cria uma especialização para os parâmetros listados entre < e >. Eis aqui como criamos uma especialização do modelo de classe **Array** para a classe **string** em classtemplatespecialization.cpp. Nesta especialização simplesmente fornecemos um construtor que envia uma mensagem de erro para o objeto de fluxo de saída de erro **cerr**, mas pode-se incluir quaisquer membros de classe desejados em especializações:

```
#include <iostream>
#include <string>
using namespace std;
```

```
template <class T>
class Array
{
    T *ptr_to_array;
    int number;
public:
    explicit Array(int number_of_elements);
    Array(const Array & a);
    ~Array();
    T& operator= (const Array & a);
    T& operator[](int index) {return ptr_to_array[index];}
};

template <>
class Array<string>
{
public:
    explicit Array(int number_of_elements){cerr <<
        "Sorry, I don't do strings.";};
};

template <class T>
Array<T>::Array(int number_of_elements)
{
    number = number_of_elements;
    ptr_to_array = new T[number];
}

template <class T>
Array<T>::Array(const Array & a)
{
    number = a.number;
    T *ptr_to_array = new T[number];

    for(int loop_index = 0; loop_index < number; loop_index++) {
        ptr_to_array[loop_index] = a.ptr_to_array[loop_index];
    }
}

template <class T>
T& Array<T>::operator= (const Array & a)
{
    if(this == &a) return *this;
    delete[] ptr_to_array;

    number = a.number;
    T *ptr_to_array = new T[number];

    for(int loop_index = 0; loop_index < number; loop_index++) {
        ptr_to_array[loop_index] = a.ptr_to_array[loop_index];
    }
    return *this;
}

template <class T>
Array<T>::~Array()
{
    delete[] ptr_to_array;
}
```

Agora podemos tentar instanciar uma classe **Array** com base na classe **string** do C++ da maneira a seguir na função **main**:

```
int main()
{
    Array<string> scores(10);

    return 0;
}
```

Entretanto, essa declaração faz nosso modelo especializado exibir uma mensagem de erro. Este é o resultado produzido pela execução do exemplo, classtemplatespecialization.cpp:

```
%classtemplatespecialization
Sorry, I don't do strings.
```

Além de especializações explícitas como esta, também podemos criar especializações parciais. Veja a próxima seção para obter os detalhes.

Solução relacionada:	Encontrada na página:
Como criar especializações explícitas de modelos de função	263

Como criar especializações parciais de modelos

Na seção anterior vimos que uma especialização explícita de um modelo de classe é uma definição de classe para um tipo específico, que o compilador usará para aquele tipo em vez do modelo geral. Em uma especialização explícita especificamos todos os parâmetros da lista de parâmetros de um modelo de classe. No entanto, o C++ também permite criar *especializações parciais*, através das quais se pode especificar somente os parâmetros aos quais se deseja que a especialização corresponda. Por exemplo, em uma especialização parcial poderíamos especificar o tipo de somente um dos parâmetros de tipo de um modelo de classe.

Eis aqui um exemplo, classtemplatepartialspecialization.cpp, que modifica o modelo com dois parâmetros de tipo desenvolvido em *Como usar modelos de classe com múltiplos tipos*, anteriormente neste capítulo, acrescentando uma especialização parcial. O modelo desenvolvido lá tomava dois parâmetros de tipo, **T** e **T2**:

```
template <class T, class T2>
class Array
{
    .
    .
    .
};
```

Quando criamos uma especialização parcial deixamos os parâmetros que desejamos que fiquem não especificados na lista de parâmetros do modelo e especificamos os tipos dos demais no nome da classe. Por exemplo, eis aqui como fica o código para uma especialização parcial em que o parâmetro de tipo **T2** é o tipo classe **string**:

```
template <class T>
class Array<T, string>
{
    .
    .
    .
};
```

Usaremos em classtemplatepartialspecialization.cpp esta especialização parcial para mandar um erro para o objeto de fluxo de saída de erro **cerr** se **T2** for do tipo **string**. E, para garantir que tudo está funcionando corretamente, tentaremos instanciar uma classe configurando **T2** para **string** na função **main**.

NOTA: *Nem todos os compiladores C++ suportam especializações parciais como esta (um dos principais compiladores que usamos para testar o código não as suporta). Assim, este exemplo pode não funcionar com o compilador em que você está usando.*

```
#include <iostream>
#include <string>
using namespace std;

template <class T, class T2>
class Array
{
    T *ptr_to_array;
    int number;
public:
    T2 name;
    explicit Array(int number_of_elements);
    Array(const Array & a);
    ~Array();
    T& operator= (const Array & a);
    T& operator[](int index) {return ptr_to_array[index];}
};

template <class T>
class Array<T, string>
{
public:
    explicit Array(int number_of_elements){cerr <<
        "Sorry, I don't do strings.";};
};

template <class T, class T2>
Array<T, T2>::Array(int number_of_elements)
{
    number = number_of_elements;
    ptr_to_array = new T[number];
}

template <class T, class T2>
Array<T, T2>::Array(const Array & a)
{
    number = a.number;
    T *ptr_to_array = new T[number];
```

```
        for(int loop_index = 0; loop_index < number; loop_index++) {
            ptr_to_array[loop_index] = a.ptr_to_array[loop_index];
        }
}

template <class T, class T2>
T& Array<T, T2>::operator= (const Array & a)
{
    if(this == &a) return *this;
    delete[] ptr_to_array;

    number = a.number;
    T *ptr_to_array = new T[number];

    for(int loop_index = 0; loop_index < number; loop_index++) {
        ptr_to_array[loop_index] = a.ptr_to_array[loop_index];
    }
    return *this;
}

template <class T, class T2>
Array<T, T2>::~Array()
{
    delete[] ptr_to_array;
}

int main()
{
    Array<float, string> scores(10);

    return 0;
}
```

Eis aqui o resultado gerado pela execução do programa classtemplatepartialspecialization.cpp:

```
%classtemplatepartialspecialization
Sorry, I don't do strings.
```

Como podemos ver, o compilador usou a especialização parcial para tratar do caso em que o segundo parâmetro de tipo é a classe **string** do C++. Usar especializações como esta fornece uma forma de personalizar modelos do modo desejado.

Capítulo 12

Informações de Tipo em Tempo de Execução, Espaços de Nomes e Exceções

Análise Aprofundada

Este capítulo é totalmente dedicado a três tópicos importantes do C++: *informações de tipo em tempo de execução, espaços de nomes* e *exceções*. Cada um desses tópicos é de grande relevância em C++. As RTTI (*runtime type information*, informações de tipo em tempo de execução), são uma coleção de tecnologias que permite identificar o tipo de um elemento em tempo de execução, o que pode ser muito útil quando se lida com polimorfismo em tempo de execução. Os *espaços de nomes* (*namespaces*) dão a possibilidade de dividir o código de um programa em regiões que mantêm suas próprias tabelas de símbolo, o que significa que os nomes declarados em um espaço de nomes não podem interferir naqueles declarados em outros. Usar espaços de nomes torna-se importante quando os programas se tornam muito grandes ou quando se importa código de bibliotecas de classes que declaram nomes que podem entrar em conflito com nomes usados no programa. O maior tópico deste capítulo, no entanto, é como trabalhar com as *exceções* do C++. As exceções fornecem uma forma de tratar o que de outra maneira seriam erros sérios em um programa. Por exemplo, um programa poderia tentar alocar espaço para 1.000.000.000 de valores de ponto flutuante, algo para o qual poucos computadores têm memória suficiente. Em tal caso o programa poderia travar, a não ser que ele inclua código que trate de tal problema de erro de tempo de execução. E o tratamento de exceções é exatamente isto. Começaremos este capítulo com uma visão geral de cada um dos tópicos, começando com RTTI.

RTTI (runtime type information, informações de tipo em tempo de execução)

As RTTI (runtime type information, informações de tipo em tempo de execução, que algumas pessoas chamam de *identification – identificação* – de tipos em tempo de execução) possuem três componentes:

- O operador **dynamic_cast**, que cria um ponteiro para um tipo derivado usando o conteúdo de um ponteiro para um tipo base, se possível. Se não for possível **dynamic_cast** retorna 0, um ponteiro nulo.
- O operador **typeid**, que retorna dados que identificam o tipo de um objeto.
- A estrutura **type_info**, projetada para armazenar as informações sobre o tipo de um objeto retornadas por **typeid**.

Todos esses elementos têm seu lugar na programação em C++. Por exemplo, o polimorfismo em tempo de execução acrescentou muito ao C++, mas teve um custo. Podemos apontar para objetos derivados com um ponteiro para a classe-base, e se estivermos usando métodos virtuais a versão correta do método chamado com tal ponteiro será selecionada automaticamente. No entanto, e se tivermos passado um ponteiro em uma função, como podemos saber para que tipo o ponteiro aponta? Se for importante saber que método virtual será chamado, é importante saber para que tipo de objeto o ponteiro aponta. Mas podemos descobrir isso com o operador **dynamic_cast**.

O operador dynamic_cast

Já vimos as conversões explícitas de tipo estáticas, de reinterpretação e **const** suportadas no C++ (veja *Como usar conversões explícitas de tipo (casts) estáticas, reinterpretativas e constantes*, no Capítulo 5), e agora que já estudamos herança e estamos vendo informações de tipo de tempo de execução, podemos dar uma olhada em conversões de tipo dinâmicas usando o operador **dynamic_cast**.

Conversões de tipo dinâmicas permitem converter o ponteiro em uma variável ponteiro de uma classe-base (lembre-se de que o ponteiro de tal variável pode ser da classe-base ou de uma classe derivada dela) para uma classe derivada, se possível. Essa é uma operação segura somente se o ponteiro em questão *já* for da classe para o qual ele está sendo convertido ou o estejamos convertendo para uma classe-base da classe do ponteiro. Não podemos converter um ponteiro de uma classe-base para uma classe derivada dela, pois alguns membros podem ter sido adicionados à classe derivada e o C++ não terá idéia do que fazer se tentarmos referenciar algum desses membros. Por outro lado, é seguro converter um ponteiro para outro da mesma classe ou para uma classe base dela. O operador **dynamic_cast** permite saber em tempo de execução se uma conversão é segura ou não.

NOTA: *Como vimos no capítulo 10, embora possamos usar um ponteiro de uma classe base para apontar para um objeto de uma classe derivada, não podemos usar tal ponteiro de classe base para acessar membros existentes na classe derivada mas não na classe base. Fazer isto resultará em erros de compilação.*

Por exemplo, vejamos o código a seguir, onde a classe **a** é a classe base e a classe **b** é uma classe derivada de **a**. Ambas as classes suportam um método virtual, **display**, mas o método tem código diferente em cada classe:

```
class a
{
public:
    virtual void display(){/*código...*/};
};

class b : public a
{
public:
    virtual void display(){/*código...*/};
};
```

Podemos passar ponteiros da classe **a** para uma função de nome **check**, da seguinte forma:

```
class a
{
public:
    virtual void display(){/*código...*/};
};

class b : public a
{
```

```
public:
    virtual void display(){/*código...*/};
};

void check(a *pointer)
{
    .
    .
    .
}
```

No entanto, um ponteiro para a classe **a** pode, na verdade, ter um ponteiro para a classe **a** ou para a classe **b**. Assim, se tentarmos usar o ponteiro passado a **check**, que método **display** será chamado? O da classe **a** ou o da classe **b**. Digamos que só desejemos chamar **b::display**. Nesse caso, precisamos ver se o ponteiro realmente aponta para um objeto da classe **b**, o que podemos verificar com **dynamic_cast**. Se **dynamic_cast** puder converter o ponteiro para o tipo **b***, é seguro chamar **b::display**. Do contrário **dynamic_cast** retorna 0, o que significa que o ponteiro apontava para um objeto da classe **a**. Eis aqui como implementar isto com segurança em código:

```
class a
{
public:
    virtual void display(){/*código...*/};
};

class b : public a
{
public:
    virtual void display(){/*código...*/};
};

void check(a *pointer)
{
    b *b_pointer = dynamic_cast<b *> (pointer);
    if(b_pointer)
        b_pointer->display();
}
```

***NOTA:** O Visual C++ parece exigir que se habilite explicitamente a verificação de informações de tempo de execução, com a opção **/GR**, para a compilação desse código.*

O operador **dynamic_cast** usa as informações de tempo de execução armazenadas para cada ponteiro para determinar se uma conversão de tipo como a que vimos é segura ou não, uma questão muitas vezes importante quando estamos trabalhando com polimorfismo em tempo de execução.

O operador typeid e a classe type_info

Além de **dynamic_cast**, a outra parte das RTTI consiste no operador **typeid** e na classe **type_info**. O operador **typeid** retorna um objeto da classe **type_info**, o qual podemos usar para identificar o tipo de itens de dado em tempo de execução.

Os membros da classe **type_info** variam de acordo com o compilador. Os fabricantes sempre parecem ávidos por adicionar seus próprios membros de dados e métodos a essa classe. No entanto, todas as classes **type_info** possuem alguns poucos membros, independentemente do fabricante: um construtor, um construtor de cópia, um destrutor, um operador de atribuição e um método chamado de **name**. O método **name** retorna o nome do tipo do item que está sendo examinado.

Podemos passar à **typeid** uma classe ou tipo genérico (por exemplo, **int**) ou uma variável real (por exemplo, **var_int_1**). Já demos uma olhada em **typeid** no Capítulo 2, em um exemplo chamado typeid.cpp (veja *De que tipo é uma dada variável?*, no Capítulo 2). Eis aqui o exemplo, em que usamos **typeid** para determinar o tipo de um inteiro, **integer1**:

```
#include <iostream>
#include <typeinfo>
using namespace std;

int main()
{
    int integer1 = 200;

    cout << "The type of integer1 is: " << typeid(integer1).name() << endl;

    return 0;
}
```

Eis o resultado gerado pela execução do programa typeid.cpp, onde verificamos que o tipo de **integer1** é **int**:

```
%typeid
The type of integer1 is: int
```

O operador **typeid** é mais útil com ponteiro, pois um ponteiro de uma classe-base pode guardar um ponteiro para um objeto de uma classe derivada, caso em que podemos usar **typeid** para determinar para que tipo o ponteiro efetivamente aponta. Por exemplo, tomemos a classe **animal** que vimos no Capítulo 10 e vamos derivar de **animal** uma classe de nome **fish**, como mostra o exemplo animalclasstypeid.cpp:

```
#include <iostream>
using namespace std;

class animal
{
public:
    void eat();
    void sleep();
    virtual void breathe();
};

class fish : public animal
{
```

```
public:
    void breathe();
    void swim();
};

void animal::breathe(){cout << "Breathing..." << endl;}
void animal::eat(){cout << "Eating..." << endl;}
void animal::sleep(){cout << "Sleeping..." << endl;}
void fish::breathe(){cout << "Bubbling..." << endl;}
void fish::swim(){cout << "Swimming..." << endl;}
    .
    .
    .
```

Agora podemos criar um ponteiro para a classe-base, **animal_pointer**, e um objeto da classe derivada, **fish_object**. Podemos então armazenar o endereço de **fish_object** em **animal_pointer**, é claro, mas como descobrimos para que tipo de objeto **animal_pointer** está realmente apontando, um objeto **animal** ou um objeto **fish**? Usando **typeid** isto é fácil: tudo o que necessitamos é verificar a classe do ponteiro retornada por **typeid(*animal_pointer)**. Eis aqui como fica o código. Observe que devemos incluir o cabeçalho typeinfo, que define a classe **type_info**, para usarmos **typeid**:

```
#include <iostream>
#include <typeinfo>
using namespace std;

class animal
{
public:
    void eat();
    void sleep();
    virtual void breathe();
};

class fish : public animal
{
public:
    void breathe();
    void swim();
};

void animal::breathe(){cout << "Breathing..." << endl;}
void animal::eat(){cout << "Eating..." << endl;}
void animal::sleep(){cout << "Sleeping..." << endl;}
void fish::breathe(){cout << "Bubbling..." << endl;}
void fish::swim(){cout << "Swimming..." << endl;}

int main()
{
    animal *animal_pointer;
    fish fish_object;

    animal_pointer = &fish_object;
```

```
    cout << "The type of the object is "
        << typeid(*animal_pointer).name() << endl;

    return 0;
}
```

Aqui está o resultado gerado pela execução deste código, animalclasstypeid.cpp:

```
%animalclasstypeid
The type of the object is fish
```

NOTA: *O nome real da classe exibido pode variar de acordo com o compilador C++ usado. Por exemplo, se você usar o g++ verá "4fish", não "fish".*

Como pudemos ver, o operador **typeid** permitiu determinar que a classe do objeto para o qual o ponteiro de **animal** efetivamente apontava era **fish**, não **animal**. Determinar o tipo real de um objeto para o qual um ponteiro aponta desta forma pode ser inestimável quando usamos polimorfismo em tempo de execução.

Também podemos comparar tipos diretamente, usando o método **name** de um objeto **type_info**:

```
if(typeid(*animal_pointer).name() == typeid(*fish_pointer).name())
{
        .
        .
        .
}
```

Espaços de nomes

Como já foi mencionado, espaços de nomes permitem dividir um programa em regiões que mantêm suas próprias tabelas de símbolos. Tais regiões são chamadas de *regiões declarativas*. A idéia por trás dos espaços de nomes é evitar que nomes declarados em um programa entrem em conflito com outros nomes definidos no mesmo programa, uma vez que os nomes de um espaço de nomes são independentes daqueles de outros.

Todo programa C++ atualmente inclui um espaço de nomes, o *espaço de nomes global*. O espaço de nomes global é um espaço de nomes padrão do programa, sendo que todos os elementos globais pertencem a este espaço de nomes. Em versões mais antigas do C++ tudo fazia parte deste espaço de nomes padrão, mas agora os elementos da biblioteca padrão do C++ foram colocados no espaço de nomes **std**. Quando colocamos no código de um programa a linha a seguir:

```
#include <iostream>
using namespace std;
        .
        .
        .
```

O que estamos realmente fazendo é *importar* os símbolos do espaço de nomes **std** para o espaço de nomes global. Quando importamos um símbolo para o espaço de nomes global ele fica disponível a todo o código do programa. Se não importarmos um símbolo de outro espaço de nomes, para referenciá-lo precisaremos qualificá-lo com seu espaço de nomes, da seguinte maneira: ***espaço_de_nomes:nome***.

Por exemplo, **std::cout**. Se verificarmos os arquivos de cabeçalho das bibliotecas do C++ padrão, encontraremos em todas elas a seguinte declaração de espaço de nomes, que coloca todos os itens declarados no cabeçalho dentro do espaço de nomes **std**:

```
namespace std {
    .
    .
    .
}
```

E é assim que se cria um espaço de nomes: com a palavra-chave **namespace**. Eis aqui um exemplo, namespace.cpp, que cria um espaço de nomes chamado de **NS** e coloca uma string de nome **data** nele:

```
#include <iostream>
#include <string>
using namespace std;

namespace NS {
    string data("NS namespace data");
}
    .
    .
    .
```

Também podemos adicionar uma outra variável, também de nome **data**, mas com texto diferente, no espaço de nomes global:

```
#include <iostream>
#include <string>
using namespace std;

namespace NS {
    string data("NS namespace data");
}

string data("Global namespace data");
    .
    .
    .
```

Podemos dividir um espaço de nomes em diversas regiões, mas se dermos a elas o mesmo nome, todos os nomes deles estarão no mesmo espaço de nomes. Para mostrar como isto funciona, adicionaremos uma nova string de texto, **data2**, ao espaço de nomes **NS**:

```
#include <iostream>
#include <string>
using namespace std;

namespace NS {
    string data("NS namespace data");
}
```

```
string data("Global namespace data");

namespace NS {
    string data2("Additional NS namespace data");
}
    .
    .
    .
```

Por fim, podemos criar mais uma versão de **data**, desta vez uma versão local em **main**:

```
#include <iostream>
#include <string>
using namespace std;

namespace NS {
    string data("NS namespace data");
}

string data("Global namespace data");

namespace NS {
    string data2("Additional NS namespace data");
}

int main()
{
    string data("Local data");
    .
    .
    .
```

Neste ponto podemos exibir todas as diversas variáveis **data**. Podemos referenciar os dados locais simplesmente como **data** e a variável **data** no espaço de nomes **NS** como **NS::data**:

```
int main()
{
    string data("Local data");
    cout << data << endl;

    cout << NS::data << endl;
    .
    .
    .
```

O que aconteceria se adicionássemos uma instrução **using namespace NS** em seguida? Nesse caso os símbolos do espaço de nomes **NS** seriam importados para o espaço de nomes global, mas como os símbolos globais são sobrepostos pelos locais, **data** continua se referindo à versão local, *não* àquela no espaço de nomes **NS**. No entanto, agora podemos nos referir à variável **data2** de **NS** simplesmente como **data2**, não **NS::data2**:

```
int main()
{
    string data("Local data");
    cout << data << endl;

    cout << NS::data << endl;
```

```
using namespace NS;
cout << data << endl;              // sobrescrita pela variável data local
cout << data2 << endl;
.
.
.
```

E podemos também nos referir explicitamente à variável **data** do espaço de nomes global como **::data**, da seguinte forma:

```
int main()
{
    string data("Local data");
    cout << data << endl;

    cout << NS::data << endl;

    using namespace NS;
    cout << data << endl;          // sobrescrita pela variável data local
    cout << data2 << endl;

    cout << ::data << endl;

    return 0;
}
```

Eis aqui o resultado gerado pela execução de namespace.cpp:

```
%namespace
Local data
NS namespace data
Local data
Additional NS namespace data
Global namespace data
```

Poder dividir o código de programas entre espaços de nomes é um recurso muito popular entre programadores e alguns até mesmo colocam tudo em espaços de nomes, eliminando o espaço de nomes global, ou padrão, por completo.

Exceções

O mecanismo de tratamento de exceções do C++ existe para permitir o tratamento de problemas de tempo de execução. Esses problemas normalmente não são erros de lógica do código (ou seja, "bugs"), mas problemas que podem ocorrer em tempo de execução. Por exemplo, o usuário pode fazer o programa tentar abrir um arquivo que não existe, caso em que o código do programa pode *lançar* (*throw*) uma exceção. Uma parte diferente do código pode *capturar* (*catch*) e tratar a exceção. Vejamos um exemplo, dividebyzero.cpp. Seu código vai dividir um número por zero se o usuário pedir que isto seja feito, o que causará um problema de aritmética. Tudo o que fazemos aqui é pedir que o usuário forneça dois números de ponto flutuante e dividimos um pelo outro:

```
#include <iostream>
#include <string>
using namespace std;
```

```
int main ()
{
   float op1, op2;

   cout << "Enter the two floating point numbers to divide: ";
   cin >> op1 >> op2;

   cout << op1 << "/" << op2 << " = " << op1/op2 << endl;

   return 0;
}
```

Se o usuário fornecer 1 como o primeiro número e 0 como o segundo, o programa tentará dividir 1 por 0. Em geral, os programas executáveis gerados por compiladores C++ não tratam deste problema bem. Alguns compiladores geram códigos que acabam simplesmente ignorando o problema; outros fazem com que o programa trave ou aborte. Em qualquer caso, dividir 1 por 0 gera um resultado indefinido para o código, e precisamos ter alguma forma de evitar o problema.

A forma de tratar problemas como este são as exceções. Eis aqui os passos gerais a seguir:

1. Colocar o código sensível em um bloco **try**.
2. Lançar exceções conforme a necessidade, com instruções **throw**.
3. Capturar e tratar todas as exceções em um bloco **catch**.

Eis aqui um exemplo, except.cpp, que mostra como isto funciona. Nele colocamos o código sensível, que poderia causar uma divisão por zero, dentro de um bloco **try**, o qual é implementado como um bloco de código que começa com a palavra-chave **try**:

```
#include <iostream>
#include <string>
using namespace std;

int main ()
{
   float op1, op2;

   cout << "Enter the two floating point numbers to divide: ";
   cin >> op1 >> op2;

   try
   {
      cout << op1 << "/" << op2 << " = " << op1/op2 << endl;
   }
   .
   .
   .
```

Se o valor do denominador da divisão for zero não executaremos este código. Em vez disso faremos o programa lançar uma exceção, com uma instrução **throw**:

```
#include <iostream>
#include <string>
using namespace std;
```

```
int main ()
{
    float op1, op2;

    cout << "Enter the two floating point numbers to divide: ";
    cin >> op1 >> op2;

    try
    {
        if(op2 != 0)
            cout << op1 << "/" << op2 << " = " << op1/op2 << endl;
        else
            throw string("Error: division by zero.");
    }
    .
    .
    .
```

Se a instrução **throw** for executada ela lançará uma exceção do tipo **string**, cujo conteúdo é a mensagem "Error: division by zero." ("Erro: divisão por zero"). Para tratar tais exceções, caso ocorram, podemos capturá-las dentro de um bloco **catch**, implementado através da palavra-chave **catch**. Indicamos o tipo da exceção que desejamos capturar (neste exemplo, **string**), e tratamos a exceção no bloco de código que se segue à palavra-chave **catch**. Neste exemplo simplesmente exibiremos a mensagem interna da exceção, da seguinte forma:

```
#include <iostream>
#include <string>
using namespace std;

int main ()
{
    float op1, op2;

    cout << "Enter the two floating point numbers to divide: ";
    cin >> op1 >> op2;

    try
    {
        if(op2 != 0)
            cout << op1 << "/" << op2 << " = " << op1/op2 << endl;
        else
            throw string("Error: division by zero.");
    }
    catch (string s)
    {
        cout << s << endl;
    }

    return 0;
}
```

Podemos também especificar que exceções devem ser passadas a blocos **catch** por referência, se quisermos, da forma a seguir: **catch (string & s)**. Isto capturará as mesmas exceções que o código anterior. Aqui está o resultado gerado pela execução deste código, except.cpp. Observe como a exceção foi lançada e capturada no exemplo:

```
%except
Enter the two floating point numbers to divide: 1 0
Error: division by zero.
```

NOTA: *Muitas outras linguagens, como o Java, e mesmo algumas implementações do C++, como o Visual C++, Microsoft, possuem diversas exceções já incorporadas, e dividir por zero normalmente lançará uma dessas exceções. No entanto, o C++ padrão possui somente oito exceções padrão incorporadas (veja* As exceções padrão*, neste capítulo), e por diversas razões o C++ padrão não considera estouros ("overflows") aritméticos como exceções, de forma que precisamos criar nossas próprias. (De modo interessante, uma das principais razões para a divisão por zero não lançar uma exceção no C++ são as múltiplas linhas de execução – multithreading – que nem mesmo são suportadas pelo C++ padrão).*

Nesse exemplo a exceção foi um objeto **string**, mas podemos criar nossos próprios objetos de exceção, com métodos especializados com mensagens de erro, códigos e muito mais. Veremos tudo isto e mais na seção *Soluções Imediatas*, que vem a seguir.

Soluções Imediatas

Como usar **dynamic_cast** com ponteiros em tempo de execução

Como vimos na seção *Análise Aprofundada* deste capítulo, uma das técnicas de obtenção de informações de tipo em tempo de execução consiste em usar **dynamic_cast** para ver se uma conversão de tipo de ponteiro é segura. Muitas vezes isto é importante de determinar se quisermos usar um ponteiro para chamar um método, já que um ponteiro de uma classe-base pode guardar um ponteiro para um objeto de uma classe derivada e, caso o método que desejemos chamar seja virtual, cada classe terá sua própria versão dele. Para determinar o tipo de ponteiro com que estamos tratando e, em conseqüência, que método estaremos chamando, podemos testar o ponteiro com o operador **dynamic_cast**.

Não podemos converter um ponteiro de uma classe-base para uma classe derivada dela, mas é seguro converter um ponteiro para outro ponteiro da mesma classe ou para uma classe-base da classe inicial. O operador **dynamic_cast** permite saber em tempo de execução se uma conversão é segura ou não, o que freqüentemente é útil quando desejamos saber qual versão sobreposta de um método será chamada. Eis aqui um exemplo que vimos na seção *Análise Aprofundada* deste capítulo, cujas classes **a** e **b** têm versões diferentes de um método de nome **display**, o que faz com que, caso passemos um ponteiro para a classe **a** à função de nome **check**, este ponteiro possa, na verdade, ser tanto para a classe **a** quanto para a classe **b**. Se quisermos chamar somente a versão da classe **b** de **display**, podemos usar **dynamic_cast** para testar se o ponteiro realmente aponta para um objeto da classe **b**:

```
#include <iostream>
using namespace std;

class a
{
public:
    virtual void display(){/*código...*/};
};

class b : public a
{
public:
    virtual void display(){/*código...*/};
};

void check(a *pointer)
{
    b *b_pointer = dynamic_cast<b *> (pointer);
    if(b_pointer)
        b_pointer->display();
}
```

O operador **dynamic_cast** usa as informações de tempo de execução armazenadas para cada ponteiro para determinar se uma conversão de tipo como a que vimos é segura ou não, uma questão muitas vezes importante quando estamos trabalhando com polimorfismo em tempo de execução. A seguir temos um exemplo mais extenso, animalclassdynamiccast.cpp, que usa a classe **animal** do Capítulo 10 e deriva de **animal** uma classe de nome **fish**. No código a seguir, tentaremos usar **dynamic_cast** para converter um ponteiro **fish** a um ponteiro **animal**, o que funcionará, e um ponteiro **animal** a um ponteiro **fish**, o que não dará certo:

```
#include <iostream>
using namespace std;

class animal
{
public:
    void eat();
    void sleep();
    virtual void breathe();
};

class fish : public animal
{
public:
    void breathe();
    void swim();
};

void animal::breathe(){cout << "Breathing..." << endl;}
void animal::eat(){cout << "Eating..." << endl;}
void animal::sleep(){cout << "Sleeping..." << endl;}
void fish::breathe(){cout << "Bubbling..." << endl;}
void fish::swim(){cout << "Swimming..." << endl;}

int main()
{
    animal animal_object;
    animal *animal_pointer;

    fish fish_object;
    fish *fish_pointer;

    // conversão de fish para animal
    fish_pointer = &fish_object;
    animal_pointer = dynamic_cast<animal *>(fish_pointer);

    if(fish_pointer)
        cout << "Made the conversion fish* to animal*." << endl;
    else
        cout << "Could not make the conversion fish* to animal*." << endl;

    // conversão de animal para fish
    animal_pointer = &animal_object;
    fish_pointer = dynamic_cast<fish *>(animal_pointer);
```

```
    if(fish_pointer)
        cout << "Made the conversion animal* to fish*." << endl;
    else
        cout << "Could not make the conversion animal* to fish*." << endl;

    return 0;
}
```

Aqui está o resultado gerado pela execução deste código, animalclassdynamiccast.cpp:

```
%animalclassdynamiccast
Made the conversion fish* to animal*.
Could not make the conversion animal* to fish*.
```

Solução relacionada:	Encontrada na página:
Como usar conversões explícitas de tipo (casts) estáticas, reinterpretativas e constantes	187

Como usar o operador **typeid** e a classe **type_info**

Além do operador **dynamic_cast**, as RTTIs também incluem o operador **typeid** e a classe **type_info**. Quando aplicamos o operador **typeid** a um elemento, ele retorna um objeto da classe **type_info**, o qual podemos usar para obter informações sobre o elemento. Isto é útil quando trabalhamos com ponteiros e polimorfismo em tempo de execução para descobrir para que tipo de objeto um ponteiro aponta. Eis aqui um exemplo, animalclasstypeid.cpp, que já vimos na seção *Análise Aprofundada* deste capítulo. Ele usa a classe **animal** e deriva dela uma classe de nome **fish**. Em seguida ele aponta para um objeto **fish** usando um ponteiro **animal**. Como podemos determinar para que tipo de objeto o ponteiro **animal** realmente aponta? Usando o operador **typeid** para retornar um objeto **type_info** e usar o método **name** desse objeto para descobrir o nome que necessitamos. Observe que devemos incluir o cabeçalho typeinfo, que define a classe **type_info** para usar **typeid**:

```
#include <iostream>
#include <typeinfo>
using namespace std;

class animal
{
public:
    void eat();
    void sleep();
    virtual void breathe();
};

class fish : public animal
{
public:
    void breathe();
    void swim();
};

void animal::breathe(){cout << "Breathing..." << endl;}
void animal::eat(){cout << "Eating..." << endl;}
```

```
void animal::sleep(){cout << "Sleeping..." << endl;}
void fish::breathe(){cout << "Bubbling..." << endl;}
void fish::swim(){cout << "Swimming..." << endl;}

int main()
{
   animal *animal_pointer;
   fish fish_object;

   animal_pointer = &fish_object;

   cout << "The type of the object is "
      << typeid(*animal_pointer).name() << endl;

   return 0;
}
```

Aqui está o resultado gerado pela execução deste código, animalclasstypeid.cpp:

```
%animalclasstypeid
The type of the object is fish
```

Como pudemos ver, mesmo que tivéssemos um ponteiro **animal**, o objeto apontado por ele na verdade era da classe **fish**, conforme **typeid** informou. Conforme observado na seção *Análise Aprofundada* deste capítulo, o nome real da classe exibido pode variar de acordo com o compilador C++ usado; por exemplo, se usarmos o g++ veremos “4fish”, não “fish”.

Como criar um espaço de nomes

Como visto na seção *Análise Aprofundada* deste capítulo, podemos usar espaços de nomes para dividir o código de programas em regiões declarativas, pois nomes em regiões diferentes não entrarão em conflito. Para declarar um espaço de nomes, usamos a palavra-chave **namespace** e colocamos o código que desejamos dentro do espaço de nomes dentro em um bloco de código após a palavra-chave. Vimos um exemplo na seção *Análise Aprofundada* deste capítulo, namespace.cpp, onde criamos um espaço de nomes chamado de **NS** e declaramos uma variável **string** de nome **data** nele:

```
#include <iostream>
#include <string>
using namespace std;

namespace NS {
   string data("NS namespace data");
}
   .
   .
   .
```

Também adicionamos uma outra variável de nome **data** ao espaço de nomes global do programa:

```
#include <iostream>
#include <string>
using namespace std;
```

```
namespace NS {
    string data("NS namespace data");
}

string data("Global namespace data");
    .
    .
    .
```

Podemos adicionar código a um espaço de nomes em todo um programa. Basta criar um novo bloco de espaço de nomes como o seguinte, que adiciona uma nova variável string, **data2**, ao espaço de nomes **NS:**

```
#include <iostream>
#include <string>
using namespace std;

namespace NS {
    string data("NS namespace data");
}

string data("Global namespace data");

namespace NS {
    string data2("Additional NS namespace data");
}
    .
    .
    .
```

Além disso podemos, na função **main**, criar uma nova variável local de nome **data**. Em **main** a variável **data** local sobreporá tanto a variável **data** global quanto a **data** do espaço de nomes **NS**, mas continuamos podendo acessar a variável **data** global, usando **::data**, e a variável **data** no espaço de nomes **NS**, usando **NS::data**:

```
#include <iostream>
#include <string>
using namespace std;

namespace NS {
    string data("NS namespace data");
}

string data("Global namespace data");

namespace NS {
    string data2("Additional NS namespace data");
}

int main()
{
    string data("Local data");
    cout << data << endl;

    cout << NS::data << endl;
```

```
    cout << ::data << endl;

    return 0;
}
```

Eis aqui o resultado gerado pela execução do código da parte de namespace.cpp que reproduzimos nesta seção:

```
%namespace
Local data
NS namespace data
Global namespace data
```

Podemos também aninhar espaços de nomes e até mesmo usarmos espaços de nomes *sem nome*, da seguinte forma:

```
namespace {
    string data("NS namespace data");
}
```

Neste caso, a variável **data** será tratada como uma variável estática externa (veja *Entendendo classes de armazenamento, escopo e ligação*, no Capítulo 7).

Qualificar cada nome do espaço de nomes **NS** com **NS::** é algo um tanto quanto tedioso. Para evitar isso o C++ fornece uma alternativa: podemos importar todos os nomes de um espaço de nomes para o espaço de nomes global, usando a diretiva **using**. Veja os detalhes na próxima seção.

Solução relacionada:	Encontrada na página:
Entendendo classes de armazenamento, escopo e ligação	251

Como trabalhar com espaços de nomes e a diretiva **using**

Podemos importar nomes de um espaço de nomes para o espaço de nomes global, usando a diretiva **using**. Há duas maneiras de trabalhar com **using**: podemos importar nomes específicos de um espaço de nomes, da seguinte forma:

```
using Thanksgiving::turkey;
```

Ou importarmos todos os nomes de um espaço de nomes de uma só vez. Veremos aqui uma extensão da versão do exemplo namespace.cpp que vimos na seção anterior, que importa todos os nomes de um espaço de nomes de uma só vez. Se adicionarmos a instrução **using namespace NS** ao código de **main**, todos os símbolos do espaço de nomes **NS** – **data** e **data2** – são importados e não precisamos mais nos referir a eles com o qualificador **NS**. Observe, no entanto, que o código de **main** já define uma variável de nome **data**, e que essa variável local terá precedência quando exibirmos o resultado gerado pela execução do código:

```
#include <iostream>
#include <string>
using namespace std;
```

```
namespace NS {
    string data("NS namespace data");
}

string data("Global namespace data");

namespace NS {
    string data2("Additional NS namespace data");
}

int main()
{
    string data("Local data");
    cout << data << endl;

    cout << NS::data << endl;

    using namespace NS;
    cout << data << endl;          // sobrescrita pela variável data local
    cout << data2 << endl;

    cout << ::data << endl;

    return 0;
}
```

Eis aqui o resultado gerado pela execução da versão completa de namespace.cpp:

```
%namespace
Local data
NS namespace data
Local data
Additional NS namespace data
Global namespace data
```

Solução relacionada:	Encontrada na página:
Entendendo classes de armazenamento, escopo e ligação	313

Como criar e lançar exceções

Usando exceções, podemos permitir que um programa se recupere de problemas que poderiam, de outra maneira, ser fatais. Como mencionado na seção *Análise Aprofundada* deste capítulo, para tratar exceções colocamos o código problemático ou sensível (por exemplo, o código que lê um arquivo indicado pelo usuário, que pode resultar em problemas se o arquivo indicado não existir) em um bloco **try**, lançamos exceções conforme a necessidade com instruções **throw** e tratamos tais exceções em blocos **catch**.

O resto deste capítulo é dedicado ao tratamento de exceções. Começamos a ver o tratamento de exceções na seção *Análise Aprofundada* deste capítulo, através do exemplo except.cpp. Nele, pedíamos ao usuário dois números e dividíamos um pelo outro. Se o segundo número fosse zero acabaríamos tendo uma divisão por zero e o código lançaria uma exceção, que o programa manipularia sem abortar. Começamos colocando o código sensível em um bloco **try**:

```
#include <iostream>
#include <string>
using namespace std;

int main ()
{
   float op1, op2;

   cout << "Enter the two floating point numbers to divide: ";
   cin >> op1 >> op2;

   try
   {
      cout << op1 << "/" << op2 << " = " << op1/op2 << endl;
   }
   .
   .
   .
```

Se o usuário tentar fazer uma divisão por zero lançamos uma exceção que, neste caso, será um objeto **string** com o texto "Error: division by zero." ("Erro: divisão por zero"):

```
#include <iostream>
#include <string>
using namespace std;

int main ()
{
   float op1, op2;

   cout << "Enter the two floating point numbers to divide: ";
   cin >> op1 >> op2;

   try
   {
      if(op2 != 0)
         cout << op1 << "/" << op2 << " = " << op1/op2 << endl;
      else
         throw string("Error: division by zero.");
   }
   .
   .
   .
```

Agora criamos um bloco **catch** para tratar exceções da classe **string** e exibir uma mensagem de erro a partir de dentro do bloco **catch**:

```
#include <iostream>
#include <string>
using namespace std;

int main ()
{
   float op1, op2;
```

```
    cout << "Enter the two floating point numbers to divide: ";
    cin >> op1 >> op2;

    try
    {
        if(op2 != 0)
            cout << op1 << "/" << op2 << " = " << op1/op2 << endl;
        else
            throw string("Error: division by zero.");
    }
    catch (string s)
    {
        cout << s << endl;
    }

    return 0;
}
```

Eis aqui o resultado gerado pelo programa quando o usuário tenta dividir 1 por 0:

```
%except
Enter the two floating point numbers to divide: 1 0
Error: division by zero.
```

Este é só o início do tratamento de exceções. As seções remanescentes deste capítulo trarão maiores detalhes sobre o assunto.

Como lançar exceções a partir de funções

Se lançarmos uma exceção em uma função e não capturarmos essa exceção dentro da função, o controle retorna para o ponto imediatamente subseqüente à chamada à função no código que a chamou e o programa procura por um bloco **catch** a partir desse ponto. Se houver um bloco **catch** do mesmo tipo da exceção, o código dentro do bloco **catch** é executado.

Podemos indicar que tipo ou tipos de exceção uma função pode retornar quando definimos a função (embora isto não seja obrigatório). Isto permite que o compilador verifique se o código poderá retornar qualquer exceção de tipo incorreto (veja *Como tratar exceções não capturadas*, mais adiante neste capítulo), e também permite saber que tipos de exceção devemos tratar.

Eis aqui um exemplo, exceptprototypes.cpp. Neste código usamos uma função de nome **divider** para dividir um número por outro e, caso ocorra uma divisão por zero, o código da função lançará uma exceção de objeto **string**. Como não há um bloco **catch** em **divider**, o controle é transferido para o bloco **catch** seguinte à chamada a **divider** em **main**. Observe que estamos adicionando as palavras-chave **throw (string)** quando definimos **divider**, para indicar que esta função pode agora lançar uma exceção do tipo **string**:

```
#include <iostream>
#include <string>
using namespace std;

float divider(float op1, float op2) throw (string)
{
```

```
    if(op2 != 0)
        return op1 / op2;
    else
        throw string("Error: division by zero.");
}

int main ()
{
   float op1, op2;

   cout << "Enter the two floating point numbers to divide: ";
   cin >> op1 >> op2;

   try
   {
       float result = divider(op1, op2);
       cout << op1 << "/" << op2 << " = " << result << endl;
   }
   catch (string s)
   {
     cout << s << endl;
   }

   return 0;
}
```

Observe que podemos também especificar que uma função pode lançar mais de um tipo de exceção. Por exemplo, eis aqui como indicar que a função **divider** pode lançar uma exceção **string** ou **double***:

```
float divider(float op1, float op2) throw (string, double*)
{
    if(op2 != 0)
        return op1 / op2;
    else
        throw string("Error: division by zero.");
}
```

Para mais informações sobre como tratar funções e exceções, veja a seção a seguir.

"Desenrolando" a pilha

Quando lançamos uma exceção em uma função e não tratamos a exceção nessa função, o controle "sobe" pela *pilha de chamadas* (*call stack*), procurando por um bloco **catch**. A pilha de chamadas é o que o programa usa para acompanhar as chamadas de função e, para tratar uma exceção, o programa "volta" pela pilha de chamadas, em busca de um bloco **catch**.

Eis aqui um exemplo, exceptstack.cpp, que mostra como isto funciona. Ele chama uma função, **divider**, para dividir um número por outro. A função **divider** chamará outra função, **do_work**, para realizar a divisão, e essa função lançará uma exceção. Como não existe um bloco **catch** em **do_work**, a exceção subirá pela pilha de chamadas até **divider**. Mas como não existe um bloco **catch** em **divider**, a exceção subirá até **main** e será tratada lá (E o que acontece com exceções que não são capturadas em nenhuma parte do programa? Veja *Como tratar exceções não capturadas*, mais adiante neste capítulo.) Eis aqui o código:

```
#include <iostream>
#include <string>
using namespace std;

float do_work(float op1, float op2) throw (string)
{
    if(op2 != 0)
        return op1 / op2;
    else
        throw string("Error: division by zero.");
}

float divider(float op1, float op2) throw (string)
{
    return do_work(op1, op2);
}

int main ()
{
   float op1, op2;

   cout << "Enter the two floating point numbers to divide: ";
   cin >> op1 >> op2;

   try
   {
      float result = divider(op1, op2);
      cout << op1 << "/" << op2 << " = " << result << endl;
   }
   catch (string s)
   {
     cout << s << endl;
   }

   return 0;
}
```

Aqui está o resultado gerado pela execução deste código, exceptstack.cpp. Observe que a exceção realmente “subiu” pela pilha de chamadas e foi tratada em **main**:

```
%exceptstack
Enter the two floating point numbers to divide: 1 0
Error: division by zero.
```

Como lançar objetos personalizados

Até agora, os exemplos deste capítulo lançaram uma exceção da classe **string**. Porém podemos lançar exceções usando quaisquer objetos que criarmos. Esta é geralmente a melhor maneira de suportar exceções, pois podemos adicionar nossos próprios métodos e membros de dados a tais objetos.

Eis aqui um exemplo, exceptobject.cpp, que coloca isto em prática. Nele criamos uma classe de nome **Exception** que pode guardar uma mensagem de erro em um membro de dados interno e possui um construtor e um método, **get_error**, que retorna a mensagem de erro:

```
#include <iostream>
#include <string>
using namespace std;

class Exception
{
    string error_message;
public:
    string get_error(){return error_message;}
    Exception(string s);
};

Exception::Exception(string s){error_message = s;}
        .
        .
        .
```

Agora, quando ocorre um erro no bloco **try** podemos criar um objeto da classe **Exception**, passando uma mensagem de erro ao construtor dessa classe. No bloco **catch**, podemos usar o método **get_error** do objeto **Exception** para exibir a mensagem de erro:

```
#include <iostream>
#include <string>
using namespace std;

class Exception
{
    string error_message;
public:
    string get_error(){return error_message;}
    Exception(string s);
};

Exception::Exception(string s){error_message = s;}

int main ()
{
   float op1, op2;

   cout << "Enter the two floating point numbers to divide: ";
   cin >> op1 >> op2;

   try
   {
      if(op2 != 0)
         cout << op1 << "/" << op2 << " = " << op1/op2 << endl;
      else
         throw Exception("Error: division by zero.");
```

```
    }
    catch (Exception e)
    {
        cout << e.get_error() << endl;
    }

    return 0;
}
```

Eis aqui o resultado gerado pela execução deste exemplo, exceptobject.cpp

```
%exceptobject
Enter the two floating point numbers to divide: 1 0
Error: division by zero.
```

Como tratar múltiplos objetos de exceção em múltiplos blocos **catch**

Uma das virtudes de definirmos nossas próprias classes de exceção é que podemos usar múltiplos blocos **catch**, para capturar tipos de exceções diferentes. Neste exemplo, exceptmultipleobject.cpp, definiremos duas classes de exceção, **Exception** e **Divide_by_zero_exception**:

```
#include <iostream>
#include <string>
using namespace std;

class Exception
{
    string error_message;
public:
    string get_error(){return error_message;}
    Exception(string s);
};

Exception::Exception(string s){error_message = s;}

class Divide_by_zero_exception
{
    string error_message;
public:
    string get_error(){return error_message;}
    Divide_by_zero_exception();
};

Divide_by_zero_exception::Divide_by_zero_exception()
{error_message = "Error: division by zero.";}
    .
    .
    .
```

Agora podemos usar múltiplos blocos **catch** para capturar exceções dessas duas classes:

```
#include <iostream>
#include <string>
using namespace std;

class Exception
{
    string error_message;
public:
    string get_error(){return error_message;}
    Exception(string s);
};

Exception::Exception(string s){error_message = s;}

class Divide_by_zero_exception
{
    string error_message;
public:
    string get_error(){return error_message;}
    Divide_by_zero_exception();
};

Divide_by_zero_exception::Divide_by_zero_exception()
{error_message = "Error: division by zero.";}

int main ()
{
   float op1, op2;

   cout << "Enter the two floating point numbers to divide: ";
   cin >> op1 >> op2;

   try
   {
      if(op2 != 0)
          cout << op1 << "/" << op2 << " = " << op1/op2 << endl;
      else
          throw Divide_by_zero_exception();
   }
   catch (Exception e)
   {
      cout << e.get_error() << endl;
   }
   catch (Divide_by_zero_exception e)
   {
      cout << e.get_error() << endl;
   }

   return 0;
}
```

Eis aqui o resultado gerado pela execução deste programa, exceptmultipleobject.cpp:

```
%exceptmultipleobject
Enter the two floating point numbers to divide: 1 0
Error: division by zero.
```

Um ponto a ser destacado: se a classe **Divide_by_zero_exception** fosse derivada de **Exception**, o primeiro bloco **catch** ocultaria o segundo.

Como usar a classe **exception**

O C++, na verdade, conta com uma classe de exceção incorporada de nome **exception**, que podemos usar como uma classe-base para nossas próprias classes de exceção. A classe **exception** possui um método chamado **what**, que retorna uma mensagem de erro, e quando derivamos uma classe da classe **exception** podemos sobrepor o método. Eis como isto fica em um exemplo, exceptexceptionobject.cpp, em que derivamos uma classe de nome **Divide_by_zero_exception** de **exception**. Observe que incluímos o arquivo de cabeçalho exception para usarmos a classe **exception**:

```
#include <iostream>
#include <exception>
using namespace std;

class Divide_by_zero_exception : public exception
{
    char* error_message;
public:
    const char* what(){return error_message;}
    Divide_by_zero_exception(){error_message = "Error: division by zero.";}
};
    .
    .
    .
```

Agora podemos lançar exceções da classe **Divide_by_zero_exception** e usar seu método **what** para exibir a mensagem de erro:

```
#include <iostream>
#include <exception>
using namespace std;

class Divide_by_zero_exception : public exception
{
    char* error_message;
public:
    const char* what(){return error_message;}
    Divide_by_zero_exception(){error_message = "Error: division by zero.";}
};

int main ()
{
   float op1, op2;
```

```
    cout << "Enter the two floating point numbers to divide: ";
    cin >> op1 >> op2;

    try
    {
       if(op2 != 0)
          cout << op1 << "/" << op2 << " = " << op1/op2 << endl;
       else
          throw Divide_by_zero_exception();
    }
    catch (Divide_by_zero_exception e)
    {
       cout << e.what() << endl;
    }

    return 0;
}
```

Eis aqui o resultado gerado pela execução de exceptexceptionobject.cpp:

```
%exceptexceptionobject
Enter the two floating point numbers to divide: 1 0
Error: division by zero.
```

As exceções padrão

Algumas linguagens de programação incluem grande quantidade de exceções predefinidas. Na verdade, algumas implementações do C++, como o Visual C++, incluem dezenas de exceções predefinidas, lançadas pelas diversas funções de biblioteca que a implementação acrescenta ao C++ padrão. No entanto, o C++ padrão em si define somente oito exceções padrão, listadas na tabela 12.1.

Tabela 12.1 As exceções padrão do C++.

Exceção	Lançada por	Arquivo de cabeçalho
bad_alloc	new	new
bad_cast	dynamic_cast	typeinfo
bad_typeid	typeid	typeinfo
bad_exception	exception specification	exception
out_of_range	at, bitset<>::operator[]	stdexcept
invalid_argument	bitset constructor	stdexcept
overflow_error	bitset<>::to_ulong	stdexcept
ios_base::failure	ios_base::clear	ios

Veremos uma dessas exceções, **bad_alloc**, em funcionamento na seção a seguir.

Como tratar a exceção **bad_alloc**

O C++ agora dá às implementações da linguagem sua opção de como manipular tentativas malsucedidas de alocação com **new**. Uma implementação do C++ pode retornar um ponteiro nulo ou lançar uma exceção **bad_alloc**. A exceção **bad_alloc** é uma das poucas incorporadas ao C++ padrão. Veremos a seguir um exemplo, exceptbadalloc.cpp, que mostra como ela funciona.

Começamos, em dentro de um bloco **try**, tentando alocar espaço suficiente para 1.000.000.000 valores de ponto flutuante, algo consideravelmente além da capacidade de um PC médio:

```
#include <iostream>
#include <new>
using namespace std;

int main()
{
    float* float_pointer;

    try {
        float_pointer = new float[1000000000];
        float_pointer[0] = 3.14159;
    }
    .
    .
    .
```

O operador **new** lança a exceção incorporada **bad_alloc** quando tentamos alocar essa enorme quantidade de memória. Podemos, então, tratar essa exceção em um bloco **catch**:

```
#include <iostream>
#include <new>
using namespace std;

int main()
{
    float* float_pointer;

    try {
        float_pointer = new float[1000000000];
        float_pointer[0] = 3.14159;
    }
    catch (bad_alloc & b)
    {
    .
    .
    .
    }
    .
    .
    .
```

A exceção **bad_alloc** baseia-se na classe **exception**, de modo que podemos usar seu método **what** para descobrir qual foi o problema (veja *Como usar a classe **exception***, anteriormente neste capítulo, para saber mais sobre a classe **exception**):

```
#include <iostream>
#include <new>
using namespace std;

int main()
{
    float* float_pointer;

    try {
        float_pointer = new float[1000000000];
        float_pointer[0] = 3.14159;
    }
    catch (bad_alloc & b)
    {
        cout << b.what() << endl;
    }

    return 0;
}
```

Eis aqui o resultado gerado pela execução deste exemplo, exceptbadalloc.cpp:

```
%exceptbadalloc
bad alloc exception thrown
```

Observe que a mensagem exibida é dependente da versão do C++. Por exemplo, programas compilados com g++ exibem simplesmente "bad_alloc". Na verdade, quando compilado com o Visual C++ este código não lançou um erro, mas causou uma falha de página de memória inválida (invalid memory page fault) e simplesmente foi encerrado pelo sistema operacional.

Como tratar exceções não capturadas

O que acontece com uma exceção lançada que não corresponde a qualquer exceção dada em qualquer um dos blocos **catch**? Se uma exceção não corresponde a nenhum bloco **catch** ela é considerada uma exceção *não capturada* (*uncaught*) e normalmente encerrará a execução do programa. Ocorre que podemos especificar como tratar excepções não capturadas de outra forma: podemos usar a função de biblioteca **set_terminate** para registrar uma função manipuladora de tais exceções.

Eis aqui um exemplo, exceptuncaught.cpp, que cria uma função de nome **stopper** para tratar exceções não capturadas exibindo uma mensagem e encerrando o programa retornando um código de erro para o sistema operacional:

```
#include <iostream>
#include <string>
using namespace std;

void stopper()
{
    cout << "Exception uncaught, so quitting" << endl;
    exit(1);
}
    .
    .
    .
```

Agora registramos esta função junto a **set_terminate** e criamos uma exceção não capturada lançando uma exceção **string** quando o usuário tenta dividir por zero. Observe que precisamos incluir o arquivo de cabeçalho exception para trabalhar com **set_terminate:**

```
#include <iostream>
#include <exception>
#include <string>
using namespace std;

void stopper()
{
    cout << "Exception uncaught, so quitting" << endl;
    exit(1);
}

int main ()
{
   float op1, op2;

   cout << "Enter the two floating point numbers to divide: ";
   cin >> op1 >> op2;

   set_terminate(stopper);

   try
   {
      if(op2 != 0)
         cout << op1 << "/" << op2 << " = " << op1/op2 << endl;
      else
         throw string("Error: division by zero.");
   }
   catch(float){}

   return 0;
}
```

Eis aqui o resultado gerado pela execução de exceptuncaught.cpp com uma tentativa de divisão por zero:

```
%exceptuncaught
Enter the two floating point numbers to divide: 1 0
Exception uncaught, so quitting
```

Podemos também usar a função **set_unexpected** do C++ para indicar como tratar de exceções *inesperadas*. Quando uma função lança uma exceção que não está em sua especificação de exceções (veja *Como lançar exceções a partir de funções*, anteriormente neste capítulo), tal exceção é considerada inesperada. Como padrão, se houver uma exceção inesperada o programa chamará uma função de nome **unexpected**. Essa função chama a função **terminate** como padrão, a qual por sua vez chama **abort** (veja *Como usar as instruções **exit** e **abort***, no Capítulo 4). Da mesma forma que podemos alterar o comportamento de **terminate** com **set_terminate**, podemos mudar o comportamento de **unexpected** com **set_unexpected**.

A função que registramos junto a **set_unexpected** possui duas opções: ela pode lançar uma exceção ou encerrar o programa, chamando **terminate**, **exit** ou **abort**. Se a função lançar uma exceção o programa verifica se a nova exceção corresponde a qualquer bloco **catch**. Em outras palavras, podemos converter a exceção para um novo tipo de exceção. Se, no entanto, a nova exceção não corresponder a nenhum bloco **catch**, o programa encerra – ele não chama a função manipuladora uma segunda vez para a mesma exceção. Uma coisa que podemos fazer na função manipuladora é converter a exceção para o tipo **bad_exception** – veja *As exceções padrão*, anteriormente neste capítulo. Se então fornecermos um bloco **catch** para o tipo **bad_exception**, podemos capturar todas as exceções, esperadas e inesperadas:

```
catch (bad_exception & e)
{
    .
    .
    .
}
```

Veja também *Como criar manipuladores "pega-tudo"*, mais adiante neste capítulo.

Solução relacionada:	Encontrada na página:
Como usar as instruções **exit** e **abort**	158

Como aninhar blocos **try** e relançar exceções

Como você poderia imaginar, em C++ podemos aninhar blocos **try**, que é útil se uma seção de código sensível contém, ela própria, um pequeno subconjunto que queiramos colocar em um bloco **try/catch** para tratar exceções sem sair do bloco **try** circundante. Podemos também *relançar* (*rethrow*) exceções de um bloco **catch** para serem tratadas pelo bloco **catch** de um bloco **try** circundante. Para relançar uma exceção, usamos a própria instrução **throw**.

Eis aqui um exemplo, exceptrethrow.cpp, que ilustra os dois conceitos: aninhar blocos **try** e relançar uma exceção. Começamos criando uma classe de exceção de nome **Divide_by_zero_exception**:

```
#include <iostream>
#include <string>
using namespace std;

class Divide_by_zero_exception
{
    string error_message;
public:
    string get_error(){return error_message;}
    Divide_by_zero_exception(){error_message = "Error: division by zero.";}
};
    .
    .
    .
```

Agora dividimos dois números fornecidos pelo usuário dentro de dois blocos **try** (não existe uma razão prática para tal; estamos fazendo isto aqui somente para fins de ilustração):

```
#include <iostream>
#include <string>
using namespace std;

class Divide_by_zero_exception
{
    string error_message;
public:
    string get_error(){return error_message;}
    Divide_by_zero_exception(){error_message = "Error: division by zero.";}
};

int main ()
{
    float op1, op2;

    cout << "Enter the two floating point numbers to divide: ";
    cin >> op1 >> op2;

    try
    {
        try
        {
            if(op2 != 0)
                cout << op1 << "/" << op2 << " = " << op1/op2 << endl;
            else
                throw Divide_by_zero_exception();
        }
    }
    .
    .
    .
```

E adicionamos dois blocos **catch** para tratar exceções. Observe que o bloco **catch** interno simplesmente relança a exceção para o bloco **catch** externo:

```
#include <iostream>
#include <string>
using namespace std;

class Divide_by_zero_exception
{
    string error_message;
public:
    string get_error(){return error_message;}
    Divide_by_zero_exception(){error_message = "Error: division by zero.";}
};

int main ()
{
    float op1, op2;
```

```
    cout << "Enter the two floating point numbers to divide: ";
    cin >> op1 >> op2;

    try
    {
        try
        {
            if(op2 != 0)
                cout << op1 << "/" << op2 << " = " << op1/op2 << endl;
            else
                throw Divide_by_zero_exception();
        }
        catch (Divide_by_zero_exception e)
        {
            cout << "Rethrowing the exception." << endl;
            throw;
        }
    }
    catch (Divide_by_zero_exception e)
    {
        cout << e.get_error() << endl;
    }

    return 0;
}
```

Eis aqui o resultado gerado pela execução deste programa, exceptrethrow.cpp, quando se tenta uma divisão por zero. Podemos ver as mensagens exibidas tanto pelo bloco **catch** interno quanto pelo externo:

```
%exceptrethrow
Enter the two floating point numbers to divide: 1 0
Rethrowing the exception.
Error: division by zero.
```

Como criar manipuladores "pega-tudo"

Podemos criar um bloco **catch** que trate de qualquer tipo de exceção? Sim, podemos. Para fazê-lo, damos ao bloco **catch** a especificação de exceção "...". Eis aqui um exemplo, exceptany.cpp, com um bloco **catch** que captura qualquer tipo de exceção:

```
#include <iostream>
#include <string>
using namespace std;

int main ()
{
    float op1, op2;
    string s;

    cout << "Enter the two floating point numbers to divide: ";
    cin >> op1 >> op2;
```

```
   try
   {
      if(op2 != 0)
         cout << op1 << "/" << op2 << " = " << op1/op2 << endl;
      else {
         s = "Error: division by zero.";
         throw s;
      }
   }
   catch (...)
   {
      cout << s << endl;
   }

   return 0;
}
```

Isto é tudo o necessário. Eis aqui o resultado gerado pela execução deste exemplo, exceptany.cpp:

```
%exceptany
Enter the two floating point numbers to divide: 1 0
Error: division by zero.
```

Capítulo 13

Fluxos de E/S

Análise Aprofundada

Este capítulo é totalmente dedicado à entrada e saída de dados, E/S, em C++. Ao contrário de outras linguagens, o C++ usa *fluxos* (*streams*) de E/S para manipular a entrada e a saída de dados de seus programas. A E/S é considerada um fluxo de dados se movendo *de* ou *para* o programa *para* ou *de* outros dispositivos, como o teclado, a tela ou o disco rígido. Na verdade, o suporte a E/S não é parte da linguagem C++ básica (por exemplo, **cin** e **cout** não são palavras-chave incorporadas da linguagem), sendo em vez disso suportada pelas classes de **iostream** e **fstream**. A linguagem C vem com uma biblioteca padrão para funções de E/S; o C++ vem com essas funções de biblioteca e as classes de **iostream** e **fstream**.

As classes **iostream** são projetadas para o tipo de E/S que estivemos fazendo até agora, ao passo que as classes de **fstream** são destinadas ao trabalho com arquivos do tipo que podemos armazenar em disco. Por exemplo, o objeto **cout** é um objeto da classe **ostream**, o objeto **cin** é um objeto da classe **istream** e ambas, **istream** e **ostream**, fazem parte das classes de **iostream**. Para podermos trabalhar com E/S de console, já apresentamos e usamos **cin** e **cout** ao longo deste livro, mas para realmente conhecê-los a fundo nos aprofundaremos nesses objetos e suas classes associadas neste capítulo. No próximo capítulo estudaremos especificamente E/S voltada a arquivos em disco.

Vale a pena notar que os fluxos de E/S do C++ evoluíram ao longo do tempo, o que resultou em seu projeto ser tudo menos sistemático. Na verdade, o suporte a E/S do C++ é uma verdadeira miscelânea de classes e métodos, e o mais importante é saber o que está disponível – inclusive a aparentemente aleatória, mas muito importante, coleção de métodos de fluxo (stream). Começaremos este estudo neste capítulo.

Tudo sobre fluxos e buffers

O C++ trata entrada e saída como fluxos (streams) de bytes. Já vimos os objetos **cin** e **cout** ao longo deste livro. Eles são, respectivamente, objetos das classes **istream** e **ostream**. Podemos usar o operador >> para extrair dados de um fluxo de entrada e o operador << para inserir dados em um fluxo de saída, ou usar os outros métodos de fluxo que veremos neste capítulo. Os dados de entrada podem vir do teclado, arquivos em disco, outro programa, da Internet e assim por diante. Dados de saída podem ir para a tela, arquivos, outro programa, a Internet etc.

Tratar E/S em termos de fluxos permite que o C++ trate a entrada recebida do teclado basicamente da mesma maneira do que aquela recebida de um arquivo em disco, e a saída para a tela basicamente da mesma forma que a saída para disco. Na verdade, muitas vezes chama-se as fontes de entrada e destinos de saída de *arquivos*, não importa o que elas realmente sejam. Assim, os programadores C++ freqüentemente pensam em termos de entrada como um fluxo de bytes de um "arquivo", mesmo que na verdade eles estejam vindo do teclado ou da Internet. E a saída vai para outro "arquivo", mesmo que isto signifique a tela[1]. Se realmente precisarmos fazer uma distinção entre o arquivo de

(1) N.R.T.: Esta visão vem do UNIX, sistema operacional intimamente ligado às origens da linguagem C, onde os dispositivos de entrada e saída são todos representados por arquivos localizados em um diretório específico.

disco em si e um dispositivo de E/S, podemos usar os termos *arquivos físicos* para arquivos reais em disco e *arquivos lógicos* para origens e destinos de E/S em geral. Seguindo esta terminologia, uma entrada consiste em conectar um fluxo de um arquivo a um programa e uma saída consiste em conectar um fluxo de um programa para um arquivo.

No C++, a E/S é freqüentemente *buferizada* (*buffered*). Um buffer mantém dados armazenados em seu caminho *de* ou *para* um programa. Como gravar e ler dados muitas vezes é um processo que ocorre em velocidades diferentes, isto é bastante útil. Um tamanho de buffer típico é 1024 bytes ou um múltiplo desse número, e operações de leitura e gravação podem manipular esse número de bytes de cada vez. Vejamos a utilidade desta abordagem: imagine que estamos lendo dados de um disco – não seria muito prático efetuar 1024 operações de leitura individuais do disco; seria muito mais eficiente ler todos os bytes de uma vez. A buferização também é útil em outras situações. Por exemplo, o que o usuário digita no teclado é buferizado até que ele pressione ENTER. Uma das principais razões para a existência do buffer é permitir que o usuário corrija erros de digitação antes de enviar dados a um programa.

Na verdade já trabalhamos com buffers de E/S neste livro, mesmo que apenas implicitamente. Por exemplo, em vários exemplos usamos **endl** para encerrar a saída para o console:

```
#include <iostream>
using namespace std;

int main()
{
    float pi = 3.14159;

    cout << pi << endl;

    return 0;
}
```

Na verdade, **endl** é um *manipulador* de **ostream**, que esvazia o buffer de saída – uma operação conhecida como *descarregar* (*flushing*) o buffer – enviando o conteúdo do buffer para o console e também enviando um caractere de nova linha. Eis aqui o que vemos como resultado da execução do código anterior:

```
%pi
3.14159
```

Usando iostream

O cabeçalho iostream que temos usado ao longo deste livro fornece as classes que normalmente usamos para E/S, embora possamos construir ou derivar nossas próprias. Eis aqui algumas classes de **iostream**:

- A classe **streambuf** aloca memória para buffers e suporta métodos que manipulam essa memória, tais como a descarga (flushing) do buffer.
- A classe **ios_base** fornece informações sobre um fluxo como, por exemplo, se ele está aberto ou fechado, ou se ele é um fluxo de texto ou binário.
- A classe **ios** é baseada em **ios_base** e adiciona um ponteiro ao objeto **streambuf**.

- A classe **ostream** é derivada da classe **ios** e suporta saída; **cout** é um objeto de **ostream.**
- A classe **istream** é derivada da classe **ios** e suporta entrada; **cin** é um objeto de **istream.**
- A classe **iostream** é baseada tanto em **istream** quanto em **ostream** e suporta tanto entrada quanto saída.

NOTA: *Nos bastidores, a situação atual tornou-se bastante complexa. O comitê C++ da ANSI/ISO percebeu que o código ASCII padrão que usava para caracteres tornou-se inadequado e quis adicionar suporte para caracteres "largos", como o Unicode (veja* Como trabalhar com tipos de dados **char**, *no Capítulo 2). O tipo de caractere padrão é* ***char****, que usa um byte de armazenamento, ao passo que o tipo de caractere largo,* ***wchar_t****, usa dois bytes. Para adicionar suporte a E/S de* ***wchar_t****, o comitê da ANSI/ISO poderia ter criado um conjunto totalmente novo de classes de E/S, que envolveria duplicar tudo o que já tinha sido feito para a E/S de* ***char****. Em vez disso eles basearam as classes de E/S em modelos ("templates") de classe, tais como* ***basic_istream<charT, traits<charT> >*** *e* ***basic_ostream<charT, traits<charT> >****, onde* ***traits<charT>*** *especifica como manipular o caractere dentro do código (por exemplo, em comparações). As classes* ***istream*** *e* ***ostream*** *agora são* ***typedefs*** *para especializações de* ***char*** *desses modelos, ao passo que as classes* ***wistream*** *e* ***wostream*** *são* ***typedefs*** *para especializações de* ***wchar_t****. A classe* ***ios*** *foi transformada em um modelo de classe e o comitê da ANSI/ISO introduziu a classe* ***ios_base*** *para armazenar recursos que não cabiam no modelo, como as constantes usadas na classe* ***ios****.*

Quando incluímos o cabeçalho iostream em um programa, como fizemos em todos os exemplos do livro até agora, na verdade criamos oito objetos de fluxo:

- **cin** – Lê do dispositivo de entrada padrão. Como padrão, esse dispositivo é o teclado.
- **cout** – Escreve no dispositivo de saída padrão. Como padrão, esse dispositivo é a tela.
- **cerr** – Escreve no dispositivo de erro padrão. Como padrão, esse dispositivo é a tela.
- **clog** – Também escreve no dispositivo de erro padrão. Como padrão, esse dispositivo é a tela.
- **wcin** – O mesmo que **cin**, mas para caracteres largos.
- **wcout** – O mesmo que **cout**, mas para caracteres largos.
- **wcerr** – O mesmo que **cerr**, mas para caracteres largos.
- **wclog** – O mesmo que **clog**, mas para caracteres largos.

Eis aqui um exemplo de uso de **wcout** (vimos, no Capítulo 2, que usamos um L maiúsculo em frente de caracteres largos literais) para exibir uma mensagem. Note que nem todos os compiladores suportam **wcout:**

```
#include <iostream>
using namespace std;

int main()
{
    wchar_t string[] = L"C++";

    wcout << L"Hello from " << string << endl;

    return 0;
}
```

Aqui está o resultado gerado pela execução do programa:

```
%wcouter
Hello from C++
```

Em sistemas operacionais como o DOS e o UNIX, podemos redirecionar E/S que use objetos de **iostream**. Por exemplo, o código a seguir, output.cpp, exibe as letras B, C e A, cada uma em uma linha separada:

```
#include <iostream>
using namespace std;

int main()
{
    cout << "B" << endl;
    cout << "C" << endl;
    cout << "A" << endl;

    return 0;
}
```

Aqui está o resultado gerado pela execução deste exemplo:

```
%output
B
C
A
```

Em UNIX podemos tomar a saída deste programa e redirecioná-la usando operadores como | e >. Por exemplo, para ordenar esta saída podemos usar o filtro **sort** do UNIX e enviar o resultado para um arquivo físico com um nome como, por exemplo, sorted.txt. Quando exibimos o conteúdo do arquivo sorted.txt com o comando **cat** do UNIX, vemos os dados ordenados:

```
/steve/cpp: output | sort > sorted.txt
/steve/cpp: cat sorted.txt
A
B
C
```

Podemos fazer a mesma coisa em DOS:

```
C:\cpp>output | sort > sorted.txt
C:\cpp>type sorted.txt
A
B
C
```

Em ambos os sistemas operacionais podemos enviar entrada a um programa usando o operador <, da seguinte forma:

```
spellcheck < sorted.txt
```

Esse comando envia o conteúdo do arquivo sorted.txt para o comando **spellcheck** no fluxo de entrada padrão, que corresponde a **cin** (em UNIX também podemos redirecionar E/S de outros fluxos usando operadores como **2>**, que corresponde ao fluxo de erro padrão).

Quando trabalhamos com E/S de **iostream**, os dois principais objetos que usamos são **cout** e **cin** (exceto se estivermos trabalhando com caracteres largos, caso em que usaremos **wcout** e **wcin**). Boa parte deste capítulo está dedicada a esses dois objetos. Começaremos com **cout**.

Usando métodos de cout

Já estamos acostumados a usar o operador << sobrecarregado, o operador de inserção, para enviar dados a **cout**. No entanto, **cout** também possui diversos métodos-membro, os quais veremos neste capítulo. Por exemplo, podemos usar o método **setf** para configurar dentro de **cout** flags de formatação que determinam muito do seu comportamento (**setf** é o mesmo que "set flags", ou seja, configurar flags). Eis aqui um exemplo, setf.cpp, que começa declarando um valor de ponto flutuante, **pi**, e então chama **setf** com um argumento igual a **ios_base::showpos** para fazer **cout** exibir sinais de + à frente de números positivos:

```
#include <iostream>
using namespace std;

int main()
{
    float pi = 3.14159;

    cout.setf(ios_base::showpos);
    cout << pi << endl;
    .
    .
    .
```

Quando este código é executado, ele exibe +3.14159 em vez de 3.14159. Observe a constante passada a **setf – ios_base::showpos.** Esta constante é definida como um valor estático na classe **ios_base**, o que significa que precisamos qualificar seu nome com **ios_base::**. O método **setf** na verdade configura os bits dos flags de formatação dentro do objeto **cout**, de forma que poderíamos efetivamente passar valores com bits individuais configurados em 1 para configurar os flags correspondentes. No entanto, como isto seria bastante tedioso, os projetistas do C++ criaram constantes com nomes descritivos na classe **ios_base**. (Conforme foi mencionado anteriormente neste capítulo, a classe **ios_base** foi criada para guardar os recursos não-modelo da classe **ios**, que é a base de **istream** e **ostream**. Um desses recursos não-modelo são as constantes que podemos usar para configurar objetos de **istream** e **ostream**.) Uma dessas constantes é **ios_base::showpos**, que faz **cout** colocar + antes de números positivos.

DICA: *Caso seu compilador não entenda constantes como* ***ios_base::nome****, experimente usar* ***ios::nome****. Se isto funcionar, seu compilador provavelmente não suporta a divisão que foi feita entre as classes* ***ios*** *e* ***ios_base*** *e ele provavelmente não comporta conjuntos de caracteres largos.*

Além dos padrões normais que **cout** usa para exibir números, podemos também configurar **cout** para usar notação científica para valores de ponto flutuante (exibindo um expoente como, por exemplo, 3.14E+01 para indicar 3.14 x 10^1) ou notação de ponto decimal fixo (como 3.14). Podemos também especificar a precisão com que **cout** exibe números de ponto flutuante, usando seu método **precision.** Quando exibimos números de ponto flutuante usando a formatação padrão, o número indicado para a precisão numérica indica o número total de dígitos exibidos para cada número, mas quando usamos notação científica ou de ponto decimal fixo, a precisão define o número de dígitos exibidos à direita do separador decimal.

Para ver como isso funciona, começaremos com a notação de ponto decimal fixo. Para fazer **cout** usar notação de ponto decimal fixo, precisamos antes desativar quaisquer bits que correspondam a outros tipos de notação numérica que possam estar configurados no momento. Para fazer isto usaremos a forma de dois argumentos de **setf** e passaremos a ela o argumento **ios_base::floatfield**, que desativa todos os bits de formatação de ponto flutuante. Então ativaremos a notação decimal fixa, passando a **setf** o valor **ios_base::fixed**. Por fim, faremos **cout** exibir dois números após o separador decimal com o método **precision:**

```
#include <iostream>
using namespace std;

int main()
{
    float pi = 3.14159;

    cout.setf(ios_base::showpos);
    cout << pi << endl;

    cout.setf(ios_base::fixed, ios_base::floatfield);
    cout.precision(2);
    cout << pi << endl;
    .
    .
    .
```

Agora, o trecho de código em destaque exibirá +3.14. Mudar a precisão para 3 faz com que **cout** exiba três dígitos após o ponto decimal (mesmo que eles sejam zeros, que não era como o C++ costumava funcionar antes dele ser padronizado – nos "velhos dias", zeros não significativos à direita do separador decimal eram suprimidos):

```
#include <iostream>
using namespace std;

int main()
{
    float pi = 3.14159;

    cout.setf(ios_base::showpos);
    cout << pi << endl;

    cout.setf(ios_base::fixed, ios_base::floatfield);
    cout.precision(2);
    cout << pi << endl;

    cout.precision(3);
    cout << pi << endl;
    .
    .
    .
```

Podemos também usar notação científica, que exibe números de ponto flutuante com expoentes. Para exibirmos quatro dígitos após o separador decimal **precision** em 4. Podemos também fazer com que o 'e' do expoente seja exibido como um 'E' maiúsculo, usando **setf(ios_base::uppercase)**:

```
#include <iostream>
using namespace std;

int main()
{
```

```
    float pi = 3.14159;

    cout.setf(ios_base::showpos);
    cout << pi << endl;

    cout.setf(ios_base::fixed, ios_base::floatfield);
    cout.precision(2);
    cout << pi << endl;

    cout.precision(3);
    cout << pi << endl;

    cout.setf(ios_base::scientific, ios_base::floatfield);
    cout.setf(ios_base::uppercase);
    cout.precision(4);
    cout << pi << endl;

    return 0;
}
```

Aqui está o resultado completo gerado pela execução deste exemplo, setf.cpp:

```
%setf
+3.14159
+3.14
+3.142
+3.1416E+00
```

Usando manipuladores

Embora possamos usar **setf** para configurar a formatação que **cout** usará, esta não é a forma mais intuitiva de fazer as coisas. Para simplificar o processo, o C++ também suporta *manipuladores.* Manipuladores são objetos que podemos passar a **cout** para configurar **cout**, da mesma forma que fizemos com **setf**, mas muitas pessoas os consideram mais intuitivos do que **setf**. Já usamos o manipulador **endl**, que descarrega ("flushes") o buffer do fluxo de saída padrão e envia um caractere de nova linha para o fluxo:

```
#include <iostream>
#include <iomanip>
using namespace std;

int main()
{
    float pi = 3.14159;

    cout << "Pi: " << pi << endl;
        .
        .
        .
```

Podemos também usar manipuladores para formatar **cout**. Por exemplo, se usarmos o método **precision** de **cout** para configurar a precisão padrão de **cout** como 3, então três dígitos serão exibidos para números de ponto flutuante (por exemplo, 3.14159 será exibido como 3.14). No entanto, também podemos usar o manipulador **setprecision** para fazer a mesma coisa: basta passar ao manipulador um argumento igual a 3 e então passar o manipulador inteiro a **cout**. Para usar o manipulador **setprecision** precisamos incluir o arquivo de cabeçalho iomanip:

```
#include <iostream>
#include <iomanip>
using namespace std;

int main()
{
    float pi = 3.14159;

    cout << "Pi: " << pi << endl;

    cout << setprecision(3) << "Pi with a precision of three digits: "
        << pi << endl;

    return 0;
}
```

Aqui está o resultado gerado pela execução deste exemplo, precision.cpp:

```
%precision
Pi: 3.14159
Pi with a precision of three digits: 3.14
```

Há muitos manipuladores. Por exemplo, podemos usar os manipuladores **hex** e **oct** para configurar a base numérica, para exibir números, respectivamente, em hexadecimal e octal (o que também pode ser feito com **setf**, usando-se as constantes **ios_base::hex** e **ios_base::oct**, respectivamente). Eis aqui como isto fica em um exemplo de nome numericbase.cpp, que pede ao usuário um número e o exibe em diversas bases numéricas:

```
#include <iostream>
using namespace std;

int main()
{
    int integer;
    cout << "Give me a positive integer: ";
    cin >> integer;.

    cout << "In decimal: " << integer << endl;

    cout << hex;

    cout << "In hexadecimal: " << integer << endl;

    cout << oct;

    cout << "In octal: " << integer << endl;

    return 0;
}
```

Aqui está o resultado gerado pela execução deste exemplo, numericbase.cpp:

```
%numericbase
Give me a positive integer: 24
In decimal: 24
In hexadecimal: 18
In octal: 30
```

Um fato interessante sobre manipuladores é que, além de passá-los a **cout**, podemos passar **cout** a eles. Por exemplo, a instrução

```
cout << oct;
```

é equivalente a

```
oct(cout);
```

Veremos mais sobre manipuladores mais adiante neste capítulo.

Usando métodos de cin

Da mesma forma que **cout**, **cin** também possui seus próprios métodos, os quais veremos neste capítulo. Por exemplo, podemos usar o método **get** para ler um caractere individual, o método **peek** para verificar qual é o próximo caractere do fluxo de entrada padrão sem removê-lo do fluxo, o método **ignore** para ignorar caracteres e o método **putback** para colocar um caractere de volta no fluxo. Eis aqui um exemplo, peek.cpp, que mostra o funcionamento desses métodos. Ele começa lendo caracteres de **cin** e ecoando cada um deles, até encontrar o caractere '**q**'. Uma forma de fazer isto é usar o método **peek** para testar se o próximo caractere do fluxo de saída é um '**q**' e, caso não seja, lê-lo com o método **get**:

```
#include <iostream>
using namespace std;

int main()
{
    char character;

    cout << "I read up to the letter 'q': ";

    while(cin.peek() != 'q')
    {
        cin.get(character);
        cout << character;
    }
    .
    .
    .
```

Observe que qualquer caractere que o usuário tiver digitado após '**q**' continuará no buffer do fluxo de entrada após a execução do laço ser encerrada. Podemos nos livrar desse texto com o método **ignore** de **cin**. Passando-se a este método o número de caracteres a remover do buffer de entrada ele remove essa quantidade de caracteres ou todos os caracteres até um caractere especificado como, por exemplo, o caractere de nova linha '**\n**'. Em termos de código isto fica assim:

```
#include <iostream>
using namespace std;

int main()
{
    const int MAX = 100;
    char character;
    char string[MAX];

    cout << "I read up to the letter 'q': ";

    while(cin.peek() != 'q')
    {
        cin.get(character);
        cout << character;
    }

    cout << endl;

    cin.ignore(MAX, '\n');
    .
    .
    .
```

Agora que o buffer de entrada está limpo, podemos ler um caractere com o método **get** e então colocá-lo de volta no fluxo de entrada com **putback**. Para fazermos isto pedimos que o usuário digite mais texto, lemos apenas o primeiro caractere digitado, ecoamo-lo na tela, em seguida colocamo-lo de volta no fluxo de saída e lemos tudo o que o usuário digitou, exibindo os dados para mostrar que o primeiro caractere voltou ao seu lugar original. Armazenaremos o novo texto em um array de **char** de nome **string**. Eis aqui como fica o código:

```
#include <iostream>
using namespace std;

int main()
{
    const int MAX = 100;
    char character;
    char string[MAX];

    cout << "I read up to the letter 'q': ";

    while(cin.peek() != 'q')
    {
        cin.get(character);
        cout << character;
    }

    cout << endl;

    cin.ignore(MAX, '\n');

    cout << "Please type some more text: ";
```

```
    cin.get(character);
    cout << "The first character was: " << character << endl;
    cin.putback(character);

    cin.get(string, MAX).get();

    cout << "Here's the full text: " << string << endl;

    return 0;
}
```

Observe que lemos tudo o que o usuário digitou com o método **get**, da seguinte forma: **cin.get(string, MAX).get()**. Se tivéssemos, em vez disso, usado **cin >> string**, teríamos obtido somente a primeira palavra digitada pelo usuário. O operador >> sobrecarregado de **cin** pula espaços em branco e retorna somente uma palavra por vez. Para ler uma linha inteira precisamos usar **get**, conforme mostrado aqui. O segundo **get** é necessário para remover o caractere de nova linha final. Veja *Como usar os métodos **get**, **getline** e **ignore** da classe **istream***, mais adiante neste capítulo, para obter mais informações. Eis aqui o que este exemplo, peek.cpp, exibe quando executado. Observe que ele lê o texto até, mas não incluindo, o primeiro '**q**', limpa o buffer, lê o primeiro novo caractere digitado, devolve-o ao buffer de entrada e então exibe toda a linha de texto que o usuário digitou:

```
%peek
I read up to the letter 'q': What is the query?
What is the
Please type some more text: Anacondas can be inconvenient.
The first character was: A
Here's the full text: Anacondas can be inconvenient.
```

Como você pode ver, há muito material novo neste capítulo. Começaremos estudando **cout** e seus métodos na seção *Soluções Imediatas*, a partir de agora.

Soluções Imediatas

Como usar **cout**

Podemos dizer que já temos experiência com **cout**, já que praticamente todos os exemplos deste livro até agora o usaram. **cout** é um objeto de **ostream**, sendo que seu operador << é sobrecarregado para os tipos básicos:

- **char**
- **unsigned char**
- **signed char**
- **short**
- **unsigned short**
- **int**
- **unsigned int**
- **long**
- **unsigned long**
- **float**
- **double**
- **long double**

Eis aqui um exemplo, simplypi.cpp, que usa o operador de inserção << sobrecarregado:

```
#include <iostream>
using namespace std;

int main()
{
    float pi = 3.14159;

    cout << pi << endl;

    return 0;
}
```

Quando enviamos um **float** a **cout**, o programa usa o método sobrecarregado **ostream & operator<<(float)** para exibir o **float**. Este é o resultado gerado pela execução do código:

```
%simplypi
3.14159
```

O objeto **cout** também é sobrecarregado para diversos tipos de ponteiro, para poder manipular strings de **char** e assim por diante:

- **const char ***
- **const signed char ***
- **const unsigned char ***
- **void ***

Eis aqui um exemplo que exibe uma string de **char** usando **cout**:

```
#include <iostream>
using namespace std;

int main()
{
    char *pi = "Pi, more or less, is 3.14159.";

    cout << pi << endl;

    return 0;
}
```

Aqui está o resultado gerado pela execução do programa:

```
%approxpi
Pi, more or less, is 3.14159.
```

O operador << sobrecarregado retorna uma referência a um objeto **ostream**, sendo tal objeto o próprio **cout**. Isto significa que podemos encadear operações de inserção, como a seguinte:

```
#include <iostream>
using namespace std;

int main()
{
    char *pi = "Pi, more or less, is 3.14159.";

    cout << pi << " Yes it is." << endl;

    return 0;
}
```

Aqui está o resultado:

```
%pi
Pi, more or less, is 3.14159. Yes it is.
```

Além do operador << sobrecarregado, o objeto **cout** suporta métodos como **put** e **write**. Veja os detalhes na seção a seguir.

Como usar os métodos **put** e **write** da classe **ostream**

O método **put** de **cout** exibe caracteres, ao passo que **write** exibe strings. Aqui está um exemplo que usa **put**, put.cpp. Usamos **put** para exibir caracteres individuais, passando a ele o código do caractere a ser exibido. Podemos também encadear este método, de modo que eis aqui como exibir os caracteres A e B:

```
#include <iostream>
using namespace std;

int main()
{
    cout.put('A').put('B') << endl;
    .
    .
    .
```

Podemos também passar a **put** códigos de caracteres, como 67, que é o código ASCII de **'C'**, diretamente (o compilador C++ converte literais de caractere, como **'A'**, em seus códigos respectivos, de qualquer forma). Na verdade, podemos até mesmo passar valores de ponto flutuante a **put**: ele simplesmente usará a parte inteira e ignorará a parte fracionária:

```
#include <iostream>
using namespace std;

int main()
{
    cout.put('A').put('B').put(67).put(68.92038) << endl;

    return 0;
}
```

Eis aqui o resultado gerado pela execução do programa:

```
%put
ABCD
```

O método **put** costumava ser mais popular nos primeiros dias do C++. Por exemplo, nos velhos tempos, **cout << 'A'** exibia o código ASCII de **'A'**, 65, mas podíamos usar **cout.put('A')** para exibir o caractere A.

O método **write** envia strings estilo C para o fluxo de saída padrão. Também precisamos passar ao método o número de caracteres a exibir. Uma das coisas estranhas sobre **write** é que, se passarmos a ele como número de caracteres um valor maior do que o número de caracteres efetivamente existente na string, após chegar ao fim da string ele seguirá em frente, exibindo os próximos bytes existentes na memória. Eis aqui um exemplo, write.cpp, com duas strings, "Deliciously" e "wicked.", que ficam uma ao lado da outra na memória. Usando **write** podemos exibir "Delicious", "Deliciously" e até mesmo "Deliciously wicked.":

```
#include <iostream>
using namespace std;

int main()
{
    const char * word = "Deliciously";
    const char * extra = "wicked.";

    cout.write(word, 9);
    cout << endl;
```

```
    cout.write(word, 11);
    cout << endl;

    cout.write(word, 19);
    cout << endl;

    return 0;
}
```

Aqui está o resultado gerado pela execução deste exemplo, write.cpp:

```
%write
Delicious
Deliciously
Deliciously wicked.
```

No entanto, usar **write** para exibir dados além da string atual, como fizemos nesse exemplo, é bastante temerário, podendo gerar desde a exibição de resultados diferentes dos esperados até falhas de memória que podem travar o programa, dependendo do compilador.

Compreendendo os padrões de formatação de **cout**

Como padrão, **cout** formata dados da seguinte maneira:

- Valores **char** são exibidos como tendo um caractere de largura.
- Valores **int** são exibidos na base 10, em um campo largo o suficiente para o número inteiro e mais um possível sinal de menos.
- *Strings* são exibidas em um campo com comprimento igual à string.
- Valores **float** são exibidos com um total de seis dígitos, exceto que zeros não significativos à direita do separador decimal não são exibidos. Esses números são exibidos em formato de ponto flutuante ou formato exponencial, usando e (a notação 'e' é usada se o expoente for 6 ou maior ou -5 ou menor). (O estilo antigo do C++ era exibir seis dígitos à direita do separador decimal e omitir zeros não significativos à direita.)

Eis aqui um exemplo, defaultformatting.cpp, que mostra a formatação padrão de **cout** em funcionamento. Ele exibe um caractere e acrescenta um ponto, ., para mostrar que o caractere é exibido em um campo com um caractere de largura. Ele também exibe o valor 1.33333333 para mostrar que, como padrão, somente seis dígitos são exibidos – a não ser que o primeiro dígito seja 0, caso em que sete dígitos (inclusive o zero) são exibidos. Também exibiremos o valor 1.234e-4, que será exibido como 0.0001234, e então dividiremos tal valor por 10, o que fará **cout** exibir o resultado em notação científica, como 1.234e-05:

```
#include <iostream>
using namespace std;

int main()
{
    char ch = 'A';
    cout << ch << "." << endl;
```

```
    double float1 = 1.0 + 1.0 / 3.0;
    cout << float1 << endl;

    double float2 = 1.0 / 3.0;
    cout << float2 << endl;

    double float3 = 1.234e-4;
    cout << float3 << endl;
    cout << float3 / 10 << endl;

    return 0;
}
```

Aqui está o resultado gerado pela execução deste exemplo, defaultformatting.cpp:

```
%defaultformatting
A.
1.33333
0.333333
0.0001234
1.234e-05
```

Outro ponto digno de nota é que, como padrão, zeros não significativos à direita do separador decimal são omitidos, bem como pontos decimais não significativos. Podemos exibir pontos decimais não significativos chamando **setf(ios_base::showpoint)**, o que faria, por exemplo, com que 1.0 fosse exibido como 1. (o ponto inclusive). Podemos também exibir zeros não significativos à direita do separador decimal se mudarmos para o formato decimal fixo, com uma chamada como **setf(ios_base::fixed, ios_base::floatfield)**, ou para notação científica, com uma chamada como **setf(ios_base::scientific, ios_base::floatfield)**, e usarmos o método **precision** para determinar o número de casas a exibir. Veja *Como configurar a precisão de exibição para valores de ponto flutuante*, mais adiante neste capítulo, para obter mais detalhes.

Como configurar as larguras de campo de **cout**

Podemos usar o método **width** de **cout** para especificar a largura de cada campo de saída. Cada item é exibido em seu próprio campo, sendo que **cout** normalmente seleciona a largura padrão do campo (veja *Compreendendo os padrões de formatação de **cout***, anteriormente neste capítulo). No entanto, podemos nós mesmos definir a largura de cada campo de exibição.

Eis aqui um exemplo, fieldwidth.cpp, que faz isto. Nele, ativamos a justificação (alinhamento) de texto à direita nos campos de exibição para mostrar suas larguras, com o manipulador **right** — veja *Como usar manipuladores* e *Como usar **setf** para configurar flags de formatação*, mais adiante neste capítulo, para obter mais informações. Caso seu compilador não compreenda o manipulador **right**, use a chamada **setf(ios_base::right, ios_base::adjustfield)**. Eis aqui como exibimos algum texto após configurar as larguras dos campos de exibição para diversos tamanhos em fieldwidth.cpp:

```
#include <iostream>
using namespace std;

int main()
{
```

```
    cout.width(40);
    cout << right;
    cout << "Right justification." << endl;

    cout.width(10);
    cout << "Hello";
    cout.width(20);
    cout << "there." << endl;

    return 0;
}
```

E aqui está o resultado gerado pela execução deste exemplo. Observe que pudemos definir a largura do campo de saída de cada item, bem como alinhar (justificar) o texto à direita:

```
%fieldwidth
                    Right justification.
     Hello               there.
```

Como configurar os caracteres de preenchimento de **cout**

Podemos especificar o caractere de "preenchimento" usado para preencher espaços em branco de um campo de exibição (veja *Como configurar as larguras de campo de **cout***, anteriormente neste capítulo, para obter mais informações sobre campos de exibição). O caractere de preenchimento usual é o espaço, mas podemos usar o método **fill** para alterá-lo para qualquer outro caractere desejado. Por exemplo, poderíamos querer preencher o espaço entre o cifrão ($) e o valor de um cheque com algum caractere, para garantir que ninguém coloque alguns dígitos a mais no valor do cheque. Eis aqui um exemplo, fill.cpp, que mostra como isto funciona, configurando o caractere de preenchimento como '*':

```
#include <iostream>
using namespace std;

int main()
{
    cout.fill('*');

    cout << "Pay exactly $";

    cout.width(10);

    cout << "1000.00" << endl;

    return 0;
}
```

Eis aqui o resultado gerado pelo exemplo, fill.cpp:

```
%fill
Pay exactly $***1000.00
```

Como usar **setf** para configurar flags de formatação

O grande método de **cout** usado para configurar formatação é **setf**, que significa "set flags" (configurar flags), pois **setf** configura os flags de formatação internos do objeto **cout**. Este método aceita um argumento do tipo **ios_base::fmtflags**, o qual especifica a nova configuração dos flags e retorna um valor do mesmo tipo que aquele que continha as configurações de flags anteriores:

```
ios_base::fmtflags setf(ios_base::fmtflags flags)
```

DICA: *Podemos armazenar o valor de retorno do método e passá-lo de volta a **setf** para restaurarmos os flags de formatação ao estado em que estavam antes de serem alterados.*

Embora possamos passar à **setf** valores com os diversos bits configurados à mão, podemos também usar as constantes da classe **ios_base** listadas na Tabela 13.1, empregando assim nomes simbólicos.

DICA: *Caso seu compilador não entenda constantes como **ios_base::nome**, use **ios::nome**. Se isto funcionar, seu compilador provavelmente ainda não suporta a divisão que foi feita entre as classes **ios** e **ios_base**.*

Tabela 13.1 Constantes usadas com **setf**.

Constante	Significado
ios_base::boolalpha	Exibe valores booleanos como **true** e **false** em vez de 1 e 0.
ios_base::showbase	Usa 0 ou 0x, conforme a necessidade.
ios_base::showpoint	Mostra ponto decimal não significativo.
ios_base::uppercase	Exibe letras de números hexadecimais e o 'E' de números em notação exponencial em maiúsculas.
ios_base::showpos	Coloca um + na frente de números positivos.

Existe também uma forma de dois argumentos de **setf**:

```
ios_base::fmtflags setf(ios_base::fmtflags configurar_flags,
    ios_base::fmtflags limpar_flags);
```

Nesta forma de **setf** o segundo argumento, ***limpar_flags***, limpa os bits referentes a um aspecto da formatação, tal como a formatação de valores de ponto flutuante, ao passo que o primeiro argumento, ***configurar_flags***, especifica as novas configurações de formatação desejadas. A Tabela 13.2 lista as constantes da classe **ios_base** que podemos usar com a forma de dois argumentos de **setf**.

Tabela 13.2 Constantes usadas com a versão de dois argumentos de **setf**.

Argumento 2	Argumento 1	Significado
ios_base::basefield	**ios_base::dec**	Configura para base 10.
	ios_base::oct	Configura para base 8.
	ios_base::hex	Configura para base 16.
ios_base::floatfield	**ios_base::fixed**	Usa notação de ponto fixo.
	ios_base::scientific	Usa notação científica.

Tabela 13.2 Constantes usadas com a versão de dois argumentos de **setf** *(continuação)*.

Argumento 2	Argumento 1	Significado
ios_base::adjustfield	**ios_base::left**	Justifica (alinha) à esquerda.
	ios_base::right	Justifica (alinha) à direita.
	ios_base::internal	Justifica (alinha) à esquerda o sinal ou o prefixo da base, justifica (alinha) à direita o resto.

Já vimos um exemplo de **setf** em ação, setf.cpp, no início deste capítulo. Nele, usamos **setf(ios_base::showpos)** para fazer **cout** mostrar um + na frente de números positivos, **setf(ios_base::fixed, ios_base::floatfield)** para mudar para notação decimal fixa, configuramos a precisão com o método **precision** e então mudamos para notação científica com **setf(ios_base::scientific, ios_base::floatfield)** (para mais detalhes sobre notação decimal fixa e notação científica, veja *Como configurar a precisão de exibição para valores de ponto flutuante*, mais adiante neste capítulo):

```
#include <iostream>
using namespace std;

int main()
{
    float pi = 3.14159;

    cout.setf(ios_base::showpos);
    cout << pi << endl;

    cout.setf(ios_base::fixed, ios_base::floatfield);
    cout.precision(2);
    cout << pi << endl;

    cout.precision(3);
    cout << pi << endl;

    cout.setf(ios_base::scientific, ios_base::floatfield);
    cout.setf(ios_base::uppercase);
    cout.precision(4);
    cout << pi << endl;

    return 0;
}
```

Eis aqui o resultado gerado pelo programa, setf.cpp:

```
%setf
+3.14159
+3.14
+3.142
+3.1416E+00
```

Existe também um método **unsetf**, que desativa o bit do flag especificado. O exemplo a seguir mostra como ligar e então desligar o flag **ios_base::showpos**, que faz **cout** exibir um + na frente de números positivos:

```
setf(ios_base::showpos);
unsetf(ios_base::showpos);
```

Como usar **setf** para configurar a justificação (alinhamento)

Podemos usar **setf** para configurar a justificação (alinhamento) de texto em campos de saída. Eis aqui um exemplo, justification.cpp, que mostra como isto funciona. Para configurar justificação (alinhamento) à esquerda, por exemplo, usamos **setf(ios_base::left, ios_base::adjustfield)**. Há três tipos de justificação: à direita, à esquerda e interna (que justifica à esquerda sinais e prefixos de base, como 0x, e justifica à direita o resto). Eis aqui como usá-las:

```
#include <iostream>
#include <cmath>
using namespace std;

int main()
{
    float pi = 3.14159;

    cout.setf(ios_base::showpos);

    cout << "Left Justification:\n";
    cout.setf(ios_base::left, ios_base::adjustfield);

    cout << "|";
    cout.width(20);
    cout << pi;
    cout << "|" << endl;

    cout << "Internal Justification:\n";
    cout.setf(ios_base::internal, ios_base::adjustfield);

    cout << "|";
    cout.width(20);
    cout << pi;
    cout << "|" << endl;

    cout << "Right Justification:\n";
    cout.setf(ios_base::right, ios_base::adjustfield);

    cout << "|";
    cout.width(20);
    cout << pi;
    cout << "|" << endl;

    return 0;
}
```

Observe como fizemos **cout** exibir um sinal de + na frente de números positivos com **setf(ios_base::showpos)**, para mostrar como a justificação interna funciona:

```
%justification
Left Justification:
|+3.14159           |
Internal Justification:
|+          3.14159|
Right Justification:
|          +3.14159|
```

Como configurar a precisão de exibição para valores de ponto flutuante

Para configurar a precisão numérica, podemos usar o método **precision** ou o manipulador **setprecision** de **cout**. No modo de exibição padrão de **cout**, **precision** configura o número total de dígitos exibidos para valores de ponto flutuante; nos modos fixo e científico, ele configura o número de dígitos à direita do separador decimal.

Já vimos na seção *Análise Aprofundada* deste capítulo um exemplo, precision.cpp, que usa a formatação padrão e configura a precisão numérica para 3 (em vez do manipulador **setprecision(3)**, que exige o cabeçalho iomanip, poderíamos também usar o método **precision**, da seguinte forma: **cout.precision(3)**):

```
#include <iostream>
#include <iomanip>
using namespace std;

int main()
{
    float pi = 3.14159;

    cout << "Pi: " << pi << endl;

    cout << setprecision(3) << "Pi with a precision of three digits: "
        << pi << endl;

    return 0;
}
```

Aqui está o resultado gerado pela execução deste exemplo, precision.cpp. Observe que pi é exibido aqui com um total de três dígitos:

```
%precision
Pi: 3.14159
Pi with a precision of three digits: 3.14
```

Podemos também ver como as notações fixa e científica afetam a precisão exibida para valores de ponto flutuante, em outro exemplo da seção *Análise Aprofundada* deste capítulo, setf.cpp. Quando usamos notação científica ou de ponto fixo, a precisão define o número de dígitos exibidos à direita do separador decimal (e, ao contrário do modo padrão, zeros não significativos à direita são exibidos). Eis aqui como setf.cpp coloca isto para funcionar:

```
#include <iostream>
using namespace std;

int main()
{
    float pi = 3.14159;

    cout.setf(ios_base::showpos);
    cout << pi << endl;
```

```
    cout.setf(ios_base::fixed, ios_base::floatfield);
    cout.precision(2);
    cout << pi << endl;

    cout.precision(3);
    cout << pi << endl;

    cout.setf(ios_base::scientific, ios_base::floatfield);
    cout.setf(ios_base::uppercase);
    cout.precision(4);
    cout << pi << endl;

    return 0;
}
```

E aqui está o resultado gerado pela execução de setf.cpp:

```
%setf
+3.14159
+3.14
+3.142
+3.1416E+00
```

Como usar manipuladores

Conforme visto na seção *Análise Aprofundada* deste capítulo, embora possamos usar **setf** para configurar **cout**, muitas vezes isto não é muito intuitivo. Podemos, no entanto, usar manipuladores para fazer a mesma coisa. Os manipuladores padrão são listados na Tabela 13.3, que também relaciona as chamadas a **setf** correspondentes.

NOTA: *Um detalhe importante: muitos dos manipuladores listados na Tabela 13.3 não estão disponíveis em compiladores mais antigos, e nem mesmo em alguns dos mais novos (inclusive um dos compiladores UNIX que usamos para testar o código deste livro). Caso seu compilador não suporte esses compiladores, use as chamadas a* ***setf*** *equivalentes, também listadas na Tabela 13.3.*

Tabela 13.3 Manipuladores padrão e as chamadas a **setf** equivalentes.

Manipulador	Chamada a setf equivalente
boolalpha	setf(ios_base::boolalpha)
dec	setf(ios_base::dec, ios_base::basefield)
fixed	setf(ios_base::fixed, ios_base::floatfield)
hex	setf(ios_base::hex, ios_base::basefield)
internal	setf(ios_base::internal, ios_base::adjustfield)
left	setf(ios_base::left, ios_base::adjustfield)
noboolalpha	unsetf(ios_base::boolalpha)
noshowbase	unsetf(ios_base::showbase)
noshowpoint	unsetf(ios_base::showpoint)
noshowpos	unsetf(ios_base::showpos)
nouppercase	unsetf(ios_base::uppercase)

Tabela 13.3 Manipuladores padrão e as chamadas a **setf** eqüivalentes *(continuação)*.

Manipulador	Chamada a setf eqüivalente
oct	setf(ios_base::oct, ios_base::basefield)
right	setf(ios_base::right, ios_base::adjustfield)
scientific	setf(ios_base::scientific, ios_base::floatfield)
showbase	setf(ios_base::showbase)
showpoint	setf(ios_base::showpoint)
showpos	setf(ios_base::showpos)
uppercase	setf(ios_base::uppercase)

Há outros manipuladores disponíveis além dos listados na Tabela 13.3, tais como **flush**, que descarrega o buffer de saída, e **endl**, que descarrega o buffer de saída e envia um caractere de nova linha para o fluxo de saída padrão. Há duas maneiras de usar manipuladores. A primeira consiste em passá-los a **cout**, como vimos no exemplo numericbase.cpp, mostrado na seção *Análise Aprofundada* deste capítulo, que usa os manipuladores **hex** e **oct** para configurar a base de exibição numérica, respectivamente, para hexadecimal e octal:

```
#include <iostream>
using namespace std;

int main()
{
    int integer;
    cout << "Give me a positive integer: ";
    cin >> integer;

    cout << "In decimal: " << integer << endl;

    cout << hex;

    cout << "In hexadecimal: " << integer << endl;

    cout << oct;

    cout << "In octal: " << integer << endl;

    return 0;
}
```

Aqui está o resultado gerado pela execução deste exemplo, numericbase.cpp:

```
%numericbase
Give me a positive integer: 24
In decimal: 24
In hexadecimal: 18
In octal: 30
```

A segunda maneira consiste em passar **cout** aos manipuladores, para fazer a mesma coisa:

```
#include <iostream>
using namespace std;
```

```
int main()
{
    int integer;
    cout << "Give me a positive integer: ";
    cin >> integer;

    cout << "In decimal: " << integer << endl;

    hex(cout);

    cout << "In hexadecimal: " << integer << endl;

    oct(cout);

    cout << "In octal: " << integer << endl;

    return 0;
}
```

Como passar valores a manipuladores

Podemos passar valores a alguns manipuladores, para configurar a saída. Os três manipuladores mais comuns são listados aqui:

- **setprecision** – Configura a precisão. Passe a ele a nova precisão numérica.
- **setfill** – Configura o caractere de preenchimento. Passe a ele o caractere de preenchimento que deseja usar.
- **setw** – Configura a largura do campo. Passe a ele a largura, em caracteres, do campo de exibição do próximo item.

Para usar esses manipuladores, precisamos incluir o cabeçalho iomanip. Eis aqui um exemplo, precision.cpp, que já vimos na seção *Análise Aprofundada* deste capítulo e mostra como usar **setprecision** no modo de exibição numérica padrão:

```
#include <iostream>
#include <iomanip>
using namespace std;

int main()
{
    float pi = 3.14159;

    cout << "Pi: " << pi << endl;

    cout << setprecision(3) << "Pi with a precision of three digits: "
        << pi << endl;

    return 0;
}
```

Aqui está o resultado gerado pela execução deste exemplo, precision.cpp. Observe que pi é exibido aqui com um total de três dígitos (veja *Como configurar a precisão de exibição para valores de ponto flutuante*, anteriormente neste capítulo, para obter mais informações sobre como configurar a precisão numérica):

```
%precision
Pi: 3.14159
Pi with a precision of three digits: 3.14
```

Como criar uma classe "streamable"

Como vimos no Capítulo 9, no C++ podemos sobrecarregar os operadores << e >>, e fazer isto permite especificar como nossas classes trabalharão com as classes **istream** e **ostream**. Por exemplo, o protótipo da função **operator<<** é o seguinte:

```
ostream &operator<<(ostream &stream, const tipo & objeto);
```

A ela passamos uma referência à **ostream** (à qual dei o nome de **stream**) e um objeto da classe que queremos colocar em fluxo (stream). Dentro de **operator<<** podemos usar **cout** para enviar texto para o console. Depois de fazê-lo também precisamos retornar uma referência ao mesmo fluxo que recebemos como parâmetro, pois << pode ser *encadeado* (*chained*). Em outras palavras, expressões como a seguinte são válidas:

```
cout << apples << oranges;
```

Vimos isto em funcionamento no Capítulo 9. Lá sobrecarregamos a classe **product**, que tinha dois membros de dados, **name** e **number**, de forma que esses membros fossem exibidos quando usássemos << para passar um objeto **product** a **cout**. Observe que tornamos a função **operator<<** um "friend" da classe **product**, para que a função tenha acesso aos dados internos da classe **product**:

```
#include <iostream>
#include <string>
using namespace std;

class product
{
    int number;
public:
    string name;
    int get_number(){return number;}
    void set_number(int n){number = n;}
    product(string text, int count);
    friend ostream &operator<<(ostream &stream, const product & p);
};

product::product(string text, int count)
{
    name = text;
    number = count;
}

ostream &operator<<(ostream &stream, const product & p)
{
```

```
    cout << "Number of " << p.name << ": " << p.number << endl;
    return stream;
}

int main()
{
    product oranges("oranges", 200);

    cout << oranges << endl;

    return 0;
}
```

Agora a classe **product** é "streamable" (passível de ser colocada em fluxo) no que diz respeito a **cout**, o que significa que podemos enviar objetos da classe **product** para o console com << diretamente. Eis aqui o resultado da execução do exemplo, productclassinsertion.cpp:

```
%productclassinsertion
Number of oranges: 200
```

Solução relacionada:	Encontrada na página:
Como sobrecarregar o operador <<	324
Como sobrecarregar o operador >>	325

Como criar manipuladores personalizados

Podemos criar nossos próprios manipuladores personalizados. Tudo o que precisamos fazer é aceitar um objeto **ostream** e retornar o mesmo objeto:

```
ostream & nome(ostream &fluxo)
{
      .
      .
      .
   return fluxo;
}
```

Eis aqui um exemplo, newmanip.cpp, que mostra como isto funciona. Nele criamos um novo manipulador chamado **space_manipulator**, que simplesmente insere um espaço no fluxo de saída. Após criarmos o manipulador, podemos mandá-lo para **cout** da seguinte maneira:

```
#include <iostream>
#include <iomanip>
using namespace std;

ostream &space_manipulator(ostream &stream)
{
   stream << " ";
   return stream;
}
```

```
int main()
{
    cout << "Hello" << space_manipulator << "from"
        << space_manipulator << "C++." << endl;

    return 0;
}
```

Aqui está o resultado gerado pela execução deste exemplo, newmanip.cpp:

```
%newmanip
Hello from C++.
```

Como usar **cin**

Como já vimos, podemos ler entrada do dispositivo de entrada padrão usando o operador >> sobrecarregado para **cin**. O operador >> é chamado de operador de extração, pois ele extrai dados de fluxos. Esse operador é sobrecarregado para **cin** para os seguintes tipos básicos:

- **char &**
- **signed char &**
- **unsigned char &**
- **short &**
- **unsigned short &**
- **int &**
- **unsigned int &**
- **long &**
- **unsigned long &**
- **float &**
- **double &**
- **long double &**

Estamos usando **cin** desde o Capítulo 1. Eis aqui um exemplo, greeter.cpp, que apareceu no Capítulo 1, que pergunta ao usuário quantas vezes ele deseja ver uma saudação exibida e executa um laço esse número de vezes, exibindo a saudação a cada iteração do laço:

```
#include <iostream>
using namespace std;

int main()
{
    int number;

    cout << "How many times do you want to see the greeting? ";

    cin >> number;
```

```
    for (int loopIndex = 0; loopIndex < number; loopIndex++){
        cout << "Hello from C++." << endl;
    }

    return 0;
}
```

Como **cin** é sobrecarregado para o tipo **int**, o operador >> coloca o dado inteiro que o usuário fornece na variável de nome **number**. O objeto **cin** também é sobrecarregado para os seguintes tipos de string do C (observe que, além de armazenar os dados de caractere a partir do endereço especificado pelo ponteiro, os métodos >> sobrecarregados adicionam um caractere nulo ao final da string armazenada):

- **char ***
- **signed char ***
- **unsigned char ***

Os métodos do operador >> sobrecarregados para **cin** pulam espaços em branco (caracteres de espaço, nova linha e tabulação) e lêem tudo a partir do caractere que não seja um espaço em branco até o primeiro caractere que não corresponde ao tipo de destino. Por exemplo, digamos que tenhamos um programa chamado savings.cpp que solicita que o usuário digite a quantidade de dinheiro que ele tenha ganhado no dia e o adiciona a um totalizador dinâmico de ponto flutuante. Testamos o valor de retorno de **cin** em um laço **while** e, se o usuário digitar algum dado inadequado, o valor de retorno encerra o laço:

```
#include <iostream>
using namespace std;

int main()
{
    float amount_for_today, total = 0.0;

    cout << "How much did you make today? ";

    while (cin >> amount_for_today)
    {
        cout << "How much did you make today? ";
        total += amount_for_today;
    }

    cout.precision(2);
    cout << showpoint << fixed;
    cout << "Your total: $" << total << endl;

    return 0;
}
```

Eis aqui o resultado gerado por uma execução do programa. Observe que, quando o usuário digita um valor igual a "5h", o programa termina:

```
%savings
How much did you make today? 55
How much did you make today? 555
How much did you make today? 5h
How much did you make today? Your total: $615.00
```

Observe também que **cin** retornou o 5 de "5h" e encerrou somente quando leu um caractere inadequado. Para saber de detalhes do que efetivamente está acontecendo neste caso, veja *Como verificar o estado de fluxos*, mais adiante neste capítulo.

Se o usuário digitar mais do que uma palavra, **cin** atribui cada uma delas a uma variável distinta. Eis aqui um outro exemplo, fourwords.cpp, visto anteriormente no Capítulo 1, que solicita que o usuário digite quatro palavras:

```
#include <iostream>
#include <string>
using namespace std;

int main()
{
    string input1, input2, input3, input4;

    cout << "Type four words: ";

    cin >> input1 >> input2 >> input3 >> input4;

    cout << "You typed: " << input1 << " " << input2 << " ";
    cout << input3 << " " << input4 << endl;

    return 0;
}
```

Aqui está o resultado gerado pela execução do programa, fourwords.cpp:

```
%fourwords
Type four words: This is a test...
You typed: This is a test...
```

Se não quiser pular espaços em branco desta maneira quando estiver lendo entradas, você deve usar, em vez do método >> sobrecarregado, outros métodos de **cin**, como **get** ou **getline**. Veja as duas próximas seções para ter os detalhes.

Como usar os métodos **get**, **getline** e **ignore** da classe **istream**

O objeto **cin** conta com métodos incorporados, da mesma forma que **cout**. Por exemplo, podemos usar os métodos **get(char &)** e **get()** de **cin** para ler caracteres. A diferença entre eles é que passamos a variável em que queremos colocar o caractere para **get(char &)**, ao passo que **get()** retorna o caractere da forma padrão. Podemos encadear **get** como no exemplo a seguir, getchar.cpp, onde pedimos para o usuário digitar quatro letras, colocamos as letras digitadas nas variáveis **char1**, **char2**, **char3** e **char4** e exibimos as letras, da seguinte maneira:

```
#include <iostream>
using namespace std;

int main()
{
    char char1, char2, char3, char4;

    cout << "Type four letters: ";
```

```
    cin.get(char1).get(char2).get(char3).get(char4).get();

    cout << "You typed: " << char1 << char2 << char3 << char4 << endl;

    return 0;
}
```

Eis aqui um exemplo do resultado da execução de getchar.cpp:

```
%getchar
Type four letters: Hiya
You typed: Hiya
```

Podemos usar os métodos **get(char*, int, char)** e **getline(char*, int, char)**, para ler linhas inteiras de texto. Eles são bastante úteis, já que o operador de extração >> trata espaços em branco em linhas de texto como limitadores de palavras, retornando apenas uma palavra individual a cada vez que é usado. Para esses métodos passamos um ponteiro para um buffer de **char** e um valor inteiro indicando o número máximo de caracteres a ler (**get** e **getline** irão, na verdade, armazenar no máximo esse valor inteiro menos 1, para dar espaço ao caractere nulo que os métodos adicionam ao final da string). Podemos também passar um caractere opcional, normalmente '**\n**', que indica a esses métodos que eles devem interromper a leitura da entrada ao encontrarem o caractere. Eis aqui um exemplo, get.cpp, que solicita que o usuário forneça uma string de texto e usa **get** para ler toda a linha de uma só vez – observe a segunda chamada a **get**, para remover o caractere de nova linha ao final da entrada (o qual a versão string do método **get** não remove):

```
#include <iostream>
using namespace std;
const int MAX = 50;

int main()
{
    char string1[MAX];

    cout << "Type some words: ";

    cin.get(string1, MAX).get();

    cout << "You typed: " << string1 << endl;

    return 0;
}
```

Eis aqui o resultado gerado pela execução de get.cpp:

```
%get
Type some words: Hello there.
You typed: Hello there.
```

Existe também um método chamado **getline**, que faz parte da classe **string** do C++, que podemos usar para ler strings de texto, da seguinte forma:

```
#include <iostream>
#include <string>
using namespace std;
```

```
int main()
{
    string response;

    cout << "Please enter the text: ";

    getline(cin, response);

    cout << response;

    return 0;
}
```

O método **cin.ignore** ignora uma quantidade especificada de caracteres do buffer de entrada, descarregando-os do buffer. Podemos também passar a este método um caractere opcional que atua como terminador (normalmente um caractere de nova linha), fazendo com que **ignore** pare de ignorar caracteres do buffer de entrada:

```
const int MAX = 100;
      .
      .
      .
cin.ignore(MAX, '\n');
```

Eis aqui um exemplo, ignore.cpp, que pede que o usuário forneça algum texto e armazena o primeiro caractere digitado em um array de **char** de nome **buffer**. O código então exibe o primeiro caractere, da seguinte forma:

```
#include <iostream>
using namespace std;
const int MAX = 100;

int main()
{
    char buffer[MAX];

    cout << "Type some text: ";

    cin.get(buffer[0]);

    cout << "The first character was " << buffer[0] << endl;
      .
      .
      .
```

Em seguida, o programa pede ao usuário para digitar mais texto para exibir. No entanto, há uma coisa a fazer antes: remover o texto deixado no buffer de entrada após o primeiro caractere do texto digitado anteriormente. Removeremos o texto com o método **ignore**, da seguinte maneira:

```
#include <iostream>
using namespace std;
const int MAX = 100;
```

```
int main()
{
   char buffer[MAX];

   cout << "Type some text: ";

   cin.get(buffer[0]);

   cout << "The first character was " << buffer[0] << endl;

   cin.ignore(MAX, '\n');
   .
   .
   .
```

Agora que o buffer de entrada está vazio, podemos ler e exibir o novo texto:

```
#include <iostream>
using namespace std;
const int MAX = 100;

int main()
{
   char buffer[MAX];

   cout << "Type some text: ";

   cin.get(buffer[0]);

   cout << "The first character was " << buffer[0] << endl;

   cin.ignore(MAX, '\n');

   cout << "Type some text again: ";

   cin.get(buffer, MAX, '\n');

   cout << "You typed: " << buffer << endl;

   return 0;
}
```

Eis aqui um exemplo do resultado gerado pela execução do programa, ignore.cpp:

```
%ignore
Type some text: This is the text.
The first character was T
Type some text again: This is some more text.
You typed: This is some more text.
```

Como usar os métodos **read**, **peek**, **gcount** e **putback** da classe **istream**

A classe **istream** suporta os métodos **read**, **peek**, **gcount** e **putback**, de modo que eles fazem parte do objeto **cin.** O método **cin** lê um determinado número de bytes e os armazena em um buffer especificado. Ao contrário de **get** e **getline**, **read** lê somente o número de bytes pedido e não acrescenta um caractere nulo ao final deles, o que precisamos fazer manualmente se usarmos **read** para ler uma string estilo C:

```
char name[21];
cin.read(name, 20);
name[20] = '\0';
```

Podemos também encadear **read**, como neste exemplo, read.cpp:

```
#include <iostream>
using namespace std;
const int MAX = 100;

int main()
{
    char first_name[21], second_name[21];
    cin.read(first_name, 20).read(second_name, 20);

    first_name[20] = '\0';
    second_name[20] = '\0';

    cout << first_name << endl;
    cout << second_name;

    return 0;
}
```

Ao executar este exemplo, você poderá ver que **read** lê exatamente o número de bytes solicitado:

```
%read
AAAAAAAAAAAAAAAAAAAAAAAAAAAAAAAAAAAAAAAAAAAAAAAAAA
First name: AAAAAAAAAAAAAAAAAAAA
Last name: AAAAAAAAAAAAAAAAAAAA
```

O método **peek** retorna o próximo caractere do fluxo de entrada sem removê-lo do fluxo. Isto é útil quando se deseja usar um determinado caractere como terminador de entrada

O método **gcount** retorna o número de caracteres lidos pelo último método **get**, **getline**, **ignore** ou **read**. Por exemplo, poderíamos usar um desses métodos e querer saber quantos caracteres foram efetivamente lidos ou ignorados.

O método **putback** devolve um caractere ao fluxo de entrada, tornando esse caractere o próximo a ser lido. Como os outros métodos de **cin**, ele pode ser encadeado. Observe que usar o método **peek** é muito semelhante a usar **get** para ler um caractere e em seguida usar **putback** para colocá-lo de volta no buffer de entrada.

Vimos na seção *Análise Aprofundada* deste capítulo um programa, peek.cpp, que exemplifica o uso de diversos desses métodos. O código começa lendo caracteres de **cin** e ecoando cada um deles, até encontrar um caractere '**q**'. Uma forma de fazer isto é usar o método **peek** para testar se o próximo caractere do fluxo de saída é um '**q**' e, caso não seja, lê-lo com o método **get**. Após limpar o buffer com **ignore**, o programa pede que o usuário forneça mais texto, lê o primeiro caractere desse novo texto com **get** e o coloca de volta no fluxo de entrada com o método **putback**. Por fim, ele exibe todo o novo texto:

```
#include <iostream>
using namespace std;
```

```
int main()
{
   const int MAX = 100;
   char character;
   char string[100];

   cout << "I read up to the letter 'q': ";

   while(cin.peek() != 'q')
   {
      cin.get(character);
      cout << character;
   }

   cout << endl;
   cin.ignore(MAX, '\n');

   cout << "Please type some more text: ";

   cin.get(character);
   cout << "The first character was: " << character << endl;
   cin.putback(character);

   cin >> string;

   cout << "Here's the full text: " << string << endl;

   return 0;
}
```

Eis aqui um exemplo do resultado gerado pela execução deste código:

```
%peek
I read up to the letter 'q': What is the query?
What is the
Please type some more text: Anacondas can be inconvenient.
The first character was: A
Here's the full text: Anacondas can be inconvenient.
```

Como verificar o estado de fluxos

Em *Como usar* ***cin***, anteriormente neste capítulo, vimos um programa chamado savings.cpp, que solicita que o usuário digite a quantidade de dinheiro que ele tenha ganhado no dia e o adiciona a um totalizador dinâmico de ponto flutuante. Testamos o valor de retorno de **cin** em um laço **while** e, se o usuário digitar algum dado inadequado, o valor de retorno encerra o laço:

```
#include <iostream>
using namespace std;

int main()
{
   float amount_for_today, total = 0.0;
```

```
    cout << "How much did you make today? ";

    while (cin >> amount_for_today)
    {
        cout << "How much did you make today? ";
        total += amount_for_today;
    }

    cout.precision(2);
    cout << showpoint << fixed;
    cout << "Your total: $" << total << endl;

    return 0;
}
```

Eis aqui o resultado gerado por uma execução do programa. Observe que, quando o usuário digita um valor igual a “5h”, o programa termina:

```
%savings
How much did you make today? 55
How much did you make today? 555
How much did you make today? 5h
How much did you make today? Your total: $615.00
```

Como o valor de retorno do método operador >> do objeto **cin** encerrou o laço? Ele conseguiu fazer isto porque esse método operador retorna um valor falso se o *estado do fluxo* não for limpo. O estado do fluxo é um conjunto de bits que é configurado em zero se o fluxo estiver pronto para ser usado. Os bits que podem ser configurados incluem **eofbit**, configurado em 1 se o fim do arquivo foi alcançado; **badbit**, configurado em 1 se ocorreu um erro; **failbit**, configurado em 1 se um operador de entrada tiver falhado; e **goodbit**, que é sempre 0 e indica que o fluxo pode ser usado. Esses bits de estado de fluxo são listados na Tabela 13.4.

Tabela 13.4 Bits de estado de fluxo.

Membro	Significado
badbit	1 se ocorreu um erro.
eofbit	1 se foi alcançado o fim do arquivo.
failbit	1 se uma operação de entrada falhou.
goodbit	Indica que o fluxo está pronto para ser usado; sempre possui um valor igual a 0.

A expressão condicional em **while(cin >> *valor*)** resulta verdadeiro enquanto todos os bits de estado de fluxo, **eofbit**, **badbit** e **failbit**, forem zero. Podemos também usar os métodos de estado de fluxo, listados na tabela 13.5, para trabalhar com o estado de um fluxo.

Tabela 13.5 Métodos de estado de fluxo.

Membro	Significado
bad()	Retorna verdadeiro se badbit estiver configurado em 1.
clear(iostate ss)	Configura o estado do fluxo para ss; pode lançar a exceção basic_ios::failure.
eof()	Retorna verdadeiro se eofbit estiver configurado em 1.

Tabela 13.5 Métodos de estado de fluxo *(continuação)*.

Membro	Significado
exceptions()	Retorna os flags que causaram uma exceção.
exceptions(iostate ss)	Configura que estados farão **clear** lançar uma exceção.
fail()	Retorna verdadeiro se badbit ou failbit estiver configurado em 1.
good()	Retorna true se o fluxo puder ser usado.
rdstate()	Retorna o estado atual do fluxo.
setstate(iostate ss)	Configura os estados do fluxo de acordo com os bits configurados em ss.

Por exemplo, para testarmos se **badbit** está configurado em 1, usamos o método **bad**; para testarmos se **failbit** está configurado em 1, usamos **fail.** Podemos limpar o estado do fluxo com **clear** (o que, numa aplicação prática, você só deve fazer após ter tratado algum problema de fluxo):

```
if (cin.bad() || cin.fail()) {
   cout << "Error seen, clearing cin." << endl;
   cin.clear();
}
```

Chamar **clear()** limpa **eofbit, badbit** e **failbit.** Se especificarmos um bit em particular como, por exemplo, **clear(badbit),** todos os demais bits são limpos e o estado do fluxo é configurado para **badbit.** (Observe que, quando configuramos um bit de estado de fluxo em 1, o fluxo não poderá ser usado até que seu estado seja limpo.)

Podemos também usar o método **exceptions**, para indicar que estados de fluxo devem lançar exceções. Por exemplo, os métodos **clear** e **setstate** (que chama **clear**) configuram o estado de fluxo. Assim, chamar **exceptions(badbit)** fará com que esses métodos lancem uma exceção **basic_ios::failure** se configurarem **badbit** em 1.

Capítulo 14

Manipulação de Arquivos

Análise Aprofundada

Este capítulo é totalmente dedicado à manipulação de arquivo em arquivos físicos. O capítulo anterior tratou da E/S de console, usando classes de **iostream** como **istream** e **ostream**. Este capítulo trata das classes de **fstream**, voltadas ao trabalho com arquivos em disco. Da mesma forma que **iostream**, que suporta a classe **istream** para entrada e **ostream** para saída, a classe **fstream** suporta a classe **ifstream** para entrada de arquivos e **ofstream** para a saída de arquivos. Neste capítulo colocaremos as classes de **fstream** para trabalhar.

***NOTA:** Este capítulo usa as constantes da classe **ios_base**, às quais nos referimos como **ios_base::nome**. Caso seu compilador ainda não suporte a classe **ios_base** use em vez dela a classe **ios**, da seguinte forma: **ios::nome**. Este capítulo também usa a constante **ios_base::binary** (**ios::binary** para os compiladores que não suportam **ios_base**) para a manipulação de arquivos binários. Alguns compiladores UNIX não suportam nem **ios_base::binary** nem **ios::binary**, pois eles não fazem distinção entre modo texto e modo binário. Nesses casos a constante pode ser obtida (pelo menos o compilador UNIX que usamos para testes não reclama sobre o uso da constante, mas ela desativa totalmente a manipulação de arquivos; omitir essa constante resolve o problema). Veja* Como trabalhar com arquivos binários *para obter mais detalhes.*

Criando um arquivo

Podemos criar arquivos com as classes de **fstream.** Podemos criar um fluxo de arquivo que leia entrada de um arquivo com a classe **ifstream** e um fluxo que envie saída para um arquivo com a classe **ofstream.** Tanto **ifstream** quanto **ofstream** fazem parte da própria classe **fstream,** o que significa que, se criarmos um fluxo com a classe **fstream,** poderemos usar o fluxo tanto para leitura quanto para gravação (veja *Como ler e gravar com **fstream***, mais adiante neste capítulo).

Para criar um arquivo em primeiro lugar é necessário criar um fluxo de saída. Para isto usaremos aqui a classe **ofstream**, em um exemplo chamado writefile.cpp, que gravará dados de texto em um arquivo. Para criar um objeto **ofstream** precisamos incluir no programa o cabeçalho fstream. Na verdade, quando incluímos fstream, a maioria dos compiladores – mas nem todos eles – também inclui o cabeçalho iostream. Como nem todos os compiladores incluem iostream quando incluímos fstream, incluiremos iostream explicitamente em writefile.cpp:

```
#include <iostream>
#include <fstream>
using namespace std;

int main()
{
    ofstream fout;
        .
        .
        .
```

Este código usa o construtor padrão de **ofstream** para criar o objeto **fout**. Para criar um arquivo como, por exemplo, hello.dat, podemos usar o método **open** desse objeto:

```
#include <iostream>
#include <fstream>
using namespace std;

int main()
{
   ofstream fout;

   fout.open("hello.dat");
      .
      .
      .
```

Como padrão, se hello.dat existir quando executarmos esta instrução, ele é aberto para aceitar saída de nosso programa e truncado para tamanho zero (ou seja, todos seus dados são excluídos). Se o arquivo ainda não existir, ele é criado.

DICA: *Podemos especificar diversas opções ao abrirmos um arquivo, tal como se queremos anexar novos dados a ele, em vez de truncá-lo para tamanho zero. Veja* Como selecionar modos de abertura de arquivo, *mais adiante neste capítulo.*

Podemos também combinar a criação de **fout** e a operação **open** em uma única etapa, se passarmos o nome do arquivo ao construtor do objeto **fout**:

```
#include <fstream>
using namespace std;

int main()
{
   ofstream fout("file.dat");
      .
      .
      .
```

Essa última linha de código abre file.dat para saída se tal arquivo existir ou cria o arquivo se ele não existir, associando em seguida o arquivo com o objeto fluxo de saída **fout**.

Como a manipulação de arquivos é um dos aspectos da programação mais sujeito a problemas, devemos sempre testar se um fluxo de arquivo realmente foi aberto antes de tentar trabalhar com ele. Podemos fazer isto com o método **is_open** de **ofstream**. Veja *Como verificar o estado de fluxos de arquivo*, mais adiante neste capítulo, para obter mais informações. Neste caso usaremos **is_open** para verificar se conseguimos abrir o fluxo **fout** com sucesso:

```
#include <fstream>
#include <iostream>
using namespace std;

int main()
{
   ofstream fout("file.dat");

   if (!fout.is_open()) {
      cerr << "Error: Could not create file." << endl;
      exit(1);
   }
      .
      .
      .
```

Neste ponto, criamos um objeto **ofstream** chamado **fout**. Este objeto é buferizado, de forma que os dados são gravados para o disco em "porções", em vez de byte a byte (o buffer é descarregado se **fout** sair do escopo, se seu método **close** for chamado ou se o programa for encerrado). E como usar este objeto para gravar dados no arquivo?

Gravando em um arquivo

Podemos usar com objetos **fstream** os mesmos métodos que já vimos com objetos **iostream**. Por exemplo, para gravar dados em um arquivo file.dat recém-aberto, podemos usar o operador de inserção << ou métodos como **write**. Eis como isto fica em writefile.cpp, onde armazenamos algum texto em hello.dat:

```
#include <iostream>
#include <fstream>
using namespace std;

int main()
{
    ofstream fout;

    fout.open("hello.dat");

    if (!fout.is_open()) {
        cerr << "Error: Could not create file." << endl;
        exit(1);
    }

    fout << "Hello from C++." << endl;
    .
    .
    .
}
```

Na verdade o texto é colocado em um buffer interno antes de ser gravado em disco, não sendo realmente gravado até que terminemos de trabalhar com o arquivo ou até que o buffer seja preenchido. Então, como indicar que já terminamos de trabalhar com um arquivo e queremos que os dados sejam enviados para disco? Para fazer isto, fechamos o arquivo.

Fechando um arquivo

Um arquivo é fechado e os dados armazenados no buffer de saída são descarregados para o arquivo quando usamos o método **close** de **ofstream**, quando o objeto **ofstream** sai do escopo ou quando o programa é encerrado. Para fecharmos um arquivo explicitamente podemos usar o método **close**, da seguinte forma:

```
#include <iostream>
#include <fstream>
using namespace std;

int main()
{
    ofstream fout;

    fout.open("hello.dat");
```

```
    if (!fout.is_open()) {
        cerr << "Error: Could not create file." << endl;
        exit(1);
    }

    fout << "Hello from C++." << endl;

    fout.close();

    return 0;
}
```

Isto grava os dados em buffer, se houver algum, no arquivo e indica que terminamos de trabalhar com o arquivo, pelo menos por enquanto.

NOTA: *Alguns sistemas operacionais permitem que programas bloqueiem arquivos para seu uso particular. Nesses casos, quando um arquivo é fechado ele é desbloqueado, tornando-se novamente acessível a outros programas.*

Quando o exemplo é executado, o texto a seguir é armazenado no arquivo hello.dat:

```
Hello from C++.
```

E isto é tudo: armazenamos dados em um arquivo. E como abrir esse arquivo em outro programa e ler o conteúdo do arquivo?

Abrindo um arquivo

Para abrir um arquivo para entrada, podemos criar um objeto **ifstream**, conforme mostrado em um novo exemplo, readfile.cpp:

```
#include <iostream>
#include <fstream>
using namespace std;

int main()
{
    ifstream fin("hello.dat");
        .
        .
        .
```

Isto cria um novo objeto **ifstream**, de nome **fin**, e abre o arquivo hello.dat para entrada para o programa, associando esse arquivo com esse fluxo. Da mesma forma que com **ofstream**, podemos dividir o processo de abertura de arquivo em duas partes, se usarmos o construtor padrão e o método **open**:

```
ifstream fin;

fin.open("hello.dat");
```

Devemos sempre usar o método **is_open** de **ifstream** para verificar se o arquivo foi aberto corretamente (veja *Como verificar o estado de fluxos de arquivo*, mais adiante neste capítulo, para obter mais informações sobre **is_open**):

```
#include <iostream>
#include <fstream>
using namespace std;

int main()
{
    ifstream fin("hello.dat");

    if (!fin.is_open()) {
        cerr << "Error: Could not open file." << endl;
        exit(1);
    }
    .
    .
    .
```

Agora que obtivemos um objeto **ifstream** que corresponde a nosso arquivo, como podemos ler a partir dele?

Lendo de um arquivo

De forma análoga à gravação para objetos **ofstream**, podemos usar para ler de objetos **ifstream** as mesmas técnicas com que já estamos familiarizados. Por exemplo, podemos usar o operador de extração >>, o método **read** ou o método **get**. Para ler as três palavras existentes em hello.dat usaremos o operador de extração e exibiremos as palavras, conforme mostrado a seguir:

```
#include <iostream>
#include <fstream>
using namespace std;

int main()
{
    char string1[20], string2[20], string3[20];
    ifstream fin("hello.dat");

    if (!fin.is_open()) {
        cerr << "Error: Could not open file." << endl;
        exit(1);
    }

    fin >> string1;
    fin >> string2;
    fin >> string3;

    cout << string1 << " " << string2 << " " << string3 << endl;

    fin.close();

    return 0;
}
```

Quando executamos readfile.cpp ele abrirá hello.dat[1], lerá as três palavras do arquivo e as exibirá:

```
%readfile
Hello from C++.
```

E isto é tudo. Criamos, gravamos, fechamos, abrimos e lemos um arquivo. Mas há muitas outras possibilidades, conforme veremos ao longo do capítulo.

Anexando a um arquivo

Quando abrimos um arquivo preexistente para saída, não é necessário truncá-lo para tamanho zero. Podemos abri-lo para *anexação* (*append*). Quando abrimos um arquivo para anexação, o conteúdo já presente no arquivo é mantido inalterado e o *ponteiro de saída* é posicionado no final do arquivo. Quando gravamos no arquivo escrevemos na posição do ponteiro de saída, o que significa que tudo o que escrevemos é gravado após o conteúdo atual do arquivo.

Para abrir um arquivo existente para anexação simplesmente passamos a constante **ios_base::app** (ou **ios::app**, caso seu compilador não suporte a classe **ios_base**) quando abrimos o arquivo, através do construtor do objeto de fluxo ou seu método **open**:

```
#include <iostream>
#include <fstream>
using namespace std;

int main()
{
    ofstream fout;

    fout.open("hello.dat", ios_base::app);
    .
    .
    .
```

Agora, quando gravamos no arquivo, o que é escrito é anexado ao que já está no arquivo. Neste caso adicionaremos "Hello again from C++." ao final de hello.dat:

```
#include <iostream>
#include <fstream>
using namespace std;

int main()
{
    ofstream fout;

    fout.open("hello.dat", ios_base::app);

    if (!fout.is_open()) {
        cerr << "Error: Could not open file for appending." << endl;
        exit(1);
    }
```

(1) N.R.T.: Naturalmente, para que isto ocorra, o arquivo deve existir. Esse arquivo é gerado automaticamente pela execução do exemplo anterior, writefile.cpp, mas você também pode criá-lo manualmente. Caso hello.dat não exista, o programa exibe uma mensagem de erro e encerra sua execução normalmente, pois ele testa e trata essa situação.

```
    fout << "Hello again from C++." << endl;

    fout.close();

    return 0;
}
```

Após executarmos este exemplo, appfile.cpp, a linha "Hello again from C++." é anexada ao final do conteúdo do arquivo:

```
Hello from C++.
Hello again from C++.
```

Para ver mais opções de abertura de arquivo como **ios_base::app**, veja *Como selecionar modos de abertura de arquivo*, mais adiante neste capítulo.

Gravando objetos

Como você sabe, o C++ adora trabalhar com objetos, e além de criar arquivos baseados em dados simples, como **char**, podemos também gravar objetos e arquivos e lê-los de arquivos. Aqui está um exemplo, writeobj.cpp, que grava um array de 15 objetos em um arquivo de nome file.dat. Cada objeto será de uma classe de escrituração que chamamos de **entry** e armazena o nome de uma pessoa, quanto ela deve ao usuário do programa e um método chamado **display**, usado para exibir esses dados:

```
#include <iostream>
#include <fstream>
using namespace std;

const int NUMBER_OBJECTS = 15;

class entry
{
public:
    char name[20];
    float owes;
    void display() {cout << name << " owes $" << owes << endl;}
};

int main()
{
    entry object_array[NUMBER_OBJECTS];
        .
        .
        .
```

Quando abrimos file.dat para saída, também especificamos que este arquivo guardará dados binários, da seguinte maneira:

```
#include <iostream>
#include <fstream>
using namespace std;

const int NUMBER_OBJECTS = 15;
```

```
class entry
{
public:
    char name[20];
    float owes;
    void display() {cout << name << " owes $" << owes << endl;}
};

int main()
{
    entry object_array[NUMBER_OBJECTS];
    ofstream fout("file.dat", ios_base::binary);
    .
    .
    .
```

Esta constante, **ios_base::binary**, destina-se principalmente a sistemas operacionais "não-UNIX", tais como o DOS/Windows e o MacOS. Por exemplo, o DOS/Windows não usa um caractere de nova linha, '**\n**', para quebras de linha. Em vez disso ele usa um par retorno de carro/nova linha, '**\r\n**'. Como padrão o DOS/Windows usa um modo de texto no qual os programas convertem '**\n**' em '**\r\n**' quando gravam em arquivos e convertem '**\r\n**' em '**\n**' quando lêem de arquivos. Esse tipo de conversão é um problema quando gravamos dados binários, não-texto, para o disco. Por isso precisamos especificar o modo binário quando fazemos isso em tais sistemas operacionais. Isto não é problema no UNIX, que não faz tal conversão de caracteres, de forma que não precisamos da constante **ios_base::binary** em UNIX. Na verdade, é necessário omitir **ios_base::binary** com alguns compiladores UNIX, pois do contrário o programa não funcionará corretamente. Veja *Como trabalhar com arquivos binários*, mais adiante neste capítulo, para obter mais informações.

Após colocarmos alguns dados em alguns dos objetos do array, usaremos o método **write** que vimos no capítulo anterior (veja *Como usar os métodos **put** e **write** da classe **ostream***, no capítulo 13), para gravar o array de objetos para file.dat:

```
#include <iostream>
#include <fstream>
using namespace std;

const int NUMBER_OBJECTS = 15;

class entry
{
public:
    char name[20];
    float owes;
    void display() {cout << name << " owes $" << owes << endl;}
};

int main()
{
    entry object_array[NUMBER_OBJECTS];
    ofstream fout("file.dat", ios_base::binary);

    if (!fout.is_open()) {
        cerr << "Error: Could not create file." << endl;
        exit(1);
    }

    strcpy(object_array[0].name, "Ebeneezer Scrooge");
    object_array[0].owes = 0.01;
```

```
    strcpy(object_array[1].name, "Bob Crachit");
    object_array[1].owes = 312.59;

    fout.write(reinterpret_cast<char *> (object_array),
        NUMBER_OBJECTS * sizeof(entry));

    fout.close();

    return 0;
}
```

Esse código cria e preenche file.dat com o array de objetos. O próximo passo é ler esses dados.

Lendo objetos

Para ler os objetos armazenados em file.dat criaremos um novo exemplo, readobj.cpp. Este programa simplesmente cria um objeto array como o criado em writeobj.cpp, conecta file.dat a um fluxo de arquivo de entrada, **fin**, e usa o método **read** que vimos no capítulo anterior (veja *Como usar os métodos **read**, **peek**, **gcount** e **putback** da classe **istream***, no Capítulo 13), para ler o array para dentro do programa:

```
#include <iostream>
#include <fstream>
using namespace std;

const int NUMBER_OBJECTS = 15;

class entry
{
public:
    char name[20];
    float owes;
    void display() {cout << name << " owes $" << owes << endl;}
};

int main()
{
    entry object_array[NUMBER_OBJECTS];
    ifstream fin("file.dat", ios_base::binary);

    if (!fin.is_open()) {
        cerr << "Error: Could not open file." << endl;
        exit(1);
    }

    fin.read(reinterpret_cast<char *> (object_array),
        NUMBER_OBJECTS * sizeof(entry));
    .
    .
    .
```

Agora podemos usar o método **display** da classe **entry** para exibir os dados dos objetos que acabamos de ler:

```
#include <iostream>
#include <fstream>
using namespace std;

const int NUMBER_OBJECTS = 15;

class entry
{
public:
    char name[20];
    float owes;
    void display() {cout << name << " owes $" << owes << endl;}
};

int main()
{
    entry object_array[NUMBER_OBJECTS];
    ifstream fin("file.dat", ios_base::binary);

    if (!fin.is_open()) {
        cerr << "Error: Could not open file." << endl;
        exit(1);
    }

    fin.read(reinterpret_cast<char *> (object_array),
        NUMBER_OBJECTS * sizeof(entry));

    object_array[0].display();
    object_array[1].display();

    fin.close();

    return 0;
}
```

Eis aqui o resultado gerado pela execução de readobj.cpp:

```
%readobj
Ebeneezer Scrooge owes $0.01
Bob Crachit owes $312.59
```

Como podemos ver, pudemos armazenar dados em objetos gravados em disco e ler esses dados novamente. Estamos progredindo, mas ainda há muito mais à frente.

Acesso aleatório

O arquivo file.dat armazena 15 objetos, mas mesmo para acessar os dados de um desses objetos até agora precisamos ler todos os objetos de uma vez. No entanto, não precisamos ler mais do que o objeto em que estivermos interessados se posicionarmos o *ponteiro de entrada do arquivo*, que é a posição a partir da qual os próximos dados serão lidos, no início do objeto desejado no arquivo, e então ler apenas esse objeto. Podemos também gravar a partir de uma posição específica de um arquivo se posicionarmos o *ponteiro de saída do arquivo*, que aponta para o local a partir do qual os próximos dados serão gravados.

Mover um ponteiro de arquivo e trabalhar somente com os dados desejados é uma técnica conhecida como *acesso aleatório* (*random access*), pois podemos ler qualquer item de um arquivo dessa forma, bastando para tal posicionar o ponteiro de entrada do arquivo corretamente, ou gravar qualquer item desejado no arquivo simplesmente posicionando o ponteiro de saída do arquivo. Ler todos os itens de um arquivo até o desejado, antes de ter acesso ao item desejado, é chamado de *acesso seqüencial*. A diferença entre acesso aleatório e seqüencial é análoga à diferença entre como músicas são gravadas em um CD e em uma fita.

Podemos usar o método **seekg** para posicionar o ponteiro de entrada de um arquivo e o método **seekp** para posicionar o ponteiro de saída de um arquivo. Por exemplo, vamos modificar o exemplo writeobj.cpp de modo que ele coloque dados de um objeto no elemento **object_array[9]** do array de objetos:

```
#include <iostream>
#include <fstream>
using namespace std;

const int NUMBER_OBJECTS = 15;

class entry
{
public:
    char name[20];
    float owes;
    void display() {cout << name << " owes $" << owes << endl;}
};

int main()
{
    entry object_array[NUMBER_OBJECTS];
    ofstream fout("file.dat", ios_base::binary);

    if (!fout.is_open()) {
        cerr << "Error: Could not create file." << endl;
        exit(1);
    }

    strcpy(object_array[0].name,"Ebeneezer Scrooge");
    object_array[0].owes = 0.01;

    strcpy(object_array[9].name,"Bob Crachit");
    object_array[9].owes = 312.59;

    fout.write(reinterpret_cast<char *> (object_array),
        NUMBER_OBJECTS * sizeof(entry));

    fout.close();

    return 0;
}
```

Agora, digamos que desejemos ler somente o objeto da posição 9 em file.dat, sem ler qualquer outro objeto. Faremos isto em um exemplo de nome fileptr.cpp, usando o método **seekg** para posicionar o ponteiro de entrada do arquivo antes de começar a leitura. Iniciamos fileptr.cpp criando somente um objeto da classe **entry** e abrindo file.dat para entrada:

```
#include <iostream>
#include <fstream>
using namespace std;
```

```
class entry
{
public:
    char name[20];
    float owes;
    void display() {cout << name << " owes $" << owes << endl;}
};

int main()
{
    entry one_record;
    ifstream fin("file.dat", ios_base::binary);

    if (!fin.is_open()) {
        cerr << "Error: Could not open file." << endl;
        exit(1);
    }
    .
    .
    .
```

Em seguida usamos **seekg** para posicionar o ponteiro de entrada do arquivo. Passamos a este método dois argumentos: um configura a origem dentro do arquivo que queremos usar e outro configura a posição do ponteiro de entrada, especificando um deslocamento ("offset") a partir dessa origem, em bytes (veja "Como usar acesso aleatório", mais adiante neste capítulo, para ter todos os detalhes). Neste caso configuraremos a origem como o início do arquivo, através da constante **ios_base::beg**, e posicionaremos o ponteiro de entrada corretamente pulando os primeiros nove objetos do arquivo. Podemos então ler o objeto em que estamos interessados, da seguinte maneira:

```
#include <iostream>
#include <fstream>
using namespace std;

class entry
{
public:
    char name[20];
    float owes;
    void display() {cout << name << " owes $" << owes << endl;}
};

int main()
{
    entry one_record;
    ifstream fin("file.dat", ios_base::binary);

    if (!fin.is_open()) {
        cerr << "Error: Could not open file." << endl;
        exit(1);
    }

    fin.seekg(9 * sizeof(entry), ios::beg);
    fin.read(reinterpret_cast<char *> (&one_record), sizeof(entry));
    .
    .
    .
```

Por fim, usamos o método **display** do objeto para confirmar que efetivamente o lemos corretamente:

```
#include <iostream>
#include <fstream>
using namespace std;

class entry
{
public:
    char name[20];
    float owes;
    void display() {cout << name << " owes $" << owes << endl;}
};

int main()
{
    entry one_record;
    ifstream fin("file.dat", ios_base::binary);

    if (!fin.is_open()) {
        cerr << "Error: Could not open file." << endl;
        exit(1);
    }

    fin.seekg(9 * sizeof(entry), ios::beg);
    fin.read(reinterpret_cast<char *> (&one_record), sizeof(entry));

    one_record.display();

    fin.close();

    return 0;
}
```

Eis aqui o resultado gerado pela execução deste novo exemplo, fileptr.cpp(2):

```
%fileptr
Bob Crachit owes $312.59
```

Como você pode ver, conseguimos ler somente o objeto que nos interessava. Há muito mais sobre a manipulação de arquivos no C++, que veremos nas *Soluções Imediatas*.

(2) N.R.T.: Se você usar para este exemplo o arquivo file.dat gerado por writeobj.cpp receberá um resultado espúrio como, por exemplo:

L3e owes $9.36627e-39

Isto ocorre porque writeobj.cpp NÃO preenche o elemento **object_array[9]** com dados. Para obter o resultado mostrado acima, antes de executar fileptr compile e execute writeobj9.cpp ou writeobj92.cpp, versões de writeobj.cpp que carregam dados no elemento adequado. Para mais detalhes sobre esses programas, veja o tópico correspondente na seção Soluções Imediatas deste capítulo.

Soluções Imediatas

Como criar um arquivo

Como vimos na seção *Análise Aprofundada* deste capítulo, podemos criar um arquivo com o método **open** de **ofstream**, conforme exemplificado em writefile.cpp:

```
#include <iostream>
#include <fstream>
using namespace std;

int main()
{
    ofstream fout;

    fout.open("hello.dat");

    fout << "Hello from C++." << endl;

    fout.close();

    return 0;
}
```

Como estamos abrindo hello.dat para saída, se existir ele é aberto e truncado para tamanho zero e, caso contrário, ele é criado. Também podemos criar um arquivo simplesmente passando o nome do arquivo que desejamos criar para o construtor da classe **ofstream**:

```
#include <iostream>
#include <fstream>
using namespace std;

int main()
{
    ofstream fout("hello.dat");

    fout << "Hello from C++." << endl;

    fout.close();

    return 0;
}
```

Você deve se assegurar que um arquivo foi realmente criado antes de tentar trabalhar com ele. Podemos fazer isto com o objeto **is_open** de **ofstream**. Veja *Como verificar o estado de fluxos de arquivo*, mais adiante neste capítulo, para obter mais informações:

```
#include <iostream>
#include <fstream>
using namespace std;
```

```
int main()
{
    ofstream fout;

    fout.open("hello.dat");

    if (!fout.is_open()) {
        cerr << "Error: Could not create file." << endl;
        exit(1);
    }

    fout << "Hello from C++." << endl;

    fout.close();

    return 0;
}
```

Também há outras maneiras de abrir arquivos. Veja *Como selecionar modos de abertura de arquivo*, em seguida neste capítulo.

***DICA:** Você também pode especificar um caminho para o arquivo quando o abre ou cria. Em UNIX isto é feito da seguinte maneira: **fout.open("/home/steve/hello.dat")**. O DOS/Windows, por outro lado, usa uma barra invertida (\) para separar nomes de diretório em um caminho, mas o C++ interpreta barras invertidas em strings entre aspas como, por exemplo, "Hello\n", como indicadores de caracteres de escape. A solução é escapar a barra invertida em programas DOS/Windows, da seguinte maneira: **fout.open("c:\\cpp\\hello.dat")**.*

Como selecionar modos de abertura de arquivo

Podemos fornecer ao método **open** ou ao construtor do fluxo de arquivo uma constante de modo de abertura, para indicar como desejamos abrir o arquivo. Tais constantes são listadas na Tabela 14.1 (use **ios::*nome*** caso seu compilador não suporte **ios_base::*nome***).

Tabela 14.1 Constantes para configuração de modos de arquivo.

Constante	Significado
ios_base::in	Ler do arquivo.
ios_base::out	Gravar no arquivo.
ios_base::ate	Ir para o final do arquivo após abrir.
ios_base::app	Anexar ao final do arquivo.
ios_base::trunc	Truncar o arquivo para tamanho zero.
ios_base::binary	Tratar o conteúdo do arquivo como dados binários.

Quando um arquivo é aberto para entrada, o modo padrão é **ios_base::in**. Quando um arquivo é aberto para saída, o modo padrão é **ios_base::out | ios_base::trunc**. Fazer um OU das duas constantes com o operador OU bit a bit, |, configura ambas as opções correspondentes (veja *Operadores E, OU e OU exclusivo bit a bit: &, ^, e |*, no Capítulo 2, para obter mais informações sobre o operador OU bit a bit).

Por exemplo, se quisermos abrir um arquivo para anexação, passamos **ios_base::app** como segundo argumento ao método **open** ou ao construtor de **ofstream**:

```
#include <iostream>
#include <fstream>
using namespace std;

int main()
{
    ofstream fout;

    fout.open("hello.dat", ios_base::app);
    .
    .
    .
```

Solução relacionada:	***Encontrada na página:***
Operadores E, OU e OU exclusivo bit a bit: &, ^, e |	86

Como gravar em um arquivo

Uma vez que tenhamos um objeto **ofstream**, podemos gravar no arquivo correspondente usando as técnicas que vimos para **ostream** no capítulo anterior, como **write**, **put** e o operador de inserção <<. Aqui está um exemplo que vimos na seção *Análise Aprofundada* deste capítulo, writefile.cpp, que usa o operador de inserção para enviar texto para um arquivo:

```
#include <iostream>
#include <fstream>
using namespace std;

int main()
{
    ofstream fout;

    fout.open("hello.dat");

    fout << "Hello from C++." << endl;

    fout.close();

    return 0;
}
```

Após a execução deste código, o arquivo hello.dat conterá o texto "Hello from C++."

Como abrir um arquivo

Para abrir um arquivo para entrada, basta passar o nome do arquivo ao método **open** ou ao construtor de **ifstream**, como vimos no exemplo readfile.cpp, na seção *Análise Aprofundada* deste capítulo:

```
#include <iostream>
#include <fstream>
using namespace std;
```

```
int main()
{
    ifstream fin("hello.dat");
    .
    .
    .
```

Podemos usar o método **is_open** de **ifstream** para testar se o arquivo foi aberto corretamente. Veja *Como verificar o estado de fluxos de arquivo*, mais adiante neste capítulo, para obter mais informações:

```
#include <iostream>
#include <fstream>
using namespace std;

int main()
{
    ifstream fin("hello.dat");

    if (!fin.is_open()) {
        cerr << "Error: Could not open file." << endl;
        exit(1);
    }
    .
    .
    .
```

DICA: *Você também pode especificar um caminho para o arquivo quando o abre ou cria. Em UNIX isto é feito da seguinte maneira:* ***fout.open("/home/steve/hello.dat").*** *O DOS/Windows, por outro lado, usa uma barra invertida (\) para separar nomes de diretório em um caminho, mas o C++ interpreta barras invertidas em strings entre aspas como, por exemplo, "Hello\n", como indicadores de caracteres de escape . A solução é escapar a barra invertida em programas DOS/Windows, da seguinte maneira:* ***fout.open("c:\\cpp\\hello.dat").***

Há também outras maneiras de abrir arquivos. Veja *Como selecionar modos de abertura de arquivo*, anteriormente neste capítulo.

Como ler de um arquivo

Como vimos na seção *Análise Aprofundada* deste capítulo, podemos usar as mesmas técnicas de **istream** vistas no capítulo anterior para trabalhar com **ifstream**, como **read**, **get** e o operador de extração >>. Vimos um exemplo, readfile.cpp, que lia de um arquivo de nome hello.dat, o qual tinha o seguinte conteúdo textual:

```
Hello from C++.
```

Vamos rever readfile.cpp. Primeiro, abrimos hello.dat:

```
#include <iostream>
#include <fstream>
using namespace std;

int main()
{
```

```
ifstream fin("hello.dat");

if (!fin.is_open()) {
    cerr << "Error: Could not open file." << endl;
    exit(1);
}
.
.
.
```

Então usamos o operador de extração >> para ler do arquivo e também exibir o texto lido:

```
#include <iostream>
#include <fstream>
using namespace std;

int main()
{
    char string1[20], string2[20], string3[20];
    ifstream fin("hello.dat");

    if (!fin.is_open()) {
        cerr << "Error: Could not open file." << endl;
        exit(1);
    }

    fin >> string1;
    fin >> string2;
    fin >> string3;

    cout << string1 << " " << string2 << " " << string3 << endl;

    fin.close();

    return 0;
}
```

E isto é tudo.

DICA: *Alguns compiladores exigem que se use o método* ***clear*** *de* ***ifstream*** *(por exemplo,* ***fin.clear()****), antes que se possa abrir um arquivo uma segunda vez para leitura. O método* ***clear*** *limpa o estado do fluxo. Veja* Como verificar o estado de fluxos de arquivo, *mais adiante neste capítulo, para obter mais detalhes.*

Como anexar a um arquivo

Quando abrimos um arquivo preexistente para saída, não é necessário truncá-lo para tamanho zero, o que significa que os dados do arquivo são excluídos. No entanto, podemos abrir o arquivo para anexação, o que posiciona o ponteiro de saída no final do conteúdo atual do arquivo e permite anexar novos dados após eles. Vimos na seção *Análise Aprofundada* deste capítulo um exemplo, appfile.cpp, que mostra como isto funciona. Nele anexávamos texto a um arquivo de nome hello.dat, que tinha inicialmente o seguinte conteúdo textual:

```
Hello from C++.
```

Para abrir o arquivo para anexação usamos a constante de abertura **ios_base::app**:

```
#include <iostream>
#include <fstream>
using namespace std;

int main()
{
    ofstream fout;

    fout.open("hello.dat", ios_base::app);

    if (!fout.is_open()) {
        cerr << "Error: Could not open file for appending." << endl;
        exit(1);
    }
    .
    .
    .
```

Agora que o arquivo está aberto para anexação, qualquer coisa escrita no fluxo **fout** de saída do arquivo é anexada ao conteúdo atual de hello.dat:

```
#include <iostream>
#include <fstream>
using namespace std;

int main()
{
    ofstream fout;

    fout.open("hello.dat", ios_base::app);

    if (!fout.is_open()) {
        cerr << "Error: Could not open file for appending." << endl;
        exit(1);
    }

    fout << "Hello again from C++." << endl;

    fout.close();

    return 0;
}
```

Para ler o novo conteúdo de hello.dat, podemos configurar uma string para cada palavra e usar o operador de extração para preencher essas strings, da seguinte forma:

```
#include <iostream>
#include <fstream>
using namespace std;

const int MAX = 20;

int main()
{
```

```
   char string1[MAX], string2[MAX], string3[MAX];
   char string4[MAX], string5[MAX], string6[MAX], string7[MAX];

   ifstream fin("hello.dat");

   if (!fin.is_open()) {
      cerr << "Error: Could not open file." << endl;
      exit(1);
   }

   fin >> string1;
   fin >> string2;
   fin >> string3;
   fin >> string4;
   fin >> string5;
   fin >> string6;
   fin >> string7;

   cout << string1 << " " << string2 << " " << string3 << endl;

   cout << string4 << " " << string5 << " " << string6
      << " " << string7 << endl;

   fin.close();

   return 0;
}
```

Como podemos imaginar, dar um nome diferente a cada string fica um tanto quanto chato se estivermos lendo muito texto. Uma maneira mais simples seria usar um laço **while**, da seguinte forma:

```
string in_string;
    .
    .
    .
while (fin >> in_string)
   cout << in_string << " ";
```

E aqui está outra maneira. Podemos usar o método **get**, conforme mostra o exemplo a seguir, getfile.cpp, para ler linhas inteiras de texto do arquivo:

```
#include <iostream>
#include <fstream>
using namespace std;

const int MAX = 40;

int main()
{
   char string1[MAX], string2[MAX];

   ifstream fin("hello.dat");

   if (!fin.is_open()) {
      cerr << "Error: Could not open file." << endl;
      exit(1);
   }
```

```
    fin.get(string1, MAX, '\n').get();
    fin.get(string2, MAX, '\n').get();

    cout << string1 << endl;
    cout << string2 << endl;

    fin.close();

    return 0;
}
```

A segunda chamada a **get** em cada uma das instruções do programa anterior é necessária para limpar o caractere de nova linha ao final de cada linha, o que a versão string de **get** não faz (veja *Como usar os métodos **get**, **getline** e **ignore** da classe **istream***, no Capítulo 13, para obter mais informações). Eis aqui o resultado gerado pela execução deste código, getfile.cpp, mostrando o conteúdo original do arquivo hello.dat e a nova linha de texto anexada:

```
%getfile
Hello from C++.
Hello again from C++.
```

Solução relacionada:	Encontrada na página:
Como usar os métodos **get**, **getline** e **ignore** da classe **istream**	478

Como verificar o estado de fluxos de arquivo

As classes de **fstream** como **ifstream** e **ofstream** suportam os mesmos bits de estado de fluxo que as classes de **iostream**, como **istream** e **ostream**: **eofbit**, **badbit**, **goodbit** e assim por diante (veja *Como verificar o estado de fluxos*", no Capítulo 13, para obter mais detalhes). Elas também suportam métodos como **good** e **bad**, vistos na Tabela 13.5. Para limpar qualquer conjunto de estados de fluxo usamos o método **clear**, da seguinte forma: **fin.clear()**.

Um método de importância especial é **is_open**, que permite testar se o fluxo foi aberto apropriadamente. Sempre que abrir um fluxo de arquivo, você deve usar este método para se assegurar de que o fluxo pode ser usado:

```
ifstream fin("hello.dat");

if (!fin.is_open()) {
    cerr << "Error: Could not open file." << endl;
    exit(1);
}
    .
    .
    .
```

***NOTA:** Em versões antigas do C++, costumava-se testar se um objeto de fluxo estava aberto testando-se o próprio objeto como, por exemplo, **!fin**, ou através do método **good**, por exemplo, **!fin.good()**. No entanto, tais técnicas não detectam tentativas de se abrir um arquivo com um modo de abertura inadequado. Entretanto, algumas implementações mais antigas do C++ não suportam **is_open**, de modo que precisamos usar esses métodos mais antigos com eles.*

Solução relacionada:	Encontrada na página:
Como verificar o estado de fluxos	483

Como trabalhar com arquivos binários

Como visto na seção *Análise Aprofundada* deste capítulo, alguns sistemas operacionais, como o DOS/Windows, não usam apenas um caractere de nova linha, '**\n**', para indicar uma quebra de linha. Em vez disso o DOS/Windows usa um par retorno de carro/nova linha, '**\r\n**'. Como padrão o DOS/Windows usa um modo de texto no qual os programas convertem '**\n**' em '**\r\n**' quando gravam em arquivos e convertem '**\r\n**' em '**\n**' quando lêem de arquivos. Aqui está um exemplo, binwrite.cpp, que mostra como isto funciona, gravando a string "Hello\nthere." para um arquivo, bin.dat, em DOS/Windows:

```
#include <iostream>
#include <fstream>
using namespace std;

int main()
{
    ofstream fout;

    fout.open("bin.dat");

    if (!fout.is_open()) {
        cerr << "Error: Could not open file." << endl;
        exit(1);
    }

    fout << "Hello\nthere.";

    fout.close();

    return 0;
}
```

Para examinar o arquivo byte a byte podemos usar o utilitário debug[1] do DOS, que exibe o conteúdo de bin.dat. Como podemos ver, o programa gravou um 0xD seguido de um 0xA, ou seja, os códigos ASCII de '**\r**' e '**\n**', em vez de somente o '**\n**' usado no código:

```
C:\cpp>debug bin.dat
-d
1106:0100  48 65 6C 6C 6F 0D 0A 74-68 65 72 65 2E 50 8A C3  Hello..there.P..
1106:0110  B3 0B F6 E3 5B 03 C3 93-C3 8B 1E 8E 34 00 F5 10  ....[.......4...
1106:0120  DB 73 36 B8 BA D8 E8 E4-FF 8A 4F 02 8B 57 07 8B  .s6.......O..W..
1106:0130  37 F7 C1 01 00 75 68 F6-05 20 74 26 F6 45 01 01  7....uh.. t&.E..
1106:0140  74 03 E8 DA 01 B0 02 89-36 9B D0 8C 1E 9D D0 A2  t.......6.......
1106:0150  9A D0 33 C0 FF 06 8E D0-C3 B8 00 00 F9 EB F5 F9  ..3.............
1106:0160  EB F2 F6 05 10 74 20 83-7F 05 02 75 59 80 7C 01  .....t ....uY.|.
1106:0170  3A 75 53 8A 04 E8 23 EC-2C 41 FE C0 3C 1A 77 46  :uS...#.,A..<.wF
```

(1) N.R.T.: Para usar o utilitário debug neste exemplo, após chamar o programa como mostrado, digite **d** no prompt do debug (-) para exibir um trecho do arquivo em hexadecimal e ASCII e **q** para sair. As demais opções podem ser exibidas digitando-se **?** no prompt do debug.

O programa fez isto para que o arquivo bin.dat possa ser usado com outros programas DOS e Windows, que esperam um par retorno de carro/alimentação de linha ao final de cada linha. Mas esse tipo de conversão é um desastre total quando gravamos dados binários, não texto (tais como números em formato **double** ou arquivos de imagem) em disco. Para garantir que um programa não faça tal conversão em dados puramente binários precisamos especificar o modo binário, com **ios_base::binary**:

```
#include <iostream>
#include <fstream>
using namespace std;

int main()
{
    ofstream fout;

    fout.open("bin.dat", ios_base::binary);

    if (!fout.is_open()) {
        cerr << "Error: Could not open file." << endl;
        exit(1);
    }

    fout << "Hello\nthere.";

    fout.close();

    return 0;
}
```

A execução desse programa, binwrite2.cpp, gera um arquivo bin.dat onde somente um caractere de nova linha, código ASCII 0xA, é colocado entre "Hello" e "there":

```
C:\cpp>debug bin.dat
-d
1106:0100  48 65 6C 6C 6F 0A 74 68-65 72 65 2E 2E 50 8A C3  Hello.there..P..
1106:0110  B3 0B F6 E3 5B 03 C3 93-C3 8B 1E 8E 34 00 F5 10  ....[.......4...
1106:0120  DB 73 36 B8 BA D8 E8 E4-FF 8A 4F 02 8B 57 07 8B  .s6.......O..W..
1106:0130  37 F7 C1 01 00 75 68 F6-05 20 74 26 F6 45 01 01  7....uh.. t&.E..
1106:0140  74 03 E8 DA 01 B0 02 89-36 9B D0 8C 1E 9D D0 A2  t.......6.......
1106:0150  9A D0 33 C0 FF 06 8E D0-C3 B8 00 00 F9 EB F5 F9  ..3.............
1106:0160  EB F2 F6 05 10 74 20 83-7F 05 02 75 59 80 7C 01  .....t ....uY.|.
1106:0170  3A 75 53 8A 04 E8 23 EC-2C 41 FE C0 3C 1A 77 46  :uS...#.,A..<.wF
```

Este tipo de conversão automática não é problema no UNIX, que usa somente '**\n**' para indicar uma nova linha, de forma que não precisamos da constante **ios_base::binary** em UNIX. Na verdade, é *necessário* omitir **ios_base::binary** com alguns compiladores UNIX, pois do contrário o programa não funcionará corretamente (embora possa até compilar).

Aqui está outro exemplo, binfile.cpp, que mostra como gravar dados binários usando a constante **ios_base::binary**. Ele cria uma estrutura de nome **person**, que inclui alguns dados binários, grava uma estrutura desse tipo para um arquivo e então a lê do arquivo:

```
struct person
{
    char name[20];
    double age;
};
```

Eis aqui como gravamos uma estrutura **person** de nome **ralph** para um arquivo chamado binary.dat usando o método **write** de **fstream**, projetado para manipular dados binários (omita **ios_base::binary** se for usar um compilador UNIX):

```
#include <iostream>
#include <fstream>
using namespace std;

struct person
{
    char name[20];
    double age;
};

int main()
{
    person ralph = {"Ralph", 35.0};

    ofstream fout("binary.dat", ios_base::binary);

    if (!fout.is_open()) {
        cerr << "Error: Could not open file." << endl;
        exit(1);
    }

    fout.write(reinterpret_cast<char *> (&ralph), sizeof(ralph));

    fout.close();
    .
    .
    .
```

E aqui está como ler de volta a estrutura de binary.dat com o método **read** de **fstream**, o qual, como **write**, foi projetado para manipular dados binários (esses métodos devem ser usados um com o outro, ou seja, você deve usar **read** para ler dados gravados com **write**):

```
#include <iostream>
#include <fstream>
using namespace std;

struct person
{
    char name[20];
    double age;
};

int main()
{
    person ralph = {"Ralph", 35.0};

    ofstream fout("binary.dat", ios_base::binary);

    if (!fout.is_open()) {
        cerr << "Error: Could not open file." << endl;
        exit(1);
    }

    fout.write(reinterpret_cast<char *> (&ralph), sizeof(ralph));
```

```
    fout.close();

    ifstream fin ("binary.dat", ios_base::binary);

    if (!fin.is_open()) {
        cerr << "Error: Could not open file." << endl;
        exit(1);
    }

    person also_ralph;

    fin.read(reinterpret_cast<char *> (&also_ralph), sizeof(also_ralph));

    cout << also_ralph.name << " is " << also_ralph.age
        << " years old." << endl;

    return 0;
}
```

O programa lê dados de binary.dat para uma nova estrutura **person** de nome **also_ralph** e então confirma que armazenou e recuperou esses dados com sucesso. Eis aqui o resultado gerado pela execução deste programa, binfile.cpp:

```
%binfile
Ralph is 35 years old.
```

Como gravar objetos em arquivos

Como vimos na seção *Análise Aprofundada* deste capítulo, podemos gravar objetos em disco da mesma forma que qualquer outro dado binário. Aqui está um exemplo que vimos na seção *Análise Aprofundada* deste capítulo, writeobj.cpp, que grava um array de 15 objetos em disco. Observe que, em alguns compiladores UNIX, será necessário omitir **ios_base::binary** para que o código funcione. Começaremos criando um array de objetos e um objeto **ofstream**, **fout**:

```
#include <iostream>
#include <fstream>
using namespace std;

const int NUMBER_OBJECTS = 15;

class entry
{
public:
    char name[20];
    float owes;
    void display() {cout << name << " owes $" << owes << endl;}
};

int main()
{
```

```
    entry object_array[NUMBER_OBJECTS];
    ofstream fout("file.dat", ios_base::binary);

    if (!fout.is_open()) {
        cerr << "Error: Could not create file." << endl;
        exit(1);
    }

    strcpy(object_array[0].name, "Ebeneezer Scrooge");
    object_array[0].owes = 0.01;

    strcpy(object_array[1].name, "Bob Crachit");
    object_array[1].owes = 312.59;
    .
    .
    .
```

Então gravamos objetos da seguinte maneira, usando o método **write**:

```
#include <iostream>
#include <fstream>
using namespace std;

const int NUMBER_OBJECTS = 15;

class entry
{
public:
    char name[20];
    float owes;
    void display() {cout << name << " owes $" << owes << endl;}
};

int main()
{
    entry object_array[NUMBER_OBJECTS];
    ofstream fout("file.dat", ios_base::binary);

    if (!fout.is_open()) {
        cerr << "Error: Could not create file." << endl;
        exit(1);
    }

    strcpy(object_array[0].name, "Ebeneezer Scrooge");
    object_array[0].owes = 0.01;

    strcpy(object_array[1].name, "Bob Crachit");
    object_array[1].owes = 312.59;

    fout.write(reinterpret_cast<char *> (object_array),
        NUMBER_OBJECTS * sizeof(entry));

    fout.close();

    return 0;
}
```

Tendo gravado objetos em disco, o próximo passo é ver como lê-los do disco. Veja a próxima seção para os detalhes.

Como ler objetos de arquivos

Na seção anterior gravamos alguns objetos em disco, usando um exemplo de nome writeobj.cpp. Como vimos na seção *Análise Aprofundada* deste capítulo, podemos ler objetos de arquivos usando o método **read**. Aqui está o exemplo que vimos, readobj.cpp, que faz isto (observe que com compiladores UNIX é necessário omitir **ios_base::binary**). Começaremos criando o objeto **ifstream**, **fin**, que usaremos para ler objetos de file.dat:

```
#include <iostream>
#include <fstream>
using namespace std;

int main()
{
    ifstream fin("file.dat", ios_base::binary);

    if (!fin.is_open()) {
        cerr << "Error: Could not open file." << endl;
        exit(1);
    }
        .
        .
        .
```

Então usamos **read** para ler os objetos:

```
#include <iostream>
#include <fstream>
using namespace std;

const int NUMBER_OBJECTS = 15;

class entry
{
public:
    char name[20];
    float owes;
    void display() {cout << name << " owes $" << owes << endl;}
};

int main()
{
    entry object_array[NUMBER_OBJECTS];
    ifstream fin("file.dat", ios_base::binary);

    if (!fin.is_open()) {
        cerr << "Error: Could not open file." << endl;
        exit(1);
    }
```

```
    fin.read(reinterpret_cast<char *> (object_array),
        NUMBER_OBJECTS * sizeof(entry));

    object_array[0].display();
    object_array[1].display();

    fin.close();

    return 0;
}
```

Eis aqui o resultado gerado pela execução de readobj.cpp, mostrando a leitura dos objetos armazenados na seção anterior do capítulo:

```
%readobj
Ebeneezer Scrooge owes $0.01
Bob Crachit owes $312.59
```

Como usar acesso aleatório

Conforme visto na seção *Análise Aprofundada* deste capítulo, podemos usar acesso aleatório para trabalhar com qualquer item armazenado em um arquivo sem precisarmos ler os itens que estão antes dele, como ocorre com acesso seqüencial. Para usar acesso aleatório, normalmente dividimos os arquivos em itens de tamanhos iguais, como registros ou objetos, para que possamos saber exatamente onde no arquivo procurar pelo item desejado. Podemos posicionar o ponteiro de entrada do arquivo, que aponta para o próximo dado a ser lido do arquivo, com o método **seekg**, e o ponteiro de saída do arquivo, que aponta para a posição em que o próximo dado será gravado, com o método **seekp**:

```
seekg(deslocamento, origem)
seekp(deslocamento, origem)
```

Aqui, ***deslocamento*** é o número de bytes que desejamos deslocar o ponteiro do arquivo em relação à ***origem***, sendo que ***deslocamento*** pode ser negativo. O argumento ***origem*** pode ter os seguintes valores:

- **ios_base::beg** – Mede o deslocamento a partir do início do arquivo. É o padrão.
- **ios_base::cur** – Mede o deslocamento a partir da posição atual no arquivo.
- **ios_base::end** – Mede o deslocamento a partir do fim do arquivo.

Na seção *Análise Aprofundada* deste capítulo vimos um exemplo que gravava um array de 15 objetos em um arquivo. Inicializaremos dois desses objetos, **object_array[0]** e **object_array[9]**, com um programa de nome writeobj9.cpp, uma variação do writeobj.cpp que vimos naquela seção:

```
#include <iostream>
#include <fstream>
using namespace std;

const int NUMBER_OBJECTS = 15;

class entry
{
```

```
public:
    char name[20];
    float owes;
    void display() {cout << name << " owes $" << owes << endl;}
};

int main()
{
    entry object_array[NUMBER_OBJECTS];
    ofstream fout("file.dat", ios_base::binary);

    if (!fout.is_open()) {
        cerr << "Error: Could not create file." << endl;
        exit(1);
    }

    strcpy(object_array[0].name,"Ebeneezer Scrooge");
    object_array[0].owes = 0.01;

    strcpy(object_array[9].name,"Bob Crachit");
    object_array[9].owes = 312.59;

    fout.write(reinterpret_cast<char *> (object_array),
        NUMBER_OBJECTS * sizeof(entry));

    fout.close();

    return 0;
}
```

Para ler o objeto de **object_array[9]**, criamos um programa de nome fileptr.cpp, já visto na seção *Análise Aprofundada* deste capítulo, que usa **seekg** para posicionar o ponteiro de entrada do arquivo:

```
#include <iostream>
#include <fstream>
using namespace std;

class entry
{
public:
    char name[20];
    float owes;
    void display() {cout << name << " owes $" << owes << endl;}
};

int main()
{
    entry one_record;
    ifstream fin("file.dat", ios_base::binary);

    if (!fin.is_open()) {
        cerr << "Error: Could not open file." << endl;
        exit(1);
    }
```

```
    fin.seekg(9 * sizeof(entry), ios::beg);
    fin.read(reinterpret_cast<char *> (&one_record), sizeof(entry));

    one_record.display();

    fin.close();

    return 0;
}
```

Eis aqui o resultado gerado pela execução de fileptr.cpp após a execução de writeobj9.cpp. Como podemos ver, o programa recupera somente o objeto desejado de file.dat:

```
%fileptr
Bob Crachit owes $312.59
```

Eis aqui outra forma de gravar um objeto específico em file.dat, usando o método **seekp**. Este novo exemplo, writeobj92.cpp, começa gravando todo o array de objetos em file.dat, com somente um deles, o primeiro, já inicializado:

```
#include <iostream>
#include <fstream>
using namespace std;

const int NUMBER_OBJECTS = 15;

class entry
{
public:
    char name[20];
    float owes;
    void display() {cout << name << " owes $" << owes << endl;}
};

int main()
{
    entry object_array[NUMBER_OBJECTS];
    ofstream fout("file.dat", ios_base::binary);

    if (!fout.is_open()) {
        cerr << "Error: Could not create file." << endl;
        exit(1);
    }

    strcpy(object_array[0].name,"Ebeneezer Scrooge");
    object_array[0].owes = 0.01;

    fout.write(reinterpret_cast<char *> (object_array),
        NUMBER_OBJECTS * sizeof(entry));
    .
    .
    .
```

Agora criamos e inicializamos um novo objeto, usamos **seekp** para posicionar o ponteiro de saída do arquivo em **object_array[9]** e gravamos esse objeto no arquivo:

```
#include <iostream>
#include <fstream>
using namespace std;
```

```
const int NUMBER_OBJECTS = 15;

class entry
{
public:
    char name[20];
    float owes;
    void display() {cout << name << " owes $" << owes << endl;}
};

int main()
{
    entry object_array[NUMBER_OBJECTS], one_record;
    ofstream fout("file.dat", ios_base::binary);

    if (!fout.is_open()) {
        cerr << "Error: Could not create file." << endl;
        exit(1);
    }

    strcpy(object_array[0].name,"Ebeneezer Scrooge");
    object_array[0].owes = 0.01;

    strcpy(one_record.name,"Bob Crachit");
    one_record.owes = 312.59;

    fout.write(reinterpret_cast<char *> (object_array),
        NUMBER_OBJECTS * sizeof(entry));

    fout.seekp(9 * sizeof(entry), ios::beg);

    fout.write(reinterpret_cast<char *> (&one_record),
        sizeof(entry));

    fout.close();

    return 0;
}
```

Isto cria um arquivo file.dat com o mesmo conteúdo criado pelo programa anterior, writeobj9.cpp, mas o faz usando o ponteiro de saída do arquivo.

Como ler e gravar com **fstream**

Embora possamos usar objetos **ofstream** para gravar em arquivos e objetos **ifstream** para ler de arquivos, podemos usar objetos **fstream** para executar ambas as operações, leitura *e* gravação. A classe **fstream** inclui ambas as classes, **ofstream** e **ifstream**.

Aqui está um exemplo, readandwritefile.cpp, que mostra **fstream** em funcionamento. Neste exemplo gravaremos a string "Hello from C++." para um arquivo, hello.dat, e então voltaremos para o início do arquivo e leremos os dados gravados. Para realizar essas duas operações, na seção *Análise Aprofundada* deste capítulo usamos dois programas, writefile.cpp e readfile.cpp. Mas agora, usando **fstream**, faremos tudo usando um só programa. Iniciaremos criando hello.dat (ou, se ele já existir, abrindo-o e truncando-o para tamanho zero) com um objeto **fstream, fstr**, e gravando texto no arquivo com o operador de inserção:

```
#include <iostream>
#include <fstream>
using namespace std;

int main()
{
    fstream fstr;

    fstr.open("hello.dat");

    if (!fstr.is_open()) {
        cerr << "Error: Could not open file." << endl;
        exit(1);
    }

    fstr << "Hello from C++." << endl;
    .
    .
    .
```

Então podemos posicionar o ponteiro do arquivo no começo do arquivo e ler o texto que acabamos de gravar, usando o operador de extração:

```
#include <iostream>
#include <fstream>
using namespace std;

int main()
{
    fstream fstr;

    fstr.open("hello.dat");

    if (!fstr.is_open()) {
        cerr << "Error: Could not open file." << endl;
        exit(1);
    }

    fstr << "Hello from C++." << endl;

    char string1[20], string2[20], string3[20];

    fstr.seekg(0, ios_base::beg);

    fstr >> string1;
    fstr >> string2;
    fstr >> string3;

    cout << string1 << " " << string2 << " " << string3 << endl;

    fstr.close();

    return 0;
}
```

Eis aqui o resultado gerado pela execução do programa:

```
%readandwritefile
Hello from C++.
```

Como você pode ver, podemos tanto ler quanto gravar em arquivos com **fstream**.

Como gravar em um fluxo de string

O C++ suporta uma família de classes, de nome **sstream**, que permite ler e gravar strings, um processo chamado *formatação interna* (*incore formatting*). A família **sstream** de classes substitui o suporte anterior a arrays de caracteres, com base nas classes de **strstream**.

Aqui está um exemplo, sstreamwrite.cpp, que mostra como usar a classe **ostringstream** de **sstream** para gravar em uma string. Neste criaremos um objeto **ostringstream** de nome **strout**, solicitaremos ao usuário que digite algum texto, enviaremos este texto ao objeto **strout** e então usaremos o método **str** de **strout** para obter a string digitada pelo usuário:

```
#include <iostream>
#include <sstream>
#include <string>
using namespace std;

const int MAX = 40;

int main()
{
    ostringstream strout;

    string response;

    cout << "Please enter the text: ";

    getline(cin, response);

    strout << "You typed: " << response << endl;

    string text = strout.str();

    cout << text;

    return 0;
}
```

Eis aqui o resultado gerado pela execução deste exemplo, sstreamwrite.cpp:

```
%sstreamwrite
Please enter the text: Hello from C++.
You typed: Hello from C++.
```

Como ler de um fluxo de string

Na seção anterior, usamos a classe **ostringstream** de **sstream** para gravar em uma string. Podemos também usar a classe **istringstream** de **sstream** para criar um fluxo que permite ler de uma string. Aqui está um exemplo, sstreamread.cpp, que mostra como isto funciona. Nele criamos um objeto **istringstream** de nome **strin** e o conectamos a uma **string** de nome **text**. Então podemos usar o objeto **strin** com os métodos de fluxo normais para ler dados de string:

```
#include <iostream>
#include <sstream>
#include <string>
using namespace std;

int main()
{
    string text = "Hello from C++.";

    istringstream strin(text);

    string item;

    while (strin >> item)
        cout << item << " ";

    cout << endl;

    return 0;
}
```

Eis aqui o resultado gerado pela execução deste exemplo, sstreamread.cpp. Como podemos ver, pudemos usar métodos de fluxo para ler de uma string:

```
%sstreamread
Hello from C++.
```

Capítulo 15

A STL (Standard Template Library, Biblioteca de Modelos Padrão)

Análise Aprofundada

Este capítulo e os dois seguintes são totalmente dedicados à STL (Standard Template Library, biblioteca de modelos padrão) do C++, um tópico grande e poderoso. Ela é agora uma parte embutida do C++ e é suportada, em maior ou menor grau, pela maioria dos compiladores. Os compiladores que quiserem ser considerados totalmente de acordo com o padrão ANSI/ISO precisam suportar a STL completamente, mas encontrar suporte total à STL ainda é algo raro, de forma que, quando trabalhar com a STL, talvez você descubra que seu compilador não fará o esperado em alguns casos. Além da STL, examinaremos mais de perto outros dois assuntos favoritos do C++ neste capítulo: a classe **string** do C++ e o modelo (template) **auto_ptr**.

NOTA: *O suporte à STL, uma parte grande e relativamente nova do C++, varia substancialmente de um compilador a outro. Por exemplo, para usar algoritmos precisamos incluir o cabeçalho algorithm, mas alguns compiladores mais antigos exigem algorith.h ou mesmo algo.h. Neste capítulo e nos dois seguintes iremos nos ater ao C++ padrão ANSI/ISO C++ – se você não obtiver os resultados esperados, um lugar a conferir é a documentação do seu compilador, para ver se a implementação que o compilador faz da STL é diferente do padrão moderno.*

A STL (Standard Template Library, biblioteca de modelos padrão)

A STL (Standard Template Library, biblioteca de modelos padrão), foi criada por Alex Stepanov e Meng Lee em 1994, nos Hewlett Laboratories, e desde então o comitê ANSI/ISO a tornou uma parte integrante do C++. A STL representa o principal suporte à programação genérica do C++.

A STL oferece um conjunto de construções de programação chamada de *contêineres* (*containers*), que permitem guardar dados e facilitar sua manipulação de diversas formas, como, por exemplo, arrays unidimensionais chamados vetores, conjuntos, filas, pilhas e mapas, dentre outros. Usar os contêineres embutidos da STL permite organizar e manipular dados de modos poderosos. Contêineres são baseados em modelos (templates), de modo que podemos usá-los com qualquer tipo. Como já vimos, o C++ é uma linguagem fortemente tipada, e basear contêineres em modelos os torna *genericamente tipados*. Contêineres e algoritmos genéricos da STL podem ser usados com muitos tipos diferentes.

A STL é composta de *contêineres*, *iteradores*, *objetos função* e *algoritmos*. Veremos todos esses elementos neste e nos próximos dois capítulos. Aqui está uma visão geral do significado de cada um deles:

- *Contêineres* são construções de programação que podemos usar para implementar arrays, listas, filas e outras estruturas de dados, que permitem guardar e organizar dados. Os contêineres da STL são baseados em modelos; vamos vê-los todos no Capítulo 16.
- *Iteradores* são ponteiros generalizados que as funções da STL usam para se moverem pelos elementos de contêineres e acessar dados dentro deles. Veremos iteradores neste capítulo.
- *Objetos função*, também chamados de *functores*, são objetos que operam como funções e permitem personalizar o comportamento do código embutido da STL, para manipular dados da forma desejada. Functores podem ser objetos de classe ou ponteiros para funções; vamos vê-los no Capítulo 17.

- *Algoritmos* são rotinas pré-escritas da STL que possibilitam a manipulação de dados, permitindo, por exemplo, ordenar dados. Veremos algoritmos neste capítulo e no próximo, mas vamos estudá-los a fundo no Capítulo 17.

Contêineres

O conceito mais importante da STL é o de contêiner. Em termos gerais, um contêiner é um objeto que contém e pode organizar objetos. Os diversos contêineres disponíveis permitem organizar objetos de diversas maneiras. Contêineres fornecem recursos e procedimentos embutidos que permitem manipular dados armazenados, descobrir o número de objetos armazenados, inserir novos objetos e assim por diante.

Não podemos armazenar qualquer tipo de objeto em contêineres da STL. Os objetos armazenados precisam ser atribuíveis e construíveis por cópia. Isto significa que podemos usar em contêineres da STL os tipos básicos embutidos do C++ e objetos que possuam operadores de atribuição e construtores de cópia públicos (incluindo os operadores de atribuição e construtores de cópia padrão que os compiladores C++ acrescentam a objetos, a não ser que sejam sobrepostos). Os objetos de um contêiner são *de propriedade* do contêiner.

Veremos todos os tipos de contêiner detalhadamente no próximo capítulo, mas aqui está uma visão rápida de onze tipos de contêiner da STL, para iniciarmos:

- **list** – Suporta uma lista duplamente encadeada de itens de dados; cada item sabe qual item vem antes e depois dele.
- **queue** – Suporta uma fila que permite adicionar elementos em seu final e removê-los em seu início. Este contêiner é mais restritivo do que uma **deque**.
- **deque** – Suporta uma fila de dois fins e também permite acessar os elementos da fila aleatoriamente (não importa em que posição estejam na fila).
- **priority_queue** – Suporta uma fila com prioridades, que armazena seus itens de modo ordenado.
- **stack** – Suporta uma pilha de itens e disponibiliza métodos como **push** e **pop**.
- **vector** – Suporta um array unidimensional.
- **map** – Suporta uma coleção de chaves e valores associados às chaves. As chaves e valores podem ser de tipos distintos.
- **multimap** – Suporta um mapa que pode ter múltiplos valores para cada chave.
- **set** – Suporta um conjunto ordenado de membros únicos.
- **multiset** – Suporta um conjunto que pode ter múltiplos valores para cada chave.
- **bitset** – Uma construção de dados que permite configurar bits individuais em 0 ou 1 e testar seus valores, também individualmente.

Neste capítulo usaremos um dos contêineres mais populares, **vector**, para mostrar como trabalhar com contêineres. Um contêiner **vector** é um array unidimensional que permite usar algoritmos embutidos da STL para ordenar e manipular dados. Aqui está um exemplo, vector.cpp, para começarmos. Nele, configuramos um vetor para guardar notas de estudantes e então fazemos a média dessas notas. Para usar o contêiner **vector**, precisamos incluir o cabeçalho vector:

```
#include <iostream>
#include <vector>
using namespace std;
    .
    .
    .
```

Para suportar programação genérica, os contêineres da STL são modelos (templates). O modelo **vector** toma dois argumentos: o tipo do objeto sendo armazenado no vetor e um *alocador* (*allocator*):

```
vector <class T, class Allocator = allocator<T> >
```

Alocadores implementam a manipulação de memória do novo objeto vetor. O alocador padrão da STL, que usaremos aqui, usa **new** e **delete** internamente da maneira usual (se quiser realizar sua própria manipulação de memória, você pode fornecer aos modelos de contêineres da STL seus próprios alocadores). Para criar um vetor de quatro valores **double** colocamos o seguinte código a vector.cpp, passando o número de elementos do vetor ao construtor do vetor:

```
#include <iostream>
#include <vector>
using namespace std;

const int NUMBER_STUDENTS = 4;

int main()
{
    vector<double> scores(NUMBER_STUDENTS);
    .
    .
    .
```

Agora criamos um vetor de nome **scores**, com quatro elementos. Como o contêiner **vector** suporta o operador [], podemos colocar notas de estudantes no vetor da seguinte maneira:

```
#include <iostream>
#include <vector>
using namespace std;

const int NUMBER_STUDENTS = 4;

int main()
{
    vector<double> scores(NUMBER_STUDENTS);

    scores[0] = 89.0;
    scores[1] = 29.0;
    scores[2] = 59.0;
    scores[3] = 79.0;
    .
    .
    .
```

Para descobrir a média das notas dos estudantes, usaremos um laço **for**. Um dos métodos embutidos do contêiner **vector** é o método **size**, que retorna o número de elementos do array. Podemos usar esse método no laço **for**:

```
#include <iostream>
#include <vector>
using namespace std;

const int NUMBER_STUDENTS = 4;

int main()
{
    vector<double> scores(NUMBER_STUDENTS);
    double running_sum = 0;

    scores[0] = 89.0;
    scores[1] = 29.0;
    scores[2] = 59.0;
    scores[3] = 79.0;

    for (unsigned int loop_index = 0;
        loop_index < scores.size(); loop_index++)
    {
        running_sum += scores[loop_index];
    }
    .
    .
    .
```

E podemos exibir a nota média dos estudantes da seguinte forma:

```
#include <iostream>
#include <vector>
using namespace std;

const int NUMBER_STUDENTS = 4;

int main()
{
    vector<double> scores(NUMBER_STUDENTS);
    double running_sum = 0;

    scores[0] = 89.0;
    scores[1] = 29.0;
    scores[2] = 59.0;
    scores[3] = 79.0;

    for (unsigned int loop_index = 0;
        loop_index < scores.size(); loop_index++)
    {
        running_sum += scores[loop_index];
    }

    cout << "The average student score is: "
        << running_sum / scores.size() << endl;

    return 0;
}
```

Eis aqui o resultado gerado pela execução de vector.cpp:

```
%vector
The average student score is: 64
```

Como podemos ver, contêineres são modelos que podemos instanciar e têm métodos embutidos, prontos para usar. Os contêineres têm diversos requisitos. Um conjunto representativo desses requisitos pode ser encontrado na Tabela 15.1: todos os contêineres precisam satisfazer a tais requisitos. Um conjunto de requisitos como este é chamado, no jargão da STL, de *conceito* (*concept*), e uma implementação de um conceito é chamada de *modelo* (*model*).

Na Tabela 15.1, **X** representa o tipo de contêiner, **T** o tipo do objeto armazenado no contêiner, **u** um identificador do tipo do contêiner e **a** e **b** objetos do tipo do contêiner. Observe a coluna de nome "Complexidade". Como os algoritmos da STL podem realizar operações como ordenamentos, o tempo gasto para a realização de tais operações pode se tornar importante. A STL usa o termo "complexidade" para mostrar como varia o tempo gasto em função do número de itens no contêiner. Complexidade de tempo de compilação significa que a operação é realizada em tempo de compilação e, assim, não afeta o desempenho em tempo de execução; complexidade constante significa que o tempo gasto pela operação não depende do número de elementos do contêiner; complexidade linear significa que o tempo gasto pela operação é diretamente proporcional ao número de elementos do contêiner.

Tabela 15.1 Requisitos dos contêineres da STL.

Expressão	Significado	Complexidade
X::value_type	o tipo de **T**	tempo de compilação
X::reference	retorna o **lvalue** de **T**	tempo de compilação
X::const_reference	retorna o **lvalue const** de **T**	tempo de compilação
X::iterator	tipo iterador que aponta para **T**	tempo de compilação
X::const_iterator	retorna um iterador para **const T**	tempo de compilação
X u;	retorna um contêiner de tamanho zero	constante
X();	cria um contêiner anônimo de tamanho zero	constante
X(a);	construtor	linear
X u(a);	construtor de cópia	linear
X u = a;	O mesmo que **X u; u = a; (&a)->~X();**	linear
a.begin();	iterador para o elemento inicial	constante
a.end();	iterador para o elemento final	constante
a == b	relação de eqüivalência	linear
a != b	o mesmo que **!(a == b)**	linear
a.swap(b); void swap(a,b)	permuta **a** com **b**	constante
a.max_size()	retorna o tamanho máximo	constante
a.empty()	esvazia o contêiner	constante
a < b	comparação menor que	linear
a > b	comparação maior que	linear
a <= b	Comparação menor ou igual a	linear
a >= b	Comparação maior ou igual a	linear

Seqüências

A STL refina o conceito de contêineres básicos agregando o conceito de *seqüências*. Seis dos contêineres da STL são seqüências: **deque**, **list**, **queue**, **priority_queue**, **stack** e **vector**. Colocar objetos em uma seqüência significa que eles ficarão em ordem linear, ou seja, haverá um primeiro elemento, um último elemento e cada um dos demais elementos terá um elemento anterior e um elemento seguinte. Como seqüências possuem ordem conhecida, podemos realizar operações como inserir novos elementos, especificar um intervalo de elementos e mesmo excluir ou sobrescrever um intervalo de elementos. Os requisitos das seqüências básicas são listados na Tabela 15.2. Esses requisitos refinam o tipo contêiner básico em seqüências e, na verdade, este é o termo efetivamente usado pela STL: um *refinamento* (*refinement*) agrega requisitos adicionais a um conceito da STL.

A Tabela 15.2 usa a mesma sintaxe que a Tabela 15.1, com alguns termos adicionais: **n** indica um inteiro, **t** um valor do tipo **T** e **p**, **q**, **i** e **j**, iteradores (relembrando, iteradores são ponteiros generalizados que podemos usar para apontar para elementos de um contêiner).

Tabela 15.2 Requisitos básicos de seqüências da STL.

Expressão	Significado
X(n, t)	uma seqüência anônima de **n** cópias de **T**
X a(n, t);	uma seqüência de **n** cópias de **T**
X(i, j)	uma seqüência anônima inicializada para o intervalo **i-j**
X a(i, j);	uma seqüência inicializada para o intervalo **i-j**
a.insert(p,t)	insere uma cópia de **t** antes de **p**
a.insert(p,n,t)	insere **n** cópias de **t** antes de **p**
a.insert(p,i,t)	insere cópias dos elementos **(i,j)** antes de **p**
a.erase(q)	apaga o elemento apontado por **q**
a.erase(q1,q2)	apaga os elementos no intervalo **(q1, q2)**
a.clear()	apaga o conteúdo da seqüência

Os tipos de contêiner **vector**, **list** e **deque** também suportam algumas operações de seqüência que a STL chama de *opcionais* (*optional*). Elas são listadas na Tabela 15.3, juntamente com os contêineres que as suportam.

Tabela 15.3 Requisitos opcionais de seqüências da STL.

Expressão	Significado	Contêineres
a.front()	*a.begin()	vector, list, referência a deque
a.back()	*--a.end()	vector, list, referência a deque
a.push_front(x)	a.insert(a.begin(),x)	list, deque
a.push_back(x)	a.insert(a.end(),x)	vector, list, deque
a.pop_front()	a.erase(a.begin())	list, deque
a.pop_back()	a.erase(--a.end())	vector, list, deque
a[n]	*(a.begin() + n)	vector, referência a deque
a.at(n)	*(a.begin() + n)	vector, referência a deque

Como estamos vendo contêineres que suportam seqüências de dados específicas, é importante ver como trabalhar com dados ordenados. Na programação com a STL, isto significa trabalhar com iteradores.

Iteradores

Os iteradores da STL são ponteiros generalizados que permitem que o código dos algoritmos da STL se mova pelos dados. Iteradores são elementos básicos da programação com a STL e compreendê-los é fundamental para entender a STL. O uso de modelos de contêiner permite que os algoritmos da STL sejam independentes do tipo de dado que está sendo usado; os iteradores tornam os algoritmos independentes do tipo de contêiner em uso.

Como mencionado, os iteradores permitem que o código de algoritmos genéricos se mova pelos dados, de forma bastante parecida com aquela obtida através de ponteiros. Para permitir que o código da STL se mova pelos dados o iterador pode ter diversas operações definidas, inclusive =, ==, *, ->, ++ e --. Na verdade, podemos inclusive usar ponteiros para classes não STL como iteradores com algoritmos da STL. Os iteradores são semelhantes a ponteiros em diversos aspectos. Por exemplo, digamos que queiramos criar um array de valores **double** de nome **scores** e desejemos exibir os dados desse array usando ponteiros. Podemos fazer isto com um código como o mostrado a seguir, no qual usamos o ponteiro **ptr** para nos movermos pelo array, percorrendo sucessivamente cada um de seus elementos:

```
const int SIZE = 10;
double scores[SIZE];
double* ptr;
      .
      .
      .
for (ptr = scores; ptr != scores + SIZE; ptr++){
    cout << "Data: " << *ptr << endl;
}
```

Podemos fazer a mesma coisa com iteradores em contêineres da STL. Para criarmos um iterador que possamos usar com um vetor de valores **double**, precisamos declarar o iterador usando o tipo **vector<double>::iterator** como mostrado no exemplo a seguir, em que declaramos um iterador de nome **itr** para uso com um vetor de nome **scores**:

```
const int SIZE = 10;
vector<double> scores(SIZE);
vector<double>::iterator itr;
      .
      .
      .
```

O vetor **scores** torna o trabalho com iteradores fácil. Por exemplo, **scores.begin()** retorna um iterador para o primeiro elemento de **scores** e **scores.end()** um iterador para a posição imediatamente seguinte ao elemento final de **scores**. Podemos usar operadores como ++ com iteradores da mesma forma que os usamos com ponteiros. Por isso, podemos converter o código anterior de modo a usar iteradores da seguinte maneira:

```
const int SIZE = 10;
vector<double> scores(SIZE);
vector<double>::iterator itr;
    .
    .
    .
for (itr = scores.begin(); itr != scores.end(); itr++){
    cout << "Data: " << *itr << endl;
}
```

E isto é tudo. Como podemos ver, usar iteradores é muito parecido com usar ponteiros. Mas, então, por que não usar simplesmente ponteiros? Por que iteradores são necessários? A resposta é que, em contêineres de tipos diferentes, operações como se mover para o elemento seguinte podem ter significados distintos. Por exemplo, localizar o próximo elemento de um **vector** é diferente de localizar o próximo elemento de uma **stack** ou **queue**. Como esse tipo de operação é diferente para cada tipo de contêiner, os iteradores generalizam o conceito de ponteiros para que possamos usá-los com funções da STL não importa em que tipo de contêiner os dados estejam armazenados.

Bem, já está na hora de vermos um exemplo completo. O exemplo será vector_iterators.cpp, que mostra como trabalhar com iteradores e também demonstra alguns métodos de **vector**. Começaremos criando uma classe de nome **person** que armazenará o nome de uma pessoa e sua idade, bem como um construtor para a classe e um método **display** que exibirá os dados internos do objeto **person**:

```
#include <iostream>
#include <string>
#include <vector>
using namespace std;

class person
{
    string name;
    int age;
public:
    void display() {cout << "Name: " << name << " age: " << age << endl;}
    person(string n, int a) {name = n; age = a;}
};
    .
    .
    .
```

Criaremos um vetor de objetos **person** de nome **friends** e usaremos o método **push_back** de **vector** para adicionar elementos ao final do vetor (**push_back** adiciona um elemento ao final de um vetor e **pop_back** remove o elemento ao final do vetor; veja *Apresentando o contêiner **vector***, mais adiante neste capítulo, para obter mais detalhes) e, assim, armazenar objetos **person** no vetor:

```
#include <iostream>
#include <string>
#include <vector>
using namespace std;

class person
{
    string name;
    int age;
```

```
public:
    void display() {cout << "Name: " << name << " age: " << age << endl;}
    person(string n, int a) {name = n; age = a;}
};

int main()
{
    vector<person> friends;

    friends.push_back(person("Ralph", 35));
    friends.push_back(person("Tom", 36));
    friends.push_back(person("Frank", 23));
    friends.push_back(person("Sally", 24));
    .
    .
    .
```

Agora criamos um iterador para o vetor **friends** e percorremos todos os objetos do vetor, chamando o método **display** para cada um deles para exibir seus dados internos:

```
#include <iostream>
#include <string>
#include <vector>
using namespace std;
    .
    .
    .
int main()
{
    vector<person> friends;

    friends.push_back(person("Ralph", 35));
    friends.push_back(person("Tom", 36));
    friends.push_back(person("Frank", 23));
    friends.push_back(person("Sally", 24));

    vector<person>::iterator p;
    for (p = friends.begin(); p != friends.end(); p++)
        p->display();
    .
    .
    .
```

Isto exibe todos os dados do vetor **friends**. Vetores possuem muitos métodos embutidos, alguns dos quais veremos aqui. Por exemplo, podemos usar o método **erase** do vetor para apagar elementos de um vetor. Passamos a este método um *intervalo* de elementos, intervalo este delimitado por dois iteradores. Para apagar a segunda pessoa de **friends**, podemos chamar **erase** com o intervalo de **friends.begin() + 1** a **friends.begin() + 2**:

```
#include <iostream>
#include <string>
#include <vector>
using namespace std;
    .
    .
    .
```

```
int main()
{
    vector<person> friends;

    friends.push_back(person("Ralph", 35));
    friends.push_back(person("Tom", 36));
    friends.push_back(person("Frank", 23));
    friends.push_back(person("Sally", 24));
    .
    .
    .
    friends.erase(friends.begin() + 1, friends.begin() + 2);

    cout << "Got rid of two friends..." << endl;

    for (p = friends.begin(); p != friends.end(); p++)
        p->display();
    .
    .
    .
```

Podemos também inserir novos elementos, usando o método **insert**. Por exemplo, vamos criar um novo vetor, **nancys_friends**, e inserir um intervalo de elementos daquele vetor no vetor **friends**, da seguinte forma:

```
#include <iostream>
#include <string>
#include <vector>
using namespace std;
    .
    .
    .
int main()
{
    vector<person> friends;

    friends.push_back(person("Ralph", 35));
    friends.push_back(person("Tom", 36));
    friends.push_back(person("Frank", 23));
    friends.push_back(person("Sally", 24));
    .
    .
    .
    vector<person> nancys_friends;

    nancys_friends.push_back(person("Tina", 35));
    nancys_friends.push_back(person("Buddy", 36));

    friends.insert(friends.begin(),
        nancys_friends.begin() + 1, nancys_friends.begin() + 2);

    cout << "Added two new friends..." << endl;

    for (p = friends.begin(); p != friends.end(); p++)
        p->display();
    .
    .
    .
```

Eis aqui um outro método, **swap**, que permite permutar o conteúdo de dois vetores. Usaremos esse método para permutar o conteúdo dos vetores **friends** e **nancys_friends**, da seguinte maneira:

```
#include <iostream>
#include <string>
#include <vector>
using namespace std;
    .
    .
    .
int main()
{
    vector<person> friends;

    friends.push_back(person("Ralph", 35));
    friends.push_back(person("Tom", 36));
    friends.push_back(person("Frank", 23));
    friends.push_back(person("Sally", 24));
    .
    .
    .
    nancys_friends.swap(friends);
    cout << "Swapping your friends with Nancy's..." << endl;

    for (p = friends.begin(); p != friends.end(); p++)
        p->display();

    return 0;
}
```

Eis aqui o resultado gerado pela execução de vector_iterators.cpp:

```
%vector_iterators
Name: Ralph age: 35
Name: Tom age: 36
Name: Frank age: 23
Name: Sally age: 24
Got rid of one friend...
Name: Ralph age: 35
Name: Frank age: 23
Name: Sally age: 24
Added two new friends...
Name: Tina age: 35
Name: Buddy age: 36
Name: Ralph age: 35
Name: Frank age: 23
Name: Sally age: 24
Swapping your friends with Nancy's...
Name: Tina age: 35
Name: Buddy age: 36
```

Isto já nos permite ter uma idéia inicial de iteradores e métodos de contêiner. Em termos gerais, há cinco tipos de iteradores:

- *Iteradores de entrada* – Dão acesso a todos os elementos de um contêiner, através do operador ++.

- *Iteradores de saída* – Dão acesso de escrita, mas não de leitura, aos elementos de um contêiner, permitindo a movimentação através dos elementos com o operador ++.
- *Iteradores de avanço* – Permitem a movimentação para frente através dos dados, através do uso do operador ++ em uma seqüência repetível. Um iterador de avanço também permite ler e escrever.
- *Iteradores bidirecionais* – Semelhantes aos iteradores de avanço, exceto que permitem retroceder pelos dados e suportam, além de ++, --.
- *Iteradores de acesso aleatório* – Permitem acessar qualquer elemento do contêiner.

A tabela 15.4 dá uma visão geral das diferentes capacidades desses tipos de iteradores.

NOTA: *A STL inclui modelos de iterador, que permitem criar operadores personalizados "do zero".*

Tabela 15.4 Operações por iterador.

Operação	Entrada	Saída	Avanço	Bidirecional	Acesso aleatório
Leitura com desreferenciamento	X		X	X	X
Escrita com desreferenciamento		X	X	X	X
Ordem fixa, repetível			X	X	X
++	X	X	X	X	X
--				X	X
[]					X
+					X
-					X
+=					X
-=					X

Algoritmos

Além dos métodos embutidos de seus contêineres, a STL suporta muitos algoritmos, uma característica que estudaremos aprofundadamente no Capítulo 17. Os algoritmos da STL não são métodos dos contêineres, pois eles são destinados ao uso com todos os diversos tipos de contêineres. Em vez de adicionar a cada contêiner dezenas de funções-membro, que seriam duplicadas em cada um dos contêineres, os criadores da STL tornaram os algoritmos funções *não-membro*. Para usá-las, precisamos incluir o cabeçalho algorithm.

Aqui está um exemplo, stlfunctions.cpp, que mostra alguns dos algoritmos da STL em ação. Neste exemplo usamos a classe **person** que desenvolvemos anteriormente neste capítulo para criar um vetor de nome **friends**, mas desta vez ordenaremos os elementos do vetor de diversas maneiras. Para permitir que objetos da classe **person** sejam ordenados, precisamos definir o operador < para essa classe e então passar um intervalo, delimitado por dois iteradores, ao algoritmo de ordenamento, **sort**. Observe que também incluímos o arquivo de cabeçalho algorithm, para tornar o algoritmo **sort** acessível ao código:

```
#include <iostream>
#include <string>
#include <vector>
```

```
#include <algorithm>
using namespace std;

class person
{
    string name;
    int age;
public:
    person(string n, int a) {name = n; age = a;}
    friend bool operator<(const person & person1, const person & person2);
    friend void display(person p);
};

void display(person p)
{
    cout << "Name: " << p.name << " age: " << p.age << endl;
}

bool operator<(const person & person1, const person & person2)
{
    if (person1.name < person2.name)
        return true;
    else
        return false;
}

int main()
{
    vector<person> friends;

    friends.push_back(person("Ralph", 35));
    friends.push_back(person("Tom", 36));
    friends.push_back(person("Frank", 23));
    friends.push_back(person("Sally", 24));

    sort(friends.begin(), friends.end());
        .
        .
        .
```

Nosso operador < compara pessoas por nome. Assim, quando usamos o algoritmo **sort** o vetor **friends** é ordenado por nome. Podemos usar outra função algorítmica interessante, **for_each**, para percorrer todos os elementos de um contêiner e chamar a função **display** para exibir os dados de cada um dos elementos. Para percorrer os elementos com **for_each**, precisamos fornecer um intervalo de elementos definido por iteradores e a função a ser chamada para cada elemento (neste caso, **display**). Eis como isto fica no código:

```
#include <iostream>
#include <string>
#include <vector>
```

```
#include <algorithm>
using namespace std;
    .
    .
    .
int main()
{
    vector<person> friends;

    friends.push_back(person("Ralph", 35));
    friends.push_back(person("Tom", 36));
    friends.push_back(person("Frank", 23));
    friends.push_back(person("Sally", 24));

    sort(friends.begin(), friends.end());

    cout << "Sorted by name..." << endl;

    for_each(friends.begin(), friends.end(), display);
    .
    .
    .
```

Também podemos especificar uma função de comparação a ser usada com o algoritmo **sort**. Por exemplo, podemos ordenar os elementos usando as idades das pessoas em vez de seus nomes. Faremos isto usando uma nova função, **compare_ages**. Ela será uma função "friend" da classe **person**, para ter acesso aos dados internos de **person**, e retornará um valor **true** se o primeiro objeto **person** passado a ela for maior do que o segundo:

```
#include <iostream>
#include <string>
#include <vector>
#include <algorithm>
using namespace std;

class person
{
    string name;
    int age;
public:
    person(string n, int a) {name = n; age = a;}
    friend bool compare_ages(const person & person1,
        const person & person2);
    friend bool operator<(const person & person1, const person & person2);
    friend void display(person p);
};
    .
    .
    .
bool compare_ages(const person & person1, const person & person2)
{
    if (person1.age < person2.age)
        return true;
    else
        return false;
}
```

```
int main()
{
    vector<person> friends;

    friends.push_back(person("Ralph", 35));
    friends.push_back(person("Tom", 36));
    friends.push_back(person("Frank", 23));
    friends.push_back(person("Sally", 24));
    .
    .
    .
    sort(friends.begin(), friends.end(), compare_ages);

    cout << "Sorted by age..." << endl;

    for_each(friends.begin(), friends.end(), display);
    .
    .
    .
```

Também podemos usar em vetores outros algoritmos da STL como, por exemplo, **random_shuffle**, que embaralha os dados de um contêiner aleatoriamente:

```
#include <iostream>
#include <string>
#include <vector>
#include <algorithm>
using namespace std;
    .
    .
    .
int main()
{
    vector<person> friends;

    friends.push_back(person("Ralph", 35));
    friends.push_back(person("Tom", 36));
    friends.push_back(person("Frank", 23));
    friends.push_back(person("Sally", 24));
    .
    .
    .
    random_shuffle(friends.begin(), friends.end());

    cout << "Randomly shuffled..." << endl;

    for_each(friends.begin(), friends.end(), display);

    return 0;
}
```

Aqui está o resultado gerado pela execução deste exemplo, stlfunctions.cpp, que demonstra o uso dos algoritmos **sort**, **for_each** e **random_shuffle**:

```
%stlfunctions
Sorted by name...
```

```
Name: Frank age: 23
Name: Ralph age: 35
Name: Sally age: 24
Name: Tom age: 36
Sorted by age...
Name: Frank age: 23
Name: Sally age: 24
Name: Ralph age: 35
Name: Tom age: 36
Randomly shuffled...
Name: Tom age: 36
Name: Frank age: 23
Name: Sally age: 24
Name: Ralph age: 35
```

Como você pode ver, há realmente muita coisa a ver neste e nos próximos dois capítulos. Passemos agora às *Soluções Imediatas*.

Soluções Imediatas

Como construir uma string C++

Temos usado a classe **string** do C++ ao longo de todo este livro, mas vamos estudá-la mais sistematicamente agora. Esta classe é uma especialização da classe **basic_string** do C++ (sendo que a classe **wstring** uma especialização de **basic_string** para caracteres largos). A classe **string** possui seis construtores – observe que o último deles permite inicializar uma string com uma substring de outra string:

```
string();
string(const charT* s);
string(size_type n, charT c);
string(const charT* s, size_type n);
string(InputIterator begin, InputIterator end);
string(const basic_string& str, size_type pos = 0, size_type n = npos);
```

Eis aqui um exemplo simples do tipo que já vimos; neste caso criamos uma string de nome **string1** e inicializamos a string com o texto "No ":

```
#include <iostream>
#include <string>
using namespace std;

int main()
{
    string string1("No ");
        .
        .
        .
```

Podemos também criar uma string da mesma forma que uma variável simples, e atribuir texto a ela com o operador =:

```
#include <iostream>
#include <string>
using namespace std;

int main()
{
    string string1("No ");
    string string2;

    string2 = "problems";
        .
        .
        .
```

Agora podemos juntar, ou concatenar, as duas strings com o operador, +, e até mesmo usar o operador +=, da seguinte forma:

```
#include <iostream>
#include <string>
using namespace std;

int main()
{
    string string1("No ");
    string string2;

    string2 = "problems";

    string string3 = string1 + string2;

    cout << string3 << endl;

    string3 += " at all.";

    cout << string3 << endl;

    return 0;
}
```

Eis aqui o resultado gerado pela execução deste código, string1.cpp:

```
%string1
No problems
No problems at all.
```

Solução relacionada:	*Encontrada na página:*
Apresentando a classe **string** do C++	70

Entrada de dados com strings C++

As duas maneiras de manipular a entrada de dados com strings são o operador de extração >> e o método **getline** de **string**. O operador >> permite ler somente uma palavra por vez, ao passo que o método **getline** permite ler uma linha inteira de uma só vez. Aqui está um exemplo, string_input.cpp, que usa ambas as técnicas:

```
#include <iostream>
#include <string>
using namespace std;

int main()
{
    string string1, string2;

    cout << "Type a word: ";
    cin >> string1;
    cout << "You typed: " << string1 << endl;
```

```
    cout << "Now type a line: ";
    getline(cin, string2);
    cout << "You typed: " << string2 << endl;

    return 0;
}
```

Eis aqui um resultado gerado pela execução deste exemplo, string_input.cpp:

```
%string_input
Type a word: Hello
You typed: Hello
Now type a line: Hello again.
You typed: Hello again.
```

***NOTA:** Alguns compiladores exigem uma segunda chamada a **getline** para terminar a linha.*

Solução relacionada:	*Encontrada na página:*
Como usar **cin**	476
Como usar os métodos **get**, **getline** e **ignore** da classe **istream**	478

Como pesquisar strings C++

Há muitas maneiras de pesquisar os dados de strings. Podemos usar o método **find** para localizar substrings ou caracteres, o método de pesquisa reversa **rfind** para começar a pesquisa a partir do final da string, o método **find_first_of** para localizar um de um conjunto de caracteres, o método **find_last_of**, análogo a **find_first_of** mas que começa a busca no final da string e os métodos **find_first_not_of** e **find_last_not_of**, que pesquisam por caracteres que *não* estão em um conjunto de caracteres. Aqui estão os protótipos desses métodos:

```
size_type find (const string& str, size_type pos = 0) const;
size_type find (const charT* s, size_type pos, size_type n) const;
size_type find (const charT* s, size_type pos = 0) const;
size_type find (charT c, size_type pos = 0) const;
size_type rfind(const string& str, size_type pos = npos) const;
size_type rfind(const charT* s, size_type pos, size_type n) const;
size_type rfind(const charT* s, size_type pos = npos) const;
size_type rfind(charT c, size_type pos = npos) const;
size_type find_first_of(const string& str, size_type pos = 0) const;
size_type find_first_of(const charT* s, size_type pos, size_type n) const;
size_type find_first_of(const charT* s, size_type pos = 0) const;
size_type find_first_of(charT c, size_type pos = 0) const;
size_type find_last_of (const string& str, size_type pos = npos) const;
size_type find_last_of (const charT* s, size_type pos, size_type n) const;
size_type find_last_of (const charT* s, size_type pos = npos) const;
size_type find_last_of (charT c, size_type pos = npos) const;
size_type find_first_not_of(const string& str, size_type pos = 0) const;
size_type find_first_not_of(const charT* s, size_type pos,
    size_type n) const;
size_type find_first_not_of(const charT* s, size_type pos = 0) const;
```

```
size_type find_first_not_of(charT c, size_type pos = 0) const;
size_type find_last_not_of (const string& str, size_type pos = npos) const;
size_type find_last_not_of (const charT* s, size_type pos,
    size_type n) const;
size_type find_last_not_of (const charT* s, size_type pos = npos) const;
size_type find_last_not_of (charT c, size_type pos = npos) const;
```

Aqui está um exemplo, string_methods.cpp, que pesquisa uma string, **s**, em busca de diversas substrings e caracteres, e também usa o método **length** de **string** para obter o comprimento (tamanho) da string:

```
#include <iostream>
#include <string>
#include <cstdlib>
#include <ctime>
#include <cctype>
using namespace std;

int main()
{
    string s = "Hello from C++.";

    cout << "The string is: " << s << endl;

    cout << "String length: " << s.length() << endl;

    unsigned int loc = s.find('C');
    if (loc == string::npos){
        cout << "Not found" << endl;
    }
    else {
        cout << "Found \'C\' at location: " << loc << endl;
    }

    loc = s.find("C++");
    if (loc == string::npos){
        cout << "Not found" << endl;
    }
    else {
        cout << "Found \"C++\" at location: " << loc << endl;
    }

    return 0;
}
```

Eis aqui o resultado gerado pela execução deste exemplo, string_methods.cpp:

```
%string_methods
The string is: Hello from C++.
String length: 15
Found 'C' at location: 11
Found "C++" at location: 11
```

Como usar **auto_ptr**

Já vimos a classe modelo **auto_ptr** anteriormente, mas vamos estudá-la mais detalhadamente agora. Usa-se **auto_ptr** para uma coisa: garantir que a memória alocada com **new** seja liberada automaticamente. Por exemplo, observe a função a seguir, **do_work**:

```
void do_work()
{
    data* workspace;
    workspace = new data[1000000];
    .
    .
    .
    return;
}
```

Nela o código aloca um monte de memória mas nunca a libera, o que causa problemas, já que a cada vez que a função for chamada, mais memória é alocada. Se usarmos o modelo **auto_ptr** para alocar espaço em memória, tal espaço é automaticamente liberado quando sair do escopo, eliminando a necessidade de nos lembrarmos de usar **delete**. Aqui está um exemplo, auto_ptr.cpp, que mostra como usar este modelo. Usaremos nele a classe **person** que já vimos neste capítulo e empregaremos **auto_ptr** para criar um ponteiro para um objeto da classe **person** de nome **ralph**:

```
#include <iostream>
#include <memory>
#include <string>
using namespace std;

class person
{
    string name;
public:
    person (string n) : name(n) {}
    void display() {cout << "Name: " << name << endl;}
};

int main ()
{

    auto_ptr<person> ralph(new person("Ralph"));
    .
    .
    .
```

Também podemos copiar o novo ponteiro, **ralph**, para outro ponteiro **auto_ptr**, de nome **also_ralph**, e então usar o método **display** do objeto alocado, da seguinte forma:

```
#include <iostream>
#include <memory>
#include <string>
using namespace std;

class person
{
    string name;
```

```
public:
    person (string n) : name(n) {}
    void display() {cout << "Name: " << name << endl;}
};

int main ()
{

    auto_ptr<person> ralph(new person("Ralph"));

    auto_ptr<person> also_ralph = ralph;

    also_ralph->display();

    return 0;
}
```

Observe que no código não precisamos nos lembrar de liberar a memória alocada: isto é feito automaticamente. No entanto, não podemos usar **new[]** com **auto_ptr**, como mostrado a seguir:

```
auto_ptr<int> data(new int [1000]);          // não faça isto!!!
```

Este código está incorreto, pois **auto_ptr** aplicará **delete** a dados que foram alocados com **new[]**, não **new**. Podemos usar **auto_ptr** somente com ponteiros que apontam para memória alocada na pilha ("heap") com **new**.

Solução relacionada:	Encontrada na página:
Como usar **new** para alocar memória	172

Apresentando o contêiner **vector**

O contêiner **vector** é provavelmente o contêiner mais amplamente usado da STL. Ele é também o contêiner que estamos usando para examinar a STL neste capítulo. Um contêiner **vector** é um array unidimensional, com o qual podemos usar o operador de array, [], da mesma maneira que com qualquer outro array. No entanto, também podemos usar os métodos embutidos de **vector**, que veremos no próximo capítulo, e os algoritmos da STL, que veremos no Capítulo 17, sobre os dados armazenados em vetores. Conforme exposto na seção *Análise Aprofundada* deste capítulo, o contêiner **vector** é um modelo de classe. Eis aqui os possíveis construtores de contêineres **vector**:

```
vector(const vector<T,Allocator>& x);
explicit vector(const Allocator& = Allocator());
explicit vector(size_type n, const T& value = T(), const Allocator& =
    Allocator());
vector(InputIterator first, InputIterator last, const Allocator& =
    Allocator());
```

A classe **vector** possui diversos métodos embutidos, os quais ajudam a gerenciar os dados armazenados no vetor. Alguns deles são relacionados a seguir (veremos os métodos de cada contêiner da STL de modo mais sistemático no próximo capítulo):

- **back** – Retorna o último elemento.
- **clear** – Limpa o contêiner.

- **erase** – Apaga elementos.
- **front** – Retorna o primeiro elemento.
- **insert** – Insere um elemento.
- **pop_back** – Apaga o último elemento.
- **push_back** – Acrescenta um elemento ao final do contêiner.
- **size** – Retorna o número de elementos no contêiner.

Vimos na seção *Análise Aprofundada* deste capítulo um exemplo, vector.cpp, que criava um novo vetor e usava o operador de array [] e adicionava e gerenciava dados desse vetor. Especificamente, o exemplo calculava a nota média de quatro estudantes, da seguinte forma:

```
#include <iostream>
#include <vector>
using namespace std;

const int NUMBER_STUDENTS = 4;

int main()
{
    vector<double> scores(NUMBER_STUDENTS);
    double running_sum = 0;

    scores[0] = 89.0;
    scores[1] = 29.0;
    scores[2] = 59.0;
    scores[3] = 79.0;

    for (unsigned int loop_index = 0;
        loop_index < scores.size(); loop_index++)
    {
        running_sum += scores[loop_index];
    }

    cout << "The average student score is: "
        << running_sum / scores.size() << endl;

    return 0;
}
```

Eis aqui o resultado gerado pela execução deste exemplo:

```
%vector
The average student score is: 64
```

Também podemos inicializar um vetor passando ao construtor de **vector** um intervalo de elementos delimitado por dois iteradores. Na verdade, podemos inicializar um vetor a partir de um array não-STL, se tratarmos os ponteiros do array da mesma forma que faríamos com iteradores, assim:

```
#include <iterator>
#include <vector>
```

```
#include <iostream>
using namespace std;

const int MAX = 4;

int main()
{
    int numbers_array[MAX];

    for (int loop_index = 0; loop_index < MAX; loop_index++){
        numbers_array[loop_index] = loop_index;
    }

    vector<int> numbers_vector(numbers_array,
        numbers_array + MAX);
    .
    .
    .
```

O compilador C++ da Borland bcc32, no entanto, parece ter algum problema interno com este tipo de utilização do construtor do contêiner **vector**. Como esse compilador é muito utilizado, sendo inclusive fornecido no CD que acompanha o livro, usaremos em seu lugar o método **assign** de **vector**, que toma dois iteradores que delimitam um intervalo de elementos, para atribuir a um vetor valores de um array nos exemplos deste capítulo e dos dois seguintes:

```
#include <iterator>
#include <vector>
#include <iostream>
using namespace std;

const int MAX = 4;

int main()
{
    int numbers_array[MAX];

    for (int loop_index = 0; loop_index < MAX; loop_index++){
        numbers_array[loop_index] = loop_index;
    }

    vector<int> numbers_vector(MAX);
    numbers_vector.assign(numbers_array, numbers_array + MAX);
    .
    .
    .
```

Se preferir você pode usar o algoritmo **copy** (incluindo ao programa o cabeçalho algorithm – veja *Como usar **copy***, no Capítulo 17, para obter mais informações sobre **copy**) para inicializar um vetor a partir de um array:

```
#include <iterator>
#include <vector>
#include <algorithm>
#include <iostream>
using namespace std;
```

```
const int MAX = 4;

int main()
{
    int numbers_array[MAX];

    for (int loop_index = 0; loop_index < MAX; loop_index++){
        numbers_array[loop_index] = loop_index;
    }

    vector<int> numbers_vector(MAX);
    copy(numbers_array, numbers_array + MAX, numbers_vector.begin());
        .
        .
        .
```

Solução relacionada:	*Encontrada na página:*
Como usar **copy**	613

Como usar iteradores e métodos de **vector**

Conforme exposto na seção *Análise Aprofundada* deste capítulo, iteradores são ponteiros generalizados usados para a movimentação através dos dados de um contêiner. Por exemplo, para criar um iterador que possamos usar com um vetor de valores **double**, declaramos tal iterador usando o tipo **vector<double>::iterator** como no trecho de código a seguir, que declara um iterador de nome **itr** para uso com um vetor de nome **scores**:

```
const int SIZE = 10;
vector<double> scores(SIZE);
vector<double>::iterator itr;
    .
    .
    .
```

Contêineres como **vector** tornam o trabalho com iteradores fácil. Por exemplo, **scores.begin()** retorna um iterador para o primeiro elemento de **scores** e **scores.end()** um iterador para a posição imediatamente seguinte ao elemento final de **scores**. Podemos usar operadores como ++ com iteradores da mesma forma que os usamos com ponteiros. Por isso, pudemos usar um iterador para trabalhar com um vetor de objetos **person** de nome **friends** no exemplo vector_iterators.cpp, que já vimos na seção *Análise Aprofundada* deste capítulo. Esse exemplo também demonstrou os métodos **push_back**, **erase**, **insert** e **swap** de **vector**:

```
#include <iostream>
#include <string>
#include <vector>
using namespace std;

class person
{
    string name;
    int age;
```

```
public:
    void display() {cout << "Name: " << name << " age: " << age << endl;}
    person(string n, int a) {name = n; age = a;}
};

int main()
{
    vector<person> friends;

    friends.push_back(person("Ralph", 35));
    friends.push_back(person("Tom", 36));
    friends.push_back(person("Frank", 23));
    friends.push_back(person("Sally", 24));

    vector<person>::iterator p;
    for (p = friends.begin(); p != friends.end(); p++)
        p->display();

    friends.erase(friends.begin() + 1, friends.begin() + 2);

    cout << "Got rid of one friend..." << endl;

    for (p = friends.begin(); p != friends.end(); p++)
        p->display();

    vector<person> nancys_friends;

    nancys_friends.push_back(person("Tina", 35));
    nancys_friends.push_back(person("Buddy", 36));

    friends.insert(friends.begin(),
        nancys_friends.begin() + 1, nancys_friends.begin() + 2);

    cout << "Added two new friends..." << endl;

    for (p = friends.begin(); p != friends.end(); p++)
        p->display();

    nancys_friends.swap(friends);
    cout << "Swapping your friends with Nancy's..." << endl;

    for (p = friends.begin(); p != friends.end(); p++)
        p->display();

    return 0;
}
```

Eis aqui o resultado gerado pela execução deste exemplo, vector_iterators.cpp:

```
%vector_iterators
Name: Ralph age: 35
Name: Tom age: 36
```

```
Name: Frank age: 23
Name: Sally age: 24
Got rid of one friend...
Name: Ralph age: 35
Name: Frank age: 23
Name: Sally age: 24
Added two new friends...
Name: Tina age: 35
Name: Buddy age: 36
Name: Ralph age: 35
Name: Frank age: 23
Name: Sally age: 24
Swapping your friends with Nancy's...
Name: Tina age: 35
Name: Buddy age: 36
```

Para saber mais sobre iteradores, veja *Iteradores predefinidos*, *Como usar iteradores* ***ostream*** *e* ***copy***, *Como usar iteradores* ***istream*** *e* ***copy***, *Como usar iteradores reversos*, *Como usar iteradores de inserção* e *Como descobrir a distância entre iteradores*, todos mais adiante neste capítulo.

Apresentando os algoritmos da STL

Conforme exposto na seção *Análise Aprofundada* deste capítulo, a STL possui muitos algoritmos embutidos, rotinas pré-escritas que podemos usar com os dados armazenados em contêineres da STL. Veremos esses algoritmos detalhadamente no Capítulo 17, mas na seção *Análise Aprofundada* deste capítulo vimos um exemplo, stlfunctions.cpp, que mostra o uso dos algoritmos **sort**, **for_each** e **random_shuffle**:

```
#include <iostream>
#include <string>
#include <vector>
#include <algorithm>
using namespace std;

class person
{
    string name;
    int age;
public:
    person(string n, int a) {name = n; age = a;}
    friend bool compare_ages(const person & person1,
        const person & person2);
    friend bool operator<(const person & person1, const person & person2);
    friend void display(person p);
};

void display(person p)
{
    cout << "Name: " << p.name << " age: " << p.age << endl;
}

bool operator<(const person & person1, const person & person2)
```

```
{
    if (person1.name < person2.name)
        return true;
    else
        return false;
}

bool compare_ages(const person & person1, const person & person2)
{
    if (person1.age < person2.age)
        return true;
    else
        return false;
}

int main()
{
    vector<person> friends;

    friends.push_back(person("Ralph", 35));
    friends.push_back(person("Tom", 36));
    friends.push_back(person("Frank", 23));
    friends.push_back(person("Sally", 24));

    sort(friends.begin(), friends.end());

    cout << "Sorted by name..." << endl;

    for_each(friends.begin(), friends.end(), display);

    sort(friends.begin(), friends.end(), compare_ages);

    cout << "Sorted by age..." << endl;

    for_each(friends.begin(), friends.end(), display);

    random_shuffle(friends.begin(), friends.end());

    cout << "Randomly shuffled..." << endl;

    for_each(friends.begin(), friends.end(), display);

    return 0;
}
```

Eis aqui o resultado gerado pela execução deste exemplo, stlfunctions.cpp:

```
%stlfunctions
Sorted by name...
Name: Frank age: 23
Name: Ralph age: 35
Name: Sally age: 24
```

```
Name: Tom age: 36
Sorted by age...
Name: Frank age: 23
Name: Sally age: 24
Name: Ralph age: 35
Name: Tom age: 36
Randomly shuffled...
Name: Tom age: 36
Name: Frank age: 23
Name: Sally age: 24
Name: Ralph age: 35
```

Vale também observar que podemos usar ponteiros para objetos não STL como iteradores em funções algorítmicas da STL, assim:

```
int array[SIZE] = {9, 8, 7, 6, 5, 4, 3, 2, 1, 0};
sort(array, array + SIZE);
```

Iteradores predefinidos

As classes da STL possuem diversos iteradores predefinidos, inclusive:

- **iterator** – Iterador padrão.
- **ostream_iterator** – Manipula **ostream.**
- **istream_iterator** – Manipula **istream.**
- **reverse_iterator** – Itera em sentido contrário.
- **insert_iterator** – Insere elementos em um contêiner.
- **front_insert_iterator** – Insere elementos em um contêiner a partir do início.
- **back_insert_iterator** – Insere elementos em um contêiner a partir do final.

ostream_iterator e istream_iterator são exemplos de *adaptadores*, que trabalham para adaptar a interface de iteradores da STL a outras interfaces. Já vimos como trabalhar com iteradores padrão anteriormente neste capítulo (veja *Como usar iteradores e métodos de **vector***) e veremos os outros tipos de iteradores no resto deste capítulo.

Como usar iteradores **ostream** e **copy**

A STL inclui dois tipos de iteradores para manipular **ostream** e **istream**: **ostream_iterator e istream_iterator.** Esses iteradores também são chamados de *adaptadores*, pois eles adaptam a interface de fluxo à interface de iterador usada pela STL. Podemos usar esses iteradores para enviar saída para **ostream** e ler entrada de **istream.** Eis aqui como criar um **ostream_iterator**:

```
#include <iterator>
    .
    .
    .
ostream_iterator<int, char> ostream_itr(cout, " ");
```

Neste caso usamos o modelo **ostream_iterator** para criar um iterador **ostream** de nome **ostream_itr**, que pode manipular valores **int**. O segundo argumento, **char**, indica o tipo de caractere que o fluxo de saída manipulará (usamos **char** em oposição a **wchar_t** aqui). Também usamos o construtor da classe **ostream_iterator** para conectar o iterador a **cout** (seria possível também usar um objeto **ofstream**) e para garantir que o iterador coloque um espaço entre os inteiros quando os exibir.

No caso de compiladores que ainda não suportam fluxos de caracteres largos, devemos passar somente um argumento para o modelo:

```
ostream_iterator<int> ostream_itr(cout, " ");
```

E como usamos este novo iterador, **ostream_itr**? Eis aqui um exemplo. Esta instrução envia o valor inteiro 1 a **cout**:

```
*ostream_itr++ = 1;
```

O que a instrução realmente faz é enviar um valor de 1 a **cout** e então incrementar o iterador para que ele fique pronto para a próxima operação de saída. A STL também inclui um algoritmo de nome **copy**, que podemos usar para copiar um intervalo de dados delimitado por dois iteradores de um contêiner a outro. Podemos usar **copy** para copiar de um vetor a **cout** assim:

```
copy(numbers_vector.begin(), numbers_vector.end(), ostream_itr);
```

Aqui está um exemplo, copier.cpp, que mostra isto na prática. Ele cria um vetor de números e usa um iterador **ostream** para exibi-los:

```
#include <iostream>
#include <iterator>
#include <vector>
using namespace std;

const int MAX = 5;

int main()
{
    int numbers_array[MAX];
    vector<int> numbers_vector(MAX);

    for (int loop_index = 0; loop_index < MAX; loop_index++){
        numbers_array[loop_index] = loop_index;
    }

    copy(numbers_array, numbers_array + MAX, numbers_vector.begin());

    ostream_iterator<int, char> ostream_itr(cout, " ");

    copy(numbers_vector.begin(), numbers_vector.end(), ostream_itr);
    cout << endl;

    return 0;
}
```

Eis aqui o resultado gerado pela execução de copier.cpp: o iterador **ostream** cumpre seu trabalho:

```
%copier
0 1 2 3 4
```

Em como criamos iteradores **istream**? Veja a próxima seção.

Como usar iteradores **istream** e **copy**

Podemos criar iteradores **istream** para manipular entrada. Aqui está um exemplo disso, no qual criamos um iterador **istream** de nome **istream_itr**, conectamos o iterador a **cin** e o configuramos para manipular valores **int**:

```
#include <iterator>
    .
    .
    .
istream_iterator<int, char> istream_itr(cin);
```

Neste caso, o segundo argumento do modelo, **char**, indica que o fluxo ao qual estamos conectando o iterador manipula caracteres de largura normal (em vez de caracteres largos, **wchar_t**). No caso de compiladores que ainda não suportam fluxos de caracteres largos, devemos passar somente um argumento para o modelo:

```
istream_iterator<int> istream_itr(cin);
```

Podemos usar o algoritmo **copy** para copiar dados de um contêiner a outro. Eis aqui como copiamos dados de **cin** para um vetor. Note que o intervalo do qual estamos lendo dados vai de **istream_iterator<int, char>(cin)** a **istream_iterator<int, char>()**. O segundo iterador, que não passa nenhum argumento ao construtor, indica que queremos encerrar a entrada quando ocorrer uma falha na entrada como, por exemplo, houver um erro de tipo ou quando o fim do fluxo for alcançado:

```
copy(istream_iterator<int, char>(cin), istream_iterator<int, char>(),
    numbers_vector.begin());
```

Aqui está um exemplo, istream_iterator.cpp, que mostra isto em funcionamento: ele lê de **cin** usando um iterador **istream** e coloca os dados lidos em um vetor. Começamos criando um vetor que guardará os dados e definindo o iterador **istream**:

```
#include <iostream>
#include <iterator>
#include <vector>
using namespace std;

const int MAX = 5;

int main()
{
    int numbers_array[MAX];
    vector<int> numbers_vector(MAX);
```

```
    for (int loop_index = 0; loop_index < MAX; loop_index++){
        numbers_array[loop_index] = loop_index;
    }

    copy(istream_iterator<int, char>(cin), istream_iterator<int, char>(),
        numbers_vector.begin());
    .
    .
    .
```

Agora podemos ler inteiros do iterador **istream** e exibir os dados lidos:

```
#include <iostream>
#include <iterator>
#include <vector>
using namespace std;

const int MAX = 5;

int main()
{
    int numbers_array[MAX];
    vector<int> numbers_vector(MAX);

    for (int loop_index = 0; loop_index < MAX; loop_index++){
        numbers_array[loop_index] = loop_index;
    }

    copy(istream_iterator<int, char>(cin), istream_iterator<int, char>(),
        numbers_vector.begin());

    ostream_iterator<int, char> ostream_itr(cout, " ");

    copy(numbers_vector.begin(), numbers_vector.end(), ostream_itr);

    cout << endl;

    return 0;
}
```

Eis aqui um exemplo do resultado gerado pela execução de istream_iterator.cpp. Observe que usamos um valor não inteiro, **'q'**, para encerrar a entrada:

```
%istream_iterator
1 2 3 4 5 q
1 2 3 4 5
```

Como usar iteradores reversos

Um iterador reverso se move pelos dados de um contêiner no sentido contrário ao usual. Para mostrar como isto funciona, colocaremos instruções adicionais ao exemplo copier.cpp, que desenvolvemos em *Como usar iteradores **ostream** e **copy***, anteriormente neste capítulo. Aqui especificaremos o intervalo de dados no vetor **numbers_vector** usando os métodos **rbegin** e **rend** de **vector**, que retornam iteradores reversos para o início e o fim do vetor, respectivamente:

```
#include <iostream>
#include <iterator>
#include <vector>
using namespace std;

const int MAX = 5;

int main()
{
    int numbers_array[MAX];
    vector<int> numbers_vector(MAX);

    for (int loop_index = 0; loop_index < MAX; loop_index++){
        numbers_array[loop_index] = loop_index;
    }

    copy(numbers_array, numbers_array + MAX, numbers_vector.begin());

    ostream_iterator<int, char> ostream_itr(cout, " ");

    copy(numbers_vector.begin(), numbers_vector.end(), ostream_itr);
    cout << endl;

    copy(numbers_vector.rbegin(), numbers_vector.rend(), ostream_itr);
    cout << endl;
    .
    .
    .
```

Este código usa iteradores reversos implicitamente. O resultado é a exibição dos dados do vetor em ordem invertida. Também podemos declarar e usar um iterador reverso explicitamente, como mostra o código a seguir:

```
#include <iostream>
#include <iterator>
#include <vector>
using namespace std;

const int MAX = 5;

int main()
{
    int numbers_array[MAX];
    vector<int> numbers_vector(MAX);

    for (int loop_index = 0; loop_index < MAX; loop_index++){
        numbers_array[loop_index] = loop_index;
    }

    copy(numbers_array, numbers_array + MAX, numbers_vector.begin());

    ostream_iterator<int, char> ostream_itr(cout, " ");

    copy(numbers_vector.begin(), numbers_vector.end(), ostream_itr);
    cout << endl;
```

```
    copy(numbers_vector.rbegin(), numbers_vector.rend(), ostream_itr);
    cout << endl;

    vector<int>::reverse_iterator reverse_itr;
    for (reverse_itr = numbers_vector.rbegin();
        reverse_itr != numbers_vector.rend(); ++reverse_itr)
        cout << *reverse_itr << ' ';

    cout << endl;

    return 0;
}
```

Eis aqui o resultado gerado pela execução da nova versão do programa, copier2.cpp, usando também iteradores reversos:

```
%copier2
0 1 2 3 4
4 3 2 1 0
4 3 2 1 0
```

Como usar iteradores de inserção

Iteradores de inserção permitem inserir dados de um contêiner em outro sem sobrescrever dados preexistentes. Quando os dados são inseridos, se for necessário o contêiner é expandido automaticamente. Os iteradores de inserção são muito convenientes, pois os usando não precisamos nos preocupar em escrever dados além dos limites atuais de um contêiner: o contêiner cresce conforme a necessidade. Isto é particularmente útil quando estamos adicionando elementos a um contêiner vazio, recém-declarado.

Aqui está um exemplo, insertion_iterator.cpp, que mostra como isto funciona. Começamos com três arrays de strings e copiamos o primeiro array para um vetor de string, **text**, de modo que o vetor contenha "This", "is", "a" e "test". Então usamos um iterador de inserção para inserir as strings do segundo array, "not" e "really" no vetor **text**, resultando em "This", "is", "not", "really", "a" e "test" dentro do vetor **text**. Para realizar esta operação podemos usar os nomes dos arrays de **string**, que são ponteiros, como iteradores:

```
#include <iostream>
#include <string>
#include <iterator>
#include <vector>
using namespace std;

int main()
{
    string string1[4] = {"This", "is", "a", "test"};
    string string2[2] = {"not", "really"};
    string string3[3] = {"yes", "it", "is"};

    vector<string> text(4);
    copy(string1, string1 + 4, text.begin());
    ostream_iterator<string, char> out(cout, " ");
```

```
    copy (text.begin(), text.end(), out);
    cout << endl;

    copy(string2, string1, insert_iterator<vector<string> >
        (text, text.begin() + 2));
    copy (text.begin(), text.end(), out);
    cout << endl;
    .
    .
    .
```

***NOTA:** O Visual C++ pode exibir o alerta número C4786 para este código ("Identifier truncated to 255 characters", "Identificador truncado para 255 caracteres"), mas a documentação indica que este alerta é espúrio e aparentemente não tem nada a ver com o modelo **vetor**.*

Observe que passamos a posição em que desejamos iniciar a inserção de dados a um construtor do operador de inserção. Neste caso usamos um iterador de inserção anônimo, passando valores diretamente ao construtor do iterador, mas também poderíamos dar um nome ao iterador como, por exemplo, **itr**, passando a ter a seguinte instrução: **insert_iterator<vector<string> > itr(text, text.begin() + 2).**

Também podemos usar um iterador de inserção de final, que insere elementos a partir do final do contêiner, ou um operador de inserção de início, que insere elementos a partir do início do contêiner. Quando criamos um iterador de inserção de início ou de final passamos somente um argumento ao modelo do iterador: o nome do contêiner para o qual desejamos o iterador. Eis aqui como usar o iterador de inserção de final para inserir as strings do terceiro array, "yes", "it" e "is", no final do vetor de nome **text**:

```
#include <iostream>
#include <string>
#include <iterator>
#include <vector>
using namespace std;

int main()
{
    string string1[4] = {"This", "is", "a", "test"};
    string string2[2] = {"not", "really"};
    string string3[3] = {"yes", "it", "is"};

    vector<string> text(4);
    copy(string1, string1 + 4, text.begin());
    ostream_iterator<string, char> out(cout, " ");
    copy (text.begin(), text.end(), out);
    cout << endl;

    copy(string2, string1, insert_iterator<vector<string> >
        (text, text.begin() + 2));
    copy (text.begin(), text.end(), out);
    cout << endl;

    copy(string3, string2, back_insert_iterator<vector<string> >(text));
    copy (text.begin(), text.end(), out);
    cout << endl;

    return 0;
}
```

Aqui está o resultado gerado pela execução deste exemplo, insertion_iterator.cpp:

```
%insertion_iterator
This is a test
This is not really a test
This is not really a test yes it is
```

A STL também define funções chamadas de *insersores* (*inserters*), que tornam o uso de iteradores de inserção um pouco mais simples. A função **inserter** toma dois argumentos, os mesmos que passamos ao construtor da classe **insert_iterator**. As funções **back_inserter** e **front_inserter** tomam um argumento cada, o mesmo que passamos aos construtores das classes **back_insert_iterator** e **front_insert_iterator**. Em outras palavras, as duas expressões a seguir são eqüivalentes para o exemplo de código anterior:

```
insert_iterator<vector<string> >(text, text.begin() + 2)
inserter(text, text.begin() + 2)
```

E estas duas são equivalentes:

```
back_insert_iterator<vector<string> >(text)
back_inserter(text)
```

Eis aqui o exemplo insertion_iterator2.cpp, uma versão de insertion_iterator.cpp reescrita de modo a usar as funções **inserter** e **back_inserter** em vez dos iteradores de inserção anônimos:

```
#include <iostream>
#include <string>
#include <iterator>
#include <vector>
using namespace std;

int main()
{
    string string1[4] = {"This", "is", "a", "test"};
    string string2[2] = {"not", "really"};
    string string3[3] = {"yes", "it", "is"};

    vector<string> text(4);
    copy(string1, string1 + 4, text.begin());
    ostream_iterator<string, char> out(cout, " ");
    copy (text.begin(), text.end(), out);
    cout << endl;

    copy(string2, string1, inserter(text, text.begin() + 2));
    copy (text.begin(), text.end(), out);
    cout << endl;

    copy(string3, string2, back_inserter(text));
    copy (text.begin(), text.end(), out);
    cout << endl;

    return 0;
}
```

NOTA: *O Visual C++ pode exibir o alerta número C4786 para este código ("Identifier truncated to 255 characters", "Identificador truncado para 255 caracteres"), mas a documentação indica que este alerta é espúrio e aparentemente não tem nada a ver com o modelo* ***vetor****.*

Outro exemplo de uso de iteradores de inserção, desta vez preenchendo um contêiner anteriormente vazio, é mostrado em *Como usar o contêiner* ***multiset***, no Capítulo 16.

Solução relacionada:	Encontrada na página:
Como usar o contêiner **multiset**	588

Como descobrir a distância entre iteradores

A STL inclui um algoritmo de nome **distance**, que permite determinar a distância entre dois iteradores. Aqui está um exemplo, iterator_distance.cpp, que mostra como isto funciona. Nele declaramos uma variável de nome **distance** do tipo **difference_type** da STL, que foi especificamente projetada para ser de um tipo capaz de guardar a distância entre operadores. Então deixamos o algoritmo **distance** preencher a variável com a distância entre operadores e exibimos a distância, assim:

```
#include<iterator>
#include<vector>
#include <iostream>
using namespace std;

const int MAX = 4;

int main()
{
    int numbers_array[MAX];
    vector<int> numbers_vector(MAX);

    for (int loop_index = 0; loop_index < MAX; loop_index++){
        numbers_array[loop_index] = loop_index;
    }

    copy(numbers_array, numbers_array + MAX, numbers_vector.begin());

    vector<int>::iterator itr = numbers_vector.begin() + 2;

    vector<int>::difference_type itr_distance;
    distance(numbers_vector.begin(), itr, itr_distance);

    cout << "The distance from the beginning to the iterator is: "
        << itr_distance << endl;

  return 0;
}
```

Eis aqui o resultado gerado pela execução deste exemplo, iterator_distance.cpp

```
%iterator_distance
The distance from the beginning to the iterator is: 2
```

NOTA: *Alguns compiladores, como o Visual C++, suportam somente uma forma de dois argumentos de* ***distance****. Esse código não funcionará com eles.*

Solução relacionada:	Encontrada na página:
Como usar **count**	614

Capítulo 16

Contêineres da STL

Análise Aprofundada

Este capítulo é inteiramente dedicado aos contêineres suportados pela STL. O capítulo anterior proporcionou uma visão geral dos contêineres da STL, mas neste capítulo vamos vê-los todos em ação.

Contêineres

A STL possui onze contêineres. Eis aqui uma lista deles, juntamente com os arquivos de cabeçalho que devem ser incluídos para que eles possam ser usados.

- **list** – Suporta uma lista duplamente encadeada de itens de dados; cada item sabe qual item vem antes e depois dele. Arquivo de cabeçalho: list.
- **queue** – Suporta uma fila que permite adicionar elementos em seu final e removê-los em seu início. Este contêiner é mais restritivo do que uma **deque**. Arquivo de cabeçalho: queue.
- **deque** – Suporta uma fila de dois fins e também permite acessar os elementos da fila aleatoriamente (não importa em que posição estejam na fila). Arquivo de cabeçalho: deque.
- **priority_queue** – Suporta uma fila com prioridades, que armazena seus itens de modo ordenado. Arquivo de cabeçalho: queue.
- **stack** – Suporta uma pilha de itens e disponibiliza métodos como **push** e **pop**. Arquivo de cabeçalho: stack.
- **vector** – Suporta um array unidimensional. Arquivo de cabeçalho: vector.
- **map** – Suporta uma coleção de chaves e valores associados às chaves. As chaves e valores podem ser de tipos distintos. Arquivo de cabeçalho: map.
- **multimap** – Suporta um mapa que pode ter múltiplos valores para cada chave. Arquivo de cabeçalho: map.
- **set** – Suporta um conjunto ordenado de membros únicos. Arquivo de cabeçalho: set.
- **multiset** – Suporta um conjunto que pode ter múltiplos valores para cada chave. Arquivo de cabeçalho: set.
- **bitset** – Uma construção de dados que permite configurar bits individuais em 0 ou 1 e testar seus valores, também individualmente. Arquivo de cabeçalho: bitset.

Neste capítulo veremos todos esses contêineres através de exemplos de código. Como vimos no capítulo anterior, há certos requisitos a que os contêineres precisam atender. A STL também refina o conceito de contêiner adicionando mais requisitos e criando dois novos conceitos: seqüências e contêineres associativos.

Seqüências

Seis dos contêineres da STL são seqüências: **deque**, **list**, **queue**, **priority_queue**, **stack** e **vector**. Como vimos no capítulo anterior, seqüências garantem que seus elementos sejam colocados em uma ordem linear; se um contêiner for uma seqüência, ele é um contêiner que no mínimo suporta um iterador de avanço.

Eis aqui um exemplo, deque.cpp, que opera com uma "deque". Uma deque (do inglês "double ended queue", fila com dois finais) é uma fila de propósito geral de dois finais. Um contêiner **queue** da STL permite adicionar e remover elementos de ambas as pontas da fila. Na verdade, uma fila da STL é uma versão especializada, restrita da deque. Em uma deque, podemos recuperar elementos com acesso aleatório, da mesma forma que em vetores, usando o operador de array [], mas em uma deque podemos acessar somente o elemento inicial e o final. Na verdade, contêineres **deque** são bastante parecidos com contêineres **vector**, exceto que inserir e remover elementos do começo ou do final de uma deque é uma operação em que o tempo gasto é constante, ou seja, não varia linearmente de acordo com o tamanho da fila (o que significa que se formos inserir e remover elementos no início e no final de um contêiner com grande freqüência, devemos provavelmente usar um contêiner **deque**).

Neste exemplo criamos uma deque de strings para guardar os nomes dos pacientes que aguardam serem chamados para sua consulta no escritório de um médico, acrescentando novos pacientes no final da deque à medida que eles chegam e removendo pacientes da frente da fila à medida que o médico os chama. Quando trabalhamos com uma deque, podemos usar o método **push_front** para adicionar um elemento na frente da deque, **push_back** para adicionar um elemento em seu final, **pop_front** para remover um elemento da frente da deque e **pop_back** para remover um elemento do final da deque. Podemos também usar índices de array para acessar dados da deque aleatoriamente, o que faremos neste exemplo – observe que usamos um iterador para nos mover pela deque e exibir as pessoas ainda aguardando após cada operação da deque:

```
#include <deque>
#include <string>
#include <iostream>
using namespace std;

deque<string> patients;

int main ()
{
   cout << "Initializing patients..." << endl;

   patients.push_front("Frank");
   patients.push_front("Molly");
   patients.push_front("Tom");
   patients.push_front("Sally");

   deque<string>::iterator itr;

   itr = patients.begin();
   while (itr < patients.end())
     cout << *itr++ << endl;

   cout << "Third patient..." << endl;

   cout << patients[2] << endl;

   cout << "A new patient arrives..." << endl;
   patients.push_back("Kurt");
```

```
    itr = patients.begin();
    while (itr < patients.end())
      cout << *itr++ << endl;

    cout << "Seeing the first patient..." << endl;
    patients.pop_front();

    itr = patients.begin();
    while (itr < patients.end())
      cout << *itr++ << endl;

    return 0;
}
```

Este é o resultado gerado pela execução deste exemplo, deque.cpp:

```
%deque
Initializing patients...
Sally
Tom
Molly
Frank
Third patient...
Molly
A new patient arrives...
Sally
Tom
Molly
Frank
Kurt
Seeing the first patient...
Tom
Molly
Frank
Kurt
```

***NOTA:** O Visual C++ pode exibir para esse exemplo o alerta espúrio "Identifier truncated to 255 characters" ("Identificador truncado para 255 caracteres"), que pode ser ignorado.*

Contêineres associativos

Outro refinamento do conceito de contêiner é o *contêiner associativo*, um tipo de contêiner que armazena dados como pares chave/valor. Os contêineres **set**, **multiset**, **map** e **multimap** são todos contêineres associativos. Por exemplo, uma chave pode ser o código de um empregado e o valor associado pode ser uma estrutura contendo seu nome, salário, cargo e assim por diante. Usar contêineres associativos é muitas vezes mais intuitivo do que usar arrays, pois podemos acessar os dados com chaves que podem ser palavras, não apenas números.

Para um contêiner geral **X**, **X::value_type** guarda o tipo de valor armazenado no contêiner. Contêineres associativos acrescentam um novo tipo, **X::key_type**, que guarda o tipo da chave. O contêiner associativo mais simples é **set** (conjunto), que permite guardar somente um valor por chave. Na verdade, em conjuntos a chave e o valor são a mesma coisa. Conjuntos da STL funcionam exatamente como conjuntos matemáticos, podendo armazenar elementos associados de alguma forma como, por exemplo, os nomes dos alunos de uma turma. O contêiner **multiset** é semelhante, exceto que permite a existência de múltiplos valores por chave. Isto quer dizer que em um conjunto todos os elementos são únicos (por exemplo, {1, 2, 3}), mas podemos ter múltiplas ocorrências de um mesmo elemento em um multiset (por exemplo, {1, 1, 2, 2, 3, 3, 3}).

Em conjuntos as chaves e os valores precisam ser do mesmo tipo, mas em contêineres **map** (mapa), as chaves e os valores podem ser de tipos diferentes. Em um contêiner **map** existe apenas um único valor para cada chave, e como a chave e os valores podem ser de tipos diferentes, esta é a espécie de contêiner adequada para armazenar códigos de empregados como chaves e estruturas contendo o nome, salário e cargo de cada empregado como valores associados. Em um contêiner **multimap** podemos ter múltiplos valores associados à mesma chave.

Eis aqui um exemplo, map.cpp, que usa o contêiner **map**. Nele criamos um mapa que usa os nomes de pessoas como chaves e armazena suas idades como valores. Quando instanciamos um mapa passamos os tipos desejados para as chaves e valores para o modelo **map** e podemos usar o operador de array, [], para acessar valores do mapa pela chave. Como os dados são armazenados em mapas em pares chave/valor, cada iterador precisa ser capaz de apontar para dois dados, a chave e o valor associado. Para poder fazer isto, mapas armazenam dados em objetos **pair**, sendo que esses objetos possuem dois membros, **first** e **second**. O membro **first** guarda a chave do elemento atual do mapa, ao passo que o elemento **second** guarda o valor associado (para saber mais sobre **map**, veja *Como usar o contêiner **map***, mais adiante neste capítulo). Usando-se o operador de array [] para acessar dados do mapa e um iterador para percorrê-lo, eis como fica o código do exemplo:

```
#include <string>
#include <map>
#include <iostream>
using namespace std;

int main ()
{
    map<string, int> ages;

    ages["Ralph"] = 35;
    ages["Sally"] = 29;
    ages["Tom"] = 77;
    ages["Frank"] = 31;
    ages["April"] = 24;
    ages["Tina"] = 61;

    map<string, int>::iterator itr;

    for(itr = ages.begin(); itr != ages.end(); itr++){
        cout << itr->first << " is " << itr->second
            << " years old." << endl;
    }

    return 0;
}
```

E aqui está o resultado gerado pela execução de map.cpp, exibindo todos os dados armazenados no **map** – observe que os pares chave/valor são ordenados por chave:

```
%map
April is 24 years old.
Frank is 31 years old.
Ralph is 35 years old.
Sally is 29 years old.
Tina is 61 years old.
Tom is 77 years old.
```

Conjuntos de bits

Além de seqüências e contêineres associativos, a STL também suporta *conjuntos de bits* (*bitsets*). Conjuntos de bits não são verdadeiramente contêineres da STL, pois eles não atendem os requisitos de contêineres (veja a Tabela 15.1). Conjuntos de bits foram projetados para armazenar bits, como, por exemplo, flags de programação, em estruturas de dados de manuseio conveniente (para saber mais sobre como isto funciona e para que os conjuntos de bits são úteis, veja *Como usar o contêiner **bitset***, mais adiante neste capítulo). Configurar bits de um byte ou palavra de dados em 0 ou 1 é uma atividade sujeita a erros. Podemos, em vez disso, usar conjuntos de bits.

Eis aqui um exemplo, bitset.cpp, que mostra como isto funciona. Começando passando o número de bits do conjunto de bits para o modelo **bitset**. Neste caso criaremos um conjunto de bits de nome **flags**, que armazena oito bits. Usaremos o operador | para realizar um OU bit a bit do valor 7 com o conjunto de bits, o que resulta no valor binário (base 2) 00000111. Podemos acessar os bits de um conjunto de bits usando o operador array [] para, por exemplo, testar se o bit 2 está configurado em 1, como mostra o código a seguir:

```
#include <iostream>
#include <bitset>
using namespace std;

int main ()
{
    bitset<8> flags;

    flags |= 7;

    cout << flags << endl;

    if(flags[2]){
        cout << "Bit 2 is set" << endl;
    }

    return 0;
}
```

Este é o resultado gerado pela execução de bitset.cpp:

```
%bitset
00000111
Bit 2 is set
```

Membros comuns a contêineres

Antes de vermos todos os tipos de contêineres em operação na seção *Soluções Imediatas* deste capítulo, vale a pena dar uma olhada nos membros comuns a contêineres que veremos. Eis aqui os tipos definidos para todos os contêineres da STL, que podemos usar para declararmos nossas próprias variáveis:

- **X::value_type** – Retorna **T**, o tipo do elemento do contêiner.
- **X::reference** – O mesmo que **T&**.
- **X::const_reference** – O mesmo que **const T&**.
- **X::iterator** – O tipo do iterador do contêiner, uma versão generalizada de **T***.
- **X::const_iterator** – O tipo do iterador constante do contêiner, uma versão generalizada de **const T***.
- **X::difference_type** – Um tipo inteiro com sinal que representa a distância entre iteradores.
- **X::size_type** – Um inteiro sem sinal usado para representar o tamanho de objetos de dados, números de elementos e índices.

Há também diversos métodos definidos para todos os contêineres (exceto **bitset**) os quais vale a pena conhecer. Já vimos alguns deles:

- **begin** – Retorna um iterador para o primeiro elemento.
- **end** – Retorna um iterador para o primeiro elemento além do final.
- **rbegin** – Retorna um iterador reverso para o primeiro elemento.
- **rend** – Retorna um iterador reverso para o primeiro elemento além do final.
- **size** – Retorna o número de elementos no contêiner.
- **maxsize** – Retorna o tamanho máximo do contêiner.
- **empty** – Verdadeiro se o contêiner estiver vazio.
- **swap** – Permuta todo o conteúdo de dois contêineres.
- == – O operador condicional de igualdade, verdadeiro se dois contêineres forem iguais em todos os aspectos, inclusive seus conteúdos.
- != – O operador condicional de desigualdade.
- < – O operador condicional de menor que.
- > – O operador condicional de maior que.
- <= – O operador condicional de menor ou igual a.
- >= – O operador condicional de maior ou igual a.

Na seção *Soluções Imediatas*, a seguir, veremos todos os contêineres da STL em ação.

Soluções Imediatas

Como usar o contêiner **vector**

Como já vimos no capítulo anterior, contêineres **vector** são arrays unidimensionais, cujos dados podemos acessar com o operador de array []. Aqui estão os métodos que normalmente usamos com o contêiner **vector**:

- **push_back** – Acrescenta um elemento ao final do contêiner.
- **pop_back** – Apaga o último elemento.
- **insert** – Insere um ou mais elementos.
- **clear** – Limpa o contêiner.
- **resize** – Redimensiona o contêiner apagando os últimos elementos, se necessário.
- **assign** – Atribui elementos de um intervalo ao contêiner, substituindo seu conteúdo.
- **front** – Retorna o primeiro elemento.
- **back** – Retorna o último elemento.
- **erase** – Apaga elementos.
- [] – Operador de array.
- **at** – Retorna o elemento de uma posição específica.

Eis aqui como o modelo de contêiner **vector** da STL é declarado, incluindo os protótipos dos métodos do contêiner:

```
template <class T, class Allocator = allocator<T> >
class vector {
public:
typedef typename Allocator::reference reference;
typedef typename Allocator::const_reference const_reference;
typedef implementation defined iterator;
typedef implementation defined const_iterator;
typedef implementation defined size_type;
typedef implementation defined difference_type;
typedef T value_type;
typedef Allocator allocator_type;
typedef typename Allocator::pointer pointer;
typedef typename Allocator::const_pointer const_pointer;
typedef std::reverse_iterator<iterator> reverse_iterator;
typedef std::reverse_iterator<const_iterator> const_reverse_iterator;
explicit vector(const Allocator& = Allocator());
explicit vector(size_type n, const T& value = T(),
    const Allocator& = Allocator());
template <class InputIterator>
vector(InputIterator first, InputIterator last,
    const Allocator& = Allocator());
```

```
vector(const vector<T,Allocator>& x);
~vector();
vector<T,Allocator>& operator=(const vector<T,Allocator>& x);
template <class InputIterator>
void assign(InputIterator first, InputIterator last);
void assign(size_type n, const T& u);
allocator_type get_allocator() const;
iterator begin();
const_iterator begin() const;
iterator end();
const_iterator end() const;
reverse_iterator rbegin();
const_reverse_iterator rbegin() const;
reverse_iterator rend();
const_reverse_iterator rend() const;
size_type size() const;
size_type max_size() const;
void resize(size_type sz, T c = T());
size_type capacity() const;
bool empty() const;
void reserve(size_type n);
reference operator[](size_type n);
const_reference operator[](size_type n) const;
const_reference at(size_type n) const;
reference at(size_type n);
reference front();
const_reference front() const;
reference back();
const_reference back() const;
void push_back(const T& x);
void pop_back();
iterator insert(iterator position, const T& x);
void insert(iterator position, size_type n, const T& x);
template <class InputIterator>
void insert(iterator position,
    InputIterator first, InputIterator last);
iterator erase(iterator position);
iterator erase(iterator first, iterator last);
void swap(vector<T,Allocator>&);
void clear();
};
```

Aqui está o exemplo vector.cpp, que já analisamos no capítulo anterior. Este exemplo cria um vetor de notas de estudantes e calcula a nota média:

```
#include <iostream>
#include <vector>
using namespace std;

const int NUMBER_STUDENTS = 4;

int main()
{
    vector<double> scores(NUMBER_STUDENTS);
    double running_sum = 0;

    scores[0] = 89.0;
    scores[1] = 29.0;
```

```
    scores[2] = 59.0;
    scores[3] = 79.0;

    for (unsigned int loop_index = 0;
        loop_index < scores.size(); loop_index++)
    {
        running_sum += scores[loop_index];
    }

    cout << "The average student score is: "
        << running_sum / scores.size() << endl;

    return 0;
}
```

Este é o resultado gerado pela execução deste exemplo, vector.cpp:

```
%vector
The average student score is: 64
```

Para obter detalhes sobre como inicializar vetores a partir de arrays padrão, veja *Apresentando o contêiner **vector***, no Capítulo 15.

Solução relacionada:	Encontrada na página:
Apresentando o contêiner **vector**	545

Como usar o contêiner **list**

O contêiner **list** suporta uma lista duplamente encadeada, o que significa que cada elemento é ligado ao elemento à sua frente e ao elemento atrás dele. Isto faz com que percorrer a lista em ambos os sentidos seja fácil. Um contêiner **list** armazena uma lista de itens simples, tais como uma lista de compras. A principal diferença entre o contêiner **list** e o contêiner **vector** é que as listas suportam inserção e remoção de qualquer elemento da lista com gasto de tempo constante, não linear, independentemente do tamanho da lista, e não suportam o operador de array [] ou o método **at**. Em geral devemos usar contêineres **list** quando houver inserções e exclusões freqüentes no meio da seqüência. As listas da STL suportam iteradores bidirecionais, mas não iteradores de acesso aleatório.

Aqui estão os métodos que normalmente usamos com o contêiner **list**:

- **resize** – Redimensiona o contêiner apagando os últimos elementos, se necessário.
- **assign** – Atribui elementos de um intervalo ao contêiner, substituindo seu conteúdo.
- **push_front** – Acrescenta um elemento ao início do contêiner.
- **pop_front** – Apaga o primeiro elemento.
- **push_back** – Acrescenta um elemento ao final do contêiner.
- **pop_back** – Apaga o último elemento.
- **insert** – Insere um ou mais elementos.

- **clear** – Limpa o contêiner.
- **front** – Retorna o primeiro elemento.
- **back** – Retorna o último elemento.
- **erase** – Apaga elementos.
- **splice** – Adiciona o conteúdo de uma lista a outra lista.
- **remove_if** – Remove todos os elementos de uma lista para os quais um *predicado* (*predicate*, uma função booleana ou um objeto booleano, que veremos no próximo capítulo) é verdadeiro.
- **unique** – Remove todos os membros não únicos do contêiner.
- **merge** – Junta duas listas usando o operador < definido para a lista.
- **sort** – Ordena a lista
- **reverse** – Inverte a lista.

Eis aqui como o modelo de contêiner **list** é declarado na STL, com os métodos que ele suporta. Observe que, como listas não suportam iteradores de acesso aleatório, elas não podem usar o algoritmo **sort** da STL. Assim, elas fornecem o seu método de ordenamento próprio.

```
template <class T, class Allocator = allocator<T> >
class list {
public:
typedef typename Allocator::reference reference;
typedef typename Allocator::const_reference const_reference;
typedef implementation defined iterator;
typedef implementation defined const_iterator;
typedef implementation defined size_type;
typedef implementation defined difference_type;
typedef T value_type;
typedef Allocator allocator_type;
typedef typename Allocator::pointer pointer;
typedef typename Allocator::const_pointer const_pointer;
typedef std::reverse_iterator<iterator> reverse_iterator;
typedef std::reverse_iterator<const_iterator> const_reverse_iterator;
explicit list(const Allocator& = Allocator());
explicit list(size_type n, const T& value = T(),
    const Allocator& = Allocator());
template <class InputIterator>
list(InputIterator first, InputIterator last,
    const Allocator& = Allocator());
list(const list<T,Allocator>& x);
~list();
list<T,Allocator>& operator=(const list<T,Allocator>& x);
template <class InputIterator>
void assign(InputIterator first, InputIterator last);
void assign(size_type n, const T& t);
allocator_type get_allocator() const;
iterator begin();
const_iterator begin() const;
iterator end();
const_iterator end() const;
reverse_iterator rbegin();
const_reverse_iterator rbegin() const;
reverse_iterator rend();
```

```
const_reverse_iterator rend() const;
bool empty() const;
size_type size() const;
size_type max_size() const;
void resize(size_type sz, T c = T());
reference front();
const_reference front() const;
reference back();
const_reference back() const;
void push_front(const T& x);
void pop_front();
void push_back(const T& x);
void pop_back();
iterator insert(iterator position, const T& x);
void insert(iterator position, size_type n, const T& x);
template <class InputIterator>
void insert(iterator position, InputIterator first,
    InputIterator last);
iterator erase(iterator position);
iterator erase(iterator position, iterator last);
void swap(list<T,Allocator>&);
void clear();
void splice(iterator position, list<T,Allocator>& x);
void splice(iterator position, list<T,Allocator>& x, iterator i);
void splice(iterator position, list<T,Allocator>& x, iterator first,
    iterator last);
void remove(const T& value);
template <class Predicate> void remove_if(Predicate pred);
void unique();
template <class BinaryPredicate>
void unique(BinaryPredicate binary_pred);
void merge(list<T,Allocator>& x);
template <class Compare> void merge(list<T,Allocator>& x, Compare comp);
void sort();
template <class Compare> void sort(Compare comp);
void reverse();
};
```

Eis aqui um exemplo, list.cpp, que mostra o contêiner **list** em ação. Neste exemplo criamos uma lista de string e usamos o método **insert** para adicionar os nomes em inglês de diversas frutas à lista. Podemos passar ao método **insert** um iterador, para indicar onde inserir um elemento, bem como o próprio elemento. Também usaremos o algoritmo **copy** e um iterador **ostream** para exibir o conteúdo da lista. Também usaremos os métodos **push_front** e **push_back** para adicionar elementos à lista, bem como ordená-la com seu próprio método **sort**. Por fim usaremos o método **find**, para localizar elementos em uma lista e, como ele retorna um operador para o elemento encontrado, vamos substituir o elemento simplesmente sobrescrevendo-o (no exemplo, substituiremos "cherries" por "bananas":

```
#include <list>
#include <string>
#include <iostream>
#include <algorithm>
using namespace std;

int main ()
{
```

```
    list<string> fruits;

    fruits.insert(fruits.begin(),"apples");
    fruits.insert(fruits.begin(),"oranges");
    fruits.insert(fruits.begin(),"cherries");

    copy(fruits.begin(), fruits.end(),
        ostream_iterator<string, char>(cout," "));
    cout << endl;

    fruits.push_front("tangerines");
    fruits.push_back("pineapples");

    copy(fruits.begin(), fruits.end(),
        ostream_iterator<string, char>(cout," "));
    cout << endl;

    fruits.sort();

    copy(fruits.begin(), fruits.end(),
        ostream_iterator<string, char>(cout," "));
    cout << endl;

    fruits.insert(find(fruits.begin(), fruits.end(), "apples"), "pears");

    copy(fruits.begin(), fruits.end(),
        ostream_iterator<string, char>(cout," "));
    cout << endl;

    *find(fruits.begin(), fruits.end(), "cherries") = "bananas";
    copy(fruits.begin(), fruits.end(),
        ostream_iterator<string, char>(cout," "));
    cout << endl;

    return 0;
}
```

Este é o resultado gerado pela execução deste exemplo, list.cpp:

```
%list
cherries oranges apples
tangerines cherries oranges apples pineapples
apples cherries oranges pineapples tangerines
pears apples cherries oranges pineapples tangerines
pears apples bananas oranges pineapples tangerines
```

Como usar o contêiner **deque**

Como visto na seção *Análise Aprofundada* deste capítulo, uma deque (do inglês "double ended queue", fila com dois finais) é uma fila de dois finais que permite adicionar e remover elementos de ambas as pontas da fila. O contêiner **deque** é uma seqüência que suporta iteradores de acesso aleatório, da mesma forma que vetores. Ele também suporta operações de inserção e apagamento de tempo constante (cujo tempo não varia com o tamanho da deque) no início e no final (inserções e apagamentos no meio gastam um tempo que aumenta linearmente com o tamanho da fila). Um contêiner **deque** é otimizado para a colocação e retirada de elementos no início e no fim da fila, de modo que ele suporta os métodos **push_front, push_back, pop_front** e **pop_back** (o contêiner **queue**, mais restrito, suporta somente os métodos **push** e **pop**). Este contêiner é uma boa opção quando a maioria das inserções e exclusões ocorre no início e/ou no final da seqüência.

Aqui estão os métodos usados com maior freqüência com contêineres **deque**:

- **resize** – Redimensiona o contêiner apagando os últimos elementos, se necessário.
- **assign** – Atribui elementos de um intervalo ao contêiner, substituindo seu conteúdo.
- **push_back** – Acrescenta um elemento ao final do contêiner.
- **push_front** – Acrescenta um elemento ao início do contêiner.
- **pop_back** – Apaga o último elemento.
- **pop_front** – Apaga o primeiro elemento.
- **insert** – Insere um ou mais elementos.
- **clear** – Limpa o contêiner.
- **front** – Retorna o primeiro elemento.
- **back** – Retorna o último elemento.
- **erase** – Apaga elementos.
- [] – Operador de array.
- **at** – Retorna o elemento de uma posição específica.

Eis aqui como a classe de modelo **deque** da STL é declarada, com seus métodos disponíveis:

```
template <class T, class Allocator = allocator<T> >
class deque {
public:
typedef typename Allocator::reference reference;
typedef typename Allocator::const_reference const_reference;
typedef implementation defined iterator;
typedef implementation defined const_iterator;
typedef implementation defined size_type;
typedef implementation defined difference_type;
typedef T value_type;
typedef Allocator allocator_type;
typedef typename Allocator::pointer pointer;
typedef typename Allocator::const_pointer const_pointer;
typedef std::reverse_iterator<iterator> reverse_iterator;
typedef std::reverse_iterator<const_iterator> const_reverse_iterator;
explicit deque(const Allocator& = Allocator());
explicit deque(size_type n, const T& value = T(),
const Allocator& = Allocator());
template <class InputIterator>
deque(InputIterator first, InputIterator last,
const Allocator& = Allocator());
```

```
deque(const deque<T,Allocator>& x);
~deque();
deque<T,Allocator>& operator=(const deque<T,Allocator>& x);
template <class InputIterator>
void assign(InputIterator first, InputIterator last);
void assign(size_type n, const T& t);
allocator_type get_allocator() const;
iterator begin();
const_iterator begin() const;
iterator end();
const_iterator end() const;
reverse_iterator rbegin();
const_reverse_iterator rbegin() const;
reverse_iterator rend();
const_reverse_iterator rend() const;
size_type size() const;
size_type max_size() const;
void resize(size_type sz, T c = T());
bool empty() const;
reference operator[](size_type n);
const_reference operator[](size_type n) const;
reference at(size_type n);
const_reference at(size_type n) const;
reference front();
const_reference front() const;
reference back();
const_reference back() const;
void push_front(const T& x);
void push_back(const T& x);
iterator insert(iterator position, const T& x);
void insert(iterator position, size_type n, const T& x);
template <class InputIterator>
void insert (iterator position,
InputIterator first, InputIterator last);
void pop_front();
void pop_back();
iterator erase(iterator position);
iterator erase(iterator first, iterator last);
void swap(deque<T,Allocator>&);
void clear();
};
```

Vimos na seção *Análise Aprofundada* deste capítulo um exemplo, deque.cpp, que cria um deque de strings para guardar o nome de pacientes esperando para serem atendidos no consultório de um médico. Ele usa **push_front** para adicionar um elemento no início da deque, **push_back** para adicionar um elemento ao final dela e **pop_front** para remover um elemento do início da deque. Ele também usa índices de array, para acessar dados na deque aleatoriamente. Após cada operação o programa exibe uma nova fila de pacientes esperando para serem atendidos pelo médico. Eis aqui o código do exemplo:

```
#include <deque>
#include <string>
#include <iostream>
using namespace std;

deque<string> patients;
```

```
int main ()
{
  cout << "Initializing patients..." << endl;

  patients.push_front("Frank");
  patients.push_front("Molly");
  patients.push_front("Tom");
  patients.push_front("Sally");

  deque<string>::iterator itr;

  itr = patients.begin();
  while (itr < patients.end())
    cout << *itr++ << endl;

  cout << "Third patient..." << endl;

  cout << patients[2] << endl;

  cout << "A new patient arrives..." << endl;
  patients.push_back("Kurt");

  itr = patients.begin();
  while (itr < patients.end())
    cout << *itr++ << endl;

  cout << "Seeing the first patient..." << endl;
  patients.pop_front();

  itr = patients.begin();
  while (itr < patients.end())
    cout << *itr++ << endl;

  return 0;
}
```

E aqui está o resultado gerado pela execução deste exemplo:

```
%deque
Initializing patients...
Sally
Tom
Molly
Frank
Third patient...
Molly
A new patient arrives...
Sally
Tom
Molly
Frank
Kurt
```

```
Seeing the first patient...
Tom
Molly
Frank
Kurt
```

Como usar o contêiner **stack**

Já estamos vendo pilhas (stacks) desde o Capítulo 2. Uma pilha é uma construção de programação que opera de forma análoga a uma pilha de pratos. Normalmente adicionamos pratos ao topo da pilha e, quando os usamos, os pegamos na ordem contrária à qual eles foram empilhados (ou seja, o último empilhado é o primeiro a ser pego). As principais operações realizadas em pilhas são: **push**, que coloca elementos no topo da pilha, e **pop**, que retira um elemento do topo da pilha. As pilhas da STL são construídas a partir de outros contêineres de seqüência (como padrão, contêineres **deque**). Na verdade, qualquer seqüência que suporte as operações **back**, **push_back** e **pop_back** (o que inclui os contêineres **vector**, **list** e **deque**) pode ser usada para instanciar um contêiner **stack**.

Aqui estão os métodos que normalmente usamos com o contêiner **stack**:

- **push** – Coloca um elemento na pilha. O elemento se torna o novo topo da pilha.
- **pop** – Remove o elemento que está no topo da pilha.
- **top** – Retorna o elemento que está no topo da pilha, sem removê-lo.

Aqui está como a classe de modelo **stack** é declarada na STL, com seus métodos disponíveis:

```
template <class T, class Container = deque<T> >
class stack {
public:
typedef typename Container::value_type value_type;
typedef typename Container::size_type size_type;
typedef Container container_type;
protected:
Container c;
public:
explicit stack(const Container& = Container());
bool empty() const { return c.empty(); }
size_type size() const { return c.size(); }
value_type& top() { return c.back(); }
const value_type& top() const { return c.back(); }
void push(const value_type& x) { c.push_back(x); }
void pop() { c.pop_back(); }
};
```

Podemos usar uma pilha para inverter a ordem dos itens de dados, porque os elementos são tirados de uma pilha na ordem inversa em que foram colocados. Eis aqui um exemplo que vimos no Capítulo 4, mod.cpp, que converte números de decimal para hexadecimal dividindo sucessivamente o número por 16, para obter os dígitos hexadecimais. Como os dígitos hexadecimais são obtidos em ordem reversa, usamos uma pilha para invertê-los:

```
#include <iostream>
#include <stack>
using namespace std;

int main()
{
```

```
    int value = 32, temp = value;
    char characters[] = {'0', '1', '2', '3', '4', '5', '6', '7', '8',
        '9', 'A', 'B', 'C', 'D', 'E', 'F'};
    stack<int> st;

    while (temp > 0) {
        st.push(temp % 16);
        temp >>= 4;
    }

    cout << "Converting " << value << " yields 0x";

    while(!st.empty()) {
        cout << characters[st.top()];
        st.pop();
    }

    return 0;
}
```

Observe que usamos o método **top** para examinar o elemento no topo da pilha, pois o método **pop** não retorna o elemento quando ele o retira. Este é o resultado gerado pela execução deste programa, mod.cpp, que converte 32 para hexadecimal:

```
%mod
Converting 32 yields 0x20
```

Como padrão, pilhas são baseadas no contêiner **deque**. No entanto, se outro contêiner, como **vector**, for mais rápido para o tipo de operações que formos efetuar, podemos basear uma pilha nesse tipo de contêiner. Eis aqui um exemplo, stack.cpp, em que baseamos uma pilha no contêiner **vector** e empurramos para a pilha "C++.", "from" e "Hello", para que a mensagem seja retirada da pilha na ordem inversa:

```
#include <stack>
#include <vector>
#include <deque>
#include <string>
#include <iostream>
using namespace std;

int main ()
{
    stack<string, vector<string> > words;

    words.push("C++.");
    words.push("from");
    words.push("Hello");

    while(!words.empty()){
        cout << words.top() << endl;
        words.pop();
    }

  return 0;
}
```

Este é o resultado gerado pela execução de stack.cpp:

```
%stack
Hello
from
C++.
```

Solução relacionada:	*Encontrada na página:*
Resto de divisão: %	84
O laço **while**	145

Como usar o contêiner **queue**

O contêiner **queue** (fila) é, na verdade, uma forma restrita do contêiner **deque**. Não podemos acessar os elementos de uma fila aleatoriamente e não podemos percorrê-los. No entanto, podemos adicionar elementos ao final de uma fila e removê-los da frente da fila, da mesma forma que ocorre com uma fila de pessoas esperando para ser atendida, por exemplo, na bilheteria de um cinema. Podemos também verificar o número de elementos de uma fila e testar se ela está vazia. Da mesma forma que pilhas, filas são, na verdade, construídas a partir de outros tipos de contêineres: qualquer seqüência que suporte as operações **front**, **back**, **push_back** e **pop_front** (em outras palavras, os contêineres **list** e **deque**) pode ser usada para instanciar um objeto fila. Como padrão, contêineres **queue** são baseados em contêineres **deque**. O contêiner **queue** renomeia os métodos **push_back** e **pop_front** do contêiner-base para simplesmente **push** e **pop**, pois não há outras opções: só podemos colocar elementos no final da fila e retirá-los do início dela.

Aqui estão os métodos que normalmente usamos com o contêiner **queue**:

- **size** – Retorna o número de elementos na fila.
- **empty** – Retorna verdadeiro se o contêiner estiver vazio.
- **front** – Retorna o primeiro elemento.
- **back** – Retorna o último elemento.
- **push** – Coloca um valor no final da fila.
- **pop** – Remove o elemento no início da fila.

Aqui está como a classe de modelo **queue** da STL é declarada, com seus métodos disponíveis:

```
template <class T, class Container = deque<T> >
class queue {
public:
typedef typename Container::value_type value_type;
typedef typename Container::size_type size_type;
typedef Container container_type;
protected:
Container c;
public:
explicit queue(const Container& = Container());
bool empty() const { return c.empty(); }
size_type size() const { return c.size(); }
```

```
value_type& front() { return c.front(); }
const value_type& front() const { return c.front(); }
value_type& back() { return c.back(); }
const value_type& back() const { return c.back(); }
void push(const value_type& x) { c.push_back(x); }
void pop() { c.pop_front(); }
};
```

Podemos usar uma fila de forma análoga a uma pilha, mas com algumas diferenças: como se trata de uma fila, não de uma pilha, os elementos são retirados dela na mesma ordem em que foram colocados, não na ordem inversa. E, em vez de usarmos o método **top** para acessar os dados da fila, como na pilha, usamos **front** para obter o elemento que está no início da fila. Eis aqui um exemplo, queue.cpp, que coloca as palavras "Hello", "from", e "C++." em uma fila, examina-os com **front** e então os retira da fila:

```
#include <queue>
#include <string>
#include <deque>
#include <iostream>
using namespace std;

int main ()
{
    queue<string, deque<string> > words;

    words.push("Hello");
    words.push("from");
    words.push("C++.");

    while(!words.empty()){
        cout << words.front() << endl;
        words.pop();
    }

    return 0;
}
```

Observe que indicamos explicitamente que desejamos basear esta fila no contêiner **deque**. Embora **deque** seja o padrão, listamos o contêiner no código para mostrar como podemos especificar em que contêiner desejamos basear a fila. Podemos também omitir a declaração, assim: **queue<string>**.

Este é o resultado gerado pela execução deste exemplo, queue.cpp:

```
%queue
Hello
from
C++.
```

Como usar o contêiner **priority_queue**

O contêiner **priority_queue** é bastante parecido com o contêiner **queue**, exceto que os elementos de uma fila com prioridade são ordenados e o contêiner é baseado, como padrão, em **vector**, não em **deque**.

Na realidade podemos basear um contêiner **priority_queue** em qualquer seqüência com um iterador de acesso aleatório e que suporte as operações **front, push_back** e **pop_back** (na prática, **vector** e **deque**).

Aqui estão as operações que normalmente usamos com o contêiner **priority_queue**. Observe em particular que usamos **top** para acessar o primeiro elemento de uma fila com prioridade, em vez de **front**, usado com filas:

- **size** – Retorna o número de elementos na fila.
- **empty** – Retorna verdadeiro se o contêiner estiver vazio.
- **top** – Retorna o primeiro elemento do contêiner.
- **back** – Retorna o último elemento.
- **push** – Coloca um valor no final da fila.
- **pop** – Remove o elemento no início da fila.

Eis aqui como o contêiner **priority_queue** da STL é declarado, com seus métodos disponíveis:

```
template <class T, class Container = vector<T>,
class Compare = less<typename Container::value_type> >
class priority_queue {
public:
typedef typename Container::value_type value_type;
typedef typename Container::size_type size_type;
typedef Container container_type;
protected:
Container c;
Compare comp;
public:
explicit priority_queue(const Compare& x = Compare(),
const Container& = Container());
template <class InputIterator>
priority_queue(InputIterator first, InputIterator last,
    const Compare& x = Compare(),
    const Container& = Container());
bool empty() const { return c.empty(); }
size_type size() const { return c.size(); }
const value_type& top() const { return c.front(); }
void push(const value_type& x);
void pop();
};
```

E aqui está exemplo, priority_queue.cpp. Como padrão as filas com prioridade ordenam seus elementos com o maior elemento em primeiro lugar, mas podemos especificar a ordem de ordenamento usando os objetos função predefinidos **less** e **greater** (veremos mais sobre objetos função no próximo capítulo). Por exemplo, a declaração **priority_queue<string> words** declara uma fila com prioridade de strings chamada **words** em que a string que vem alfabeticamente em primeiro lugar é colocada no início da fila. A mesma declaração pode ser feita de forma explícita assim:

```
priority_queue<string, vector<string>, less<string> > words.
```

Também podemos inverter o ordenamento padrão, com uma declaração como:

```
priority_queue<string, vector<string>, greater<string> > words.
```

Eis aqui como criamos duas filas com prioridade de strings de texto, uma em ordem descendente e outra em ordem ascendente, em priority_queue.cpp:

```
#include <queue>
#include <deque>
#include <string>
#include <iostream>
using namespace std;

int main ()
{
    priority_queue<string> words;

    words.push("Cat");
    words.push("Rat");
    words.push("Bat");

    while(!words.empty()){
        cout << words.top() << endl;
        words.pop();
    }

    priority_queue<string, vector<string>, greater<string> > words2;

    words2.push("Cat");
    words2.push("Rat");
    words2.push("Bat");

    while(!words2.empty()){
        cout << words2.top() << endl;
        words2.pop();
    }

    return 0;
}
```

Este é o resultado gerado pela execução deste exemplo, priority_queue.cpp:

```
%priority_queue
Rat
Cat
Bat
Bat
Cat
Rat
```

Como usar o contêiner **set**

Um conjunto (set) da STL é semelhante a um conjunto matemático, sendo que cada elemento do conjunto precisa ser único. Por exemplo, podemos ter um conjunto de inteiros, como {1, 2, 5, 7, 9}. As operações de conjuntos matemáticas típicas, como união e interseção, são suportadas por conjuntos da STL.

Aqui estão os métodos que normalmente usamos com o contêiner **set**:

- **insert** – Insere um elemento.
- **erase** – Apaga um elemento.
- **find** – Localiza um elemento e retorna um iterador para ele; retorna um iterador para um elemento além do final do conjunto se o elemento procurado não for encontrado.
- **count** – Retorna o número de elementos.
- **erase** – Apaga todos os elementos.

Geralmente usamos os seguintes algoritmos da STL com conjuntos:

- **set_difference** – Retorna a diferença entre dois conjuntos.
- **set_union** – Retorna a união (concatenação) de dois conjuntos.
- **set_intersection** – Retorna a interseção (elementos comuns) de dois conjuntos.

Aqui está como o contêiner **set** é declarado na STL, com seus métodos disponíveis:

```
template <class Key, class Compare = less<Key>,
class Allocator = allocator<Key> >
class set {
public:
typedef Key key_type;
typedef Key value_type;
typedef Compare key_compare;
typedef Compare value_compare;
typedef Allocator allocator_type;
typedef typename Allocator::reference reference;
typedef typename Allocator::const_reference const_reference;
typedef implementation defined iterator;
typedef implementation defined const_iterator;
typedef implementation defined size_type;
typedef implementation defined difference_type;
typedef typename Allocator::pointer pointer;
typedef typename Allocator::const_pointer const_pointer;
typedef std::reverse_iterator<iterator> reverse_iterator;
typedef std::reverse_iterator<const_iterator> const_reverse_iterator;
explicit set(const Compare& comp = Compare(),
    const Allocator& = Allocator());
template <class InputIterator>
set(InputIterator first, InputIterator last,
    const Compare& comp = Compare(), const Allocator& = Allocator());
set(const set<Key,Compare,Allocator>& x);
~set();
set<Key,Compare,Allocator>& operator=
    (const set<Key,Compare,Allocator>& x);
allocator_type get_allocator() const;
iterator begin();
const_iterator begin() const;
iterator end();
const_iterator end() const;
reverse_iterator rbegin();
const_reverse_iterator rbegin() const;
reverse_iterator rend();
const_reverse_iterator rend() const;
```

```
bool empty() const;
size_type size() const;
size_type max_size() const;
pair<iterator,bool> insert(const value_type& x);
iterator insert(iterator position, const value_type& x);
template <class InputIterator>
void insert(InputIterator first, InputIterator last);
void erase(iterator position);
size_type erase(const key_type& x);
void erase(iterator first, iterator last);
void swap(set<Key,Compare,Allocator>&);
void clear();
key_compare key_comp() const;
value_compare value_comp() const;
iterator find(const key_type& x) const;
size_type count(const key_type& x) const;
iterator lower_bound(const key_type& x) const;
iterator upper_bound(const key_type& x) const;
pair<iterator,iterator> equal_range(const key_type& x) const;
};
```

Eis aqui um exemplo, sets.cpp, que cria dois conjuntos, exibe-os com um iterador **ostream** e exibe sua diferença, sua interseção e sua união. Para obter a união e a interseção desses conjuntos usamos os métodos **set_union** e **set_intersection**, passando a esses métodos iteradores para o início e o final de cada conjunto e um iterador **ostream** para exibir o resultado (podemos também armazenar os conjuntos união e interseção resultantes em novos contêineres **set**, usando um iterador de inserção – veja um exemplo em *Como usar o contêiner* ***multiset***, mais adiante neste capítulo):

```
#include <iostream>
#include <set>
#include <string>
#include <iterator>
#include <algorithm>
using namespace std;

const int NUMBER_ELEMENTS = 5;

int main()
{
    string strings1[NUMBER_ELEMENTS] = {"A", "B", "C", "D", "E"};
    string strings2[NUMBER_ELEMENTS] = {"C", "D", "E", "F", "G"};

    set<string> first_set(strings1, strings1 + NUMBER_ELEMENTS);
    set<string> second_set(strings2, strings2 + NUMBER_ELEMENTS);

    ostream_iterator<string, char> ostream_itr(cout, " ");

    cout << "First set:" << endl;
    copy(first_set.begin(), first_set.end(), ostream_itr);
    cout << endl;

    cout << "Second set:" << endl;
    copy(second_set.begin(), second_set.end(), ostream_itr);
    cout << endl;
```

```
    cout << "Difference of the two sets:" << endl;
    set_difference(first_set.begin(), first_set.end(), second_set.begin(),
        second_set.end(), ostream_itr);
    cout << endl;

    cout << "Intersection of the two sets:" << endl;
    set_intersection(first_set.begin(), first_set.end(),
        second_set.begin(),     second_set.end(), ostream_itr);
    cout << endl;

    cout << "Union of the two sets:" << endl;
    set_union(first_set.begin(), first_set.end(), second_set.begin(),
        second_set.end(), ostream_itr);
    cout << endl;

    return 0;
}
```

Aqui está o resultado gerado pela execução deste exemplo, sets.cpp:

```
%sets
First set:
A B C D E
Second set:
C D E F G
Difference of the two sets:
A B
Intersection of the two sets:
C D E
Union of the two sets:
A B C D E F G
```

Como usar o contêiner **map**

Vimos mapas na seção *Análise Aprofundada* deste capítulo. Mapas permitem armazenar dados como pares chave/valor e que se use cada chave para acessar o valor associado no mapa. Por exemplo, podemos usar uma chave como esta com um mapa: ***mapa*[*chave*] = *valor***. Em um contêiner **map** cada chave precisa ser única. O contêiner **map** suporta iteradores bidirecionais.

Aqui estão os métodos que normalmente usamos com o contêiner **map**:

- **find** – Localiza um elemento e retorna um iterador para ele; retorna um iterador para um elemento além do final do conjunto se o elemento procurado não for encontrado.
- **count** – Localiza o número de valores com uma certa chave.
- **insert** – Insere um novo par chave/valor .
- [] – O operador array.

O contêiner **map** armazena dados em pares chave/valor, usando o modelo de classe **pair**, **pair<class T, class U>**, onde **T** é a classe da chave e **U** a classe do valor. Podemos criar pares e então usar o método **insert** para adicionar elementos a um mapa, da seguinte forma:

```
pair<const int, string> item(1, "Ted");
map1.insert(item);
```

Podemos usar também notação de array para adicionar pares chave/valor a um mapa, assim:

```
map1[1] = "Ted";
```

Aqui está como o contêiner **map** é declarado na STL, com seus métodos disponíveis:

```
template <class Key, class T, class Compare = less<Key>,
class Allocator = allocator<pair<const Key, T> > >
class map {
public:
typedef Key key_type;
typedef T mapped_type;
typedef pair<const Key, T> value_type;
typedef Compare key_compare;
typedef Allocator allocator_type;
typedef typename Allocator::reference reference;
typedef typename Allocator::const_reference const_reference;
typedef implementation defined iterator;
typedef implementation defined const_iterator;
typedef implementation defined size_type;
typedef implementation defined difference_type;
typedef typename Allocator::pointer pointer;
typedef typename Allocator::const_pointer const_pointer;
typedef std::reverse_iterator<iterator> reverse_iterator;
typedef std::reverse_iterator<const_iterator> const_reverse_iterator;
class value_compare
: public binary_function<value_type,value_type,bool> {
friend class map;
protected:
Compare comp;
value_compare(Compare c) : comp(c) {}
public:
bool operator()(const value_type& x, const value_type& y) const {
    return comp(x.first, y.first);
}
};
explicit map(const Compare& comp = Compare(),
    const Allocator& = Allocator());
template <class InputIterator>
map(InputIterator first, InputIterator last,
    const Compare& comp = Compare(), const Allocator& = Allocator());
map(const map<Key,T,Compare,Allocator>& x);
~map();
map<Key,T,Compare,Allocator>&
operator=(const map<Key,T,Compare,Allocator>& x);
iterator begin();
const_iterator begin() const;
iterator end();
const_iterator end() const;
reverse_iterator rbegin();
const_reverse_iterator rbegin() const;
reverse_iterator rend();
const_reverse_iterator rend() const;
bool empty() const;
size_type size() const;
size_type max_size() const;
```

```
T& operator[](const key_type& x);
pair<iterator, bool> insert(const value_type& x);
iterator insert(iterator position, const value_type& x);
template <class InputIterator>
void insert(InputIterator first, InputIterator last);
void erase(iterator position);
size_type erase(const key_type& x);
void erase(iterator first, iterator last);
void swap(map<Key,T,Compare,Allocator>&);
void clear();
key_compare key_comp() const;
value_compare value_comp() const;
iterator find(const key_type& x);
const_iterator find(const key_type& x) const;
size_type count(const key_type& x) const;
iterator lower_bound(const key_type& x);
const_iterator lower_bound(const key_type& x) const;
iterator upper_bound(const key_type& x);
const_iterator upper_bound(const key_type& x) const;
pair<iterator,iterator>
equal_range(const key_type& x);
pair<const_iterator,const_iterator>
equal_range(const key_type& x) const;
};
```

Eis aqui um exemplo, map.cpp, que vimos na seção *Análise Aprofundada* deste capítulo. Nele criamos um mapa, de nome **ages**, que armazena as idades de pessoas, indexadas por nome. Os nomes das pessoas são as chaves e as idades correspondentes são os valores deste mapa. Para exibir todos os dados do mapa, podemos usar um iterador para apontar para cada objeto **pair** do mapa e exibir cada nome e idade usando os membros **first** e **second** dos objetos **pair**:

```
#include <string>
#include <map>
#include <iostream>
using namespace std;

int main ()
{
    map<string, int> ages;

    ages["Ralph"] = 35;
    ages["Sally"] = 29;
    ages["Tom"] = 77;
    ages["Frank"] = 31;
    ages["April"] = 24;
    ages["Tina"] = 61;

    map<string, int>::iterator itr;

    for(itr = ages.begin(); itr != ages.end(); itr++){
        cout << itr->first << " is " << itr->second << " years old."
            << endl;
    }

    return 0;
}
```

Este é o resultado gerado pela execução deste programa, map.cpp:

```
%map
April is 24 years old.
Frank is 31 years old.
Ralph is 35 years old.
Sally is 29 years old.
Tina is 61 years old.
Tom is 77 years old.
```

Como usar o contêiner **multiset**

O contêiner **multiset** é semelhante ao contêiner **set**, exceto que os elementos do conjunto não precisam ser únicos em um multiset.

Aqui estão os métodos que normalmente usamos com o contêiner **multiset**:

- **insert** – Insere um elemento.
- **erase** – Apaga um elemento.
- **find** – Localiza um elemento e retorna um iterador para ele; retorna um iterador para um elemento além do final do conjunto se o elemento procurado não for encontrado.
- **count** – Retorna o número de elementos.
- **erase** – Apaga todos os elementos.
- **lower_bound** – Retorna um iterador para o primeiro elemento com uma chave igual ou maior à chave passada ao método.
- **upper_bound** – Retorna um iterador para o primeiro elemento com uma chave maior do que a chave passada ao método.
- **equal_range** – Retorna um intervalo de todos os valores cujas chaves são iguais à chave especificada (para saber mais sobre **equal_range**, veja *Como usar o contêiner **multimap***, mais adiante neste capítulo).

Tipicamente usamos os seguintes algoritmos da STL com multisets:

- **set_difference** – Retorna a diferença entre dois conjuntos.
- **set_union** – Retorna a união (concatenação) de dois conjuntos.
- **set_intersection** – Retorna a interseção (elementos comuns) de dois conjuntos.

Aqui está como o contêiner **multiset** é declarado na STL, com seus métodos disponíveis:

```
template <class Key, class Compare = less<Key>,
class Allocator = allocator<Key> >
class multiset {
public:
typedef Key key_type;
typedef Key value_type;
typedef Compare key_compare;
typedef Compare value_compare;
```

```
typedef Allocator allocator_type;
typedef typename Allocator::reference reference;
typedef typename Allocator::const_reference const_reference;
typedef implementation defined iterator;
typedef implementation defined const_iterator;
typedef implementation defined size_type;
typedef implementation defined difference_type;
typedef typename Allocator::pointer pointer;
typedef typename Allocator::const_pointer const_pointer;
typedef std::reverse_iterator<iterator> reverse_iterator;
typedef std::reverse_iterator<const_iterator> const_reverse_iterator;
explicit multiset(const Compare& comp = Compare(),
    const Allocator& = Allocator());
template <class InputIterator>
multiset(InputIterator first, InputIterator last,
    const Compare& comp = Compare(),
    const Allocator& = Allocator());
multiset(const multiset<Key,Compare,Allocator>& x);
~multiset();
multiset<Key,Compare,Allocator>&
operator=(const multiset<Key,Compare,Allocator>& x);
allocator_type get_allocator() const;
iterator begin();
const_iterator begin() const;
iterator end();
const_iterator end() const;
reverse_iterator rbegin();
const_reverse_iterator rbegin() const;
reverse_iterator rend();
const_reverse_iterator rend() const;
bool empty() const;
size_type size() const;
size_type max_size() const;
iterator insert(const value_type& x);
iterator insert(iterator position, const value_type& x);
template <class InputIterator>
void insert(InputIterator first, InputIterator last);
void erase(iterator position);
size_type erase(const key_type& x);
void erase(iterator first, iterator last);
void swap(multiset<Key,Compare,Allocator>&);
void clear();
key_compare key_comp() const;
value_compare value_comp() const;
iterator find(const key_type& x) const;
size_type count(const key_type& x) const;
iterator lower_bound(const key_type& x) const;
iterator upper_bound(const key_type& x) const;
pair<iterator,iterator> equal_range(const key_type& x) const;
};
```

Eis aqui um exemplo, multiset.cpp, que mostra como os multisets funcionam. Nele criamos dois multisets, cada um dos quais com elementos em duplicata, e exibimos seu conteúdo, bem como sua união e interseção. Para determinar a união e a interseção desses conjuntos usamos os métodos **set_union** e **set_intersection**, passando aos métodos iteradores para o início e final de cada conjunto e um iterador de inserção para um conjunto-resultado (podemos também exibir os conjuntos de união e interseção diretamente, se passarmos um iterador **ostream** conectado a **cout** a esses métodos – veja um exemplo em *Como usar o contêiner* ***set***, anteriormente neste capítulo):

```
#include <iostream>
#include <set>
#include <algorithm>
using namespace std;

int main ()
{
   multiset<int,less<int> > set1, set2, union_set, intersection_set;
   ostream_iterator<multiset<int,less<int> >::value_type,char>
      ostream_itr(cout, " ");

   set1.insert(set1.begin(), 1);
   set1.insert(set1.begin(), 1);
   set1.insert(set1.begin(), 3);
   set1.insert(set1.begin(), 3);
   set1.insert(set1.begin(), 3);
   set1.insert(set1.begin(), 4);
   set1.insert(set1.begin(), 5);
   set1.insert(set1.begin(), 6);

   cout << "First set:" << endl;

   copy(set1.begin(),set1.end(), ostream_itr);
   cout << endl;

   set2.insert(set1.begin(), 4);
   set2.insert(set1.begin(), 4);
   set2.insert(set1.begin(), 5);
   set2.insert(set1.begin(), 5);
   set2.insert(set1.begin(), 5);
   set2.insert(set1.begin(), 6);
   set2.insert(set1.begin(), 7);
   set2.insert(set1.begin(), 8);

   cout << "Second set:" << endl;

   copy(set2.begin(),set2.end(), ostream_itr);
   cout << endl;

   set_union(set1.begin(), set1.end(), set2.begin(), set2.end(),
   insert_iterator<multiset<int,less<int> > >
      (union_set, union_set.begin()));

   cout << "Union of the two sets:" << endl;
   copy(union_set.begin(), union_set.end(), ostream_itr);
   cout << endl;
```

```
    set_intersection(set1.begin(), set1.end(), set2.begin(), set2.end(),
    insert_iterator<multiset<int,less<int> > >
        (intersection_set, intersection_set.begin()));

    cout << "Intersection of the two sets:" << endl;
    copy(intersection_set.begin(), intersection_set.end(), ostream_itr);
    cout << endl;

    return 0;
}
```

Este é o resultado gerado pela execução deste exemplo, multiset.cpp:

```
%multiset
First set:
1 1 3 3 3 4 5 6
Second set:
4 4 5 5 5 6 7 8
Union of the two sets:
1 1 3 3 3 4 4 5 5 5 6 7 8
Intersection of the two sets:
4 5 6
```

Solução relacionada:	*Encontrada na página:*
Como usar iteradores de inserção	557

Como usar o contêiner **multimap**

O contêiner **multimap** é semelhante ao contêiner **map**, exceto que podemos armazenar múltiplos valores para a mesma chave. É importante ter em mente que quando tivermos múltiplos valores para uma mesma chave não podemos usar o operador de array [], pois esse operador retorna um único valor. Em vez disso, devemos usar métodos como **equal_range**, **lower_bound** e **upper_bound**, para trabalharmos com *intervalos* de valores.

Aqui estão os métodos que normalmente usamos com o contêiner **multimap**:

- **find** – Localiza um elemento e retorna um iterador para ele; retorna um iterador para um elemento além do final do conjunto se o elemento procurado não for encontrado.
- **count** – Localiza o número de valores com uma certa chave.
- **lower_bound** – Retorna um iterador para o primeiro elemento com uma chave igual ou maior à chave passada ao método.
- **upper_bound** – Retorna um iterador para o primeiro elemento com uma chave maior do que a chave passada ao método.
- **insert** – Insere um novo par chave/valor.
- **equal_range** – Retorna um intervalo de todos os valores cujas chave são iguais à chave especificada.

Quando podemos armazenar múltiplos valores para uma mesma chave precisamos pensar em termos de intervalos de valores (nos quais cada valor é acessado usando-se a mesma chave), não em termos de elementos individuais. O método **lower_bound** retorna um iterador para o início de um tal intervalo e o método **upper_bound** retorna um iterador para um elemento além do final do intervalo. O método **equal_range** retorna um objeto **pair** de dois iteradores – um iterador de limite inferior e um de limite superior, que delimitam o intervalo de valores cujas chaves são iguais à chave passada ao método (para saber mais sobre objetos **pair**, veja *Como usar o contêiner **map***, anteriormente neste capítulo).

Eis aqui como o contêiner **multimap** é declarado na STL, com seus métodos disponíveis:

```
template <class Key, class T, class Compare = less<Key>,
class Allocator = allocator<pair<const Key, T> > >
class multimap {
public:
typedef Key key_type;
typedef T mapped_type;
typedef pair<const Key,T> value_type;
typedef Compare key_compare;
typedef Allocator allocator_type;
typedef typename Allocator::reference reference;
typedef typename Allocator::const_reference const_reference;
typedef implementation defined iterator;
typedef implementation defined const_iterator;
typedef implementation defined size_type;
typedef implementation defined difference_type;
typedef typename Allocator::pointer pointer;
typedef typename Allocator::const_pointer const_pointer;
typedef std::reverse_iterator<iterator> reverse_iterator;
typedef std::reverse_iterator<const_iterator> const_reverse_iterator;
class value_compare
: public binary_function<value_type,value_type,bool> {
friend class multimap;
protected:
Compare comp;
value_compare(Compare c) : comp(c) {}
public:
bool operator()(const value_type& x, const value_type& y) const {
return comp(x.first, y.first);
}
};
explicit multimap(const Compare& comp = Compare(),
    const Allocator& = Allocator());
template <class InputIterator>
multimap(InputIterator first, InputIterator last,
    const Compare& comp = Compare(),
    const Allocator& = Allocator());
multimap(const multimap<Key,T,Compare,Allocator>& x);
~multimap();
multimap<Key,T,Compare,Allocator>&
operator=(const multimap<Key,T,Compare,Allocator>& x);
allocator_type get_allocator() const;
iterator begin();
const_iterator begin() const;
iterator end();
const_iterator end() const;
```

```
reverse_iterator rbegin();
const_reverse_iterator rbegin() const;
reverse_iterator rend();
const_reverse_iterator rend() const;
bool empty() const;
size_type size() const;
size_type max_size() const;
iterator insert(const value_type& x);
iterator insert(iterator position, const value_type& x);
template <class InputIterator>
void insert(InputIterator first, InputIterator last);
void erase(iterator position);
size_type erase(const key_type& x);
void erase(iterator first, iterator last);
void swap(multimap<Key,T,Compare,Allocator>&);
void clear();
key_compare key_comp() const;
value_compare value_comp() const;
iterator find(const key_type& x);
const_iterator find(const key_type& x) const;
size_type count(const key_type& x) const;
iterator lower_bound(const key_type& x);
const_iterator lower_bound(const key_type& x) const;
iterator upper_bound(const key_type& x);
const_iterator upper_bound(const key_type& x) const;
pair<iterator,iterator>
equal_range(const key_type& x);
pair<const_iterator,const_iterator>
equal_range(const key_type& x) const;
};
```

E aqui está um exemplo, multimap.cpp, que coloca o contêiner para trabalhar. Nele inserimos pares em um contêiner **multimap** de nome **friends**, cujas chaves são as idades das pessoas e os valores associados são seus nomes. Observe que a chave **35** possui dois nomes associados a ela: "Ralph" e "Frank". Podemos contar o número de pessoas armazenadas com uma mesma chave, usando o método **count**, e obter um objeto **pair** contendo iteradores que delimitam o intervalo de nomes com uma mesma idade, usando o método **equal_range**. Então fica fácil percorrer o intervalo, no nosso caso exibindo todas as pessoas que têm 35 anos de idade:

```
#include <iostream>
#include <string>
#include <map>
#include <algorithm>
using namespace std;

int main()
{
    multimap<int, string> friends;

    friends.insert(pair<const int, string>(35, "Ralph"));
    friends.insert(pair<const int, string>(29, "Sally"));
    friends.insert(pair<const int, string>(77, "Tom"));
    friends.insert(pair<const int, string>(35, "Frank"));
```

```
    friends.insert(pair<const int, string>(24, "April"));
    friends.insert(pair<const int, string>(61, "Tina"));

    cout << "Number of friends 35 years old: " << friends.count(35) << endl;

    multimap<int, string>::iterator itr;

    pair<multimap<int, string>::iterator, multimap<int, string>::iterator>
       range_pair = friends.equal_range(35);

    cout << "Friends 35 years old:" << endl;
    for (itr = range_pair.first; itr != range_pair.second; ++itr)
        cout << itr->second << endl;

    return 0;
}
```

Este é o resultado gerado pela execução deste exemplo, multimap.cpp:

```
%multimap
Number of friends 35 years old: 2
Friends 35 years old:
Ralph
Frank
```

Como usar o contêiner **bitset**

Já vimos conjuntos de bits (bitsets) na seção *Análise Aprofundada* deste capítulo. Um conjunto de bits guarda bits acessíveis individualmente, os quais podem ser usados para configurar flags booleanos, armazenando valores verdadeiro/falso. Por exemplo, poderíamos querer uma forma compacta de acompanhar que opções estão ativas em um programa de desenho: para tal poderíamos usar um flag para indicar se a ferramenta de desenho de retângulos está em uso, outro para a ferramenta de desenho de círculos, e assim por diante.

Aqui estão os métodos que normalmente usamos conjuntos de bits:

- **set** – Configura um bit em 1.
- **reset** – Configura um bit em 0.
- **flip** – Inverte o valor de cada bit de um conjunto de bits.
- [] – O operador array.
- &=, |=, ^= – Operadores para operações E, OU e OU exclusivo bit a bit.

Aqui está como a classe de modelo **bitset** é declarada na STL:

```
template<size_t N>
class bitset {
public:
class reference {
friend class bitset;
```

```
reference();
public:
~reference();
reference& operator=(bool x);
reference& operator=(const reference&);
bool operator~() const;
operator bool() const;
reference& flip();
};
bitset();
bitset(unsigned long val);
template<class charT, class traits, class Allocator>
explicit bitset(
const basic_string<charT,traits,Allocator>& str,
    typename basic_string<charT,traits,Allocator>::size_type pos = 0,
    typename basic_string<charT,traits,Allocator>::size_type n =
    basic_string<charT,traits,Allocator>::npos);
bitset<N>& operator&=(const bitset<N>& rhs);
bitset<N>& operator|=(const bitset<N>& rhs);
bitset<N>& operator^=(const bitset<N>& rhs);
bitset<N>& operator<<=(size_t pos);
bitset<N>& operator>>=(size_t pos);
bitset<N>& set();
bitset<N>& set(size_t pos, int val = true);
bitset<N>& reset();
bitset<N>& reset(size_t pos);
bitset<N> operator~() const;
bitset<N>& flip();
bitset<N>& flip(size_t pos);
reference operator[](size_t pos);
unsigned long to_ulong() const;
template <class charT, class traits, class Allocator>
basic_string<charT, traits, Allocator> to_string() const;
size_t count() const;
size_t size() const;
bool operator==(const bitset<N>& rhs) const;
bool operator!=(const bitset<N>& rhs) const;
bool test(size_t pos) const;
bool any() const;
bool none() const;
bitset<N> operator<<(size_t pos) const;
bitset<N> operator>>(size_t pos) const;
};
```

Eis aqui um exemplo, bitset.cpp, visto inicialmente na seção *Análise Aprofundada* deste capítulo. Para criar um conjunto de bits com um número de bits específico, passamos o número desejado para o modelo **bitset**. Criamos aqui um conjunto de bits de oito bits, inicializado com 00000000. Em seguida fazemos um OU bit a bit entre o valor 7 e o conjunto de bits, o que armazena o valor binário 00000111 no conjunto de bits. Para verificar se um bit específico, no nosso exemplo o bit 2, está configurado em 1, podemos acessar o bit usando o operador array:

```
#include <iostream>
#include <bitset>
using namespace std;
```

```
int main ()
{
    bitset<8> flags;

    flags |= 7;

    cout << flags << endl;

    if(flags[2]){
        cout << "Bit 2 is set" << endl;
    }

    return 0;
}
```

Este é o resultado gerado pela execução deste exemplo, bitset.cpp:

```
%bitset
00000111
Bit 2 is set
```

Como usar **valarray**

Outra classe do C++ que vale a pena discutir quando estudamos os contêineres da STL é o modelo de classe **valarray**, projetada para uso com valores numéricos. Para usar esse modelo de classe, precisamos incluir o cabeçalho valarray e dimensionar o **valarray** da mesma forma que um vetor. No entanto, também podemos somar objetos de **valarray**, multiplicá-los e aplicar funções matemáticas a cada um de seus elementos, dentre outras operações, através dos métodos incorporados de **valarray**. Eis aqui um exemplo, valarray.cpp, que soma dois objetos **valarray** e multiplica um deles por 3:

```
#include <iostream>
#include <valarray>
using namespace std;

int main(void)
{
    valarray<int> valarray1(10);
    valarray<int> valarray2(10);

    for(int loop_index = 0; loop_index < 10; loop_index++){
        valarray1[loop_index] = loop_index;
        valarray2[loop_index] = loop_index;
    }

    cout << "Original valarrays..." << endl;
    for (unsigned int i = 0; i < valarray1.size(); i++)
        cout << valarray1[i] << ' ';
    cout << endl;
```

```
    for (unsigned int i2 = 0; i2 < valarray2.size(); i2++)
        cout << valarray2[i2] << ' ';
    cout << endl;

    valarray1 += valarray2;

    cout << "Sum of valarrays..." << endl;
    for (unsigned int i3 = 0; i3 < valarray1.size(); i3++)
        cout << valarray1[i3] << ' ';
    cout << endl;

    valarray2 *= 3;

    cout << "First valarray x 3..." << endl;
    for (unsigned int i4 = 0; i4 < valarray2.size(); i4++)
        cout << valarray2[i4] << ' ';
    cout << endl;

    return 0;
}
```

Este é o resultado gerado pela execução de valarray.cpp:

```
%valarray
Original valarrays...
0 1 2 3 4 5 6 7 8 9
0 1 2 3 4 5 6 7 8 9
Sum of valarrays...
0 2 4 6 8 10 12 14 16 18
First valarray x 3...
0 3 6 9 12 15 18 21 24 27
```

Capítulo 17

Objetos Função e Algoritmos da STL

Análise Aprofundada

O capítulo anterior foi totalmente dedicado a contêineres da STL. Este capítulo é inteiramente destinado aos algoritmos da STL. Os algoritmos da STL são funções que não são membros de qualquer contêiner, mas que trabalham com iteradores de contêineres para ordenar, percorrer, pesquisar, substituir, apagar e manipular de outras maneiras os elementos de um contêiner. Como os algoritmos da STL trabalham com iteradores e os iteradores de cada contêiner tratam dos detalhes internos de como se movimentar pelos dados do contêiner, podemos usar esses algoritmos com qualquer tipo de contêiner da STL. Eis aqui os algoritmos que veremos neste capítulo:

- **accumulate** – Acumula valores de operações matemáticas sucessivas.
- **copy** – Copia dados de um contêiner para outro, usando iteradores.
- **count** – Conta o número de elementos existentes em um contêiner.
- **equal** – Testa se contêineres são iguais.
- **find** – Localiza um elemento em um contêiner.
- **for_each** – Aplica uma função a todos os elementos de um contêiner.
- **min_element** e **max_element** – Localizam, respectivamente, o elemento mínimo e máximo de um contêiner.
- **random_shuffle** – Embaralha aleatoriamente os elementos de um contêiner.
- **remove** – Remove um ou mais elementos de um contêiner.
- **replace** – Substitui um ou mais elementos de um contêiner.
- **reverse** – Inverte a ordem dos elementos de um contêiner.
- **rotate** – Rotaciona a ordem dos elementos de um contêiner.
- **search** – Pesquisa um contêiner.
- **sort** – Ordena os elementos de um contêiner.
- **swap** – Permuta os dados dentro de um contêiner com os dados de outro contêiner.
- **transform** – Aplica uma função que transforma os elementos de um contêiner.
- **unique** – Elimina valores de elementos duplicados adjacentes.

Já temos visto alguns algoritmos da STL em ação desde o Capítulo 15, que incluiu o programa de exemplo stlfunctions.cpp, o qual usa os algoritmos **sort**, **for_each** e **random_shuffle** para ordenar, percorrer e embaralhar os elementos de um vetor aleatoriamente. Nesse exemplo criamos um vetor de objetos **person**, cada um dos quais guarda o nome e a idade de uma pessoa, e então usamos algoritmos da STL para manipular esses dados:

```
#include <iostream>
#include <string>
```

```
#include <vector>
#include <algorithm>
using namespace std;

class person
{
    string name;
    int age;
public:
    person(string n, int a) {name = n; age = a;}
    friend bool compare_ages(const person & person1,
        const person & person2);
    friend bool operator<(const person & person1, const person & person2);
    friend void display(person p);
};

void display(person p)
{
    cout << "Name: " << p.name << " age: " << p.age << endl;
}

bool operator<(const person & person1, const person & person2)
{
    if (person1.name < person2.name)
        return true;
    else
        return false;
}

bool compare_ages(const person & person1, const person & person2)
{
    if (person1.age < person2.age)
        return true;
    else
        return false;
}

int main()
{
    vector<person> friends;

    friends.push_back(person("Ralph", 35));
    friends.push_back(person("Tom", 36));
    friends.push_back(person("Frank", 23));
    friends.push_back(person("Sally", 24));

    sort(friends.begin(), friends.end());

    cout << "Sorted by name..." << endl;

    for_each(friends.begin(), friends.end(), display);

    sort(friends.begin(), friends.end(), compare_ages);

    cout << "Sorted by age..." << endl;

    for_each(friends.begin(), friends.end(), display);
```

```
    random_shuffle(friends.begin(), friends.end());

    cout << "Randomly shuffled..." << endl;

    for_each(friends.begin(), friends.end(), display);

    return 0;
}
```

Aqui está o resultado gerado pela execução deste programa:

```
%stlfunctions
Sorted by name...
Name: Frank age: 23
Name: Ralph age: 35
Name: Sally age: 24
Name: Tom age: 36
Sorted by age...
Name: Frank age: 23
Name: Sally age: 24
Name: Ralph age: 35
Name: Tom age: 36
Randomly shuffled...
Name: Tom age: 36
Name: Frank age: 23
Name: Sally age: 24
Name: Ralph age: 35
```

Como podemos ver, algoritmos como **sort**, **for_each** e **random_shuffle** permitem manipular os dados de um contêiner. Na verdade, agora que estamos vendo algoritmos, vale a pena examinar este código mais uma vez, em particular a função **compare_ages**, uma função "friend" da classe **person**, a qual passamos ao algoritmo **sort** para que ele a use para ordenar pessoas por idade. Esta função toma dois objetos **person** e compara suas idades, assim:

```
class person
{
    string name;
    int age;
public:
    person(string n, int a) {name = n; age = a;}
    friend bool compare_ages(const person & person1,
        const person & person2);
    friend bool operator<(const person & person1, const person & person2);
    friend void display(person p);
};
    .
    .
    .
bool compare_ages(const person & person1, const person & person2)
{
    if (person1.age < person2.age)
        return true;
```

```
    else
        return false;
}

int main()
{
    vector<person> friends;

    friends.push_back(person("Ralph", 35));
    friends.push_back(person("Tom", 36));
    friends.push_back(person("Frank", 23));
    friends.push_back(person("Sally", 24));
    .
    .
    .
    sort(friends.begin(), friends.end(), compare_ages);
    .
    .
    .
```

Passar **compare_ages** ao algoritmo **sort** a torna um objeto função. Na verdade, ela é um tipo particular de objeto função: um *predicado binário* (*binary predicate*). Podemos passar objetos função a algoritmos da STL para personalizar o comportamento dos algoritmos. Veremos mais detalhadamente como isto funciona a seguir.

Objetos função

Muitos algoritmos da STL permitem personalizar seu comportamento aceitando que se passe a eles objetos função, também chamados de functores. Um objeto função é uma construção de programação chamada com (), da mesma forma que uma função, que inclui nomes de função normais (como **compare_ages**, no exemplo que acabamos de ver) e também ponteiros para funções e objetos, através de um operador () sobrecarregado. (Como podemos sobrecarregar o operador ()? Basta definir o método **operator()()** em uma classe, por estranho que possa parecer.) Usaremos objetos função com diversos algoritmos neste capítulo. Assim, é essencial saber como eles funcionam.

Aqui estão alguns termos relacionados a objetos função:

- Um *gerador* é um objeto função chamado sem nenhum argumento.
- Uma *função unária* é um objeto função chamado com um argumento.
- Uma *função binária* é um objeto função chamado com dois argumentos.
- Uma função unária que retorna um valor booleano é um *predicado.*
- Uma função binária que retorna um valor booleano é um *predicado binário.*

Por exemplo, o objeto função **compare_ages** que vimos em stlfunctions.cpp é um predicado binário, pois ele toma dois argumentos **person** e retorna um valor booleano. Embora possamos usar funções verdadeiras como **compare_ages** como objetos função, muitas vezes é melhor usar objetos com um método **operator()** definido, pois podemos personalizar o comportamento de tais objetos passando argumentos ao construtor do objeto.

Eis aqui um exemplo, function_object.cpp, que cria uma classe de nome **square** que suporta um método **operator()**, o qual simplesmente retorna o valor de seu argumento elevado ao quadrado. Para permitir que essa classe seja usada com qualquer tipo numérico, tornamo-la um modelo de classe:

```
#include <vector>
#include <algorithm>
#include <iostream>
using namespace std;

template<class T>
class square
{
public:
   T operator() (const T& value)
   {
      return value * value;
   }
};
        .
        .
        .
```

Para elevar ao quadrado os elementos de um vetor de inteiros, poderíamos passar **square<int>()** ao algoritmo **for_each** que já vimos, mas como o método **operator()** da classe **square** não exibe nada, o programa não geraria qualquer saída. Uma melhor opção de algoritmo aqui seria **transform**, que toma dois iteradores que delimitam o intervalo de elementos com que se deseja trabalhar, um iterador para o destino para o qual se deseja que os dados transformados sejam enviados e um objeto função a usar para transformar os dados. Neste exemplo, podemos armazenar os valores elevados ao quadrado em um novo vetor e então usar o algoritmo **copy** para exibir os dados desse novo vetor. (Alternativamente, como veremos dentro de algumas páginas, podemos usar com o algoritmo **transform** um iterador **ostream**, para exibir os dados imediatamente após eles serem transformados). Para elevar ao quadrado do vetor original, passamos **square<int>()** como um objeto função para **transform**:

```
#include <vector>
#include <algorithm>
#include <iostream>
using namespace std;

template<class T>
class square
{
public:
   T operator() (const T& value)
   {
      return value * value;
   }
};

const int NUMBER_ELEMENTS = 8;

int main ()
{
```

```
    int initial_values[NUMBER_ELEMENTS] = {1, 2, 3, 4, 5, 6, 7, 8};
    vector<int> start(NUMBER_ELEMENTS);
    start.assign(initial_values, initial_values + NUMBER_ELEMENTS);

    vector<int> result(NUMBER_ELEMENTS);

    transform(start.begin(), start.end(), result.begin(), square<int>());

    cout << "Here are the squared values:" << endl;

    copy(result.begin(), result.end(),
        ostream_iterator<int, char>(cout," "));
    cout << endl;

    return 0;
}
```

DICA: *Outra maneira de usar o algoritmo* ***transform****, mais de acordo com seu nome, seria sobrescrever os dados originais com os dados recém-transformados, o que pode ser feito configurando o iterador de saída para o início dos dados de entrada, assim:* ***transform(start.begin(), start.end(), start.begin(), square<int>())****.*

Aqui está o resultado gerado pela execução deste código, function_object.cpp:

```
%function_object
Here are the squared values:
1 4 9 16 25 36 49 64
```

Como podemos ver, há diversas maneiras de criar objetos função. Além disso, a STL também inclui diversos objetos função predefinidos.

Objetos função predefinidos

Para usar os objetos função predefinidos da STL, precisamos incluir o arquivo de cabeçalho de nome functional. Há objetos função predefinidos eqüivalentes a todas as operações aritméticas e lógicas simples. Por exemplo, para subtrair os elementos de um contêiner de outro, podemos passar o objeto função predefinido **minus** para o algoritmo **transform**. Os objetos função predefinidos eqüivalentes às operações aritméticas e lógicas simples são listados na Tabela 17.1.

Tabela 17.1 Operadores e objetos função eqüivalentes.

Operador	Objeto função eqüivalente
+	plus
-	minus
*	multiplies
/	divides
%	modulus
-	negate
==	equal_to
!=	not_equal_to

Tabela 17.1 Operadores e objetos função eqüivalentes *(continuação)*.

Operador	Objeto função eqüivalente
>	greater
<	less
>=	greater_equal
<=	less_equal
&&	logical_and
||	logical_or
!	logical_not

Existe um aspecto importante que devemos considerar aqui. O objeto função **square<int>()** que definimos no exemplo anterior retorna o valor de seu único argumento elevado ao quadrado, de modo que podemos elevar ao quadrado os elementos de um vetor de nome **vector1** e enviar os resultados a um iterador **ostream** da seguinte maneira:

```
transform(vector1.begin(), vector1.end(), ostream_itr, square<int>());
```

No entanto, um objeto função predefinido como **multiplies** toma dois argumentos, não um. Ocorre que há uma segunda forma do algoritmo **transform** para tratar desse caso. Para esta nova forma de **transform** passamos um argumento adicional: um iterador para o início dos dados do segundo contêiner. Por exemplo, aqui está como multiplicar os elementos de dois vetores, **vector1** e **vector2**, e enviar o resultado para um iterador **ostream**:

```
transform(vector1.begin(), vector1.end(), vector2.begin(), ostream_itr,
    multiplies<int>());
```

No entanto, o que podemos fazer se quisermos multiplicar cada elemento de um vetor não pelo elemento correspondente de outro vetor, mas por um valor constante, como por exemplo 10? Bem, ocorre que os objetos função predefinidos da STL são *adaptáveis*, o que significa que eles podem ser adaptados por outras classes e objetos para atender a situações como essas. Como **multiplies** é uma função binária adaptável, podemos adaptá-la para uma função unária usando as funções **bind1st** e **bind2nd** da STL. A função **bind1st** liga o primeiro argumento de uma função binária a um valor específico, ao passo que a função **bind2nd** liga o segundo argumento de uma função binária a um valor particular. Usando **bind1st** e **bind2nd** podemos efetivamente adaptar **multiplies** a uma função unária, no que diz respeito a **transform**.

***NOTA:** Um objeto função é adaptável por outras funções da STL caso seu valor de retorno seja do tipo **result_type** e seus argumentos sejam dos tipos **first_argument_type** e **second_argument_type**. Por exemplo, o tipo de retorno de **multiplies** é **multiplies<int>::result_type**.*

Eis aqui como ficaria o código se quiséssemos usar **transform** para multiplicar todos os elementos de **vector1** por 10. Note que ligamos o primeiro argumento de **multiplies** a 10, para que ele sempre use esse valor, e então usamos a função unária resultante para trabalhar com os elementos de **vector1**:

```
transform(vector1.begin(), vector1.end(), ostream_itr,
    bind1st(multiplies<int>(), 10));
```

Aqui está um exemplo completo, adaptable_functors.cpp, que mostra o processo em funcionamento. Nele definimos dois vetores de inteiros, **vector1** e **vector2**, e usamos o objeto de função predefinido **minus** para subtrair os elementos de um dos vetores dos elementos do outro. Também adaptamos **multiplies** de função binária para unária com a função **bind1st**, para podermos multiplicar todos os elementos de **vector2** por 10:

```
#include <iostream>
#include <vector>
#include <iterator>
#include <algorithm>
#include <functional>
using namespace std;

const int NUMBER_ELEMENTS = 6;

int main()
{
    int initial_values1[NUMBER_ELEMENTS] = {3, 5, 7, 9, 11, 13};
    int initial_values2[NUMBER_ELEMENTS] = {1, 2, 3, 4, 5, 6};

    vector<int> vector1(NUMBER_ELEMENTS);
    vector<int> vector2(NUMBER_ELEMENTS);
    vector1.assign(initial_values1, initial_values1 + NUMBER_ELEMENTS);
    vector2.assign(initial_values2, initial_values2 + NUMBER_ELEMENTS);

    ostream_iterator<int, char> ostream_itr(cout, " ");

    cout << "Vector 1: " << endl;
    copy(vector1.begin(), vector1.end(), ostream_itr);
    cout << endl;

    cout << "Vector 2: " << endl;
    copy(vector2.begin(), vector2.end(), ostream_itr);
    cout << endl;

    cout << "Vector 1 - vector 2: " << endl;
    transform(vector1.begin(), vector1.end(), vector2.begin(),
        ostream_itr, minus<int>());
    cout << endl;

    cout << "10 * vector 2: " << endl;
    transform(vector2.begin(), vector2.end(), ostream_itr,
        bind1st(multiplies<int>(), 10));
    cout << endl;

    return 0;
}
```

E aqui está o resultado gerado pela execução deste código, adaptable_functors.cpp. Como podemos ver, os objetos função predefinidos **minus** e **multiplies** cumpriram seu trabalho:

```
%adaptable_functors
Vector 1:
3 5 7 9 11 13
```

```
Vector 2:
1 2 3 4 5 6
Vector 1 - vector 2:
2 3 4 5 6 7
10 * vector 2:
10 20 30 40 50 60
```

Usando algoritmos

Já vimos diversos algoritmos, como **copy**, **sort**, **for_each**, **random_shuffle**, **set_union**, **set_intersection** e **transform** em funcionamento, e veremos muitos outros na seção *Soluções Imediatas* deste capítulo. Em termos gerais, a STL possui quatro tipos de algoritmos:

- Algoritmos de seqüência que não alteram os dados (arquivo de cabeçalho: algorithm).
- Algoritmos de seqüência que alteram os dados (arquivo de cabeçalho: algorithm).
- Algoritmos de ordenamento (arquivo de cabeçalho: algorithm).
- Algoritmos numéricos generalizados (arquivo de cabeçalho: numeric).

Algoritmos de seqüência que não alteram os dados, como **find** e **for_each**, operam sobre cada um dos elementos de um intervalo. Algoritmos de seqüência que alteram os dados, como **transform**, **random_shuffle**, ou **copy**, também operam sobre os elementos de um intervalo, mas podem alterá-los. Algoritmos de ordenamento incluem funções de ordenamento, como **sort**, e de operações sobre conjuntos, como **set_union** e **set_intersection**. Por fim, operações numéricas incluem funções para adicionar o conteúdo de um contêiner, calcular o produto interno de dois contêineres, calcular somas parciais e diferenças adjacentes e assim por diante.

Também merece ser citado que muitos algoritmos possuem versões, alternativas, com **_if** ou **_copy** anexado a seu nome, como **remove_if** e **remove_copy**. Um dos argumentos passados à versão **_if** de um algoritmo é um predicado ou predicado binário, o qual retorna um valor booleano verdadeiro/falso que determina se o algoritmo será aplicado ou não. Alguns algoritmos possuem duas versões, uma versão "no lugar" e outra de cópia. A versão "no lugar" pode alterar os dados do contêiner original, enquanto a versão de cópia, que tem **_copy** acrescentado ao nome, permite ao usuário passar ao algoritmo, como argumento opcional, um iterador de saída que especifica para onde os resultados devem ser copiados. (Para comparar como usar um algoritmo e sua versão de cópia, veja *Como usar **remove** e **erase***, mais adiante neste capítulo.)

Vamos então, passar a estudar novos algoritmos neste capítulo. Comecemos com **min_element** e **max_element**, que percorrem os dados de um contêiner e retornam um iterador para o elemento de valor mínimo e máximo do contêiner, respectivamente. Eis aqui um exemplo, minmax.cpp, que exibe o elemento mínimo e o máximo de um vetor de inteiros:

```
#include <vector>
#include <algorithm>
#include <iostream>

using namespace std;

const int NUMBER_ELEMENTS = 8;

int main ()
{
```

```
    int initial_values[NUMBER_ELEMENTS] = {1, 2, 3, 4, 5, 6, 6, 7};

    vector<int> vector1(NUMBER_ELEMENTS);
    vector1.assign(initial_values, initial_values + NUMBER_ELEMENTS);

    vector<int>::iterator maximum_value = max_element(vector1.begin(),
        vector1.end());
    cout << "Maximum value: " << *maximum_value << endl;

    vector<int>::iterator minimum_value = min_element(vector1.begin(),
        vector1.end());
    cout << "Minimum value: " << *minimum_value << endl;

    return 0;
}
```

Aqui está o resultado gerado pela execução deste exemplo, minmax.cpp:

```
%minmax
Maximum value: 7
Minimum value: 1
```

A STL possui muitos algoritmos disponíveis. Vamos vê-los em funcionamento a seguir, na seção *Soluções Imediatas*.

Soluções Imediatas

Como usar objetos função

Conforme visto na seção *Análise Aprofundada* deste capítulo, um objeto função, também chamado de functor, é qualquer objeto que possa ser usado com (), inclusive nomes de funções normais e ponteiros para funções e objetos com um operador () sobrecarregado. Também vimos que objetos função possuem alguns termos próprios:

- Um *gerador* é um objeto função chamado sem nenhum argumento.
- Uma *função unária* é um objeto função chamado com um argumento.
- Uma *função binária* é um objeto função chamado com dois argumentos.
- Uma função unária que retorna um valor booleano é um *predicado*.
- Uma função binária que retorna um valor booleano é um *predicado binário*.

Muitos algoritmos da STL, como por exemplo **for_each** e **transform**, podem receber objetos função como argumentos (na verdade, podemos passar especificamente funções predicado ou predicado binário para algoritmos que terminam em **_if**). Aqui está um exemplo que já vimos, function_object.cpp, que usa um modelo de classe de nome **square** para elevar ao quadrado valores numéricos passados a ela. A classe faz isto definindo um método **operator()**. Para fazer o exemplo funcionar, passamos o objeto função **square<int>()** a **transform**:

```
#include <functional>
#include <vector>
#include <algorithm>
#include <iostream>
using namespace std;

template<class T>
class square
{
public:
   T operator() (const T& value)
   {
      return value * value;
   }
};

const int NUMBER_ELEMENTS = 8;

int main ()
{
   int initial_values[NUMBER_ELEMENTS] = {1, 2, 3, 4, 5, 6, 7, 8};
   vector<int> start(NUMBER_ELEMENTS);
```

```
    start.assign(initial_values, initial_values + NUMBER_ELEMENTS);
    vector<int> result(NUMBER_ELEMENTS);

    transform(start.begin(), start.end(), result.begin(), square<int>());

    cout << "Here are the squared values:" << endl;

    copy(result.begin(), result.end(),
       ostream_iterator<int, char>(cout," "));
    cout << endl;

    return 0;
}
```

E aqui está o resultado gerado pela execução deste código, function_object.cpp:

```
%function_object
Here are the squared values:
1 4 9 16 25 36 49 64
```

Como usar objetos função predefinidos

Como vimos na Tabela 17.1, a STL conta com muitos objetos função predefinidos. Podemos usar os objetos função daquela tabela para realizar operações aritméticas e lógicas simples, como mostrou o exemplo adaptable_functors.cpp da seção *Análise Aprofundada* deste capítulo. Nesse exemplo usamos os objetos função predefinidos **minus** e **multiplies**, respectivamente, para subtrair os elementos de um vetor de outro e multiplicar os elementos de um vetor por 10. Note que, para a multiplicação por 10, usamos a função **bind1st** para adaptar o objeto função predefinido **multiplies** para uma função unária:

```
#include <iostream>
#include <vector>
#include <iterator>
#include <algorithm>
#include <functional>
using namespace std;

const int NUMBER_ELEMENTS = 6;

int main()
{
    int initial_values1[NUMBER_ELEMENTS] = {3, 5, 7, 9, 11, 13};
    int initial_values2[NUMBER_ELEMENTS] = {1, 2, 3, 4, 5, 6};

    vector<int> vector1(NUMBER_ELEMENTS);
    vector<int> vector2(NUMBER_ELEMENTS);
    vector1.assign(initial_values1, initial_values1 + NUMBER_ELEMENTS);
    vector2.assign(initial_values2, initial_values2 + NUMBER_ELEMENTS);

    ostream_iterator<int, char> ostream_itr(cout, " ");

    cout << "Vector 1: " << endl;
    copy(vector1.begin(), vector1.end(), ostream_itr);
```

```
    cout << endl;

    cout << "Vector 2: " << endl;
    copy(vector2.begin(), vector2.end(), ostream_itr);
    cout << endl;

    cout << "Vector 1 - vector 2: " << endl;
    transform(vector1.begin(), vector1.end(), vector2.begin(), ostream_itr,
        minus<int>());
    cout << endl;

    cout << "10 * vector 2: " << endl;
    transform(vector2.begin(), vector2.end(), ostream_itr,
        bind1st(multiplies<int>(), 10));
    cout << endl;

    return 0;
}
```

Este é o resultado gerado pela execução deste exemplo, adaptable_functors.cpp:

```
%adaptable_functors
Vector 1:
3 5 7 9 11 13
Vector 2:
1 2 3 4 5 6
Vector 1 - vector 2:
2 3 4 5 6 7
10 * vector 2:
10 20 30 40 50 60
```

Como usar **accumulate**

O algoritmo **accumulate** permite *acumular* o resultado de operações aritméticas sucessivas sobre os elementos de um contêiner. Estas são as formas disponíveis de **accumulate**:

```
template <class InputIterator, class T>
T accumulate(InputIterator first, InputIterator last, T init);
template <class InputIterator, class T, class BinaryOperation>
T accumulate(InputIterator first, InputIterator last, T init,
    BinaryOperation binary_op);
```

Como padrão, **accumulate** adiciona os elementos com que trabalha, mas podemos passar a ele um objeto função binário para realizar outras operações. Por exemplo, se um vetor armazenar os valores 1, 2, 3 e 4, **accumulate** retorna a soma desses valores, 10. Podemos também configurar o valor inicial do acumulador de resultados, através do argumento **init**. Eis aqui um exemplo, accumulate.cpp, que adiciona os elementos de um vetor e também usa o objeto função predefinido **multiplies** para multiplicar o valor dos elementos:

```
#include <algorithm>
#include <functional>
#include <numeric>
#include <iostream>
```

```
using namespace std;

const int NUMBER_ELEMENTS = 4;

int main ()
{
   int numbers[NUMBER_ELEMENTS] = {1, 2, 3, 4};

   int result = accumulate(numbers, numbers + NUMBER_ELEMENTS, 0);

   cout << "Adding the values gives: " << result << endl;

   result = accumulate(numbers, numbers + NUMBER_ELEMENTS, 1,
      multiplies<int>());

   cout << "Multiplying the values gives: " << result << endl;

   return 0;
}
```

Aqui está o resultado gerado pela execução deste exemplo, accumulate.cpp:

```
%accumulate
Adding the values gives: 10
Multiplying the values gives: 24
```

Como usar **copy**

Já vimos **copy** ao longo dos dois últimos capítulos. Podemos usar **copy** para copiar os elementos de um contêiner para outro ou para um iterador de fluxo. Estas são as formas disponíveis de **copy**:

```
template<class InputIterator, class OutputIterator>
OutputIterator copy(InputIterator first, InputIterator last,
   OutputIterator result);
template<class BidirectionalIterator1, class BidirectionalIterator2>
BidirectionalIterator2 copy_backward
   (BidirectionalIterator1 first, BidirectionalIterator1 last,
   BidirectionalIterator2 result);
```

Eis aqui um exemplo, copier.cpp, que já vimos no Capítulo 15. Ele cria um vetor de números e usa **copy** para copiar elementos de um array para o vetor e então copiar do vetor para um iterador **ostream**, para exibir os elementos:

```
#include <iostream>
#include <iterator>
#include <vector>
using namespace std;

const int MAX = 5;

int main()
{
   int numbers_array[MAX];
```

```
    vector<int> numbers_vector(MAX);

    for (int loop_index = 0; loop_index < MAX; loop_index++){
        numbers_array[loop_index] = loop_index;
    }

    copy(numbers_array, numbers_array + MAX, numbers_vector.begin());

    ostream_iterator<int, char> ostream_itr(cout, " ");

    copy(numbers_vector.begin(), numbers_vector.end(), ostream_itr);
    cout << endl;

    return 0;
}
```

Este é o resultado gerado pela execução de copier.cpp, mostrando que **copy** faz seu trabalho:

```
%copier
0 1 2 3 4
```

Solução relacionada:	*Encontrada na página:*
Como usar iteradores **ostream** e **copy**	552
Como usar iteradores **istream** e **copy**	554

Como usar **count**

Podemos usar o algoritmo **count** para contar os elementos de um contêiner e a versão **count_if** para contar o número de elementos para os quais um predicado é verdadeiro:

```
typename iterator_traits<InputIterator>::difference_type
    count(InputIterator first, InputIterator last, const T& value);
template<class InputIterator, class Predicate>
typename iterator_traits<InputIterator>::difference_type
    count_if(InputIterator first, InputIterator last, Predicate pred);
```

NOTA: *Observe que o tipo de retorno de **count** é **difference_type**, o qual é especificamente projetado para guardar a diferença entre iteradores. Como não existe garantia de que um tipo fixo como, por exemplo, **int**, seja grande o suficiente para guardar o número retornado por **count**, os projetistas da STL preferiram usar como tipo de retorno **difference_type**. A lógica por trás disso é que, como **difference_type** é grande o suficiente para guardar a distância máxima entre os iteradores de um contêiner, ele é grande o suficiente para guardar a contagem máxima que um contêiner pode ter: o número de elementos no contêiner.*

Eis aqui um exemplo, count.cpp, que conta o número de vezes que a palavra "Hello" aparece em um vetor de objetos **string**:

```
#include <iostream>
#include <algorithm>
#include <string>
#include <vector>
using namespace std;
```

```
int main()
{
    vector<string> words;

    words.push_back("Hello");
    words.push_back("Hello");
    words.push_back("there");

    cout << "The word \"Hello\" appears " <<
        count(words.begin(), words.end(), "Hello") <<
        " times." << endl;

    return 0;
}
```

Aqui está o resultado gerado pela execução deste exemplo, count.cpp:

```
%count
The word "Hello" appears 2 times.
```

Solução relacionada:	Encontrada na página:
Como descobrir a distância entre iteradores	560

Como usar **equal**

Podemos usar o algoritmo **equal** para verificar se o conteúdo de dois contêineres é igual. O algoritmo retorna um valor **true** se os contêineres forem iguais e **false** do contrário:

```
template<class InputIterator1, class InputIterator2>
bool equal(InputIterator1 first1, InputIterator1 last1,
    InputIterator2 first2);
```

Eis aqui um exemplo, equal.cpp, que mostra **equal** em funcionamento. Ele simplesmente compara dois vetores:

```
#include <algorithm>
#include <vector>
#include <functional>
#include <iostream>
using namespace std;

const int NUMBER_ELEMENTS = 5;

int main ()
{
    int initial_values1[NUMBER_ELEMENTS] = {1, 2, 3, 4, 5};
    int initial_values2[NUMBER_ELEMENTS] = {1, 2, 4, 3, 5};

    vector<int> vector1(NUMBER_ELEMENTS);
    vector1.assign(initial_values1, initial_values1 + NUMBER_ELEMENTS);
    vector<int> vector2(NUMBER_ELEMENTS);
```

```
    vector2.assign(initial_values2, initial_values2 + NUMBER_ELEMENTS);

    if(equal(vector1.begin(), vector1.end(), vector2.begin()))
        cout << "Vectors are equal" << endl;
    else
        cout << "Vectors are not equal" << endl;

    return 0;
}
```

Aqui está o resultado gerado pela execução deste exemplo, equal.cpp. Neste caso os dois contêineres **vector** não são iguais, pois 3 e 4 estão em lugares diferentes no segundo **vector**. Assim, o resultado obtido é:

```
%equal
Vectors are not equal
```

Como usar **find**

Podemos usar o algoritmo **find** para localizar elementos específicos em um contêiner. Estas são as formas disponíveis de **find**. Observe que **find_end** é um **find** reverso (trabalha de trás para frente), ao passo que **adjacent_find** localiza elementos adjacentes:

```
template<class InputIterator, class T>
InputIterator find(InputIterator first, InputIterator last,
    const T& value);
template<class InputIterator, class Predicate>
InputIterator find_if(InputIterator first, InputIterator last,
    Predicate pred);
template<class ForwardIterator1, class ForwardIterator2>
ForwardIterator1
    find_end(ForwardIterator1 first1, ForwardIterator1 last1,
    ForwardIterator2 first2, ForwardIterator2 last2);
template<class ForwardIterator1, class ForwardIterator2,
    class BinaryPredicate>
ForwardIterator1
    find_end(ForwardIterator1 first1, ForwardIterator1 last1,
    ForwardIterator2 first2, ForwardIterator2 last2,
    BinaryPredicate pred);
template<class ForwardIterator1, class ForwardIterator2>
ForwardIterator1
    find_first_of(ForwardIterator1 first1, ForwardIterator1 last1,
    ForwardIterator2 first2, ForwardIterator2 last2);
template<class ForwardIterator1, class ForwardIterator2,
    class BinaryPredicate>
ForwardIterator1
    find_first_of(ForwardIterator1 first1, ForwardIterator1 last1,
    ForwardIterator2 first2, ForwardIterator2 last2,
    BinaryPredicate pred);
template<class ForwardIterator>
ForwardIterator adjacent_find(ForwardIterator first,
    ForwardIterator last);
template<class ForwardIterator, class BinaryPredicate>
```

```
ForwardIterator adjacent_find(ForwardIterator first,
   ForwardIterator last, BinaryPredicate pred);
```

Este algoritmo é ótimo para localizar um elemento específico em um contêiner rapidamente. Eis aqui um exemplo, find.cpp, que usa **find** para localizar o valor 3 em um vetor de inteiros e o algoritmo **adjacent_find** para localizar o primeiro conjunto de elementos adjacentes iguais no vetor:

```
#include <vector>
#include <algorithm>
#include <iostream>
using namespace std;

const int NUMBER_ELEMENTS = 8;

int main ()
{
   int initial_values[NUMBER_ELEMENTS] = {1, 2, 3, 4, 5, 6, 6, 7};

   vector<int> vector1(NUMBER_ELEMENTS);
   vector1.assign(initial_values, initial_values + NUMBER_ELEMENTS);

   vector<int>::iterator itr1 = find(vector1.begin(), vector1.end(), 3);

   cout << "Found a " << *itr1 << endl;

   vector<int>::iterator itr2 =
      adjacent_find(vector1.begin(), vector1.end());

   cout << "Found adjacent elements starting with " << *itr2 << endl;

   return 0;
}
```

Este é o resultado gerado pela execução de find.cpp:

```
%find
Found a 3
Found adjacent elements starting with 6
```

Como usar **for_each**

Usamos o algoritmo **for_each** para percorrer todos os elementos de um contêiner e aplicar uma função a cada um deles:

```
template<class InputIterator, class Function>
Function for_each(InputIterator first, InputIterator last, Function f);
```

Vimos no Capítulo 15 um exemplo, stlfunctions.cpp, que emprega o algoritmo **for_each** para chamar uma função de nome **display** para exibir os dados de um vetor de objetos:

```
#include <iostream>
#include <string>
#include <vector>
```

```
#include <algorithm>
using namespace std;

class person
{
    string name;
    int age;
public:
    person(string n, int a) {name = n; age = a;}
    friend bool compare_ages(const person & person1,
        const person & person2);
    friend bool operator<(const person & person1, const person & person2);
    friend void display(person p);
};

void display(person p)
{
    cout << "Name: " << p.name << " age: " << p.age << endl;
}

bool operator<(const person & person1, const person & person2)
{
    if (person1.name < person2.name)
        return true;
    else
        return false;
}

bool compare_ages(const person & person1, const person & person2)
{
    if (person1.age < person2.age)
        return true;
    else
        return false;
}

int main()
{
    vector<person> friends;

    friends.push_back(person("Ralph", 35));
    friends.push_back(person("Tom", 36));
    friends.push_back(person("Frank", 23));
    friends.push_back(person("Sally", 24));

    sort(friends.begin(), friends.end());

    cout << "Sorted by name..." << endl;

    for_each(friends.begin(), friends.end(), display);

    sort(friends.begin(), friends.end(), compare_ages);

    cout << "Sorted by age..." << endl;

    for_each(friends.begin(), friends.end(), display);

    random_shuffle(friends.begin(), friends.end());
```

```
    cout << "Randomly shuffled..." << endl;

    for_each(friends.begin(), friends.end(), display);

    return 0;
}
```

Aqui está o resultado gerado pela execução deste exemplo, stlfunctions.cpp:

```
%stlfunctions
Sorted by name...
Name: Frank age: 23
Name: Ralph age: 35
Name: Sally age: 24
Name: Tom age: 36
Sorted by age...
Name: Frank age: 23
Name: Sally age: 24
Name: Ralph age: 35
Name: Tom age: 36
Randomly shuffled...
Name: Tom age: 36
Name: Frank age: 23
Name: Sally age: 24
Name: Ralph age: 35
```

Como usar **min_element** e **max_element**

Podemos usar os algoritmos **min_element** e **max_element**, respectivamente, para localizar os elementos mínimo e máximo de um contêiner:

```
template<class ForwardIterator>
ForwardIterator min_element (ForwardIterator first, ForwardIterator last);
template<class ForwardIterator, class Compare>
ForwardIterator min_element(ForwardIterator first, ForwardIterator last,
    Compare comp);
template<class ForwardIterator>
ForwardIterator max_element(ForwardIterator first, ForwardIterator last);
template<class ForwardIterator, class Compare>
ForwardIterator max_element(ForwardIterator first, ForwardIterator last,
    Compare comp);
```

Vimos na seção *Análise Aprofundada* deste capítulo um exemplo, minmax.cpp, que mostra os algoritmos **min_element** e **max_element** em ação. Nele usamos um vetor de inteiros que armazena os valores 1, 2, 3, 4, 5, 6, 6 e 7 e localizamos os valores mínimo e máximo do vetor, da seguinte maneira:

```
#include <vector>
#include <algorithm>
#include <iostream>

using namespace std;

const int NUMBER_ELEMENTS = 8;

int main ()
```

```
{
    int initial_values[NUMBER_ELEMENTS] = {1, 2, 3, 4, 5, 6, 6, 7};

    vector<int> vector1(NUMBER_ELEMENTS);
    vector1.assign(initial_values, initial_values + NUMBER_ELEMENTS);

    vector<int>::iterator maximum_value =
        max_element(vector1.begin(), vector1.end());
    cout << "Maximum value: " << *maximum_value << endl;

    vector<int>::iterator minimum_value =
        min_element(vector1.begin(), vector1.end());
    cout << "Minimum value: " << *minimum_value << endl;

    return 0;
}
```

Este é o resultado obtido quando executamos o exemplo, minmax.cpp:

```
%minmax
Maximum value: 7
Minimum value: 1
```

Como usar **random_shuffle**

O algoritmo **random_shuffle** embaralha os elementos de um contêiner aleatoriamente, produzindo um novo ordenamento:

```
template<class RandomAccessIterator>
void random_shuffle(RandomAccessIterator first,
    RandomAccessIterator last);
template<class RandomAccessIterator, class RandomNumberGenerator>
void random_shuffle(RandomAccessIterator first,
    RandomAccessIterator last, RandomNumberGenerator& rand);
```

Vimos como usar **random_shuffle** no Capítulo 15, no exemplo stlfunctions.cpp. Nele usamos **random_shuffle** para embaralhar os elementos **person** de um vetor e então exibir o resultado, da seguinte forma:

```
#include <iostream>
#include <string>
#include <vector>
#include <algorithm>
using namespace std;

class person
{
    string name;
    int age;
public:
    person(string n, int a) {name = n; age = a;}
    friend bool compare_ages(const person & person1,
        const person & person2);
```

```
    friend bool operator<(const person & person1, const person & person2);
    friend void display(person p);
};

void display(person p)
{
    cout << "Name: " << p.name << " age: " << p.age << endl;
}

bool operator<(const person & person1, const person & person2)
{
    if (person1.name < person2.name)
        return true;
    else
        return false;
}

bool compare_ages(const person & person1, const person & person2)
{
    if (person1.age < person2.age)
        return true;
    else
        return false;
}

int main()
{
    vector<person> friends;

    friends.push_back(person("Ralph", 35));
    friends.push_back(person("Tom", 36));
    friends.push_back(person("Frank", 23));
    friends.push_back(person("Sally", 24));

    sort(friends.begin(), friends.end());

    cout << "Sorted by name..." << endl;

    for_each(friends.begin(), friends.end(), display);

    sort(friends.begin(), friends.end(), compare_ages);

    cout << "Sorted by age..." << endl;

    for_each(friends.begin(), friends.end(), display);

    random_shuffle(friends.begin(), friends.end());

    cout << "Randomly shuffled..." << endl;

    for_each(friends.begin(), friends.end(), display);

    return 0;
}
```

Aqui está o resultado gerado pela execução deste exemplo, stlfunctions.cpp:

```
%stlfunctions
```

```
Sorted by name...
Name: Frank age: 23
Name: Ralph age: 35
Name: Sally age: 24
Name: Tom age: 36
Sorted by age...
Name: Frank age: 23
Name: Sally age: 24
Name: Ralph age: 35
Name: Tom age: 36
Randomly shuffled...
Name: Tom age: 36
Name: Frank age: 23
Name: Sally age: 24
Name: Ralph age: 35
```

Como usar **remove** e **erase**

Podemos usar o algoritmo **remove** para remover elementos de um contêiner. Estas são as formas disponíveis de **remove**:

```
template<class ForwardIterator, class T>
    ForwardIterator remove(ForwardIterator first, ForwardIterator last,
    const T& value);
template<class ForwardIterator, class Predicate>
ForwardIterator remove_if(ForwardIterator first, ForwardIterator last,
    Predicate pred);
template<class InputIterator, class OutputIterator, class T>
OutputIterator remove_copy(InputIterator first, InputIterator last,
    OutputIterator result, const T& value);
template<class InputIterator, class OutputIterator, class Predicate>
OutputIterator remove_copy_if(InputIterator first, InputIterator last,
    OutputIterator result, Predicate pred);
```

Eis aqui um exemplo, remove.cpp, que usa **remove** para remover um elemento de um vetor e então emprega um objeto função para remover todos os elementos maiores do que 5. Em seguida usamos a versão de cópia de **remove, remove_copy,** para fazer a mesma coisa, exemplificando assim a diferença entre um algoritmo "no lugar" e sua versão de cópia. Observe em particular que o algoritmo **remove** "no lugar" retorna um iterador para o novo último do contêiner e que devemos usar **erase** para excluir os elementos que sobraram no final do contêiner, algo que não é necessário fazer quando usamos **remove_copy**. Para usar **erase**, basta passar dois iteradores que delimitam o intervalo de elementos a excluir:

```
#include <algorithm>
#include <vector>
#include <iterator>
#include <iostream>
using namespace std;

template<class T>
class greater_than_5
{
public:
    bool operator() (const T& value) {return value > 5;}
```

```
};

const int NUMBER_ELEMENTS = 10;

int main ()
{
    int initial_values[NUMBER_ELEMENTS] = {1, 2, 3, 4, 5, 6, 7, 8, 9, 10};

    vector<int> vector1(NUMBER_ELEMENTS);
    vector<int> vector2(NUMBER_ELEMENTS);
    vector1.assign(initial_values, initial_values + NUMBER_ELEMENTS);
    vector2.assign(initial_values, initial_values + NUMBER_ELEMENTS);

    cout << "Original vector: " << endl;
    copy(vector1.begin(), vector1.end(),
        ostream_iterator<int,char>(cout," "));
    cout << endl;

    cout << "Removing the 8: " << endl;
    vector<int,allocator<int> >::iterator result = remove(vector1.begin(),
        vector1.end(), 8);
    vector1.erase(result, vector1.end());

    copy(vector1.begin(), vector1.end(),
        ostream_iterator<int,char>(cout," "));
    cout << endl;

    cout << "Removing elements greater than 5: " << endl;
    result = remove_if(vector1.begin(), vector1.end(),
        greater_than_5<int>());
    vector1.erase(result, vector1.end());

    copy(vector1.begin(), vector1.end(),
        ostream_iterator<int,char>(cout," "));
    cout << endl;

    cout << "Using the copying version to remove the 8: " << endl;
    remove_copy(vector2.begin(), vector2.end(),
        ostream_iterator<int,char>(cout," "), 8);
    cout << endl;

    cout << "Using the copying version to remove elements greater than 5: "
        << endl;
    remove_copy_if(vector2.begin(), vector2.end(),
        ostream_iterator<int,char>(cout," "),
        greater_than_5<int>());

  return 0;
}
```

Este é o resultado gerado pela execução de remove.cpp:

```
%remove
Original vector:
1 2 3 4 5 6 7 8 9 10
Removing the 8:
1 2 3 4 5 6 7 9 10
Removing elements greater than 5:
1 2 3 4 5
Using the copying version to remove the 8:
1 2 3 4 5 6 7 9 10
Using the copying version to remove elements greater than 5:
1 2 3 4 5
```

Como usar **replace**

Podemos usar o algoritmo **replace** para substituir elementos de um contêiner:

```
template<class ForwardIterator, class T>
void replace(ForwardIterator first, ForwardIterator last,
    const T& old_value, const T& new_value);
template<class ForwardIterator, class Predicate, class T>
void replace_if(ForwardIterator first, ForwardIterator last,
    Predicate pred, const T& new_value);
template<class InputIterator, class OutputIterator, class T>
OutputIterator replace_copy(InputIterator first, InputIterator last,
    OutputIterator result, const T& old_value, const T& new_value);
template<class Iterator, class OutputIterator, class Predicate, class T>
OutputIterator replace_copy_if(Iterator first, Iterator last,
    OutputIterator result, Predicate pred, const T& new_value);
```

Eis aqui um exemplo, replace.cpp, que coloca **replace** em ação. Nele substituímos o número 5 por 0 em um vetor de inteiros. Também usamos um objeto função, **is_odd**, e a versão **replace_if** de **replace** para substituir todos os números ímpares do vetor por 0:

```
#include <vector>
#include <algorithm>
#include <iostream>
using namespace std;

bool is_odd (int value) {return value % 2;}

const int NUMBER_ELEMENTS = 8;

int main ()
{
    int initial_values[NUMBER_ELEMENTS] = {1, 2, 3, 4, 5, 6, 6, 7};

    vector<int> vector1(NUMBER_ELEMENTS);
    vector1.assign(initial_values, initial_values + NUMBER_ELEMENTS);

    cout << "The original vector:" << endl;
    copy (vector1.begin(), vector1.end(),
```

```
        ostream_iterator<int, char>(cout, " "));
    cout << endl;

    cout << "Replacing 5 with 0:" << endl;
    replace (vector1.begin(), vector1.end(), 5, 0);
    copy (vector1.begin(), vector1.end(),
        ostream_iterator<int, char>(cout, " "));
    cout << endl;

    cout << "Replacing odd numbers with 0:" << endl;
    replace_if (vector1.begin(), vector1.end(), is_odd, 0);
    copy (vector1.begin(), vector1.end(),
        ostream_iterator<int, char>(cout, " "));
    cout << endl;

    return 0;
}
```

Este é o resultado gerado pela execução de replace.cpp:

```
%replace
The original vector:
1 2 3 4 5 6 6 7
Replacing 5 with 0:
1 2 3 4 0 6 6 7
Replacing odd numbers with 0:
0 2 0 4 0 6 6 0
```

Como usar **reverse**

Podemos usar o algoritmo **reverse** para inverter a ordem dos elementos de um contêiner:

```
template<class BidirectionalIterator>
void reverse(BidirectionalIterator first, BidirectionalIterator last);
```

Eis aqui um exemplo, reverse.cpp, que usa **reverse** para inverter a ordem das letras do alfabeto:

```
#include <algorithm>
#include <iostream>
using namespace std;

int main ()
{
    char alphabet[] = "abcdefghijklmnopqrstuvwxyz";

    reverse (alphabet, alphabet + strlen(alphabet));
    cout << alphabet << endl;

    return 0;
}
```

Aqui está o resultado gerado pela execução de reverse.cpp:

```
%reverse
zyxwvutsrqponmlkjihgfedcba
```

Como usar **rotate**

Usamos o algoritmo **rotate** para *rotacionar* os elementos de um contêiner. Isto significa tirar elementos do início do contêiner e colocá-los em seu final, um a um. O iterador **middle** é um iterador para o elemento que desejamos que esteja no início do contêiner após a rotação ser concluída:

```
template<class ForwardIterator>
void rotate(ForwardIterator first, ForwardIterator middle,
    ForwardIterator last);
template<class ForwardIterator, class OutputIterator>
OutputIterator rotate_copy(ForwardIterator first,
    ForwardIterator middle, ForwardIterator last, OutputIterator result);
```

Eis aqui um exemplo, rotate.cpp, que rotaciona os elementos de um vetor e exibe o resultado, para mostrar como o processo funciona:

```
#include <algorithm>
#include <vector>
#include <iostream>
using namespace std;

const int NUMBER_ELEMENTS = 12;

int main ()
{
    int initial_values[NUMBER_ELEMENTS] =
        {1, 2, 3, 4, 5, 6, 7, 8, 9, 10, 11, 12};

    vector<int> vector1(NUMBER_ELEMENTS);
    vector1.assign(initial_values, initial_values + NUMBER_ELEMENTS);

    cout << "Original elements: " << endl;
    copy(vector1.begin(), vector1.end(),
        ostream_iterator<int, char>(cout," "));
    cout << endl;

    rotate(vector1.begin(), vector1.begin() + 5, vector1.end());

    cout << "Rotated elements: " << endl;
    copy(vector1.begin(), vector1.end(),
        ostream_iterator<int, char>(cout," "));
    cout << endl;

    return 0;
}
```

Aqui está o resultado gerado pela execução deste exemplo, rotate.cpp:

```
%rotate
Original elements:
1 2 3 4 5 6 7 8 9 10 11 12
Rotated elements:
6 7 8 9 10 11 12 1 2 3 4 5
```

Como usar **search**

Podemos usar o algoritmo **search** para procurar por uma seqüência de elementos em um contêiner:

```
template<class ForwardIterator1, class ForwardIterator2>
ForwardIterator1 search (ForwardIterator1 first1, ForwardIterator1 last1,
    ForwardIterator2 first2, ForwardIterator2 last2);
template<class ForwardIterator1, class ForwardIterator2,
    class BinaryPredicate>
ForwardIterator1 search (ForwardIterator1 first1, ForwardIterator1 last1,
    ForwardIterator2 first2, ForwardIterator2 last2, BinaryPredicate pred);
```

Eis aqui um exemplo, search.cpp, que mostra como usar este algoritmo. Nele usamos **search** para procurar pela substring "C++" em uma string de texto, "Hello from C++.". Caso **search** encontre a substring, ele retorna um iterador para ela; do contrário, ele retorna um iterador para o caractere nulo no final da string (é assim que **search** indica que não encontrou a substring: retornando um iterador para o último elemento do intervalo pesquisado):

```
#include <algorithm>
#include <iostream>
using namespace std;

int main ()
{
    char * text = "Hello from C++.";
    char * to_find= "C++";

    char * location = search(text, text + strlen(text), to_find,
        to_find + strlen(to_find));

    if (*location == '\0')
        cout << "Could not find find \"C++\" in \"Hello from C++.\""
            << endl;
    else
        cout << "Found \"C++\" in \"Hello from C++.\" at location "
            << (location - text) << endl;

    return 0;
}
```

Aqui está o resultado gerado pela execução deste exemplo, search.cpp:

```
%search
Found "C++" in "Hello from C++." at location 11
```

Como usar **sort**

Podemos usar o algoritmo **sort** para ordenar os elementos de um contêiner. Observe que devemos definir o operador para os elementos que estão sendo ordenados, a não ser que especifiquemos nosso próprio objeto função de ordenamento:

```
template<class RandomAccessIterator>
void sort(RandomAccessIterator first, RandomAccessIterator last);
template<class RandomAccessIterator, class Compare>
void sort(RandomAccessIterator first, RandomAccessIterator last,
    Compare comp);
template<class RandomAccessIterator>
void stable_sort(RandomAccessIterator first, RandomAccessIterator last);
template<class RandomAccessIterator, class Compare>
void stable_sort(RandomAccessIterator first, RandomAccessIterator last,
    Compare comp);
template<class RandomAccessIterator>
void partial_sort(RandomAccessIterator first,
    RandomAccessIterator middle, RandomAccessIterator last);
template<class RandomAccessIterator, class Compare>
void partial_sort(RandomAccessIterator first, RandomAccessIterator
    middle, RandomAccessIterator last, Compare comp);
template<class InputIterator, class RandomAccessIterator>
RandomAccessIterator partial_sort_copy(InputIterator first,
    InputIterator last, RandomAccessIterator result_first,
    RandomAccessIterator result_last);
template<class InputIterator, class RandomAccessIterator, class Compare>
RandomAccessIterator partial_sort_copy(InputIterator first,
    InputIterator last, RandomAccessIterator result_first,
    RandomAccessIterator result_last, Compare comp);
```

Vimos no capítulo 15 e na seção *Análise Aprofundada* deste capítulo o exemplo stlfunctions.cpp, que usava **sort** e um objeto função, **compare_ages**, o qual definia a ordem de ordenamento. Aqui está outro exemplo, sort.cpp, que ordena os inteiros de um vetor usado a ordem crescente padrão e então emprega o objeto função predefinido **greater** para ordenar os elementos do vetor em ordem decrescente:

```
#include <vector>
#include <algorithm>
#include <functional>
#include <iostream>
using namespace std;

const int NUMBER_ELEMENTS = 8;

int main ()
{
    int initial_values[NUMBER_ELEMENTS] = {9, 2, 3, 4, 5, 6, 6, 7};

    vector<int> vector1(NUMBER_ELEMENTS);
    vector1.assign(initial_values, initial_values + NUMBER_ELEMENTS);

    ostream_iterator<int, char> ostream_itr(cout, " ");

    sort (vector1.begin(), vector1.end());
    copy (vector1.begin(), vector1.end(), ostream_itr);
```

```
    cout << endl;

    sort (vector1.begin(), vector1.end(), greater<int>());
    copy (vector1.begin(), vector1.end(), ostream_itr);
    cout << endl;

    return 0;
}
```

Aqui está o resultado gerado pela execução deste exemplo, sort.cpp:

```
%sort
2 3 4 5 6 6 7 9
9 7 6 6 5 4 3 2
```

Como usar **swap**

Podemos usar o algoritmo **swap** para permutar o conteúdo de dois contêineres e o algoritmo **swap_ranges** para permutar os elementos de intervalos específicos:

```
template<class T> void swap(T& a, T& b);
template<class ForwardIterator1, class ForwardIterator2>
ForwardIterator2 swap_ranges(ForwardIterator1 first1,
    ForwardIterator1 last1, ForwardIterator2 first2);
```

Já vimos **swap** em ação no exemplo vector_iterators.cpp do capítulo 15. Nesse exemplo usamos **swap** para permutar o conteúdo de dois vetores:

```
#include <iostream>
#include <string>
#include <vector>
using namespace std;

class person
{
    string name;
    int age;
public:
    void display() {cout << "Name: " << name << " age: " << age << endl;}
    person(string n, int a) {name = n; age = a;}
};

int main()
{
    vector<person> friends;

    friends.push_back(person("Ralph", 35));
    friends.push_back(person("Tom", 36));
    friends.push_back(person("Frank", 23));
    friends.push_back(person("Sally", 24));
    .
    .
    .
    vector<person> nancys_friends;
```

```
    nancys_friends.push_back(person("Tina", 35));
    nancys_friends.push_back(person("Buddy", 36));
    .
    .
    .
    nancys_friends.swap(friends);
    cout << "Swapping your friends with Nancy's..." << endl;

    for (p = friends.begin(); p != friends.end(); p++)
        p->display();

    return 0;
}
```

Este é o resultado gerado pela execução de vector_iterators.cpp:

```
%vector_iterators
Name: Ralph age: 35
Name: Tom age: 36
Name: Frank age: 23
Name: Sally age: 24
    .
    .
    .
Swapping your friends with Nancy's...
Name: Tina age: 35
Name: Buddy age: 36
```

Como usar **transform**

Podemos usar o algoritmo **transform** para chamar uma função unária para cada elemento de um contêiner ou uma função binária para os elementos de dois contêineres:

```
template<class InputIterator, class OutputIterator, class UnaryOperation>
OutputIterator transform(InputIterator first, InputIterator last,
    OutputIterator result, UnaryOperation op);
template<class InputIterator1, class InputIterator2, class OutputIterator,
    class BinaryOperation>
OutputIterator transform(InputIterator1 first1, InputIterator1 last1,
    InputIterator2 first2, OutputIterator result,
    BinaryOperation binary_op);
```

Já estudamos extensamente **transform** na seção *Análise Aprofundada* deste capítulo, onde também desenvolvemos o exemplo adaptable_functors.cpp. No exemplo definimos dois vetores de inteiros, **vector1** e **vector2**, e usamos o objeto função predefinido **minus** para subtrair os elementos de um dos vetores dos elementos do outro. Também adaptamos o objeto função binário predefinido **multiplies** para uma função unária, através da função, **bind1st**, para podermos multiplicar todos os elementos de **vector2** por 10:

```
#include <iostream>
#include <vector>
#include <iterator>
#include <algorithm>
```

```
#include <functional>
using namespace std;

const int NUMBER_ELEMENTS = 6;

int main()
{
    int initial_values1[NUMBER_ELEMENTS] = {3, 5, 7, 9, 11, 13};
    int initial_values2[NUMBER_ELEMENTS] = {1, 2, 3, 4, 5, 6};

    vector<int> vector1(NUMBER_ELEMENTS);
    vector<int> vector2(NUMBER_ELEMENTS);
    vector1.assign(initial_values1, initial_values1 + NUMBER_ELEMENTS);
    vector2.assign(initial_values2, initial_values2 + NUMBER_ELEMENTS);

    ostream_iterator<int, char> ostream_itr(cout, " ");

    cout << "Vector 1: " << endl;
    copy(vector1.begin(), vector1.end(), ostream_itr);
    cout << endl;

    cout << "Vector 2: " << endl;
    copy(vector2.begin(), vector2.end(), ostream_itr);
    cout << endl;

    cout << "Vector 1 - vector 2: " << endl;
    transform(vector1.begin(), vector1.end(), vector2.begin(), ostream_itr,
        minus<int>());
    cout << endl;

    cout << "10 * vector 2: " << endl;
    transform(vector2.begin(), vector2.end(), ostream_itr,
        bind1st(multiplies<int>(), 10));
    cout << endl;

    return 0;
}
```

Aqui está o resultado gerado pela execução do programa adaptable_functors.cpp:

```
%adaptable_functors
Vector 1:
3 5 7 9 11 13
Vector 2:
1 2 3 4 5 6
Vector 1 - vector 2:
2 3 4 5 6 7
10 * vector 2:
10 20 30 40 50 60
```

Como usar **unique**

O algoritmo **unique** permite remover elementos duplicados à medida que percorremos um contêiner. Ele não remove todos os elementos de uma seqüência, mas apenas aqueles adjacentes.

```
template<class ForwardIterator>
ForwardIterator unique(ForwardIterator first, ForwardIterator last);
```

```
template<class ForwardIterator, class BinaryPredicate>
ForwardIterator unique(ForwardIterator first, ForwardIterator last,
    BinaryPredicate pred);
template<class InputIterator, class OutputIterator>
OutputIterator unique_copy(InputIterator first, InputIterator last,
    OutputIterator result);
template<class InputIterator, class OutputIterator, class BinaryPredicate>
OutputIterator unique_copy(InputIterator first, InputIterator last,
    OutputIterator result, BinaryPredicate pred);
```

Eis aqui um exemplo, unique.cpp, que mostra como usar **unique**. Neste caso usamos o algoritmo **unique_copy**, para copiar um vetor com alguns elementos duplicados para um iterador **ostream**:

```
#include <algorithm>
#include <vector>
#include <iostream>
using namespace std;

const int NUMBER_ELEMENTS = 10;

int main ()
{
    int initial_values[NUMBER_ELEMENTS] = {4, 5, 5, 9, 5, 8, 8, 8, 3, 7};
    vector<int> vector1(NUMBER_ELEMENTS);
    vector1.assign(initial_values, initial_values + NUMBER_ELEMENTS);

    cout << "The original vector: " << endl;
    copy(vector1.begin(), vector1.end(),
        ostream_iterator<int, char>(cout," "));
    cout << endl;

    cout << "The vector after applying the unique algorithm: " << endl;
    unique_copy(vector1.begin(), vector1.end(),
        ostream_iterator<int, char>(cout," "));
    cout << endl;

    return 0;
}
```

Aqui está o resultado gerado pela execução deste exemplo, unique.cpp. Observe que todas as seqüências de valores duplicados adjacentes foram condensadas para um único valor:

```
%unique
The original vector:
4 5 5 9 5 8 8 8 3 7
The vector after applying the unique algorithm:
4 5 9 5 8 3 7
```

E esta é a última seção do último capítulo do livro. Tudo o que resta agora a você é colocar todos esses conhecimentos de C++ para funcionar por si mesmo. Feliz programação!

Indice Analítico

A

B

C

D

E

F

G

H

I

J

L

M

N

O

P

T

U

V

W

ISR - 40 - 1248/89
UP - AC - ITAIM BIBI
DR/SP

CARTA RESPOSTA

NÃO É NECESSÁRIO SELAR.

O selo será pago por

MAKRON *Books* Ltda.

04598-999 - São Paulo - SP

DOBRE AQUI

CADASTRO PARA MALA DIRETA

Favor preencher *todos os campos*

★ Devolvendo-nos este cadastro preenchido, você passará a receber informações dos *nossos lançamentos, nas* áreas que determinar. **INVISTA EM SEU FUTURO PROFISSIONAL.**

Nome Completo (não abreviar):

Número de seu Cadastro em nosso Mailing:

Endereço para Correspondência:

Bairro: **Cidade:** **UF:** **Cep:** –

Telefone: **Celular:** **E-mail:** **Sexo:** F M

1. Escolaridade:

☐ 1º Grau	☐ 2º Grau	☐ 3º Grau	☐ Pós-Graduação
☐ MBA	☐ Mestrado	☐ Doutorado	☐ Outros (especificar): ____

Quantos livros técnicos compra por mês?:______ por ano? ______

2. Área de Interesse:

☐ 1. Informática	☐ 2. Marketing	☐ 3. Vendas	☐ 4. Administração
☐ 5. Economia	☐ 6. Recursos Humanos	☐ 7. Qualidade/Produtividade	☐ 8. Psicologia
☐ 9. Eng. Elétrica/Eletrônica	☐ 10. Engenharia Civil	☐ 11. Engenharia Mecânica	☐ 12. Comércio Exterior
☐ 13. Engenharia Química	☐ 14. Ecologia	☐ 15. Telecomunicações	☐ 16. Publicidade/Propaganda
☐ 17. Turismo	☐ 18. Ensino/Educação	☐ 19. Contabilidade	☐ 20. Finanças
☐ 21. Matemática	☐ 22. Outros (especificar): ____		

Quero receber o Jornal Makron *Books* Informa por:

☐ Correio ☐ E-mail

3. Profissão/Ocupação:

☐ 1. Presidente	☐ 2. Supervisor
☐ 3. Diretor	☐ 4. Gerente
☐ 5. Analista	☐ 6. Programador
☐ 7. Empresário	☐ 8. Consultor
☐ 9. Digitador	☐ 10. Estudante
☐ 11. Professor	☐ 12. Aposentado
☐ 13. Outros (especificar): ____	

Além do Makron *Books* Informa, você gostaria de receber e-mails com lançamentos de livros e informações editoriais semanalmente?

☐ Sim ☐ Não

Obra: C++ Black Book

Autoria: Steven Holzner

MAKRON *Books* Ltda.
"Padrão de Qualidade em Livros"
Rua Tabapuã, 1348 - Itaim-Bibi - SP
04533-004 - Tels.: 3078-8604 / 3611-0770
e-mail: vendas@pearsoned.com.br

DOBRE AQUI E COLE